JOHN J. MEARSHEIMER

강대국
국제정치의
비극

미중 패권경쟁의 시대
The Tragedy Of Great Power Politics

Updated Edition

■ ■ ■ ■ ■ ■ ■

중국이 지속적으로 부상하는 경우 어떻게 될 것이냐에 관해서 내가 그린 그림은 아름답지는 못하다. 실제로는 전적으로 암울하다. 나는 아시아의 평화에 대해 희망적인 말을 하고 싶다. 그러나 현실은 그렇지 않다. 국제정치는 위험한 영역이며 선의(善意)가 아무리 많더라도 패권국이 되려는 의지를 가진 나라가 출현하는 경우, 그곳이 유럽이던 아시아이던 심각한 안보경쟁을 완화시킬 도리가 없는 것이다.

존 J. 미어셰이머

■ ■ ■ ■ ■ ■ ■

JOHN J. MEARSHEIMER

강대국
국제정치의
비극

미중 패권경쟁의 시대
The Tragedy Of Great Power Politics

Updated Edition

존 J. 미어세이머 지음 | 이춘근 옮김

김앤김북스

강대국 국제정치의 비극: 미중 패권경쟁의 시대

초판 1쇄 발행 2017년 5월 31일

　　 5쇄 발행 2022년 4월 15일

지은이　　존 J. 미어셰이머

옮긴이　　이춘근

펴낸이　　김건수

디자인　　이재호 디자인

펴낸곳　　김앤김북스

출판등록　2001년 2월 9일(제12-302호)

주소　　　서울시 마포구 월드컵로42길 40, 326호

전화　　　(02) 773-5133 l 팩스 (02) 773-5134

E-mail　　apprro@naver.com

ISBN　　　978-89-89566-70-0 03340

* 이 책은 2014년 출간된 *THE TRAGEDY OF GREAT POWER POLITICS* Updated Edition의 한국어판입니다. 1판은 『강대국 국제정치의 비극』(2004, 나남출판)이라는 이름으로 출간된 바 있습니다. 이 책은 2004년 한국어판에 대해 '개정판'의 지위를 갖습니다.

미어셰이머 교수의 『강대국 국제정치의 비극』이 출간된 2000년 이후 이 책은 미국은 물론 전 세계 국제정치학도들의 열렬한 환영 혹은 비판을 받았다. 국제정치의 냉혹한 측면을 너무나도 적나라하게 파헤쳤다는 찬사로부터 국제정치를 너무나도 비관적으로 보고 있다는 회의론에 이르기까지 미어셰이머의 주장은 국제정치 이론 논쟁의 핵심을 이루었다. 지난 20년 동안 국제정치학에 가장 큰 영향을 미친 학자 5명 중 한 명에 들어갈 정도로 미어셰이머의 책은 국제정치를 공부하는 그 누구라도 반드시 읽어야 할 명저가 되었다.

2014년에 『강대국 국제정치의 비극』의 2판이 출간되었다. 저자가 말하듯 1판에서 개진된 공격적 현실주의 이론은 지금도 그 적실성을 그대로 유지하고 있기 때문에 2판은 마지막 장(제 10장) 하나를 다시 쓴 데 불과하며, 그래서 2판이라는 이름 대신 개정판(updated edition)이라고 부쳤다. 1판 10장은 '21세기의 세계정치'였는데, 개정판 10장의 제목은 '중국은 평화롭게 부상할 수 있을까?'라는 대단히 도발적인 것이다. 저자는 결코 그럴리 없다고 비관적인 진단을 내렸지만 그의 주장은 막강한 이론과 역사적 근거를 통해 뒷받침되고 있다.

저자에게 한국 독자들에게 주는 개정판의 짧은 서문을 부탁했더니 "한국어 개정판이 나온다는 사실에 흥분될 정도로 기쁘다"는 말과 함께 "새로 쓴 10장 그 자체가 한국 독자들에게 주는 서문"이라는 답장이 왔다. 너무나도 타당한 말이 아닐 수 없기에 따로 써달라는 부탁을 더 드리지 않았다.

역자는 국제정치학이야말로 한국 국민들의 필수과목이어야 한다고 생각하며 이 책은 필수과목을 이수하는 데 반드시 읽어야 할 책이라고 생각하고 있다. 그래서 1판의 경우와 마찬가지로 개정판 번역도 즐겁게 할 수 있었다.

한국어판 1판은 독자들의 사랑을 듬뿍 받았고 한국 학술원에서 우수학술도서로 선정되는 영광도 누렸다. 2014년 영문판 개정판의 출간을 보고 한국어판을 준비하고 싶었지만 여의치 못했다. 그러던 중 역자가 저술한 『미중 패권 경쟁과 한국의 전략』(2016년 5월 간행)을 출간한 김앤김북스에서 『강대국 국제정치의 비극』의 한국어 개정판 출간도 주선해 주었다.

개정판의 한국어판 제목에 약간의 변동이 있었음을 밝혀야겠다. 저자는 미국과 중국의 패권 경쟁이 회피할 수 없는 일이라는 사실을 강조하고 있기에 개정판 한국어판 제목을 『강대국 국제정치의 비극: 미중 패권경쟁의 시대』라고 부친다.

국제정치학 양서 보급에 힘쓰는 김앤김북스는 이 책의 산파라고 말할 수 있다. 이 자리를 빌어 깊은 감사를 드린다. 1판과 약간씩 다른 부분 수십여 군데를 모두 찾아내는 작업에 동참했으며, 교정 등 궂은 일을 도맡아 해준 아내에게도 감사드린다.

역자 이춘근 씀

나는 1991년 소련이 붕괴되고 분열된 후인 1991년 말 『강대국 국제정치의 비극』의 집필을 시작했고 거의 10년이 지난 후 집필을 완료했다. 이 기간 동안 상당수의 지식인들을 포함한 많은 미국 사람들은 미래의 국제정치에 대해 상당히 낙관적으로 생각하고 있었다. 냉전의 종식은 더 이상 강대국들 사이에 전쟁이 없는 세계가 될 것이며 세력균형과 같은 개념들이 더 이상 타당하지 못한 세상이 되리라고 믿었다. 오히려 많은 국가들이 상호간 더욱 큰 협력을 이룩할 수 있는 세상이 도래할 것으로 기대했다. 나 같은 현실주의 국제정치학자들은 마치 공룡처럼 소멸되고 말 사람들로 생각되었다.

나는 그 같은 국제정치에 대한 희망적인 견해에 대한 도전으로 이 책을 집필했다. 나는 세계는 위험한 곳으로 남아 있을 것이며, 현실주의는 앞으로도 지속적으로 세계 정치가 어떻게 작동되는가를 설명할 수 있는 중요한 통찰력을 제공할 수 있다고 주장하고자 했다. 그러나 나는 이 책의 상당 부분을 내 자신의 국제정치 이론을 수립하는 데 투입했다. 나의 현실주의 국제정치 이론은 유명한 현실주의 이론가들인 한스 모겐소Hans J. Morgenthau와 케네츠 월츠Kenneth N. Waltz의 현실주의와 상당히 다르다. 나는 독자들에게 나의 국제정치 이론은 21세기에도 그 적실성이 있을 것임을 확신시키기 위해 상당히 긴 설명을 제시했다.

그러나 2000년대 초반 국제정치 현황에 대한 낙관주의자들이 아직도 많이 남아 있었기 때문에 나의 이론을 실파하는 것은 쉬운 일이 아니었다. 국제정치에 대한 낙관주의적 견해는 2004년 이라크 전쟁이 남쪽으로 확산되고, 미국이 이라크에서는 물론 아프가니스탄에서 이기지 못할 전쟁에 빠져들어 허우적거리게 되자 서서히 소멸되기 시작했다. 동시에 미국이 행하는 반테러 전쟁은 끝이 보이지 않는다는 사실이 분명하게 드러났다. 1990년대 초반의 확신이 완전히 소멸되어 버렸다는 것은 놀라운 일도 아니다. 미국이 어디를 향해 나가야 하는가에 관해 고민하는 와중에서 국제정치에 대한 낙관적인 생각은 더욱 비관적인 견해로 대체되어 버렸다. 대부분 미국인들은 이제 세계라는 정치무대는 잠재적인 말썽요소들로 가득 차 있으며, 이 문제들의 해결 방법을 찾는 것은 비록 불가능한 것은 아닐지라도 대단히 어려운 일이라는 사실을 알아차리게 되었다.

이 같은 관점의 변화는 25년 전 냉전이 끝난 이래 미국은 무려 6개의 전쟁을 치렀다는 점을 상기할 때 쉽게 이해될 수 있다. 미국은 그동안 이라크 전쟁(1991), 보스니아에서 싸운 세르비아와의 전쟁(1995), 코소보에서 싸운 세르비아와의 전쟁(1999), 아프가니스탄 전쟁(2001년부터 현재), 이라크 전쟁(2003-2011), 리비아 전쟁(2011)을 치렀다. 1989년 이래 미국군은 매 3년 중 2년을 어디에선가 전쟁을 치르고 있었다. 그러나 이 전쟁들은 모두 약소국들과의 전쟁이었다. 미국은 그동안 미국에 필적할 수 있는 강대국에 의한 심각한 도전을 걱정하지 않아도 되는 세상을 살 수 있다는 사치를 누렸다.

그러나 이 같은 상황은 중국의 부상으로 인해 변하고 있는 듯 보인다. 만약 중국이 차후 수십 년간 지속적인 고도 경제성장을 구가한다면, 미국은 냉전 이후 처음으로 잠재적인 패권 도전국에 당면하게 될 것이 거의 확실하다. 실제로 세계인들의 행동에 관한 퓨 리서치 프로젝트Pew Research Global Attitude Project는 "29개 국가 중 23개국 시민들의 다수가 중국은 이미 미국을 앞질렀거나 혹은 궁극적으로 미국을 제치고 세계 1위의 강대국이 될 것"이라고 말하고 있다는 사실을 발표했다.[1] 여론조사에 응한 미국 국민들 중에서도 47%가 중국이 세계 1위의 강대국이 될 것 같다고 대답했다. 47%는 그렇지 않을 것이라고 답했다.

중국의 부상은 분명한 문제를 제기한다. 중국의 부상은 평화적으로 이루어질 수 있는가? 나는 이 책 1판에서 이 문제를 약간 다루었다. 1990년대 후반에도 이미 중국은 막강한 경제 대국이 될 것이며, 그 결과 막강한 국가가 될 것이라고 생각할 수 있었기 때문이다. 나는 중국이 지속적으로 경제성장을 할 경우, 막강한 군사력을 갖추게 될 것이며, 마치 미국이 서반구를 지배하는 것처럼 아시아를 지배하는 국가(dominant power)가 되려할 것이라고 주장했다. 나는 지역적 패권국가(regional hegemon)가 되는 일이야 말로 국가들이 자신의 생존 가능성을 극대화하는 최선의 방법이라고 주장했다. 나는 또한 미국은 물론 중국의 이웃나라들이 중국의 부상을 봉쇄하고(contain) 중국이 지역적 패권국가가 되는 것을 저지하려 할 것이라고 예측했다. 앞으로 야기될 안보 경쟁은 아시아를 더욱 더 위험한 지역으로 만들 것이다.

『강대국 국제정치의 비극』이 2001년 출간 된 이후, 나는 중국의 부상이 평화적인 일은 아닐 것이라고 주장하고 이와 관련된 많은 강연을 했다. 이들 중 일부 강연은 중국에서 행해졌다. 2004년 나는 이 주제를 가지고 지미 카터 대통령의 국가안전보좌관이었던 브레진스키와 논쟁을 벌이기도 했다.[2]

처음 몇 해 동안 나는 사람들이 나의 주장에 설득 당하지 않음을 느꼈다. 최소한 그들은 나의 주장에 대해 회의적인 입장을 보였다. 그러나 이같은 회의적 관점은 2008년 이후 약화되기 시작했다. 일부는 중국이 더욱 강한 국가로 성장했다는 사실로부터, 또한 중국이 자신의 강화된 힘을 주변국들은 물론 미국도 위협을 느낄 정도로 휘둘러 대기 시작했다는 사실에서 유래한 것이다. 오늘 나는 더 많은 사람들이 미중관계의 미래에 관한 나의 관점에 동의하고 있다는 사실을 발견하고 있다.

중국의 부상이 21세기의 가장 중요한 사건이 될 가능성이 있다는 사실을 선세할 때, 그리고 중국의 부상이 평화롭게 이루어지지는 못할 것이라는 현실적인 사실을 고려할 때, 나는 이 책의 결론 장에서 중국의 부상에 관한 나의 견해를 더 자세하게 피력할 필요가 있다고 생각했다. 나는 이 책 1판의 결론 부분에서 중국의 부상에 관한 주제를 다루기는 했지만, 자세하게 다루지는 않았다. 2001년 판에서 나는 다른 주제들을 더 많이 다루어야만 했기 때문이었다. 나는 어떤 글에서도 중국의 부상에 관한 나의 견해를 폭넓게 다루지는 않았다. 그렇기 때문에 이 개정판의 결론에서 전적으로 중국 문제만을 다루고자 하며, 나는 왜 중국이 더욱 강력한 나라로 부상할 경우 아시아 지역이 큰 문제에 당면하게 될 것이라고 보는지를 종합적으로 설명하고자 한다.

이 새로운 서문과 새로운 결론을 제외하면 이 책은 1판과 거의 대동소이하다. 가장 중요한 것은 나의 '공격적 현실주의 이론'을 수정하지 않았다는 점이다. 이 같은 결정은, 나의 이론이 다양한 학자들에 의해 읽혀지고 분석되었다는 사실, 특히 일부 학자들은 나의 이론을 혹독하게 비판했다는 사실에 비추어 볼 때, 일부 독자들을 놀라게 할 것이다. 나는 내 이론에 대한 관심에 감사를 느끼며 크고 작은 각종 비판을 심각하게 받아들인다. 결국 한 학자가 다른 학자에게 줄 수 있는 최고의 찬사는 그 학자의 학문적 업적에 사려 깊은 관심을 가져 주는 일이다. 그럼에도 불구하고 나는 내 이론이 이 같은 비판들을 훌륭하게 극복했다고 믿는다. 내 이론이 완벽하거나 혹은 결코 다른 이론으로 대체되지 않을 것이라는 의미는 아니다. 다만 나는 『강대국 국제정치의 비극』 제1판에서 제시한 이론에 대해 현재도 만족하고 있다는 점을 말하려는 것이다.

새로운 결론에서 나는 공격적 현실주의 이론을 이용해서 세계 각국의 정책결정자들, 상이한 견해를 가진 다양한 학자들, 그리고 의식 있는 전 세계시민들이 앞으로 다가올 수십 년 동안 가장 첨예한 관심을 가져야 할 주제, 즉 중국은 평화적으로 부상할 수 있는가라는 질문에 대답할 것이다. 불행한 일이지만 이 질문에 대한 나의 대답은 No이다.

새로운 결론에 대해 광범한 조언을 제시함으로써 글의 수준을 대폭 개선할 수 있도록 해준 여덟 분들 — 제시카 엘름스, 찰스 글래서, 마이클 리

14

스, 마리-이브 레니, 마이클 롤리, 류크 슈마허, 왕 유안 캉 그리고 특히 스티븐 월트 — 에게 감사드린다. 나는 결론의 초안을 시카고 대학의 국제 정치 경제 및 안보 연구 프로그램Program on International Political Economy and Security이 후원하는 워크샵에서 발표한 적이 있었다. 워크샵 참석 토론자들의 폭넓은 조언들은 완성본을 만드는 데 큰 도움이 되었다. 나는 이 모든 도움에 감사드린다. 물론 남아 있는 문제들에 대한 책임은 나에게 있다.

마지막으로 내 책의 편집자인 노톤 출판사의 로비 해링턴에게 감사드린다. 그는 『강대국 국제정치의 비극』의 개정판을 준비하자는 아이디어를 제안한 분이다. 개정판을 출간하자는 아이디어는 『강대국 국제정치의 비극』이 출간된지 10년째인 2011년에 나왔다. 초판이 그랬던 것처럼 개정판 작업도 기대했던 것보다 더 늦게 끝이 났다. 로비는 나와 25년 친구이며 나는 그에게 많은 빚을 지고 있다. 여기에 추가해서 나는 개정판의 편집담당자인 리사 캐머 매케이에게 감사를 드린다. 그녀는 개정판 출간 작업을 탁월하게 감독해 주었다.

『강대국 국제정치의 비극』이 출간된 직후 발발한 9·11 테러사건은 국제정치에서 평화를 이룩한다는 것이 얼마나 어려운 일인지를 다시 한번 증명한 계기가 되었다. 미어셰이머 교수는 이미 냉전이 끝난 직후인 1990년대 초반부터 탈냉전 시대의 국제정치가 냉전 시대의 국제정치와 달리 '평화'의 국제정치가 될 가능성은 별로 없다는 사실을 계속 경고함으로써 이상주의에 가득 찬 탈냉전 시대의 감성적 무드를 비판해 왔다. 그는 이미 1990년 '우리는 왜 곧 냉전 시대를 그리워하게 될 것인가?Why we will soon miss the Cold War?' 라는 도발적 제목의 논문에서 탈냉전 시대에 풍미하기 시작한 이상주의적 국제정치학의 오류를 지적하고 있었던 것이다.

2차 세계대전 이후 현재까지 국제정치학을 줄곧 지배해 온 분석 시각인 현실주의의 제1세대를 대표하는 책은 한스 모겐소Hans J. Morgenthau 교수의 『국가간의 정치: 권력과 평화를 위한 투쟁Politics Among Nations: Struggle for Power and Peace』(1948)이었다. 그러나 모겐소의 이론으로 국제정치의 제반 현상을 분석하는 데 곤란함을 느끼기 시작한 1970년대 후반의 현실주의 국제정치 이론은 1979년 간행된 케네츠 월츠 교수의 『국제정치이론Theory of International Politics』으로 한 단계 진보했다고 말할 수 있다. 월츠의 저서는 제2세대 현실주의의 기점이 되었다. 모겐소의 '고전적 현실주의' 혹은 '인간본능 현실주의'는 인간성에 내재하는 권력에 대한 욕망을 강조하는 반면, 신현실주의(Neo Realism)라 불리는 월츠의 이론은 국제정치의 구조적 측면을 특히 강조했다. 인간성의 본질이 아니라 국가들이 힘을 추구하지 않을 수 없는 국제구조의 속성을 보다 강조한 것이다. 국가들은 자신의 생존을 위해 방어적 측면에서 힘을 추구한다고 분석했기 때문에 제2세대 현실주의 이론은 '방어적 현실주의' 라고도 불린다.

미어셰이머 교수가 '고전적 현실주의' (인간본능 현실주의) 및 '신현실주의' (방어적 현실주의) 이론을 모두 초월하는 새로운 현실주의 이론을 제시하고, 역사적 사례를 들어 자신의 이론을 증명해 보이고자 시도한 것이 바로 이 책이다. 미어셰이머 교수는 제3세대 현실주의 이론인 자신의 이론을 '공격적 현실주의' (Offensive Realism)라 부르고 있다. 국가들이 힘을 추구하는 이유를 인간의 본능적인 측면에서가 아니라 국제정치의 구조에서 찾고 있다는 점에서 그의 이론은 신현실주의와 유사하다. 그러나 미어셰이머 교수는 국가들이 단지 세력균형을 유지하는 수준에 만족하지 않고, 자신들이 가질 수 있는, 가능한 한 막강한 힘을 추구하려고 노력한다고 보는 점에서, 특히 상대적 측면에서 다른 나라를 완전히 압도하기를 원한다고 보는 점에서 신현실주의의 분석과 다르다.

국가들은 다른 나라를 압도하기 위해서 경쟁을 벌일 수밖에 없는 것이 현실세계의 국제정치이며 그러니까 국제정치는 원천적으로 비극적인 것으로 보이는 것이다. 이웃나라가 우리나라보다 더 잘 살게 되는 것을 진심으로 축하할 수 없고, 이웃나라가 아무리 '방위' 를 위해 군사력을 증강시킨다고 강변해도 그것을 '공격적인' 행동으로 보지 않을 수 없고, 다른 나라가 아무리 정당한 개입을 하더라도 그것을 제국주의라고 보지 않을 수 없다는 것이 현실적 국제정치 논리인 것이다.

이 같은 논리는 국제정치를 감정적 측면에서 혹은 낙관적 측면에서 보는 많은 이들을 놀라게 하고 그들로부터 비판받고 있음이 사실이다. 그러나 미어셰이머 교수는 세상을 낙관적으로 볼 수도 있고 비관적으로 볼 수도 있겠지만 "현실의 세계는 결국 현실주의적인 세계로 남아 있다"고 말함으로써 현실주의적 시각에 근거한 자신의 이론을 변호하고 있다.

이 책을 처음 읽었던 2001년 가을 이미 역자는 이 책을 번역하고 싶다는 생각을 가졌다. 그 첫 번째 이유는 이 책이 그동안 발전되어온 현실주의 국제정치학의 최신 버전이라는 것이었다. 약 20년씩의 간격을 두고 출간된 모겐소, 월츠의 책은 이미 한국어로 번역된 바 있고 이제 제3세대 현실주의 이론의 집성이라고 볼 수 있는 미어셰이머의 책을 번역하게 된 것이다.

둘째 이유는 이 책이야말로 국제정치에 대해 약간은 낙관적인 생각을 하고 있는 한국 사람들에게 꼭 소개해야 하는 책이라는 생각이 들었기 때문이다. 우리나라 사람들은 국제정치를 도덕적 측면에서 생각하는 경향이 대단히 높다. 나쁜 나라와 좋은 나라를 명확히 구분하려는 속성이 있다. 현실주의 국제정치학에 나쁜 나라, 좋은 나라의 구분은 없다. 모든 나라가 다 자신의 잠재적 적국이며 동시에 잠재적 친구인 것이다. 미어셰이머 교수는 한국어판 서문에서 한국사람들은 강대국으로부터 당한 혹독한 역사적 교훈 때문에 자신의 현실주의 이론을 쉽게 이해할 수 있을 것이라고 기대하고 있지만 사실 많은 한국 사람들은 국제정치의 냉혹한 측면을 절절하게 인식하는 현실주의자들이 아니다. 우리나라 사람들은 오히려 국제정치를 무엇인가 도덕적 측면에서 재단하는 경향이 있다. 오늘 한국 사회에서 나타나는 반미(反美), 친중(親中)적 정서들은 모두 국제정치를 현실적 측면에서가 아니라 감정적, 도덕적 측면에서 바라보는 데서 유래하는 것이다. 이 책을 읽은 독자들은 중국, 일본, 러시아, 미국 등 강대국들이 한국에 대해 가지는 이익이 무엇인지에 대한 현실주의적이면서도 적나라한 측면을 이해하게 될 것이다.

이 책을 읽으면서 역자가 느꼈던 저자의 주장에 대한 공감 및 지지는 이 책을 번역하게 된 세 번째 이유가 될 것 같다. 자신이 쓰고 싶은 책과 비슷한 외국인 학자의 책을 읽고 난 후, 자신의 책을 직접 저술하기보다는 번역을 하게 되었다는, 유명한 경제학 교과서를 번역하신 교수님의 말씀을 들은 기억이 난다. 이 책을 번역하게 된 이유도 그 교수님의 마음과 같았다고 말하고 싶다.

외국어로 쓰인 학술서적을 우리말로 번역한다는 어려움은 또 한 권의 책을 번역할 때마다 줄어들기는커녕 오히려 더욱 늘어나는 것 같다는 사실을 느끼게 된다. 그럼에도 불구하고 이 책의 번역문을 꼼꼼히 읽어준 여러분들이 있었기에 이 책의 출판이 가능하게 되었다. 그러나 혹시 무의식중에 잘못된 오역이 있다면 그것은 전적으로 역자의 책임이며 독자들의 지적을 기대한다. 우선 수백 페이지에 이르는 영문 주석(notes)을 모두 타이프해 주었고, 조교처럼 그리고 독자처럼 번역문 전체를 읽고 비판하고 수정해 준 아내에게 고맙다고 말해야 하겠다. 시간이 없어서 짧은 인사말밖에는 못쓸지도 모른다며 미안해 했지만 결국 한국어판을 위한 긴 서문을 보내주신 미어셰이머 교수에게도 감사의 말을 전한다.

2004년 7월 28일
역자 이춘근 씀

20세기는 엄청난 국제폭력의 세기였다. 1차 세계대전(1914-1918) 당시 유럽의 전장에서 약 9백만 명의 인명이 사라져갔다. 2차 세계대전(1939-1945)에서는 5천만 명 이상이 목숨을 잃었고 그 중 절반 이상은 민간인이었다. 2차 세계대전이 끝나자마자 냉전(Cold War)이 지구 전체를 휘감았다. 냉전중 소련과 바르샤바조약기구 동맹국들은 미국과 북대서양조약기구 동맹국들과 직접 전쟁을 벌이지는 않았다. 그러나 냉전기간 동안 한국, 월남, 아프가니스탄, 니카라과, 앙골라 등에서의 대리전쟁에서 수백만 명의 목숨이 희생되었다. 러일전쟁(1904 - 1905년, 1939년)과 1918년에서 1920년 사이의 소련혁명에 대한 연합국의 간섭전쟁, 러시아 - 폴란드 전쟁(1920 - 1921), 아랍과 이스라엘 간의 여러 전쟁들, 1980년부터 1988년의 이란 - 이라크 전쟁 등 20세기의 보다 작은 규모의 전쟁에서도 수백만 명이 목숨을 잃었다.

이상과 같은 폭력의 사이클은 21세기에도 오랫동안 지속될 것으로 보인다. 평화에 관한 희망은 이루어질 것 같아 보이지 않는다. 왜냐하면 국제체제를 구성하는 강대국들은 상대방을 서로 두려워하고 그 결과 권력을 위한 경쟁을 벌일 것이기 때문이다. 실제로 강대국들의 목표는 상대방을 압도할 수 있는 지위를 차지하는 것이다. 압도적인 힘을 가지는 것만이 자신의 안전을 보장하는 가장 좋은 방법이기 때문이다. 힘은 안전을 보장한다. 막강한 힘은 안보를 위한 확실한 보장이 된다. 이같은 동기로 강대국들은 서로 상대방에 비해 우월한 지위를 차지하려고 노력하기 때문에 운명적으로 충돌하기 마련이다. 이것은 비극적 상황이다. 국제체제를 구성하는 국가들이 세계정부를 건설하자고 합의하지 않는 한 이러한 비극적 상황을 회피할 방법은 없다. 그러나 이 같은 거대한 발상의 전환은 현실적 방안이라고 말하기 어렵다. 그렇기 때문에 21세기에도 전쟁과 폭력은 이전처럼 대규모로 남아있을 것이며 잘 변하지 않을 국제정치의 모습이라고 예견되는 것이다.

혹자는 — 냉전의 종식과 더불어 — 20세기는 평화적으로 종결되었으며 21세기가 시작되는 지금 강대국들이 상당히 우호적 관계를 유지하고 있다는 사실을 근거로, 저자의 비관적 관점을 비판할 수 있을 것이다. 이 같은 주장은 분명히 타당성이 있기는 하다. 그러나 미래를 예측함에 있어서 단순히 현재에 기반해 추론(extrapolate)하는 방법을 취하는 경우 훌륭한 분석을 기대할 수 없다.

이 같은 방법을 택할 경우 지난 두 세기가 시작될 무렵 유럽의 관찰자들은 다가올 세기가 어떠한 모습을 가지게 될 것이라고 언급해야 했을까를 생각해 볼 필요가 있다. 1800년의 유럽은 프랑스 혁명전쟁과 나폴레옹 전쟁의 와중에 있었다. 이 전쟁들은 23년이나 지속되었으며(1792-1815) 당대의 모든 강대국들이 참전했었다. 당시 이 같은 피비린내 나는 전쟁상황에 기반해 추론한다면 19세기는 강대국들의 분쟁으로 점철될 세기라고 예측할 수 있었을 것이다. 그러나 19세기는 역사상 전쟁과 갈등이 가장 적었던 세기였다. 반면 1900년의 유럽은 강대국들이 참전한 전쟁이 없었으며 머지 않아 전쟁이 발발하리라는 징조도 없었다. 1900년처럼 조용한 해를 기준으로 미래를 예측한다면 유럽의 20세기는 큰 전쟁이 없는 세기가 되어야만 했다. 우리가 알고 있듯이 역사는 정반대의 상황이 발생했음을 말해 준다.

국제정치학에 관한 일반이론들은 앞으로 어떤 일이 일어날지를 예측하는 데 유용한 도구가 된다. 국제정치 이론 중 가장 유용한 이론들은, 강대국들은 상호간에 어떻게 행동하는지 그리고 강대국의 일반적 행태에 대해서 설명해 준다. 유용한 이론들은 어떤 시기는 왜 다른 시기보다 더욱 전쟁이 빈번했는지에 관한 문제를 포함하여 강대국들이 과거에는 어떻게 행동했는가에 대해 알려준다. 이 같은 요구를 만족시키고, 우리들이 과거를 잘 이해할 수 있도록 도와주는 이론들은 우리가 미래를 기대하고 예측하는 데도 역시 도움이 될 수 있을 것이다.

이 책에서는 이 같은 속성을 가지고 있는 이론을 제시하고자 한다. 나는 내 이론을 "공격적 현실주의"(Offensive Realism)라고 이름을 붙였는데, 이 이론은 본질적으로 현실주의적이며 그 결과 카E.H.Carr, 모겐소Hans J. Morgenthau, 월츠Kenneth N. Waltz와 같은 현실주의의 철학사상 계열에 속한다. 내 이론의 요소는 몇 가지밖에 되지 않으며, 간단한 전제(proposition) 몇 가지에 의해 개진될 수 있다. 예로서 나는 강대국들은 세계 권력구조 내에서 자신의 힘의 비중을 극대화시키기 위해 노력한다는 점을 강조할 것이다. 나는 특별히 강력한 국가 — 즉 잠재적 패권국(Potential Hegemon) — 가 포함된 다극체제는 특히 전쟁발발 가능성이 높은 체제라고 주장할 것이다.

이상의 전제들과 이 책에서 제시될 다른 전제들은 논쟁의 대상이 될 것이다. 이 전제들을 방어하기 위해 나는 이 전제들을 구축하는 논리가 심오하며 강력하다는 사실을 밝힐 것이다. 나는 전제들을 역사적 기록에 의거하여 검증할 것이다. 내 주장을 입증하기 위해 1792년 이후의 강대국 국제관계의 역사를 살펴볼 것이다. 마지막으로 나는 내 이론을 이용하여 미래의 강대국간 국제정치 모습이 어떻게 될 것인가를 예측하고자 한다.

나는 동료학자들과 강대국 행동의 중심적 동인이 무엇인가를 탐구하는 데 관심이 많은 일반 시민들을 위해 이 책을 집필하였다. 학술세계의 용어와 논쟁에 익숙하지 않은 사람들을 위해 주장을 분명하고 이해하기 쉽게 하기 위해 노력했으며, 더불어 문학자인 라이온엘 트릴링Lionel Trilling이 저명한 사회학자인 라이트 밀즈Wright Mills에게 주었다는 충고를 잊어버리지 않기 위해 노력했다.

"당신은 당신이 잘 알고 있는 주제에 대해 강의할 것을 요구받고 있습니다. 당신의 강의를 듣게 될 청중은 명문대학 각 학과에서 온 선생님들과 학생은 물론이고 인접한 도시에서 온 관심있는 일반 시민들도 포함되어 있습니다. 그 청중들이 당신 앞에 있고 그들은 알아야 할 권리가 있다고 가정하십시오. 당신은 그들에게 알려주기를 원한다고 가정하십시오. 지금 쓰기 시작하십시오."[1]

독자들이 내가 이 같은 충고를 성실히 따라 좋은 책을 만들 수 있게 되었다고 생각해 주기를 바란다.

현대 역사에서 한국과 폴란드는 가장 위험한 상태에 노출되었던 나라들입니다. 두 나라는 모두 시기는 다르지만 두 나라를 지배하거나 점령하여 자기 것으로 만들려는 강대국들의 틈바구니 사이에 끼어 있었습니다. 한국은 중국, 일본, 러시아에 이웃하고 있으며 폴란드는 독일, 러시아와 국경을 접하고 있었고 오스트리아가 강대국이던 시절 오스트리아와도 국경을 접하고 있었습니다. 한국과 폴란드가 게걸스런 주변 강대국들 때문에 상당기간 동안 지도 위에서 사라져버린 적도 있었다는 사실은 놀라운 일이 아닙니다.

이러한 역사를 가진 한국인들은 왜 국제체제란 심술궂고 잔인한가, 왜 강대국들은 과거 그토록 자주 한국을 희생물로 삼았는가의 문제를 이해하기 위해 마음속 깊은 곳에서 우러나오는 관심을 가지고 있습니다. 같은 맥락에서 한국인들이 한국의 미래가 어떨 것인지에 대해 깊은 관심을 가져야 하는 것은 당연한 일입니다. 이제까지의 놀라운 정도의 경제발전이 앞으로 수십 년간 더 지속된다고 가정할 경우, 중국이 이웃나라들에 대해 어떻게 행동할 것인가를 살펴보는 일은 특히 중요할 것입니다. '미국은 장래 동북아시아에서 어떠한 역할을 담당할 것인가'와 '21세기에 한국은 어떻게 국가의 생존 가능성을 극대화시킬 것인가'는 제일 중요한 문제일 것입니다.

『강대국 국제정치의 비극』은 바로 이같이 중요한 문제점들을 살펴보기 위한 책입니다. 이 책이 전달하려는 핵심적인 메시지는 '국제정치라는 위험한 세상에서 살고 있는 나라들은 다른 나라들과 권력(힘)을 위해 경쟁하는 것 외에는 다른 도리가 없다'라는 것입니다. 평화롭게 사는 것에 만족해하는 나라들조차도 권력 추구를 위한 끊임없는 싸움에 빠져들 수밖에 없습니다.

국가들간 안보경합의 근원적 이유는 국가들이 다른 나라들로부터 위협을 당했을 때 의지할 수 있는 권위 있는 상부의 조직이 국제정치에는 존재하지 않는다는 사실에 있습니다. 국제체제에 보안관은 없습니다. 더구나 국가들은 상대방 국가가 자신에 대해 적대적인 의도를 가지고 있지 않다는 사실을 결코 확신할 수 없습니다. 그렇기 때문에 국가들은 위험이 어느 곳에서 연유하던 그 위험에 대처할 준비를 갖추어야만 하는 것입니다. 우리의 이웃나라는 우리나라의 친구일까? 오늘의 친구는 내일 적국이 되는 것일까? 우리나라는 다른 나라의 공격을 막을 수 있을 만큼 충분한 힘을 가지고 있는가? 상대방 국가의 의도를 정확히 알 수 없는 세상에서 국가들은 가능한 한 많은 힘을 보유함으로써 다른 나라가 공격적으로 변할 때 자신을 스스로 방위할 수 있어야만 합니다.

가장 바람직한 결과는 국제체제의 패권국이 되는 일입니다. 상대적으로 압도적인 국력을 보유한 국가의 경우 그 나라의 생존은 거의 확실하게 보장이 되기 때문에 그렇습니다. 반면 국가가 허약하다는 사실은 골칫거리를 유발하게 됩니다. 강한 나라는 허약한 나라로부터 이득을 취하려 하기 마련이기 때문입니다. 한국이 과거 강대국들로부터 얼마나 혹심한 고통을 당했는가를 생각할 때, 한국의 독자들은 이 같은 관점을 이해하는 데 큰 어려움은 없으실 것이라고 생각됩니다.

그러나 지구상의 어떤 국가도 패권국은 될 수 없습니다. 태평양, 대서양 등 엄청난 바다를 건너가서 힘을 투사하기 어렵기 때문입니다. 오늘날의 미국처럼 부유하고 막강한 나라라 할지라도 지구 전체를 지배할 수는 없습니다.

그러나 국가들은 미국이 서반구에서 이룩한 바처럼 한 내륙(시역)에서 패권적 지위를 차지하는 데 성공할 수는 있습니다. 그렇기 때문에 강대국들의 궁극적 목적은 자신은 자기가 속한 대륙에서 패권적 지위를 장악하는 동시에 다른 대륙에서는 그 대륙을 장악하는 패권국의 등장을 저지하는 일인 것입니다. 미국은 독일 제국, 나치스의 독일, 그리고 소련이 유럽을 제패하는 것과 일본의 아시아 대륙제패를 막기 위해 오랫동안 심혈을 기울인 것입니다. 실제로 미국은 이상 네 나라의 패권장악 야망을 좌절시키는 데 성공했던 것입니다.

내가 공격적 현실주의라고 부르는 국제정치 이론은 동북아시아에도 중요한 함의를 가지고 있습니다. 특히 그간의 놀라운 경제성장을 앞으로 수십년동안 지속하게 될 경우 중국은 막강한 군사력을 갖추게 될 것이며, 마치 미국이 서반구를 지배하는 것처럼 중국은 아시아를 지배하려 할 것입니다. 중국은 아시아 대륙에서 패권적 지위를 추구하게 될 것입니다. 중국이 패권을 추구하는 것은 중국문화가 본질적으로 공격적이라든가, 중국의 정치지도자들이 잘못된 길로 인도되기 때문이 아닙니다. 중국이 패권을 추구하는 것은 그것이 국가의 생존을 위해 가장 좋은 보장장치이기 때문입니다. 다른 대륙의 강대국들이 서반구에 대해 간섭하지 않는 것이 미국의 전략적 이익인 것과 마찬가지로 — 바로 먼로 독트린이 추구하던 것입니다 — 미국의 군사력이 아시아에서 철수하는 것이 중국의 이익이라는 점은 분명합니다.

물론 미국은 중국이 아시아 대륙의 패권국이 되는 일을 저지하려 할 것입니다. 미국은 세계무대에서 미국에 근접한 도전국의 존재를 용인하지 않기 때문입니다. 결국 중국과 미국 사이에는 냉전 당시 미국과 소련의 관계와 유사한 심각한 안보 경쟁이 야기될 것입니다. 아시아에 있는 중국의 이웃나라들은 중국의 힘을 봉쇄해야 한다는 데 대해 깊은 관심을 가지게 될 것입니다. 이는 한국, 인도, 베트남, 러시아, 일본이 미국과 협력하여 중국에 대항하는 균형 연합을 형성하는 것을 의미합니다.

만약 중국의 고속 경제성장이 정지되고, 중국이 아시아를 지배할 가능성이 없게 될 경우, 미국은 아마도 아시아에 주둔하고 있는 미군 대부분을 본국으로 철수시키게 될 것입니다. 역사적 맥락에서 볼 때, 미국은 단지 평화유지라는 목적 아래 아시아와 유럽에 군대를 주둔하는 것은 망설였다는 사실이 분명합니다. 이처럼 결정적으로 중요한 유럽과 아시아 대륙에 미국을 끌어들인 불변의 요인은 아시아 및 유럽국가들의 힘만 가지고는 막을 수 없을 정도로 막강한, 그리고 미국의 지위에 근접한 경쟁국이 출현했을 경우입니다.

그렇기 때문에 중국이 아시아를 지배할 의도를 품을 정도로 막강해지지 않는다면 미국은 이 지역으로부터 철수할 것이고 한국에 대한 안보제공을 중지할 가능성이 있습니다. 그러나 한국은 지속적으로 위험한 이웃들 사이에서 살아가야 할 것이며 국가의 생존에 대해 염려를 해야 할 것입니다. 특히 한국은 한국의 잠재적인 동맹국도 될 수 있고 또한 잠재적인 적국도 될 수 있는 주변의 강대국 — 중국, 일본, 러시아 — 들을 상대해야만 합니다. 미국의 핵우산이 없어질 경우 한국은 스스로 핵무장을 해야 하느냐에 대해서도 생각해야 할 것입니다. 핵무기가 가지는 엄청난 억지력을 생각할 경우 핵무장하려는 강력한 유혹이 있으리라는 점은 확실합니다.

앞으로 다가올 수십 년 동안 한국을 위해 올바른 국가안보전략을 찾아낸다는 것이 쉬운 일은 아닐 것입니다. 그럼에도 불구하고 만약 한국이 국가안보를 유지하려면 동맹구조, 세력균형, 강대국의 행동, 핵무기 등의 길고 어려운 문제들에 대해 심사숙고하는 방법밖에는 없을 것입니다.

2004년 6월 18일
존 J. 미어셰이머

John J. Mearsheimer

| 감사의 말 |

이 책의 주장에 대해서는 저자인 내가 책임을 져야하겠지만, 나는 이 책을 쓰기 위해 여러 사람들, 그리고 기관들로부터 대단히 큰 도움을 받았다.

수많은 동료들이 이 책의 초고를 읽고 코멘트를 해주기 위해 소중한 시간을 할애해 주었다. 이 책 전체에 그들의 지문이 묻어있다. 거의 모든 독자들이 잘못된 주장을 거둬들이라던가, 새로운 주장을 보태라던가 혹은 기존 주장들을 더욱 다듬으라고 말했다. 그들의 코멘트가 없었더라면 이 책에 얼마나 많은 바보 같은 생각들이 남아 있을 것이며, 잘못된 사실들이 기술되어 있을까를 생각하면 몸이 떨릴 정도다. 그렇지만 나는 그들의 제안 모두를 받아들이지는 않았고 남아 있을지도 모를 문제들에 대한 전적인 책임은 나에게 있다.

나는 콜린 엘만Colin Elman, 마이클 데시Michael Desch, 피터 리버맨Peter Liberman, 칼 뮤엘러Karl Mueller, 마르크 트러첸버그Marc Trachtenberg 그리고 특히 스티븐 월트Stephen Walt에게 큰 빚을 지고 있다. 이들은 이 책 전체를 읽고 코멘트를 해 주었거나 혹은 일부분을 여러번 읽고 코멘트를 해 준 분들이다. 나는 또한 로버트 아트Robert Art, 데보라 아반트Deborah Avant, 리차드 벳츠Richard Betts, 데일 코플랜드Dale Copeland, 마이클 크레스웰 Michael Creswell, 마이클 도일Michael Doyle, 데이빗 에델스타인David Edelstein, 벤자민 프랑켈Benjamin Frankel, 하인 고만스Hein Goemans, 잭 골드 스미스Jack Goldsmith, 조셉 그리코Joseph Grieco, 아만 그리고리안Arman Grigorian, 데이빗 허만David Herrmann, 에릭 랩스Eric Labs, 칼 라우텐 슈라거

28

Karl Lautenschlager, 크리스토퍼 레인Christopher Layne, 잭 리비Jack Levy, 마이클 만델바움Michael Mandelbaum, 케런 밍스트Karen Mingst, 타카유키 니시Takayuki Nishi, 로버트 페이프Robert Pape, 배리 포젠Barry Posen, 데릴 프레스Daryl Press, 신시아 로버트Cynthia Roberts, 로버트 로스Robert Ross, 브라이언 슈미트Brian Schmidt, 잭 스나이더Jack Snyder, 스티븐 반 에바라Stephen Van Evera, 와 알렉산터 웬트Alexander Wendt의 코멘트에 대해서도 감사드린다. 혹시 빠진 분들이 있다면 사과드린다.

내가 이 책을 집필하는 수년 동안 나의 조교 임무를 담당해준 분들에게도 감사 드린다. 이들은 로슈나 발라수브라마니안Roshna Balasubramanian, 데이비드 에델스타인David Edelstein, 다니엘 긴스버그Daniel Ginsberg, 안드레아 제트Andrea Jett, 세스 존스Seth Jones, 카이어 리버Keir Lieber, 다니엘 마치낙Danier Marcinak, 저스틴 로젠탈Justin Rosenthal, 죤 슈슬러John Schussler, 그리고 스티븐 웨일Steven Weil 등이다. 알렉샌더 다운스Alexander Downes에게는 특별한 감사를 드려야 하는데, 그는 이 책의 도표들을 만들어 주었고 나를 위해 다양한 주제들에 대한 광범한 연구를 진행했다.

마지막 원고가 완성될 무렵인 1998년부터 1999년 까지 뉴욕시 대외관계 위원회Council on Foreign Relations에서 나를 휘트니 H. 셰파드슨Whitney H. Shepardson 연구원으로 초빙해 주었다. 이 훌륭한 장학금은 진행 중인 책의 집필을 완성할 수 있도록 저자들을 지원하는 목적을 갖는다. 이 같은 목적을 위해 뉴욕시 대외관계 위원회는 이 책의 장들에 대해 토론하기 위한 공부 모임을 세 차례 가질 수 있게 해 주었다. 리차드 벳츠Richard Betts는 이 모임을 주관하는 사람으로서 탁월한 역할을 해 주었다. 공부 모임에는 로버트 저비스Robert Jervis, 잭 리비Jack Levy, 기데온 로즈Gideon Rose, 잭 스나이더Jack Snyder, 리차드 울맨Richard Ullman, 케네스 월츠Kenneth Waltz, 파리드 자카리아Fareed Zakaria 등이 포함되었다. 이들은 나의 글에 대한 비평을 아끼지 않았고, 이들의 비평은 원고를 완성하는 데 진성 가치 있는 도움이 되었다. 위원회는 필자가 샌프란시스코, 워싱턴 D.C. 등에서 책의 일부를 청중들에게 발표할 수 있는 기회를 주선해 주기도 했다. 청중들 역시 탁월한 코멘트를 해 주었다.

뉴욕에서의 연구회 세션이 끝날 때마다 나는 매번 컬럼비아 대학까지 택시를 타고 가서 두 명의 대학원생, 아만Arman Grigorian과 홀저Holger Schmidt에 의해 운영되는 공부모임에서 같은 장의 내용을 발표하곤 했다. 각 세션에 참여했던 컬럼비아 대학교의 학생들은 탁월한 코멘트를 해 주었고 나는 여러모로 도움을 받아 더 좋은 결과를 산출할 수 있었다.

시카고 대학은 내가 이 책을 쓰는 데 가장 핵심적인 곳으로서 풍부하고 엄격한 지적 환경을 제공해 주었음은 물론 융숭한 연구비 지원을 아끼지 않았다. 학자로서 시카고 대학보다 더 훌륭한 본향을 찾을 수는 없을 것이다. 나는 특히 시카고 대학에서 대단히 훌륭한 대학원생들과 함께할 수 있었다는 사실을 특별한 행운으로 생각한다. 그들은 나로 하여금 주장을 더욱 날카롭게 만들도록 강요했을 뿐 아니라 국제정치학의 이론과 역사에 관한 많은 것을 나에게 가르쳐 주었다. 나는 지난 몇 년 동안 나의 요구에 부응해 준 시카고 대학 정치학과 사무실의 직원들인 케이시 앤더슨Kathy Anderson, 하이디 파커Heidi Parker, 미미 월시Mimi Walsh에게도 감사를 드린다.

내가 학자의 길을 걷기 시작한 이래 나의 중요한 스승이었던 네 분에게 진 빚에 대해 감사의 말을 전하고 싶다. 윌리엄 슈와르츠William Schwartz는 미국 육군사관학교 생도 시절 필자가 국제안보문제에 대해 눈뜨게 해 주었다. 찰스 파월Charles Powell은 당시 남가주 대학 대학원생이던 필자가 보다 성숙해지도록 도와 주었으며, 조지 퀘스터George Quester와 리차드 로즈크런스Richard Resecrance 교수는 필자의 코넬대학 박사학위 지도 교수였다. 이들이 가르쳐 주고 또한 내가 공부할 수 있게 한 이들 교육기관이 없었더라면 나는 학자가 되어 이 책을 저술할 수 없었을 것이다. 이들의 도움에 대해 나는 영원토록 감사해야 할 것이다.

필자의 편집인인 노톤 출판사의 로비 해링톤Roby Harrington은 이 책의 집필을 제안했고 내가 예상했던 것보다 더 오랜 기간 동안 그와 함께 일하게 되었다. 그의 인내심과 지혜에 대해 큰 감사를 드린다. 트라시 네이글Traci Nagle은 초고를 편집하는 데 탁월한 능력을 발휘했으며 에이버리 존슨Avery Johnson과 롭 화이트사이드Rob Whiteside는 이 책의 제작 과정을 유능하게 감독해 주었다.

마지막으로 나는 정신적으로 지지해 준 가족들에게 감사의 말을 드리려 한다. 책을 저술하는 작업은 고통스럽고 시간이 지연되는 일이기 마련이다. 나는 책을 쓰는 일이 그 일이 끝날 때까지 매일 여러 시간 동안 곰과 씨름하는 것이라고 생각한다. 그리고 그 곰을 채찍질하기 위해서는 지적인 전투를 벌이는 곳에서 뿐만 아니라 가정에서 강력한 지원을 받는 일이 중요하다. 나는 두 가지를 다 가진 행운아였다. 누구보다도 나의 아내 파멜라Pamela에게 감사한다. 나는 그녀에게 너무 많은 빚을 졌다. 이 책을 그녀에게 바친다.

01

서론

The Tragedy Of Great Power Politics

서구에 살고 있는 많은 사람들이 드디어 강대국들 사이에 "영구평화"가 도래했다고 믿고 있는 듯하다. 그들은 이제 냉전도 끝났을 뿐 아니라 강대국들이 서로를 대하는 태도에 혁신적 변화가 있었다고 부연한다. 강대국들은 아무런 도움이 되지 않는 상호간 안전보장을 위한 경쟁, 더구나 전쟁을 벌일 가능성이 줄어든 세계로 진입했다. 한 학자는 냉전의 종식은 "역사의 종말"을 초래했다고 말하고 있다.[1]

이 관점은 강대국들이 상대방을 더 이상 잠재적인 군사적 라이벌로 보지 않을 뿐 아니라 오히려 국제공동체(international community)라고 불리는 국제가족(family of nations)의 일원으로 본다고 주장한다. 이처럼 장래가 촉망되는 세상에서 국가들이 협력할 가능성은 엄청나게 크며, 이런 세상은 모든 강대국들에게 번영과 평화를 가져다줄 것이라고 생각된다. 일부이긴 하지만, 강대국간 평화가 도래될 가능성은 별로 없다는 역사적으로 비관적 입장을 취하는 현실주의 학설을 따르는 학자들 중에서조차 강대국간 평화에 관한 낙관주의가 나타나고 있다. 1990년대 중반 발표된 '낙관주의자로서의 현실주의자' 라는 논문은 이 입장을 반영하고 있다.[2]

그러나 슬프게도 강대국간 안보 경쟁과 전쟁의 가능성이 국제체제에서 소멸되었다는 주장은 잘못된 것이다. 실제로 강대국간 영원한 평화에 관한 약속은 사산(死産)될 것이라는 증거가 많다. 예를 들어 소련의 위협이 소멸했는데도 불구하고 미국이 아직도 유럽에 10만 명의 병력을 배치하고 있으며 그와 버금가는 수의 군대를 동북아시아에 계속 주둔시키고 있다는 사실을 생각해 보라. 미국의 군대가 이 지역들로부터 철수할 경우 이 지역에 있는 주요 강대국들 사이에 위험한 경쟁관계가 야기될까 두렵기 때문에 미군을 계속 주둔시키고 있는 것이다. 더구나 영국과 프랑스를 포함한 거의 모든 유럽국가들은 공개적으로 말할 수 없지만 가슴속 깊은 곳에서는 아직도 독일이 미국에 의해 통제되지 않을 경우 공격적으로 행동할지도 모른다는 두려움을 가지고 있다. 동북아시아 지역에서 일본에 대한 두려움은 그 정도가 더욱 심하며 일본을 위험하다고 보는 입장은 빈번하게, 공개적으로 언급되고 있다. 마지막으로 미국과 중국이 대만문제로 충돌할 가능성은 결코 작지 않다. 이렇게 말하는 것은 강대국 사이에 전쟁 가능성이 높다고 주장하려는 것이 아니라 강대국 사이의 전쟁발발 위협이 아직도 사라지지 않았다는 사실을 상기시키려는 것이다.

국제정치가 항상 무자비하고 위험하다는 것은 슬픈 현실이며 앞으로도 그럴 가능성이 높다. 비록 경쟁의 치열성은 높아지거나 낮아질 수 있지만 강대국들은 언제나 서로를 두려워하고, 권력(power)을 더 차지하기 위해 경쟁한다. 강대국들의 최우선 목표는 세계에서 자신이 차지하는 힘의 비율을 더 높이려는 것이며 이는 결국 상대방의 힘의 비율을 낮춰야만 가능한 것이다. 강대국들은 — 그것이 바람직한 결과이기는 하지만 — 단순히 가장 강한 나라(strongest power)가 되기 위한 목적에서 경합을 벌이는 것은 아니다. 강대국들의 궁극적 목표는 패권국(hegemon) — 즉, 국제체제에서의 유일한 강대국 — 이 되는 것이다.

잠재적 라이벌에 대항하여 자신의 압도적 지위를 계속 유지하기 원하는 일부 패권국을 제외한다면 국제체제에서 현상유지를 원하는 강대국은 없다. 강대국들이 현재의 힘의 분포(distribution of power)상황에 만족하는 경우는 거의 없다. 반대로 강대국들은 모두 힘의 분포상황을 자신에게 유리한 방향으로 변화시켜야 한다는 동기에 당면하게 된다. 강대국들은 항상 현상을 바꾸어야 한다는 의도를 가지며, 만약 그것이 합리적 대가를 치름으로써 가능하다고 생각할 경우 군사력을 사용해서라도 균형상태를 바꾸려 한다.[3] 세력균형상태를 바꾸는 데 위험과 대가가 너무 큰 경우 강대국들은 자제하면서 상황이 좋아질 때까지 기다린다. 그 어느 국가도 패권이라는 궁극적 목적을 달성할 때까지 더 많은 힘을 보유하겠다는 욕망을 버리지 않는다. 그러나 어떤 국가도 전지구적 차원에서 패권적 지위를 차지할 가능성은 별로 없기에, 강대국들은 끊임없이 경쟁할 수밖에 없다.

이처럼 끊임없는 힘의 추구는 강대국들이 세계적 힘의 분포상황을 자신에게 유리한 상황으로 변화시킬 수 있는 기회를 지속적으로 추구하는 경향을 가지고 있음을 말해준다. 강대국들은 자신에게 유리하도록 힘의 균형을 변화시키는 데 필요한 능력을 갖추고 있는 경우 그 기회를 놓치지 않으려 한다. 간단히 말하자면 강대국들은 공격적일 수밖에 없다. 강대국들은 남의 희생을 통해 자신의 힘을 추구함은 물론, 상대방이 힘을 얻는 것을 자신의 희생을 통해 억지하려 한다. 그래서 강대국들은 다가오는 변화가 상대방에게 유리하게 보이면 현 상태를 지속시키려 하며, 변화의 방향이 자신에게 유리한 방향으로 진행되는 경우 현재의 균형상태를 파괴하려고 노력한다.

강대국들은 왜 그렇게 행동하는가? 바로 국제체제의 구조 때문이다. 자신을 보호하기 위해서 행동하는 경우라도, 상대방이 보기에는 공격적인 것으로 인식되는 것이 국제정치체제다. 국제체제의 다음과 같은 세 가지 측면이 국가들이 서로를 두려워하도록 만든다.

1. 국가들을 보호해 줄 수 있는, 국가보다 상위에 있는 권위를 가진 조직이 없다.
2. 국가들은 항상 공격을 가능하게 하는 군사력을 어느 수준 이상 보유하고 있다.
3. 국가들은 결코 상대방의 의도에 대해 확실하게 알 수 없다.

이처럼 국가들이 서로를 두려워한다는 사실을 주어진 것으로 가정할 때 공포가 완전히 해소될 가능성은 없다고 보인다. 국가들은 자신이 다른 나라보다 상대적으로 강할 경우에만 자신들이 생존할 확률도 높아진다고 인식하게 된다. 실제로 생존을 위한 가장 확실한 방안은 패권국(hegemon)이 되는 것이다. 패권국에 대해서는 어떤 나라도 심각하게 도전할 수 없을 것이기 때문이다.

이러한 국제정치 상황은 누가 의식적으로 고안한 것도 아니고 의도한 것도 아니지만 본질적으로 비극적 상황이다. 서로 싸워야 할 아무런 이유

지도 1-1 **분할된 폴란드 1795-1918**

가 없는 강대국이라도 해도 — 즉, 오직 자신의 생존에만 관심을 가지는 강대국이라 할지라도 — 그들은 자신의 국력을 증강시키거나, 국제체제에 있는 다른 나라를 제압할 수 있는 능력을 추구해야 한다는 대안 이외의 다른 것을 택할 수 없다.

1860년대 초반 프러시아의 정치가 오토 폰 비스마르크Otto von Bismarck는 이런 딜레마를 처절하며 적나라하고 솔직하게 표현했다. 비스마르크는 당시 독립국이 아니었던 폴란드가 주권을 회복할 것처럼 보였던 시점에서 다음과 같이 말했다.

어떤 형태는 관계없이 폴란드 왕국이 재건된다는 것은 우리를 공격하기로 작정한 어떤 강대국과도 동맹을 맺을 수 있는 국가가 건설되는 것과 마찬가지다. 프러시아인들은 반드시 폴란드 사람들이 모든 희망을 잃고 주저앉아 죽을 때까지 폴란드인들을 격멸해야 한다. 나는 그들의 처지를 많이 동정한다. 그러나 우리나라가 생존하기 위해서는 폴란드를 없애는 방법 이외에는 다른 도리가 없다"[4]

강대국들이 이처럼 생각하고 행동할지도 모른다는 사실을 이해하는 것이 비통한 일이기는 하지만, 우리는 세상을 우리가 원하는 모습이 아닌, 있는 그대로의 모습으로 봐야 할 의무가 있다. 예를 들어 미국이 당면한 중요한 외교정책 이슈의 하나로, 중국이 지속적인 경제발전을 이룩함으로써 거대한 홍콩처럼 될 경우 과연 중국은 어떻게 행동할 것이냐의 문제가 있다. (이 주제는 10장에서 다루게 될 것이다) 많은 미국 시민들은 중국이 민주주의 국가가 되고 세계 자본주의 체제에 편입된다면 중국은 공격적으로 행동하지 않을 것이라고 믿는다. 중국은 공격적이기보다는 오히려 동북아시아의 현상에 만족할 것이라고 생각한다. 이 논리에 의하면 미국은 중국이 세계경제에 통합되는 과정을 도울 수 있는 개입정책(engagement policy)을 채택해야 하며 이 정책은 중국이 민주화하는 데도 도움이 된다. 만약 개입정책이 성공한다면 미국은 부유하고 민주적인 중국과 함께 세계평화를 위해 일할 수 있을 것이라 생각한다.

불행한 일이지만 개입정책은 실패할 운명에 놓여 있다. 만약 중국이 경제적으로 막강한 나라가 된다면 중국은 막강한 경제력을 통해 막강한 군사력을 건설할 것이 분명하며, 동북아시아를 제패하려고 할지도 모른다. 중국이 민주국가라든가 혹은 중국이 세계경제에 깊숙이 개입되어 있던가 혹은 중국경제가 자급자족적인가의 문제는 중국의 행동에 영향을 미치는 요인이 되지 못한다. 민주국가이든 독재국가이든 국가안보에 대한 관심은 동일하며 어느 나라의 경우라도 패권국이 되는 것이 그 나라의 국가안보를 위한 궁극적인 방법이기 때문이다. 물론 중국이 국력을 증강시키는 동안 미국이나 중국의 주변국 누구도 가만히 있지는 않을 것이다. 주변국들은 중국을 봉쇄하려고 할 것이며, 아마도 세력균형을 위한 연합을 형성할지도 모른다. 이 경우 중국과 중국의 경쟁 국가들 간에는 팽팽한 안보경쟁이 야기될 것이며, 이들 간에 강대국 전쟁(Great Power War)이 발발 가능성이 항상 존재하게 될 것이다. 요약한다면, 중국의 국력이 증가함에 따라 미국과 중국의 관계는 적대적으로 변할 수밖에 없다.

공격적 현실주의

이 책은 강대국 국제정치를 낙관적으로 보는 기존의 압도적 견해에 대한 도전으로서 현실주의적 국제정치 이론을 제공한다. 이 목적을 위해 세 가지 특별한 작업이 필요하다.

먼저 이론의 중요한 부분을 설명하는 것으로 시작하고자 한다. 나는 이 이론을 "공격적 현실주의"(Offensive Realism)라고 부르려고 한다. 이 책에서는 강대국들이 상호간 어떻게 행동하는가에 관한 몇 가지 주장을 제시할 것이다. 강대국들은 상대방에게 손해를 입히면서라도 자신의 힘을 증가시킬 수 있는 기회를 추구한다는 사실을 강조하고, 더 나아가 국가간 분쟁의 가능성을 높이거나 낮출 수 있는 조건들을 밝히고자 한다. 예를 들어 나는 다극체제(multipolar system)가 양극체제(bipolar system)보다 전쟁발발 가능성이 더 높다고 주장하며, 특히 강대국이 다수 포함된 다극체제 — 즉 잠재적 패권국들이 여러 나라 존재하는 — 는 가장 위험한 국제체제라고 주장하고자 한다. 그러나 이런 다양한 주장을, 단지 주장만 하기보다는 이론의 근저에 놓여 있는 국가들의 행동과 결과를 설명할 수 있는 강력한 근거들을 아울러 제시하고자 한다. 즉, 나는 내 주장들의 기초가 되는 인과적 논리와 합리적 논증과정을 제시할 것이다. 이 책에서 제시될 이론들은 강대국의 행동에 주로 초점을 맞출 것인데 그 이유는 강대국들이 국제정치에서 야기되는 사건에 대해 가장 큰 영향을 미치기 때문이다.[5] 강대국과 약소국을 막론하고 모든 나라의 운명은 가장 막강한 힘을 가진 나라의 행동 및 결정에 의해 일차적으로 결정될 것이다. 예를 들자면 1945년부터 1990년에 이르기까지 지구상 거의 모든 지역의 정치는 미국과 소련의 경쟁에 깊은 영향을 받았다. 냉전에 선행된 두 차례의 세계대전은 세계 각 지역의 정치에 비슷한 영향을 미쳤다. 두 차례의 세계대전은 모두 강대국의 경쟁관계에서 비롯된 것이었으며 강대국들의 경쟁은 지구 방방곡곡에 큰 그림자를 드리웠다.

강대국은 주로 그들이 가지고 있는 군사력에 의해 판가름된다. 강대국으로 인정받기 위해서는 국제정치에서 가장 힘이 센 나라에 대항하여 상당 규모의, (핵전쟁이 아닌) 재래식 전면전쟁을 치를 수 있는 능력을 보유하고 있어야만 한다.[6] 강대국으로 불릴 수 있는 나라들이 반드시 가장 강한 국가를 제압할 수 있는 군사력을 가질 필요는 없다. 그러나 강대국이 되려면 가장 강력한 국가에게 궁극적 승리를 거둘 수는 없을지라도 가장 강한 나라를 심각하게 약화시킬 수 있고, 전쟁을 소모전으로 끌고 갈 수 있을 정도의 능력을 가지고 있어야 한다. 핵시대에 있어서 강대국은 반드시 핵 억지력을 보유하여 엄청난 규모의 전면적인 재래식 공격에는 물론 핵공격에서도 살아남을 수 있는 능력을 가져야 한다. 가능한 상황은 아니지만 만약 어떤 나라가 상대방 전부를 압도할 수 있는 핵 우위를 확보한다면, 그 나라는 국제체제의 유일한 강대국이 될 것이다. 핵 패권국이 등장할 경우 재래식 군사력의 균형이란 무의미하다.

이 책에서 내가 할 두 번째 일은 (현실주의) 국제정치 이론은 국제정치의 역사에 관해 많은 것을 말해주고 있음을 보여주는 것이다. 어떤 이론이라도 궁극적인 테스트는 그 이론이 현실세계에서 야기되는 일들을 얼마나 제대로 설명할 수 있느냐의 여부에 달려 있다. 그래서 나는 나의 이론을 역사적 사실에 입각하여 테스트해 보기 위해 역사에 관한 언급을 길게 할 예정이다. 강대국 국제관계를 설명하기 위해서 1792년 프랑스 혁명과 나폴레옹 전쟁이 발발한 시점으로부터 20세기가 종료되는 시기까지의

기간에 초점을 맞출 것이다.[7]

이 책은 유럽의 강대국들에게 더 큰 관심을 두는데 그 이유는 지난 200년의 대부분 기간 동안 세계정치를 압도했던 나라들은 유럽의 강대국들이었기 때문이다. 일본과 미국이 강대국의 반열에 오른 1895년과 1898년 이전, 유럽은 세계 모든 강대국들의 고향이었다. 그렇지만 이 책은 특히 1895년부터 1945년에 이르는 기간 동안 일본제국을 중심으로 한 동북아시아의 국제정치와 1990년대 이후 중국을 중심으로 한 동북아시아의 국제정치에 대해서도 폭넓은 토론을 제시할 것이다. 미국의 경우도 저자의 공격적 현실주의 이론을 테스트하기 위한 역사적 사례로 광범위하게 인용할 것이다.

저자가 조명을 해보려는 역사적으로 중요한 퍼즐들은 다음과 같다.

1. 근대 역사상 가장 길고 잔인한, 그리고 당대 국제체제의 모든 강대국이 참전국이 되었던 세 차례의 전쟁시기 — 프랑스 혁명전쟁 및 나폴레옹 전쟁시대(1792 - 1815), 1차 세계대전(1914 - 1918)과 2차 세계대전(1939 - 1945) — 는 어떻게 설명해야 할 것인가?

2. 1816년부터 1852년, 1871년부터 1913년, 특히 냉전기간인 1945년에서 1990년에 이르는 장기적이고 상대적인 평화의 시대는 어떻게 설명해야 할 것인가?

3. 19세기중 단연코 세계에서 가장 부유한 나라였던 영국은 왜 강력한 군사력을 건설하여 유럽을 지배하려 하지 않았을까? 왜 영국은 나폴레옹의 프랑스, 빌헬름의 독일, 나치 독일, 소련 등 자신의 경제력을 군사력으로 전환시켜 유럽의 패권을 추구하기 위해 노력한 나라들과 다른 행동을 보였을까?

4. 왜 비스마르크의 독일(1862 - 1890)은 1862년부터 1870년에 이르는 기간 동안 그렇게도 공격적이었는가? 이 기간중 독일은 강대국과 상대한 두 개의 전쟁과 약소국을 상대한 하나의 전쟁을 치렀다. 그런

독일은 왜 1871년부터 1890년까지는 전혀 공격적 행태를 보이지 않았는가? 이 기간 중 독일은 아무런 전쟁도 치르지 않았고 유럽의 현상유지 추구에 몰두했다.

5. 영국, 프랑스, 러시아는 1차 세계대전 이전, 빌헬름의 독일제국에 대항하는 균형 연합(Balancing Coalition)의 결성에는 성공했는데, 왜 나치 독일을 봉쇄하기 위한 연합형성에는 실패했는가?

6. 2차 세계대전이 종료된 후 경제적으로 가장 막강하고 핵무기를 독점한 나라는 미국인데, 왜 냉전초기 일본과 서유럽국가들은 미국과 연합하여 소련에 대항했을까?

7. 20세기 동안 미국이 동북아시아와 유럽에 개입한 것은 어떻게 설명할 수 있을까? 미국은 왜 1914년 8월, 1차 세계대전이 발발했을 당시 전쟁에 개입하지 않고, 1917년 4월까지 기다리다가 전쟁에 개입했을까? 마찬가지로 왜 미국은 1930년대에 나치 독일에 대항하는 균형정책을 취하지 않는가? 2차 세계대전을 방지하기 위해 미국은 왜 1939년 9월 이전에 유럽에 군대를 파병하지 않았는가?

8. 왜 미국과 소련은 상대방에 대한 핵 보복력을 확보한 이후에도 계속해서 핵 군사력을 증강시켰는가? 양국이 모두 "확실한 파괴" 능력을 보유한 경우 그런 상태는 안정된 상태라 여겨지며 핵균형이 쉽게 무너지지 않는다. 그런데 두 초강대국은 "선제공격력"을 갖추려는 목표 아래 수십억 달러, 수십억 루블의 막대한 금액을 소비했다.

셋째로, 나는 이 책에서 공격적 현실주의 이론으로 21세기의 강대국 국제정치를 예측하고자 한다. 이런 노력을 일부 독자들은 바보 같은 일이라고 생각할 수 있을 것이다. 왜냐하면 국제정치학은 다른 사회과학과 마찬가지로 자연과학과 비교할 때 훨씬 불완전한 이론적 기반에 근거하기 때문이다. 정치현상은 대단히 복잡하며 그렇기 때문에 현재 우리가 가지고 있는 이론보다 훨씬 우수한 이론이 존재하지 않는 한, 정교한 정치적 예측은 불가능하다. 그래서 어떤 정치적 예측일지라도 실수가 있게 마련이다. 정치현상을 예측하려는 자는 겸손한 자세로 임해야 하며 근거 없는 확신을 표시하면 안되며, 나중에 보았을 때 놀라움과 실수가 있을 수 있다는 점을 인정해야 한다.

이런 위험요인이 있기는 하지만, 그럼에도 불구하고 사회과학자들은 그들의 이론을 이용하여 미래를 예측하기 위해 노력해야 한다. 예측을 함으로써 정책논의를 가능하게 할 수 있다. 예측하려는 노력은 우리들 주위에서 일어나는 사건들에 대한 이해를 증진시키는 데 도움이 되기 때문이다. 예측은 의견이 다른 부분들을 명쾌하게 밝힘으로써 견해를 달리하는 사람들이 그들의 견해를 더욱 분명하게 구축할 수 있도록 한다. 더 나아가, 새로운 사건을 기대하려는 노력은 사회과학이론을 검증하는 좋은 방법이 될 수 있다. 이론가들은 일이 끝난 후 어떻게 되리라는 점을 미리 알 수 없고, 따라서 실제 나타난 사건에 자신들의 주장을 끼워 맞출 수 없기 때문이다.

요약한다면, 세상의 현실은 어떤 이론이 국제정치를 가장 잘 설명할 수 있는지를 결정할 수 있는 실험실이 되는 것이다. 이런 정신에 입각하여 예측한다는 일이 이익도 있고 문제점도 있다는 사실을 인식하면서, 나는 공격적 현실주의 이론을 가지고 미래를 꿰뚫어 보려고 한다.

■ 이론의 장점과 한계

이 책은 의도적으로 이론적인 책이 될 것임이 분명하다. 그러나 학문세계의 담장을 넘어서, 특히 정책의 영역에서, 이론이란 현실에 부합하지 않고 뜬구름만 잡는 것이라는 악명이 자자하다. 사회과학이론은 머리를 구름에 처박고 있는 학자들의 게으른 사변(思辨)이며, "현실세계"에서 일어나는 일들과는 별 관계가 없는 것이라고 인식되는 경우가 적잖다. 냉전 당시 유명한 미국 외교 정책결정자였던 폴 니츠Paul Nitze는 "2차 세계대전 이후 미국인들에 의해, 정치학이라는 제목 아래 강의되고 쓰인 것들의 대부분은 … 실제 정책을 형성하기 위한 지침으로 비생산적인 것은 아니었을지라도 … 그다지 유용한 것들은 아니었다"고 쓰고 있다.[8] 이 견해에 의하면 이론이란 오직 학자들의 시계(視界) 안에 놓여 있는 것일 뿐이며 정책결정자들은 그들의 임무를 달성하기 위해 상식, 직관, 그리고 실제적 경험에 의존해야 할 것이다.

그러나 이런 관점은 잘못된 것이다. 이론이 없다면 우리들은 우리가 살고 있는 세상을 이해할 수 없으며 지혜로운 정책결정도 불가능하다. 국제정치학도와 국제정치를 직접 담당하는 실무자들은 그들의 주변을 이해하기 위해 모두 이론에 의거하고 있다. 일부는 그런 사실을 알고 있고 다른 일부는 그것을 모른다. 일부는 이 사실을 인정하며 또 다른 이들은 인정하지 않는다. 그러나 우리는 상황을 단순화시키는 이론이 없는 한 우리를 둘러싸고 있는 복잡한 세계를 이해할 도리가 없다. 클린턴 행정부의 외교정책 논리를 예로 들어보자. 그들의 논리는 국제관계에 대한 중요한 자유주의 이론 세 가지로부터 크게 영향을 받고 있었다.

1. 번영되고 경제적으로 상호의존적인 국가들은 서로 싸울 가능성이 적다.
2. 민주주의 국가들끼리는 서로 전쟁하지 않을 것이다.
3. 국제제도(조직)는 국가들이 전쟁을 회피할 수 있도록 하며 협력적인 관계를 형성하게 할 수 있다.

클린턴과 그의 정책결정팀이 1990년대 중반 북대서양조약기구NATO의 회원국을 확대하던 과정을 어떻게 정당화시켰는지 생각해 보자. 클린턴 대통령은 NATO를 확대하는 가장 중요한 목표는 "중부유럽의 민주국가들을 잡아두려는 것"이라고 말했는데, "민주국가들이란 그들의 차이점을 평화적으로 해결하는 나라이기 때문"이라는 것이다. 그는 "미국은 개방된 무역체제를 확대해야 한다. 왜냐하면 우리의 국가안보는 다른 나라들이 자유를 유지하고, 개방적이며 함께 일하는 데 있지, 그들과 상호 적대적인 데 있지 않기 때문"이라고 말했다.[9] 클린턴과 옥스퍼드 대학에서 같이 공부한 스트로브 탈보트Strobe Talbott 미국 국무차관보는 NATO의 확대에 관해 마찬가지로 말했다. "냉전의 종식과 더불어 개방사회, 개방시장에 관한 신념의 공유를 통해 점차 단결된 유럽을 건설하는 것이 가능해졌다." 그는 NATO의 경계선을 동쪽으로 이동시키는 일은 이미 헝가리와 폴란드에 존재하던 "민주주의와 시장개혁에 관한 국가적 동의(同意)를 더욱 강화"시키는 데 도움이 될 것이며 그 결과 이 지역의 평화에 관한 전망을 밝게 하는 데 기여할 것이라고 주장했다.[10]

마찬가지 관점에서 올브라이트Madeleine Albright 국무장관은 다음과 같은 말로 NATO의 창시자들을 추켜세웠다. "그들의 기본적 성취는 법에 기본을 둔 제도의 네트워크와 평화를 유지하도록 하는 장치의 건설을 시작했다는 점이다." 그는 "그러나 그들의 성취는 아직 완성된 것은 아니다"고 경고했다. "오늘 우리가 당면한 도전은 2차 세계대전 이후의 건설 계획들을 끝마치는 일이다. … 그리고 미국의 이익과 가치가 번창할 수 있는 지역을 확대하는 것이다."[11]

이상의 예들은 세상이 어떻게 움직이고 있는가에 관한 일반적 이론들이 정책결정자들이 추구하는 목적과 그 목적을 성취하기 위한 수단을 어떻게 선택해야 하는가에 관해 얼마나 중요한 영향력을 미치고 있는지를 잘 보여준다. 그러나 이렇게 말하는 것은, 유명한 이론이라면 그것이 얼마나 널리 수용되느냐의 여부와 관계없이 무조건 포용해야 한다는 뜻은 아니다. 좋은 이론들도 있지만 나쁜 이론들도 있다. 어떤 이론들은 너무 사소한 주제들을 다루는가 하면 또 어떤 이론들은 불투명하고 거의 이해하기 불가능한 경우도 있다. 더 나아가 어떤 이론들은 깔려 있는 논리가 자가당착적이기도 하고 어떤 이론들은 그 이론들이 예측한 대로 세상사가 전개되지 않는다는 점에서 전혀 설득력이 없는 경우도 있다. 우리가 택해야 하는 책략은 훌륭한 이론과 단점이 많은 이론을 구분하는 것이다.[12] 나의 목표는 독자들에게 공격적 현실주의 이론은 국제정치체제의 작동에 관한 중요한 측면을 보여주는 훌륭한 이론임을 설득하는 것이다.

그러나 다른 국제정치 이론들과 마찬가지로 공격적 현실주의 이론의 설명력에는 한계가 있다. 이론의 중요한 주장과 배치되는 몇 가지 사례가 있고 공격적 현실주의가 설명을 해야 하지만 그럴 수 없는 경우도 있다. 모든 이론들이 이런 문제에 봉착하지만 이런 문제가 적으면 적을수록 그 이론은 더 훌륭한 이론이라고 말할 수 있을 것이다.

공격적 현실주의 이론과 배치되는 몇 가지 사례 중 한 가지는 1905년 독일의 경우이다. 당시 독일은 유럽에서 가장 막강한 나라였다. 유럽대륙에서 독일의 중요한 경쟁국은 프랑스와 러시아였고 두 나라는 약 15년 전 독일을 봉쇄하기 위한 동맹을 체결한 바 있었다. 영국은 당시 아주 소규모의 육군을 보유하고 있었는데 영국은 프랑스와 러시아가 독일을 견제해 줄 것이라고 기대했다. 그러나 1904년과 1905년 일본이 예상외로 러시아를 패퇴시킨 후 러시아는 당분간 지리멸렬한 상태가 되어 유럽의 세력균형 체제 밖으로 밀려나 버렸고 프랑스 홀로 막강한 독일에 맞서고 있는 상황이었다. 이 시기는 독일이 프랑스를 격파하고 유럽에서의 패권을 장악하기 위한 절호의 기회였다. 독일에게는 1905년에 전쟁을 시작하는 것이 1914년에 전쟁을 시작하는 것보다 훨씬 더 나은 일이었음은 분명하다. 그러나 독일은 1905년에는 전쟁을 해야 할 것이냐에 대해서 심각하게 생각조차 하지 않았는데, 이는 공격적 현실주의 이론의 예측과 배치되는 것이다.

이론들은 어떤 요인들을 강조하는 한편 다른 요인을 무시하는 방식으로 현실을 단순화시키기 때문에 예외적 상황에 당면하게 된다. 공격적 현실주의는 국가들의 행동은 국제체제에 의해 강하게 영향받을 것이라고 가정한다. 나는 무정부 상태 및 국가간 힘의 분포상태와 같은 구조적 요인들이 국제정치를 설명하는 데 가장 중요한 요인이라고 주장한다. 이 이론은 개인 혹은 이념과 같은 국내적인 정치적 고려들에 대해서는 별 관심을 갖지 않는다. 이 이론은 국가를 블랙박스(Black Box) 혹은 당구공처럼 취급한다. 이 이론은 1905년 독일의 지도자가 비스마르크인가, 빌헬름 황제인가, 아돌프 히틀러인가 혹은 당시의 독일이 민주국가인가 혹은 독재국가인가의 여부를 따지지 않는다. 이 이론에서 중요한 것은 당시 독일이 다른 나라에 비해 상대적으로 얼마만큼 강한 국력을 가지고 있었는가이다. 그러나 이 이론에서 고려되지 않은 요인들이 국가들의 정책결정 과정에서 중요한 역할을 담당하는 경우가 있다. 그리고 이 경우 공격적 현실주의 이론은 제대로 기능하지 못한다. 현실을 단순화시키는 한 치러야 할 대가가 있기 마련인 것이다.

공격적 현실주의가 국제정치에서 야기되는 모든 사건을 다 설명하지는 못한다. 한 가지 이론이 국제정치에 나타나는 여러 사례를 개략적으로 일관성 있게 설명할 수 있는 경우가 있다. 그러나 이런 일이 야기될 경우 더 정확한 설명을 위해 다른 이론이 채택되어야 할 것이다. 사회과학자들은 이러한 경우 이론이 "비결정적"(indeterminate)이라고 말한다. 공격적 현실주의처럼 광범한 주제를 다루는 이론의 경우 이런 일은 흔히 일어난다.

공격적 현실주의 이론의 비결정성의 한 예는 '1945년과 1963년 사이의 초강대국간 안보 경쟁이 왜 1963년부터 1990년 사이의 그것보다 더 치열했는가' 라는 물음에 대답할 수 없다는 것이다.[13] 이 이론은 또한 중부 유럽에서 바르샤바조약기구를 억제하기 위해서 북대서양조약기구는 공격적 군사전략을 취해야 할지 방어적 입장을 취해야 할지에 대해 할말이 별로 없다.[14] 이 질문에 대답하기 위해서는 전쟁억지 이론(deterrence theory)과 같은 더욱 세련된 이론이 필요하다. 그렇지만 이 이론들과 그들이 제기하는 설명들이 공격적 현실주의와 배치되지는 않는다. 그들은 오히려 공격적 현실주의를 보완해 준다. 요약한다면 공격적 현실주의는 컴컴한 방을 비추는 강력한 플래시 라이트와 같다. 이 빛은 방 구석구석을 모두 밝히지는 못하지만 캄캄한 곳을 헤쳐나가기 위한 가장 탁월한 방법인 것이다.

이상의 논의를 통해 공격적 현실주의는 기본적으로 상황을 묘사하는 이론(descriptive theory)임을 분명히 했다. 이 이론은 강대국들이 과거에 어떻게 행동했으며 앞으로 어떻게 행동할 것이냐에 관해 설명해준다. 그러나 공격적 현실주의 이론은 처방적 이론(prescriptive theory)이기도 하다. 국가들은 공격적 현실주의 이론이 지시하는 대로 행동해야만 한다. 공격적 현실주의 이론은 위험한 세상에서 생존해 나가는 데 가장 유용한 지침을 제공하기 때문이다.

혹자는 만약 공격적 현실주의 이론이 '강대국들은 어떻게 행동할 것인가'에 대해 묘사하는 것이라면, 왜 '강대국들은 어떻게 행동해야 하느냐'까지 명시해야(stipulate) 하는가라는 의문을 가질 수도 있을 것이다. 국제 체제로부터 가해지는 제약은 강대국들이 이론이 안내하는 대로 행동하는 방법 외에 다른 선택의 대안이 없게 만든다. 강대국들이 마치 강철로 만들어진 새장 속의 인질인 것처럼 묘사된 것은 타당성이 있지만, 강대국들은 흔히는 아니지만 때로는 이론에 반하는 행동을 보이기도 한다. 바로 위에서 예를 든 것과 같은 비정상적 사례들이 있는 것이다. 앞으로 살펴볼 것이지만 그처럼 바보 같은 행동들은 예외없이 부정적인 결과를 초래했다. 강대국들은 생존하고자 하는 한 항상 공격적 현실주의자처럼 행동해야 할 것이다.

■ 힘의 추구

이론에 관해서는 충분히 말한 것 같다. 이제 내 주장의 실체에 관해 좀 더 이야기해야 할 것 같다. 이는 "힘"(power)이란 핵심적 개념에 초점을 맞추는 것이다. 모든 현실주의자들에게 있어, 힘에 관한 계산은 국가들이 자신을 둘러싼 세계에 대해 어떻게 생각하는가의 핵심에 자리잡고 있다. 힘이란 강대국 국제정치에서 통화(通貨)나 마찬가지이며, 강대국들은 이를 위해 경쟁한다. 국제정치학에서의 힘은 경제학에서의 돈과 마찬가지 개념이다.

이 책은 힘에 관한 여섯 가지 질문을 중심으로 구성되었다. 첫째로, 왜 강대국들은 힘을 추구하는 것일까? 국가들은 왜 힘을 추구하기 위해 경쟁하는가를 설명하는 기본 논리는 무엇인가? 둘째로, 국가들은 얼마나 많은 힘을 필요로 하는가? 힘이 얼마나 많으면 충분한가? 이 두 가지 질문은 정말로 중요한 것인데 강대국들의 행동에 관한 가장 원초적인 이슈이기 때문이다. 이 본질적 질문에 대한 나의 대답은, 앞에서도 강조한 바처럼, 국제정치체제의 구조가 국가들이 패권을 추구하지 않을 수 없도록 한다는 것이다.

셋째로, 힘이란 무엇인가? 이 결정적으로 중요한 개념은 어떻게 정의되고 측정될 수 있는 것일까? 적절한 지표들을 사용하여 개별국가의 힘의 수준을 측정할 수 있을 것이며, 이를 바탕으로 국제체제라는 건물의 모습을 그려볼 수 있을 것이다. 특히 우리는 어떤 국가들이 강대국인지를 분별할 수 있을 것이다. 그렇게 한 후 우리는 국제체제가 (하나의 강대국에 의해 지시되는) 패권체제인지, (두 개의 강대국의 의해 통제되는) 양극체제인지, 혹은 (3개국 이상의 강대국에 의해 지배되는) 다극체제인지 결정할 수 있을 것이다. 더 나아가 우리는 강대국들의 상대적 힘을 알 수 있을 것이다. 우리는 특히 강대국들간에 힘이 균형적으로 배분되어 있는지 혹은 국가간 힘의 불균형이 심각한 상태인지를 알아내는 데 관심을 가지고 있다. 특히 국제체제에 잠재적 패권국 — 경쟁국보다 압도적으로 힘이 강한 나라 — 이 존재하는가의 문제는 중요하다.

힘을 분명하게 정의내리는 일은 국가들의 행동을 이해하는 데 도움이 된다. 만약 국가들이 힘을 위해 경쟁한다면, 우리들은 힘이 무엇인지를 더욱 잘 이해함으로써 국가간 경쟁의 본질에 대한 이해를 증진시킬 수 있다. 힘의 진정한 본질에 관한 더 많은 지식은 강대국들이 상호간에 어떻게 경쟁하는가를 이해하는 데 도움이 될 것이다.

네 번째, 국가들은 힘을 증진시키기 위해 어떤 전략을 선택하는가, 혹은 어떤 강대국이 기존의 세력 균형상태를 위협하는 경우, 다른 강대국들은 균형을 유지하기 위해 어떻게 행동하는가? 국가들이 힘을 획득하기 위해 사용하는 가장 중요한 전략은 전쟁과 공갈(Blackmail)이며, 강대국들이 위험한 경쟁국과 상대하는 경우 현재의 힘의 배분상태를 유지하기 위해 가장 흔히 쓰이는 방법은 균형(balancing)과 책임전가(責任轉嫁, buck passing)의 방법이다. '균형'은 위협을 당하는 국가가 적에 대항하여 전쟁억지력을 높임으로써 부담을 감수하는 것으로, 이 목적(전쟁억지)을 위해 상당한 자원을 투자하는 것이다. '책임전가'란 위협을 당하는 강대국이 다른 강대국에게 위협의 부담을 떠넘겨 그 강대국이 위협을 억지하거나 격파하도록 만드는 방안이다.

마지막 두 질문은 국가들이 세계 속에서 차지하는 자국의 힘의 비중을 상승시키기 위한 전략에 관한 것이다. 다섯 번째는 전쟁의 원인은 무엇인가에 관한 질문이다. 특히 힘과 관련된 어떤 요인들이 안보를 위한 국가간 경쟁을 더욱 치열하게 만들고 결국 국가간의 공개적 분쟁을 야기하는가의 문제다. 여섯째는, 위협을 받은 강대국들은 위험한 적국에 당면하는 경우, 언제 균형(balancing)의 방법을 취하고 언제 책임전가의 방법을 취하는가의 문제다.

나는 이상의 질문들에 대해 분명하고 확실한 대답을 제시하고자 노력할 것이다. 그러나 현실주의자들 사이에서도 위의 질문에 대한 합의가 이루어지지 않고 있다는 사실을 강조하고자 한다. 현실주의는 역사가 오래된 전통이지만 현실주의자들 사이에서도 본질적 이슈에 관한 논란은 항상 존재해 왔다. 이 책에서 나는 현실주의의 대안적 이론에 대해서는 자세하게 다루지 않을 것이다. 나는 공격적 현실주의 이론이 가장 중요한 경쟁 이론인 다른 현실주의 이론과 어떻게 차이가 나는지를 분명히 밝힐 것이며, 주로 나의 주장을 명료화시키기 위해 특정한 관점들에 관한 일반적 현실주의의 설명에 도전할 것이다. 그러나 다른 종류의 현실주의 이론을 체계적으로 검증하기 위한 시도는 하지 않을 것이다. 그보다는 나의 공격적 현실주의 이론을 전개하는 데 초점을 맞출 것이며 공격적 현실주의 이론을 통해 과거를 설명하고 미래를 예측하고자 시도할 것이다.

물론 국제정치학에는 현실주의 이론이 아닌 다른 이론들이 많다. 세 가지 종류의 상이한 자유주의 이론에 대해서는 이미 언급한 바 있다. 국제정치학에는 그 외에도 현실주의가 아닌 다른 종류의 이론들이 있는데 단 두 가지만 예를 들자면 사회적 구성주의, 관료정치 이론 등을 열거할 수 있다. 나는 중국이 평화적으로 부상할 수 있는 가를 설명하기 위해 이 책 10장에서 중요한 자유주의 국제정치학 이론 중 하나인 경제적 상호의존 이론과 유교주의를 간략히 분석할 것이다. 그러나 지면의 제약으로 인해 나는 현실주의가 아닌 이론들에 대해서 포괄적 논의를 하지 않을 것이다. 다시 부연하건대 이 책은 공격적 현실주의를 정당화시키려는 노력이다.

그럼에도 불구하고 학문의 세계와 정책결정의 세계에서 국제정치의 사고를 지배하는 여러 가지 이론들을 기술하고, 공격적 현실주의가 다른 종류의 현실주의 이론, 그리고 현실주의가 아닌 이론들과 어떤 차이가 있는지를 비교해 보는 일은 중요할 것이다.

자유주의 대 현실주의

자유주의 이론과 현실주의 이론은 국제관계 이론의 메뉴 중에서 우월한 지위를 차지하는 두 가지 부류의 이론체계이다. 국제정치학자들간의 위대한 지적(知的) 전투들은 현실주의와 자유주의 사이, 혹은 그들 패러다임 내부의 갈등 중 하나였다.[15] 이 부분을 명료하게 하기 위해 다음 세 가지 가장 영향력 있는 현실주의의 학술업적들을 살펴보자.

1. 카E.H.Carr의 『20년간의 위기 1919-1939The Twenty Years Crisis 1919-

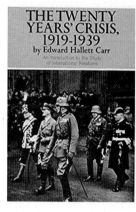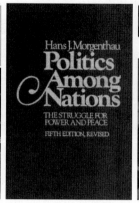

그림 1-1 대표적인 현실주의 이론서

1939』. 이 책은 2차 세계대전이 발발하고 얼마 지나지 않은 1939년 영국 런던에서 발간되었고 아직도 널리 읽히고 있는 책이다.

2. 모겐소Hans J. Morgenthau의 『국가간의 정치Politics among Nations』는 냉전의 초기(1948년) 미국에서 출간된 책이며, 이후 적어도 약 20년 동안 국제정치학을 석권한 책이다.

3. 월츠Kenneth Waltz의 『국제정치이론Theory of International Politics』은 냉전의 후반기(1979년)에 출간되었으며 간행된 이후 국제정치학 연구 분야를 압도한 책이다.[16]

현실주의의 거인들인 세 명의 저자들은 자신의 저서에서 자유주의의 몇 가지 측면에 대해 비판하고 있다. 카와 월츠는 자유주의자들이 주장하는 '경제적 상호의존은 평화의 전망을 높게 한다'는 주장을 비판한다.[17] 더 일반적으로 카와 모겐소는 그대로 따라갈 경우 국가들을 파탄으로 이끌게 되는 자유주의자들의 국제정치에 관한 낙관적 견해를 비판한다. 그러나 이들 현실주의자들은 중요한 이슈들에 대해 견해를 달리한다. 예를 들면 월츠는 모겐소의 주장, 즉 다극체제가 양극체제보다 더 안정적이라는 주장을 비판한다.[18] 더 나아가 모겐소는 국가들이 내재적으로 권력에 대한 욕구가 있기 때문에 힘을 추구하는 것이라고 주장하는 데 반해 월츠는 국제정치의 구조적 속성은 국가들이 스스로의 생존가능성을 높이기 위해 힘을 추구하지 않을 수 없도록 강요한다고 주장한다. 위 사례들은 현실주의자들 사이에 나타나는 의견불일치의 극히 작은 사례일 뿐이다.[19]

이제 자유주의와 현실주의의 패러다임이 근거하는 핵심적인 믿음에 우선 초점을 맞추어서 그들의 이론을 보다 면밀하게 분석해 보기로 하자. 다음으로 특정 자유주의 및 현실주의 이론들의 차이점에 관해 알아보자.

■ 자유주의

자유주의의 전통은 계몽사상으로부터 유래한다. 18세기 유럽의 지식인과 정치가들은 이성(reason)에 기초해 세계를 훨씬 살기 좋은 곳으로 만들 수 있다고 믿었다.[20] 따라서 자유주의자들은 세상을 더욱 안전하고 평화롭게 만드는 데 대해 낙관적 성향을 보인다. 대부분의 자유주의자들은 전쟁의 재앙을 대폭 감소시키는 것과 국제적 번영을 증가시키는 일이 가능하다고 믿는다. 이런 이유 때문에, 자유주의 이론들은 종종 낙관주의(Utopian) 혹은 이상주의(Idealist)라고 불린다.

국제정치에 대한 자유주의의 낙관적 견해는 세 가지의 핵심적 믿음에 근거하는 것인데 이는 자유주의 패러다임에 속하는 모든 이론들에 공통적인 것이다. 첫째로, 자유주의자들은 국가를 국제정치의 중요한 행위자라고 믿는다. 둘째, 자유주의자들은 국가들의 내부적 속성은 대단히 상이하며, 국내적 속성의 차이는 국가의 대외적 행동에 큰 영향을 미친다는 사실을 강조한다.[21] 더 나아가 자유주의 이론은 일부 국내정치적 제도들(예로서 민주주의)을 가진 나라들을 나쁜 제도들(예로서 독재정치)을 가진 나라들보다 본질적으로 더욱 좋다고 믿는다. 그렇기 때문에 자유주의자들은 국제체제에는 선한 국가와 악한 국가가 있다고 믿는다. 선량한 국가들은 협력적 정책을 추종하며 스스로는 거의 전쟁을 일으키지 않지만, 나쁜 국가들은 다른 나라들과 국제분쟁을 야기하고, 그들의 목적을 달성하기 위해 무력을 사용할 가능성이 높다고 생각한다.[22] 그러므로, 평화의 관건은 세계의 모든 국가들이 선량한 국가가 되는 일이다.

셋째로, 자유주의자들은 선량한 나라의 대외행동을 설명하는 데 있어서 힘에 관한 계산은 그다지 중요한 것이 아니라고 믿는다. 비록 계산의 방식은 이론마다 다를 수 있고 뒤에서 더욱 분명하게 설명될 것이지만, 자유주의자들은 다른 종류의 정치·경제적 계산이 더 중요할 수도 있다고 믿는다. 나쁜 국가들은 남을 희생시켜서 자신의 힘을 증진시키려는 동기를 가지고 있을 수 있다. 그러나 그렇게 된 것은 그 나라가 잘못 인도되었기 때문이다. 좋은 나라들만이 존재하는 이상적 세상에서 힘이란 그다지 중요한 요인이 아니다.

자유주의라는 큰 천막 아래 존재하는 다양한 종류의 이론 중에서 앞에서 논한 세 가지 이론들이 특히 영향력이 크다. 첫 번째 이론은 국가간의 고도의 경제적 상호의존은 나라들이 서로 싸울 수 없도록 만든다고 주장한다.[23] 이 이론에 의하면 국제적 안정의 기초는 국가간의 자유로운 교역을 허용하는 자유주의 국제무역 질서를 건설하고 유지하는 것이다. 질서는 국가들을 더욱 풍요롭게 만들고 평화를 더욱 증진시킨다. 번영하는 국가들은 경제적으로 만족하게 되고, 만족스러운 국가들은 보다 평화로운 나라가 된다. 수많은 전쟁들은 부를 획득하고 유지하기 위한 목적 때문에 발발했다. 그러나 이미 부유한 나라라면 전쟁을 일으켜야 할 동기가 적을 것이다. 더 나아가, 상호의존적 경제관계에 있는 부유한 국가들이 서로 전쟁을 할 경우 번영은 훼손될 것이다. 전쟁은 그들을 먹여 살리는 손을 물어뜯는 일과 마찬가지이기 때문이다. 국가들이 상호간 경제적 의존관계를 확대한 후 그들은 서로 전쟁을 회피하게 되고 부를 축적하기 위해서 노력하게 될 것이다.

두 번째 자유주의 이론인 민주적 평화론(democratic peace theory)은 민주국가들은 다른 민주국가들과 전쟁을 벌이지 않는다고 주장한다.[24] 그렇기 때문에 민주국가들만으로 구성된 세계에는 전쟁이 없을 것이라고 주장한다. 이 이론이 주장하는 바는 민주국가들이 비민주적 국가들보다 덜 호전적이라는 것이 아니다. 다만 민주국가들끼리는 전쟁을 하지 않는 다는 말이다. 민주적 평화(민주국가들끼리는 전쟁을 하지 않는다)에 관해 다양한 설명이 있기는 하지만 어떤 것이 정확한지 견해의 일치는 없다. 그러나 자유주의 사상가들은 민주적 평화론은 현실주의에 대한 정면도전이며, 평화를 위한 비결을 제공한다고 믿는다.

마지막으로 일부 자유주의자들은 국제제도(international institution)는 국가간 협력가능성을 증진시키고 전쟁의 가능성을 대폭 줄인다고 주장한다.[25] 제도란 국가들 위에 존재하며 국가들이 용납할 수 있는 행동을 하도록 강요하는 독립적인 정치적 실체는 아니다. 제도란 오히려 국가들이 서로 협력하고 경쟁하는 것에 관한 명시된 제반 규칙들이다. 그것들은 용인할 수 있는 국가의 행동을 규정하고 있으며 용인할 수 없는 행동을 금지하는 것이다. 이 규칙들은 어떤 거인과 같은 기구에 의해 국가들에게 강요되는 것은 아니다. 이들은 국가들의 협상에 의한 것이며, 국가들이 서로 따르는 것이 이익이 되기 때문에 지키기로 동의한 것이다. 자유주의자들은 이러한 제도와 규칙들이 국가의 행동을 본질적으로 변화시킬 수 있다고 본다. 제도는 국가행동의 일거수일투족이 국가들의 상대적인 힘의 지위에 어떤 영향을 미치는가에 근거한 자신만의 이익을 계산하는 일을 단념시키며, 그럼으로써 국가들을 전쟁으로부터 멀어지게 하고 평화를 증진시키도록 한다고 말해진다.

■ 현실주의

자유주의와는 반대로, 현실주의자들은 국제정치에 대해서 비관적 입장을 취하는 사람들이다. 현실주의자들은 평화로운 세계를 건설하는 일이 희망사항일 뿐이라는 것에 동의한다. 다만 그들은 국가들간의 안보 경쟁(security competition)과 전쟁이라는 처절한 모습의 세계에서 벗어나는 쉬운 방법은 없다고 생각하는 것이다. 평화적 세상을 창조하는 일은 정말 매력적인 일이지만 현실적인 일은 아니다. 카E.H.Carr가 말하듯 "현실주의란 국제정치를 움직이는 저항하기 어려운 기존의 힘과 국제정치가 나아가는 불가피한 기존의 경향을 강조하고, 이와 같은 힘과 경향을 받아들이고 이에 적응하려는 것이다."[26]

국제관계에 관한 이런 우울한 견해는 세 가지 핵심적 신념에 근거하고 있다. 첫째, 현실주의자들은 자유주의자들과 마찬가지로, 국가를 국제정치에서 가장 중요한 단위라고 인식한다. 그러나 현실주의자들은 주로 강대국에 초점을 맞춘다. 왜냐하면 강대국들은 국제정치의 모습을 결정하며, 가장 처절한 전쟁의 장본인들이기 때문이다.

둘째로, 현실주의자들은 강대국들의 행동은 주로 그들의 내적 속성보다는 그들이 처한 국제환경으로부터 영향을 받는다고 믿는다. 모든 국가들이 대처해야만 하는 국제체제의 구조는 강대국 외교정책을 형성하는 가장 중요한 요인이다. 현실주의자들은 나라들을 좋은 나라, 나쁜 나라로 분명히 구분하려 하지 않는다. 왜냐하면 모든 강대국들은 그들의 문화, 정치체제, 지도자가 누구냐의 여부와 관계없이 똑같은 논리에 따라 행동한다고 보기 때문이다.[27] 그렇기 때문에 국가들은 힘의 세기라는 상대적 요인 이외의 다른 요인으로는 구분하기 어려운 것이다. 본질적으로 강대국들이란 크기만 다를 뿐인 당구공과 마찬가지인 것이다.[28]

셋째로, 현실주의자들은 힘에 관한 계산은 국가의 사고를 지배하며, 국가들은 서로 힘을 위해 경쟁한다고 본다. 국가들의 경쟁은 때로는 전쟁을 야기하며, 전쟁은 국가 정책수단의 하나로 용인된다. 19세기의 군사전략 사상가 칼 폰 클라우제비츠Carl von Clausewitz에 의하면 전쟁이란 다른 수단에 의한 정치의 연속인 것이다.[29]

마지막으로 현실주의자들은 국가간 경쟁은 제로섬(zero-sum)적 속성을 가지고 있어서 격렬해지고 용서할 수 없게 되는 경우가 자주 일어난다고 본다. 국가들은 경우에 따라 상호 협력적일 수 있다. 그러나 국제관계의 뿌리에는 갈등적 이해관계가 존재한다고 본다.

　　힘의 여러 가지 측면을 다루는, 다양한 종류의 현실주의 이론이 존재하지만 이중 두 가지 현실주의 이론이 가장 유명하다. 하나는 한스 모겐소의 『국가간의 정치Politics among Nations』에서 제안된 '인간본능 현실주의' (human nature realism)이며, 다른 하나는 '방어적 현실주의'(defensive realism)인데, 주로 케네스 월츠의 『국제정치이론Theory of International Politics』에서 제안된 것이다. 그들의 이론이 다른 모든 현실주의자들과 달리 유명하고 논쟁적으로 된 이유는 위에서 언급한 두 가지 본질적 문제에 대한 그들의 대답에서 연유하는 것이다. 특히 그들은 왜 국가들이 힘을 추구하는가 — 즉 그들은 안보 경쟁의 원인에 관해 할말이 있다 — 를 설명하고자 하며, 국가들은 얼마나 많은 힘을 가지려 하는가에 대해 설명하고 있다.

　　다른 부류의 유명한 현실주의 이론가들은 강대국들이 힘에 대해 깊은 관심을 갖고 있음을 입증하는 데 집중하기는 하지만 그들은 왜 국가들이 힘을 위해 경쟁하는가, 어느 정도의 힘을 가지고 있어야 국가들은 만족하는가의 문제를 설명하려 하지 않았다. 다른 현실주의자들은 현실주의의 접근방법을 일반적으로 옹호하고 있지만 그들 자신들의 고유한 국제정치 이론을 제시하지는 않았다. 카의 저작과 미국 외교관 조지 케난George F. Kennan의 저술들이 그 예가 될 것이다.

　　현실주의의 금자탑적인 저술인 『20년간의 위기The Twenty Year's Crisis』에서 카는 자유주의를 길게 비판했고 국가들의 행동의 동기는 주로 힘의 고려에 의한 것이라고 주장했다. 그러나 그는 왜 국가들이 힘에 신경 쓰는지, 국가들은 얼마나 많은 힘을 원하는지에 대해서는 별 말을 하지 않았다.[30] 투박하게 말한다면 카의 책에는 이론이 없다. 케난의 유명한 책

『미국외교 1900-1950American Diplomacy 1900-1950』에도 마찬가지 패턴이 나타난다.[31] 반면 모겐소와 월츠는 그들 자신만의 국제정치 이론을 제시하였고, 그래서 이들이 지난 50년간 국제정치학의 학문적 논의를 지배했던 것이다.

인간본능 현실주의는 때로는 '고전적 현실주의'라고 불리며, 1940년대 후반 모겐소 교수의 글들이 많은 독자들의 관심을 모으기 시작한 이래 1970년대 초반에 이르기까지 국제정치학 연구를 지배했다.[32] 이 이론은 국가들은 태어나면서부터 '권력의 의지'(will to power)를 가지고 있는 인간들에 의해 지도되는 것이라는 간단한 가정에 근거한다.[33] 즉, 국가들은 모겐소가 '권력에 대한 끊임없는 욕망'이라고 말한 것처럼, 권력에 대한 만족할 줄 모르는 욕구를 가지고 있으며 이 때문에 국가들은 상대방을 제압하고 상대방을 공격할 수 있는 기회를 끊임없이 추구하게 된다는 것이다.[34] 모든 국가들은 '지배의 의지'(animus dominandi)를 가지고 있기에 어느 나라는 더 공격적이고 어느 나라는 덜 공격적이라고 말할 수 있는 근거는 없으며, 현상유지를 바라는 국가를 위한 국제정치 이론이 존재할 여지는 없게 된다.[35] 인간본능 현실주의자들은 국제적 무정부 상태 (international anarchy) — 강대국들의 상위에서 이들을 통제할 수 있는 권위적 기구가 존재하지 않는 상태 — 는 국가들이 힘의 균형상태에 유념하지 않을 수 없도록 하는 원인이라고 생각한다. 그러나 국제정치의 구조적 제약은 국가행동의 부차적 요인이라고 간주한다. 국제정치의 가장 중요한 동기가 되는 원천적 요인은 국제체제에 있는 모든 국가들에 내재하는 '힘을 향한 의지' 때문이며, 힘을 향한 의지는 국가들이 최고의 지위를 차지하기 위한 투쟁을 벌이게 하는 원인이 된다는 것이다.

방어적 현실주의는 흔히 "구조적 현실주의"(structural realism)라고도 불리는데, 월츠 교수의 저작 『국제정치이론』이 출간된 1970년대 후반부터 각광받기 시작했다.[36] 모겐소와는 달리 월츠는 강대국들이 본능적으로 공격적이라고 생각하지는 않았고 강대국들을 공격적으로 만드는 권력을 향한 의지는 외부로부터 주입된 것이라고 보았다. 월츠는 강대국들은 다만 생존하겠다는 목표를 가진다는 사실에서 출발하였다. 강대국들은 무엇보다도 국가안보를 추구한다. 그럼에도 불구하고 월츠는 국제정치체제의 구조는 강대국들에게 세력균형을 유지하기 위한 조심스런 관심을 기울일 것을 강요한다는 가정에서 출발한다. 특히 무정부 상태는 국가안보를 추구하는 국가들이 힘을 위해 경쟁할 수밖에 없도록 한다. 힘이야말로 국가안보를 보장하는 가장 좋은 수단이기 때문이다. 모겐소의 이론에서는 인간의 본능이 국가간 안보 경쟁의 가장 중요한 원인인 데 반해 월츠의 이론에서는 국제적 무정부 상태가 가장 중요한 원인이다.[37]

그러나 월츠는 국제체제가 강대국들이 힘을 얻기 위해 공격적 행동을 하도록 했다는 사실을 강조하지는 않는다. 오히려 그는 반대의 주장을 전개한다. 국제정치적 무정부 상태는 국가들이 세력균형을 깨는 일을 하도록 하기보다는 오히려 세력균형을 유지하기 위해 방어적으로 행동하도록 권장한다는 것이다. 월츠는 "국가들의 첫 번째 관심은 국제체제 속에서의 자신의 지위를 유지하는 일이다"라고 쓰고 있다.[38] 국제정치 이론가 랜달 슈벨러Randall Schweller가 말하는 것처럼 월츠의 이론에는 "현상유지적 편향성"(status quo bias)이 있는 것 같다.[39]

월츠는 국가들은 상대방의 희생을 통해서라도 자신의 힘을 증가시키려는 동기가 있으며 상황이 좋을 경우 이런 동기에 의한 행동은 전략적으로 타당하다고 인식하고 있다. 그러나 월츠는 이 주장을 더 이상 정교하게 만들지는 않았다. 역으로 그는 강대국들이 공격적으로 행동할 경우 잠재적 피해국들은 공격자들에 대항하여 균형을 유지하려는 태도를 취하게 되며 그럼으로써 힘을 증대하려는 노력을 좌절시키게 된다고 말한다.[40] 월츠는 균형을 위한 다른 나라들의 노력은 공격자를 좌절시킬 것이라고 본다.[41]

더 나아가 월츠는 강대국은 너무 많은 힘을 가지지 않도록 조심해야 한다고 주장한다. 왜냐하면 힘이 너무 강해지는 것은 다른 나라들이 이에 대항하는 연합을 형성하도록 하며, 그 결과 어느 정도 힘을 보유한 후 더 이상 힘을 추구하지 않고 자제하는 것보다 더 못한 상황에 처하게 될 것이라고 말한다.[42]

전쟁의 원인에 관한 월츠의 분석은 그의 이론이 현상유지를 지향하는 편향성을 가지고 있다는 점을 더욱 분명히 보여준다. 그의 이론에는 전쟁에 대한 심오한 원인이 존재하지 않는다. 특히 전쟁을 통해 중요한 이익을 획득할 수 있다는 사실을 말하지 않는다. 그는 전쟁은 대체로 불확실성과 잘못된 계산의 결과로 야기된다는 말 이외에 전쟁의 원인에 관해서는 많은 말을 하지 않았다. 월츠에 의하면 국가들이 (상황을) 더 잘 알 수 있다면, 국가들은 전쟁을 시작하지 않을 것이다.

로버트 저비스Robert Jervis, 잭 스나이더Jack Snyder, 스티븐 반 에베라 Stephen van Evera 등은 공격 – 방어의 균형(offense –defense balance)이라 알려진 구조적 개념에 초점을 맞춤으로써 방어적 현실주의를 지지하고 있다.[43] 그들은 어떤 특정한 시점에서의 군사력은, 그것이 공격에 유리한지 방어에 유리한지 판단이 가능하다고 주장한다. 방어하는 편이 공격하는 편보다 분명히 유리할 때, 그럼으로써 정복이 어려울 때, 강대국들은 국력의 증가를 위해 무력을 사용할 동기가 별로 없을 것이며, 자신들이 이미 가지고 있는 것을 보호하는 데 더 중점을 두게 된다. 방어가 더 유리할 때, 자신이 가지고 있는 것을 보호한다는 것은 상대적으로 쉬운 일일 것이다. 반대로, 만약 공격이 더 쉽다면 국가들은 서로 상대방을 정복하고 싶은 유혹을 느끼며 그 경우 국제체제에는 전쟁이 만연할 것이다. 그러나 방어적 현실주의자들은 공격·방어의 균형은 일반적으로 방어쪽이 유리한 경우가 훨씬 많다고 보며, 그래서 정복은 대단히 어려운 것이라고 본다.[44] 요약하자면, 방어가 공격보다 유리하다는 자연스런 상황과 연계된 효과적 균형은 강대국들이 공격적 전략을 택하는 것을 자제하도록 하고 그들을 "방어적 지위 유지자"(defensive positionalist)로 만들 것이라고 본다.[45]

60

나의 공격적 현실주의 이론도 역시 국제정치학의 구조주의 이론이다. 방어적 현실주의의 입장과 마찬가지로 나의 이론도 '강대국이란 자신들의 안전을 다른 나라들의 위협으로부터 지켜줄 수 있는 상부기관이 없는 세상에서 자신의 생존 여부에 가장 큰 관심을 가지고 있는 나라들'이라고 본다. 강대국들은 힘이야말로 그들의 생존을 보장하는 핵심요인이라는 사실을 재빨리 깨닫는다. 공격적 현실주의 이론은 국가들이 얼마나 큰 힘을 요구하는가에 관해 방어적 현실주의와 의견을 달리한다. 방어적 현실주의자들에게 국제정치 구조는 국가들에게 어느 정도 이상의 힘을 증가시킬 동기를 거의 제공하지 않는다. 오히려 기존의 세력균형상태를 유지하는 데 힘쓰도록 국가들을 몰아간다. 국가들의 중요한 목표는 힘을 증강시키는 것이기보다는 오히려 기왕의 힘을 유지하는 것이다.

　반면 공격적 현실주의 이론은 실제의 세계정치에서 현상유지를 목표로 하는 나라들은 거의 찾아볼 수 없다는 입장을 취한다. 국제체제는 국가들에게 남을 희생시키더라도 힘을 증가시킬 기회를 노리라고 유혹하기 때문이며, 희생보다 이득이 더 크다고 생각할 경우 국가들은 그러한 상황을 이용하는 것이다. 국가의 궁극적 목표는 국제체제에서의 패권국이 되는 일이다.[46]

　공격적 현실주의와 인간본능 현실주의 이론은 강대국들이 끊임없이 권력을 추구한다고 보고 있음이 분명하다. 그러나 양자 사이의 결정적 차이점은 공격적 현실주의자들은 국가들은 자연적으로 공격적 성향을 물려받고 있다는 모겐소의 주장을 거부한다는 점이다. 공격적 현실주의자들은 국제정치체제의 구조가 강대국들에게 자신들의 상대적 힘을 최대화시킬 것을 강요하는 것이라고 본다. 그렇게 하는 것이 그들의 안보를 최대한 보장할 수 있는 최적의 방안이기 때문이다. 다른 말로 한다면, 국가 생존의 요구가 국가들에게 공격적으로 행동하라고 명령하는 것이다. 강대국들이 공격적으로 행동하는 것은 그들이 원해서 혹은 그들이 다른 나라를 지배하려는 내적 본능을 가지고 있기 때문이 아니다. 강대국들이 생존의

	인간본능 현실주의	방어적 현실주의	공격적 현실주의
국가들이 힘을 위해 경쟁하는 이유는?	국가들에 내재하는 권력추구 본능	국제체제의 구조	국제체제의 구조
국가들은 얼마만큼의 힘을 원하는가?	획득할 수 있는 모든 힘. 국가들은 상대적 힘을 극대화시키려 하며 패권적 지위가 궁극적 목표이다.	그들이 현재 보유하는 것보다 그다지 크지 않다. 국가들은 세력균형을 위해 분투한다.	획득할 수 있는 모든 힘. 국가들은 상대적 힘을 극대화시키려 하며 패권적 지위가 궁극적 목표이다.

표 1-1 주요 현실주의 이론

가능성을 극대화시키기 원한다면 더 많은 힘을 추구해야만 하기 때문이다(〈표 1-1〉은 위에서 제시한 본질적 질문에 대해 현실주의자들이 어떻게 대답하는지를 요약한 것이다).

공격적 현실주의 이론의 경우, 모겐소가 인간본능 현실주의 이론을 위해서, 그리고 월츠 및 다른 학자들이 방어적 현실주의 이론을 설명하기 위해서 공헌한 것과 같은 관련 책이나 논문이 저술되지 않았다. 물론 일부 현실주의 국제정치학자들은 국제체제가 강대국들이 공격적으로 행동하는 것을 정당화시키기 위한 좋은 이유를 제공하고 있다고 주장했다. 아마도 공격적 현실주의에 관한 가장 간단한 요약은 1차 세계대전 중 영국의 학자 디킨슨G. Lowes Dickinson이 저술했던 그다지 많이 알려지지 않은 짧은 책이라고 할 수 있다. 그는 일찍이 국제연맹의 설립을 주장한 학자였다.[47] 『유럽의 무정부 상태The European Anarchy』라는 저서에서 그는 1차 세계대전의 원인에 대해 이렇게 말했다.

"독일 때문도 아니고 또 다른 강대국 때문도 아니다. 진짜 전범은 유럽의 무정부 상태이다. … 유럽의 무정부 상태는 국가들이 국가 안보와 지배를 위한 동기에서 다른 나라를 압도할 수 있는 힘을 가지도록 하는 강력한 자극을 만들어냈다."[48]

그러나 디킨슨을 비롯한 다른 학자들은 공격적 현실주의를 포괄적으로 설명하려 하지 않았다.[49] 이책을 쓰는 목적은 바로 이러한 공백을 메우려는 데 있다.

자유주의 미국과 권력정치

현실주의 이론이 현실 국제정치를 잘 설명하고, 외교정책을 형성하는 데 유용한 길잡이가 된다 하더라도 현실주의 사상은 서구세계에서 인기 있는 학파는 아니다. 국가가 자신의 이익을 위해 힘을 추구하는 것은 타당한 일이라는 현실주의의 중심적 메시지는 널리 환영받지 못한다. 현대의 정치 지도자가 국민대중들을 향해 더 유리한 세력균형을 위해 싸우다 죽을 것을 공개적으로 요구하는 것을 상상하기는 어렵다. 세계대전 혹은 냉전 중 미국이나 유럽의 정치지도자들 중 누구도 그런 것을 요구하지 않았다. 모든 국민들은 자기 나라와 다른 나라의 전쟁을 선과 악의 투쟁이라고 생각하며, 자신들은 천사의 편에 놓여 있고 상대방은 악과 동맹을 맺은 자들이라고 생각한다. 그래서 지도자들은 전쟁을 도덕적 십자군 혹은 이념의 대결로 묘사하려 하지 권력을 위한 투쟁이라고 말하려 하지 않는다. 현실주의란 설득하기 아주 어려운 것이다.

미국인들은 특히 세력균형적 사고에 적대감을 가지고 있다. 예를 들면 20세기 미국 대통령들의 논지는 현실주의를 부숴낸 데 주어섰다. 우드로 윌슨Woodrow Wilson 대통령은 아마도 현실주의를 비난하는 데 있어 가장 유명한 대통령일 것이다. 그는 1차 세계대전이 진행되는 기간 그리고 그 직후 세력균형적 발상에 대해 명료한 반대론을 전개했기 때문이다.[50] 그러나 윌슨 대통령만 특이한 것이 아니다. 윌슨의 후임자들도 윌슨의 논리를 자주 추종했다. 이를테면 2차 세계대전이 종말에 이르렀을 무렵 프랭클린 루스벨트Franklin Delano Roosevelt 대통령은 "권력정치(power politics) 라는 용어에 스며들어 있는 권력에 대한 남용은 미래세계의 국제관계를 통제하는 요인이 되어서는 안될 것이다"고 선언했다.[51] 빌 클린턴Bill Clinton 대통령은 "전체주의가 아니라 자유가 지배하는 세상에서 적나라한 권력정치의 기만적 계산은 단호히 불가능하다. 권력정치는 새로운 시대에 맞지 않는다"[52]고 말했다. 그는 1997년 NATO의 확대에 관해서 말할 때도 같은 주제를 논했다. 그는 NATO의 확대가 러시아를 고립시킬 것이라는 주장에 대해 그것은 "영토에 기반을 둔 강대국간의 20세기적 국제정치가 21세기에도 지속될 것이라는" 잘못된 믿음에 근거한 것이라고 논박했다. 클린턴은 "공통의 이익은 물론, 계몽적인 개인의 이익은 국가들이 그들의 위대성을 보다 건설적 측면에서 정의하라고 강요할 것이며 … 국가들에게 협력할 것을 강요할 것이다"[53]라고 말했다.

■ 왜 미국인들은 현실주의를 싫어하는가

미국인들은 자신들의 기본적 가치와 배치되기 때문에 현실주의에 대해 적대적 경향을 가지고 있다. 현실주의는 미국인들의 세계관에 반대되는 입장을 취한다.[54] 특히 현실주의는 미국 사회에 만연된 심오한 낙관주의와 도덕주의에 배치된다. 놀라운 일도 아니지만, 미국 외교정책에 관한 담론을 들으면 마치 자유주의 개론과목을 듣는 것 같은 느낌이 든다. 미국인들은 기본적으로 낙관주의자들이다.[55] 그들은 국내 차원, 국제 차원을 불문하고 정치에서의 진보를 바람직하며 가능한 것이라고 생각한다. 프랑스의 토크빌Alex de Tocqueville이 오래 전 관찰한 바대로 미국인들은

"인간은 영원히 더 나아질 수 있는 능력을 보유하고 있다"고 믿는다.[56] 그러나 현실주의는 국제정치에 대해 비관적 전망을 제시한다. 현실주의는 안보를 위한 경쟁, 전쟁으로 가득한 세상을 묘사하고 있으며 "우리들이 아무리 노력해도 권력의 사악함으로부터 해방될" 가능성은 별로 없다고 주장한다.[57] 이와 같은 비관론은 합리적 개인들은 시간과 노력을 들일 경우 중요한 사회문제를 해결하기 위해 협력할 수 있다는 미국인들의 강력한 신념과 배치되는 것이다. 자유주의(Liberalism)는 국제정치에 대해 보다 희망적 관점을 제시하며, 미국 사람들은 자연히 암담한 세상을 그려내는 현실주의보다 자유주의에 더 매력을 느끼는 것이다.[58]

미국인들은 또한 도덕이 정치에서 중요한 역할을 담당해야만 한다고 믿는 경향이 있다. 저명한 사회학자인 세이무어 립셋Seymour Martin Lipset은 "미국인들은 덕을 제도화하고, 악한 사람을 파멸시켜야 하며, 사악한 제도와 행위들을 파괴해야 한다고 믿는 이상적 도덕주의자"라고 말하고 있다.[59] 이 관점은 전쟁을 국제체제의 본질적인 삶의 요소 중 하나로 간주하는 현실주의와 대치된다. 대부분의 미국 시민들은 전쟁이란 궁극적으로 지구상에서 소멸되어야 할 사악한 일이라고 생각한다. 전쟁은 전체주의와의 싸움 혹은 민주주의의 전파라는 자유주의의 고상한 목적을 위해 정당화되기도 하지만 세력균형의 현상을 변화시키거나 유지하기 위한 목적에서 행해지는 전쟁은 도덕적으로 온당치 못한 것이라고 믿는다. 대부분의 미국 사람들은 그래서 클라우제비츠적 전쟁 개념에 대해 적대적 태도를 보이는 것이다.[60]

도덕적인 것을 강조하는 미국인의 성향은, 현실주의가 국가들을 상대적 국력을 기준으로 구분할 뿐 선한 나라와 악한 나라로 구분하지 않는다는 데 대해서도 적대감을 가진다. 냉전에 대한 적나라한 현실주의적 해석은 냉전 시대 동안 미국과 소련의 행동동기에 의미 있는 차이점이 존재했다고 보지 않는다. 현실수의 이본에 의하면 미소 양국은 모두 세력균형의 관점에서 행동했고 각국은 모두 자신의 상대적 국력을 최대화하기 위해 노력한 것일 뿐이다. 그러나 대부분의 미국인들은 냉전에 대한 이 해석에 대해 반발한다. 왜냐하면 그들은 미국은 좋은 동기를 가진 데 비해 소련은 사악한 동기를 가지고 있었다고 믿기 때문이다.

자유주의 이론은 물론 선한 국가와 악한 국가를 구분하며 대체로 민주주의 국가, 자본주의 국가를 가장 좋은 나라라고 간주한다. 미국인들이 미국을 국제정치에서 자비심 많은 나라라고 확인해주며, 미국에 대한 현실적 혹은 잠재적 도전국들을, 잘못 인도된 혹은 본질이 나쁜 말썽국가로 가정하는 자유주의 이론을 선호한다는 것은 놀라운 일이 아니다. 이런 사고방식을 살펴볼 때 소련의 몰락, 냉전의 종식을 통해 미국인들이 자신들이 옳았다는 도취감에 빠져있으리라는 예측이 가능하다. "악의 제국"이 붕괴했을 때 많은 미국인들(그리고 유럽인들)은 이제 민주주의는 지구 방방곡곡으로 전파될 것이고 곧 세계는 평화로운 지역이 될 것이라고 결론을 내렸다. 이런 낙관주의는 민주주의 국가인 미국이 덕망이 있는 나라라는 믿음에 기초하는 것이다. 그러므로 어떤 나라들이 미국을 모방하고자 한다면, 세상은 좋은 나라들로 가득 차 있는 곳이 될 것이며, 그렇게 발전하게 될 세상은 국제분쟁이 종식된 세상을 의미할 것이다.

■ 수사학과 실제(Rhetoric vs Practice)

미국인들은 현실주의 정치를 혐오하기 때문에, 미국에서 행해지는 외교정책에 관한 담론들은 보통 자유주의의 언어들로 채워져 있다. 따라서 정치 엘리트들의 언급들은 낙관주의와 도덕주의에 크게 경도(傾倒)되어 있다. 미국의 학자들은 특히 사상의 시장에서 자유주의적 논리를 전파하는 데 능력이 탁월하다. 그러나 닫힌 밀실의 문 뒤에서 국가안보 정책을 만드는 엘리트들은 대개 권력의 언어를 말하지 원칙론을 말하지 않으며, 그 결과 미국은 국제체제 속에서 현실주의가 지시하는 논리에 따라서 행동하는 것이다.[61] 일반 대중의 수사학과 미국 외교정책의 실제 행위 사이에는 눈에 띄는 간극이 존재하는 것이다.

유명한 현실주의 이론가들은 때때로 미국의 외교정책을 너무 이상주의적이라는 점에서 비판하며 미국의 지도자들이 세력균형에 충분한 관심을 보이지 않는다는 사실을 비난한다. 케난은 1951년 저서에서 이렇게 주장했다.

> "나는 과거 미국 외교정책의 형성과정에서 나타난 가장 심각한 잘못은 미국인들이 국제문제를 법적 · 도덕적으로 접근한다는 데 있다고 본다. 이 접근방법은 지난 50년 동안 미국의 외교정책에 계속 영향을 미쳤다."[62]

케난의 주장에 의하면 미국인들의 자유주의적 수사학과 실제 외교행동 사이에 아무런 간극이 없는 것 같아 보인다. 미국은 자유주의가 가르치는 대로 행동하기 때문이다. 그러나 이 주장은 옳지 않다. 나는 이 점에 관해 길게 설명할 것이다. 비록 미국 지도자들의 공개적 발언만 놓고보면 다르게 생각되겠지만, 미국 외교정책의 실제는 대체로 현실주의적 논리를 따랐다.

지적 관찰자들이라면 누구라도 미국의 말과 행동이 다르다는 사실을 곧 알아차릴 수 있을 것이다. 실제로 다른 나라의 정책결정자들은 미국 외교정책의 이러한 경향을 항상 지적한다. 1939년 카는 유럽대륙의 국가들은 영어를 사용하는 국가의 사람들을 "자신들의 이기적 국가이익을 마치 공공의 선인 것처럼 감추는 데 도사들"이라고 여기고 있으며 "이런 위선은 앵글로색슨에게 특별하게 나타나는 성격"이라고 말한 바 있다.[63]

그러나 미국 내에서 수사학과 실제의 차이점은 잘 인식되지 않고 있다. 두 가지 이유 때문이다. 하나는, 현실주의적 정책이 때때로 자유주의가 지시하는 정책과 일치하기 때문인데, 이런 경우 원칙의 주구와 권력의 주구 사이에 갈등이 존재하지 않는다. 이 경우, 현실주의적 정책은 권력적 현실을 논하지 않은 채 자유주의적 수사학에 의해 정당화된다. 자유주의의 수사학과 현실주의 정책이 일치할 경우 외교정책은 쉽게 설득된다. 미국은 대체로 현실주의적 관점에서, 2차 세계대전 당시에는 파시즘과 싸웠고 냉전 당시에는 공산주의와 싸웠다. 그러나 이 두 가지 싸움은 모두 이상주의적 원칙에 어긋나지 않았다. 정책결정자들은 이 싸움들을 이념 투쟁이라며 대중을 설득하는 데 애를 먹지 않았다.

둘째로, 권력적 관점에서 행동하는 것이 자유주의적 원칙과 엇갈리는 경우, 보도담당 보좌관들(spin doctors)이 자유주의적 원칙과 합치하는 이야기들을 만들어냈다.[64] 예를 들어보자. 19세기 말엽 미국의 엘리트들은 독일을 진보주의적 헌정(憲政)국가로서 모방해야 할 대상이라고 생각했다. 그러나 독일에 대한 미국인의 인식은, 미국과 독일의 관계악화로 말미암아 1차 세계대전 이전 약 10년 전쯤부터 변하기 시작했다. 1917년 4월 미국이 독일에 대해 선전포고를 할 당시 미국은 독일을 유럽의 다른 적대국들보다 더 독재적이며 군국적인 국가라고 인식하고 있었다.

마찬가지로 1930년대 많은 미국인들은 스탈린의 살인적인 국내정책과 더불어 1939년 8월 스탈린이 나치 독일과 체결한 독소 불가침 조약에 영향을 받아 소련을 악마의 국가라고 생각하였다. 그럼에도 불구하고 1941년 말 미국이 독일제국과 전쟁에 빠져들게 되자 미국은 새로운 동맹국이 된 소련의 이미지를 바꾸기 위해 대대적인 선전을 전개했으며 소련을 자유주의의 이상과 양립할 수 있는 나라로 인식될 수 있게 하였다. 소련은 이제 민주주의의 한 전형으로 인식되었으며, 스탈린은 "조 아저씨"(Uncle Joe)가 되었다. 수사학과 정책 간의 이율배반을 제거하는 일이 어떻게 가능할까? 자유주의가 문화 속에 깊숙이 침투되어 있기 때문에 대부분의 미국 시민들은 정당화를 받아들일 준비가 되어있다. 그래서 미국인들은 자신들이 냉정하게 계산된 권력의 관점에서가 아니라, 자비심의 원칙에 따라 행동하고 있다고 쉽게 믿게 되는 것이다.[65]

이 책의 계획

이 책의 다음 장들은 앞에서 제시한 권력에 관한 중요한 문제 여섯 가지에 대답하기 위해 할애되었다. 이 책에서 가장 중요할지도 모르는 제2장에서는 국가들은 왜 권력을 위해서 경쟁을 벌이는가, 국가들은 왜 패권을 추구하는가에 대한 내 이론의 바탕이 제시될 것이다.

이 책 제3장과 제4장에서는 힘이란 무엇인가가 정의될 것이며 힘을 어떻게 측정할 것인가가 논의될 것이다. 내 이론을 검증할 수 있는 기반을 제시한다는 목적을 위해서이다. 힘이란 무엇이고, 국가들이 세계 속에서 자국의 상대적 힘의 비중을 극대화시키기 위해 어떻게 서로다른 전략을 선택하는가에 대해 알지 못한다면, 국가들이 공격적 현실주의에 입각해서 행동하는지 아닌지를 알 수 없을 것이다. 잠재적 힘과 실질적 군사력을 구분하는 것이 나의 출발점이며, 그리고 나서 국가들은 두 가지 힘 모두를 심각하게 고려한다고 주장할 것이다. 제3장은 주로 국가들의 인구와 부를 포함하는 잠재적 힘에 초점을 맞출 것이다. 제4장에서는 실질적 군사력을 다루려 한다. 제4장은 특별히 긴 장이 될 것인데, 나는 여기서 "육군의 우월성"(primacy of land power)과 "해양의 차단력"(stopping power of the water)에 관해 주장하고자 한다. 이러한 시도는 새로운 것이며 동시에 논란이 많을 수 있다.

제5장에서는 강대국들이 힘을 획득하고 유지하기 위해서 택하는 전략에 관해서 논할 것이다. 여기에서는 힘을 획득하는 수단으로서의 전쟁의 유용성에 관해 자세한 논의가 있을 것이다. 나는 균형(balancing)과 책임전가(buck passing)에 대해서 초점을 맞추려 하는데, 이 두 가지는 강대국들이 현재의 균형상태를 위협하는 다른 강대국의 위협에 당면할 경우 택하게 되는 중요한 전략들이다.

제6장과 7장에서는 공격적 현실주의를 정당화하는 증거를 찾기 위해 역사적 기록들을 살펴보고자 한다. 특히, 1792년에서부터 1990년에 이르

는 기간 동안의 강대국들의 행동을 비교함으로써 그들의 행동이 공격적 현실주의의 설명과 부합되는지를 살펴볼 것이다.

제8장에서는 언제 강대국들이 균형전략을 선택하는가? 그리고 언제 책임전가 전략을 택하는가에 관한 간단한 이론을 제시하고자 하며, 이 이론들을 역사적 사례에 근거하여 검증하고자 한다.

제9장은 전쟁의 원인에 대해 초점을 맞춘다. 이곳에서 나는 간단한 이론을 제시하고 그것이 현실과 부합하는지의 여부를 시험할 것이다.

제10장은 21세기 국제정치의 가장 중요한 이슈가 될 중국의 부상에 초점을 맞춘다. 특히 무엇보다도 중요한 질문, 중국은 평화적으로 부상할 것인가를 제기할 것이다. 나는 나의 이론을 원용해서 점차 힘이 막강해질 중국이 아시아의 이웃나라들 그리고 미국과 어떤 관계를 맺게 될 것인가를 분석할 것이다. 나의 결론은 우울하다. 미국과 중국 사이에는 심각한 안보 경쟁이 야기될 것이며 중국의 이웃에 있는 나라들은 대부분 미국과 연합하여 중국과 균형을 이루고자 할 것이다. 많은 평론가들의 예상과는 반대로 나는 미국과 중국 사이의 안보 경쟁은 전쟁조차 쉽게 유발할 수 있다고 생각한다.

02

무정부 상태와
권력을 향한 투쟁

The Tragedy Of
Great Power Politics

나는 강대국들은 항상 그들의 상대방보다 더 큰 힘을 획득할 수 있는 기회를 포착하려고 노력하며 패권국이 되는 것이 궁극적 목표라고 주장했다. 이런 관점은 압도적으로 유리한 지위를 차지한 강대국이라는 예외적 상황이 아닐 경우 강대국들이 현상유지 정책을 택할 가능성을 배제한다. 국제체제는 본질적으로 수정주의적 의도를 가진 강대국들로 채워져 있다.[1] 이 장에서는 강대국들이 왜 이처럼 힘을 위해 경쟁을 벌이는가에 관한 이론을 제시하려 한다. 특히 내 주장의 배경에는 강대국들은 세계의 권력구조 속에서 자신들의 지분을 최대화하려는 강력한 논리를 깔고 있다는 사실을 보여주고자 한다. 그러나 이 장에서 공격적 현실주의 이론을 역사적 사례에 입각하여 검증하지는 않을 것이다. 이 중요한 작업은 다음 장들에서 이루어질 것이다.

국가들이 권력을 추구하는 이유

강대국들은 왜 상호간 권력추구를 위해 경쟁하며, 패권적 지위를 추구하는가에 관한 나의 설명은 국제체제에 관한 다섯 가지 가설로부터 도출된다. 이 가설 중 어떤 것도 혼자만으로는 강대국들이 경쟁적으로 행동하는 이유가 되지 못한다. 그러나 이들을 종합적으로 고려할 때 이 가설들은 국가들이 공격적으로 생각하고 때로는 공격적으로 행동하는 중요한 이유를 설명할 수 있는 것이다. 특히 국제체제는 국가들에게 다른 나라와의 관계에서 자신의 힘의 극대화할 수 있게 하는 기회를 포착해야 한다고 부추긴다. 이런 가정들은 얼마나 현실주의적인 것일까? 일부 사회과학자들은 이론의 근간이 되는 가설들이 반드시 현실과 일치해야 할 필요는 없다고 주장한다. 실제로 경제학자인 밀튼 프리드먼은 가장 좋은 이론들은 "현상을 제대로 반영하지 못하는 부정확한 가정에 기반을 두었음에도 불구하고 이론은 탁월한 경우가 발견되며, 일반적으로 이론이 중요하면 할 수록 그 가설들은 더욱 비현실적"이라고 주장하고 있다.[2] 이러한 견해에 따르면 가장 중요한 것은 이론이 얼마나 현실을 잘 설명할 수 있느냐의 여부다. 만약 비현실적 가설에도 불구하고 세상이 어떻게 움직이는가를 잘 설명할 수 있는 이론이 도출될 수 있다면, 이론이 근거한 가설이 현실적이냐 아니냐의 여부는 별로 중요하지 않다.

그러나 나는 이러한 견해를 거부한다. 물론 이론을 평가하는 궁극적 기준은 '그 이론이 현실을 얼마나 잘 설명할 수 있는가' 라는 사실에는 동의하지만, 비현실적이거나 잘못된 가설에 근거한 이론이 세상이 어떻게 움직이고 있는가에 대해 잘 설명할 수 없다고 믿는다.[3] 훌륭한 이론은 훌륭한 가설에 근거한다. 따라서 다음의 다섯 가지 가설들은 국제체제의 일상에서 중요한 측면들을 상당 부분 정확하게 반영하는 것들이다.

■ 기본적 가설들

첫 번째 가설은 국제체제란 무정부 상태라는 것이다. 무정부 상태란 혼동의 상태 또는 무질서에 의해 찢겨진 사회를 의미하지는 않는다. 현실주의는 세계를 안보 경쟁 및 전쟁으로 특징지어지는 곳이라고 기술하기 때문에 무정부 상태를 혼동 또는 무질서와 같은 것으로 생각하기 쉽다. 그러나 무정부 상태에 관한 현실주의적 개념 자체는 국제분쟁과 아무런 관련이 없다. 그것은 다만 질서의 원칙(ordering principle)일 뿐으로 국제체제는 보다 상위의 중앙 권위체제를 가지고 있지 않은 독립 국가들로 구성되어 있다고 말하는 것이다.[4] 다른 말로 하면, 주권이란 국가의 본질적인 것이다. 국제체제에는 국가보다 상위의 통치기관이 존재하지 않기 때문에 그러하다.[5] 정부들을 지배할 수 있는 정부는 없다.[6]

두 번째 가설은 강대국이란 본질적으로 서로 상대방을 해치거나 혹은 파멸시킬 수 있는 수단이 될 수 있는 어느 정도의 공격적인 군사력을 보유하고 있다는 것이다. 일부 국가들은 다른 나라보다 더 많은 군사력을 가졌고 그래서 더욱 위험하다고 말할 수 있지만, 강대국들은 모두 상호간에 잠재적으로 위험한 존재들이다. 무기가 없는 경우라도, 한 나라의 국민들은 그들의 손과 발로 다른 나라의 국민들을 공격할 수 있겠지만, 국가의 군사력은 대체로 그 나라가 보유한 특정한 무기에 의해 판단된다. 결국, 목은 하나뿐이지만 목을 조르는 손은 두 개인 것이 국제정치의 현실이다.

세 번째 가설은 어느 나라라도 상대방의 의도를 확실하게 알 수는 없다는 것이다. 특히 어떤 나라라도 상대방 국가가 공격적 군사력을 사용하지 않을 것이라고 확신할 수 없는 것이다. 이것은 모든 국가들은 필연적으로 상대방에 대해 적대적 태도를 가지고 있음을 의미하는 것은 아니다. 실제로, 국제체제 속의 대부분의 국가들은 점잖은 나라들이다. 다만 판단을 확신하기가 불가능하다는 것이다. 왜냐하면 한 나라의 의도를 100%의 확실성을 가지고 거룩한 것이라고 믿을 수는 없기 때문이다.[7] 공격 원인으로 여러 가지 가능한 이유들이 있으며 어떤 국가라도 여러 가지 이유 중 하나로 인해 공격할 가능성이 있다고 보아야 한다.[8] 더욱이 의도란 쉽게 변하는 것이기 때문에 한 국가의 의도가 하루는 점잖은 것 같아 보이지만 그 다음날 적대적으로 변할 수 있는 것이다. 의도의 불확실성은 피할 수 없는 것이다. 그렇기 때문에 국가들은 다른 나라들이 자신들이 보유한 공격적 능력에 부합하는 공격적 의도는 결코 가지지 않을 것이라고는 믿을 수 없다.

네 번째 가설은 강대국의 가장 중요한 목표는 그 나라의 생존이라는 것이다. 특히 국가들은 자신의 영토보전과 국내 정치질서의 자주성을 추구한다. 국가가 외국에 의해 정복당하는 경우 다른 목표를 추구할 수 없게 될 것이기 때문에 국가들에게 있어서 생존이란 어떤 동기들보다 중요하다. 1927년 당시 전쟁의 두려운 상황에 처했던 스탈린은 이 점을 잘 표현했다. "우리는 소련에 반드시 사회주의를 건설할 수 있고 건설해야만 한다. 그러나 그러기 위해서 우리는 우선 존재해야만 한다."[9] 물론 국가들은 다른 목표를 추구할 수 있고 또 추구해야만 한다. 그러나 국가안보는 무엇보다도 중요한 목표가 된다.

다섯 번째 가설은 강대국들은 합리적 행위자라는 것이다. 그들은 자신의 주변환경을 잘 인식하고 있으며, 그러한 환경 속에서 어떻게 하면 생존할 수 있는가에 대해 전략적으로 생각하고 있다. 그들은 다른 나라들의 선호가 무엇인지를 고려하며, 다른 나라의 행동이 생존을 위한 자신의 전략에 어떤 영향을 미칠지를 알고 있다. 더 나아가 국가들은 자신들의 행위가 미칠 단기적 결과는 물론 장기적 영향에 대해서도 깊은 관심을 기울이고 있다.

이미 강조한 바처럼 이상의 가설들 중 어느 것도 단독으로는 강대국들이 일반적으로 서로에게 공격적으로 행동해야 한다고 요구하지 않는다. 물론 일부 국가들은 적대적 의도를 가지고 있을 가능성이 분명히 있을 수 있지만 모든 국가에 공통적으로 존재하는 특정한 동기에 관한 유일한 가설은, 모든 국가들의 가장 중요한 목표가 생존이라는 것이며, 생존 그 자체는 상대방에게 해로운 목표는 아닌 것이다. 그럼에도 불구하고 다섯 가지 가설이 합쳐질 경우, 이 가설들은 강대국들이 상대방에 대해 공격적으로 생각하고 행동하게 하는 강력한 동기를 창출한다. 여기서 국가들의 세 가지 일반적 행동패턴, 즉 두려움(fear), 자조(self-help), 그리고 힘의 극대화(power maximization)가 나오게 되는 것이다.

■ 국가의 행동

강대국들은 서로가 서로를 두려워한다. 그들은 상대방을 의혹의 눈초리로 보고 있으며, 전쟁이 다가올까 두려워한다. 그들은 위험을 예상한다. 국가들에 대한 신뢰의 공간은 별로 없다. 물론 두려움의 정도는 시간과 장소에 따라 다를 것이다. 그러나 두려움의 정도가 무시할 수 있을 정도로 낮아지지는 않는다. 어느 강대국의 관점에서 보더라도, 다른 모든 강대국들은 잠재적인 적국이다. 이러한 관점은 냉전이 종식될 무렵 독일의 통일에 대한 영국과 프랑스의 반응에서 잘 나타났다. 이 세 나라는 지난 50년 동안 아주 가까운 동맹국이었다는 사실에도 불구하고, 영국과 프랑스 양자 모두는 즉각 통일된 독일의 잠재적 위협에 대해 우려하기 시작했다.[10]

이런 두려움의 근거는 강대국들이 서로 상대방을 공격할 수 있는 능력이 있고, 그럴 수 있는 동기를 가지고 있는 세상에서, 생존을 원하는 어떤 국가라도 상대방을 의심해야 하며, 상대방을 신뢰하는 데 주저한다는 사실에 있다. 여기에 하나 더 첨가할 것은 "9-1-1" 문제 — 위협을 당하는 국가들이 호소할 수 있는 중앙 권위체제가 존재하지 않는다 — 와 국가들은 서로를 두려워해야 할 더 큰 동기를 가지고 있다는 점이다. 더욱이 제3국의 자기 이익에 근거한 것 이외에는, 공격자를 처벌할 수 있는 메커니즘이 존재하지 않는다. 잠재적 공격국을 억제하는 것이 불가능하기 때문에 국가들은 다른 나라를 신뢰할 수 없다는 충분한 이유를 가지게 되며 그들과의 전쟁을 준비해야 하는 것이다.

공격의 희생물이 될지도 모른다는 가능성은 국가들의 국제적 행동의 가장 중요한 동기 중 하나인 '두려움'을 더욱 증폭시킨다. 국제정치에서 강대국들의 경쟁은 시장에서의 경쟁과는 다르다. 강대국들의 정치적 관계는 단순한 경제거래보다 훨씬 더 위험하다. 정치적 관계는 전쟁을 유발할 수 있고, 전쟁은 전쟁터에서의 대량학살은 물론 시민들을 대량으로 살상한다. 예외적 경우지만 전쟁은 국가의 붕괴를 초래하기도 한다. 전쟁의 참혹한 결과는 국가들에게 상대방을 단순한 경쟁자가 아니라 잠재적으로 치명적인 적대국으로 보게 한다. 정치적 적대감은 치열해지는 경향이 있다. 관련된 이해가 너무 엄중하기 때문이다.

국제체제 속의 국가들은 자신의 생존을 목표로 한다. 다른 나라들은 잠재적 위협요소이며, 국제사회에는 9-1-1로 전화를 걸어도 달려와서 도와줄 수 있는 상부의 권위적 기구가 존재하지 않기 때문에, 국가들은 자신의 안전을 다른 나라에게 의존할 수 없는 것이다. 국가들은 자기나라가 위험하며 홀로 있다고 생각하는 경향이 있으며 그 결과 자신의 생존은 스스로 책임져야 한다는 목적을 세운다. 국제사회에서 하늘은 스스로 돕는 자를 돕는다. 그러나 국가들이 스스로 안전을 보장한다는 사실을 강조하는 것이 동맹을 맺을 수 있는 가능성을 배제하는 것은 아니다.[11] 그러나 동맹이란 편의상 체결하는 임시적 결혼일 뿐이다. 오늘의 동맹국은 내일의 적국이 될 수 있고 오늘의 적국은 내일의 동맹국이 될 수 있다. 예를 들면 미국은 2차 세계대전중 독일과 일본에 대항하여 싸운 중국과 소련의 동맹국이었다. 그러나 전쟁이 끝나자마자 동맹국과 적국이 뒤바뀌었다. 미국은 서독과 일본과 동맹을 맺고 냉전 시대 동안 중국과 소련에 대항했던 것이다.

스스로 도와야만 하는 세상에 존재하는 국가들은 항상 자국의 이익에 입각해서 행동해야 하며, 자국 국가이익을 다른 나라의 국가이익 혹은 이른바 국제 공동사회라 불리는 조직의 이익에 종속시킬 수 없다. 그 이유는 간단하다. 스스로 도와야 하는 세상에서는 이기주의적이어야 하기 때문이다. 이는 단기적으로는 물론 장기적으로 보아도 그렇다. 국가들이 단기적으로 손해를 볼 경우, 그것을 해소하는 데 많은 시간과 노력이 들기 때문이다.

다른 나라의 의도에 대해 우려하고, 그들도 스스로 도와야 하는 세상에서 존재하고 있다는 사실을 인식하는 국가들은, 자신의 생존을 보장하는 최선의 방법은 자신 스스로 가장 강력한 국가가 되는 일이라는 것을 곧 알아차릴 것이다. 잠재적인 적국에 비해 상대적으로 힘이 강한 국가일수록 상대방이 자신을 공격하고 생존을 위협할 가능성을 덜 느낄 것이다. 약한 나라는 군사적 패배 때문에 고통받을 가능성이 높기 때문에 강한 나라와 싸우려고 하지는 않을 것이다. 실제로 국가간의 국력의 격차가 크면 클수록 약한 나라가 강한 나라를 공격할 가능성은 작아진다. 이를테면 캐나다나 멕시코는 미국을 공격할 생각을 아예 하지 않는다. 미국은 이들과 상대가 안될 정도로 막강하기 때문이다. 이상적 상황은 국제체제의 패권국이 되는 일이다. 임마누엘 칸트가 말한 것처럼 "만약 가능하기만 하다면 모든 국가들, 혹은 국가의 지도자들은 전 세계를 정복해 영원한 평화의 상태에 도달하는 것을 욕망으로 삼고 있다."[12] 그렇게 된다면 국가안보는 완벽하게 보장될 것이다.[13]

결과적으로 국가들은 국가간 힘이 어떻게 분포되어 있는지에 깊은 관심을 보이고 있으며, 자신들이 세계정치에서 차지하는 힘의 비중을 극대화시키기 위해 각별히 노력하는 것이다. 특히 국가들은 잠재적 경쟁국에 피해를 입혀 자신들의 힘을 증강시키고 기존의 세력균형상태를 변화시킬 수 있는 기회를 추구하고 있다. 국가들은 경제, 외교, 군사 등의 다양한 수단을 사용하여 자신에게 유리한 힘의 균형상태를 만들고자 한다. 그렇게 행동하는 것이 상대방에게 피해를 입히게 되고 상대방이 의심하도록 하여, 심지어는 적국이 되는 경우라도 그렇게 행동하는 것이다. 한 나라의 힘의 획득은 다른 나라의 손해가 되기 때문에 강대국들은 상대방을 대할 때 제로섬(zero sum)적 마음상태를 가지게 된다.

물론 국제체제에서 다른 나라를 지배하기 위해서는 이러한 경쟁에서 승리자가 되어야 한다. 그렇기 때문에 국가들은 자신의 힘을 극대화시켜야 한다는 주장은 국가들은 상대방에 대해 공격적으로 행동하게 되어 있다고 말하는 것과 동의어가 된다. 국가들의 궁극적 동기가 단순히 자신의 생존을 위한 것인 경우일지라도 그런 것이다. 요약컨대 강대국들은 공격적 의도를 가지고 있는 것이다.[14]

어느 강대국이 상대방에 대해 결정적인 군사적 우위를 확보한 경우라 해도 그 강대국은 자신의 군사력을 더욱 증강시키려 한다. 힘의 추구는 그 나라가 완전한 패권국이 된 후에야 비로소 끝난다. 강대국이 국제체제를 지배할 수준에는 미달하지만 "적당한 힘"을 보유할 경우 그 나라는 국가안보에 대해 안심할 것이라는 생각은 다음과 같은 두 가지 이유 때문에 설득력이 없다.[15] 첫째로, 한 나라가 상대방으로부터 안전하다고 느끼기 위해 얼마만큼 상대적으로 우세한 힘을 보유해야만 하는지를 평가하기 어렵다. 힘이 두 배쯤 된다면 안전하다고 말할 수 있을까? 세 배쯤은 되어야 한다고 말할까? 이 문제의 연원은 단순한 힘의 계산만으로는 어느 나라가 전쟁에 이길 수 있을지 결정할 수 없다는 데 있다. 능란한 전략은 때로는 약한 나라가 더 강한 상대방을 격파할 수 있게 만든다.

둘째로, 강대국들이 앞으로 10년 혹은 20년 동안 국가간 힘의 분포상태가 어떻게 변할 것이냐를 생각하는 경우, 현재 얼마나 많은 힘이 있으면 충분한가를 결정하는 문제는 더욱 어려워진다. 개별 국가의 능력은 시간이 지남에 따라 변한다. 때로는 그 변화가 심각하며, 그래서 세력균형의 변화 방향 및 정도를 예측하기가 어렵다. 서방국가의 어느 누구도 소련의 몰락을 생각하지 못했다는 사실을 기억하라. 사실 냉전의 전반부, 서방측의 많은 사람들은 소련 경제가 궁극적으로 미국 경제보다 더 큰 부를 생산해낼지 모른다고 우려했다. 소련 경제력의 우위는 미국과 그 동맹국들에 대항하는 거대한 권력이동을 야기할 것이기 때문이었다. 중국과 러시아의 미래가 어떻게 될지, 2030년의 세력균형상황은 어떻게 변할지 예측하는 일은 쉽지 않다.

오늘 그리고 내일, 얼마만큼 힘을 가지고 있어야 할지를 결정하는 것이 쉽지 않다는 사실을 인지한 강대국들은 자신의 국가안보를 보장하는 최선의 방법은 지금 바로 패권국이 되어서 다른 강대국의 도전의 가능성을 소멸시키는 것이라는 사실을 알고 있다. 잘못된 전략을 가진 나라들만이, 그들은 이미 생존을 위해 충분한 힘을 가지고 있다고 잘못 판단하여 패권국이 될 수 있는 기회를 놓칠 것이다.[16] 그러나 강대국들이 패권적 지위를 획득할 수 있는 수단을 갖추고 있지 않다고 해도(이것이 보다 일반적 경우다), 강대국들은 가능한 한 더 많은 힘을 축적하기 위해 공격적으로 행동한다. 국가들은 언제라도 힘을 더 많이 가지고 있는 것이 힘을 적게 가지고 있는 것보다 더 좋기 때문이다. 국가들은 그들이 패권적 지위에 도달하기 이전, 현상유지를 원하는 나라가 될 수는 없는 것이다.

모든 나라들은 이 논리에 영향을 받아 스스로 유리한 기회를 포착하기 위해 노력할 뿐 아니라, 다른 나라들이 유리한 기회를 포착하는 것을 막기 위해 노력한다. 결국 경쟁관계에 있는 국가들은 서로 똑같은 행동의 논리를 따르게 되며, 대부분의 나라들은 상대방도 자신의 동기를 잘 인식하고 행동하고 있다고 본다. 요컨대 국가들은 궁극적으로 방어는 물론 공격에도 유념해야 한다. 그들은 정복에 대해서도 스스로 생각해 보아야 하며, 공격국가가 자신에 비해 유리한 힘을 획득하는 것을 견제해야 한다. 이런 상황은 영속적 안보 경쟁의 세상을 도출해낸다. 이런 세상에서 국가들은 상대방에 비해 자신이 유리해질 수 있다면 거짓말하고 사기치고 냉혹한 힘을 사용하기를 주저하지 않는다. 만약 평화를 조용한 상태 혹은 상호간에 조화를 이루는 상태라고 정의한다면 이 세상에 평화가 가능하다고 기대할 수 없다.

국제정치학 문헌에서 가장 유명한 개념인 "안보의 딜레마"(security dilemma)는 공격적 현실주의의 기본이 되는 논리다. 딜레마의 본질은 국가들이 자신의 안전보장을 증진시키기 위해 취하는 조치들이 대개는 상대방의 안전보장을 해친다는 데 있다. 그러므로 국가들이 남의 안전을 해치지 않은 채 자신의 생존가능성을 높이기는 어렵다. 존 허츠John Herz는 1950년 〈세계정치World Politics〉 지에 게재된 논문에서 처음으로 안보의 딜레마라는 개념을 소개했다.[17]

> "공격으로부터 안전을 보장하기 위해 국가들은 지속적으로 더 많은 힘을 보유하려고 노력한다. 힘을 더 많이 비축하여 상대국의 힘에 의해 야기되는 충격을 감소시키려는 것이다. 이러한 행동은 다른 나라들을 더욱 불안하게 만들며 그들이 최악의 상태에 대비하도록 강요한다. 이처럼 경쟁하는 단위들로 구성된 세상에서 누구도 완벽하게 안전하다고 느낄 수 없기 때문에 힘을 위한 경쟁은 지속되고 있으며 안보와 힘의 비축이라는 악순환이 지속되는 것이다."[18]

허츠가 말하려는 바는 분명하다. 무정부 상태에서 국가들의 생존을 위한 최선의 방안은 타국에 손해를 입히는 한이 있더라도 유리한 상황을 장악해야 하고 자신의 힘을 증강시켜야 한다는 것이다. 가장 훌륭한 방어는 좋은 공격이다. 이 메시지를 대부분 국가들이 받아들이고 있기 때문에 안보를 위한 끊임없는 경쟁이 지속되는 것이다. 불행하게도 국가들이 무정부 상태에서 존재하는 한 안보의 딜레마 상황을 완화시킬 수 있는 방안은 없다.

위의 토론에 의해 분명해지는 것은, 국가들이 힘을 최대화시키려고 노력하는 실체라고 말할 때, 최대화시키려는 힘은 절대적 힘이 아니라 상대적 힘이라는 점이다. 양자 사이에는 중요한 차이가 있다. 상대적 힘을 증강시키려는 국가와 절대적 힘을 증강시키려는 국가들의 행동에는 중요한 차이점이 나타나기 때문이다.[19] 상대적 힘의 증진을 극대화시키려는 나라들은 물질적 능력의 분포상태에 우선 관심을 쏟는다. 그들은 가능한 한 잠재적인 적대국과 힘의 격차를 늘리려고 노력한다. 힘이야말로 험악한 세상을 살아가는 데 가장 훌륭한 생존수단이기 때문이다. 그러므로 상대적 힘에 관심을 가지는 국가들은 자국의 국력이 크게 증강하는 것이 상대방에게 더 큰 힘을 가져다 주는 경우 자국의 국력 증강을 포기한다. 더 작은 힘의 증강일지라도 그것이 상대방에 대한 힘의 우위를 제공하는 경우 작은 이익을 택하는 것이다.[20]

반면, 절대적 힘을 최대화하려고 노력하는 국가들은 다른 나라의 국력 증강보다는 자신의 국력증강의 절대량에만 관심을 기울인다. 그들은 세력균형의 논리에 영향을 받지 않고 다른 나라들의 힘이 얼마나 강한가를 따지지 않고 자신의 힘의 증강에만 관심을 쏟는다. 그들은 다른 나라의 국력이 자신의 국력보다 더 많이 증강된다 하더라도 자신의 국력증가를 더 많이 보장해주는경우를 선택한다. 이 논리를 따르면 힘이란 목적(생존)을 위한 수단이기보다 목적 그 자체가 된다.[21]

■ 계산된 공격

자신들의 힘을 증진시키기 위한 기회를 추구하려는 속성을 가지고 있는 국가들이 모여 있는 세계에서 현상유지를 원하는 국가의 입지가 좁다는 사실은 분명하다. 그럼에도 불구하고 강대국이 언제나 공격적으로 행동하는 것은 아니다. 국가의 행동이란 그 나라가 원하는 바가 무엇이냐뿐만 아니라, 원하는 바를 현실화시킬 수 있는 능력을 가지고 있느냐에 의해 결정되기 때문이다. 모든 나라들은 언덕 위의 왕이 되고 싶을 것이다. 그러나 모든 나라들이 그처럼 우뚝 솟은 지위를 차지하기 위한 경쟁에 참여할 수 있는 수단을 가지고 있지 못하며, 그런 지위를 성취할 수도 없다. 이 문제는 강대국 사이에 군사력이 어떻게 분포되어 있느냐에 따라 결정될 것이다. 상대방에 비해 결정적 군사력 우위를 차지한 나라는 공격적으로 행동할 가능성이 훨씬 높다. 그런 나라는 동기뿐만 아니라 능력도 가지고 있는 것이기 때문이다.

역으로 더 막강한 국가와 대적하는 강대국은 공격적으로 행동하는 것을 자제하게 되며, 더욱 강력한 상대방의 위협으로부터 기존의 균형상태를 지속시키는 데 보다 더 큰 관심을 가지게 될 것이다. 그러나 약소국들이 기존의 세력균형 관계를 자신들에게 유리한 방향으로 변화시킬 수 있는 기회가 있고, 그런 상황을 자신들에게 유리하게 이용할 경우도 있다. 2차 세계대전이 종식될 무렵 스탈린은 다음과 같이 언급함으로써 이러한 관점을 명백히 했다.

"자국의 군사력이 도달할 수 있는 범위 내에서라면 누구도 자신의 체제를 강요할 수 있다."[22]

국가들이 경쟁국에 대해 자신의 이익을 확보할 수 있을 정도로 우세한 능력을 가지고 있는 경우가 있다. 그러나 그런 경우라도 공격적으로 행동했을 때의 기대되는 희생이 얻을 수 있는 이익보다 크다면 공격적 행동은 자제되는 것이다.

요약컨대, 강대국들이란 무조건 공격적으로 행동하여 전쟁에 패퇴한다거나 혹은 간신히 승리하는 그런 지각없는 침략자들은 아니다. 그와는 반대로, 강대국들은 공격적 행동을 고려할 때, 세력균형상태를 면밀히 검토하고 또한 상대방이 자신의 행동을 어떻게 판단할 것인가를 심사숙고할 것이다. 강대국들은 공격적으로 행동할 경우 기대되는 이익을 위기와 희생에 대비해서 저울질한다. 만약 이익이 위험을 압도하지 못한다면, 강대국들은 꼼짝없이 앉아서 더 좋은 기회가 오기를 기다릴 것이다. 또한 국가들은 자신들의 전반적 지위에 이득이 되지 않을 경우 군비경쟁을 시작하지 않는다. 제3장에서 보다 자세히 언급될 예정이지만, 국가들은 때로는 자신의 군사비 지출을 스스로 제한하기도 한다. 국방비를 더 많이 쓴다고 해도 아무런 전략적 이익이 발생하지 않을 경우, 그리고 국방비를 더 많이 지출하는 것이 경제를 망가뜨리게 되고, 장기적으로 국력을 소진시키는 경우가 있기 때문이다.[23] 클린트 이스트우드가 했던 말을 달리 표현해 본다면, "국가는 국제체제에서 생존하기 위해 그 자신의 한계를 알아야만 한다."

그럼에도 불구하고 강대국들은 오산하는 경우가 많다. 중요한 정책결정이 항상 불완전한 정보에 근거할 수밖에 없는 상황이기 때문이다. 국가들이 자신들이 대처할 국제상황에 관해 완벽한 정보를 가질 수 있는 경우는 거의 없다. 이 문제는 두 가지 차원이 있다. 잠재적 적국들이 자신의 실질적 강점 혹은 약점을 의도적으로 왜곡시킬 경우가 있으며 자신들의 진정한 의도를 숨기는 경우가 있다.[24] 예를 들면 강대국의 공격을 억지하려는 약소국은 잠재적인 공격국의 공격을 좌절시키기 위해 의도적으로 자신의 힘을 부풀린다. 반대로 공격을 하려는 의도를 가진 나라가 의도적으로 자신의 평화적 목표를 강조하고, 군사력이 약하다고 과장하여 잠재적 희생국이 스스로 군비를 확장하지 않도록 하고 취약한 상태에서 공격당하도록 만드는 경우도 있다. 아마도 기만전략에 관한 한 히틀러보다 탁월한 정치가는 없을 것이다.

왜곡된 정보가 문제가 아닌 경우라 해도, 강대국들은 상대방의 군사력은 물론 자신의 군사력이 실제로 전장에서 얼마나 잘 싸울 수 있는지 확신할 수 없는 경우가 많다. 새로운 무기체계와 테스트를 받아보지 못한 전투단위가 적의 화력 앞에서 얼마나 제대로 기능을 할 수 있을지를 결정하는 것은 대단히 어려운 일이다. 평화시의 기동훈련과 전쟁게임(war games)은 유용하긴 하지만 실제 전투에서 무슨 일이 일어날지를 알려주는 지표로는 불완전하다. 전쟁을 치르는 일은 그 결과를 예측하기가 어려운 복잡한 일이다. 1991년 미군과 연합군은 이라크에서 놀라운 승리를 거두었지만 당시 대부분의 군사전문가들은 이라크는 만만치 않은 상대방으로, 미국의 군사력에 굴복하기 이전 완강하게 저항할 것이라고 예측했다.[25]

강대국은 적국의 의지는 물론 동맹국의 의지도 확신할 수 없다. 독일은 1914년 여름, 러시아와 프랑스에 대해 동시에 전쟁을 개시한다면 영국은 아마도 전쟁에 개입하지 않을 것이라고 믿었다. 1990년 8월 쿠웨이트를 침략했던 후세인은 미국이 개입하지 않으리라고 믿었다. 두 침략자들은 모두 예측을 잘못한 것이다. 그러나 그들이 그렇게 믿은 데에는 상당한 근거가 있었고, 그렇게 행동한 것은 처음에는 올바른 것이었다. 1930년대 히틀러는 주변 강대국들은 쉽게 제압하고 고립시킬 수 있다고 믿었다. 당시 독일 주변의 강대국들은 스스로는 독일과의 전쟁에 대해 흥미가 없었고 누군가가 대신 싸워줄 것을 기대하는 상황이었기 때문이다. 히틀러는 옳게 판단한 것이다. 요약한다면, 강대국들은 그들이 중요한 결정을 내려야 할 때 항상 정보가 불충분한 대결적 상황에 놓여 있다는 사실을 깨닫고 있다. 그들이 때로는 판단을 잘못하고 자신들에게 심각한 손해를 미치는 일을 저지르게 된다는 것은 놀라운 일이 아니다.

일부 방어적 현실주의자들은 국제체제에는 제약요인들이 너무 강하기 때문에 공격이 성공하는 경우는 희귀하며, 공격적인 강대국은 예외 없이 처벌을 받는다고 주장하기도 한다.[26] 이미 기술한 바처럼 방어적 현실주의자들은 다음과 같은 점을 강조한다.

1. 위협에 당면한 국가들은 공격국에 대항하는 세력균형을 형성하고 궁극적으로 침략자를 격멸한다.
2. 공격-방어 균형은 대체로 방어쪽에 유리하며, 그 결과 정복은 정말로 어려운 일이다. 그렇기 때문에 강대국은 기존의 세력균형상황에 만족해야만 하며 그 상황을 무력으로 변경시키려 해서는 안 된다.

결국 패배할 가능성이 더 높은데 전쟁을 일으킨다는 것은 무지각한 일일 뿐만 아니라 자기파멸적 행동이다. 기존의 세력균형을 유지하려는 데 노력을 집중시키는 것이 더 좋은 일이다.[27]

더구나 공격자가 성공하는 경우는 별로 없으니까, 국가들의 안보는 상당 정도 보장돼 있으며 자신의 국력을 증진시키려는 행동은 애초부터 전략적 이유가 존재하지 않는다. 다른 나라를 정복하는 일의 대가가 없는 세상에서 국가들은 상대방에 대해 서로 온화한 의도를 가져야만 한다. 방어적 현실주의자들은 더 나아가, 만약 국가들이 온건하게 행동하지 않는 경우라면, 그것은 아마도 독소적 요소를 지니고 있는 국내정치 때문일 것이며, 그렇게 행동하는 것은 무정부 상태의 세상에서 자신의 안보를 확보하는 방법으로 현명한 계산은 아니라고 말하고 있다.

물론 국제체제적 요인이 공격성을 제약하리라는 데 대해 의문이 없으며 특히 위협을 당하는 국가가 균형을 위해 행동할 것이라는 데는 의문의 여지가 없다. 그러나 방어적 현실주의자들은 국제체제의 제약요인들을 너무 과장하고 있다.[28] 더구나 역사적 기록은 공격이 성공할 경우는 별로 없다는 방어적 현실주의자들의 주장을 지지하지 않는다. 한 연구는 1815년부터 1980년까지 63회의 전쟁이 발발했으며, 전쟁을 개시한 국가가 39

번 승리했다고 밝혔다. 결국 공격국이 전쟁에 승리할 확률은 60%에 이르는 것이다.[29] 특별한 사례를 살펴본다면, 오토 폰 비스마르크Otto Von Bismarck는 1864년 덴마크와의 전쟁에서 승리하고, 1866년에는 오스트리아와의 전쟁에서 승리하고, 1870년에는 프랑스와의 전쟁에서 승리함으로써 군사적 승리를 통해 독일의 통일을 이룩했다. 또한 오늘 우리가 알고 있는 것처럼 미국은 19세기 동안, 부분적으로는 정복의 과정을 통해 이룩된 나라이다.

이상의 경우 정복은 분명히 대단한 이득을 가져다주었다. 나치 독일은 1939년 폴란드와의 전쟁에서 승리했고, 1940년에는 프랑스와의 전쟁에서 승리했다. 그러나 1941년부터 1945년까지 지속된 소련과의 싸움에서 패배했다. 궁극적으로 정복전쟁은 독일 제3제국에 도움이 되지 못했다. 그러나 만약 히틀러가 프랑스 몰락 이후 자제하는 마음으로 소련을 침략하지 않았다면 나치 독일은 정복을 통해 대단한 이익을 취할 수 있었을 것이다. 요약하자면, 역사적 기록들은 공격이 성공하는 때도 있으며 실패하는 경우도 있음을 말해주고 있다. 힘을 최대화시키려는 국가들의 정교한 책략은 언제 행해야 하고 언제 그만두어야 할지를 잘 파악하는 데 있다.[30]

패권국의 한계

이미 강조한 바대로 강대국들은 상대국에 대항하여 더 많은 힘을 확보하고자 하며 패권국이 되기를 희망한다. 어떤 국가가 그런 최상의 목적을 달성했다면, 그때 그 나라는 현상유지를 원하는 나라가 될 것이다. 그러나 패권이 무엇을 의미하는지에 대해서 더 많은 설명이 있어야 할 것이다.

패권국이란 너무나 강력해서 국제체제 속에 있는 모든 국가를 지배하는 나라를 말한다.31 어떤 나라도 군사적 수단을 동원하여 패권국에 심각하게 대항할 능력이 없다. 본질적으로 패권국이란 국제체제 내의 유일한 강대국이다. 어느 나라가 다른 강대국보다 훨씬 강하다는 사실만으로 그 나라를 패권국이라고 부를 수 없다. 이 나라는 또 다른 강대국들과 상대해야 하기 때문이다. 19세기 중엽 영국은 종종 패권국이라고 불렸다. 그러나 영국은 진정한 패권국은 아니었다. 유럽대륙에는 4개의 강대국 ─ 오스트리아, 프랑스, 프러시아, 러시아 ─ 이 존재했고 영국은 어떤 의미 있는 측면에서도 이들을 모두 제압하지는 못했다. 실제로 이 무렵 영국은 프랑스를 세력균형을 위협할 수 있는 심각한 도전자로 인식하고 있었다. 19세기의 유럽은 다극체제였지 일극체제는 아니었다.

패권이란 국제체제를 지배한다는 의미며 국제체제란 일반적으로 세계 전체를 의미한다. 체제라는 개념을 엄격하게 정의할 수도 있고, 유럽, 동북아시아, 아메리카 대륙 등 특정지역을 한정하는 좁은 의미로 사용할 수도 있다. 그래서 우리는 세계전체를 지배하는 세계 패권국(global hegemons)과 지역을 지배하는 지역 패권국(regional hegemons)을 구분할 수 있다. 미국은 적어도 지난 100년간 아메리카 대륙의 지역 패권국이었다고 말할 수 있다. 남북아메리카 대륙의 어떤 나라도 미국에 대항할 수 있는 군사력을 보유하지 못했고, 바로 그 이유 때문에 미국은 남북 아메리카 대륙의 유일한 강대국으로 인식되었다.

내가 주장하려는 바는, 다음 장들에서 길게 논의될 예정이지만, 어느 강대국이 분명한 핵 우위를 확보하는 비현실적 상황이 도래하지 않는 한, 어느 나라라도 세계 패권국의 지위에 도달한다는 것은 거의 불가능한 일이라는 점이다. 세계지배에 제일 큰 장애요인은 세계의 바다를 가로질러서 상대방 강대국의 영토에 자신의 군사력을 투입하기 어렵다는 사실이다. 미국은 오늘날 지구에서 가장 강한 나라이다. 그러나 미국은 유럽과 동북아시아를 미국이 남북아메리카를 지배하듯이 지배할 수는 없으며, 주로 큰 바다가 야기하는 지리적 장애요인 때문에, 이처럼 먼 지역을 정복하고 통치하려는 의도를 가지고 있지도 않다. 실제로 유럽과 동북아시아에 대한 미국의 군사개입은 향후 10년 이내에 사라져 버릴지도 모른다. 요약컨대 세계 패권국의 존재는 불가능하며 향후 가까운 시일 내에 세계 패권국이 출현할 것 같아 보이지도 않는다.

강대국이 현실적으로 희망할 수 있는 것은 지역 패권국이 되는 것, 가능하다면 육지를 통해 접속된 인접지역을 지배할 수 있게 되는 것이다. 근대에 이르러 많은 강대국들이 지역 패권을 쟁취하기 위해 전쟁을 벌였지만 진정한 지역 패권국의 지위에 오른 나라는 미국밖에 없다. 동북아시아에서 일본제국이 패권을 추구했고, 나폴레옹의 프랑스, 빌헬름 황제의 독일, 나치 독일 등은 유럽에서의 패권을 추구했지만 어느 누구도 성공할 수 없었다. 유럽과 동북아시아에 걸쳐있는 소련은 냉전기간 동안 이 두 지역 모두를 지배하려고 시도했다. 소련은 소련과 국경을 접하고 있는, 석유가 풍부한 페르시아만 지역을 정복하려는 의도를 가지고 있었을지 모른다. 그러나 소련이 동북아시아, 유럽, 페르시아만 지역을 지배할 수 있다고 해도 — 결코 이 수준에 도달한 적도 없지만 — 소련은 아메리카 대륙을 정복하여 진정한 세계 패권국이 될 수 없었다.

지역에서 패권을 장악한 국가들은 다른 지역에 있는 강대국이 자신의 전철을 밟아 다른 지역의 패권국이 되는 일을 방해하고자 노력한다. 어느 한 지역의 패권국가는 다른 지역에 자기와 비슷한 패권국가가 출현하는 것을 원치 않는다. 그래서 미국은 일본제국, 빌헬름 황제의 독일, 나치 독일, 소련 등이 자신들의 지역에서 우위를 장악하려는 노력을 저지하는 데 중요한 역할을 담당했던 것이다. 지역 패권국은 다른 지역에서의 패권국이 출현함을 저지하려고 노력하는데, 이는 다른 지역을 지배하는 패권국은 자신들의 두려워하는 뒷마당을 마음껏 휘저을 수 있을 정도로 막강한 적국이 될 수 있기 때문이다. 한 지역의 패권국은 다른 지역에는 최소한 두 개의 강대국이 함께 존재하는 상황을 선호한다. 이 경우 두 개의 강대국은 먼 곳의 지역 패권국보다 가까이 있는 경쟁국에 관심을 집중시켜야만 하기 때문이다.

만약 잠재적 패권국이 출현하는 경우라도 그 지역에 또 하나의 다른 강대국이 존재한다면 이 나라는 자신이 속한 지역에서의 패권국의 출현을 스스로 제어할 수 있을 것이고, 타 지역의 패권국이 안전한 상태에서 이 사태에 개입하지 않을 수 있도록 한다. 만약 지역의 강대국이 패권국의 출현을 억지하는 능력을 담당하기에는 역부족인 경우, 먼 지역의 패권국은 위협국가에 대처할 수 있는 적절한 조치를 취하는 것이 일반적인 일이다. 미국은 20세기에 이와 같은 임무를 네 차례나 담당한 바 있었고 그래서 미국은 "해외의 균형자"(offshore balancer)라고 불리게 된 것이다.

요약하면, 강대국들이 원하는 가장 바람직한 상태는, 자신만이 세계에서 유일한 지역 패권국이 되는 것이다. 그 나라는 현상유지를 원하는 나라가 될 것이며 기존의 세력균형상태가 오래 지속되기를 원할 것이다. 미국은 현재 그 부러운 지위를 차지한 나라다. 미국은 아메리카 대륙을 지배하고 있으며, 세계 어느 지역에도 지역 패권국이 존재하지 않는 상황이기 때문이다. 그러나 어떤 지역에서 지역 패권을 지향하는 강대국이 이웃 강대국과 경합을 벌이는 상황이 전개된다면 미국은 더 이상 현상유지 세력으로 남지 않을 것이다. 미국은 먼 곳의 경쟁국을 약화시키거나 또는 파괴하기 위해 장기적으로 개입할 수 있을 것이다. 물론 지역적 패권국들은 모두 같은 논리에 의해 행동할 것이며 결국 그들 사이에 첨예한 안보 경쟁이 야기될 것이다.

힘과 두려움

강대국들이 서로를 무서워한다는 것은 국제체제에서의 삶의 가장 중요한 측면이다. 그러나 이미 말한 바와 같이 두려움의 정도는 사례마다 다르다. 예를 들면 소련은 1930년보다 1939년에 독일을 훨씬 더 무서워했다. 국가들이 상대방을 얼마나 두려워하느냐는 중요한 문제다. 두려움의 정도에 따라 국가들간의 안보 경쟁의 정도가 결정될 뿐 아니라 그 나라들이 전쟁으로 빠져들어 갈 확률이 결정되기 때문이다. 두려움의 정도가 크면 클수록 국가간 안보를 위한 경쟁의 치열성은 높아지고 전쟁의 가능성도 높아진다. 논리는 명확하다. 두려움을 느끼는 국가는 특별히 자신의 안보를 증진시키는 방안을 추구하게 되며, 그 목적을 위해 위험한 정책을 추구하기 때문이다. 그러므로 어떤 이유 때문에 국가들은 서로 얼마나 무서워하고 있느냐를 이해하는 것은 대단히 중요하다.

강대국들이 서로 두려워하는 이유는 강대국들은 누구라도 상대방을 공격할 수 있는 군사력을 갖추고 있다는 사실과, 상대방이 결코 그 군사력을 자신을 향해 사용하지 않을 것이라는 점을 확신할 수 없기 때문이다. 국가들은 무정부 상태하에서 존재하고 있기 때문에 다른 강대국이 공격할 경우 도움을 청할 수 있는 야경꾼과 같은 존재가 없다. 무정부 상태와 다른 나라의 의도를 확실하게 알 수 없다는 사실은 국가들로 하여금 무한한 두려움을 느끼게 하고, 국가들이 자국의 힘을 극대화하는 방향으로 행동하도록 하는 원인이 된다. 하지만 이 요인만으로는 왜 두려움의 정도가 때에 따라 달라지는지를 설명할 수 없다. 무정부 상태와 상대방의 의도를 확인할 수 없다는 사실은 국제정치의 상수이지만 상수만으로는 변형을 설명할 수 없다.

상대방을 위협할 수 있는 국가의 힘은 사례마다 다르며, 바로 이것이 두려움의 크고 작음을 결정하는 중요한 요소다. 어느 나라가 힘을 더 많이 보유하면 보유할수록 그 나라는 경쟁국들을 더욱 더 두렵게 만들 것이다. 예를 들자면 독일은 1930년대가 시작될 무렵보다 1930년대가 끝날 무렵 훨씬 더 막강한 국력을 보유하고 있었다. 바로 이 점이 소련은 왜 1939년의 독일을 더 두려워했는가를 설명해 주는 것이다.

힘이 어떻게 두려움의 정도에 영향을 미치는가에 관한 토론은 또 다른 문제를 제기한다. 힘이란 무엇인가? 정치적 힘과 실질적 힘을 구분하는 것이 중요하다. 한 나라의 잠재국력은 그 나라 인구의 크기와 국부의 수준에 근거한다. 이 두 가지는 군사력 건설을 위해 가장 중요한 두 개의 벽돌이다. 국가의 실질적 힘이란 그 나라의 육군과 이를 지원하는 공군 및 해군력에서 나온다. 육군은 군사력의 가장 중요한 부분인데 육군은 영토를 정복하고 통치하는 본질적 수단이기 때문이다. 영토란 영토국가들로 구성된 세계에서 궁극적인 정치적 목표다. 요약하면 핵시대에서도 군사력의 가장 중요한 부분은 육군이다.

힘에 관한 고려는 국가들의 두려움에 다음과 같은 세 가지 측면에서 영향을 미친다. 첫째, 핵공격에서도 살아남아 상대방에 대해 보복공격을 가할 수 있는 능력을 보유한 경쟁국들은 핵무기를 가지지 못한 국가들보다 상대방에 대한 두려움이 적을 것이다. 예를 들어 만약 핵무기가 발명되지 않았다면 냉전 당시 초강대국들의 두려움의 수준은 훨씬 더 높았을 것이다. 논리는 단순하다. 핵무기는 상대방에게, 짧은 시간에 파멸적 타격을 가할 수 있기 때문에 핵무장을 한 경쟁국들은 전쟁을 자제하기 마련이다. 결국 핵을 보유한 상대국들은 핵이 없는 경우보다 상대방을 두려워해야 할 이유가 줄어드는 것이다. 그러나 냉전의 역사가 보여주듯 핵을 가진 국가들 사이에서도 전쟁은 생각할 수 없는 일은 아니며 핵을 보유한 경쟁국들은 상대방을 계속 두려워했다.

둘째, 강대국들이 큰 바다를 사이에 두고 있을 경우, 각 강대국의 육군력이 아무리 대단하더라도 그들은 대개 상대방을 공격할 수 있을 정도의 능력을 갖추지는 못했다. 큰 바다는 공격하는 육군이 힘을 투사하는 데 있어 진정 어려운 장애물이었다. 적의 공격을 차단하는 데 바다의 힘은 영국과 미국(미국이 강대국으로 부상한 1898년 이후)이 다른 강대국으로부터 단 한번의 침략도 받지 않았다는 사실로도 설명된다. 또한 미국이 왜 단 한번도 유럽 혹은 동북아시아의 국가들을 정복하려고 시도하지 않았는지, 또는 영국은 왜 유럽에 대한 지배를 시도하지 않았는지를 설명하는 요인이다. 같은 대륙에 함께 존재하는 강대국들은 서로 상대방을 공격하고 점령하는 데 훨씬 유리한 조건에 있는 것이다. 국경을 접한 나라들의 경우에는 특히 그러하다. 그렇기 때문에 바다로 갈라져 있는 강대국들은 같은 대륙에 존재하는 강대국들보다 상대방을 두려워하는 정도가 훨씬 낮다.

셋째로, 국제체제 속의 국가들간의 힘의 분포상태는 두려움의 정도에 특히 큰 영향을 미친다.[32] 중요한 문제는 강대국들 사이에 힘이 거의 고르게 분포되어 있느냐 혹은 강대국들 사이에 힘이 아주 불균형하게 분포되어 있느냐의 여부다. 가장 위험한 힘의 분포상태는 잠재적 패권국이 포함된 다극체제이다. 나는 이런 상황을 '불균형적 다극체제'(unbalanced multi-polarity)라고 부르겠다.

잠재적 패권국이란 국제체제에서 가장 강력한 나라 그 이상을 의미한다. 잠재적 패권국이란 현실적 군사력이 막강할 뿐 아니라 국력의 잠재적 요인도 풍부하기 때문에, 자신이 속한 지역에서 다른 모든 나라를 통제하고 지배할 수 있는 가능성이 제일 높은 나라를 의미한다. 잠재적 패권국이 모든 경쟁국과 동시에 전쟁을 벌여서 승리할 정도로 막강할 필요는 없다. 그러나 잠재적 패권국은 다른 강대국들과 1:1의 싸움에서는 반드시 승리할 수 있어야 하며, 몇 나라와 동시에 싸울 경우라도 그 전쟁에서 이길 수 있을 능력을 가져야 한다. 그러나 가장 중요한 점은 가장 강한 나라와 두 번째로 강한 나라의 힘의 격차가 어느 정도인가의 문제다. 잠재적 패권국이 되기 위해서는 두 번째로 강한 국가와의 힘의 격차가 눈에 띄게 분명해야 한다. 어느 강대국이 잠재적 패권국으로 간주되기 위해서는 그 나라가 속한 지역의 다른 강대국들과 비교할 때 상당 수준의 힘의 격차를 보여야 한다. 즉 대규모의 군사력과 가장 막강한 잠재력을 보유해야 한다.

양극체제는 강대국들이 상대방을 가장 덜 두렵게 인식하도록 하는 국제적 힘의 구조다. 물론 이 경우 강대국들의 상대방에 대한 두려움이 결코 사소한 것은 아니다. 양극체제에서 두려움은 그 정도가 심각하지는 않다. 양극체제에서는 두 개의 가장 강한 나라가 대체로 힘의 균형상태를 유지하기 때문이다. 내가 '균형적 다극체제'라고 부르고자 하는 잠재적 패권국이 없는 다극체제는 강대국들간에 힘의 불균형 상태의 가능성은 있지만, 힘의 불균형 상태는 패권국을 지향하는 강대국이 나타나는 경우와 비교할 때 그렇게 심각한 것은 아니다. 그러므로 균형적 다극체제는 불균형적 다극체제보다 강대국들의 두려움의 수준은 낮다. 그러나 양극체제의 경우보다는 두려움의 수준이 높다.

국제체제에서의 힘의 분포상태가 변화함에 따라 강대국들간의 두려움의 정도가 어떻게 달라지는가에 관한 이상의 논의는 상대방 국가의 의도(intention)를 고려하지 않는 것이었는데, 이는 한 가지 관련된 논제를 제기한다. 한 나라가 자신의 생존을 위협하는 나라가 어떤 나라인지를 살펴보려는 경우, 그 나라는 잠재적인 적국의 의도보다는 현실적 공격능력에 주로 초점을 맞춘다. 앞에서도 강조한 바처럼 국가의 의도는 궁극적으로 알 수 없는 것이다. 그러므로 자국의 생존을 우려하는 국가는 적대국의 의도에 대해 최악의 가정을 하지 않으면 안 된다. 그러나 측정이 가능한 것은 능력이며 이는 적대국이 심각한 위협이 되는지 안 되는지를 알려주는 요소다. 요약하면, 강대국들은 상대방의 능력에 균형을 맞추는 것이지 상대방의 의도에 균형을 맞추는 것은 아니다.[33]

강대국들은 막강한 군사력을 보유한 나라와 균형을 유지하려고 노력한다. 공격적 군사력이야말로 그들의 생존에 대한 눈에 보이는 위협이기 때문이다. 그러나 강대국들은 상대방이 얼마나 많은 잠재력을 가지고 있느냐에 대해서도 주의를 기울인다. 인구가 많고 부유한 국가는 언제라도 막강한 군사력을 건설할 수 있기 때문이다. 그렇기 때문에 강대국들은 인구가 많고 경제력이 급속히 증대하는 국가들을 두려워한다. 아직 국가의 부를 군사력으로 전환시키지 않은 나라라도 두려움의 대상이기는 마찬가지다.

국가목표의 우선순위

내 이론에 의하면 강대국의 최우선 국가목표는 국가의 생존(국가안보)이다. 물론 국가들은 안보 이외의 다른 목표도 추구한다. 예를 들면 강대국들은 예외 없이 자국 국민의 복지를 증진시키기 위해 더 큰 경제번영을 추구한다. 그들은 특히 해외에서 어떤 특정한 이데올로기의 증진을 추구한다. 냉전 당시 미국은 세계적으로 민주주의를 확대시키려 했고 소련은 공산주의를 수출하고자 했다. 18세기의 프러시아, 이탈리아, 냉전종식 이후 독일의 경우처럼 국가의 통일은 강대국의 또 다른 목표와 행동의 동기가 된다. 강대국은 때로는 지구 전체의 인권을 개선시키기 위한 목표를 갖기도 한다. 국가들은 이처럼 여러 가지 목표는 물론 비안보적 목표도 추구한다.

공격적 현실주의 이론은 강대국들이 안보 이외의 다른 목표를 추구한다는 사실을 물론 인정한다. 그러나 공격적 현실주의는 안보 이외의 목표에 대해서는 다음과 같은 경우를 제외하면 별로 할말이 없다. 국가들은 그들의 행동이 국가의 세력균형을 위한 노력과 배치되지 않는 한도 내에서 안보와 관련없는 다른 목표를 추구한다는 것이다. 두 가지 목표가 상충적인 경우가 왕왕 나타난다.[34] 그러나 국가안보 이외의 다른 목표의 추구가 국가안보를 위한 노력에 보탬이 되는 경우도 많이 있다. 나치 독일은 이념적이고 현실주의적 이유에서 동유럽으로 침공해 들어갔고, 냉전 당시 초강대국들은 이와 유사한 이유에서 서로 경합을 벌였다. 더욱이 경제발전은 항상 더 큰 부의 획득을 의미하며, 더 큰 부는 국가안보에 중요한 의미가 있다. 부는 군사력의 기본이 되기 때문이다. 부유한 나라는 막강한 군사력을 보유할 수 있고 막강한 군사력은 국가의 생존확률을 높인다. 정치경제학자인 제이콥 바이너Jacob Viner가 이미 50년 전에 한 말이지만 부와 권력은 "오랫동안 하모니를 이루고 있는 것이다."[35] 국가의 통일 역시 권력의 추구를 보완해 주는 또 다른 목표다. 일례로 1871년 통일된 독일은 자신이 대체한 프러시아보다 훨씬 막강했다.

안보와 관계가 없는 목표의 추구는 여러모로 세력균형과 아무런 관계가 없을 수 있다. 인권문제와 관련한 국제적 개입은 이런 사례가 될 것이다. 이 경우 작전은 소규모이기 때문에 희생이 별로 없고 강대국의 생존 가능성에 아무런 영향을 미치지 않는다. 어떤 이유에서건 국가들이 타국의 국민이 대량학살을 포함한 여러 가지 학정에 시달리는 것을 구제하기 위해 자신의 피와 재산을 사용하는 경우란 희박하다.

미국 외교정책이 도덕주의에 의해 영향을 받는다고 말하지만 지난 100년 동안 미국병사가 인도적 개입(humanitarian intervention)을 위해 희생된 것은 소말리아(1992-1993)가 유일한 경우다. 이 경우에서조차, 1993년 10월의 수치스런 전투에서 18명의 미군 병사가 희생된 사실은 미국의 정책결정자들에게 충격을 주었으며, 소말리아에서 병력을 철수시키는 계기가 되었다. 이어 1994년 봄, 후투족이 이웃의 툿시족을 학살하는 모습을 보면서도 미국은 르완다에 대한 개입을 거부했다.[36] 이런 대량학살을 저지하는 일은 비교적 쉬운 일이며 국제적 힘의 균형에서 미국의 지위에 아무런 영향을 미치지도 않는다.[37] 그러나 르완다에 대해 미국은 아무것도 하지 않았다. 비록 현실주의가 인도적으로 개입하라고 명령하지는 않을 지라도 인도적 개입을 금지한 것은 아니다.

안보와 관계없는 목적의 추구가 때로는 세력균형의 논리와 갈등을 일으키는 경우가 있으며 그럴 경우 국가들은 현실주의가 지시하는 대로 행동하는 것이다. 냉전기간 동안 미국은 지구 전체에 민주주의의 확산을 목표로 했음에도 불구하고, 미국의 정치가들은 소련을 봉쇄하기에 유용한 것이라고 느낄 때, 민주주의 정부를 붕괴시키고 독재국가들을 껴안은 적도 왕왕 있었던 것이다.[38] 2차 세계대전 당시 자유민주주의 국가들은 공산주의에 대한 혐오감을 제쳐두고 소련과 동맹을 맺어 나치 독일에 대항했다. 프랭클린 루스벨트 대통령은 "나는 공산주의를 수용할 수 없다. 그러나 히틀러를 격파하기 위해 악마와 악수를 할 것이다"고 강조했다.[39] 마찬가지로 스탈린도 이데올로기적 관점이 권력의 관점과 충돌하는 경우, 후자 즉 권력의 관점을 택했던 것이다. 스탈린 현실주의의 가장 뻔뻔한 측면은 1939년 8월 소련과 나치 독일의 불가침 조약 — 그 유명한 몰로토프 – 리벤트로프 조약Molotov-Ribbentrop Pact — 에서 나타난다. 스탈린은 동유럽의 영토에 대한 히틀러의 욕구를 만족시켜 주는 대가로 독일의 군사력이 프랑스와 영국을 향하게 했던 것이다.[40] 강대국들은 심각한 위협에 당면해서 동맹을 추구하는 경우 이데올로기에 대해 별 관심을 갖지 않는다.[41]

국가안보와 경제가 갈등을 일으키는 경우 국가안보가 우선이다. 왜냐하면 아담 스미스가 국부론에서 썼던 것처럼 "국가방위가 국가가 부유해지는 것보다 훨씬 더 중요하기 때문이다."[42] 아담 스미스는 국가들이 부와 상대적 힘 두 가지 중 하나만을 택해야 할 경우의 행동방안에 관해 좋은 시사점을 제공하고 있다. 1651년 영국은 유명한 항해법(Navigation Act)을 선포했다. 이는 보호주의적 법안으로 네덜란드의 상업에 손해를 입히고 궁극적으로 경제를 붕괴시키려는 것이었다. 이 항해법은 영국으로 수입될 모든 상품은 영국의 선박 혹은 그 상품을 생산한 나라가 소유한 선박에 의해 운반되어야 할 것을 규정했다. 네덜란드인들은 스스로 생산하는 상품이 별로 없기 때문에 이 조치는 네덜란드 경제발전의 축이 되는 해운업을 심각하게 해치는 것이었다. 물론 항해법은 영국의 경제에도 피해가 되는 것이었다. 왜냐하면 항해법은 자유무역을 통한 영국의 이익을 없애버리는 것이었기 때문이다. 아담 스미스는 "항해법은 외국과의 상거래에 유익한 것이 아니고 이를 통해 얻을 수 있는 경제적 풍요의 획득에 방해가 된다"고 말했다. 그럼에도 불구하고 스미스는 이 법은 "영국이 행한 경제규제 중 가장 현명한 것"이라고 생각했다. 이 조치는 영국의 경제보다 네덜란드의 경제에 더 큰 피해를 주는 것이며, 17세기 중엽 네덜란드는 "영국의 안전보장을 위협할 수 있는 유일한 해군국가"[43]였기 때문이다.

세계질서의 창조

강대국들이 함께 협력하여 현실주의적 논리를 초월하고 정의와 평화를 촉진하는 국제질서를 건설할 수 있다고 말해지기도 한다. 오직 세계평화만이 국가들의 번영과 안전을 증진시키는 것처럼 보인다. 20세기 동안 미국의 지도자들은 줄곧 이와 같은 논리를 강변해 왔다. 클린턴 대통령은 1993년 청중들 앞에서 다음과 같이 연설했다.

> "48년 전 이 기구(UN)의 탄생 당시 … 수많은 나라들에서 온 탁월한 정치 지도자들은 안전과 번영을 위한 기구를 조직하기 위해 한 발짝 더 진전했습니다. … 오늘날 역사는 우리에게 더 큰 기회를 부여하고 있습니다. … 우리는 더 큰 꿈을 꿀 수 있다는 사실을 결의합시다. … 우리가 우리 아이들에게 물려줄 세상이 오늘 우리가 살고 있는 세상보다 더욱 건강하고, 안전하고, 풍요한 세상이 되도록 보장합시다"[44]

이런 수사학(rhetoric)에도 불구하고 강대국들이 세계질서 그 자체를 위해서 협력하는 일은 없다. 강대국들은 세계 속에서 차지하는 자기 나라의 힘의 비중을 극대화시키기 위해 노력하며, 이 행동은 안정적이고 지속적인 국제질서의 건설이라는 목표와 충돌할 가능성이 높다.[45] 이렇게 말하는 것이 강대국들은 결코 전쟁을 방지하려 하지 않고 평화를 지키려 하지 않는다고 말하는 것은 아니다. 오히려 강대국들은 자신들이 희생자가 될지도 모를 전쟁을 억지하기 위해 열심히 노력한다. 그러나 이런 경우 국가의 행동은 대부분 상대적 국력에 대한 속좁은 계산에 의거하는 것이지 자국의 국가이익과 관련없는 세계질서를 건설하려는 열망에 근거한 것은 아니다. 미국은 냉전이 시작되는 초기부터 소련을 억지하기 위해 엄청난 자원을 유럽에 쏟아 부었다. 이는 세계평화를 증진시켜야 한다는 미국 지도자들의 심오한 믿음에 의거한 것이 아니라, 소련의 승리는 미국에게 대단히 위험한 힘의 균형의 변화를 초래할지도 모른다는 두려움에 근거한 것이다.[46] 국제정치의 역사에 나타났던 특수한 국제체제들은 국제체제 속의 강대국들의 행동결과로 나타난 부산물이었다. 다른 말로 한다면, 국제체제의 윤곽은 국가들이 평화를 위해서 협력하기로 약속하고 행동한 결과가 아니라 강대국들이 안보 경쟁을 벌인 결과 나타난 의도하지 않은 결과였다. 냉전 당시 유럽에서 형성되었던 냉전질서는 바로 이 같은 사실을 반영한다. 미국과 소련 누구도 냉전질서의 형성을 의도하지 않았고 또한 그 질서를 창출하고자 함께 일하지도 않았다. 실제로 두 초강대국은 모두 냉전의 초기에 상대방의 권력을 희생하는 한이 있더라도 자신의 힘의 증가를 위해 노력하는 동시에 상대방이 그렇게 하는 것을 차단하려 했다.[47] 2차 세계대전 이후 유럽에 형성된 국제질서는 초강대국 사이의 격렬한 안보 경쟁이 산출해 낸 계획하지 않았던 결과였다.

강대국 사이의 격렬한 적대관계는 1990년 냉전의 종식과 더불어 끝났지만 미국과 러시아는 현재 유럽의 질서를 창조하기 위해 함께 일하지 않았다. 오히려 미국은 (미국이 주도하는 NATO를 대치하여) 유럽 안보의 중심축이 될 수 있는 유럽안보협력기구(Organization for Security and Cooperation in Europe)의 건설을 위한 러시아의 다양한 제안들을 일축했다. 게다가 러시아는 NATO의 확대에 대해 심각하게 반대했다. 러시아는 NATO의 확대를 자국안보에 심각한 위협으로 간주했기 때문이다. 그러나 러시아가 너무 취약해졌기 때문에 보복할 수 없음을 인식한 미국은 러시아의 우려를 무시한 채 체코 공화국, 헝가리, 폴란드를 회원국으로 받아들이도록 NATO를 압박했다. 러시아는 또한 지난 10년 동안 미국의 대발칸반도 정책에 대해 반대했다. 특히 1999년 NATO의 유고슬라비아 전쟁에 대해 반대했다. 이때도 역시 미국은 러시아의 우려에 대해 별 신경을 쓰지 않았고 이 취약한 지역에 미국이 생각하는 평화방안을 그대로 밀고 나갔다. 마지막으로, 러시아가 결단코 반대하더라도 미국은 기술적으로 가능하다고 판단하는 한 탄도미사일방어체계를 배치할 가능성이 아주 높다는 사실을 지적해야 할 것이다.

물론 냉전 시대의 경우처럼 강대국들의 경쟁이 안정적 국제질서를 창출하는 경우가 있다. 그럼에도 불구하고 강대국들은 세계 권력정치 속에서 자신들의 비중을 증가시킬 기회를 끊임없이 추구할 것이며, 만약 유리한 상황이 도래할 경우, 강대국들은 기존의 안정적 질서를 훼손하는 방향으로 나갈 것이다. 미국이 1980년대 말엽, 소련을 약화시키고 냉전 후반기 유럽에 형성되었던 안정적 국제체제를 해체하기 위해 얼마나 열정적으로 노력했던가를 생각해 보라.[48] 물론 힘을 잃게 될 국가는 침략에 항거하고 기존의 국제질서를 유지하고자 할 것이다. 그러나 그 경우 국가들의 동기는 이기적인 것으로 세력균형의 논리를 따르는 것이지 세계평화를 위해서는 아니다.

강대국들은 두 가지 이유 때문에 평화적 세계질서의 추구를 위한 노력에 개입할 수 없다. 첫째로, 국가들이 평화를 증진하기 위한 일반적인 방안에 동의하기가 어렵다. 국제정치학자들도 평화를 위한 청사진의 모습이 어떠해야 하는가에 대해서 견해가 일치하지 않음이 분명하다. 사실 전쟁을 연구하는 학자의 숫자만큼 많은 전쟁원인에 관한 이론이 있다고 느껴질 정도다. 더 중요한 것은 정책결정자들 사이에 어떻게 안정된 세계를 창조할 수 있을 것인가에 대해 견해일치가 없다는 점이다. 1차 세계대전이 끝난 후 열린 파리평화회의에서 토의된, 어떻게 유럽의 평화를 이룩할 것인가에 대한 견해의 차이는 프랑스 수상 조지 클레망소George Clemanceau, 영국 수상 데이빗 로이드 조지David Lloyd George, 그리고 미국 대통령 우드로 윌슨Woodrow Wilson을 갈라놓았다.[49] 특히 클레망소는 독일의 라인란트 지역에 대해 조지나 윌슨보다 훨씬 강력한 조치를 가해야 한다고 주장했다. 반면 조지는 독일의 보상문제에 대해 더 강경했다. 놀랄 일도 없지만 베르사유 조약은 유럽의 평화를 위해 기여한 바가 별로 없었다.

더 나아가 냉전 초기 미국이 유럽의 안정에 대해 어떻게 생각했는가를 고려해 보자.[50] 유럽의 안정 및 체제의 지속에 관한 주요 요인들은 1950년대 초반에 그 기반을 두었다. 유럽의 안정을 위한 요인들은 독일의 분단, 소련의 공격을 억지하기 위한 미군의 서유럽 주둔, 서독이 핵무장을 추구하지 못하도록 하는 것 등이었다. 그러나 트루먼 행정부의 관리들은 분단된 독일이 평화의 조건이 될지 전쟁의 원인이 될지에 대해 견해가 일치하지 않았다. 국무부의 중요한 지위에 있었던 조지 케난George Kennan과 폴 니츠Paul Nitze는 분단된 독일은 유럽안정의 요인이 된다고 생각했던 반면 딘 애치슨Dean Acheson 국무장관은 이들과 견해를 달리했다. 1950년대 아이젠하워Eisenhower 대통령은 서유럽방위에 대한 미국의 개입을 포기하고 독일을 핵무장시켜서 이를 대체하려고 생각한 적이 있었다. 이 정책은 결코 완전하게 채택되지는 않았지만 상당한 수준의 불안을 초래했고 결국 1958-1959년, 1961년 베를린 위기의 직접적 원인이 되었다.[51]

둘째로 강대국들이 힘의 고려를 배제한 채 국제평화를 위해 일할 수는 없다. 그들의 노력이 성공할지 알 수 없기 때문이다. 만약 평화를 위한 노력이 실패한다면, 그들은 세력균형을 무시했던 데 대한 엄중한 대가를 지불해야 할 것이다. 침략자가 문 앞에 도달한 경우에 9-1-1에 전화를 걸어봤자 소용이 없을 것이기 때문이다. 이런 위기를 감수할 나라는 별로 없다. 그래서 신중한 행동은 현실주의적 논리에 의해 행동할 것을 강요한다. 이 논리는 세력균형이라는 사소한 관심은 접어두고, 국제공동체의 더 넓은 이익을 위해 행동할 것을 요구하는 집단안보의 구상들이 왜 예외 없이 태어나자마자 사장되고 마는지에 대한 설명이 된다.[52]

국가간의 협력

이제까지의 토론을 읽은 독자들은 저자의 이론은 강대국들이 협력할 수 있다는 점을 전혀 용납하지 않는 것이라고 결론내릴 것이다. 그러나 그런 결론은 옳지 않다. 국가들은 비록 성취하기 어렵고 유지하기는 더욱 어렵겠지만, 협력할 수는 있다. 두 가지 요인이 국가간의 협력을 방해한다. 협력함으로써 누가 더 상대적으로 큰 이익을 보게 되는가에 관한 고려와 상대방이 자신을 속이지 않을까에 대한 우려가 그것이다.[53] 궁극적으로 강대국들은 상대방을 현실적으로 혹은 최소한 잠재적 적대국으로 간주할 수밖에 없는 본질적으로 경쟁적인 세상에서 살고 있으며 그 결과 상대방에게 손해를 끼치더라도 자신의 이익을 확보하려고 노력한다.

협력하려는 두 나라는 협력을 통한 이득이 그들 사이에서 어떻게 배분되는가를 반드시 고려해야 한다. 그들은 절대적 혹은 상대적인 이익의 관점에서 분열을 생각한다(국가들은 상대적 혹은 절대적인 힘의 증가를 추구한다는 사실을 기억하라. 그 개념은 여기서도 마찬가지로 적용된다). 절대적 이득의 측면을 고려할 경우, 협력하려는 국가들은 상대방이 얼마나 많은 이익을 취하는가 혹은 잃는가에 대해서는 관심이 없고 오직 자신의 이익의 극대화만을 생각한다. 양측은 상대방의 행동이 자신의 최대한의 이익추구에 어떤 영향을 미칠 것인가의 범주 내에서만 상대방을 고려한다. 반면에 상대적 이득의 관점에서 보면, 양측은 각자 자신의 이득의 증진을 추구할 뿐 아니라, 상대방과 비교했을 경우 자신이 더 큰 이익을 보느냐의 문제를 고려한다.

강대국들은 세력균형을 심각하게 고려하기 때문에, 경쟁 중의 강대국들이 상대방과의 협력을 고려할 경우, 그들은 협력을 통한 상대적 이득에 초점을 맞추게 된다. 물론 강대국들은 절대적 이득을 증진시키려고 노력한다. 그렇지만 강대국들은 협력하는 경우, 어떤 합의든 간에 그 이득이 상대방보다 못하면 안 되고 자국의 이득이 보다 커야할 것이라고 생각한다. 국가들이 절대적 이익보다 상대적 이익에 기준을 맞추는 경우 협력은 더욱 어려워진다.[54] 절대적 이득에 관심을 가지는 나라들은 파이가 커지게 되는 경우 그들은 증가된 부분의 일부라도 얻을 수 있으리라 생각하는 데 반해, 상대적 이득을 우려하는 나라들은 파이가 어떻게 쪼개지느냐에 더 큰 관심을 쏟게 될 것이며, 결국 국가간의 협력을 복잡하게 만든다.

상대방이 속이지 않을까에 대한 우려 역시 협력을 어렵게 만드는 요인이다. 강대국들은 상대방이 약속을 어기고 더 큰 이득을 취하게 될 것을 두려워하기 때문에 협력에 관한 약속을 주저하게 된다. 이 문제는 특히 군사적 차원에서 심각하다. 군사적 협력은 '상대방이 약속을 어길 경우의 특별한 위험'(special peril of defection) 상황을 초래할 수 있다. 무기는 본질상 국가간 세력균형에 급격한 변화를 초래할 수 있기 때문이다.[55] 상대방을 속이는 국가는 상대방을 결정적으로 패퇴시킬 수 있는 '기회의 창문'(window of opportunity)을 열 수도 있다.

이상의 장애요인에도 불구하고 강대국들은 현실세계에서 협력하며 살고 있다. 세력균형의 논리는 강대국들이 동맹을 형성하게 하거나 혹은 공통의 적에 대항하여 협력하도록 한다. 영국, 프랑스, 러시아는 1차 및 2차 세계대전 기간 동안 독일에 대항하여 동맹을 체결한 나라들이었다. 국가들은 때로는 제3자를 공격하기 위해 뭉치는 경우가 있다. 1939년 폴란드에 대한 독일과 소련의 협력은 그 예이다.[56] 최근의 사례로 세르비아와 크로아티아는 보스니아를 점령하고 분할하자는 데 동의한 바 있었다. 이들의 약속은 미국과 유럽 동맹국들의 방해로 실천에 옮겨질 수는 없었다.[57] 동맹국들은 물론 경쟁국들도 협력할 수 있다. 힘의 분포상태를 대체적으로 반영하고 속임수의 문제가 해결될 경우 궁극적으로 타협이 이루어질 수 있다. 냉전기간 중 미국과 소련 사이에 체결되었던 다양한 군비통제 조약들이 그 예가 될 수 있는 것이다.

국가들이 상대방보다 더 큰 이득을 취하고자 노력하는 세계, 즉 경쟁을 본질로 삼는 세상에서도 협력은 이루어질 수 있다. 1차 세계대전이 일어나기 전 약 40년 동안의 유럽 국제정치는 국가들 사이에 협력이 이루어졌음을 보여준다. 그러나 국가들의 협력관계는 1914년 8월 1일 유럽 강대국들이 전쟁으로 빠져들어가는 것을 막을 수는 없었다.[58] 2차 세계대전 당시 미국과 소련은 상당 수준의 협력관계를 유지했다. 그러나 양국의 협력관계는 독일과 일본이 몰락한 직후, 냉전의 발발을 막을 수 없었다. 놀라운 사실이지만 독일군이 소련군을 공격하기 이전 약 2년 동안 나치 독일과 소련의 경제 및 군사협력은 대단한 정도였다.[59] 그러나 협력의 양이 아무리 많다 해도 안보 경쟁이라는 압도적인 국제정치의 논리를 당할 수는 없다. 국가들이 권력을 위해 경쟁하지 않는 세계 즉 진정한 평화는 국제체제가 무정부 상태로 남아있는 한 이룩하기 어려운 일이다.

결론

나의 주장은 개별 강대국의 특성 때문이 아니라 국제체제의 구조 때문에 국가들은 공격적으로 행동하고, 패권을 추구한다고 요약될 수 있다.[60] 나는 국가들은 본질적으로 권력에의 의지를 가지고 있기 때문에 예외 없이 공격적으로 행동한다는 모겐소 교수의 주장을 따르지 않는다. 나는 강대국들의 국제행동 배후에 있는 1차적 동기를 생존(survival)이라고 가정한다. 무정부 상태의 국제체제는 생존에의 욕구를 가진 국가들을 공격적으로 행동하게 만든다. 이 책에서는 국가들이 그들의 정치경제 체제의 성격에 따라 더 공격적이거나 덜 공격적이라고 가정하지 않는다. 공격적 현실주의는 강대국 행동에 대해 불과 몇 가지의 가정만을 제시한다. 이 가정들은 모든 강대국들에게 똑같이 적용된다. 각 국가들이 얼마나 많은 힘을 장악하고 있느냐에 있어서의 차이를 제외하고, 이 이론은 모든 국가들을 똑같이 취급한다.

이제까지 국가들은 왜 상대방보다 더 많은 힘을 추구하는가를 설명하기 위한 논리를 제시했다. 그러나 나는 강대국들이 목표하는 힘 그 자체에 관해서는 별로 설명하지 않았다. 다음 두 개의 장에서는 힘이라는 숭요한 주제에 관한 자세한 토론이 이루어질 것이다.

03

부와 권력

The Tragedy Of
Great Power Politics

권력(power)은 국제정치의 핵심에 놓여 있다. 그러나 권력이 무엇인지, 그리고 어떻게 측정해야 하는지에 대해서는 의견이 일치하지 않는다. 이 장과 다음 장에서 나는 권력이 무엇인지에 대해 정의하고 권력을 측정하기 위한 개략적이긴 하지만 신뢰할 수 있는 방안을 제시하고자 한다. 특히 나는 권력이란 국가가 보유한 특정한 물질적 능력에 기반을 두는 것이라고 주장하고자 한다. 그렇기 때문에 세력균형이란 각각의 강대국이 통제하는 기갑사단과 핵무기 같은 눈에 보이는 자산들의 함수인 것이다.

국가들은 두 가지 종류의 힘을 가지고 있다. 하나는 잠재력이고 다른 하나는 군사력이다. 이 두 가지 형태의 힘은 깊이 연계되어 있지만 동의어는 아니다. 그들은 서로 다른 종류의 자원으로부터 나오는 것이기 때문이다. 잠재적 힘이란 군사력을 건설하는 데 쓰이게 될 사회경제적 요소들을 일컫는다. 잠재력은 대체로 국가의 부와 인구의 규모에 의존한다. 강대국들은 군사력을 건설하고 전쟁을 치르기 위해 돈과 기술, 사람을 필요로 하며 국가의 잠재력은 도전국과 경쟁할 때 동원할 수 있는 잠재적 힘을 의미한다.

그러나 국제정치에서 한 국가의 효과적 힘은 궁극적으로는 자국의 군사력과 어떻게 그것이 경쟁 국가의 군사력과 비교되느냐의 함수이다. 미국과 소련은 다른 모든 나라들의 군사력을 난쟁이처럼 보이게 할 정도로 막강한 군사력을 보유하고 있었기 때문에 냉전 시대 동안 세계에서 가장 강한 국가였다. 비록 경제적으로 풍족하지만, 상대적으로 약한 소규모의 군사력을 보유하고 국가안보의 큰 비중을 미국에게 의존하는 일본은 강대국은 아니다. 그렇기 때문에 세력균형은 대체로 군사적 균형과 동의어라고 말할 수 있다. 나는 국력을 주로 군사적 측면에서 정의하려고 한다. 왜냐하면 공격적 현실주의 이론은 힘(force)을 국제정치의 궁극적 수단으로서 강조하기 때문이다.[1]

군사력은 대체로 육군의 크기와 세기(strength), 그리고 이를 지원하는 공군력과 해군력에 근거한다. 핵시대에서도 육군이야말로 군사력의 핵심 구성요소다. 독립적 해군력과 전략공군만으로는 영토를 정복할 수 없으며 다른 나라들에게 압력을 가해 그들에게 영토적 양보를 도출해낼 수도 없다. 해군과 공군은 분명 성공적인 군사작전에 기여할 수 있지만 강대국 간의 전쟁은 주로 지상에서 승패가 결정된다. 그래서 가장 막강한 지상군을 보유한 국가가 가장 막강한 나라가 되는 것이다.

군사력에 못지않게 국가들은 잠재적 국력에 대해서도 대단한 관심을 기울이고 있다. 풍부한 경제력과 대규모의 인구는 막강한 군사력 건설을 위한 전제가 되기 때문이다. 냉전 당시 미국은 소련의 경제성장과 특히 소련의 과학적 성취(예를 들면 1957년에 발사된 스푸트니크 인공위성)에 대해 우려했는데, 이는 언젠가 소련이 미국을 따라잡을 수 있다는 징후로 보였기 때문이다. 오늘날 미국은 중국에 대해서 우려하고 있다. 미국의 중국에 대한 우려는 아직도 보잘것없는 중국의 군사력 때문이 아니라 중국이 12억 이상의 인구를 보유하고 있다는 점과 중국경제가 급속도로 성장하고 있다는 사실에서 유래하는 것이다. 중국이 진짜 부자나라가 된다면, 중국은 곧 군사적 초강대국이 될 것이고 미국에게 도전할 것이다. 이러한 점들은 국가들이 군사력의 균형은 물론 잠재력의 균형에도 신경을 쓰고 있다는 예가 될 것이다.

일부 학자들은 권력을 결과라는 측면에서 정의하는 것을 선호하고 있지만, 다음 절에서는 권력을 물질적 능력의 측면에서 정의하는 것이 보다 이치에 합당하다는 사실을 논하고자 한다. 나는 왜 세력균형이 군사적 승리를 예측하는 데 썩 좋은 기준이 되지 못하는지에 대해서도 설명하고자 한다. 그 다음 세 개의 절에서는 잠재적 국력에 초점을 맞추고자 한다. 첫째, 나는 강력한 군사력을 건설하기 위해 경제력이 본질적으로 중요하다는 사실을 논하고자 하며, 잠재적 국력을 나타내는 경제력을 측정하는 방법을 설명할 것이다. 둘째로, 나는 지난 200년 동안 국제체제의 중요 행위자들 사이의 부의 분배상황 변화는 강대국의 흥망을 설명하는 데 중요한 부분이 되었음을 보여주기 위해 몇 가지 역사적인 사례를 이용할 것이다. 셋째로, 나는 왜 군사력과 부가 밀접한 관계가 있음에도 불구하고, 그 두 가지는 동의어가 아닌지를 설명할 것이며, 부는 군사력의 대체 수단으로 사용될 수 없다는 것을 보여줄 것이다. 따라서 나는 잠재력과 군사력은 서로 다른 지표들을 필요로 한다고 주장하고자 한다.

국력의 물질적 기초

국력은 가장 기초적인 측면에서 두 가지로 나누어 정의될 수 있다. 내가 이 책에서 정의하는 바에 의하면 국력이란 국가가 사용할 수 있는 특정자산 혹은 물질적 자원 그 이상의 것이 아니다. 그러나 다른 학자들은 국력을 국가간 상호작용의 결과라는 측면에서 정의한다. 그들은 국력이란 다른 나라에 영향을 미치거나 다른 나라를 통제할 수 있는 모든 것이라고 본다. 권력이란 어느 한 나라가 다른 나라들에게 무엇인가를 강요할 수 있는 능력을 의미한다.[2] 이 견해의 대표적인 주창자인 로버트 달Robert Dahl은 "A가 B에게 B가 원하지 않는 일을 하도록 강요할 수 있을 때 A는 B에 대해 권력을 가지고 있다"고 말할 수 있다고 주장했다.[3] 이 논리를 따르면 국가가 통제력, 영향력을 행사하려는 경우에만 권력이 존재하며, 그 결과 권력관계는 당사자들의 상호관계가 결정된 이후에야 측정할 수 있는 것이 된다. 간단히 말해서 가장 강한 국가란 분규에서 승리하는 나라인 것이다.

위의 두 가지 정의 사이에 특별히 의미있는 차이점은 없다고 생각될 수도 있다. 결국 두 개의 강대국이 분쟁관계에 빠져들게 될 경우 물질적 능력이 우세한 나라가 승리하게 될 것이기 때문이다. 국제정치학을 연구하는 일부 학자들은 전쟁이 발발할 경우 물질적 능력이 더 강한 나라가 거의 모든 경우 전쟁에서 승리할 수 있다고 생각하며, 그 결과 세력균형 이론은 전쟁의 승패를 예측하는 데 탁월한 기능을 할 것이라고 생각한다. 국제분쟁의 결과를 설명하기 위해 다양한 방법의 국력측정 방법을 동원한 계량적 국제정치 연구가 많다.[4] 제프리 블레이니Geoffrey Blainey는 "국가들간에 누구의 힘이 더 강한가에 대해 의견의 일치를 이루지 못하기 때문에 전쟁이 발발한다. 그러나 전쟁은 '승자와 패자 사이에 질서정연한 권력의 서열'을 구축한다"고 말한다.[5] 그는 만약 대결 중인 국가들이 사전에 그들 사이의 힘의 우열을 인식한다면 전쟁은 발발하지 않을 것이라고 주장한다. 양측은 모두 전쟁의 결과를 예측할 수 있기 때문에 비참한 결과를 초래할 전쟁을 치르기보다는 현실적 국력에 근거한 평화적 해결을 추구할 것이다.

그러나 세력균형이 전쟁에서의 군사적 성공여부를 예측하는 데 그다지 신뢰할 수 있는 지표는 아니기 때문에 국력에 관한 이상의 정의들을 융합시킬 수는 없을 것이다.[6] 왜냐하면 때때로 어느 한 나라의 비물질적 요인이 다른 나라의 그것을 압도할 경우가 있기 때문이다. 비물질적 요인에는 무엇보다도 전략, 정보, 결단력, 기후, 질병 등의 요소가 포함된다. 물질적 요인만으로 전쟁의 결과가 판가름나는 것은 아니지만 자원의 균형이 전쟁의 결과에 큰 영향을 미친다는 사실에 의문의 여지는 없다. 특히 각국이 상대방을 물질적 우위를 통해 소진시키려는 소모전(war of attrition)을 치르는 경우에 그러하다.[7] 국가들은 분명히 상대방보다 더 많은 힘을 가지길 원한다. 더 많은 자원을 가진 국가가 전쟁에 이길 가능성도 더 크기 때문이다. 이런 이유 때문에 국가들은 세계 속에서 자신의 힘의 비중을 극대화시키려고 노력한다. 그럼에도 불구하고 전쟁에서의 승리가능성을 높이려는 행동이 전쟁에서의 승리를 보장해 주는 것은 아니다. 실제로 전쟁에 승리한 나라 중에는 오히려 힘이 약하거나 패전국과 비슷한 경우도 많이 있었지만, 비물질적 요인 때문에 승리할 수 있었던 경우가 많았다.

전략에 관해서 생각해 보자. 전략이란 국가들이 자국의 군사력을 적국의 군사력에 대항하여 어떻게 사용하는가를 말하는 것이며 아마도 비물질적 요인 중에서 가장 중요한 것이라고 말할 수 있겠다. 명석한 전략가들은 약한 군사력, 혹은 상대방과 비슷한 군사력을 가지고도 전투에서 승리할 수 있다.[8] 독일은 1940년 봄 독일군과 거의 맞먹는 규모와 능력을 보유한 영국군과 프랑스군을 격파하기 위해 전격전(Blitzkrieg) 전략을 채택했다.[9] 슐리펜 플랜(Schlifen Plan)이라는 유명한 전략은 1914년 프랑스를 공격하는 데 채택되었지만 성공할 수 없었다. 슐리펜 플랜의 원안(原案)은 실제로 채택된 것보다 더 과감한 것이었고 프랑스와 영국을 격파하기 위한 청사진을 포함하고 있었던 전략이기는 했다.[10] 때때로 전략은 전쟁의 성패에 정말로 중요하다.[11]

  1812년 러시아는 나폴레옹군과의 전투에서 결정적 승리를 거두었는데 이 사례는 군사력이 약한 방어자가 전쟁에서 승리하는 데 비물질적 요인이 얼마나 중요한지를 보여준다.[12] 1812년 6월 23일 러시아를 침략한 프랑스군은 병력수에서 러시아 전선을 방어하는 러시아군에 비해 44만9천 대 21만1천으로 우세했다.[13] 예비군까지 계산한다면 나폴레옹은 러시아와의 전쟁을 위해 67만4천 명의 병력을 확보했던 반면 러시아는 전쟁이 시작될 무렵 정규군의 총수가 40만9천 명뿐이었다. 더욱이 프랑스군은 러시아군에 비해 질적으로도 우수했다. 그러나 전투 후반부 6개월 동안 러시아군은 나폴레옹의 군대를 완벽하게 격파하고 결정적 승리를 거두었다. 1813년 1월 1일 당시 나폴레옹군은 9만3천 명의 병력만이 생존하여 러시아와 전투를 벌여야 했다. 무려 47만 명의 프랑스군이 전사했으며 10만 명은 포로가 되었다. 반면 러시아는 모두 15만 명의 병력을 잃었을 뿐이다.

  기후, 질병, 그리고 러시아의 명석한 전략이 나폴레옹을 격파한 것이다. 러시아는 러시아의 서부 국경선에서 나폴레옹 침략군과 교전하기보다는 모스크바로 후퇴했다. 동쪽으로 후퇴하는 동안 러시아군은 청야전술(scorched‒earth policy)을 채택했다.[14] 프랑스군은 후퇴하는 러시아군을 포획하려 했으며, 러시아군에 결정적 패배를 안기려 했다. 그러나 악천후는 나폴레옹의 전략에 훼방을 놓았다. 침략 초기, 억수같은 폭우가 내리자마자 곧 나타나는 뜨거운 날씨는 공격군의 진격속도를 늦추게 했고 러시아군에게는 도망갈 수 있는 시간을 주었다. 얼마 지나지 않아 질병과 탈영이 프랑스군의 가장 큰 골칫거리가 되었다. 나폴레옹은 결국 8월 17일 스몰렌스크Smolensk에서, 9월 7일에는 보로디노Borodino에서 후퇴 중인 러시아군과 교전할 수 있었다. 프랑스군은 이 전투 모두에서 승리했다. 그러나 그 승리는 비참한 승리였을 뿐이다. 프랑스는 많은 병력을 잃었고 러시아군은 항복하지 않았다. 프랑스군은 점점 더 러시아 깊숙이 빨려 들어갔다. 나폴레옹은 9월 14일 모스크바를 점령했지만 러시아는 전쟁을 종결시키길 거부했고, 결국 그는 10월 중순 퇴각하기로 결정했다. 서쪽으로의 퇴각은 나폴레옹군에게 재앙이었다. 추격하는 러시아군과 전투를 치를 수는 있었지만 프랑스군은 와해되기 시작했다.[15] 후퇴하는 나폴레옹군에게 기후는 또 하나의 중요한 요인이었다. 1812년의 전역(戰域)에서 단 한번도 주요한 전투에서 승리를 거둔 적이 없었던 취약한 러시아군은 막강한 프랑스군을 대패시켰던 것이다.

블레이니 교수의 주장, 즉 국가들이 힘의 균형상태를 정확하게 측정할 수 있다면 그들은 전쟁을 하지 않을 것이라는 주장은 틀린 것임이 분명하다. 왜냐하면 힘이 약한 나라가 힘이 더 강한 나라를 무찌르는 경우가 종종 있기 때문이다.[16] 약한 나라가 강한 나라에 대해 전쟁을 먼저 도발하는 경우도 있다. 이와 마찬가지의 논리가 힘이 비슷한 두 나라 사이에도 적용된다. 또한, 약한 나라가 강대국의 공격위협에 당당하게 맞서는 경우도 있다. 방어자의 경우 비록 공격국에 비해 열세에 있다고 해도, 침략에 대항하여 싸울 수 있고 승리할 수 있다는 좋은 이유를 가지고 있을 수 있기 때문이다.

그렇다면, 보이는 자산들(tangible assets)의 균형여부를 가지고 결과를 예측한다는 것은 본질적으로 불가능하다는 말이 된다. 전략과 같은 비물질적 요소들이 결과에 심오한 영향을 미칠 경우가 종종 있기 때문이다.

그렇기 때문에 국력을 정의하려는 경우 우리들은 '물질적 능력' 과 '행동의 결과' 중 하나를 선택하여 국력을 정의하기 위한 기초로 삼아야 할 것이다. 후자를 근거로 삼을 경우 군사적 성공에 관련한 물질적 요인은 물론 비물질적 요인들도 잘 고려될 수 있을 것이다.

국력과 행동의 결과를 동일시할 수 없는 세 가지 이유가 있다. 첫째, 결과에 초점을 맞추는 경우, 분쟁이 일어나기 이전 힘의 균형관계를 평가할 방법이 없다. 이 경우 전쟁에서 어느 편이 승리했느냐의 여부에 의해 세력균형 관계가 결정될 것이다. 둘째, 이 접근방법은 받아들이기 곤란한 결론을 도출하는 경우가 있다. 1812년 러시아는 나폴레옹 군대를 결정적으로 패퇴시켰지만 러시아가 프랑스보다 더 강하지는 못했다. 그러나 결과에 입각해서 힘을 정의하게 된다면 우리들은 러시아가 프랑스보다 더 강했다고 말해야 될 것이다. 비록 베트남 전쟁(1965-1972)에서 약한 편이 강한 편을 제압하고 승리할 수 있었지만 미국이 월맹보다 압도적으로 막강하다는 사실을 부인할 수 있는 사람은 없을 것이다. 셋째, 국제관계의 가장 재미있는 측면의 하나는 국제정치의 수단인 힘이 국제정치의 목표인 결과에 어떤 영향을 미치느냐에 관한 것이다.[17] 만약 국력과 국가의 행동 결과가 구분할 수 없는 것이라면 할말은 별로 없다. 그 경우 수단과 목적 사이에 아무런 차이가 없기 때문이다. 그 경우 우리는 순환론에 빠져들게 될 것이다.

인구와 부: 군사력의 원동력

잠재적 국력은 국가가 군사력을 건설하는 데 필요한 사회적 자원들로 구성된다.[18] 물론 사회적 자원의 종류는 다양하지만 국가가 보유하는 인구의 숫자와 부의 규모는 군사력을 추출해내는 데 가장 중요한 두 가지 요소다. 강대국은 대규모 군사력을 필요로 하기 때문에 인구는 대단히 중요하다. 인구가 많은 나라만이 강력한 군사력을 건설할 수 있기 때문이다.[19] 인구가 적은 나라는 강대국이 될 수 없다. 인구가 770만 밖에 되지 않는 이스라엘, 인구가 910만에 불과한 스웨덴 등은 각각 1억4천2백만, 3억1천7백만, 13억5천만의 인구를 가진 러시아, 미국, 중국이 존재하는 세상에서 강대국의 지위를 차지할 수는 없을 것이다.[20] 인구 규모는 경제적으로도 중요한 의미가 있다. 인구가 많아야 대규모의 부가 창출될 수 있고, 대규모의 부는 군사력 건설을 위한 또 하나의 벽돌이 된다.[21]

부는 대단히 중요하다. 군사력을 장비, 훈련하고 끊임없이 현대화할 수 있는 기술과 돈이 없는 경우, 막강한 군사력을 보유할 수 없기 때문이다.[22] 더욱이 강대국들이 전쟁을 수행하기 위해서는 어마어마한 돈이 필요하다. 1차 세계대전(1914-1918) 참전국들이 지출한 직접 비용은 약 2천억 달러였다.[23] 2차 세계대전 당시 미국은 1941년부터 1945년의 기간 동안 주축국(Axis powers)과 전쟁을 하기 위해 3,060억 달러를 소비했는데 이는 1940년 당시 미국 GNP(국민총생산)의 약 3배에 이르는 금액이다.[24] 따라서 강대국이란 거의 예외 없이 가장 부유한 나라들이다.

비록 인구와 부의 규모가 군사력의 본질적 요소라고 할지라도, 나는 국가의 잠재력을 측정하는 데 단지 경제력만을 고려할 것이다. 경제력을 강조하는 것은 그것이 인구보다 더 중요하기 때문은 아니다. 그러나 한나라의 부는 국력의 인구학적 차원, 경제적 차원 양자 모두를 포괄하는 것으로 간주될 수 있다. 이미 지적한 바처럼 막강한 부를 생산하기 위해서는 인구도 많아야 한다. 그렇기 때문에 경제적으로 풍요로운 나라는 인구도 많은 나라라고 합리적으로 가정할 수 있을 것이다. 인구의 규모를 무시하려는 것이 아니라 국부를 측정하는 지표 속에 인구라는 요인이 포함될 수 있다고 가정하려는 것이다.

잠재적 국력을 측정하기 위해서는 인구라는 지표를 사용하는 것이 편리할 것이다. 인구는 국부보다 측정하기 편리하기 때문이다. 그러나 인구의 규모만으로 국가의 잠재력을 측정할 수는 없는데 그 이유는 인구의 규모와 국가간 국부의 크기가 차이가 나는 경우가 자주 있기 때문이다. 중국과 인도는 냉전 당시 소련이나 미국보다 훨씬 많은 인구를 가지고 있었지만 두 나라 중 어느 나라도 강대국의 지위를 차지하지는 못했다. 그들의 국부가 초강대국 근처에도 미치지 못하는 수준이었기 때문이다. 대규모의 인구가 대규모의 부를 보장하는 것은 아니다. 반면 국가의 막강한 경제력은 다수의 인구를 필요로 한다. 그렇기 때문에, 오직 국부만이 잠재적 국력을 측정하는 요소가 될 수 있다.

부의 개념은 여러 가지 의미가 있고 다양한 방법으로 측정될 수 있다. 그러나 국가의 잠재력을 반영하는 몇 가지 부의 지표를 선정할 필요가 있다. 특히 동원될 수 있는 부와 기술발전의 수준이 포함되어야 한다. "동원 가능한 부"란 국가가 군사력을 건설하는 데 직접 사용할 수 있는 경제적 자원을 의미한다. 동원가능한 부는 일반적인 부의 총량보다 더 중요하다. 국가가 얼마나 부유하냐의 여부보다 국부의 얼마나 많은 부분이 국방을 위해 쓰여질 수 있느냐가 더 중요하기 때문이다. 또한 가장 현대화되고 정교한 무기를 만들 수 있는 산업을 보유하느냐가 중요하다. 이러한 산업을 보유하고 있다는 점은 가장 최고급의 무기를 만들 수 있다는 의미이기 때문이다. 19세기 중엽 강철의 발전, 20세기 중엽의 제트 비행기의 발전은 강대국의 무기고를 본질적으로 변화시켰다. 당시의 강대국들은 필수적으로 이와 같은 산업은 물론, 막강한 군사력 건설을 위한 다른 종류의 최첨단 산업을 보유하고 있어야 했다.

국가가 일년 동안 생산한 재화를 나타내는 GNP(국민총생산)는 국부를 측정하는 데 가장 널리 사용되는 기준일 것이다. 실제로 이 책에서도 1960년 이후의 경우, 국가의 부를 나타내는 지표로서 GNP를 사용하였다. 그러나 GNP도 국가의 잠재력을 나타내는 지표로 항상 훌륭한 것은 아니다. 잘못된 상황에서 GNP를 지표로 사용하는 경우 국가간 잠재력의 균형상황에 대한 잘못된 그림을 만들 수 있다. 문제점의 본질은 GNP란 국가 경제력의 일반적 상황을 측정하는 것일 뿐이지, 나라들마다 동원 가능한 부와 기술적 발전정도를 구분해 주는 지표는 아니라는 데 있다.

그럼에도 불구하고 GNP는 경제발전수준이 비슷한 강대국을 다루는 경우, 이상의 두 가지 차원의 국부를 측정하는 데 상당한 정도 기여를 하고 있음이 사실이다. 예를 들면 1890년대의 영국과 독일, 1990년대의 미국과 일본의 경우처럼 고도로 산업화된 두 나라의 경제는 비슷한 첨단산업을 보유하고 있을 가능성이 높고, 동원 가능한 부도 대체로 비슷한 수준일 것이다. 대규모 농업사회였던 1750년의 프러시아와 프랑스를 비교하는 데도 마찬가지 논리가 적용될 수 있을 것이다.

그러나 GNP는 경제발전 정도가 다른 나라들을 비교할 경우 국가의 잠재력 측정을 위한 양호한 지표가 되지 못한다. GNP로서 산업화의 정도가 미진한 국가와 고도로 발전된 국가의 잠재력을 평가하려는 경우 나타날 문제에 대해서 생각해 보자. 어느 국가가 일정 기간 동안 생산한 모든 재화와 서비스의 총량을 시장가격으로 표시한 것이 GNP인데, 이는 그 나라 노동력의 규모와 생산성의 함수다. 한 국가의 노동력의 크기는 그 나라의 인구와 비례한다. 그러나 노동인구의 생산성은 그 나라의 산업화의 수준과 비례한다. 예로 어떤 나라는 산업기반이 취약할 수 있지만 인구가 많고, 그들 중 대부분이 농업에 종사하는 반면, 다른 나라는 고도로 산업화되었지만 인구가 아주 적은 경우가 있을 것이다.[25]

나폴레옹이 몰락한 이후인 1815년부터 1914년 1차 세계대전이 시작될 때까지 100년의 기간 동안 영국과 러시아는 바로 위의 설명에 부합하는 사례였다. 이 기간 동안 영국과 러시아의 GNP 규모는 비슷했다. 그러나 영국의 산업 생산능력은 러시아의 그것을 훨씬 앞지르고 있었다(〈표 3-1〉은 이 점을 확실하게 보여준다). 다만 러시아는 19세기 동안 농업인구가 급증한 결과로 상당 규모의 GNP를 유지할 수 있었던 것이다.

영국과 러시아의 경우에서 보이는 것처럼 산업능력의 차이는 잠재적 국력의 균형여부에서 중요한 결과를 초래한다. 첫째, 고도로 발전된 산업국가는 그렇지 못한 국가와 비교할 경우 언제라도 국방에 사용할 수 있는

		1830	1860	1880	1900	1913
GNP (단위: 10억 달러)	영국	8.2	16.1	23.6	36.3	44.1
	러시아	10.6	14.4	23.3	32.0	52.4
유럽경제에서 차지하는 상대적 비중 (단위: %)	영국	53	68	59	37	28
	러시아	15	4	3	10	11
에너지 소비량 (단위: 석탄 100만 입방톤)	영국	–	73.8	125.3	171.4	195.3
	러시아	–	1.0	5.4	30.4	54.5
철 및 강철 생산량 (단위: 1,000톤)	영국	690	3,880	7,870	4,979	7,787
	러시아	190	350	450	2,201	4,925
세계 제조업에서 차지하는 비중 (단위: %)	영국	9.5	19.9	22.9	18.5	13.6
	러시아	5.6	7.0	7.6	8.8	8.2
전체 산업 잠재력 (기준: 1900년의 영국 = 100)	영국	17.5	45.0	73.3	100.0	127.2
	러시아	10.3	15.8	24.5	47.5	76.6
인구 (단위: 백만 명)	영국	23.8	28.8	34.6	41.2	45.6
	러시아	57.6	76.0	100.0	135.7	175.1

표 3-1 **영국과 러시아의 경제력과 인구 관련 지표, 1830-1913**

자료: GNP는 1960년 당시 미국의 달러화 가치로 표시된 것으로, Paul Bairoch, "Europe's Gross National Product:1800-1975" *Journal of European Economic History* 5, No.2 (Fall 1976), p. 281에서 인용한 것이다. 세계 산업생산에서 차지하는 비중은 Paul Bairoch, "International Industrialization Levels from 1750 to 1980," *Journal of European Economic History* 11, No.2. (Fall, 1982), p. 296에서 인용. 전체 산업 잠재력에 관한 수치는 1900년의 영국의 잠재력을 100으로 상정한 것이다. 이는 위의 자료 p. 292에서 인용한 것이다. 에너지 소비, 강철 생산량, 인구에 관한 자료는 J. David Singer and Melvin Small, *National Material Capabilities Data, 1816-1985* (Ann Arbor, MI: Inter Univ. Consortium for Political and Social Research, February 1993)에서 인용. 유럽의 부가 차지하는 상대적 비중에 관한 수치 〈표 3-3〉에서 인용.

		1830	1860	1880	1900	1913
GNP (단위: 10억 달러)	프랑스	8.6	13.3	17.4	23.5	27.4
	독일	7.2	12.8	20.0	35.8	49.8
유럽경제에서 차지 하는 상대적 비중 (단위: %)	프랑스	21	14	13	11	12
	독일	5	10	20	34	40
에너지 소비량 (단위: 석탄 100만 입방톤)	프랑스	–	13.2	29.1	48.0	62.8
	독일	–	15.0	47.1	113.0	187.8
철 및 강철 생산량 (단위: 1,000톤)	프랑스	270	900	1,730	1,565	4,687
	독일	60	400	2,470	6,461	17,600
세계 제조업에서 차지하는 비중 (단위: %)	프랑스	5.2	7.9	7.8	6.8	6.1
	독일	3.5	4.9	8.5	13.2	14.8
전체 산업 잠재력 (기준: 1900년의 영국 = 100)	프랑스	9.5	17.9	25.1	36.8	57.3
	독일	6.5	11.1	27.4	71.2	137.7
인구 (단위: 백만 명)	프랑스	32.4	37.4	37.5	38.9	39.7
	독일	12.9	18.0	45.1	56.0	67.0

표 3-2 프랑스, 프러시아/독일의 경제력과 인구 관련 지표, 1830-1913

참고: '독일'은 1830, 1860년에는 프러시아, 그 이후는 독일.
자료: 〈표 3-1〉과 같음.

잉여국부의 양이 훨씬 더 많다. 농민이 생산한 상품은 대개 생산된 현장에서 농민에 의해 소비되기 때문이다. 둘째로, 고도로 발전된 산업능력을 보유한 국가만이 군대가 전투에서 살아남기 위해 반드시 필요한 정교한 무기를 대량으로 생산할 수 있다.[26]

GNP에만 초점을 맞추는 경우, 러시아와 영국은 1815년부터 1914년에 이르는 기간 동안 유럽에서 가장 막강한 경제력을 갖추고 있었고, 따라서 양국이 막강한 군사력을 가지고 지역의 정치를 지배했을 것이라고 오해할 수 있다. 〈표 3-1〉과 〈표 3-2〉를 비교해 볼 경우 나타나는 사실이지만 영국과 러시아 양국은 GNP상으로 보았을 때 이 기간 전체를 통해 유럽을 지도하는 강대국이었다. 그러나 이러한 결론은 틀린 것이다.[27] 19세기의 영국은 다른 어느 유럽국가들보다 잠재적 국력에서 분명한 우위를 점하고 있었다. 특히 19세기 중엽에 그러했고 당시 국제정치는 영국 패권(Pax Britannica)의 시대라고 불리는 것이다.[28] 그러나 다음에 논의하겠지만 러시아의 경제는 19세기 중엽부터 1920년에 이를 때까지 실로 빈혈증적인 상태에 놓여 있었다. 러시아는 잠재적 국력이 보잘것 없었으며 이 사실은 왜 러시아가 크리미아 전쟁(1853-1856), 러일전쟁(1904-1905), 그리고 1차 세계대전(1914-1917) 등에서 형편없이 패배했는가에 대해 부분적인 설명이 된다.[29] 즉 GNP만 가지고는 산업국가와 산업화되지 못한 나라 사이에 나타나는 잠재국력의 현격한 차이를 밝혀낼 수 없다.

오늘날의 중국, 일본, 미국의 잠재국력을 비교하기 위해 GNP 자료를 사용할 경우에도 유사한 문제점이 발생한다. 지난 20년 동안 경제발전이 급속도로 이루어졌음에도 불구하고 중국은 아직 준(準)산업국가(semi-industrialized state)다. 중국의 국부 중 대략 10% 정도는 농업과 관련이 있다.[30] 반면, 고도로 산업화된 미국과 일본의 경우, 국부의 약 1%만이 농업과 관련되어 있다. 그러나 중국의 인구는 미국 인구의 거의 다섯 배, 일본 인구의 거의 열 배가 된다. 그래서 GNP를 측정의 지표로 삼아 미국, 일본, 중국의 잠재력을 평가하는 경우 중국에 유리하도록 편향된 결과가 나오게 된다. 이 문제는 시간이 지나면 해소될 수도 있을 것이다. 중국의 농업이 차지하는 비중이 중국경제의 현대화와 더불어 점차 감소하고 있기 때문이다(1980년에는 거의 30% 수준이었다). 그러나 아직은 중국의 잠재력을 GNP만 가지고 평가할 경우 중국 국력의 세부적 내용이 고려되어야 할 것이다.

그러므로 GNP는 국가의 잠재력을 나타내는 좋은 지표일수도 있고 그렇지 못한 경우도 있다. 후자일 경우, 우리들은 국가의 잠재력을 더 잘 말해주는 훌륭한 지표를 찾아야 하거나 혹은 GNP를 사용할 경우 몇 가지 타당한 요소들을 첨가해야 할 것이다.

1792년부터 2000년에 이르는 오랜 기간 동안 국가들의 잠재력 균형을 측정하기 위한 하나의 단순하고 현실적인 지표를 찾는다는 것은 불가능한 일이다. 1792년부터 1815년 사이의 경제상황을 나타내는 자료들은 거의 없는 상황이다. 이 같은 사실은 이 책 제8장의 분석에 심각한 문제점을 유발하는 원인이다. 제8장에서는 나폴레옹 치하의 프랑스가 경합을 벌였던 강대국들, 특히 영국보다 잠재적 국력에서 더 막강했는가의 문제가 제기되기 때문이다. 나는 역사학자들이 제시한 영국과 프랑스의 상대적 국력분석을 소개함으로써 이 문제를 해결하고자 한다. 나는 군사력의 또 다른 기반인 프랑스와 영국의 인구를 살펴볼 것이다. 이러한 정보들은 나폴레옹 당시 강대국들의 잠재력의 균형상황에 대한 대략적이나 상대적으로 정확한 그림을 제시할 것이다.

나는 1816년부터 1960년에 이르는 기간 동안 강대국들의 잠재력을 측정하기 위해, 각국의 철 및 강철 생산량과 에너지 소비량에 같은 비중을 두는 일관적이고 종합적인 지표를 사용하고자 한다. 국가들의 산업능력을 효과적으로 나타내 주는 이 지표는 오랜 역사적 기간 동안의 동원 가능한 부와 기술발전의 정도를 잘 나타내 보인다.[31]

1960년부터 현재에 이르는 기간은 부를 측정하는 수단으로 GNP를 사용했다. 나는 두 가지 이유에서 지표를 바꾸는 시점을 1960년으로 잡았다.[32] 첫째, 나의 종합적 지표는 1970년 이후에는 유용하지 못하기 때문이다. 이 무렵부터 철강 생산량은 산업능력을 나타내는 지표로서의 가치가 급격히 줄어들기 시작했기 때문이다.[33] 그래서 1970년대 이후부터의 국가잠재력을 측정하기 위해서는 다른 종류의 지표가 필요했다. GNP가 확실한 대안이었다. 둘째로, 가장 강력한 두 나라 즉 미국과 소련의 믿을 수 있는 GNP 자료가 가능했던 기간은 1960년 무렵부터 냉전이 종식되는 무렵까지였다.[34] 그래서 나는 냉전의 마지막 30년(1960-1990), 탈냉전 시대의 처음 10년(1991-2000)간의 국가잠재력을 특정하는 지표로서 GNP를 사용했다. 오늘날 중국의 잠재국력을 나타내는 지표로서 GNP가 가지는 문제점들에 대해서는 적절한 설명을 부연했다.[35]

군사력의 경제적 기반

지난 200년 동안 유럽의 3대 강국의 흥망성쇠를 대략 살펴보면 군사력의 근간을 이루는 것은 그 나라의 경제력이며, 경제력 그 자체가 국가의 잠재력을 나타내는 좋은 지표라는 나의 주장은 입증된다. 19세기 프랑스와 독일(1870년 이전에는 프러시아) 사이의 힘의 균형에 나타나는 심오한 변화는 물론, 1800년부터 2000년에 이르는 기간 동안 변화하는 러시아의 지위는 국력을 결정하는 데 경제력이 얼마나 중요한 요소인지를 잘 말해준다.

1783년과 1815년 사이 유럽에서 가장 막강한 나라는 나폴레옹의 프랑스였다. 사실 프랑스는 유럽 전체를 정복하기 직전 상황이었다. 아마도 당시 프러시아는 강대국 중에서는 가장 약한 나라였을 것이다. 프러시아는 1806년 나폴레옹군에게 결정적 패배를 당했고 1813년까지 유럽의 세력균형 판도에서 뒤로 밀려나 있을 정도였다. 1813년 프러시아는 프랑스가 러시아에서 대패한 사실에 힘입어, 1815년 6월 워털루에서 나폴레옹을 궁극적으로 패퇴시킨 대항세력의 연합에 다시 참여할 수 있었다. 그러나 1900년이 되었을 때 유럽 권력정치의 테이블은 완전히 뒤바뀌어 빌헬름 황제의 독일은 유럽의 차기 패권국으로 부상 중에 있었고 프랑스는 이웃 독일의 위험을 차단하기 위해 동맹을 추구해야만 했다. 프랑스와 동맹국들은 결국 1914년 그리고 1939년 독일의 유럽제패를 막기 위한 전쟁에 빠져들게 되었다.

워털루 이후 100년 동안 프랑스와 독일의 상대적 경제력의 변화는 양국간 군사력 변화의 대부분을 설명한다. 〈표 3-2〉에서 분명히 보이는 것처럼 1816년부터 오토 폰 비스마르크가 프러시아를 독일로 변화시키는 1860년대에 이를 때까지 프랑스는 프러시아보다 월등히 부유한 나라였다. 사실 독일이 강철생산에서 프랑스와 맞먹는 수준에 도달한 것은 보불전쟁이 발발했던 1870년의 일이었다.[36] 그 시점부터 1차 세계대전이 발발할 때까지 프랑스와 독일의 경제력 격차는 점점 독일에게 유리한 상태로 벌어지고 있었다. 1913년 독일은 프랑스보다 대략 세 배 정도 부유한 나라였다.

프랑스와 독일의 경제력에 관한 이런 놀라운 변화는 19세기, 그리고 20세기 초반 독일이 프랑스보다 훨씬 빠른 속도로 산업화를 이룩했다는 데서 부분적으로 설명될 수 있다. 그러나 더 중요한 이유는 프랑스와 독일의 인구 규모 변화에서 나타나는데 이는 경제력의 변화가 인구상의 변화도 반영한다는 사실을 잘 보여준다. 〈표 3-2〉의 자료는 프랑스의 인구는 1830년 당시 프러시아에 비해 약 2.5:1로 우위에 있었음을 보여준다. 그러나 1913년의 독일 인구는 프랑스와 비교할 때 약 1.7:1로 우위를 점하고 있다. 이처럼 인구가 변동한 것은 두 가지 이유 때문이다. 19세기 동안 프랑스의 출산율은 예외적으로 낮았던 반면 독일의 출산율은 유럽국가 중에서 제일 높을 정도였다. 더구나 비스마르크가 이룩한 통일된 독일은 프러시아 그 자체보다 인구가 훨씬 많았다. 예를 들면 1865년 당시 프러시아 인구는 1,930만 명이었지만 1870년 프러시아의 인구는 3,460만 명으로 늘었다.[37]

러시아의 경우는 경제력의 증가가 세력균형상에서 차지하는 지위에 큰 영향을 미친 또 하나의 사례를 제공한다. 러시아는 아마도 나폴레옹의 프랑스의 가장 막강한 군사적 라이벌이었을 것이다. 실제로 1812년부터 1815년에 이르는 기간 동안 나폴레옹을 권좌에서 축출하는 데 사상 큰 기여를 한 것이 러시아의 육군이었다. 프랑스가 붕괴될 무렵 러시아가 유럽을 장악하려 할지도 모른다고 우려될 정도였다.[38] 그러나 1815년 이후 러시아는 패권을 추구하지 않았다. 그후 100년 동안 유럽의 세력균형에서 러시아가 차지하는 비중은 오히려 점점 줄어들었다. 이미 지적한 바대로 러시아는 이 기간 동안 다른 강대국과 크리미아 전쟁, 러일전쟁, 그리고 1차 세계대전 등 세 차례의 전쟁을 치렀고 이들 전쟁에서 모두 창피한 패배를 당했다.

나폴레옹 전쟁과 1차 세계대전, 그리고 2차 세계대전에서 러시아의 역할을 비교해 보면 1914년 당시 러시아가 얼마나 허약한 상태였는지 알 수 있다. 각각의 전쟁은 러시아를 침략했던 잠재적 패권국에 의해 주도된 것이다. 나폴레옹의 프랑스와 나치 독일은 일부 군사력을 다른 전역에 배치해야 했음에도 불구하고 그들 육군력의 상당 부분을 러시아 전선에 집결할 수 있었다.[39] 궁극적으로 러시아는 이 두 침략자들을 결정적으로 패퇴시킬 수 있었다. 그러나 1차 세계대전 당시 독일은 전투력의 약 2/3를 프랑스, 영국이 있는 서부전선에 배치했고 나머지 1/3을 동부전선에 배치하여 러시아군과 싸우도록 했다.[40] 비록 독일군은 오른손을 뒤로 묶은 채 러시아군과 전투를 벌이는 형국이었음에도 불구하고 러시아군을 격파하고 전쟁에서 물러나도록 했다. 이는 양손을 다 자유롭게 사용한 나폴레옹과 히틀러 그 누구도 이룰 수 없었던 업적이었다.

러시아의 몰락은 1차 세계대전이 종식된 직후 폴란드가 새로 건설된 소련을 공격하여 중요한 승리를 거두었을 당시 그 바닥점에 도달했다.[41] 소련의 적군[역자 주; Red Army란 차르의 군대인 White Army에 대항한 공산혁명군을 부르던 용어로 차후 소련군을 통칭하는 말이 되었다. 이 책에서는 적군으로 번역했다.]은 폴란드군이 공세를 다시 장악하고 제한적 승리를 거두기 전에 전황을 약간 바꾸어 놓은 적이 있었다. 그러나 1930년 초반부터 소련은 막강한 군사력을 건설하기 시작했고, 1939년 일본과의 짧은 전쟁에서 일본군을 격파할 수 있었다. 그 다음 2차 세계대전에서 소련군은 위세를 자랑하는 독일군을 무찌를 수 있었다. 1945년 이후 소련군은 너무나

	1816	1820	1830	1840	1850	1860	1870	1880	1890	1900	1910	1913	1920	1930	1940
영국	43%	48%	53%	64%	70%	68%	64%	59%	50%	37%	30%	28%	44%	27%	24%
프러시아/독일	8%	7%	5%	5%	4%	10%	16%	2%	25%	34%	39%	40%	38%	33%	36%
프랑스	21%	18%	21%	16%	12%	14%	13%	13%	13%	11%	12%	12%	13%	22%	9%
러시아/소련	19%	18%	15%	9%	7%	4%	2%	3%	5%	10%	10%	11%	2%	14%	28%
오스트리아-헝가리	9%	9%	7%	6%	7%	4%	5%	4%	6%	7%	8%	8%	–	–	–
이탈리아	–	–	–	–	–	–	0%	1%	1%	1%	2%	2%	3%	5%	4%

표 3-3 유럽국가들이 유럽 국제체제에서 차지하는 경제력의 상대적 비중, 1816-1940

참고: 이곳에서 "경제력"(Wealth)은 철강 생산량과 에너지 소비량을 기준으로 하여 측정한 것이다. 특히, 나는 강대국들이 어떤 특정한 한 해 동안 생산한 강철의 양을 측정한 후 그것이 전체에서 몇 퍼센트를 차지하는지를 계산했다. 에너지 소비에 대해서도 마찬가지 계산 방식을 사용했다. 그 후 나는 각 나라들의 강철 생산량과 에너지 소비량의 평균을 측정했다. 그러나 1830년부터 1850년에 이르는 기간의 자료는 강철 생산량만을 고려한 것이다. 에너지 소비에 관한 자료는 구할 수 없었기 때문이었다. 이곳에서 제시한 자료는 강대국들의 자료만 가지고 계산한 것이며 벨기에, 덴마크 등 약소국의 자료는 고려하지 않은 것이다. 1870년 이전의 독일은 프러시아를 지칭하는 것이다.

자료: 여기서 사용한 모든 자료는 Singer and Small, *National Material Capabilities Data*에서 구한 것이다.

막강하여 오직 미국만이 유럽에 대한 소련의 지배를 막을 수 있는 힘이 있을 뿐이었다. 소련은 히틀러를 격파한 이후 1991년 15개의 국가로 분열될 때까지 약 40년간 막강한 군사력을 유지하고 있었다.

　지난 200년 동안 러시아 군사력의 흥망성쇠는 경제력의 위계질서에 러시아가 차지하는 지위의 변화를 통해 상당 부분 설명될 수 있다. 1800년부터 1815년 사이의 강대국들의 경제력에 대한 자료가 별로 없지만, 당시 영국과 프랑스가 유럽에서 가장 막강한 경제력을 보유하고 있었음은 분명하다.[42] 그럼에도 불구하고 이 기간 동안 러시아가 영국이나 프랑스에 비해 경제적 측면에서 결정적 열세에 놓여져 있었다고 보이지는 않는다.[43] 러시아가 경제적으로 취약했다 하더라도, 그리고 비록 영국으로부터 전쟁기간 다양한 지원을 받기는 했지만, 러시아의 경제는 나폴레옹에 대항하여 싸우는 러시아 군사력을 지탱할 능력은 있었다. 즉 프랑스가 러시아보다 경제적으로 부유했기 때문에 프랑스군이 러시아군보다 더 막강했다고 말할 수 있는 근거는 없다.[44]

러시아의 경제적 지위는 나폴레옹이 패퇴한 지 약 75년이 지난 무렵 이후 급격히 내리막길을 걷는 모습을 보였다(〈표 3-3〉). 영국, 프랑스, 독일 등과 비교할 때 러시아의 산업화 속도가 대단히 느렸다는 점이 주요 원인이다. 러시아가 산업능력을 결여하고 있었다는 사실은 군사적으로 중요한 결과를 초래했다. 1차 세계대전 발발 약 20년 전, 러시아는 러시아 서부지역을 연결하는 대규모 철도망을 건설할 수 있는 능력이 없었고, 그 결과 러시아는 군사력을 동원하여 신속히 독일과 러시아 국경지대로 이동시킬 수 있는 능력이 없었다. 반면, 독일은 잘 발달된 철도체계를 갖추고 있어 군사력을 신속히 독일·러시아 국경지대로 이동시킬 능력을 보유하고 있었다. 힘의 불균형을 교정하기 위해 이미 독일에 대항하여 러시아와 동맹관계에 있던 프랑스는 러시아의 철도건설을 지원했다.[45] 1차 세계대전 전에 러시아는 준 산업화 단계에 있는 나라로서 완전한 산업화를 성취한 독일과 전쟁을 치러야 할 처지에 놓여 있었다.[46]

놀랄 일도 아니지만 러시아의 전쟁경제는 러시아 군사력을 지탱할 수 없었다. 1915년 당시 러시아의 소총 생산은 너무 열악하여 "러시아군의 단지 일부만이 무장을 하고 있었으며 무장하지 않은 병사들은 아군희생자의 총을 기다리고 있었다."[47] 대포의 보유는 더욱 열악하여 1917년 말 독일은 6,819문을 보유하고 있었던 데 반해 러시아는 단 1,430문을 보유하고 있었다. 에델만은 러시아군이 전쟁 중 필요로 했던 장비의 약 30% 정도만이 러시아 경제력에 의해 조달될 수 있었다고 추측한다. 러시아의 문제점을 파악하는 또다른 방법은 1914년부터 1917년의 기간 동안 독일과 러시아를 다음과 같이 비교하는 방법이다.

1. 독일은 47,300대의 비행기를 생산했고 러시아는 3,500대의 비행기를 생산했다.

2. 독일은 28만 정의 기관총을 생산했고 러시아는 2만 8천 정의 기관총을 생산했다.

3. 독일은 6만 4천 문의 야포를 생산했고 러시아는 11,700문의 야포를 생산했다.

4. 독일은 854만 7천 정의 소총을 생산했고 러시아는 330만 정의 소총을 생산했다.

그러므로 독일군이 1차 세계대전 당시 자국 보유 병력의 절반 정도를 동원하여 러시아를 격파한 것은 놀라운 일이 아니다. 스탈린은 1930년대, 잔인하지만 효율적으로 러시아 경제를 현대화했고 그 결과 2차 세계대전이 시작될 무렵 독일의 소련에 대한 우위는 미미한 수준이었다(〈표 3-3〉 참고).[48] 소련의 전시경제는 2차 세계대전 당시, 독일의 전시경제와 효과적으로 경쟁할 수 있었다. 실제로 1941년부터 1945년까지 기간 동안 소련은 거의 모든 부분의 무기체계에서 독일의 생산력을 능가할 수 있었다.

1. 소련은 102,600대의 비행기를 생산했고 독일은 76,200대의 비행기를 생산했다.

2. 소련은 143만 7천 9백 정의 기관총을 생산했고 독일은 104만 8천 5백 정의 기관총을 생산했다.

3. 소련은 11,820,500정의 소총을 생산했고 독일은 7,845,700정의 소총을 생산했다.

4. 소련은 92,600대의 탱크를 생산했고 독일은 41,500대의 탱크를 생산했다.

5. 소련은 350,300문의 박격포를 생산했고 독일은 68,900문의 박격포를 생산했다.[49]

	1941	1942	1943	1944
미국	54%	58%	61%	63%
독일	22%	23%	23%	19%
소련	12%	7%	7%	9%
영국	9%	9%	9%	9%
이탈리아	3%	3%	–	–

표 3-4 유럽국가들이 유럽 국제체제에서 차지하는 경제력의 상대적 비중, 1941-1944

참고: 여기서 경제력은〈표 3-3〉에서 사용된 것과 마찬가지의 복합적 지표를 사용했다. 다만 이곳에서는 에너지 소비보다는 에너지의 생산을 기준으로 사용했다. 미국은 유럽국가는 아니지만 이 표에 포함시켰다. 미국은 2차 세계대전 중 유럽의 전쟁에 깊이 개입했기 때문이다.

자료: 미국의 에너지 및 강철에 관한 자료는 B.R. Mitchell, *International Historical Statistics: The Americas, 1750-1988*, 2d.ed.(New York:Stockton Press, 1993), pp. 356, 397. 영국과 이탈리아의 자료는 B.R. Mitchell, *International Historical Statistics: Europe, 1750-1988*, 3d.ed. (New York:Stockton Press, 1992), pp. 457-58, 547 소련 관련 자료는 Mark Harrison, *Soviet Planning in Peace and War, 1938-1945* (Cambridge:Cambridge Univ. Press, 1985), p. 253. 독일 관련 자료들은 설명이 더 필요할 것이다. 독일의 영토를 어떻게 상정하느냐에 따라 자료가 달라지기 때문이다. 대략 세 가지 방안이 있을 것이다. 1) 구 독일: 1938년 이전의 국경, 2) 대독일: 오스트리아, 수데텐란트 및 전쟁 중에 점령한 알자스로렌 및 올사(Olsa) 및 돔브로(Dombrowa)와 같은 폴란드 지역. 이 지역들은 모두 제3제국 내의 중요한 영토였다. 3) 대독일과 점령국 등이다. 이 구분에 관해서는 United Strategic Bombing Survey(USSBS), *The Effect of Strategic Bombing on the German War Economy*, European War Report 3 (Washington DC.: USSBS, October 31, 1945), p. 249를 참고. 또한 Patricia Harvey, "The Economic Structure of Hitler's Europe," in Arnold Toynbee and Veronica M. Toynbee, eds., *Hitler's Europe* (Oxford:Oxford Univ. Press, 1954), pp. 165-282를 참고. 1941년부터 1945년 사이의 독일의 철강 생산은 위의 세 번째 범주에 해당하는 자료를 사용했다. 이 자료는 USSBS p. 252에서 구한 것임. 그러나 2차 세계대전 당시 독일의 에너지 생산에 관한 신뢰할 수 있는 자료는 찾기 어렵다. ibid., p. 116. 소련의 자료를 사용한 조나단 에델만은 2차 세계대전 당시 소련과 독일의 전력 및 강철 생산량을 추정했다. Adelman, p. 219. 독일의 철강 생산(133.7백만 톤)에 관한 에델만의 자료는 나의 자료(127백만 톤)와 근접해 있기 때문에 나는 전력에 관한 그의 자료도 신뢰할 수 있다고 판단한다. 매년 생산되는 에너지 자료를 구하기 위해 나는 매년 철강 생산비율을 그대로 적용했다. 만약 1943년 생산된 독일의 철강 생산량이 27%라면 1943년 생산된 전력 역시 27%라고 가정한 것이다.

	1945	1950	1955	1860	1965	1970	1975	1980	1985	1990
미국	84%	78%	72%	67%	67%	65%	63%	65%	66%	68%
소련	16%	22%	28%	33%	33%	35%	37%	35%	34%	32%

표 3-5 미소 양 초강대국 경제력의 상대적 비중, 1945-1990

참고: 1945, 1950, 1955년의 자료는 〈표 3-3〉에서 사용한 바와 같은 복합지표(Composite indicator)를 사용했다.

자료: 1945년에서 1955년에 이르는 기간 중의 모든 자료는 Singer and Small, *National Material Capabilities Data*에서 구한 것이다. 1960년부터 1990년의 자료는 미국 군축군(USAC)의 자료인 *World Military Expenditures and Arms Transfer Database*의 GNP 자료에 근거한 것이다. 1945년부터 1991년 사이의 소련의 GNP에 대해서는 아직도 전문가들의 견해가 일치하지 않는다는 점을 지적해야겠다. 다만 상기의 자료는 가용한 최선의 자료라고 말할 수 있다.

2차 세계대전 당시 동부전선에서 소련군이 독일군을 격파했다는 사실은 놀라운 일이 아니다.[50]

〈표 3-4〉에서 알 수 있듯이 2차 세계대전 당시 소련의 경제는 참혹한 피해를 입었음에도 불구하고, 전쟁이후 소련은 유럽에서 가장 막강한 경제력을 보유한 국가로 등장했다.[51] 1940년대 말엽 소련의 군사력은 유럽 지역을 지배할 수 있는 수준이었다. 그러나 〈표 3-5〉에서 살펴보듯 소련보다 훨씬 부유한 미국은 소련이 유럽의 패권국이 되는 것을 막아야겠다고 결심했다. 2차 세계대전이 끝난 후 30년 동안 소련 경제는 전쟁으로부터 신속하게 회복되었고 고도의 성장을 이룩하여 미국과의 경제력 격차가 대폭 감소되었다. 1956년 소련의 총비서 니키타 흐루시초프Nikita Khrushchev는 소련이 미국을 "묻어버릴 것"이라며 으스댔는데 그 말이 현실화될지도 모를 분위기였다.[52]

그러나 1980년대 초반부터 소련의 경제는 휘청거리기 시작했다. 왜냐하면 소련 경제는 컴퓨터의 개발 및 정보통신기술에서 미국과 동등한 수준의 발전속도를 유지할 수 없었기 때문이다.[53] 비록 소련 지도자들은 장기적으로 그럴 것이라고 예측했지만 소련의 컴퓨터 기술 및 정보통신기술의 낙후가 소련의 GNP 하락에 곧바로 반영되지는 않았다. 소련 지도자들은 기술적 후진성은 궁극적으로 소련의 군사력에도 악영향을 미칠 것이라는 점을 알고 있었다. 1994년 여름, 소련 합참의장 니콜라이 올가코프Nikolai Ogarkov 원수는 소련의 산업이 미국에 비해 형편없이 뒤지고 있으며 이는 곧 소련의 무기가 미국의 무기에 비해 열세에 놓일 것을 의미한다는 사실을 공개적으로 언급함으로써 직위해제 당했다.[54] 소련의 지도자들은 상황의 엄중함을 이해하고 있었고 문제를 해결하고자 노력했다. 그러나 소련의 경제 및 정치개혁은 제대로 이루어지지 못했고 민족주의에 의한 위기를 유발시켰다. 그 직후 미국은 냉전에서 승리했을 뿐 아니라 소련의 와해가 초래됐다.

국가의 경제력은 군사력 건설에 중요하다는 이상의 논의는 국가들의 잠재력은 현실적 군사력의 균형을 대략적으로 알려주는 것처럼 보일 수 있으며 그 결과 두 가지 종류의 국력 — 경제력과 군사력 — 은 동의어라고 생각될 수도 있을 것이다. 강대국들은 세계정치에서 자신들이 차지하는 힘의 비중을 극대화시키려고 노력한다는 나의 주장은 이 개념을 강화할지도 모른다. 국가들은 대체로 유사한 비율로 자신의 경제적 능력을 군사력으로 전환시키기 때문이다. 그러나 꼭 그렇지는 않다. 국가의 경제력이 언제라도 국가의 군사력을 나타내 주는 양호한 지표는 아닌 것이다.

잠재적 국력과 군사력 사이의 간격

냉전 당시 형성됐던 동맹의 패턴은 국가의 경제력과 군사력이 같은 것으로 취급되는 경우 나타나는 문제점의 예가 된다. 미국은 냉전이 시작되는 순간부터 끝날 때까지, 특히 1945년부터 1955년 사이 북대서양조약기구와 바르샤바조약기구가 설립될 무렵, 소련보다 훨씬 풍요했다(〈표 3-5〉를 볼 것). 그러나 영국, 프랑스, 서독, 이탈리아 등 유럽국가들과 아시아의 일본은 소련을 봉쇄하기 위해 미국이 이끄는 연합에 참여했다. 만약 경제력이 국력의 정확한 지표라면, 약한 국가들은 소련과 연합하여 미국에 대항해야 할 일이었다. 만약 경제력이 국력평가의 척도라면, 미국은 분명히 가장 막강한 초강대국이었기 때문이다.[55]

그러나 다음과 같은 세 가지 이유 때문에 힘의 현실은 항상 경제력의 차이를 반영하지는 않는다. 첫째, 국가마다 군사력 건설을 위해 투자하는 경제력의 비율이 다르다. 둘째, 경제력이 군사력으로 전환되는 효율성은 사례에 따라 달라지며, 세력균형에 중요한 결과를 초래하기도 한다. 셋째로, 강대국들은 각각 다른 종류의 군사력을 선택하며, 그러한 선택은 군사력 균형에 중요한 의미가 있을 수 있다.

■ 수확체감의 법칙

부유한 국가들은 더 강력한 군사력을 건설할 수 있는 여력이 있어도, 더 많은 군사력을 건설하는 것이 전략적 이익이 되지 않는다고 인식하는 경우, 군사력을 더 이상 강화시키지 않는다. 국방을 위한 노력이 수확체감의 상황에 도달했을 경우(즉 군사력이 이미 곡선의 정점에 도달한 경우), 혹은 상대방이 자신의 노력에 쉽게 대응할 수 있고 군사적 균형을 회복하는 것이 용이할 경우, 군사비를 더 이상 쓰는 것이 별로 도움될 것이 없다. 군비경쟁에 돌입하는 일이 군비경쟁을 시작하려는 나라에게 전략적 우위를 가져다줄 가능성이 없어 보이는 경우, 국가들은 그대로 가만히 앉아 더 좋은 상황이 올 때까지 기다릴 것이다.

19세기의 영국이 바로 군사력의 고비에 도달하여 더 이상의 군사비 지출이 무의미한 상황에 이르렀던 예가 된다. 1820년부터 1890년 사이 영국은 유럽에서 그 누구보다 압도적으로 풍요한 나라였다. 이 70년의 기간 중 영국의 경제력은 항상 모든 강대국들의 경제력의 45% 이상을 차지하고 있었다. 특히 이 기간 가운데 20년 동안(1840-1860) 영국 경제력은 전체 강대국 경제력의 70%정도나 되었다(〈표 3-3〉). 같은 기간, 영국 다음으로 강했던 프랑스는 유럽 경제력의 16% 이상을 차지하지 못했다. 어떤 유럽 강대국도 영국처럼 상대국을 완전히 압도할 수 있는 경제적 우위를 차지한 적이 없었다. 만약 경제력만이 국력을 나타내는 가장 좋은 지표라고 한다면 영국은 아마 유럽 최초의 패권국이라 할 수 있을 것이다. 적어도 다른 강대국들이 힘을 합쳐 균형을 유지해야 할 정도의 잠재적 패권국이라고 말할 수 있을 정도였다.

그러나 역사의 기록을 보면 그렇지 않았다는 사실이 분명히 드러난다.[56] 영국은 경제력이 풍요했음에도 불구하고 프랑스, 독일, 혹은 러시아를 위협할 수 있을 정도의 군사력을 건설하지는 않았다. 실제로 1815년부터 1914년의 기간 동안 영국의 국방비가 영국 경제에서 차지하는 비율은 그 어느 강대국보다 적은 수준이었다.[57] 영국은 유럽의 세력균형상 여러 강대국 중의 하나였을 뿐이다. 결과적으로 다른 강대국들이 영국과 균형을 이루기 위해 연합을 형성할 필요가 없었다. 그러나 유럽국가들이 나폴레옹의 프랑스, 빌헬름의 독일, 나치 독일, 소련을 견제하기 위해서는 연합을 형성한 바 있었다.[58]

영국은 대규모의 영국 육군을 건설함으로써 유럽을 정복하려고 시도하지 않았는데 그 이유는 영국의 힘을 유럽대륙에 투사하려는 경우 영국해협을 건너는 일이 너무나 어려울 것이기 때문이었다. 다음 장에서 논의할 예정이지만 큰 바다는 육군력의 공격능력을 앗아간다. 마찬가지로 바다의 위력은 어떤 막강한 군사력이라도 바다를 건너 영국을 침략하는 것이 대단히 어렵도록 하였다. 그래서 영국은 공격에도 별로 유용하지 못하고 또 조국을 방어하는 데도 필요할 것 같지 않은 막강한 육군을 보유하는 것은 전략적으로 적절치 못한 일이라고 현명하게 판단했던 것이다.

미국 역시 19세기의 부유한 나라였지만 약한 군사력을 보유하고 있었던 한 예가 된다. 미국은 1850년 강대국으로 인정받기 충분한 경제력을 보유하고 있었다. 그러나 미국이 강대국으로 인정받은 것은 1898년 이후부터라는 사실이 일반적 견해다. 1898년 미국은 비로소 유럽의 강대국들과 겨룰 수 있는 수준의 군사력을 건설하기 시작했던 것이다.[59] 이 주제는 제7장에서 더 자세하게 논의될 것이다. 여기서 지적해야 할 사항은 미국은 아주 작은 군사력을 가지고 있었음에도 불구하고 19세기 동안 대단히 팽창주의적 국가였다는 점이다. 미국은 유럽의 강대국들을 대서양 저편에 묶어 놓은 채, 태평양에 이르기까지 국경을 서쪽으로 계속 팽창시켜 나갔다. 미국은 아메리카 대륙에서의 패권을 지향하였고 이 목표는 20세기가 시작될 무렵 확실하게 달성되었다.

19세기 후반 50년 동안 미국의 군사력은 유럽 강대국의 군사력보다 훨씬 약했는데 이는 미국이 아메리카 대륙을 훨씬 싼값으로 지배할 수 있었기 때문이다. 미국에 대한 지역적 경쟁자인 다양한 원주민 종족 혹은 멕시코 등은 소규모의 미국 육군만으로도 충분히 제압할 수 있었고, 유럽의 강대국들은 미국과 심각한 경쟁을 벌일 수 없었다. 유럽의 강대국들은 다른 강대국의 위협으로부터 자기 나라를 지키는 데도 급급하기는 했지만 대서양을 횡단하여 자신의 힘을 북미 대륙에 투사한다는 것은 너무나 어려운 일이었다.

국가들이 때때로 군사비를 제한하는 또 다른 이유는 공격적인 국방비 지출이 경제에 나쁜 영향을 미칠 것이라고 생각하기 때문이다. 경제가 나빠지는 경우 이는 궁극적으로 국력의 약화를 초래하게 된다. 경제력은 군사력의 기반이기 때문이다. 예로 1930년대 영국의 정책결정자들은 지구 도처에서 위협이 발생함에도 불구하고 국방비 증가를 엄격하게 제한했다. 국방비의 급격한 증가는 영국의 경제를 파탄시킬지 모른다고 우려했기 때문이다. 영국인들은 경제력을 "국방을 위한 네 번째 군"[60]이라고 말했다. 마찬가지로 아이젠하워 대통령 당시 미국 행정부(1953-1961)는 높은 국방비 지출은 미국경제에 해롭다는 견해를 가진 재정적 보수주의자들에 의해 지배되었다. 바로 이러한 상황은 왜 1950년대의 미국 국방비가 삭감되었고 이 무렵 왜 핵무기가 강조되었는가를 설명해 준다. 핵에 기초한 전략이 장기적으로 볼 때 안정적이며 재정적으로도 실용적인 국방정책이라고 믿어졌기 때문이었다.[61]

강대국이 국방에 얼마나 많은 자원을 투자하는가에 관한 계산은 동맹국에 의해서도 영향을 받는다. 극심한 안보 경쟁 상태 혹은 전쟁을 해야 할 상태에 놓여 있는 두 강대국들은 당연히 국방을 위해 많은 자원을 소비할 것이다. 그러나 만약 두 나라 중 한 나라는 부유한 동맹국을 가지고 있고 다른 나라는 그렇지 못할 경우, 부유한 동맹국을 가지고 있는 국가가 상대방보다 적은 돈을 국방비로 지출할 가능성이 높다. 냉전기간 동안 소련은 미국보다 경제력에 대비할 때 훨씬 더 높은 비율의 국방비를 사용했다.[62] 이와 같은 불균형은 미국은 영국, 프랑스, 이탈리아, 특히 독일과 일본 같이 부유한 동맹국을 가지고 있었다는 점에서 유래한다. 반면에 소련은 체코슬로바키아, 헝가리, 폴란드 등 빈곤한 동맹국들을 가지고 있었다.[63]

마지막으로 경제적으로 부유한 국가라도 강력한 군사력을 가질 수 없는 경우가 있는데, 이들 국가가 그들의 막강한 군사력 보유를 반대하는 더 강력한 국가에 의해 점령당했기 때문이다. 나폴레옹 전쟁 기간 중 오스트리아와 프러시아는 전쟁에 패망하여 강대국의 지위를 잃었던 나라들이었고, 프랑스는 1940년 중반기부터 1944년 늦여름 영국 및 미군에 의해 해방될 때까지 나치 독일에 점령당한 상태였다. 냉전기간 중 미국은 독일과 일본에 미군을 주둔시켰다. 물론 미국은 자비심 많은 점령자였음이 분명하지만 미국은 독일과 일본이 강대국이 되기에 필수적인 수준의 군사력을 건설하는 것을 허락하지 않았다. 미국은 1980년대 중반, 일본이 소련 수준의 경제력을 보유하게 되었을 때도, 적어도 그 당시에는, 일본의 군사 강국화를 저지하려 하였다. 실제로 가용한 근거에 입각하면 1987

년도 일본의 GNP는 소련의 GNP를 초과했다.[64] 이 사례들은 강대국들은 모두 부유한 나라지만 부유한 나라가 모두 강대국인 것은 아니라는 사실을 보여준다.

■ 상이한 효율성 수준

경제력의 배분 상황과 군사력의 배분 상황을 마찬가지로 생각하는 것도 현명한 일이 아니다. 국가들이 경제력을 군사력으로 전환시키는 효율성이 서로 상이하기 때문이다. 실제로 경합 중인 강대국들 사이의 효율성의 격차는 세력균형에도 큰 영향을 미친다. 2차 세계대전 당시 독일과 소련의 사활적인 전쟁이 그 증거다.

독일은 1940년 당시 유럽 경제력의 약 36% 정도를 점유하고 있었던 반면 소련은 약 28% 정도를 점유하고 있었다(〈표 3-3〉). 1940년 봄, 독일은 벨기에, 덴마크, 프랑스, 네덜란드, 노르웨이를 장악하자마자 곧 이들 국가의 경제를 착취하기 시작하여 소련에 대해 우세한 경제력을 가지고 있었다.[65] 독일군은 1941년 6월 소련 침공을 개시했고, 1941년 6월 무렵 소련의 제일 중요한 영토인 모스크바 이서지역 대부분을 점령했다. 1941년 말 당시 소련은 철도의 41%, 발전시설의 42%, 철강생산의 71%, 석탄의 63%, 무쇠생산능력의 58%를 상실했다.[66] 1942년 봄, 나치스의 군대는 석유가 풍부한 코카서스 지역까지 깊숙이 진출했다. 소련은 1940년부터 1942년까지 국민소득의 40%를 잃어버렸다.[67] 1942년 당시 독일은 소련에 대해 경제적으로 약 3:1의 우위에 있었다(〈표 3-4〉를 참고).

그러나 잠재력의 측면에서 독일이 압도적으로 우위에 있었음에도 불구하고 소련의 전시경제는 놀라울 정도로 독일 전시경제의 생산력을 초과했고 세력균형상 소련의 적군(Red Army)이 유리한 고지를 점하는 데 기여했다.

앞에서 지적한 바처럼 1941년부터 1945년에 이르는 기간 중 소련은 독일과 비교할 때 탱크는 약 2.2배, 비행기는 약 1.3배를 더 생산했다. 더욱 놀라운 것은 독일의 소련영토 지배가 정점에 올랐을 무렵, 또 연합국의 폭격작전이 독일의 전시경제에 영향을 미치기 이전인 전쟁의 초기에도, 소련의 공업생산력은 독일의 생산력을 능가하고 있었다는 점이다. 1942 년 소련은 24,446대의 탱크를 생산했고, 독일은 9,200대를 생산했다. 1942년 두 나라의 대포 생산 비율은 12만 7천 대 1만 2천으로 소련이 우위에 있었다.[68] 이처럼 소련의 무기생산이 독일보다 압도적으로 많았다는 점은 지상전력에서 소련이 궁극적 우위를 차지하게 되는 중요한 원인이었다. 1941년 6월 독일이 소련을 침공했을 당시 소련은 군사력의 중요한 척도인 사단의 숫자에서 211 대 199로 독일보다 약간 우세한 상황이었다. 그러나 1945년 1월 소련군의 사단은 437개였으며 독일군은 276개 사단을 보유하고 있었고 일반적인 소련군 사단은 일반적인 독일군 사단보다 훨씬 좋은 무장을 갖추고 있었다.[69]

소련은 어떻게 자신보다 훨씬 부유한 나치 독일보다 더 막강한 군사력을 갖출 수 있었을까? 한 가지 가능한 대답은 소련이 독일보다 훨씬 높은 비율의 자원을 국방에 투자했을 것이라는 점이다. 그러나 사실 독일이 오히려 소련보다 약간 더 높은 비율로 국방비를 투자했다. 1942년 당시 독일의 국방비 투자는 63%, 소련의 국방비 비율은 61%였고, 1943년의 경우 독일은 70%, 소련은 61%였다.[70]

전쟁이 종료될 무렵 연합국의 폭격작전은 전시 독일의 산업생산에 영향을 미쳤을 것이다. 그러나 위에서 지적한 것처럼 소련은 연합국의 공중폭격이 독일의 산업에 어떤 의미있는 영향을 미치기 이전부터 독일보다 더 많은 양의 무기를 생산했다. 물론 소련의 무기생산은 미국의 무기 대여계획에 의해 도움을 받았다. 그러나 그 도움은 미미한 것이었다.[71] 소련이 독일보다 훨씬 많은 무기를 생산할 수 있었던 것은 소련이 총력 전쟁의 요구에 당면하여 자신의 경제를 합리화시키는 데 훨씬 우월했다는 사실에 있다. 특히 소련(그리고 미국)의 경제는 무기를 대량 생산하는 데 있

어 독일 경제보다 훨씬 잘 조직되어 있었다.[72]

■ 다른 종류의 군사력

경제력이 왜 군사력을 나타내는 믿을 만한 지표가 되지 못하는가에 관한 마지막 이유는 국가들이 다른 종류의 군사력에 투자한다는 사실에 있으며, 국가들이 어떻게 군사력을 건설하느냐는 세력균형에 중요한 영향을 미친다. 이 문제는 다음 장에서 더 자세히 설명할 것이다. 이 장에서 주제가 되는 이슈는 어떤 강대국이 상당한 힘의 투사능력을 가진 막강한 육군력을 보유하느냐의 문제다. 그러나 모든 국가들이 육군력을 위해 동등한 비율을 투자하는 것은 아니며 모든 육군이 동등한 투사능력을 가지고 있지도 않다.

1870년부터 1914년에 이르는 기간을 예로 들어보자. 이 기간 동안 강대국들은 자신의 해군 또는 육군력을 위해 군사비를 지출했는데 영국의 경우 프랑스, 독일과 비교할 경우 훨씬 큰 비중의 국방비를 해군에 투자했다.[73] 이처럼 국방비 소비의 패턴이 다르다는 사실은 전략적으로 볼 때 타당한 것이었다. 영국은 섬나라이기 때문에 바다를 통한 상업과 교통을 보호하고 유럽대륙과 영국을 갈라놓은 해협을 건너 육군을 유럽대륙에 투사하기 위해, 혹은 대영제국 육군을 전 세계로 수송하기 위해 막강한 해군력을 보유할 필요가 있었다. 프랑스와 독일은 영국보다 훨씬 작은 제국을 가진 대륙국가였기 때문에 영국보다 해군력에 대한 의존도가 훨씬 작았다. 반면 독일과 프랑스는 영국보다 육군에 훨씬 크게 의존했다. 독일과 프랑스는 항상 상대방이 침략할 것에 대해 유념해야 했기 때문이다. 영국은 침략당할 우려가 훨씬 적었는데 영국해협으로 인해 유럽대륙과 떨어져 있었기 때문이다. 영국해협은 공격을 막을 수 있는 엄청난 장벽이었다. 따라서 영국은 프랑스와 독일에 비해 훨씬 적은 육군을 보유했던 것이다.

더 나아가 적은 규모의 영국 육군은 유럽 본토의 강대국을 향해 힘을 투사할 수 있는 능력이 크지 않았다. 영국의 적대국들이 영국을 공격하기 어렵게 만든 것과 똑같은 이유로 영국은 대륙을 침략하기 어려웠던 것이다. 독일황제 빌헬름은 1911년 영국으로부터의 내방객에게 영국의 육군이 약하다는 사실을 다음과 같이 말했다.

"내가 이렇게 말하는 것을 용서하십시오. 그렇지만 영국이 전장에
배치할 수 있는 소수의 사단으로는 그다지 큰 영향을 미치지 못할
것이오."[74]

요약하자면 영국은 1차 세계대전이 발발하기 이전 40년, 전 기간 동안 프랑스보다 풍요로웠고, 40년의 약 3/4 정도 기간 동안 독일보다 경제적으로 부유했음에도 불구하고, 프랑스나 독일보다 군사적 면에서 별로 강하지 못했다(《표 3-3》).

강대국 사이의 경제력과 군사력이 큰 차이를 나타내는 경우가 있음은 분명하다. 그러나 양자의 차이점이 국가들이 세계정치에서 자신의 힘의 비중을 최대화시킬 수 있는 기회를 놓쳐버린 결과 나타난 것은 아니다. 아주 훌륭한 전략적 이유로 인해, 국가들은 다른 종류의 군사력을 건설하고 있으며, 자신들의 전투력에 다른 수준의 국방비를 투자하기 때문이다. 더욱이 국가들은 경제력을 군사력으로 전환시키는 효율성에서 큰 차이를 나타내 보이고 있다. 이 모든 고려사항들이 세력균형에 영향을 미치는 것이다.

그렇기 때문에 경제력이 군사력의 기본이기는 하지만, 경제력과 군사력을 단순히 동일화시키는 것은 불가능하다. 그래서 군사력을 나타내는 다른 지표들을 알고 있을 필요가 생긴다. 다음 장에서 바로 이 문제를 다루려 한다.

04

육군력의 우위

The Tragedy Of
Great Power Politics

국제정치에서 권력이란 대체로 국가가 보유하는 군사력의 산물이다. 그러나 강대국들은 서로 다른 종류의 전투력을 획득할 수 있으며 각 종류의 군사력을 얼마나 많이 보유하느냐는 세력균형에 중요한 의미를 가진다. 이 장에서는 국가들이 상호간 세력균형의 무게를 측정하기 위해 선택할 수 있으며 국력의 측정수단으로 유용한 네 가지 종류의 군사력 — 독립적 해군, 전략공군, 육군 및 핵무기 — 을 분석하고자 한다.

나는 다음의 논의에서 두 가지 점을 지적하고자 한다. 첫째는, 현대 세계에서 가장 압도적인 형태의 군사력은 육군이라는 점이다. 국가의 힘은 주로 공군과 해군에 의해 보조되는 그 나라의 육군력에 근거한다. 더 단순히 말하자면, 가장 막강한 국가는 가장 막강한 육군을 보유한 나라다. 그렇기 때문에 육군력을 측정하는 것 그 자체는 비록 개략적인 것일지라도 경쟁하는 국가들의 상대적 힘을 측정하는 좋은 지표가 된다.

둘째로, 넓은 바다는 육군력을 투입하는 데 심각한 장애물이 된다는 점이다. 적대적인 국가의 육군이 대서양 혹은 영국해협과 같은 바다를 건너야 할 경우 어느 국가의 육군도, 그 규모가 아무리 막강하고 능력이 탁월하다고 할지라도, 상대방에 대해 막강한 공격력이 될 수 없다. 바다의 역할이 중요한 것은 그것이 육군력의 중요한 측면이 되기 때문임은 물론 패권의 개념과 관련, 중요한 결과를 초래하기 때문이다. 특히 세계의 대부분이 바다로 덮여 있다는 사실은 어떤 국가가 지구 전체의 패권국이 되는 것을 거의 불가능하게 만든다. 세계에서 가장 막강한 국가라 할지라도 오직 배로만 도달할 수 있는 먼 곳에 있는 나라를 정복할 수 없다. 그러므로 강대국들은 자신들이 위치한 지역, 혹은 육로로 도달이 가능한 이웃 지역에서의 패권을 추구하게 되는 것이다.

지난 100년 이상 전략가들은 어떤 군사력이 전쟁승리의 가장 중요한 요인이 되었는가에 관해 논쟁을 벌여왔다. 미국의 해군제독 알프레드 마한Alfred Thayer Mahan은 그의 저서 『해양력이 역사에 미친 영향, 1660-1783The Influence of Sea Power Upon History, 1660-1783』에서 독립적인 해군이

제일 중요하다는 유명한 주장을 했다.[1]

이탈리아의 귤리오 듀에Giulio Douhet는 1921년 출간한 고전『공중의 지배The Command of the Air』에서 전략공군이 가장 중요하다고 주장했다.[2] 이들의 저술들은 아직도 세계 곳곳의 군사대학에서 교재로 읽히고 있다. 나는 두 사람 모두 틀렸다고 주장하고자 한다. 육군이 결정적 군사수단이다. 전쟁의 승리는 대규모의 육군대대(battalion)들에 의해서 이룩되는 것이지 바다나 공중의 함대나 편대에 의해 이루어지는 것이 아니다.

혹자는 핵무기의 발명 이후 육군의 중요성이 대폭 감소되었다고 말할 것이다. 핵무기는 강대국간의 전쟁을 쓸모없게 만들었거나 혹은 경쟁하는 세계에서 국가간 힘의 균형을 위한 본질적 군사력은 핵무기이기 때문이라는 것이다. 핵무장한 세계에서 강대국간의 전쟁 가능성이 줄어들었다는 점에는 의문의 여지가 없다. 그러나 강대국들은 핵전쟁의 그늘 아래에서도 안보를 위한 경쟁을 벌이며, 그 경쟁은 격정적일 때도 있기 때문에, 강대국들의 전쟁 가능성은 아직도 상존한다. 소련과 미국은 양측 모두 핵으로 무장하고 있었음에도 불구하고 45년 동안 끊임없는 안보 경쟁을 벌였다. 더욱이, 하나의 강대국이 핵무기에서 압도적 우위를 차지하리라는 가능성 없는 상황을 예외로 하면, 핵무기의 균형은 국가들의 상대적 힘을 측정하는 데 별 의미가 없다. 핵무기의 세상에서도 육군과 이를 보조하는 해군 및 공군이 군사력의 핵심요인이다.

냉전 시대에 형성된 동맹을 보면 군사력의 가장 중요한 요인은 육군이라는 사실이 증명된다. 두 개의 강대국에 의해 지배되는 세상에서, 우리는 다른 주요 국가들이 보다 약한 강대국과 연합함으로써 더 강한 나라를 봉쇄할 것이라고 기대할 것이다. 냉전 시대 전기간 동안 미국은 소련보다 훨씬 부유했을 뿐 아니라, 해군력, 전략공군, 핵탄두의 숫자에서 우위를 차지했다. 그러나 프랑스, 독일, 이탈리아, 일본, 영국, 중국마저도 미국이 아닌 소련이 국제체제에서 가장 강한 나라라고 생각했나. 실세로 이들 국가들은 소련에 대항하기 위해 미국과 동맹을 맺었다. 그들은 미국의 육군이 아니라 소련의 육군을 무서워했기 때문이다.3 오늘날 러시아의 위협에 대한 우려는 없어졌다. 러시아는 아직 수천 발의 핵무기를 보유하고 있긴 하지만 러시아 육군은 약해졌고 대규모의 지상공격을 감행할 처지가 아니기 때문이다. 만약 러시아가 힘을 회복하여 막강한 전투력을 다시 보유하게 된다면, 미국과 유럽의 동맹국들은 다시 러시아의 군사적 위협에 대해 우려하기 시작할 것이다.

이 장은 8개의 절로 구성된다. 나는 앞의 4개 절에서 다양한 종류의 재래식 군사력을 비교할 것이며 육군이 독립적 해군 및 전략공군보다 중요하다는 사실을 말하고자 한다. 제1절에서 나는 다른 종류의 군사력을 더 자세하게 묘사하고, 왜 육군이 전쟁에서 승리를 위해 가장 중요한 수단인지 설명할 것이다. 다음 두 개의 절에서 나는 공군과 해군이 담당하는 다양한 임무에 관해 논할 것이며 독립적 해군과 공군이 강대국간 전쟁의 결과에 어떻게 영향을 미치는지 분석할 것이다. 제4절은 현대 전쟁사에 나타나는 육군력의 역할에 관한 분석이다.

제5절에서는 넓은 바다가 육군의 투사능력을 얼마나 심각하게 훼손하는지, 그럼으로써 육군력의 균형에 어떤 중요한 영향을 미치는지를 분석할 것이다. 제6절에서는 군사력에 대한 핵무기의 효과에 대해 분석할 것이다. 제7절에서는 육군력을 어떻게 측정할 것인가의 문제를 다룰 것이며 이어서 나의 힘의 분석에 의거, 국제정치의 안정을 위한 함의를 묘사하는 짧은 결론을 맺을 것이다.

정복 대 강압

육군력(Land Power)은 주로 육군(army)으로 구성되지만, 육군을 지원하는 공군과 해군도 포함된다. 예로서 해군은 바다를 건너 육군을 수송하며, 육군을 적대국의 해안에 투사하는 역할을 시도하기도 한다. 공군 역시 육군을 수송한다. 공군력은 공중에서 육군을 지원한다. 이러한 항공 및 해상임무는 육군을 지원하는 것이지 독자적으로 행해지는 것은 아니다. 그래서 이 임무는 육군력의 구조 속에 존재하는 것이다.

육군은 전쟁에서 제일 중요하다. 왜냐하면 육군이야말로 땅을 정복하고 통치하기 위한 가장 중요한 수단이기 때문이다. 땅을 점령하고 통치한다는 것은 영토국가들로 이루어진 세상에서 최고의 정치적 목표가 된다.[4] 영국의 유명한 해양전략 이론가인 줄리안 코벳Julian Corbett은 육군과 해군의 관계를 언급하며 이 점을 잘 지적했다.

> "인간은 땅 위에서 살지 바다 위에서 사는 것이 아니기 때문에, 아주 예외적인 경우를 제외한다면 전쟁 중인 국가들의 중요한 갈등이 슈는 한 나라의 육군이 적국의 영토에서, 혹은 적국의 국민생활에 대해 어떤 영향을 미칠 수 있는지 혹은 한 나라의 해군이 그 나라의 육군을 위해 무엇을 해줄 수 있을지에 의해 결정되는 것이다."[5]

코벳의 논리는 해군은 물론 공군에도 적용되는 것이다.

그러나 공군과 해군이 단순히 육군의 힘을 배가시키는 역할(force multiplier)만 하는 것은 아니다. 수많은 공군주의자 혹은 해군주의자들이 주장하는 바처럼 해군과 공군은 각각 적대국에 대해 독립적으로 힘의 투사작전을 행할 수 있다. 예로 해군은 지상에서 무슨 일이 일어나는지를 고려하지 않은 채 적국을 봉쇄할 수 있고, 공군은 전장 상공을 날며 적국의 본토를 폭격할 수 있다. 봉쇄 및 전략폭격은 모두 적국에게 육군이 전투에서 궤멸되기 이전 항복을 강요함으로써 승리를 추구한다. 특히, 봉쇄와 전략폭격은 적국을 경제적으로 파탄시켜 전쟁수행능력을 약화시킴으로써, 혹은 적국의 시민에게 대규모의 처벌을 가함으로써 적의 항복을 받아냄을 목적으로 하는 것이다.

두에와 마한의 주장에도 불구하고, 독립적 해군 혹은 전략공군은 중요한 전쟁에서 승리하는 데 유용성이 별로 없었다. 강압적 군사력인 해군, 공군 중 어느 것도 독자 작전으로 강대국간의 전쟁을 승리로 귀결시킨 적은 없었다. 그 중요한 원인은, 다음에 논할 것이지만, 공군 및 해군력만으로 강대국을 강제하기가 어렵기 때문이다. 특히 적국의 경제를 폭격 및 봉쇄만으로 붕괴시킬 수는 없기 때문이다. 더욱이 지도자들과 현대 국가의 국민들은 대단한 피해를 당한 후에도 거의 항복하려고 하지 않는다. 비록 봉쇄를 담당하는 해군과 전략폭격기들이 그들 자체로 승리를 획득할 수는 없지만, 그들은 때로는 적국 군사력의 중추를 이루는 경제력을 파괴함으로써 육군이 전쟁에 승리하는 데 도움을 준다. 하지만 제한된 능력을 가지고 있기에 공군력과 해군력은 보조적 역할 그 이상을 하지 못한다.

　육군력은 다른 이유 때문에 해군 및 공군력을 압도한다. 오직 육군만이 적국을 신속하게 파괴할 수 있기 때문이다. 다음에 논할 것이지만 봉쇄를 담당하는 해군 및 전략폭격을 담당하는 공군은 강대국간의 전쟁에서 신속하고 결정적인 승리를 성취할 수 없다. 공군과 해군은 주로 장기적 소모전의 경우에 유용하다. 그러나 국가들은 신속한 승리가 가능하다고 생각하지 않는다면 전쟁에 빠져들지 않는다. 사실 전쟁이 오래 지속될 것이라는 기대는 전쟁을 억지하는 가장 중요한 요인이다.[6] 결과적으로 강대국의 육군은 공격을 시작하는 가장 중요한 도구가 된다. 다른 말로 하면, 국가의 공격 잠재력은, 주로 육군에 근거를 두고 있는 것이다.

　봉쇄 및 전략폭격이 과거 역사 속의 강대국간 전쟁의 결과에 어떤 영향을 미쳤는가를 보다 자세히 살펴봄으로써 해군과 공군이 전쟁을 수행하기 위해 담당하는 다양한 종류의 임무를 알아보기로 하자.

독립된 해군력의 한계

　경쟁 국가에 대해 힘을 투사하기 위해서 우선 해군력으로 바다를 통제할 수 있어야 하며 바로 이것이 해군력의 기본적 사명이다.[7] 해양통제(command of the sea)란 바다의 표면을 사방으로 가로지르는 해상 수송로(lines of communication)를 장악하는 일이며, 그럼으로써 국가의 상선 및 군함들이 자유롭게 바다를 건널 수 있도록 하는 일이다. 해군이 해양통제를 달성하기 위해서 세계 모든 바다를, 항상 장악하고 있어야 할 필요는 없다. 그러나 언제라도 전략적으로 중요한 지점을 사용할 수 있어야 하고, 반면 적국이 전략적으로 주요한 지점을 사용하는 것을 저지할 수 있는 능력을 보유해야만 한다.[8] 해양통제를 성취하는 방법은 적국의 해군을 전투를 통해 궤멸시키거나, 적의 해군을 봉쇄해 항구에 묶어두거나 혹은 적국의 해군이 중요한 해로에 도달하는 것을 저지함으로써 가능하다.

바다를 통제할 수 있는 해군은 바다를 마음대로 돌아다닐 수 있는 자유를 가질 수 있다. 그러나 적국의 본토를 향해 힘을 투사하기 위한 방안을 찾아야 한다. 바다를 통제하는 것만으로는 그런 능력을 보장받을 수 없다. 해군은 세 가지 측면에서 힘의 투사임무를 담당함으로써 육군을 직접 지원할 수 있다. 그러나 해군이 독자적으로 작전할 수는 없다.

상륙공격(Amphibious Assault)은 해군이 육군을 바다를 건너 적대적 강국이 장악하는 육지까지 수송하고 상륙시키는 것이다.[9] 공격군은 그들이 상륙지점에 도착하는 순간 혹은 그보다 약간 뒤에 무력저항에 직면하게 될 것이다. 상륙군의 목표는 방어자의 육군과 교전을 벌여 그들을 파멸시키는 것이며, 상대방 영토를, 전부는 아닐지라도, 일부 장악하는 것이다. 1944년 6월 6일 노르망디를 향한 연합국의 침공은 상륙작전의 예가 된다.

상륙(Amphibious Landing)은 위의 경우와는 반대로 상륙하려는 군사력이 적의 저항을 거의 받지 않는 경우, 적의 영토에 상륙하고, 교두보를 만들고, 영토 깊숙이 진격하여 적국과 교전을 벌이기 이전의 작전상황이다.[10] 다음에 다시 설명하겠지만, 나폴레옹 전쟁 당시 프랑스가 점령하고 있던 포르투갈을 향한 영국군의 투입은 상륙의 사례가 된다. 1940년 봄 독일 육군부대가 노르웨이에 상륙한 것도 또 다른 예가 된다.

병력수송(Troop Transportation)이란 해군이 바다를 건너 우호적인 국가의 영토에 지상군을 상륙시키는 것을 말한다. 지상군은 우호적인 국가의 영토에서 적군을 향한 전투를 개시한다. 해군은 이처럼 효율적인 도선(ferry) 업무를 담당한다. 미국 해군은 1차 세계대전 당시 미국 육군을 미국으로부터 프랑스로 수송했으며, 2차 세계대전 시에는 미국에서 영국까지 수송했다. 이상과 같은 다양한 상륙작전에 관해서는 바다가 육군의 공격력을 얼마나 무디게 만드는가에 관한 논의를 할 때 다시 논의될 것이다. 이곳에서는 바다를 통해 상대방 적국이 방어하는 영토를 공격한다는 것은 엄청난 일이라는 사실을 지적하면 되겠다. 병력수송은 그것보다 훨씬 쉬운 임무다.[11]

해군이 상대방 국가에 힘을 투사하기 위해 독립적으로 사용될 경우가 두 가지 있다. 하나는 해군에 의한 포격(Naval Bombardment)인데 이는 주로 전함 혹은 잠수함에서 적국의 도시 및 선택된 군사적 표적에 대해 함포사격 혹은 미사일공격을 가하는 것이며, 혹은 항공모함 탑재기를 통해 공중폭격을 가하는 것을 말한다. 해군의 폭격목표는 적국의 도시를 공격하여 군사적 균형을 적국에게 불리하게 만들어 적에게 굴복을 강요하는 데 있다. 이는 심오한 전략은 아니다. 해군에 의한 포격은 적을 성가시게 하는 수준의 전쟁(pinprick warfare)이며, 표적국가에 대해 그다지 큰 효과는 없다.

범선의 시대(1500~1850)에는 해군이 적국의 항구를 포격하는 경우가 많이 있었지만 상대방에게 성가실 정도 이상의 피해를 주기에는 화력이 역부족이었다.[12] 더구나 함포는 해안에서 먼 곳에 있는 표적을 공격할 수 없었다. 유명한 영국 해군제독 호레이쇼 넬슨Horatio Nelson은 범선 해군으로 해안포격을 가한다는 사실이 부질없는 일임을 다음과 같은 말로 표현했다. "적국의 요새와 싸우는 배는 바보다."[13] 1850년 산업화 시대 이후 해군의 화력은 물론 공격의 범위도 현저히 증강되었다. 그러나 산업화의 결과 지상에 근거한 군사력이 해군을 발견하고 이를 침몰시킬 수 있는 능력은 오히려 더욱 현저하게 증강되었다. 이 문제는 다음에 논할 것이다. 그래서 20세기 수상해군(水上海軍)〔역자주; 잠수함은 수중해군(水中海軍)이라 표시함〕은 적국의 해안에서 멀리 떨어져 있으려는 경향을 보였다.[14] 더욱 중요한 것은, 만약 어떤 강대국이 적국을 압박하기 위해서 재래식 폭격작전을 행하려 한다면 그 경우 당연히 공군력을 이용하지 해군을 이용하지는 않을 것이라는 점이다.

가장 위대한 해군 전략가인 코벳과 마한 두 사람은 봉쇄(blockade)를 강대국간 전쟁에서 승리하기 위한 해군 최고의 전략이라고 믿었다. 마한이 "해군력의 가장 강력하고 무시무시한 표시(mark)"라고 언급한 봉쇄는 적국의 경제력에 대한 목조르기로 작동한다.[15] 봉쇄의 목표는 적국의 대외무역을 차단하는 것이다. 즉, 적국으로 수입품이 유입되는 것을 저지하고 적국의 상품과 물자가 외부세계로 수출되는 것을 막는 것이다.

바다를 통한 무역이 차단되는 경우 봉쇄를 통해 상대방 강대국에게 항복을 강요할 수 있는 방법이 두 가지 있다. 첫째, 봉쇄는 주로 식량의 수입을 차단하여 굶겨 죽일 정도까지는 아닐지라도 적국 일반 시민의 생활을 비참하게 만들어 그들을 심각하게 처벌할 수 있다. 상당수 시민들이 고통을 당하고 굶어 죽을 경우, 전쟁에 대한 대중의 지지는 소멸될 것이며 그 결과 시민들이 폭동을 일으키거나 혹은 정부가 대중의 폭동을 두려워하여 전쟁을 중단시키게 된다는 것이다. 둘째, 봉쇄는 더 이상 전쟁을 지속할 수 없을 정도로 적국의 경제를 약화시킬 것이라는 것이다. 아마도 가장 중요한 방안은 석유와 같은 사활적인 수입품의 유입을 차단하는 일일 것이다. 봉쇄작전을 담당하는 해군은 통상 위의 두 가지 방법을 구분하지는 않고 적국의 해외 무역을 가능한 한 최대한 차단시켜 봉쇄작전을 성공시키려 한다. 그렇지만 봉쇄는 신속하고 결정적인 승리를 가져오지 못한다. 해군력으로 적국의 경제를 파탄시키는 데는 시간이 오래 걸리기 때문이다.

국가들은 대개 적국의 상업활동이 해양을 통해 이루어지는 것을 차단하기 위해 해군력으로 봉쇄를 시행한다. 예를 들면 영국은 수상해군을 통해 나폴레옹의 프랑스 혹은 빌헬름의 독일 등 경쟁 국가들에 대한 봉쇄작전을 행했던 역사적 전통을 가지고 있다. 1차 및 2차 세계대전 당시 독일이 영국에게 행한 바처럼 잠수함도 상대국의 해외무역을 차단하기 위해 사용될 수 있다. 2차 세계대전 중 미국 역시 잠수함을 통해 일본의 해외무역을 차단하려 했다. 미국은 일본을 봉쇄하기 위해 수상함, 지상에 기지를 둔 항공기, 그리고 수뢰를 사용하기도 했다. 그러나 봉쇄작전을 수행하기 위해 항상 해군이 필요한 것은 아니다. 한 대륙을 지배하는 국가는 그 대륙의 항구들을 장악할 수 있으며 대륙내의 국가들이 상호간 혹은 대륙 밖의 국가들과 교역하는 것을 차단함으로써 외부국가를 봉쇄할 수 있을 것이다. 영국을 표적으로 삼았던 나폴레옹의 대륙체제(1806-1813)가 바로 이러한 봉쇄의 모델이 될 수 있다.

■ 봉쇄의 역사

근대에 들어서 강대국이 다른 강대국을 강제하기 위해 봉쇄조치를 취한 적이 여덟 번 있었다.

1. 나폴레옹 전쟁 당시 프랑스의 영국 봉쇄
2. 마찬가지로 프랑스를 향한 영국의 봉쇄
3. 1870년 프랑스의 프러시아 봉쇄
4. 독일의 영국 봉쇄
5. 1차 세계대전 당시 영국과 미국에 의한 독일과 오스트리아 – 헝가리 봉쇄
6. 독일의 영국 봉쇄
7. 2차 세계대전 당시 영국과 미국에 의한 독일과 이탈리아 봉쇄

8. 2차 세계대전 당시 미국의 일본 봉쇄

미국의 남북전쟁(1861-1865) 당시 북군이 남군을 봉쇄한 것은 아마도 아홉 번째 봉쇄사례가 될 수 있을지 모르겠다. 그러나 당시 양측 어느 쪽도 강대국이라고 말하기는 어려웠다. 그렇지만 이곳에서 미국의 남북 전쟁 당시의 봉쇄에 대해서도 이야기하고자 한다.[16]

이 사례들은 평가하는 데 있어 두 가지 문제점을 염두에 두어야만 한다. 첫째는 봉쇄 그 자체만으로 적을 항복시킬 수 있었는가? 둘째, 봉쇄는 육군이 승리하는 데 중요한 기여를 했는가? 봉쇄의 영향이 전쟁을 종식시키는 데 육군력만큼 결정적인 것이었는가 혹은 부차적인 것이었는가 등이다.

영국이 나폴레옹의 대륙봉쇄로 인해 손상을 당한 것은 분명하다. 그러나 영국은 전쟁을 지속할 수 있었고 궁극적으로 승자가 될 수 있었다.[17] 영국이 나폴레옹의 프랑스를 봉쇄했지만 프랑스 경제를 파탄시킬 수준에 이르지 못했다. 프랑스는 봉쇄에 취약한 경제구조가 아니었다.[18] 어떤 학자들도 영국의 봉쇄 때문에 나폴레옹이 몰락했다고 주장하지 않는다. 1870년 당시 프랑스의 프러시아에 대한 봉쇄는 프러시아의 경제에 별 영향을 미치지 못했을 뿐 아니라 프랑스군을 결정적으로 파괴한 프러시아 육군에게는 거의 아무런 영향력도 미치지 못했다.[19] 1차 세계대전 당시 영국의 상선대(商船隊)에 대한 독일의 잠수함 공격은 1917년 영국에게 전쟁에서 손을 떼야 할 정도로 심각한 손해를 입혔다. 그러나 영국에 대한 독일의 봉쇄는 1918년, 영국 육군이 빌헬름 황제의 독일을 격파하는 데 핵심적 역할을 담당하는 것을 저지할 수 없었다.[20] 같은 전쟁에서 영국과 미국의 해군 역시 독일 및 오스트리아-헝가리를 봉쇄했고 그 결과 독일 및 오스트리아의 경제 및 시민생활에 심각한 고통을 가져다주었다.[21] 그럼에도 불구하고 독일은, 자신의 육군이 서부전선에서 1918년 여름 와해된 이후에야 비로소 항복했던 것이다. 독일 육군은 영국과 미국의 봉쇄 때문에 심각한 영향을 받지는 않았다. 오스트리아-헝가리 역시 직접 전투를 통해 패망시켜야만 했다.

2차 세계대전 당시 히틀러는 영국에 대해 또 다른 잠수함 전을 개시했다. 그러나 영국의 경제를 파탄시켜 영국을 전쟁에서 몰아내는 데에는 역시 실패했다.[22] 2차 세계대전에서 영국과 미국은 나치 독일을 봉쇄했는데 독일 경제에 심각한 영향을 미치지는 못했다. 독일 경제 그 자체가 봉쇄에 특별히 취약하지는 않았기 때문이다.[23] 연합국들의 이탈리아 봉쇄 역시 성공적이지 못했다. 1943년 중반 이탈리아가 전쟁을 포기하는 결정에서 봉쇄가 중요한 역할을 한 것은 아니었다. 미국의 남북전쟁 당시 남측의 경제는 북측의 봉쇄 때문에 피해를 입었지만 붕괴되지는 않았고 로버트 리Robert E. Lee 장군은 남군 육군이 전투에서 완벽하게 패배한 이후 비로소 항복했다. 더구나 리 장군의 군대는 경제봉쇄로 인한 물자의 공급부족 때문에 전투에서 진 것이 아니었다.[24]

2차 세계대전 당시 일본에 대한 미국의 봉쇄는, 봉쇄를 통해 상대방의 경제를 파탄시킴으로써 상대방의 군사력에 심각한 피해를 야기하는 데 성공한 유일한 사례라고 말할 수 있을 것이다. 게다가 이 경우는 본토에 남아 있던 200만 명의 일본 육군이 전투에서 패퇴하기 이전에 항복을 한 유일한 사례이기도 하다.[25] 봉쇄가 일본을 굴복시키는 데 중요한 역할은 했음에는 의문의 여지가 없다. 그러나 이는 미국의 육군력과 함께 이룩한 것이다. 미국의 육군은 일본과의 전쟁에서 승리하는 데 봉쇄작전 이상의 중요한 기여를 했던 것이다. 1945년 8월 일본의 무조건 항복 결정은 면밀하게 연구될 가치가 있다. 일본이 항복하는 과정에 대한 연구는 봉쇄는 물론 전략공군의 효용성에 대한 분석에 중요한 의의가 있기 때문이다.[26]

일본을 항복하게 한 것이 무엇인가에 대해 생각해 보기 위한 좋은 방안은 1945년 8월 이전에 일어난 일과 그 중요한 8월 이후 두 주일 동안 어떤 일이 일어났는지 그 차이점을 살펴보는 일일 것이다. 1945년 7월 말 일본은 이미 패배한 나라였고 일본의 지도자들은 그 사실을 인식하고 있었다. 당시 유일한 문제는 일본이 무조건 항복을 회피할 수 있느냐의 여부였다. 미국은 무조건 항복을 요구하고 있었다. 패배가 거의 기정사실화된 것은 이미 3년 전, 일본의 육군이 미국 육군에 비해 불리한 상황에 놓이게 된 이후부터였다. 일본 육군은 미국의 봉쇄로 인해, 그리고 두 개의 전장(아시아대륙과 태평양)에서의 장기적 소모전 때문에, 자신을 지원하던 해군 및 항공력과 더불어 붕괴 직전의 상황에 처해 있었다. 아시아의 본토는 일본의 서부전선이었는데 일본 육군은 1937년 이후 중국과 값비싼 전쟁을 치르느라 진흙 구덩이에 빠져 있는 상황이었다. 일본의 동부전선은 서태평양의 섬들로 구성된 도서 제국이었고 미국이 주적이었다. 미국의 지상군은 — 물론 해군과 항공력의 막강한 지원을 받아 — 제국의 섬들을 장악한 일본군을 대부분 격파했고 1945년 가을에 행해질 일본 본토를 침공할 준비를 진행하고 있었다.

1945년 7월 말, 미국의 항공력은 이미 5개월여 동안 일본의 주요 도시를 소이탄으로 폭격하던 중이었고 일본 시민들에게 대규모의 피해를 입히고 있었다. 그럼에도 불구하고 피해는 일본 시민들이 정부에게 전쟁을 끝내라는 압력을 가하는 계기가 되지 못했다. 그것보다는 수년 동안의 봉쇄 및 지속적인 전투로 육군력이 소진되었다는 사실 때문에 일본은 어쩔 수 없는 상황에 처하게 된 것이다. 그럼에도 불구하고 일본은 아직 무조건 항복은 거부하고 있었다.

왜 일본은 계속 버티고 있었을까? 일본 지도자들이 이미 극도로 허약해진 일본 육군이 본토를 침공하는 미국 군대를 막을 수 있으리라 생각했기 때문은 아니다. 사실 미국의 막강한 군대는 일본 본토를 점령할 수 있을 것이라고 널리 인식되고 있었다. 일본의 정책결정자들은 일본이 주권을 잃지 않는 상태에서 전쟁을 종식시키는 것이 가능하다고 생각하고 있었기 때문이었다. 이 생각이 성공하기 위해 핵심적인 사항은 미국이 일본을 정복하기 위해서는 큰 희생이 따를 수밖에 없다고 생각하도록 만드는 것이었다. 일본 정치지도자들은 정복을 하는 데 큰 희생을 감수해야 하는 경우 미국은 외교적 측면에서 더 유연해질 수 있을 것이라고 기대했다. 더 나아가 일본 지도자들은, 그때까지 태평양 전선에는 개입하지 않은 소련이 미국과의 평화협상에 중재자가 되어 무조건 항복보다는 나은 조건으로 전쟁을 종식시킬 수 있는 데 합의할 수 있을 것이라고 기대했다.

1945년 8월 야기된 두 가지 사건은 일본의 정책결정자들이 무조건 항복을 받아들일 수밖에 없게 했다. 히로시마(8월 6일)와 나가사키(8월 9일)에 대한 원자폭탄 투하와 앞으로 더 많은 원자폭탄이 투하될지도 모른다는 공포심은 히로히토와 같은 중요한 인물들에게 빨리 전쟁을 종식시켜야 한다는 마음을 갖도록 했다. 다른 사건은 1945년 8월 8일 소련의 일본에 대한 참전결정과 그 다음 날 소련군이 만주의 관동군을 공격한 것이었다. 이러한 사태의 진전은 일본이 소련을 중재자로 하는 평화협정을 맺을 수도 있다는 희망을 지워버렸으며, 일본은 미국과 소련 두 나라와 전쟁을 벌이는 상황이 되었던 것이다. 더욱이 관동군이 소련 적군(Red army)의 공격에 의해 신속하게 붕괴됐다는 사실은 본토를 지키는 일본 육군도 미국의 본토 침공이 있을 시, 쉽게 붕괴될 것이라고 예측하도록 했다. 요약컨대 조건부 항복으로 전쟁을 끝내려던 일본의 전략은 1945년 8월 9일 거의 가능성이 없게 되었다. 일본군부, 특히 전쟁의 종식을 결정하는 데 가장 영향력이 있었던 일본 육군은 현실을 제대로 인식하고 있었다.

이와 같은 봉쇄사례는 봉쇄가 전쟁의 승리에 어떻게 기여하는가에 관해 두 가지 결론을 도출하게 한다. 첫째, 봉쇄만으로 적의 육군에게 항복을 강요할 수 없다. 봉쇄전략의 무용성은 어떤 교전국들도 이러한 전략을 시도한 적이 없다는 데서 잘 나타난다. 더욱이, 역사적 기록은 육군력과 더불어 사용된 봉쇄전략일 경우라도 강압적 효과를 발한 사례가 거의 없다는 사실을 보여주며 이는 봉쇄로 상대국을 강제하는 것은 거의 불가능하다는 사실을 반영하는 것이다. 위에서 살펴본 아홉 개의 봉쇄사례에 의하면 봉쇄작전을 택한 국가가 전쟁에 이긴 적은 다섯 번이었고 전쟁에 패한 경우는 네 번이었다. 전쟁에 승리한 다섯 번의 경우도 그 중 네 번은 봉쇄로 인해 상대방이 전쟁을 치르지 못할 정도가 된 상황은 아니었다. 승자는 상대국의 육군을 정복해야만 했다. 봉쇄를 통해 상대방을 파탄시킨 한차례의 성공적인 경우인 미국 해군에 의한 일본봉쇄의 경우도 봉쇄는 전쟁승리의 부분적 요인일 뿐이었다. 일본과의 전쟁에서 미국의 육군은 해군력 못지않은 중요한 기여를 했다.

둘째로, 봉쇄는 적국의 육군을 약화시키는 데 별 기여를 하지 못했다. 그래서 봉쇄는 자국 육군작전의 성공적 수행에도 보탬이 되지 못했다. 봉쇄에 대해 가장 좋게 평가할 수 있는 바는 봉쇄를 통해 상대방의 경제력에 폐해를 가하여 장기전에서 승리에 도움이 되는 경우가 있다는 사실이다. 실제로 일본에 대한 봉쇄의 경우만이 봉쇄의 효과가 육군의 효과와 거의 맞먹는 정도로 강대국간 전쟁의 승리에 기여한 유일한 사례가 된다.

■ 봉쇄는 왜 실패하는가

강대국들 사이의 전쟁에서 봉쇄가 왜 제한된 영향력밖에 없는가를 설명하는 다양한 요인들이 있다. 봉쇄가 실패하는 이유의 하나는 봉쇄를 시도하는 나라의 해군이 공해상에서 체크되어 상대국의 해양교통로를 차단할 수 없기 때문이다. 양차대전 기간 중 영국과 미국의 해군은 독일의 잠수함이 어뢰를 발사할 수 있을 정도로 연합국의 상선에 근접하는 것을 차단했기 때문에 연합국을 향한 독일의 봉쇄전략을 방해할 수 있었다. 더 나아가 봉쇄는 장기전일 경우 더욱 구멍이 뚫릴 가능성이 많아진다. 봉쇄망이 구멍이 뚫릴 수도 있고 중립국이 화물 통과항의 역할을 할 수도 있다. 대륙체제의 경우 나폴레옹은 유럽대륙국가들의 영국과의 교역을 완벽하게 차단할 수 없었기에 실패하고 말았다.

봉쇄가 표적국의 해양수송을 거의 완벽하게 차단하는 경우라 할지라도 봉쇄의 영향은 다음과 같은 두 가지 이유 때문에 그다지 심각한 것이 되지 못한다. 첫째, 강대국들은 항상 봉쇄전략을 파괴할 수 있는 방안을 가지고 있다. 물품의 재활용, 비축 혹은 대체물자의 사용 등이 그것이다. 영국은 양차대전 이전 외국에서 수입하는 식량에 크게 의존했고 독일은 영국 국민을 굶겨 죽이겠다는 목표로 봉쇄작전을 실시했다. 그러나 영국은 식량생산을 극적으로 증가시켜서 이에 대처했다.[27] 독일이 2차 세계대전 당시 영국의 고무수입을 차단하자 영국은 합성 대용고무를 개발함으로써 이에 대처했다.[28] 더욱이 강대국들은 이웃국가들을 점령하고 그 나라의 자원을 착취할 수 있다. 특히 철도가 개발된 이후 그러하다. 나치 독일은 2차 세계대전 동안 유럽국가들을 완벽하게 착취하여 연합국의 봉쇄작전을 무용지물로 만들었다.

현대 관료국가들은 전쟁시의 봉쇄에 대비하여 국가경제를 합리화하거나 적응시키는 데 탁월한 능력을 가지고 있다. 올센Mancur Olsen은 이 같은 점을 그의 저서 『전시의 경제학The Economics of Wartime Shortage』에서 잘 묘사하고 있다. 이 저서는 나폴레옹 전쟁, 1차 세계대전, 2차 세계대전 당시 영국을 향한 봉쇄전략을 비교 분석하고 있다.[29] 그는 "(상대방의 봉쇄작전의 결과) 영국은 2차 세계대전 당시 가장 많은 양의 식량을 분실했고, 그 다음은 1차 세계대전, 그 다음은 나폴레옹 전쟁의 순서로 식량을 분실했다"고 기술하고 있다. 영국은 나폴레옹 당시보다 20세기에 들어와 식량의 해외 의존도가 더 높아졌다. 그렇기 때문에 2차 세계대전 당시 영국의 식량부족은 나폴레옹 전쟁 당시보다 더 심각했을 것이라고 생각할 수 있다.

올센은 사실은 그 반대였다는 것을 발견했다. 나폴레옹 전쟁 당시 영국의 식량부족 상황은 "양차대전보다 오히려 더 심각한 상황이었다." 올센이 이처럼 일반적 인식과 상치되는 발견을 한 것에 대한 설명은 영국의 행정능력이 대폭적으로 향상되었고 그 결과 전쟁이 발발했을 때 경제를 재편하고, 봉쇄로 인한 문제를 완화시키는 능력이 "나폴레옹 전쟁 당시에는 별로 눈에 띄지 않았지만 1차 세계대전 당시 상당히 향상되었고 2차 세계대전 당시 극적으로 향상되었기 때문"이라는 것이었다.

둘째로 현대국가의 국민들은 그들에게 가해지는 고통을 자국정부를 향해 폭동을 일으키기보다 오히려 스스로 흡수할 능력이 있다.[30] 적국의 시민들이 그들의 정부에 대항하도록 만들겠다는 의도를 가지고 행해진 봉쇄와 전략폭격이 그 목적을 성취한 경우는 역사상 단 한차례도 없었다. 적국 국민들을 처벌(punish)하려는 노력은 적국 정부를 향하기보다는 오히려 공격국에 대한 적국 국민들의 증오심을 더욱 부채질할 뿐이었다.[31] 2차 세계대전 당시 일본의 상황을 생각해 보자. 일본 경제는 미국의 봉쇄로 인해 파탄났을 뿐만 아니라 미국의 전략폭격작전은 일본 도시들을 파괴했고 수십만의 민간인들을 살해했다. 그러나 일본 국민들은 미국의 이같이 참혹한 처벌을 냉정하게 견뎌냈고, 그들의 정부를 향해 무조건 항복을 하라고 압력을 가하지도 않았다.[32]

마지막으로, 정부 엘리트들이 자국 국민이 처참한 상황에 놓여 있기 때문에 전쟁을 그만두겠다고 하는 경우는 드물다. 사실은, 국민들이 더욱 처절하게 고통을 당할 경우 그 나라 지도자가 전쟁을 그만둘 가능성은 오히려 더욱 줄어들게 된다. 이처럼 반 직관적 논리의 근본은 전쟁이 처절하게 패배로 끝날 경우 국민들이 지도자에게 복수할 가능성이 높아진다는 점이다. 그렇기 때문에 지도자들은 자국 국민들이 당하는 고통을 무시하고 끝까지 전쟁을 수행해야 한다는 강력한 동기를 가지게 된다. 그렇게 함으로써 최후의 승리를 쟁취할 수 있고 자신도 구할 수 있다고 생각하기 때문이다.[33]

전략공군의 한계

전쟁이 발발할 때 국가들이 어떻게 공군력을 사용할 것인가는 그 나라들이 어떻게 해군력을 사용할 것인가와 중요한 공통점이 있다. 그들이 적 대국에 대해 힘을 투사하기 위해서는 사전에 해군이 바다를 제패해야만 하는 것처럼 공군력은 적국의 지상군 혹은 적국의 본토를 공격하기에 앞서 하늘을 제압한다든가 혹은 하늘에서의 우위(air superiority)라고 불리는 상황을 성취해야만 한다. 만약 공군이 하늘을 제압하지 못하면 공격력은 심각한 손실을 입게되고 적국에 대한 힘의 투사를, 불가능하지는 않을지라도, 대단히 어렵게 만들 것이다.

미국의 폭격기들은 1943년 8월과 10월 독일의 하늘을 제패하지 못한 상황에서 독일의 도시 레겐스부르크Regensburg와 슈바인푸르트Scheweinfurt에 대한 대규모 폭격작전을 전개했다. 그 결과 폭격기들은 엄청난 피해를 입었고 미국은 1944년 장거리 호위용 전투기가 개발될 때까지 독일에 대한 폭격을 중단할 수밖에 없었다.[34] 1973년 10월 욤 키푸르Yom Kippur 전쟁의 초반 이스라엘 공군은 수에즈운하 및 골란고원 지역에서 고전을 치르는 이스라엘 육군을 지원하려 했다. 그러나 사정없이 날아오는 이집트와 시리아의 지대공미사일 및 대공포화는 이스라엘 공군의 작전을 중지시킬 수밖에 없게 했다.[35]

공군이 하늘을 제압한 후에는 공군은 지상에서 전투를 벌이는 육군을 지원할 수 있는 힘의 투사작전 세 가지를 시행할 수 있다. 근접공중지원(Close Air Support)으로 공군은 전장 상공을 날며 그 아래에서 작전을 전개하는 우군에 대해 직접적 전술지원을 할 수 있다. 공군력의 일차적 목표는 공중에서 적국의 병력을 격파하는 데 있다. 문자 그대로 "하늘의 포병"(flying artillery)인 것이다. 이런 임무는 지상군과 공군의 긴밀한 협력을 필요로 한다. 차단(Interdiction)이란 공군이 적의 후방을 공격해 전방의 적에 대한 물자보급 및 병력이동을 차단 혹은 지연시키기 위한 임무다. 공격표적(supply depot) 리스트에는, 적국의 물자지원시설, 예비부대, 장거리 포, 적의 후방지역을 엮어 놓고 전선과 통하게 되어 있는 교통로(lines of communication) 등이 포함될 것이다. 공군력은 또한 공중수송(Air Lift)의 임무를 수행한다. 이는 전투지역까지 혹은 전투지역 내에서 병력과 물자를 이동시키는 역할이다. 물론 이같은 공군의 임무는 육군의 힘을 증강시키기 위한 수단일 뿐이다.

공군은 적국에 대해 전략폭격(Strategic Bombing)이라는 독립적인 힘의 투사작전을 시행할 수 있는데 이는 적국의 본토를 직접 공격하는 것으로 지상에서의 전투상황과 관계없이 이루어질 수 있다.[36] 이 같은 기능은 공군 혼자만으로 전쟁을 이길 수 있다는 주장을 불러일으킬 수 있다. 공군력에 대한 열정적 지지자들이 전략폭격을 높게 평가하고, 전략폭격을 마치 해군의 봉쇄처럼 생각하는 것은 놀라운 일이 아니다.[37] 전략폭격이라든가 봉쇄는 모두 적국의 국민들을 처절하게 처벌함으로써 혹은 궁극적으로 적의 군사력을 붕괴시키게 될 적국의 경제력을 파괴함으로써 적이 항복할 것을 강요하는 데 그 목적이 있다.[38] 전략폭격작전은 봉쇄와 마찬가지로 신속하고 쉬운 승리를 목표로 하지는 않는다.

지난 10년 동안 공군력의 지지자들은 적국의 지도력을 붕괴시킬 수 있는 전략폭격 그 자체로서 전쟁을 승리로 이끌 수 있다고 주장했다.[39] 특히 폭격기들은 적국의 지도자들을 죽이거나 지도력의 수단인 통신수단 혹은 국민을 통제하는 보위부대를 파괴해 적국의 지도자들을 국민들로부터 격리시키는 목적을 위해 사용될 수 있을 것이다. 적국 내부의 반정부 세력들은 쿠데타를 일으킬 것이고 평화를 위한 협상이 시작될 것이다. 적국의 지도부를 공격하는 참수공격(decapitation attack)을 지지하는 사람들은 적국의 지도자를 적국의 군사력으로부터 고립시키는 것도 가능하며, 적국의 지도자가 적국의 군사력을 지휘 통솔하는 것을 불가능하게 할 수 있다고 주장한다.

역사적 사례를 살펴보기 이전에 독립적 공군에 관한 관점 두 가지를 살펴보아야 하겠다. 적국의 본토를 향해 핵폭탄이 아닌 재래식 폭탄으로 행해지는 전략폭격(나는 전략폭격을 이같이 정의한다)은 1945년 이후 그다지 중요한 군사적 수단으로 취급되지 않았다. 이런 상황이 가까운 장래에 크게 변할 가능성은 없다. 2차 세계대전 종식 무렵 핵무기가 발명된 이후 강대국들이 상대방에 대해 재래식 폭격위협을 가하는 일은 사라지게 되었고 핵무기를 통한 폭격위협이 이를 대신하게 되었다. 냉전 시대 동안 미소 어느 나라도 양국간에 전쟁이 발발할 시 상대방에 대해 전략폭격작전을 행하겠다는 계획을 세우지 않았다. 다만 양국은 핵폭탄으로 상대방 영토를 공격한다는 광범한 계획을 가지고 있었다.

그러나 구식의 전략폭격이 완전히 사라지지는 않았다. 강대국들은 약소국들과 전쟁할 때 전략폭격을 지속적으로 사용했다. 1980년대 소련이 아프가니스탄에 대해 전략폭격을 시행했고 1990년대 이라크와 유고슬라비아에 대해 미국이 전략폭격을 시행했다.[40] 그러나 약소국에 대한 폭격 능력을 보유하고 있다는 사실은 강대국간의 군사력 균형을 계산하는 데 그다지 중요한 요인이 되지 못한다. 가장 중요한 요인은 강대국들이 상대방 강대국을 표적으로 하여 사용하려는 군사적 능력이며, 여기에 전략폭격은 더 이상 포함되지 않는다. 그렇기 때문에 독립적인 전략폭격 능력에 대한 나의 분석은 주로 1915년부터 1945년에 이르는 기간 동안에만 타당한 것이며, 최근 과거, 현재, 그리고 미래에는 별로 타당하지 못하다.

역사적 기록을 보면 14개의 전략폭격 사례가 나타나는데, 그중 5개는 강대국이 다른 강대국을 전략폭격했던 사례이며, 9개는 강대국이 약소국을 전략폭격한 것이었다. 경쟁하는 강대국 사이의 전쟁이 강대국 사이의 군사력 균형을 어떻게 평가할 것인가에 대한 가장 중요한 근거가 된다. 그럼에도 불구하고 나는 약소국의 경우도 고려할 예정이다. 왜냐하면 일부 사람들은 이 경우도 강대국이 다른 강대국을 강제하기 위한 — 특히 이라크 및 유고슬라비아에 대한 미국의 공군작전 — 방편으로 공군력을 사용하는 예가 된다고 생각하기 때문이다. 앞으로 분명히 밝혀지겠지만 그것은 맞는 말이 아니다.

■ 전략폭격의 역사

강대국이 다른 강대국을 강압하기 위한 전략폭격작전은 다섯 번이 있었다.

1. 1차 세계대전 중 영국 도시를 향한 독일의 폭격
2. 2차 세계대전 중 영국 도시를 향한 독일의 폭격
3. 2차 세계대전 중 영국과 미국의 독일에 대한 폭격
4. 2차 세계대전 중 영국과 미국의 이탈리아 폭격
5. 2차 세계대전 중 미국의 일본에 대한 폭격

강대국이 약소국을 압박하기 위한 전략폭격작전은 9개의 사례가 있다.

1. 1936년 에티오피아에 대한 이탈리아의 폭격
2. 1937년부터 1945년에 이르는 기간 중국에 대한 일본의 폭격
3. 2차 세계대전 중 핀란드에 대한 소련의 폭격
4. 1950년대 북한에 대한 미국의 폭격
5. 1960년대 중반 북베트남에 대한 미국의 폭격
6. 1972년 북베트남에 대한 미국의 폭격
7. 1980년대 아프가니스탄에 대한 소련의 폭격
8. 1991년 미국과 연합국들에 의한 이라크 폭격
9. 1999년 미국과 연합국의 유고슬라비아 폭격

이상 14가지 사례는 앞에서 봉쇄작전을 분석하기 위해 사용되었던 것과 같은 두 가지 질문에 의해 평가되어야 할 것이다. 첫째로, 전략폭격만으로 적국에게 항복을 강요할 수 있다는 증거가 있는가? 둘째로, 전략공군은 지상군의 승리를 위해 중요한 기여를 했는가? 전략폭격이 전쟁의 결과에 미친 영향은 지상군의 역할에 버금가는 결정적인 것이었나 혹은 부차적인 것이었나?

■ 강대국에 대한 폭격

1차 및 2차 세계대전 당시 영국 도시에 대한 독일의 공중폭격은 영국을 항복하도록 강요하지 못했을 뿐만 아니라 오히려 독일이 두 번 다 패전하는 결과를 초래했다.[41] 더구나 1차 및 2차 세계대전 당시 독일의 공중폭격이 영국의 군사력에 심각한 피해를 초래했다는 증거도 없다. 그렇기 때문에 만일 전략폭격이 결정적 효과가 있었다고 말할 수 있는 사례를 찾는다면 그것은 2차 세계대전 당시 연합국들이 행했던 주축국(Axis Power) 세 나라 — 독일, 이탈리아, 일본 — 에 대한 폭격일 것이다.

이 세 가지 경우에도 폭격이 전쟁의 승리를 위해 결정적 중요성을 갖는 것이라고 말하기 곤란한 여러 가지 이유가 있다. 사실 위의 세 나라의 경우 이미 전쟁에서 패색이 짙어진 이후에야 비로소 전략폭격이 시작됐다. 독일은 1939년 9월부터 영국과 전쟁을 시작했고 미국과는 1941년 12월부터 전쟁을 시작했다. 독일은 비록 그 이전은 아닐지라도 1942년 말경부터는 전쟁에 패배할 것이 확실해 보였다. 그러나 독일은 1945년 5월에 항복했다. 독일군의 소련 적군(Red Army)에 대한 마지막의 대공격은 1943년 여름의 쿠르스크Kursk 공격이었고 독일은 이 공격에서 대패했다. 수많은 논란 끝에 1943년 1월 카사블랑카 회의에서 연합국들은 독일에 대한 전략폭격을 감행하기로 결정했다. 그러나 공중폭격은 천천히 시작되었고 연합국의 폭격기들은 1944년 봄이 될 때까지 제3제국의 본토를 폭격하지는 못했다. 연합국은 1944년 봄이 되어서야 비로소 독일 영공에 대한 제공권을 장악할 수 있었다. 공군력이 독일에 대한 승리에 중요한 기여를 했다고 확신하는 역사학자 리처드 오버리Richard Overy도 "전략폭격이 진가를 발휘하기 시작한 것은 전쟁이 끝날 무렵의 마지막 1년이었다"는 점을 시인하고 있다.[42]

이탈리아는 1940년 6월부터 영국과의 전쟁에 돌입했고 1941년 12월부터 미국과 싸우기 시작했다. 독일과는 달리 이탈리아는 점령당하기 이

전인 1943년 9월 전쟁을 포기했다. 연합국의 이탈리아에 대한 폭격은 1943년 7월에야 시작되었다. 이탈리아가 항복하기 약 두 달 전의 일이었다. 그때는 이미 이탈리아가 결정적 패전을 눈앞에 두고 있던 시점이었다. 이탈리아 육군은 파멸상태였고 외국군의 침입으로부터 본토를 지킬 능력도 없는 상태였다.[43] 연합국이 1943년 7월 상륙작전을 통해 시실리를 공격했을 때 이탈리아 방어를 담당한 것은 대부분 독일군이었다.

일본은 1941년 12월부터 미국과 전쟁에 돌입하여 1945년 8월까지 싸웠다. 일본에 대한 심각한 전략폭격은 1945년 3월에 시작되었고 이는 일본이 항복하기 5개월 전의 일이었다. 이미 일본은 전쟁에 패배한 상황이었고 무조건 항복을 해야 할 상황에 처해 있었다. 미국은 태평양의 일본제국을 파괴했으며, 1944년 10월 레이테만 해전(Battle of Leyte Gulf)에서 그나마 남아있던 일본제국 해군을 소멸시켰다. 1945년 3월 당시 일본 경제는 미국의 해양봉쇄에 의해 마비상태에 이르렀고, 이는 일본 육군에게도 심각하게 부정적 영향을 미쳤다. 당시 일본 육군은 중국 대륙에서 이길 수 없는 전쟁에 매달려 있는 상황이었다.

이상의 사례들은 주축국들이 심각하게 파괴되어 전쟁에 곧 패배할 무렵이 되어서야 전략폭격이 가능했다는 사실을 말해주고 있다. 그렇지 않았다면 이 국가들은 지속적인 공중공격에 노출되지도 않았을 것이다. 예를 들면 미국은 일본의 해군력과 공군력을 거의 대부분 파괴하고, 일본의 본토에 근접한 지점을 장악을 하기 이전, 일본에 대한 폭격작전을 구사할 수 없었다. 미국의 폭격기들이 일본의 방해를 받지 않게 될 무렵 비로소 미국의 폭격기들은 폭격작전을 시작할 수 있었던 것이다. 독일에 대해서도 제공권을 장악하기 이전 미국은 독일 본토에 대한 폭격작전을 감행할 수 없었다. 그 어려운 임무는 시간이 필요했고 독일군이 소련군과 싸우기 위해 대규모의 자원을 동원한 이후에야 가능하게 되었다.

위의 세 가지 폭격작전의 사례는 이미 패배가 분명하게 된 상대방의 전쟁 노력을 마지막으로 마감시키는 데 기여했다고 볼 수 있을 뿐이며 '독립공군은 2차 세계대전 당시 전쟁의 승리에 결정적 무기였다'는 주장을 받아들일 수는 없게 한다. 특히 '전략폭격작전은 오래 지속될 전쟁이 빨리 끝나도록 하는 데 도움이 되었다 혹은 연합국들이 패전국에 대해 보다 유리한 조건에서 전쟁을 종식시키는 데 도움이 되었다'고 말하는 사람이 있을지 모르겠다. 그러나 이탈리아의 경우를 제외하면 여러 가지 증거들은 전략폭격이 전쟁의 종식에 거의 아무런 영향을 미치지 않은 것으로 보이게 한다. 이 사례들에 대해 보다 자세하게 논해 보기로 하자.

연합국들은 독일시민을 향한 폭격과 독일경제를 파괴하는 폭격을 통해 독일의 항복을 얻어내고자 했다. 독일의 도시에 대한 연합국의 처벌적인 작전(punishment campaign)은 악명 높은 함부르크와 드레스덴의 소이탄 공격(firebombing)을 포함하며 독일 대도시 70곳의 40% 이상을 파괴했고 30만5천 명의 시민을 살해했다.[44] 그러나 독일인들은 처벌을 운명적으로 감내했으며, 히틀러는 항복해야 할 양심의 가책을 느끼지 않았다.[45] 1945년 초까지, 진격하는 육군과 더불어 연합국의 공중폭격이 독일의 산업기반을 파탄시켰다는 사실에는 의문의 여지가 없다.[46] 그러나 이미 그당시 전쟁은 거의 끝나가고 있었다. 그러나 독일산업의 파괴는 히틀러에게 전쟁을 중지시키도록 강요하기에는 역부족이었다. 결국 미국, 영국, 소련 육군은 독일을 점령해야만 했다.[47]

독일과 일본을 두들긴 전략폭격과 비교할 때 이탈리아에 대한 폭격은 그 정도가 미약한 것이었다.[48] 일부 경제적 표적이 공격대상이 되었지만 이탈리아 산업시설을 초토화시키려는 시도는 없었다. 연합국은 역시 이탈리아 시민에게 고통을 가하려 했지만 1942년 10월부터 1943년 8월까지 연합국의 폭격으로 인한 이탈리아 민간인 사망자는 3,700명이었고 이는 30만5천 명의 독일 민간인 사망자(1942년 3월부터 1945년 4월까지)와 90만 명의 일본 민간인 사망자(1945년 3월부터 8월까지)에 비교하면 미미한 것이었다. 인명피해가 제한적인 것이었음에도 불구하고 이탈리아에 대한 공중폭격은 1943년 여름(이때부터 폭격이 강화되기 시작했다) 이탈아 지도자들의 마음을 움직여서 가급적 빨리 항복하도록 압박을 가했다. 그렇지만 이탈리아가 항복했던 보다 중요한 이유는 — 이탈리아는 궁극적으로 1943년 9월 8일 항복했다 — 이탈리아 육군이 지리멸렬한 상태였고 도저히 연합국의 침공을 막아낼 가능성이 없었다는 데 있었다.[49] 이탈리아는 폭격작전이 효력을 발휘하기 훨씬 이전부터 멸망할 운명에 놓여 있었다. 그렇기 때문에 폭격작전이 이탈리아에게 어떤 영향을 미쳤는가를 가장 호의적으로 말한다면, 이탈리아가 예상보다 한달 혹은 두달 정도 일찍 전쟁을 포기하게 한 것이라고 말할 수 있겠다.

1944년 말 일본에 대한 미국의 폭격작전이 시작되었을 당시, 폭격의 목적은 이미 미국 해군의 봉쇄작전 때문에 파탄상태에 있던 일본의 경제를 고폭탄(high explosive bombs)을 사용하여 붕괴시키는 데 있었다.[50] 그러나 공중폭격작전이 일본의 산업기지에 심각한 피해를 입히지 못하고 있다는 사실이 곧 발견되었다. 그래서 1945년 3월 미국은 일본의 도시들을 소이탄으로 폭격함으로써 일본 시민들을 직접 처벌하는 쪽으로 폭격의 방향을 전환하기로 결정했다.[51] 이같이 처절한 공중폭격작전은 전쟁이 끝날 때까지 5개월 동안 지속되었고, 일본의 대도시 64개 중 40% 이상을 파괴했으며 78만5천 명의 민간인을 살해했고, 850만 명의 일본 시민이 집을 떠나게 만들었다.[52]

비록 일본은 미국이 일본 본토를 침공하여 점령하기 이전인 1945년 8월에 항복했지만 — 바로 이 점은 폭격작전이 승리의 관건이라고 말할 수 있는 근거가 된다 — 일본의 도시를 불태우기 위한 폭격작전은 일본의 전쟁포기 결정에 작은 역할밖에 담당하지 못했다. 비록 원자폭탄 투하 및 소련군의 대일 선전포고(모두 8월초의 일이었다)가 일본을 벼랑 끝으로 몰고 가는 데 기여하기는 했지만 앞에서 논한 바처럼 일본의 패전의 궁극적 이유는 주로 해양봉쇄와 육군에 의한 것이었다.

그래서 강대국이 폭격의 대상이 된 다섯 가지 사례 중 세 번의 경우 폭격작전은 전쟁을 종식시키는 데 실패했다. 1차 및 2차 세계대전 당시 독일의 영국에 대한 공중폭격과 나치 독일을 향한 연합국의 폭격작전은 실패사례들이다. 더욱이 전략폭격은 독일에 대한 연합국의 승리에 아무런 중요한 역할을 담당하지 못했다. 비록 이탈리아와 일본은 2차 세계대전 당시 공중폭격에 의해 항복을 강요당했지만 두 경우 모두 독립적인 공군력 이외의 다른 요소들이 전쟁의 승리를 위해 더 큰 역할을 담당했다. 이제 강대국들이 약소국을 향해 폭격작전을 전개했을 경우 어떤 일이 벌어졌는지를 살펴볼 때가 되었다.

■ 약소국에 대한 폭격작전

강대국과 약소국 사이의 현격한 국력차이에도 불구하고 강대국의 전략폭격기들이 약소국을 공격한 9개의 사례 중 5회의 경우 강대국은 약소국을 강제(coercion)할 수 없었다. 이탈리아는 1936년 에티오피아의 도시와 마을들을 공격했고 때로는 화학무기도 사용했다.[53] 그럼에도 불구하고 에티오피아는 항복하지 않았으며 결국 이탈리아 육군이 동원되어 에티오피아 전체를 점령해야 했다. 일본은 1937년부터 1945년 기간 동안 중국의 도시들을 폭격하여 엄청난 수의 중국인을 살해했다.[54] 그러나 중국은 항복하지 않았고, 궁극적으로 미국이 일본을 결정적으로 파괴했다. 미국은 1965년부터 1968년에 이르기까지 월맹에 대해 그 유명한 '롤링선더' (Rolling Thunder)라는 이름의 폭격작전을 감행했다. 롤링선더 폭격작전의 목표는 월맹이 월남에서의 전투를 지원하는 것을 차단하고 월맹에게 독립적인 월남의 존재의 승인을 강요하기 위함이었다.[55] 그러나 작전은 실패했고 전쟁은 지속되었다.

소련은 1979년부터 1989년까지 아프가니스탄의 인구밀집 지역에 대한 폭격작전을 전개했다. 그 목적은 소련이 지원하는 카불의 정부에 대한 아프간 반란군의 공격을 차단하는 데 있었다.[56] 궁극적으로 전쟁을 포기한 것은 반란군이 아니라 소련군이었다. 마지막 사례는 1991년 초 미국이 이라크의 사담 후세인에 대한 전략폭격작전이다. 이 폭격작전의 목표는 후세인에게 1990년 8월 이라크 육군이 침략·점령한 쿠웨이트를 포기하라고 강요하기 위한 것이었다.[57] 그러나 폭격작전은 사담 후세인을 강압하는 데 실패했고 미국과 연합국은 결국 그들의 사명을 달성하기 위해 육군을 동원해야만 했다. 이 폭격작전은 주목할 만한 작전인데 그 이유는 미국이 참수전략(decapitation strategy)을 채택했기 때문이다. 미국은 사담 후세인을 공중폭격을 통해 죽이려 했고 이라크 시민들과 쿠웨이트를 점령한 이라크군으로부터 후세인을 고립시키려 했다. 이 전략은 모든 측면에서 실패했다.[58]

약소국에 대한 폭격작전에서 강압이 성공한 경우가 네 번 있었다. 그러나 이 네 가지 경우 중에서 단 하나의 경우를 예외로 하면 폭격작전은 목표를 달성하는 데 부수적 역할밖에는 담당하지 못했다. 소련이 1939년 11월 30일 핀란드를 침공했을 때 소련의 지도자 스탈린은 핀란드의 도시를 향한 폭격작전을 개시해 약 650명 정도의 시민을 살해했다.[59] 핀란드는 당시 소련 육군에 의해 공격당하거나 점령당하기 이전 전쟁포기를 결정했다. 그러나 어떤 측면에서 분석을 해도 핀란드가 폭격 때문에 전쟁을 포기했다고 볼 수 있는 근거는 없다. 핀란드가 전쟁을 포기한 이유는 자신의 육군이 소련군과 수적으로도 상대되지 않으며 소련군과 싸워서 이길 확률이 거의 없었기 때문이었다.

한국전쟁 당시 미국은 공중폭격을 통해 북한을 처벌함으로써 북한이 전쟁을 끝내도록 압박했다.[60] 이 노력은 세 개의 독특한 작전으로 나타난다. 1950년 7월 말경부터 1950년 10월 말까지 미국의 폭격기들은 북한의 5대 산업 중심지에 대해 집중적인 폭격작전을 전개했다. 1952년 5월부터 9월까지 집중적인 폭격대상은 북한의 수력발전소와 북한의 수도인 평양이었다. 1953년 5월과 6월 미국의 폭격기들은 북한의 댐을 집중적으로 공격했다. 이는 북한의 쌀 생산량에 타격을 가하고 북한주민을 굶주리게 하여 항복을 받아내려는 목적이었다.

1953년 7월 27일에 이르러서야 전쟁을 종료하는 휴전협정이 조인되었다는 사실에 미루어 볼 때 앞의 두 폭격작전이 전쟁을 종식시키지 못했음이 분명하다. 실제로 가용한 여러 가지 증거들을 보았을 때 이 폭격작전들은 북한의 행태에 어떤 의미 있는 변화도 초래하지 못했다. 비록 북한의 논농사를 망치기 위한 목적의 폭격작전이 휴전협정 조인 직전에 행해지기는 했지만 댐을 폭격하는 것으로 북한의 쌀농사를 파탄낼 수는 없었으며 대규모 기근도 유발하지 못했다. 북한이 결국 휴전협정에 조인하도록 강압을 당한 것은 아이젠하워 대통령에 의한 핵무기 사용위협과 더불어 전쟁 당사국 어느 측도 지상에서 일어나고 있었던 진퇴양난의 상황을 타개하는 데 필요한 능력과 의지를 가지고 있지는 않았다는 사실에 있었다. 요약컨대 재래식 폭격작전은 북한을 강제하는 데 실패하였다.

실패한 폭격작전인 월맹에 대한 1965-1968년 사이의 '롤링선더' 작전에 추가하여 미국은 1972년 '라인배커'(Linebacker) 폭격작전을 시작했다.[61] 월맹은 궁극적으로 1973년 초 정전협정에 조인했고 이는 미국이 전쟁에서 손을 뗄 수 있도록 했다. 또한 월남을 향한 월맹군의 지상군 공격을 지연시키는 데 기여했다. 기술적으로 보았을 때 이는 성공적 강제라고 말할 수 있지만, 이 협정은 월맹의 월남에 대한 최후의 승리를 1975년까지 지연시킬 수 있을 뿐이었다. 그럼에도 불구하고 전략폭격은 월맹이 미국과의 휴전협정을 받아들이게 하는 데 별로 큰 영향을 미치지 못했다.

당시 일반인들이 널리 인식하던 바와는 달리 미국의 폭격기들은 월맹의 시민들에게 상대적으로 적은 피해를 입혔다. 1972년의 공중폭격작전으로 인해 약 1만3천 명 정도의 월맹 시민들이 목숨을 잃었다. 이 정도는 강력한 저항의지를 가진 월맹과 같은 나라가 미국의 요구에 굴복할 수준이 되지 못했다.[62] 1973년 1월 월맹이 휴전협정에 동의한 가장 중요한 이유는 미국 공군이 1972년 봄 월맹 육군의 공세를 상당히 위축시켜 놓았다는 사실, 그럼으로써 월맹은 다음번 대공세 이전에 미군을 월남에서 모두 신속하게 철수시켜야겠다는 강력한 동기에서 휴전협정을 수락한 것이다.

휴전협정에 서명한 것은 바로 이 목적을 위한 것이었다. 휴전협정 체결 이후 2년이 지났을 때 월맹은 월남에 대해 완벽한 승리를 거두었다. 월남 군은 마지막 전투에서 미국 공군의 지원을 전혀 받지 못했다.

1999년 북대서양조약기구가 유고슬라비아를 공격했던 전쟁은 언뜻 보기에 전략공군만으로도 적을 굴복시킨 성공사례로 보여질 수 있다.[63] 미국과 유럽의 동맹국들은 1999년 3월 24일부터 유고슬라비아에 대한 폭격작전을 개시했다. 연합국의 목표는 유고슬라비아의 밀로셰비치Slobodan Milosevic 대통령이 코소보 지역에 거주하는 알바니아인에 대한 탄압을 중지하도록 하고 NATO 군사력이 이 지역에 들어갈 수 있도록 하기 위한 것이었다. 공중폭격작전은 일주일 동안 지속되었다. 1999년 6월 8일 밀로셰비치는 NATO의 요구에 굴복했다. NATO는 코소보에 대한 지상군 공격작전은 전개하지 않았다. 그러나 코소보 해방군(Kosovo Liberation Army)은 폭격작전이 지속되는 동안 지상에서 유고슬라비아군에 대한 파상적 기습공격을 지속했다.

밀로셰비치가 왜 항복했는가에 대해 말하기에는 자료가 불충분하다. 그러나 단지 폭격작전 때문에 유고슬라비아가 항복한 것은 아니라는 것은 분명하다.[64] 애초에 폭격작전은 소규모의 작전으로 시작되었다. NATO의 지도자들이 며칠 동안의 가벼운 공중폭격만으로 밀로셰비치를 무릎꿇게 할 수 있으리라고 생각했기 때문이다. 그 같은 접근 방법이 실패로 판명되자 NATO는 폭격작전을 확대했지만 유고슬라비아에 심각한 고통을 가해야겠다는 정치적 의지를 가지고 있지는 않았다. 결과적으로 NATO의 폭격기들은 유고슬라비아의 제한된 수의 경제적, 정치적 표적들을 폭격하는 동안 유고슬라비아 시민들은 살해하지 않기 위해 노력했다. 이 폭격작전은 약 500명 정도의 민간인 인명피해를 발생시켰다.[65] 놀랄 일도 아니겠지만 밀로셰비치가 자기 국민들이 고통받는 것을 감당할 수 없어 항복한 것이라고 볼 수는 없다.

밀로셰비치가 NATO의 요구에 굴복한 데에는 여러 가지 요인이 있을 것이다. 아마도 향후 더 많은 공중폭격이 있을지 모른다는 사실은 그의 결정에 중요한 요인이 될 수도 있을 것이다. 그러나 적어도 폭격 이외의 다른 두 가지 요인이 중요했다. NATO는 유고슬라비아를 공격하기 위한 대규모 육군작전을 준비하고 있었다. 당시 클린턴 대통령은 소련을 통해 밀로세비치에게 항복하지 않는다면 NATO는 곧 대규모 지상군을 코소보에 진입시킬 것이라는 분명한 메시지를 전달했다. 더 나아가 유고슬라비아의 핵심동맹국이며 NATO의 전쟁에 열정적으로 반대했던 러시아조차 6월 초순에는 NATO의 편을 들고 있었으며 전쟁을 즉각 끝내라고 밀로세비치에 압박을 가하고 있었다. NATO는 유고슬라비아 지도자가 종전협정에 호의를 갖도록 하기 위해 요구조건을 조금 완화시켰다. 결론적으로, 공중폭격작전은 중요한 요인이기는 했지만 그 자체 유고슬라비아에 대한 승리의 주역은 아니었다.

위에서 살펴본 14개의 사례는 전략폭격의 효용성에 관해 다음과 같은 결론을 추론할 수 있게 한다. 첫째, 전략폭격 그 자체만으로 적국을 항복하도록 강요할 수 없다. 유고슬라비아의 사례를 예외로 한다면 어떤 강대국(혹은 강대국들의 동맹)도 오직 공군력만으로 전쟁에 이기려고 시도했던 나라는 없었으며 NATO의 경우조차도 밀로세비치를 강압하기 위해서는 지상군을 통한 공격위협이 추가적으로 더 필요했다. 다른 13번의 사례는 전략폭격은 전쟁이 시작되자마자 지상작전과 병행해서 사용된 것임을 보여준다. 기록들은 전략폭격에만 의존하는 경우 전쟁에 승리할 수 없음을 보여준다. 더 나아가, 과거의 폭격작전들은 폭격작전만으로 다른 강대국과의 전쟁에서 승리를 가져올 수 없었다는 사실과 더불어, 전쟁의 결과에 결정적 영향을 미쳤다는 증거도 거의 보여주지 못하고 있다. 전략폭격이 지상군의 작전과 병행해서 이루어진 경우 중에도 공중폭격이 전쟁의 승리에 결정적 역할을 한 경우는 단 한 번뿐이었다. 전략폭격은 대체로 그 자체만으로 상대방을 강압할 수 없다.

14가지 전쟁사례 중 전략공군을 동원해서 강대국이 승리한 9가지 사례를 고찰해 보자. 그러나 이 9가지 사례 중 3번은 승자가 공군력만으로 적을 제압하지 못하고 육군을 동원해야만 했던 경우다. 에티오피아와 싸운 이탈리아, 나치 독일과 싸운 동맹국들, 이라크와 싸운 미국의 경우가 그것이다. 나머지 여섯 가지 사례는 전쟁에 승리한 강대국이 전략폭격작전을 통해 성공적으로 상대방을 강압했던 경우들이다. 그러나 이중 5개의 사례는 전략폭격이 전쟁의 승리를 가져오는 데 부수적 역할을 했다. 일본에 대한 미국의 전략폭격, 핀란드에 대한 소련의 폭격, 이탈리아에 대한 동맹국의 폭격, 한국과 월남전에서의 미국의 폭격 등이다. 이 모든 경우 전쟁승리의 본질적 요인은 육군이었다. 다만 미국 – 일본의 전쟁에서 해상 봉쇄는 전승의 본질적 요인이 되었다고 말할 수 있다.

코소보에서의 전쟁만이 전략폭격이 성공적인 강압을 위해 결정적 역할을 한 것처럼 보이는 사례다. 그러나 이 사례는 독립공군의 유용성에 관한 낙관론의 근거가 될 수 없다. 유고슬라비아는 유럽과 미국에 대항해서 홀로 싸워야만 한 특히 허약한 약소국이었을 뿐 아니라, 폭격 이외의 다른 요인들이 밀로세비치가 NATO의 요구에 굴복하도록 했다.

역사적 사례에서 도출되는 두 번째 교훈은, 전략폭격은 적국의 육군을 그다지 약화시키지 못했다는 점이다. 그래서 결국 폭격작전은 지상군의 전투를 승리로 이끄는 데 크게 기여하지 못했던 것이다. 2차 세계대전 중 독립적인 공군력은 종종 장기적 소모전을 치르는 강대국이 다른 강대국에 대한 전쟁에서 승리하는 데 기여한 바가 있었다. 그러나 공군력은 승리를 위해 오직 부수적 역할을 담당했을 뿐이다. 핵시대에 이르러 강대국들은 오직 약소국과 싸우는 경우에만 폭격을 통한 강제력을 행사하려 했지 강대국끼리의 전쟁에서는 그렇지 못했다. 그러나 약한 국가를 상대하는 경우라도 전략폭격은 다른 강대국에 대한 전략폭격만큼이나 효과가 없었다. 적국을 굴복시킬 수 있을 정도로 폭격을 한다는 것은 어려운 일이다.

■ 왜 전략폭격작전은 실패하는가

전략폭격은 해상봉쇄가 적국을 압박할 수 없었던 것과 마찬가지 이유 때문에 성공할 가능성이 없어 보인다. 시민들은 자국 정부에 대들기보다는 오히려 놀라울 정도의 고통을 감내할 수 있다는 점이다. 정치학자인 로버트 페이프Robert Pape는 공중폭격과 인민의 반란에 관한 역사적 사례들을 분명하게 요약하고 있다.

"지난 75년 동안 공군을 통해 적국의 시민을 공격하거나 공격하겠다고 위협함으로써 적국의 행동을 바꾸려고 시도한 경우가 허다하다. 공중폭격작전의 결과에 대한 의문의 여지없는 결론은 공중폭격은 폭격을 당하는 시민들이 그들 정부에 대항하여 폭동을 일으키게 하는 데 한번도 성공한 적이 없다는 것이다. … 실제로 이제까지 행해진 30회 이상의 대규모 전략폭격작전에서, 공중폭격은 단 한차례도 피폭국 시민들이 자국정부에 그 무엇인가를 요구하기 위해 길거리로 뛰어나가게 한 적이 없었다."[66]

더구나 현대 산업경제는, 대규모 폭격작전을 통해서도 쉽게 부술 수 있는 구조가 아니다. 아담 스미스의 말을 다시 풀어서 인용하자면, 강대국의 경제에는 부수어야 할 방이 너무 많은 것이다. 이와 같은 공격전략은 약소국의 경우에는 더욱 엉성한 전략이 된다. 약소국은 예외 없이 소규모의 산업기반을 가지고 있기 때문이다.

그렇다면 적국의 지도자를 제거하는 참수공격(Decapitation attack)은 어떤가? 이미 지적한 바대로 그 전략은 1991년 이라크에서 실패한 적이 있었다. 참수공격 전략이 채택된 경우가 세 번 있었다. 이들 세 가지 사례는 그 규모가 너무 적은 것이었기 때문에 앞에서 논하지 않았다. 그러나 참수공격은 세 가지 사례 모두 원하는 결과를 산출하는 데 실패했다.

1986년 4월 14일 미국은 무아마르 카다피Muammar Qaddafi의 텐트를 공격했다. 이 리비아 지도자의 어린 딸이 죽었지만 카다피는 목숨을 구할 수 있었다. 이처럼 실패한 폭격은 1984년 전 스코틀랜드에서 발생했던 팬 아메리칸 항공기 Flight 103에 대한 테러공격의 배후가 카다피였다는 사실에 대한 보복공격으로 널리 알려져 있다. 1996년 4월 21일 러시아는 체첸 반군의 지도자인 두다예프Dzhokhar Dudayev를 표적공격해 살해하는 데 성공했다. 이 공격의 목표는 체첸인들에게 러시아와의 분리독립 전쟁을 러시아에 유리한 선에서 매듭짓도록 강요하는 것이었다. 그러나 반란군은 두다예프의 죽음에 대해 복수를 하겠다고 덤벼들었고 몇달후(1996년 8월) 러시아군은 체첸에서 빠져나와야만 했다. 마지막 사례로 미국은 1998년 12월 이라크에 대해 4일간 폭격작전을 벌인 적이 있었다. "사막의 여우 작전"이라는 암호명의 이 작전은 사담 후세인을 죽이기 위한 또 다른 시도였다. 이 작전은 실패였다.[67]

참수란 기발한 전략이다.[68] 두다예프의 사례도 마찬가지였겠지만 전시에 적국의 중요한 지도자의 위치를 추적하고 그를 살해한다는 것은 쉬운 일이 아니다. 그러나 참수작전이 성공한다고 해도 후계자의 정책이 살해된 정치가의 정책과 현격하게 다르리라는 보장이 없다. 이 전략은 적국은 본질적으로 악마같은 지도자에 의해 통치되는 얌전한 시민들로 구성되어 있을 것이라는 미국인의 뿌리깊은 신념에 근거를 두고 있다. 그 악마와 같은 지도자를 제거하면 선의를 가진 세력이 성공하게 되고 전쟁은 곧 끝나게 될 것이라 생각한다. 이 전략은 훌륭한 전략이 되지 못한다. 어떤 특정 지도자를 죽인다 할지라도 그와 가장 가까운 측근이 그를 대신할 가능성을 배제할 수 없기 때문이다. 만약 연합국이 히틀러를 살해하는 데 성공했다 하더라도 마틴 보만Martin Bormann 혹은 헤르만 괴링Hermann Goering이 히틀러를 대체하지 않았을까? 이 두 명 중 누구도 히틀러보다 결코 양호한 사람이라고 말할 수는 없을 것이다. 게다가 히틀러 같은 악마적 지도자는 국민대중의 폭넓은 지지를 받고 있을 수도 있다. 악마적 지도자들은 그 나라의 정치적 견해를 반영할 수도 있고, 민족주의는 그 나라 지도자와 국민들의 연계를 돈독하게 만들 수도 있다. 특히 엄중한 외국의 위협에 대항해야 하는 전시에 이런 점은 더욱 강화될 것이다.[69]

적국의 정치 지도력과 그 나라 국민들을 이간시키는 것을 목표로 하는 전략도 환상(illusory)일 수 있다. 지도자들은 자국 국민들과 의사소통을 위한 여러 개의 채널을 확보하고 있으며 공군력을 통해 이 모든 것을 한 번에 다 차단시키는 것, 그리고 오랫동안 그 차단상태를 유지시키는 것은 거의 불가능하다. 폭격기들은 적국의 전자 통신수단들을 파괴하는 데는 효과가 있겠지만 신문을 차단하는 데는 효과가 없다. 공군력으로 비밀경찰 혹은 국민에 대한 폭압기구를 파괴하는 것도 용이하지 않다. 마지막으로 전쟁 중 적국에 쿠데타가 야기되고 자국에 우호적인 사람이 정권을 잡도록 만드는 일은 진짜 어려운 일이다.

적국의 지도자를 그 나라의 군부로부터 격리시키는 일 역시 대단히 비현실적이다. 전략이 성공하기 위해서는 전쟁터(battlefield)의 군인들과 후방의 정치지도자 사이의 의사소통(Line of Communication)을 차단해야만 한다. 그러나 이 전략이 실패할 수밖에 없는 두 가지 이유가 있다. 지도자들은 자신의 군대와 통신할 수 있는 수단은 물론 자신의 국민들과 통신할 수 있는 다양한 수단을 가지고 있으며 폭격기들이 여러 가지 통신수단을 한번에 모두 차단하는 것은 불가능하다. 더구나 오랫동안 통신을 지속적으로 차단시킨다는 것은 더욱 어려운 일이다. 더구나 이런 상황을 우려하는 지도자들은 소통수단이 차단될 경우에 대비하여, 타당한 군사지도자들에게 자신의 권리를 미리 이양할 수 있을 것이다. 냉전 당시 미소 양 초강대국은 핵공격을 통해 정부기구가 마비될 것을 두려워하여 이에 대비한 계획을 세우기도 했다.

역사적 기록들을 보면 봉쇄와 전략폭격은 강대국간의 전쟁에 부수적 영향을 미친 적이 있기는 했지만 강대국들의 전쟁의 결과에 결정적 영향을 미칠 정도의 영향력을 발휘한 적은 없었다. 육군과 육군을 지원하는 공군 및 해군력이 강대국간 전쟁에서 어느 편이 승리할 것인가를 결정하는 데 중요한 요인이었다. 육군은 국가들이 사용가능한 가장 막강한 전통적 군사력이다.[70] 사실, 강대국간의 전쟁에서 육군의 전투에 의해 전쟁의 승패가 결정되지 않는 경우란 거의 없다. 타당한 사례들이 앞에서 논의되었지만 1792년 이후 강대국들의 전쟁을 개략적으로 살펴봄으로써 지상전투에서의 승리가 전쟁에서의 승리로 이어진다는 사실을 잘 알 수 있게 될 것이다.

육군의 압도적 중요성

지난 200년 동안 강대국끼리 싸운 전쟁은 10번 있었다. 그중 3회는 모든 강대국이 참전한 세계대전급 전쟁이었다. 프랑스의 혁명전쟁과 나폴레옹 전쟁(1792-1815), 1차 세계대전(1914-1918), 2차 세계대전(1939-1945)이다. 후자의 경우 아시아와 유럽 전역에서 발발한 상이한 전쟁들이 포함된다.

프랑스 혁명을 전후하여 프랑스는 23년 동안 유럽 강대국들의 각종 연합에 대항하는 전쟁을 지속적으로 치렀다. 당시 유럽의 강대국에는 오스트리아, 프러시아, 러시아와 영국이 포함되었다. 이 전쟁들에서의 승패는 예외 없이 모두, 바다에서가 아니라, 육군의 전투로 결정되었다. 영국 해군은 나폴레옹이 울름 전투에서 오스트리아군을 대파한 바로 다음날인 1805년 10월 21일의 해전에서 프랑스 함대를 결정적으로 대파했다. 그러나 바다에서의 영국군의 승리는 나폴레옹의 운명에 아무런 영향을 미칠수 없었다. 실제로 해전에서 대패한 이후 2년간 나폴레옹의 육군은 가장위대한 승리를 쟁취했다. 아우스터리츠Austerlitz 전투(1805)에서 오스트리아와 러시아를 격파했으며, 1806년에는 예나Jena 전투와 아우어슈타트Auerstadt 전투에서 프러시아군을 격파했고, 프리드란트Friedland 전투에서

는 러시아를 격파했다(1807).[71]

더 나아가 영국은 유럽대륙을 봉쇄했고 나폴레옹은 영국을 봉쇄했다. 그러나 이 두 가지 봉쇄 중 어느 것도 전쟁의 진행과정에 뚜렷한 영향을 미치지는 못했다. 사실상 영국은 궁극적으로 육군을 유럽대륙에 파병하여 스페인에서 나폴레옹의 육군과 교전해야 했다. 영국 육군과, 더 중요했던 러시아 육군은 1812년 러시아 영토 깊숙한 곳에서 프랑스 육군을 초토화시켰고 바로 이 전투를 계기로 나폴레옹 전쟁이 끝나게 되었다.

1차 세계대전의 경우에도 전쟁의 승패를 결정한 1차적 요인은 지상군의 균형여부였다. 특히 1차 세계대전의 결과는 동부전선에서 러시아와 독일 육군 사이의 길고 처절한 전투 및 독일군과 연합군(영국, 프랑스, 미군) 간의 서부전선에서의 전투에 의해 결정되었다. 1917년 10월 독일은 동부전선에서 놀라운 승리를 획득했다. 러시아 육군이 붕괴된 후 러시아는 1차 세계대전에서 빠져나갔던 것이다. 독일은 1918년 서부전선에서의 공세를 거의 두 배 정도 강화시켰다. 그러나 영국, 프랑스, 미국의 연합군은 전선을 지킬 수 있었다. 얼마 후 독일 육군은 궤멸되기 시작했고 1918년 11월 11일 연합군은 전쟁을 승리로 이끌었다. 1차 세계대전의 최후의 결과가 나타나는 데 전략폭격은 거의 아무런 역할도 하지 못했다. 영국과 미국의 독일에 대한 봉쇄는 물론 승리에 기여했을 것이다 그러나 그것은 2차적 요인이었다. 차후 "대전쟁"(The Great War)이라고 불린 1차 세계대전은 베르덩Verdun, 타넨베르크Tannenberg, 파센데일Passchendaele, 솜Somme 등 피비린내나는 전장에서 숨져간 수백만의 양측 지상군 병사들에 의해 결정된 전쟁이었다.

2차 세계대전의 결과도 역시 각자의 육군과 이들을 지원하는 해군, 공군에 의해 결정되었다. 2차 세계대전 초기 독일군 승리의 흐름은 결정적으로 독일 육군의 힘에 의해 배타적으로 결정되었던 것이다. 독일 육군은 1939년 9월에는 폴란드에 그리고 1941년 6월부터 12월 사이에는 소련군에 대해 승리를 거두었다. 이 흐름은 1942년 초부터는 독일에게 불리한 방향으로 역전되기 시작하여 1945년 5월 히틀러는 사망했고 그의 후계자들은 무조건 항복했다. 독일은 주로 전장에서, 특히 동부전선에서 소련의 붉은 군대에게 철저하게 파괴되었다. 동부전선에서 800만 명의 독일군이 희생당했으며 이는 2차 세계대전 독일군 희생의 약 3/4에 이르는 것이었다.[72] 영국 및 미국 육군도 독일군의 힘을 쇠잔시키는 데 기여했다. 그러나 소련군의 역할에 비하면 미국과 영국군의 역할은 현격히 작았다. 그 중요한 이유는 영국군과 미국 육군은 1944년 6월 이후에야 유럽대륙에 상륙했으며 이는 유럽에서의 전쟁이 종료되기까지 1년도 채 못되는 시점이었다.

동맹국들의 독일에 대한 전략폭격은 1945년 초까지 독일의 경제를 파탄시키는 데 실패했고 이 무렵 전쟁의 결과는 이미 지상전투로 인해 판가름나는 상황이었다. 결코 공군력만 가지고 독일의 경제적 근거를 파탄시킬 수 없었다. 제3제국을 향해 다가오는 동맹국들의 육군이 이 목적을 위해 더 중요한 역할을 담당했다. 요약하면 독일과 같은 막강한 대륙국가를 파멸시키기 위한 유일한 방법은 피비린내 나는 지상전을 통해 독일의 육군을 파괴하고 영토를 점령하는 방법 외에는 없었다. 봉쇄라든가 전략폭격은 목표 달성에 약간의 도움은 될 것이다. 그러나 이들은 부수적인 것이다.

미국 사람들은 아시아에서의 2차 세계대전은 진주만이 공격당한 1941년 12월 7일부터 시작되었다고 생각하는 경향이 있다. 그러나 일본은 아시아에서 이미 1931년부터 전쟁을 시작했고 만주, 중국의 상당부분, 인도차이나의 일부분을 미국이 전쟁에 참전하기 훨씬 이전에 점령했다. 진주만 공격이 있은 직후, 일본군은 동남아시아 대부분, 그리고 서태평양 지역의 거의 모든 섬을 점령했다. 비록 일본 해군이 종종 일본 육군을 전장에 투입하는 수송을 담당하기는 했지만 일본의 정복작전에서 가장 중요한 군사력은 일본 육군이었다. 일본은 중국을 향한 전략폭격작전을 행했다. 그러나 그것은 분명한 실패였다(이 부분은 앞에서 설명했다). 또한 1938

년부터 일본은 봉쇄를 통해 중국이 외부 세계와 거래하는 것을 차단하려 했다. 일본의 봉쇄작전은 1942년까지 중국에 유입되는 무기와 상품의 양을 격감시켰다. 그럼에도 불구하고 중국의 육군은 전장에서 자신들의 진지를 지켜냈고, 일본군에 대한 항복을 거부하고 있었다.[73] 요약컨대, 일본의 경우도 2차 세계대전 당시 군사적 승리의 주역은 육군이었다.

미국 해군이 일본 해군에 대해 놀라운 승리를 거두게 되는 1942년 6월 미드웨이 해전 이후 파도의 방향은 바뀌게 되었다. 그후 3년 동안 일본은 두 개의 전선에서 행해지는 전쟁으로 기진맥진하게 되었고 결국 1945년 8월 무조건 항복하고 말았다. 앞에서 이미 지적한 바처럼 일본을 패배시키는 데에도 육군이 제일 중요한 역할을 담당했다. 그러나 미국 해군의 일본에 대한 봉쇄 역시 이 전쟁에서 결정적 역할을 담당했다. 히로시마와 나가사키에 대한 원자폭탄 공격을 포함하는 소이탄 공격은 일본의 항복을 초래하는 데 작은 역할만을 담당했을 뿐이다. 미국과 일본의 전쟁은 근대에 발생한 강대국간 전쟁 중에서 육군만 가지고는 전쟁의 결과가 판가름날 수 없었던 유일한 사례였다. 이 전쟁은 공군력과 해군력이 단지 부수적 역할만 담당한 전쟁은 아니다.

지난 200년 동안 강대국과 강대국이 맞붙어 싸운 전쟁은 일곱 번 있었다. 크리미아 전쟁(1853-1956), 이탈리아 독립전쟁(1859), 오스트리아-프러시아 전쟁(1866), 보불전쟁(1870), 러일전쟁(1904-1905), 러시아 내란(1918-1921)과 일소전쟁(1939) 등이다. 이 경우 전략폭격이 동원된 사례는 하나도 없으며 오직 러일전쟁의 경우에만 의미있는 차원의 해전(海戰)이 존재했다. 물론 양측이 봉쇄를 시도하지는 않았다. 해군들끼리는 주로 해상통제(command of the sea)를 위해 싸웠다. 해상통제는 대단히 중요했는데, 바다를 통제하는 국가야말로 육군을 전장으로 이동하는 데 유리했기 때문이다.[74] 이 7가지 전쟁 모두 승패는 전장에서 육군력들에 의해 결정되었다.

마지막으로 냉전 당시 주요한 재래식 전쟁의 결과들은 상당 부분 북대서양조약기구와 바르샤바조약기구의 육군들이 정면으로 충돌하게 될 중앙 전선에서의 대결들에 의해 결정되었을 것이다. 물론 육군을 지원하는 전술공군은 지상전에서의 상황전개에 영향을 미쳤을 것이다. 그러나 전쟁은 각 나라의 육군이 상대방의 육군을 어떻게 대처할 것이냐에 의해 결정될 것이다. 냉전 당시 어느 편도 상대방에 대한 전략폭격을 시도하지 않았다. 핵무기의 발명은 폭격작전을 비현실적인 것으로 만들어 버렸기 때문이다. 또한 NATO 동맹국들 중 독립적인 해군력으로 자신들이 유리한 위치에서 싸울 수 있는 나라도 없었다. 소련은 2차 세계대전 당시 일본의 경우처럼 해양봉쇄에 취약한 나라가 아니었기 때문이다.[75] 소련의 잠수함들은 미국과 유럽의 교통로를 차단하려고 시도했을지도 모른다. 그러나 그러한 시도는 양차대전 기간 중 독일의 시도가 실패했던 것과 마찬가지로 실패했을 것임이 분명하다. 나폴레옹의 프랑스, 빌헬름 황제의 독일, 나치 독일의 경우처럼 소련과의 패권전쟁 역시 지상에서 육군들간의 대결로 결판이 났을 것이다.

바다의 차단성

육군의 특히 중요한 측면 중 더 자세히 분석해야 할 만한 가치가 있는 부분이 하나 있다. 넓은 폭의 물(즉 바다)이 육군의 투사력(projection power)을 얼마나 심각하게 차단하느냐에 관한 것이다. 육군을 바다를 건너 우호국의 육지로 수송하는 해군에게 바다는 그리 큰 장애 요인이 되지 못한다. 그러나 육군이 통제력을 가지고 잘 방어된 적대적 강대국의 영토에 수송하는 일은 여간 어려운 일이 아니다. 그러므로 막강한 육군을 가진 강대국의 영토에 상륙작전을 시도하는 경우 해군은 대단히 불리한 상황에 놓이게 된다. 막강한 육군을 가진 강대국은 침공하는 적대국의 상륙군을 바다로 몰아넣을 수 있을 것이다. 일반적으로 말한다면 국경을 공유하는 국가들이 국경을 가로질러 공격하는 일이 훨씬 쉽다. 넓은 바다를 가로질러 잘 무장된 적국을 향해 공격하는 경우 공격력은 예외 없이 소진되게 마련이다.

■ 왜 바다는 육군을 곤경에 빠뜨리는가

해군이 바다로부터 공격하려는 경우 당면하게 되는 기본적 문제는 공격하는 병력의 수가 제한된다는 점과 상륙작전을 위해 동원되는 화력이 제한적일 수밖에 없다는 점이다.[76] 그렇기 때문에 해군이 적국의 영토를 향해 적국의 방어 병력을 제압할 수 있을 정도의 공격력을 투입한다는 것은 쉽지 않은 일이다. 이 문제점의 특이한 본질은 범선의 시대로부터 산업시대에 이르기까지 다양하게 변했다.[77]

1850년대 이전, 바람의 힘으로 배가 움직이던 시절, 해군은 육군보다 훨씬 활동적이었다. 육군은 산, 숲, 늪지, 사막과 같은 장애물에 대처해야 할 뿐 아니라 철도와 엔진이 달린 차량이 해안으로 접근할 수 있는 좋은 길도 별로 없었다. 그래서 육군은 천천히 이동했으며 그 결과 해안에서 바다를 통해 상륙하는 적을 막는 일이 쉽지 않았다. 반면, 바다를 장악한 해군은 바다 위를 빠른 속도로 이동하여 방어국의 육군이 해안의 교두보에 도착하기 한참 전에 먼저 적의 육지에 상륙할 수 있었다. 범선의 시대에 상륙은 상대적으로 용이했기 때문에, 강대국들이 상대방의 영토에 대해 상륙공격(amphibious assault)을 개시한 경우는 거의 없었다. 대신에 그들은 상대방이 병력을 별로 많이 배치하지 않은 곳에 상륙했다. 사실 1648년 유럽에 국제체제가 탄생한 이후 19세기 중엽 증기기관을 장착한 배들이 범선을 대체할 때까지 유럽에서는 어떤 상륙공격도 벌어지지 않았다.

적국의 영토에 육군을 상륙시키는 일이 상대적으로 쉬운 일이라 해도 해군은 대규모의 병력을 상륙시킬 능력이 없었고, 그들을 오랫동안 지원할 수도 없었다. 범선 해군은 수송능력도 제한적이었고 그 결과 범선해군은 상륙하는 군대가 적국의 영토 위에서 오랫동안 생존할 수 있는 충분한 물자를 보급할 능력이 없었다.[78] 해군은 필요한 물자 및 증원군을 신속하게 실어 올 수도 없었다. 더구나 적국의 육군은 자신의 본토에서 싸우는 것이기에 궁극적으로 상륙작전을 수행하는 군대와 조우하여 그들을 전투에서 물리칠 수 있었다. 결론적으로 범선 항해시대의 강대국 중 다른 강대국의 영토 혹은 다른 강대국이 통치하는 영토를 향해 상륙작전을 전개한 유럽의 강대국은 하나도 없었다. 유럽의 강대국들은 상호간에 끊임없이 많은 전쟁을 치렀음에도 불구하고 1792년 나폴레옹 전쟁이 시작될 때까지의 긴 기간 동안 상륙작전을 치른 경우는 없었다.[79] 범선시대의 유럽에서 있었던 단 두 번의 상륙작전은 네덜란드에 대한 영국－러시아의 작전(1799)과 포르투갈에 대한 영국의 침공(1808)이었다. 다음에 논하는 바처럼 두 가지 경우 모두 상륙군은 전쟁에서 패배했다.

19세기에 이루어진 산업화는 전쟁도 산업화시켰으며 대규모의 상륙작전을 더욱 가능한 것으로 만들었다. 그럼에도 불구하고 상륙작전이란 잘 무장된 적을 향할 경우 만만찮은 일이 아닐 수 없었다.[80] 침략자의 관점에서 보았을 때, 가장 유리한 측면은 증기기선을 장비한 해군은 범선을 갖춘 해군보다 훨씬 수송능력이 향상되었으며 바람의 방향에 영향을 받지 않아도 된다는 점이었다. 결론적으로 증기기관 시대의 해군은 그들의 선배 해군보다 적국의 해안에 더 많은 수의 병력을 상륙시킬 수 있을 뿐 아니라 상륙한 군대가 더욱 오래 작전할 수 있게 하였다. 팔머스톤 경Lord Palmerstone은 1845년 "과거에는 군사력으로 도저히 통과할 수 없었던 영국해협을 이제 증기의 다리(Steam bridge)를 통해 마치 강처럼 통과할 수 있게 되었다"고 경고했다.[81]

그러나 팔머스톤은 바다를 통한 공격에 대항할 수 있는 군사기술이 발전했음에도 불구하고 영국에 대한 침략 가능성을 대단히 과장해서 말한 것이다. 비행기, 잠수함, 수뢰의 발달은 적국의 해안에 도달하는 일을 더욱 어렵게 만들었다. 비행기와 철도의 발달은 (그 이후 포장된 도로, 트럭, 탱크의 발달은) 상륙군이 상륙한 이후 전투에 승리하는 것을 거의 불가능하게 하였다.

19세기 중반 미국과 유럽에 널리 퍼지기 시작한 철도는 독일이 오스트리아(1866), 프랑스(1870-1871)에 대항해서 벌인 통일전쟁과 미국의 남북전쟁(1861-1865) 전쟁 당시 특히 중요한 역할을 담당했다.[82] 상륙군은 넓은 바다를 건너는 동안 철도의 이점을 이용할 수 없다. 또한 상륙부대는 철도를 가지고 갈 수도 없다. 적의 철도를 점령하고 사용하는 일은 그것이 짧은 기간일 뿐이라도 쉬운 일이 아니다. 그러나 철도는 대륙에 기반을 둔 방어자에게는 결정적으로 유리하여 바다를 통한 침략자를 쉽게 막을 수 있게 해준다. 철도는 방어국의 군사력이 빨리 상륙지점 근처에 집결할 수 있도록 해주기 때문이다. 기차를 타고 전쟁터에 도달한 병사들은 전투를 위한 컨디션도 최상일 것이다. 그들은 행군으로 야기되는 피곤함을 피할 수 있을 것이기 때문이다. 더욱이 철도는 상륙한 군대와의 싸움에 매달려 있는 육군을 지원하는 데 아주 유용한 수단이다. 바로 마찬가지 이유 때문에 1900년대 초반 개발된 포장도로와, 모터를 장착한 혹은 기계화된 차량들은 지상에 근거를 둔 군대가 상륙군과 교전할 경우 훨씬 유리한 지위를 점할 수 있게 하였다.

1910년대 이후 비행기가 전투에 사용되기 시작했지만 해군이 항공모함을 사용해서 비행기가 상륙작전을 지원할 수 있게 된 것은 1920년대 혹은 1930년대가 된 후의 일이었다.[83] 그럼에도 불구하고 공군력은 상륙작전을 행하는 나라보다 공격을 받는 국가에게 훨씬 유용하게 쓰여졌다. 왜냐하면 항공모함에 실은 몇 대 안되는 비행기보다 육지의 비행장에 훨씬 많은 항공기를 비축할 수 있었기 때문이다.[84] 영토란 본질적으로 거대한 항공모함이나 마찬가지여서 무한정 많은 양의 비행기를 착륙시킬 수 있다. 그러나 항공모함에 탑재할 수 있는 비행기의 숫자에는 한도가 있다. 그렇기 때문에 다른 조건들이 같다면 상륙작전을 감행하는 나라보다 육

178

지에서 이를 맞아 싸우는 국가가 더 유리한 위치에서 항공기를 사용, 상륙군을 해안에서 혹은 그들이 미처 해안에 상륙하기도 전에 파괴해 버릴 수 있는 것이다. 물론 상륙군의 경우 지상에서 출격하는 항공기에 의존할 수 있을 경우 불리한 점은 대폭 완화될 수 있을 것이다. 이를테면 1944년 6월 노르망디 상륙작전 당시 공격군은 영국에 기지를 두고 있는 공군력에 크게 의존했다.

육지에 기지를 둔 공군은 적국의 해군을 격침할 수 있다. 막강한 공군력을 보유한 강대국의 해안가에 해군력을 배치시키는 일은 실제로 대단히 위험하다. 1942년 3월부터 12월 사이에 영국 혹은 아이슬란드의 항구로부터 소련의 항구 무르만스크Murmansk 사이를 왕복하던 연합국의 수송선단은 노르웨이 근해를 통과해야 했는데 그곳에는 상당량의 독일 공군이 배치되어 있었다. 노르웨이 기지의 독일 비행기들은 1942년 말 독일공군력이 급격하게 축소되기 이전까지 연합국 수송선단을 피폐하게 만들었다.[85] 그래서 해군이 바다를 장악한 상황이라 해도, 제공권까지 장악하지 않는 한 강대국의 영토 가까운 곳을 항해할 수는 없다. 항공모함 탑재기만으로 제공권을 장악하기는 어렵다. 항공모함 탑재기의 숫자는 육상의 기지에 주둔하는 항공기의 숫자에 크게 제압당할 수밖에 없기 때문이다.

잠수함 역시 1차 세계대전 중 최초로 사용되었다. 주로 독일이 영국 근해 혹은 대서양 지역에서 연합국의 화물선을 공격한 것이었다.[86] 독일의 잠수함 작전은 궁극적으로 실패하기는 했지만 대규모의 잠수함 함대는 보호되지 못한 상선들을 쉽게 격침시킬 수 있다는 사실을 증명했다. 독일 잠수함대는 영국의 막강한 수상함대에 대해서도 심각한 위협을 가했다. 영국의 막강한 수상함대는 북해에서 전쟁기간 내내 독일 해군과 함께 마치 쥐와 고양이 사이의 게임을 벌였던 것이다. 사실 영국 해군 사령관들은 그들의 군함이 항구에 정박해 있는 경우조차 독일의 잠수함 위협에 유념해야만 했다. 영국 해군사령관들은 북해로 나가거나 독일의 해안 가까이 접근하는 것을 특히 두려워했다. 독일 잠수함이 기다리고 있을지도 모

를 일으켰기 때문이었다. 해군 사학자 폴 핼펀Paul Halpern은 다음과 같이
말하고 있다.

> "잠수함의 위험은 주력군함들에게 북해를 마치 황무지와 마찬가지
> 의 장소로 만들었다. 마치 육지의 전선에서 양측 방공호(trench)
> 사이의 빈땅이 누구도 나설 수 없는 땅이 된 것처럼 말이다. 그들은
> 그곳에서 특별한 목적이 있을 경우에만 위험을 감내할 것이다."[87]

잠수함이 수상함에 대해 위협을 가한다는 사실은 적국의 해안에 상륙
작전을 전개하려는 해군에게 중요한 시사점을 던져 준다. 특히 막강한 잠
수함 전단을 보유한 나라는 상륙작전을 위해 공격해 오는 군사력을 해안
에 도달하기 이전에 격파하든가 혹은 상륙군이 상륙한 이후 상륙군이 타
고 온 배들을 격침시킬 수 있을 것이다. 그렇게 함으로써 상륙군을 해안
에서 오도 가도 못하게 만들 것이다.

마지막으로, 물속에 고정되어 있다가 배가 지나갈 경우 배와 충돌하여
폭파되는 수뢰(naval mines)는 바다로부터 다른 나라의 육지를 향한 공격
을 더 어렵게 하였다.[88] 해군이 수뢰를 효과적으로 사용하기 시작한 것은
미국의 남북전쟁 당시부터였지만 대규모로 사용되기 시작한 것은 1차 세
계대전 중의 일이었다. 1914년부터 1918년에 이르는 동안 양측의 교전
당사국들은 약 24만 개의 수뢰를 설치했는데 이는 전쟁의 진행과정에 여
러모로 중요한 영향을 미쳤다.[89] 수상함들이 수뢰가 밀집된 지역을 피해
를 입지 않은 채 통과하기 쉽지 않다. 수뢰들은 우선 제거되어야 한다. 그
러나 전시에는 어렵거나 불가능하다. 상륙작전에 대항하는 국가들은 침
략으로부터 자국의 해안을 보호하기 위해 수뢰를 효과적으로 사용할 수
있다. 페르시아만 전쟁 때 이라크는 미국과 연합국의 군대가 공격을 위해
집결하고 있을 당시 쿠웨이트 해안에 수뢰를 설치했다. 1991년 2월 24일
지상전이 시작되었을 때 미국 해병대는 쿠웨이트 해안으로 상륙작전을

감행하지 못한 채 해상의 선박에서 머물러 있어야만 했다.[90]

비록 강대국이 장악하고 있는 영토에 상륙하는 일이 극도로 어렵기는 하지만 특별한 상황에서는 가능할 경우가 있다. 특히 거의 망해가는 강대국에 대해서는 상륙작전이 성공할 가능성이 높다. 왜냐하면 그 나라는 이미 자신을 보호할 수단을 잃어버렸기 때문이다. 더 나아가 광대한 영토를 방어해야만 할 강대국에 대한 상륙작전의 경우, 성공할 가능성이 높아질 수 있다. 지켜야 할 영토가 너무 방대한 경우 변두리의 일부 지역에 대한 공격 앞에 취약해질 것이기 때문이다. 사실 방어국의 군대가 긴 전선에 넓게 분산되어 배치된 경우 상륙작전은 저항을 받지 않은 채 성공할 수도 있다. 방어국이 두 개의 전선에서 전쟁하는 경우라면 상륙작전 성공 가능성은 특히 높아진다. 이 경우 방어국의 주력부대는 상륙작전이 전개되는 곳과 아주 먼 곳에서 벌어지는 전투에 묶여 있을 것이기 때문이다.[91] 어떤 경우라도 상륙작전이 성공하기 위해서는 공격측이 상륙지점의 하늘에서 압도적인 공군력의 우위를 점하고 있어야 한다. 그럴 경우 항공력은 근접지원을 할 수 있으며 적국의 증원부대가 교두보에 도달하는 것을 저지할 수 있을 것이다.[92]

그러나 위의 어떤 경우에도 해당되지 않고, 방어하는 강대국이 상륙군에 대해 자신이 보유한 군사력의 상당 부분을 할애할 수 있는 경우, 방어국은 바다를 통한 침략군에게 막대한 피해를 입힐 수 있을 것이다. 그러므로 역사의 기록들을 살펴볼 경우, 위에서 말한 특수한 조건이 만족된 경우에만 강대국의 영토를 향한 상륙작전이 감행되었다는 사실을 알게 될 것이다. 강대국의 영토를 향해 바다로부터 상륙공격을 가한 경우는 역사상 대단히 희귀하다.

■ 상륙작전의 역사

바다로부터의 공격작전에 관한 역사를 훑어보면 바다가 가지는 장애요인에 관한 충분한 증거를 볼 수 있다. 어느 한 강대국이 제대로 된 방어능력을 갖춘 다른 강대국을 바다를 통해서 공격한 사례는 찾을 수 없다. 1차 세계대전 이전 영국의 해군계획관들의 일부는 유럽대륙에서 전쟁이 발발하면 곧 바다를 통해 독일을 침공하자는 주장을 펼친 적이 있었다.[93] 그러나 다른 군사계획관들과 민간인 정책결정자들은 이를 자살행위라고 생각했다. 1911년 코벳Corbett은 "우리는 적의 함대를 파괴시킬 수는 있을 것이다. 그러나 그럼에도 불구하고 적국은 궁극적으로 우리를 막을 수 있을 것이다. 적의 함대를 파괴함으로써 우리는 공격할 수 있는 길을 열 수는 있을 것이다. 그러나 대륙국가 중 어느 나라라도 영국이 단독으로 공격하려는 시도에 대해 웃지 않을 수 없을 것이다"고 말한 바 있는데 그의 견해는 분명히 다수의 생각을 반영하는 것이었다.[94]

영국의 육군이 해안을 통해 침략해온다면 어떻게 대응할 것인가를 질문받았던 독일 재상 오토 폰 비스마르크가 바로 그랬다. 비스마르크는 "(영국군이 바다로부터 침공해 오면) 나는 시골의 경찰을 동원, 그들을 체포하라고 하겠네!"[95]라고 대답했다고 한다. 영국은 1차 세계대전이 발발하기 이전 혹은 이후, 바다를 통한 독일 공격에 대해 심각하게 고려하지 않았고 대신 프랑스군과 함께 서부전선을 담당할 영국군을 프랑스로 보내는 호송작전에 신경을 썼다. 영국은 독일이 1939년 9월 1일 폴란드를 침략했을 당시에도 유사한 전략을 선택했다.

냉전 시대 동안 미국과 미국의 동맹국 어느 나라도 소련에 대한 상륙공격작전을 생각해본 적이 없었다.[96] 더구나 미국의 정책결정자들은 냉전기간 중 만약 소련군이 서유럽을 정복하게 될 경우에 미국과 영국군이 유럽대륙을 다시 탈환하기 위해 두 번째 노르망디 상륙작전을 전개한다는 것은 거의 불가능한 일이라고 인식하고 있었다.[97] 어느 경우에도 소련이 두 개의 전선에서 전쟁을 치를 가능성은 없었고 소련은 가장 훌륭한 부대를 프랑스에 집결시킬 예정이었다. 특히 소련은 침략군에 대항할 수 있는 막강한 공군력을 보유했다.

역사 이래 강대국이 장악하고 있는 영토를 향해 전개되었던 상륙작전은 모두 위에서 제시한 특별한 조건이 충족된 경우에만 시행되었다. 프랑스 혁명 및 나폴레옹 전쟁 당시(1792-1815) 영국 해군은 두 차례의 상륙작전을 전개했는데 그중 하나가 프랑스가 장악하던 영토를 공격한 것이었다. 두 경우 비록 공격(assault)은 성공적이었지만 상륙(landing)하는 데는 모두 궁극적으로 실패했다.

영국과 러시아는 1799년 8월 27일 프랑스가 장악하던 네덜란드에 상륙작전을 전개했다.[98] 그들은 이미 중부유럽에서 오스트리아 및 러시아군과 전투를 벌이던 프랑스군에게 또 하나의 전선을 형성함으로써 프랑스군을 두 개의 전선에서 싸움하도록 엮어둔다는 목표를 가지고 있었다. 그러나 두 번째 전선을 만든다는 목표아래 영국과 러시아군이 네덜란드에 상륙한 직후 프랑스는 다른 전선에서 결정적 승리를 거두었다. 오스트리아는 전쟁을 그만두었고 프랑스는 침략국에 대항하여 자국의 군사력을 집중시킬 수 있는 자유를 얻게 되었다. 당시 상륙작전을 전개한 영국군과 러시아군은 애초부터 장비와 보급을 제대로 갖추지도 못했다〔당시는 돛을 단 군함(범선)의 시대였다〕. 재앙을 피하기 위해 영국과 러시아 육군은 옆은 쳐다볼 엄두도 내지 못한 상태에서 오직 바다를 통해 네덜란드에서 도망쳐 나오려 했다. 그러나 그들은 대륙을 벗어나는 데 실패하여 1799년 10월 18일 프랑스군에게 항복을 강요당했다. 상륙작전을 감행한지 두 달도 되지 못한 시점이었다.

두 번째 상륙작전은 1808년 8월의 포르투갈 해안에 대한 공격이며 당시 나폴레옹 군대는 스페인 깊숙한 곳에서 작전을 벌이고 있었다.[99] 당시 포르투갈은 소규모의 취약한 프랑스군에 의해 장악되어 있었다. 그래서 영국군은 우호적인 포르투갈 병사들이 장악한 해안선을 통해 상륙할 수 있었다. 영국침공군은 프랑스군을 포르투갈에서 몰아낸 후 이베리아 반도에서 프랑스 주력군과 교전하기 위해 스페인으로 진입했다. 나폴레옹의 군대에 의해 큰 상처를 입은 영국 육군은 포르투갈에 상륙한 지 6개월

만인 1809년 1월 바다를 통해 스페인에서 도망쳐 나와야 했다.[100] 위의 두 가지 경우 모두 초기에 상륙작전이 가능했던 이유는 프랑스의 주력군이 다른 곳에서 전투를 벌이고 있던 상황이라 영국 해군이 안전한 곳을 찾아 상륙할 수 있었기 때문이다. 그러나 상륙군이 막강한 프랑스군과 마주치게 되었을 때, 그들은 급히 다시 해안을 향해 도망쳐야 했다.

영국군은 1801년 3월 8일 이집트의 아부키르Aboukir의 프랑스군에 대해 성공적인 상륙작전을 전개했다. 당시 프랑스군은 1798년 여름 나폴레옹이 이집트로 데리고 왔던 병력의 잔존세력이었다.[101] 영국 해군은 곧 프랑스군의 유럽과의 연락망을 단절시켰으며 결국 프랑스 육군은 궁극적으로 격파될 운명에 놓여졌다. 자신이 당면한 황망한 전략상황을 인식한 나폴레옹은 1798년 8월 몰래 프랑스로 돌아왔다. 1801년 영국군이 이집트에 상륙할 당시 이집트 주둔 프랑스군은 거의 3년 이상 위축되어 있는 상황이었으며 전투의 의지도 없는 군대였다. 더구나 그들은 아주 형편없는 지휘자에 의해 통솔되고 있었다. 그렇기 때문에 영국의 공격군은 이집트에서 적다운 적과 맞닥뜨리지 않았던 것이다. 사실 프랑스군은 아부키르 해안을 방어하려고 하지도 않았으며 그후 영국군과의 전투에서도 제대로 싸우지 못했다. 1801년 9월 2일 이집트 주둔 프랑스군은 항복했다.

크리미아 전쟁(1853-1856)은 현대사에서 나타났던, 강대국이 다른 강대국의 영토를 바다로부터 침공한 두 가지 사례 중 하나다(다른 경우는 1943년 7월 연합군에 의한 시실리 상륙이었다). 1854년 9월 약 5만3천 명의 영국군과 프랑스군이 흑해로 뻗어 나온 러시아 영토의 한 귀퉁이 크리미아 반도에 상륙했다.[102] 그들의 목적은 러시아의 해군기지인 세바스토폴 Sevastopol 항을 점령하여 흑해에 대한 러시아의 제해권에 도전하는 것이었다. 러시아는 4만5천 명의 병력으로 세바스토폴 항을 방어하고 있었다.[103] 그 작전은 상륙(Amphibious Landing)이었지 상륙공격(Amphibious Assault)은 아니었다. 영불연합군은 세바스토폴 항 약 50마일(80km) 북방의 지점에 상륙했는데 그들이 해안에 교두보를 설치하고 육지 깊숙한 곳에 진입할 때까지 러시아군의 저항을 받지 않았다. 영국군과 프랑스군이 별로 잘 싸우지 못했음에도 불구하고 1855년 9월 세바스토폴 항은 함락되었다. 그후 곧 러시아는 전쟁에서 패하게 되었다. 1856년 초 파리에서 평화조약이 조인되었다.

크리미아의 사례에는 몇 가지 예외적인 어려움이 있었다. 첫째, 영국과 프랑스는 러시아를 두 개의 넓은 전역(戰域)에서 위협하고 있었다. 즉 발트해Baltic Sea와 흑해 두 곳이었다. 발트해는 러시아의 제일 중요한 도시들과 아주 가까운 곳이었던 반면 흑해는 그들과 아주 먼 곳에 있는 지역이었기 때문에 러시아는 병력의 대부분을 발트해 주변에 배치하고 있었다. 영불 연합군이 크리미아에 상륙한 이후에도 발트해의 러시아군은 그곳에 계속 남아 있었다. 둘째, 오스트리아가 폴란드를 공격할 가능성은 러시아군을 묶어두어 크리미아로 보낼 수 없게 했다. 셋째, 19세기 중반 러시아의 의사전달 및 교통체계는 원시적인 것으로 러시아가 세바스토폴 주변에 병력을 보충하는 것은 어려운 일이었다. 오스트리아(1866)와 프랑스에 대한 승리(1870-1871)의 승리의 주역이었던 프러시아의 헬무트 폰 몰트케Helmuth von Moltke 원수는 "만약 1856년 러시아가 세바스토폴에 이르는 철도망을 갖추고 있었다면 (크리미아) 전쟁의 결과는 확실히 달랐을 것이다"는 견해를 피력한 바 있었다.[104] 마지막으로, 영국과 프랑스는 크리미아에서 제한적 목표만을 가지고 있었다. 영국과 프랑스는 그곳에서 교두보를 확대하여 러시아를 심각하게 위협하겠다는 생각은 없었고 러시아를 결정적으로 파괴하려 하지 않았다. 발트해를 건너는 공격만이 영국과 프랑스가 러시아를 패망시킬 수 있는 유일한 방안이었다. 그러나 러시아는 발트해 부근에 그 같은 상륙공격을 막아내기에 충분할 정도의 병력을 주둔시키고 있었다.

1차 세계대전 당시 독일 혹은 다른 강대국이 지배하는 영토에 대한 상륙작전은 시도되지 않았다. 최악의 작전인 갈리폴리Gallipoli 작전만이 1차 세계대전 당시의 유일한 상륙작전이었다.[105] 영국과 프랑스군은 터키의 영토였던 갈리폴리 반도를 점령하려고 했다. 이 지역은 흑해(Black Sea)에 접근할 수 있는 결정적으로 중요한 지역이었기 때문이다. 터키는 강대국도 아니었고 독일군이 함께 싸워주는 상황도 아니었지만 터키는 독일과 동맹을 맺고 있었다. 그러나 터키는 자신의 힘만으로도 상륙하는 연합군을 해안의 교두보에서 막아낼 수 있었고, 궁극적으로 연합군이 갈리폴리에서 물러나도록 했다.

2차 세계대전에서는 강대국이 장악한 영토에 대한 상륙작전이 여러 차례 있었다. 유럽의 전역에서 영국군과 미군은 5회의 중요한 상륙작전을 전개했다.[106] 연합군은 1943년 7월 아직 이탈리아가 전쟁을 계속하고 있었던 당시(사실 이탈리아는 거의 제대로 전쟁하기 어려운 상황이었지만) 시실리를 침공했고 이탈리아가 전쟁을 포기한 직후인 1943년 9월 이탈리아 본토를 향해 공격했다.[107] 이 두 차례의 침공은 모두 성공적이었다. 연합군은 남부 이탈리아를 점령한 후 1944년 1월 안치오Anzio를 향한 대규모 공격을 개시했다.[108] 안치오를 공격한 목적은 대규모 병력을 독일군의 배후 55마일 지점에 상륙시킴으로써 독일군의 측면을 움직이게 하려는 것이었다. 상륙은 순조롭게 진행되었지만 안치오 작전은 실패로 끝났다. 독일군은 상륙군을 상륙지점에 묶어 놓을 수 있었고 상륙군은 독일군이 로마로 후퇴할 때까지 움직이지 못했다. 마지막 두 개의 상륙작전은 독일군이 장악하고 있었던 프랑스를 향한 것이었다. 1944년 6월의 노르망디와 1944년 8월의 남부 프랑스를 향한 것이었다. 이 두 상륙작전은 모두 성공적이었고 나치 독일의 몰락에 공헌했다.[109]

안치오 상륙작전을 예외로 한다면 나머지 네 개의 상륙작전은 모두 성공적이었는데, 그 부분적 이유는 4개의 경우에서 모두 연합군은 압도적인 공군력의 우위를 차지하고 있었다는 점이다. 공군력의 압도적 우위는 상륙군이 공중 포격에 의해 직접적인 지원을 받을 수 있었음을 의미한다. 연합군의 공군은 독일의 증원군이 상륙지점으로 이동하는 것을 차단하는 데도 사용되었다. 그럼으로써 연합군은 독일군의 주력과 교전하기 이전 시간을 벌며 병력을 보강할 수 있었다. 더구나 이탈리아와 프랑스를 점령하고 이 지역을 방어해야만 했던 독일군은 두 개의 전선에서 전투를 치러야만 했고 주력군은 동부전선에 묶여 있었다.[110] 이탈리아와 프랑스에 있던 독일군 역시 엄청나게 넓은 지역을 담당하고 있었으며 긴 해변가에 엷게 흩어진 상태로 배치되어 있었다. 그 결과 독일군은 긴 해안선의 한 지점을 선택, 병력을 집중적으로 운용할 수 있는 연합군의 상륙공격 앞에 취약했던 것이다. 독일군이 프랑스의 제공권을 장악하고 있고, 동부전선에서 소련과 싸우지 않는 상태에서 노르망디 상륙작전이 감행되었다고 상상해 보자. 아마 연합국은 상륙작전을 감행할 엄두조차 내지 못했을 것이다.

안치오에 대한 성공적인 상륙작전 역시 이런 요소들 때문에 성공한 것이었다. 항공력의 결정적 우위와 상륙지점에서의 독일군의 제한된 저항 등이 그것이다. 그러나 연합국은 이 성공적인 상륙작전의 이점을 지속시킬 수 없었고 놀라운 승리를 기록할 수 없었다. 연합군은 바닷가의 교두보로부터 내륙으로 진격하는 데 느렸을 뿐만 아니라, 연합군의 공군은 독일의 증원군이 상륙지점으로 이동하는 것을 제대로 차단하지 못했다. 독일군은 상륙지점에서 공격군을 봉쇄할 수 있었던 것이다. 더구나 최초 상륙전력을 증강시키려는 아무런 노력도 행해지지 않았다. 그 중요한 이유는 안치오 작전이 이탈리아 작전의 결과에 별 중요성을 미치지 않는다고 생각되었기 때문이다.

2차 세계대전 당시 태평양 지역에서의 상륙작전들은 두 가지 범주로 나누어진다. 진주만 공격 직후 6개월 동안 일본은 서태평양 지역에서 주로 영국군, 때로는 미군이 방어하는 섬들에 대해 약 50차례의 상륙, 공격 작전을 전개했다.[111] 일본의 공격표적에는 말레이시아, 영령 보르네오, 홍콩, 필리핀, 티무르, 자바, 수마트라, 뉴기니 등이 포함되어 있다. 이들 상륙작전의 대부분은 성공적이었고, 1942년 중반 일본은 광대한 노서제국을 건설할 수 있었다. 일본의 상륙작전 성공도 앞에서 말한 상륙작전 성공을 위한 조건들이 충족되었기 때문이다. 상륙지점에서의 항공력의 우위, 긴 해안선의 방어를 담당하기 어려운 연합군의 고립 및 취약성 등이 그 조건이었다.[112]

2차 세계대전 중 미국은 일본이 장악하던 섬들을 향해 52회의 상륙공격 작전을 벌였다.[113] 이 작전들은 일본이 전쟁 초기 스스로 상륙작전을 통해 수립했던 도서제국을 파괴하기 위해서는 필수적 작전이었다. 미국 상륙작전의 일부는 작은 규모였고 또 많은 경우 저항이 없었던 상륙작전이었다. 그러나 오키나와 상륙작전과 같이 상륙군이 내륙으로 진격하는 동안 일본군의 강력한 저항을 받아 처절한 전투가 된 경우도 있었다. 타라와, 사이판, 이오지마 상륙작전은 잘 방어된 지역에 대한 대규모의 상륙공격 이었다. 비록 승리를 위한 대가가 처절한 경우도 있었지만 미국의 상륙작전은 거의 대부분이 성공적이었다.

이 놀라운 결과는 부분적으로는 미국의 항공력 우위로 인한 것이다. 미국의 전략폭격 조사보고서(The US Strategic Bombing Survey)는 "우리가 지속적인 상륙작전에서 성공적일 수 있었던 이유는 상륙이 시도되기 전 상륙지역에 대한 항공력의 우위가 항상 존재했기 때문이다"[114]는 사실을 지적하고 있다. 제공권의 장악은 상륙하는 미군이 항공력의 근접지원을 받을 수 있다는 사실은 물론 다른 미군들이 일본의 태평양 제국 주변부의 다른 섬에 대한 공격에 노력을 집중할 수 있으며 이들 섬에 대한 일본군의 보급과 증원을 차단할 수 있었음을 의미한다. 당시 일본군은 미군과 같은 항공력의 지원을 받을 수 없는 상태였다.[115] "그래서 일본제국의 변방방위거점은 고립적이며, 증원 불가능한 지점이 되었으며, 각각은 개별적으로 파멸의 대상이 되고 말았다."[116] 더욱이 일본은 두 개의 전선에서 전쟁을 치르고 있었으며 일본 육군의 적은 부분만이 태평양에 배치될 수 있었다. 일본군의 주력은 아시아의 본토 그리고 일본 본토에 주둔하고 있었다.

마지막으로 미국은 1945년 8월 2차 세계대전이 끝날 무렵 일본을 침공할 계획을 수립했다는 점을 말할 필요가 있을 것이다. 일본이 만약 항복을 하지 않았다면 미군이 바다를 통해 일본에 대한 상륙공격을 감행했으리라는 사실과 상륙작전은 성공적이었을 것이라는 데에 의문의 여지가 없다.

1945년 연말경에는 일본 본토에 대한 상륙작전도 가능하다고 생각되었다. 일본은 이미 붕괴의 운명을 맞이한 강대국이었으며 상륙군은 일본에 대해 궁극적인 타격을 가할 수 있었기 때문이다. 1942년 6월 미드웨이 해전 이후 1945년 6월 오키나와를 장악할 때까지 미군은 태평양에서 일본군을 철저히 파괴했던 것이다.[117] 1945년 여름이 되었을 때 태평양에서의 일본제국은 괴멸적 상황이었고 한때 막강하던 일본해군의 잔재는 미국의 군사력과 비교할 때 무용지물 수준이었다. 2차 세계대전이 발발할 무렵에도 미국경제의 1/8 수준에 불과했던 일본경제는 1945년 봄 파멸상황에 이르렀다.[118] 더욱이 1945년 여름이 되었을 때 일본공군은 일본해군과 마찬가지로 궤멸상태였고 이는 미국 항공기들이 일본의 하늘을 장악할 수 있음을 의미했다. 일본이 본토방위를 위해 남겨둔 병력은 육군뿐이었다. 그러나 이 경우에도 운명의 여신은 미국 편이었다. 일본 지상군의 절반 이상이 아시아 본토에 묶여 있었고 이들은 일본 본토에 상륙하는 미군에 영향을 미칠 수 없었다.[119] 1945년 여름 일본은 명목상의 강대국일 뿐이었고 미국 정책결정자들은 일본 본토에 대한 침공계획을 생각할 수 있었다. 그렇다 해도 미국 정책결정자들은 일본 본토 그 자체에 대한 상륙공격은 가급적 회피하고자 했다. 수많은 인명피해가 발생할 것을 두려워했기 때문이다.[120]

■ 대륙 강대국 대 해양 강대국

역사적 기록들은 강대국의 영토를 바다로부터 공격하는 것이 육지로부터 공격하는 것에 비해 얼마나 어려운지를 또 다른 방법으로 묘사해 주고 있다. 특히 우리는 해양 강대국과 대륙 강대국을 구분할 수 있을 것이다. 해양 강대국이란 4면이 모두 바다로 둘러싸인 넓은 영토를 가진 나라를 말한다. 지구에는 다른 강대국들이 있을 수 있다. 그러나 그들은 상당한 규모의 물(바다)로 해양 강대국과 분리되어 있어야 한다. 영국과 일본은 해양 강대국의 명백한 사례다. 두 나라는 모두 넓은 섬을 영토로 가지고 있기 때문이다. 미국 역시 해양 강대국이라고 말할 수 있는데, 왜냐하면 미국은 아메리카 대륙에 있는 유일한 강대국이기 때문이다. 반면, 대륙국가란 하나 혹은 그 이상의 강대국이 장악한 넓은 대륙에 존재하는 나라를 말한다. 프랑스, 독일, 러시아는 대륙 강대국의 분명한 사례다.

해양 강대국은 오직 바다를 통해서만 공격을 당할 수 있는 반면 대륙 강대국은 육지로 혹은 그들이 내륙국가가 아닐 경우 바다로부터도 공격 당할 수 있다.[121] 바다가 가지는 차단력(stopping power)을 고려할 때, 혹자는 해양 강대국이 대륙 강대국보다 훨씬 침략당할 취약성이 적을 것이며 대륙국은 바다를 통해서보다는 육지를 통해서 공격당할 가능성이 훨씬 높을 것이라고 생각할 수 있을 것이다. 이 주장을 검증하기 위해서 두 개의 해양 강대국인 미국과 영국, 그리고 두 개의 대륙 강대국인 프랑스와 러시아의 역사를 이들 나라들이 상대방에 의해 얼마나 많은 침략을 당했는가 그리고 침략이 바다를 통한 것인가, 육지를 통한 것인가에 초점을 맞추어 간략하게 살펴보기로 하자.

1945년에 이를 때까지 영국은 400년에 걸쳐 강대국의 지위를 유지했으며 이 기간 영국은 무수히 많은 전쟁에 개입했다. 그러나 장기간 동안 영국은 약소국은 물론 강대국으로부터의 침략도 당하지 않았다.[122] 물론 때로는 적국들이 영국해협을 건너 군사력을 파견하겠다고 위협을 한 적이 있지만 누구도 영국을 침략하기 위해 배를 띄운 나라는 없었다. 예를 들면 스페인은 1588년 영국을 침략하려고 했다. 그러나 같은 해 영국 해안 부근에서의 스페인 무적함대의 패배는 영국해협을 건너는 스페인 육군을 호송해 줄 수 있는 스페인 해군을 말살시켰다.[123] 비록 나폴레옹과

히틀러도 역시 영국에 대한 침공을 생각하기는 했지만 누구도 실제로 감행하지는 않았다.[124]

영국과 마찬가지로 미국도 1898년 강대국으로 등극된 이후 한번도 침략을 당하지 않았다.[125] 1812년의 전쟁(War of 1812) 당시 영국은 여러 차례 미국 본토에 대한 대규모 공격을 단행한 바 있었고 멕시코는 1846-1848년의 전쟁에서 텍사스를 침략한 적이 있었다. 그러나 이 전쟁들은 미국이 강대국이 되기 오래 전에 일어났던 일이다. 그러나 당시 멕시코와 영국은 미국 본토 전체를 점령하겠다는 심각한 위협을 가하지는 않았다.[126] 더 중요한 사실은 미국이 19세기 말엽 강대국으로 부상한 이후 미국에 대한 공격은 한 차례도 없었다는 점이다. 사실 미국은 역사상 가장 안전한 강대국이었다. 가장 중요한 이유는 미국은 세계의 다른 강대국들로부터 대서양과 태평양이라는 두 개의 거대한 장벽으로 격리되어 있다는 점이다.

초점을 프랑스와 러시아로 맞추는 경우 이야기는 확 달라진다. 프랑스는 1792년 이래 상대편 강대국으로부터 7차례 침략을 당했고 그중 3번은 점령당했다. 프랑스 혁명 및 나폴레옹 전쟁 기간 동안(1792-1815), 프랑스 경쟁국들의 육군은 각각 4차례에 걸쳐 프랑스를 공격했고(1792, 1793, 1813, 1815) 마지막 공격에서는 프랑스의 나폴레옹군에게 결정적 패배를 안겨 주었다. 프랑스는 1870-1871년의 보불전쟁에서 프러시아에게 침략을 당하여 패배했고 1차 세계대전 당시인 1914년에는 다시 프러시아의 후신인 독일의 공격을 받았다. 1차 세계대전에서 프랑스는 간신히 패배를 면할 수 있었다. 1940년 독일은 다시 프랑스를 공격했고, 이번에는 프랑스를 점령해버렸다. 프랑스를 향한 7회의 침략공격은 모두 육로를 통해 이뤄진 것이다. 프랑스는 바다를 통해 공격을 받은 적이 한번도 없다.[127]

또 다른 대륙국가인 러시아는 지난 200년 동안 다섯 번 침략을 당했다. 1812년 나폴레옹이 모스크바로 진격해 들어갔고, 1854년 프랑스와 영국이 크리미아 반도로 진격해 들어갔다. 1차 세계대전 당시 러시아는 독일 육군의 공격을 받아 결정적 패배를 당한 바 있다. 바로 그 직후인 1921년 강대국도 아니었던 폴란드가 방금 건설된 소련을 공격한 적이 있었다. 독일은 1941년 다시 소련을 공격함으로써 전쟁사상 가장 잔혹한 전쟁을 시작했다. 소련에 대한 공격 역시 크리미아를 향한 영·불의 공격을 제외하면 모두 육지를 통해서 이루어진 것이었다.[128]

요약하면 바다로 둘러싸인 강대국인 영국과 미국은 결코 외국의 침략을 받은 적이 없었던 데 반해 대륙의 강대국들(프랑스, 러시아)은 1792년 이후 총 12회의 침략과 공격을 당했다. 프랑스와 러시아에 대한 12회의 침략 중 11번은 육지를 통한 것이었고 단 한번만이 바다를 통한 것이었다. 여기서 나타나는 분명한 교훈은 상당 수준의 방어능력을 갖춘 강대국을 바다를 통해서 공격한다는 것은 정말로 어려운 일이라는 점이다.

여기까지의 이야기는 재래식 군사력에 초점을 맞춘 것이었으며, 강대국과의 전쟁에서 승리하기 위해서는 독립적인 공군이나 해군의 힘보다 육군이 훨씬 중요하다는 사실을 강조했다. 그러나 핵무기가 군사력에 어떤 영향을 미치는지에 대해서는 이야기하지 않았다.

핵무기와 세력균형

핵무기는 아주 짧은 시간에 사상 전례없는 수준의 파괴를 가능케 한다는 점만으로도 군사적 혁명이다.[129] 냉전 당시 미국과 소련은 각각 상대방의 국가사회를 비록 몇 시간 이내에는 아닐지라도 며칠 이내에 기능할 수 없는 폐허로 만들어 버릴 수 있는 능력을 가지고 있었다. 그러나 핵무기가 강대국 정치에 어떤 영향을 미치는지, 특히 강대국의 세력균형에 어떻게 영향을 미치는지에 대해서는 일치된 견해가 없다. 일부 논자는 핵무기야말로 강대국간의 안보를 위한 경쟁을 무의미하게 만들어 버렸다고 말한다. 핵무기로 무장한 국가에 대해서는 전멸을 초래할 보복공격이 두려위 감히 먼저 공격할 수 없기 때문이라는 것이다. 이러한 관점에서 본다면 앞에서 논한 재래식 무기로 싸우는 전쟁에 관한 논의들은 핵시대에는 대부분 무의미한 일이 될 것이다. 그러나 이와 정반대의 주장을 하는 사람들도 있다. 핵무기는 너무나도 무섭기 때문에, 어떤 합리적 지도자들도, 심지어는 방어적 목적을 위해서도 핵무기를 사용할 수는 없을 것이라고 말한다. 그렇기 때문에 핵무기의 존재가 국가간의 안보 경쟁을 대폭 약화시키지는 못했으며 재래식 무기의 균형은 아직도 중요한 일이라고 주장한다.

나는 현실적으로 가능성은 별로 없지만 만약 어떤 강대국이 핵무기 측면에서 압도적 우위를 달성하는 경우, 그 나라는 패권국이 될 것이라고 주장했다. 여기서 패권국이란 어떤 강대국도 감히 안보를 위해 경쟁할 수 없는 상태를 이룩한 나라를 의미한다. 이런 세계에서 재래식 무기의 균형은 아무런 의미가 없을 것이다. 그러나 생존 가능한 핵 보복력(nuclear retaliatory forces)을 갖춘 둘 혹은 그 이상의 강대국이 존재하는, 보다 현실적으로 가능한 세계에서, 강대국간의 안보 경쟁은 계속될 것이며, 육군은 군사력의 핵심적 요인으로 남게 될 것이다. 물론 핵무기를 보유한 강대국들이 상대방에 대해 어떤 종류의 군사력을 사용하려는 경우라도 훨씬 더 조심스럽게 행동할 것이라는 점은 의문의 여지가 없다.

■ 핵 우위(Nuclear Superiority)

어떤 강대국이 자국에 대한 어떤 심각한 보복의 위험이 없는 상태에서 적대국의 사회를 파멸시킬 수 있는 능력을 가지고 있을 때가 '핵 우위'가 존재한다고 말할 수 있는 명백한 상황이다. 다른 말로 한다면 핵 우위란 한 강대국이 자신은 별로 피해를 입지 않은 채 상대방 강대국을 "연기와 방사능이 치솟는 폐허"로 만들 수 있는 상태를 말한다.[130] 핵 우위를 점한 국가는 자신의 핵무기를 가지고 상대방 강대국의 재래식 군사력을 파멸시킬 수도 있으며, 이 경우도 상대방의 핵을 통한 보복공격을 두려워하지 않을 것이다. 핵 우위를 점할 수 있는 가장 좋은 방법은 자신만이 핵무기로 무장하는 반면 다른 나라는 핵으로 무장을 하지 못하게 하는 것이다. 정의 그대로 핵을 독점한 나라는 자신은 핵을 사용하더라도 핵을 통해 보복당할 염려는 없을 것이다.

둘 혹은 이 이상의 국가들이 핵무기를 갖추고 있는 세계에서도, 만약 어떤 나라가 상대방 국가들의 핵무기를 무력화시킬 수 있는 수단을 개발하게 된다면 그 나라는 핵 우위 상황에 도달할 수 있다. 핵 우위 상태에 도달하기 위해서는 상대방의 핵 군사력을 선제공격함으로써 전멸시킬 수 있는 능력인 "제1격 능력"(first strike capability) 혹은 "선제공격능력"을 갖추든지 혹은 적국의 핵공격을 방어할 수 있는 능력을 갖추면 된다.[131] 핵 우위는 단순히 다른 나라보다 훨씬 많은 양의 핵무기를 보유하고 있다는 사실만으로 이룩되는 것은 아니다. 상대방이 대규모의 핵공격을 당한 후에도 파괴되지 않은 소수의 핵무기를 보유할 수 있는 경우라면, 자신이 핵무기를 많이 가지고 있다는 사실은 아무 쓸모가 없는 일이다. 선제공격을 당한 나라는 소수의 핵무기로도 보복공격을 가할 수 있고 그 경우 먼저 공격한 나라도 감당할 수 없는 피해를 입을 것이 분명하기 때문이다.

상대방에 대해 핵 우위를 달성한 국가는 그 체제에서는 유일한 강대국으로 등극할 수 있다. 핵 우위를 달성한 국가의 힘의 우위는 비교할 수 없을 정도이기 때문이다. 핵 패권국은 자신의 잠재적 무력으로 상대방을 초토화시킬 수 있을 것이며, 상대국을 정치적 실체로서 더 이상 기능할 수 없는 나라로 만들 수 있을 것이다. 이 경우 잠재적 희생자는 보복할 수 없을 것이며, 핵 우위를 차지한 국가가 행하는 위협은 진정한 위협이 될 것이다. 핵 패권국은 군사적 목표를 달성하기 위해 적국의 지상군, 공군기지, 군함, 혹은 적국의 지휘통제체제를 파괴하기 위해 실제로 군사력을 사용할 수도 있다. 이 경우 표적이 되는 국가는 역시 보복할 능력이 없으며, 핵 패권국은 재래식 군사력 균형여부에 관계없이 결정적인 군사적 우위를 차지할 것이다.

모든 강대국들은 핵 우위 상태를 성취하고 싶어한다. 그러나 그런 일이 자주 일어나는 것은 아니며 , 그런 경우가 발생한다 하더라도 오래 지속되기는 어려울 것이다.[132] 핵무기를 보유하지 않은 경쟁국들은 자신들도 분명히 핵무기를 보유하기 위해 노력할 것이다. 그러나 일단 그들이 핵무기를 보유하게 되면, 강대국으로서는 상대방의 핵공격 위협으로부터 자신을 완전히 면제시킴으로써 핵 우위 상태에 다시 도달하는 것은 불가능한 일은 아닐지라도 성취하기 대단히 어려울 것이다.[133] 미국은 1945년부터 1949년 사이에 핵무기를 독점적으로 보유한 적이 있었다. 그러나 이 기간 동안 미국은 어떤 의미있는 핵 우위 상태를 성취하지 못했다.[134] 이 당시 미국의 핵전력은 소규모일 뿐만 아니라 미국은 아직 핵무기들을 소련의 주요한 표적까지 도달할 수 있게 하는 효과적 능력을 개발하지 못한 상태였다.

1949년 소련이 핵 장치 폭발에 성공한 후 미국은 소련에 대한 핵 우위 상태를 점하기 위해 노력했지만 성공하지는 못했다. 소련 역시 냉전 당시 어느 시점에서도 미국에 대한 핵 우위 상황을 성취하지 못했다. 그래서 미국과 소련은 모두 자신이 어떤 식으로든 상대방에게 선제 핵공격을 하더라도 상대방이 선제공격을 당하고도 남은 핵무기를 통해 엄청난 보복공격을 가할 수 있다는 사실을 감내하고 살아야만 했다. 이 같은 "텍사스의 무승부"(Texas standoff) 상태는 "상호확실파괴"(Mutual Assured Destruction, 머리글자를 따서 MAD)의 상태라고 불리게 되었다. 미국 소련 쌍방은 누가 핵전쟁을 시작하던가를 불문하고 모두 파멸하는 상황이었다. 국가들이 이러한 MAD 상황에서 탈피하여 핵 우위를 점하는 것이 정말로 바람직한 일이라고 생각은 하겠지만 가까운 장래에 그런 일이 일어날 가능성은 거의 없다.[135]

■ 상호확실파괴의 세상에서 군사력의 의미

핵무기를 통한 상호확실파괴의 세상은 상당히 안정된 세상이다. 어떤 강대국도 자신이 승리하기 위해 먼저 핵전쟁을 도발할 생각을 하지 않기 때문이다. 실제로 그런 일이 있을 경우 먼저 전쟁을 시작한 국가도 더 이상 기능할 수 없는 폐허의 사회가 될 것이 분명하기 때문이다. 그러나 이러한 경우에도 의문은 남는다. 공포의 균형(balance of terror, 핵무기에 의한 세력균형) 상태에서 핵무장한 강대국들이 보유한 재래식 무기는 어떤 의미를 가지는 것일까? 한 학파는 상호확실파괴의 세계에서 강대국들이 핵무기를 사용할 가능성은 거의 없기 때문에 핵무기를 보유한 강대국들은 마치 핵이 없는 상태처럼 재래식 무기를 동원한 전쟁을 벌일 수 있다고 주장한다. 전 미국 국방장관 로버트 맥나마라Robert Mcnamara는 "핵무기는 아무런 군사적 효용성이 없다. 핵무기는 — 상대방이 핵무기를 사용하는 것을 억제할 수 있다는 것 이외에는 — 전적으로 무용지물이다"라고 주장했다.[136] 이 논리를 따르면 핵무기란 재래식 무기의 차원에서 국가의 행동에 아무런 효과가 없는 것이다. 그래서 강대국들은 핵이 있는 경우라도, 핵이 발명되기 이전의 세계에서처럼 자유롭게 안보 경쟁을 벌이게 되는 것이다.[137]

이 주장의 문제점은 강대국들이 아무리 심각한 재래식 전쟁을 벌이는 경우라도 그 전쟁이 핵전쟁으로 비화하지는 않을 것이라는 가정을 깔고 있다는 데 있다. 사실 우리는 재래식 전쟁이 핵전쟁으로 비화하는 과정의 동태적 모습에 대해 아는 바 없다. 왜냐하면 (고맙게도) 교훈을 도출할 수 있는 역사적 사례가 없었기 때문이다. 그럼에도 불구하고 몇 가지 탁월한 연구결과들은 강대국들이 재래식 무기로 전쟁하는 경우 그 전쟁이 핵전쟁으로 비화할 현실적 가능성이 있음을 지적하고 있다.[138] 그렇기 때문에 상호확실파괴의 세상에 존재하는 강대국들은 재래식 전쟁여부를 고려하는 경우라도 핵무기가 없었던 세상에 비해 훨씬 더 조심스럽게 행동하게 될 것이다.

두 번째 학파는 상호확실파괴의 세상에 사는 강대국들은 재래식 무기의 균형에 대해서는 신경써야 할 이유가 별로 없을 것이라고 주장한다. 왜냐하면 핵으로 무장한 강대국들은 핵전쟁으로 확전될 것을 우려해야 하기 때문에 감히 재래식 무기에 의한 전쟁조차 도발할 수 없을 것이라고 생각하는 것이다.[139] 상호확실파괴의 상황에 있는 강대국은 대단히 안전하다. 그래서 그들이 안보를 위한 경쟁을 벌일 이유가 없는 것이다. 핵무기는 강대국들 사이의 전쟁을 거의 생각할 수 없는 일로 만들어 버렸고, 그럼으로써 클라우제비츠의 "전쟁이란 다른 수단에 의한 정치의 연속"이라는 명제를 쓸모없는 것으로 만들어 버렸다고 주장한다. 이들은 핵무기에 의한 '공포의 균형'은 육군력의 균형(balance of land power)을 무의미한 것으로 만들어 버렸다고 주장한다.

이 주장이 가지는 문제는 핵전쟁으로의 확전 이슈를 또 다른 극으로 끌고 갔다는 점이다. 특히 이 주장은 재래식 전쟁은, 비록 자동적으로는 아닐지라도, 거의 확정적으로 핵전쟁으로 발전할 것이라는 가정에 기반을 두고 있다. 더욱이 이 주장은 모든 강대국들은 핵전쟁과 재래식 전쟁은 서로 이어진 그물의 한 부분이라고 생각하고 있다고 가정한다. 그렇기 때문에 핵전쟁과 재래식 전쟁 사이에 의미있는 구분은 없다고 보는 것이다. 그러나 첫 번째 학파가 강조하는 것처럼 핵무기에 대한 정치 지도자들이 가지는 보편적인 두려움은 정치가들에게 재래식 전쟁이 핵전쟁으로 확전되지 않도록 노력해야 한다는 강력한 동기를 부여한다. 그렇기 때문에 핵으로 무장한 강대국들이 핵전쟁으로의 비화를 우려하지 않은 채 재래식 전쟁을 벌일 수 있다고 보는 것이다. 특히 선제공격을 감행한 국가의 전쟁목표가 제한적일 경우와 상대방을 결정적으로 굴복시키겠다는 위협을 가하는 경우가 아닐 때 그러하다는 것이다.[140] 이러한 가능성이 인식될 경우 강대국은 마치 핵무기가 발명되기 이전의 세계에서 그랬던 것처럼 재래식 무기차원에서 안보 경쟁을 벌이는 이외의 다른 대안이 없을 것이다.

냉전 시대의 역사를 보면 핵으로 무장한 강대국들도 치열한 안보 경쟁을 벌였다는 사실이 분명해진다. 강대국들은 재래식 무기의 균형 특히 육군력의 균형에 큰 관심을 쏟았다. 미국과 소련은 2차 세계대전이 끝난 직후부터 45년 후 냉전이 끝나는 시점까지 지구 전역에서 동맹을 확보하고 기지를 확보하기 위한 경쟁을 벌였다. 이는 길고 잔인한 투쟁이었다. 미국의 대통령 9명 그리고 소련의 지도자 6명 중 상호확실파괴의 세상은 안전한 세상이기 때문에 국경 밖에서 일어나는 일에 대해 별로 신경을 쓰지 않아도 될 것이라고 말한 사람은 아무도 없었음이 분명하다. 더욱이 미소 양국은 막강한 핵무기를 보유하고 있었음에도 불구하고 재래식 무기를 위해 엄청난 자원을 투자했으며, 양측은 유럽은 물론 지구 다른 지역에서도 육군 및 공군력의 균형에 깊은 관심을 쏟았다.[141]

상대방을 확실하게 파괴할 수 있는 능력을 가진 국가는 확실히 안전하고 그래서 재래식 전쟁을 벌이는 것에 그다지 우려를 할 필요가 없다는 주장을 반박하는 다른 근거들도 있다. 가장 중요한 사례는 1973년 이스라엘이 핵무기를 보유하고 있다는 사실을 알았던 이집트와 시리아가 이스라엘을 향해 대규모의 지상군 공격을 감행한 일이었다.[142] 사실 이스라엘의 문턱인 골란고원에 대한 시리아의 공격은 시리아군이 이스라엘의 심장을 공격할 수 있는 길을 잠시나마 열어두었다. 1969년 봄 우수리 강 주변에서 중국과 소련 사이에 전면전으로 확전될 가능성이 있는 전투가 발생한 적이 있었다.[143] 중국과 소련은 당시 모두 핵으로 무장한 상태였다. 1950년 가을, 중국은 자신이 핵무기를 가지고 있지 못했고 미국은 비록 소규모이기는 하지만 핵무기를 가지고 있다는 사실에도 불구하고 한국전에 개입, 미군을 공격했다.

지난 수십년 동안의 인도와 파키스탄 관계는 핵무기의 존재가 국가들의 안보 경쟁을 없게 하며, 그들이 대단한 안전을 느끼게 한다는 주장에 대해 또 하나의 의문을 제기한다. 1980년 후반 이래 인도와 파키스탄 모두 핵무기를 보유하고 있었지만 두 나라 사이의 안보 경쟁은 소멸되지 않았다. 오히려 두 나라는 1990년대에 이르러 더욱 심각한 위기에 빠져들었으며 1999년 국경에서 중요한 전투가 벌어졌다(이 전투에서 수천명 이상의 전사자가 발생했다).[144]

마지막으로 아직도 엄청난 규모의 핵무기를 보유한 러시아와 미국의 재래식 군사력에 대한 현재의 생각을 고려해 보자. 러시아는 NATO가 동쪽으로 확대되는 것을 근원적으로 반대하고 있는데 그 이유는 러시아가 NATO의 재래식 군사력이 자신의 국경선에 더욱 가까워진다는 사실을 두려워하기 때문이다. 러시아는 자신이 보유한 막강한 핵 보복력이 러시아의 안전을 확보해 준다는 주장을 받아들이지 않고 있다. 미국 역시 유럽에서의 재래식 군사력 균형에 신경을 써야만 한다고 생각하고 있다. 결국 NATO의 동쪽으로의 확대는 언젠가 러시아가 중부유럽을 다시 점령하려 할지도 모른다는 믿음 때문에 이미 단정적인 일이다. 더욱이 미국은 소련이 몰락하기 이전인 1990년 11월 체결된 유럽에서의 재래식 군비감축조약(Treaty on Conventional Armed Forces in Europe)에서 정한 한도의 준수를 러시아에게 지속적으로 강요하고 있다.

그렇기 때문에 핵무기의 존재가 강대국 전쟁의 가능성을 낮추는 것은 분명하지만, 핵시대에도 지상군의 균형은 군사력의 중요한 일부분으로 남아있는 것이다. 지상군이 일차적으로 중요하다는 사실은 이제 자세히 설명했다고 생각한다. 그렇다면 지상군을 어떻게 측정할 수 있을 것인가의 문제를 다루어 보기로 하자.

군사력의 측정

지상군을 평가하기 위해서는 세 단계의 과정이 필요하다. 첫째, 적대적인 육군의 상대적 규모와 질(質)이 평가되어야 한다. 둘째, 이러한 병력의 평시 능력은 물론 동원된 이후의 능력이 비교되어야 한다. 평시에는 소규모의 군사력만을 유지하지만 준비를 갖춘 예비군이 동원되어 신속하게 그 규모를 확대시키는 국가들이 종종 있기 때문이다.

상호 적대적인 국가들의 육군력을 측정하는 간단한 방법은 없다. 육군력은 여러 가지 요인에 의해 그 세기가 달라지기 때문이다. 여러 가지 요인들은 다음과 같다.

1. 병사들의 숫자
2. 병사들의 질
3. 무기의 숫자
4. 무기의 질
5. 병사와 무기들이 전쟁을 위해 어떻게 조직되어 있는가

지상군의 힘을 측정하기 위해서 이상의 요인들이 모두 고려되어야만 한다. 적대적인 군사력의 부대단위, 즉 그것들이 여단이든 혹은 사단이든, 그 단위의 숫자를 비교하는 방법은 때로 지상군의 군사력을 비교하는 좋은 방법일 수 있다. 물론 부대단위의 양적 및 질적인 차이점들도 반드시 고려되어야 한다.

예를 들어 냉전 당시 북대서양조약기구의 군사력과 바르샤바조약기구의 군사력을 비교하는 일은 용이하지 않았다. 유럽 중부전선에 대치하고 있는 두 동맹군은 부대단위의 구성 및 규모에 상당한 차이가 있었기 때문이다.[145] 이 문제를 해소하기 위해 미국 국방성은 지상군의 능력을 측정하는 기본단위로서 "기갑사단 등가치"(機甲師團 等價値, Armoured Division Equivalents) 혹은 ADE 수치라는 개념을 만들었다. 이 ADE 수치는 각국 육군이 보유하는 무기의 양적, 질적 평가를 근거로 만든 것이다.[146] 정치학자인 배리 포젠Barry Posen은 이 측정방법을 차후 대폭 개량했고 유럽 각국 육군 군사력을 측정하는 데 아주 유용한 지표가 되었다.[147]

특정한 역사적 시점에서의 각국 군사력 균형여부를 측정하기 위한 여

러 가지 연구가 진행되었지만 장기간 동안 여러 국가들의 상대적 군사력 균형이 어떻게 변화되었는가를 체계적으로 측정하고 면밀하게 비교 검토한 연구결과는 존재하지 않는다. 그래서 지난 200년 동안 각국의 군사력을 측정할 수 있는 훌륭한 자료는 없는 상태다. 그러한 자료를 개발하는 일은 대단한 노력을 필요로 하며 이 책의 범위를 넘는 일이다. 그러므로 이 책의 다음 장들에서 저자가 각국의 군사력을 평가하는 경우, 그것은 각국 군사력의 양적 및 질적 능력에 관해 사용 가능한 자료를 종합하고 어느 정도는 개략적 지표들을 동원하여 만들어낸 것이다. 이 책에서는 우선 각국 군사력의 숫자를 셀 것이며 그 다음에 다른 네 가지 요인들을 고려할 예정이다. 맨 처음 것은 상대적으로 쉬운 일이겠지만 그 다음 네 가지는 어려운 일이 될 것이다.

지상군의 균형을 평가하기 위한 두 번째 단계는 분석대상이 된 육군을 지원할 공군력을 분석하는 일이다.[148] 우리는 각국이 몇 대의 비행기를 가지고 있는지를 반드시 파악해야 하며 수적, 질적인 측면 모두에 초점을 맞추어야 한다. 조종사의 능력은 물론 각 국가의 지상 방공체제, 정찰능력, 전투운영체계 등도 고려해야만 할 것이다.

셋째로, 우리는 지상군의 능력을 평가하는 데 있어서 본질적 요인인 힘을 투사할 수 있는 능력에 관해서도 특별한 관심을 기울여야 한다. 혹시 바다가 있어서 지상군의 힘의 투사에 방해가 되는지의 여부를 살펴야 한다는 것이다. 만약 적국과의 사이에 바다가 가로놓여 있거나, 동맹국이 바다 건너편에 있는 경우라면 우리는 군사력을 투사하는 과정에서 이들을 보호할 수 있는 해군의 능력 및 동맹국에 물자를 지원하거나 동맹국으로부터 물자를 운반해 올 수 있는 해군의 능력을 반드시 고려해야만 한다. 그러나 만약 어떤 나라가 바다 건너편에 있는 비교적 훌륭한 방어능력을 갖춘 다른 강대국을 육군을 통해 직접 공격하려는 경우 해군력을 평가할 필요는 없을지도 모른다. 왜냐하면 그 정도의 대규모 상륙작전은 사실 가능하지 않은 일이기 때문이다. 그러한 육군을 지원할 해군은 그다지 유용하지 않다. 그 결과 해군의 능력을 평가하는 것은 전략에서 별로 타당한 일이 되지 못한다. 그러나 강대국인 상대방의 영토를 향한 상륙작전이 가능한 특별한 경우, 상륙군을 해안에 투사시킬 수 있는 해군력의 평가는 필수적인 일이 된다.

결론

육군은 육군을 지원하는 해군 및 공군과 더불어 현대 세계에서 가장 극적인 군사력의 형식이다. 그러나 넓은 바다는 육군의 투사능력을 심각하게 제약하며, 핵무기의 존재는 강대국들의 육군이 상호 충돌할 가능성을 결정적으로 낮추었다. 그럼에도 불구하고, 핵 시대라고 할지라도, 육군은 군사력의 왕으로 남아 있다.

이 결론은 강대국들의 국제관계에서의 안정성에 관해 두 가지 의미를 함축하고 있다. 국제체제에서 가장 위험한 국가는 대규모 육군을 보유한 대륙적 강대국이다. 사실 그런 국가들이 과거에 일어난 강대국간의 정복전쟁 대부분을 도발했던 나라였으며 그들은 거의 예외 없이 다른 대륙적 강대국을 공격했다. 그들은 바다를 통해 보호받는 해외의 강대국을 공격하지는 않았다. 이러한 패턴은 지난 200년 동안 유럽의 역사에 분명하게 나타난다. 전쟁이 끊임없이 지속되었던 1792년부터 1815년에 이르는 동안의 유럽에서는 프랑스가 주요 침략국으로서 오스트리아, 프러시아, 러시아 등 다른 대륙국가들을 정복했거나 정복하고자 시도했다. 프러시아는 1866년 오스트리아를 공격했고, 1870년 비록 프랑스가 먼저 프러시아에 대해 선전포고를 했지만 그 결정은 사실 프러시아가 부추긴 결과였으며 프러시아는 프랑스를 침략, 점령하였다. 독일은 프랑스를 먼저 격파한 후 동쪽으로 방향을 돌려 러시아를 격파한다는 슐리펜 계획(Schliffen Plan)을 가지고 1차 세계대전을 도발했다. 독일은 별개의 지상군 공격작전, 즉 폴란드 침공(1939), 프랑스 침공(1940), 소련 침공(1941)을 통해 2차 세계대전을 도발했다. 이들 침략국가 중 어느 나라도 영국이나 미국을 공격하지는 못했다. 냉전이 지속되는 기간 NATO의 계획관들이 주로 고려했던 것은 서유럽에 대한 소련의 공격이었다.

이와는 대조적으로 해외에 고립된 국가들은 다른 강대국을 향한 정복전쟁을 시작하지 않는다. 왜냐하면 그들은 자신들의 목표에 도달하기 위해서는 우선 큰 바다를 건너가야 하기 때문이다. 해외에 고립된 국가를 보호해 준 바로 그 장벽은 해외의 고립된 국가들이 자신의 힘을 투사하는 데에도 역시 장애물이 되는 것이다. 영국이나 미국은 결코 다른 강대국을 점령하겠다고 심각하게 위협한 적이 없었다. 영국의 정책결정자들은 빌헬름 황제의 독일이나 나치 독일을 정복하려는 전쟁을 시작해야 한다는 생각을 한 적이 없었다. 냉전 당시 미국의 정책결정자들 역시 결코 소련을 공격해야한다는 생각을 가지지 않았다. 비록 영국은 (프랑스와 함께) 1854년 3월 러시아에 대해 선전포고를 한 후 크리미아 반도로 공격해 들어간 적이 있지만, 영국은 러시아를 점령하려는 의도를 가지고 있지 않았다. 영국은 이미 진행중에 있던 러시아와 터키의 전쟁에 개입함으로써 흑해 주변에서 러시아의 힘이 확장되는 것을 제어하려 했다.

1941년 12월 일본에 의한 미국의 진주만 공격은 규칙의 예외적 사례가 될 것이다. 왜냐하면 일본은 해외에 고립된 나라인데 다른 강대국을 먼저 공격했기 때문이다. 그러나 일본은 미국 본토의 어떤 부분에 대해서도 침략공격(invasion)을 감행하지 않았다. 일본의 지도자들이 미국을 점령하겠다는 생각을 갖지는 않았다. 일본은 단지 일본과 하와이 사이에 있는 여러 섬들을 정복해서 서태평양 지역에 일본제국을 건설하기를 원했던 것이다. 일본은 역시 1903년 그리고 1939년 소련에 대한 전쟁을 개시했다. 그러나 이 두 가지 경우 중 어느 경우에도 일본은 러시아를 침공하지 않았으며 러시아 영토를 점령하는 것은 생각조차 하지 않았다. 대신 일본과 러시아의 전쟁은 본질적으로 한국, 만주, 외몽고 등에 대한 지배권 쟁

탈을 위한 것이었다.

마지막으로 바다는 지상군의 투사능력을 제한하고, 핵무기는 강대국 지상군의 충돌 가능성을 낮춘다는 점을 고려한다면, 아마도 제일 평화로운 세상은 모든 강대국들이 바다를 사이에 두고 떨어져 있으면서 생존 가능한 핵무기를 갖추고 있는 세상일 것이다.[149]

이것으로 힘에 관한 토론을 마친다. 하지만 힘이 무엇인가에 대한 이해는 국가들은 어떻게 행동하는가, 특히 국가들은 어떻게 세계정치에서 자신들의 상대적인 힘의 비중을 극대화시키려고 노력하는가에 대한 중요한 통찰력을 제공해야만 한다. 이 문제는 다음 장의 논의 주제가 된다.

05

생존의 전략

The Tragedy Of
Great Power Politics

강 대국들이 어떻게 세계 속에서 자국이 차지하는 힘의 비중을 최대화시키는가에 대해 생각할 때가 되었다. 첫 번째 과제는 권력을 위한 경쟁에서 국가가 목표로 하는 바가 무엇인지를 제시하는 일이다. 국가 목표에 관한 나의 분석은 앞에서 제시한 권력에 관한 논의에 근거할 것이다. 특히 강대국들은 자신들이 속한 지역에서 패권을 추구하기 위해 노력한다고 주장할 것이다. 바다를 건너 자국의 힘을 투사하는 일이 어렵기 때문에, 지구 전체를 장악할 나라가 나올 것 같지는 않다. 강대국은 또한 부유한 나라가 되는 것을 목표로 한다. 실제로 경쟁국보다 훨씬 부유해지려고 노력하는데 그 이유는 군사력은 경제력에 기초하기 때문이다. 더 나아가 강대국들은 자신이 속한 지역에서 가장 막강한 육군력을 보유하고자 노력한다. 육군과 이를 지원하는 해군과 공군은 군사력의 가장 중요한 요인이 되기 때문이다. 마지막으로 비록 대단히 어려운 일이기는 하지만 강대국은 상대방보다 강한 핵능력을 보유하고자 노력한다.

두 번째 과제는 국가들이 자국에게 유리하게 세력균형을 변화시키거나, 혹은 다른 나라가 자신보다 우세한 세력균형상황에 이르는 것을 막기 위한 다양한 전략을 분석하는 일이다. 전쟁은 국가들이 상대적인 힘의 증대를 위해 택하는 중요한 방법이다. 공갈협박(Blackmail)은 더욱 매력적인 대안이다. 공갈은 실제로 힘을 사용하는 것이 아니라 힘을 사용하겠다는 위협이며 결과를 산출할 수 있기 때문이다. 공갈협박은 상대적으로 대가(cost)가 들어가지 않는 일이다. 그러나 공갈협박으로 원하는 목표를 달성하기는 어렵다. 강대국들은 다른 강대국의 공갈에 굴복하기보다 차라리 전쟁을 택할 가능성이 높기 때문이다. 힘을 얻기 위한 또 다른 전략은 미끼를 사용하여 상대방을 희생시키는(Bait and Bleed) 전략이다. 이는 상대국을 약화시키기 위한 목적에서 장기적이며 희생이 높은 전쟁을 유발하는 것이다. 그러나 이 방법은 성공적으로 사용되기 어렵다. 이 전략보다 더욱 성공확률이 높은 전략이 상대방이 피를 흘리게 하는(Bloodletting) 전략이다. 이는 적국이 개입한 어떤 전쟁이라도 장기적이고 파멸적인 것으로 만드는 조치를 취하는 것을 말한다.

균형과 책임전가(Balancing and Buck-Passing)는 강대국들이 침략국이 세력균형을 바꾸어 놓는 것을 막기 위해 사용하는 중요한 전략이다.[1] 균형(Balancing)이란 위협을 당하는 국가들이 위협한 적국에 대항하여 서로 힘을 합치는 것을 말한다. 즉 국가들이 침략자에 대항, 전쟁을 억지하는 부담을 함께 나누거나 혹은 전쟁발발시 함께 싸우는 것을 말한다. 책임전가란 강대국들이 다른 강대국을 동원하여 침략국에 대항하도록 하며 자신들은 옆에서 보고 있는 경우를 말한다. 위협을 당하는 국가들은 일반적으로 균형보다는 책임전가의 방법을 선호한다. 책임전가의 경우 침략국으로 인해 전쟁이 발발하는 경우라도, 전쟁의 희생으로부터 회피할 수 있기 때문이다.

유화 전략(Strategy of Appeasement)과 편승하기(Bandwagoning)는 침략국을 대처하는 데 특별히 유용한 방법은 아니다. 두 가지 방법 모두 적대국에게 양보할 것을 요구하는데 이는 무정부 상태의 국제정치에서 차후 심각한 문제를 야기하게 될 처방들이다. 편승하기란 위협을 당하는 국가가 침략국이 힘을 얻는 것을 막는 시도를 포기하고 대신 위험한 적국의 편에 서서 그 나라가 전쟁을 일으켜 차지하게 되는 떡고물의 일부나마 차지하려는 것이다. 이는 유화보다는 야심적인 전략이다. 유화적 조치를 취하는 국가는 양보를 통해 침략국가의 행동을 바꾸려 한다. 그들은 유화의 제스처가 침략국에게 자신들이 더 안전하다고 느끼게 해서 침략의 동기를 완화시키거나 제거할 수 있다고 희망한다. 비록 유화와 편승하기 전략은 상대방을 힘의 우위에 서게 하는 비효율적이며 위험한 전략이지만 국가들이 상대국에게 힘을 양보하는 것이 오히려 더 좋은 일일 수도 있는 특별한 상황에 대해 논할 것이다.

국제정치학의 문헌들은 보통 균형과 편승을 위협을 당하는 강대국들이 취할 수 있는 핵심적 대안이라고 수장하며 강대국들은 예외 없이 위험한 적에 대해 균형을 이룩하는 방법을 선호한다고 주장한다.[2] 나는 이 주장에 동의하지 않는다. 편승이란 현실적인 세상에서 생산적 대안이 될 수 없다. 편승하는 국가가 절대적 측면에서 많은 힘을 얻을 수 있다 해도, 위험한 침략국은 더 많은 힘을 얻기 때문이다. 현실적 세계에서 택할 수 있는 실질적 선택은 균형과 책임전가 중 하나일 것이며 위협을 당하는 국가들은 가능한 한 균형보다는 책임전가를 선호한다.[3]

마지막으로 나는 나의 이론을 잘 알려진 현실주의적 주장 — 상대방 강대국의 성공적 행동을 모방하는 것은 안보를 위한 경쟁에 중요한 결과를 초래한다 — 과 연계시키고자 한다. 나는 이 주장의 기본적 관점에는 동의하지만, 이것은 나라들이 공격적 행동이 아닌 방어적 행동을 주로 모방한다고 주장함으로써 모방을 너무 좁은 의미로 정의하는 경향이 있다고 본다. 더 나아가 강대국들은 정책개선(innovation)에 대해서도 신경 쓰는데, 이는 종종 상대방 국가들을 희생시켜 힘을 얻는 현명한 방법을 강구하는 것을 의미한다. 이 장에서 국가의 전략에 관한 다양한 모습들이 논의될 것이지만 다음의 세 가지에 초점이 맞추어질 것이다. 전쟁은 힘을 증강시키는 중요한 전략이다. 반면 균형 혹은 책임전가는 현재의 세력균형상황을 유지하는 중요한 방법이다. 위협을 당하는 국가들이 균형과 책임전가 중 어느 것을 선택하느냐에 관한 논의는 제8장에서 이루어질 것이다. 국가들은 언제 전쟁을 선택하는가에 관한 논의는 제9장에서 이루어질 예정이다.

작전적 차원의 국가목표

나는 강대국들은 세계 속에서 자신이 차지하는 비중을 극대화시키기 위해 노력한다는 점을 강조했는데 그 같은 목적이 어떤 행동을 도출하는가에 관해 설명이 더 필요하다. 이 절에서는 국가들이 추구하는 상이한 목표들을 살펴보고 국가들이 상대적 힘을 늘리기 위해 어떤 전략을 선택하는지에 대해 분석하고자 한다.

■ 지역에서의 패권(Regional Hegemony)

강대국들은 다음과 같은 네 가지 기본적 목표를 달성하기 위해 노력한다. 첫째, 강대국들은 지역적 패권을 추구한다. 국가들은 전 세계를 지배함으로써 자신들의 안전을 극대화시킬 수 있지만 지구전체의 패권은 가능한 일이 아니다. 다만 상상하기 어려운 예외적 경우겠지만 어느 한 나라가 자신의 상대방에 비해 핵무기 분야에서 압도적 우위를 점하는 경우 세계패권이 가능할 수 있다(이 주제는 다음에 다룬다). 강대국의 지구적 패권을 제약하는 가장 중요한 요인은 앞에서도 이야기한 것이지만, 큰 바다를 건너 군사력을 투사하기가 대단히 어렵다는 사실이다. 어떤 강대국들이라도 넓은 바다를 통해 나누어져 있는 지역을 정복하고 통치하는 일은 불가능하다. 지역적 패권국은 막강한 군사력의 철권을 휘두를 수 있다. 그러나 다른 강대국이 장악하고 있고 방위하는 대륙을 향해 바다를 건너 상륙작전으로 그 강대국을 공격하는 것은 자살행위일 수도 있다. 근대사에 나타난 유일한 지역 패권국인 미국주차 아시아 혹은 유럽을 지배하려는 심각한 시도를 한 적이 없다는 사실은 놀라운 일이 아니다. 강대국은 육지로 이어져 있는 이웃 지역을 정복할 수는 있겠지만 전 세계적 패권국이 되기는 역부족일 것이다.

강대국은 자신이 속한 대륙에서의 패권국을 지향할 뿐 아니라, 다른 대륙의 적대국이 패권을 추구하는 것을 막기 위해서도 노력한다. 한 대륙의 패권국은 자기 대륙에서의 도전국이 자신의 등뒤에서 세력균형상황을 뒤집어 놓음으로써 패권적 지위를 망칠지도 모른다는 사실을 두려워한다. 그러므로 지역의 패권국은 다른 지역에 둘 혹은 셋 이상의 강대국이 존재하는 것을 선호한다. 그럴 경우 복수의 강대국들은 서로 경쟁하느라 먼 곳에 있는 패권국을 위협할 수 있는 기회가 없을 것이기 때문이다.

한 지역의 패권국이 다른 지역의 강대국이 패권국이 되는 것을 어떻게 저지하느냐는 그 지역의 세력균형상황에 따라 달라진다. 강대국들 사이에 힘이 골고루 분포되어 있는 경우, 그래서 이 지역에 잠재적 패권국이 존재하지 않는 경우, 먼 곳에 있는 패권국은 다른 지역의 분쟁에 개입하지 않을 것이다. 어떤 국가도 다른 나라를 정복하고 제압할 수 없는 상황이기 때문이다. 그러나 어느 지역에서 잠재적 패권국이 출현하는 경우라도 다른 지역 패권국의 일차적 행동은 우선 해당 지역의 강대국들이 패권국의 출현을 저지하는 모습을 지켜보는 일일 것이다. 바로 이것이 다음에 설명할 책임전가(buck passing)의 전형적인 방식이다. 국가들은 위험한 적을 만나게 되었을 때 정면으로 대응하기보다는 책임을 남에게 전가하는 것을 선호한다.

그러나 만약 그 지역의 강대국들이 잠재적 패권국을 제압하지 못할 경우 다른 지역의 패권국은 스스로의 힘으로 균형을 회복하고자 할 것이다. 지역 패권국의 우선적 목표는 다른 지역에서의 패권국의 출현을 봉쇄하는 것이지만, 다시 본국으로 돌아갈 수 있기 위해 그 지역에서의 위협을 줄이고 세력균형을 회복할 기회를 찾을 것이다. 본질적으로 한 지역의 패권국은 다른 지역에 대한 해외의 균형자(offshore balancer) 역할을 담당한다. 물론 한 지역의 패권국은 다른 지역에서의 균형자 역할을 다른 방안들이 다 동원된 후 취할 마지막 조치로서 생각할 것이다.

혹자는 특히 바다를 사이에 두고 멀리 떨어져 있는 지역의 패권국이 다른 지역에 패권국이 존재하느냐의 여부에 관심을 가지는 것에 대해 의문을 가질 수 있을 것이다. 결국 한 지역의 패권국이 다른 지역의 패권국을 큰 바다를 건너서 공격한다는 것은 불가능한 일일 것이다. 예로 나치 독일이 2차 세계대전 당시 유럽에서 승리를 거두었다고 할지라도, 히틀러가 대서양을 건너 상륙작전을 통해 미국을 공격할 수는 없었을 것이다. 그리고 언젠가 중국이 아시아의 패권국이 된다고 할지라도 태평양을 건너와 미국본토를 점령할 수는 없을 것이다.

그럼에도 불구하고 큰 바다 양쪽의 경쟁국들은 서로 상대방 지역의 뒷마당에서 벌어지는 세력균형상태에 영향을 미침으로써 상대방 패권국을 위협할 수 있다. 특히 지역 패권국은 어느 날 같은 지역에 존재하는 강대국의 도전에 당면할 수밖에 없을 것이다. 패권에 도전하는 강대국은 같은 지역에 있는 패권국의 공격을 막아야 하기 때문에 먼 곳에 있는 패권국과 동맹을 맺으려는 강력한 욕구를 가지고 있음은 물론이다. 같은 이유로 먼 곳의 패권국은 다른 지역의 패권에 도전하는 국가와 협력해야 할 좋은 이유들이 있을 것이다.

국가들이 서로 상대방으로부터 이득을 취하려는 여러 가지 가능한 이유들이 있음을 기억해 보라. 한 패권국이 다른 지역의 패권국에 도전하는 강대국과 동맹을 체결하는 경우 힘의 투사력을 제약하는 바다의 위력은 거의 소멸되어 버릴 것이다. 그 경우 한 패권국은 바다를 건너는 상륙공격작전을 전개할 필요가 없어진다. 다른 지역의 패권국에 도전하는 강대국(동맹국인)의 영토에 물자와 군사력을 옮겨 놓으면 될 것이기 때문이다. 바다를 건너 상대방 강대국을 침공하는 것과 비교할 때 군사력을 단지 수송하는 일은 훨씬 쉬운 일이다. 물론 먼 곳에 있는 패권국이 군대를 바다를 통해 이동시키기 위해서는 바다를 자유롭게 건널 수 있는 상황을 확보해야 할 필요가 있을 것이다.

이상의 논리를 다시 묘사하기 위해서 다음과 같은 가설적인 예를 들어 보기로 하겠다. 만약 독일이 유럽에서 2차 세계대전에 승리하고, 1950년대에 멕시코의 경제와 인구가 급성장했다면, 멕시코는 아마도 독일과 동맹을 맺었을 것이고 심지어 독일군이 멕시코에 주둔하도록 했을 수도 있을 것이다. 이런 시나리오를 배제하기 위해 가장 좋은 방법은, 미국이 멕시코에 대해 압도적인 군사적 우위를 확보하는 일, 독일이 다른 강대국들과 경합함으로써 자기 지역의 안보문제에 빠져들어 아메리카 대륙의 문제에 개입할 여력이 없는 상황을 만드는 일일 것이다. 물론 독일이 유럽의 패권국이 될 경우, 독일은 무슨 방법을 쓰든지 아메리카 대륙에서 미국의 패권을 종식시키고자 할 것이다. 바로 그 이유 때문에 독일은 우선 미국에 대항하여 멕시코와 힘을 합치려고 할 것이다.

현실세계의 정치를 보았을 경우, 자신이 속한 지역에서 패권적 지위를 유지하는 한편 다른 지역의 패권국가가 그 지역의 강대국들과 안보 경쟁에 빠져 허우적거리게 하는 것이 중요하다는 점이 증명된다. 예를 들어 프랑스는 남북전쟁(1861-1865) 당시 미국이 바라는 바와는 거꾸로 멕시코에 자국의 군대를 주둔시키고 있었다. 그러나 당시 미국은 멕시코에 프랑스 군대가 주둔하는 것에 대해 도전할 수 있는 처지가 되지 못했다. 남군과 싸우느라 여력이 없었기 때문이다. 전쟁에 승리한 직후 미국은 멕시코에 있는 프랑스군이 철수하도록 압력을 가하기 시작했다. 그 직후인 1866년 초 오스트리아도 멕시코에 군대를 파병할 것이라고 위협을 가했지만 그 위협은 결코 현실화되지는 못했다. 오스트리아는 프러시아와의 심각한 위기에 빠져들었기 때문이다. 이 위기는 1866년 여름 오스트리아-프러시아 전쟁으로 이어졌다.[4]

비록 모든 강대국들이 지역의 패권국이 되길 원하지만, 그 같은 최고의 지위에 도달하는 나라는 거의 없다. 앞에서 언급한 바처럼 미국만이 현대 세계에서 지역 패권국의 지위에 도달한 유일한 나라다. 지역 패권국이 되기 힘든 이유는 다음의 두 가지 때문이다. 우선 지역에서의 패권적 지위를 차지할 정도로 자원을 풍부히 보유한 나라가 별로 없다. 잠재적 패권국의 자격을 갖추기 위해 그 나라는 주위의 다른 강대국보다 훨씬 부유해야 하며, 그 지역에서 가장 막강한 육군을 보유하고 있어야만 한다. 지난 2백년간 이 기준을 충족시킨 나라는 불과 몇 나라에 불과하다. 나폴레옹의 프랑스, 빌헬름 황제의 독일, 나치 독일, 냉전 당시의 소련 그리고 미국 정도가 잠재적 패권의 지위에 올랐던 나라들이다. 더욱이 패권국이 될 수 있는 조건들을 갖추고 있는 국가라고 해도 주위에 있는 다른 강대국들이 그 나라가 진짜 패권국이 되는 것을 방해하게 된다. 위에서 언급한 유럽 강대국 중 어느 나라도 자신의 라이벌 모두를 격파하고 지역적 패권국의 지위에 오를 수 있는 나라는 없었다.

■ 부의 극대화

둘째로, 강대국들은 자신이 통제할 수 있는 세계 부의 비율을 극대화시키려고 노력한다. 국가들은 상대적인 부에 신경을 쓰는데, 경제력이 군사적 힘의 기초가 되기 때문이다. 실제로 강대국들은 강력하고 역동적 국가경제를 보유하는 것에 높은 가치를 부여하는데 그것은 일반적 복지를 증진시킬 수 있을 뿐 아니라 상대방에 대해 군사적 이득을 취할 수 있는 더욱 신뢰성 있는 방안이기 때문이다. 막스 베버Max Weber는 "국가의 자존과 경제의 성장은 같은 동전의 양면"이라고 말했다.[5] 가장 바람직한 상황은 자기 나라는 경제력이 급격히 증가하는 반면 상대방의 경제력은 서서히 증가하거나 아예 정체되어 있는 것이다.

강대국들은 대단히 부유한 국가 혹은 점차 부유해지고 있는 국가들을, 그들 나라들이 막강한 군사력을 가지고 있는지의 여부와 관계없이, 두려워할 수밖에 없는 처지에 있다. 부는 결국 군사력으로 쉽게 전이될 수 있는 것이기 때문이다. 19세기 후반부터 20세기 초반 빌헬름 황제의 독일이 바로 그러한 예였다. 물론 독일은 유럽의 강대국들에게 위협적 태도를 취하기는 했지만, 독일이 많은 인구를 가지고 있고 경제가 급격히 발전하고 있다는 사실만으로도 유럽의 다른 강대국들을 겁주기에 충분했던 것이다.[6] 오늘날 이와 유사한 두려움이 중국과 관련되어 존재한다. 중국은 거대한 인구를 보유하고 있으며 경제가 급속도로 현대화되고 있다.

이와 반대로 강대국들은 국력의 순위에서 내리막길을 걷는 강대국들을 두려워하지 않는다. 예를 들면 미국은 과거 소련에 비해 현재의 러시아를 별로 두려워하지 않는다. 러시아는 과거 소련이 번성했던 시기에 비해 세계 경제에서 차지하는 비율이 작다는 것이 그 부분적 이유다. 러시아는 소련처럼 막강한 군사력을 건설할 수 있는 능력이 없기 때문이다. 만약 중국의 경제력이 바닥을 치고 회복될 가능성이 보이지 않는다면 중국으로부터 야기되는 두려움은 대폭 감소될 것이다.

강대국들은 다른 강대국들이 부를 축적시킬 수 있는 중요한 지역을 장악하는 것을 막으려 한다. 후진국들이 결정적으로 중요한 자원을 보유한 지역에 존재한 적이 있기는 했지만 근대 이후에는 선도적 산업국가의 국민들이 이러한 경제적으로 중요한 지역들을 장악했다. 강대국들은 때때로 이같이 중요한 지역을 스스로 통치하려고 한 적도 있었다. 강대국들은 이처럼 경제적으로 중요한 지역이 최소한 적대적 강대국의 지배 아래 놓이게 되는 것을 방지하기 위해 노력했다. 아무런 부를 산출하지 못하는 지역에 대해 강대국들은 별 관심을 쏟지 않았다.[7]

냉전 시대를 예로 들자면, 미국의 전략가들은 아메리카 대륙 이외의 지역 세 곳에 관심의 초점을 맞추었다. 유럽, 동북아시아, 페르시아만 지역이다.[8] 미국은 이 세 군데 지역 어느 곳에 대해서도 소련의 우세를 허락하지 않으리라 결심했다. 서유럽을 방어하는 것은 미국전략의 최우선 순위였다. 서유럽은 부유한 지역이고 소련 육군에 의해 직접 위협을 받는 지역이었기 때문이다. 소련이 만약 서유럽을 지배하게 된다면 미소간의 세력균형은 결정적으로 미국에 불리한 상황으로 바뀌게 될 것이다. 동북아시아가 전략적으로 대단히 중요한 이유는 세계적으로 부유한 나라인 일본이 존재하기 때문이며 비록 유럽의 경우보다는 약하지만 일본 역시 소련의 위협에 당면한 나라였기 때문이다. 미국이 페르시아만 지역을 중요하게 생각한 것은 석유 때문이다. 중동의 석유는 유럽과 아시아 경제발전의 원동력이었다.

결론적으로 미국의 군사력은 이들 세 지역에서의 전투에 대비하기 위해 고안된 것이었다. 미국은 아프리카, 중동의 다른 지역, 동남아시아 및 남아시아 대륙 등에 대해서는 별 관심을 가지지 않았다. 이 지역은 잠재력이 별로 없는 지역이었기 때문이다.

■ 육군이 막강한 나라

셋째로, 강대국들은 육군의 우위를 목표로 삼는다. 육군력이야말로 군사력의 비중을 최대화시키는 데 제일 중요한 것이기 때문이다. 실제로 국가들은 공군력과 해군에 의해 지원받는 막강한 육군의 건설을 목표로 한다. 물론 강대국들이 자신들의 국방비의 모든 것을 육군에 투자하는 것은 아니다. 다음에 논할 것이지만, 국방비의 상당 부분은 핵무기에 투자되고, 때로는 독립적인 해군 혹은 전략공군을 위해서도 투자된다. 그러나 군사력의 가장 강력한 형태가 육군이기 때문에 국가들은 자신들이 속한 지역에서 가장 막강한 육군을 보유한 국가가 되고자 노력하는 것이다.

■ 핵 우위

네 번째로, 강대국들은 상대방에 대한 핵 우위를 추구한다. 이 세상에서 자신 혼자 핵무기를 보유하는 것이 가장 바람직한 상황일 것이다. 유일하게 핵을 보유한 강대국은 보복에 대한 우려없이 상대방을 파멸시킬 수 있는 능력을 가지게 되기 때문이다. 이 엄청난 군사적 우위는 유일하게 핵을 보유한 강대국을 전지구적 패권국으로 만들 수도 있을 것이며 앞에서 논한 지역적 패권국의 논의는 타당치 못한 것이 된다. 유일하게 핵을 보유한 세계 패권국이 존재하는 경우 육군력의 균형이란 개념은 무의미해질 것이다. 그러나 핵무기의 우위를 달성하고 그것을 유지하는 일은 쉽지 않다. 경쟁국가도 역시 핵개발을 위해 온갖 노력을 할 것이기 때문이다. 제4장에서 강조한 바처럼 강대국들은 상대방을 확실하게 보복공격할 수 있는 핵무기를 보유한 상황 — 즉, 상호확실파괴(MAD, Mutual Assured Destruction) — 에 놓이게 될 가능성이 높을 것이다.

일부 학자들, 특히 방어적 현실주의자들은 상호확실파괴가 가능한 세상에서 어떤 강대국이 핵무기의 우위를 추구한다는 것은 지각없는 일이라고 주장한다.[9] 특히 강대국들은 상대방의 군사력을 공격할 수 있는 핵무기 — 예를 들어 상대방의 핵시설을 공격할 수 있는 무기 — 를 개발하면 안 되며, 적국의 미사일을 요격할 수 있는 방어체계를 건설해서도 안된다. 상호확실파괴의 세상은 어느 나라도 상대방의 핵 군사력을 모두 파괴시킬 수 있는 능력을 보유하지 말 것을 요구하고 있기 때문이다. 모든 나라는 상대방의 핵공격 앞에 파괴될 수 있는 취약한 처지에 놓여 있어야만 상호확실파괴의 상황이 유지되는 것이다. 핵보유국들이 핵 우위를 추구하면 안 되는 두 가지 이유가 있다. MAD는 안정을 위한 중요한 조건이다. 그러나 이를 해치는 일은 안 된다는 것이다. 더 나아가 상대방의 군사력을 공격할 수 있는 무기를 건설한다든가 혹은 방어무기를 건설함으로써 핵 우위를 점하는 것은 불가능한 일이라는 것이다. 그러한 무기체계가 아무리 정교할지라도, 핵전쟁을 수행하고 핵전쟁에서 승리한다는 것은 불가능한 일이라고 말해진다. 핵무기는 너무나 파괴력이 엄청나기 때문에 핵전쟁을 일으키는 나라는 모두 파멸될 것이기 때문이다. 그래서 핵무기 측면에서 군사적 우위를 달성한다는 것은 말이 되지 않는다는 것이다.

그러나 강대국들은 MAD의 상황 아래 사는 것을 만족해 할 수 없으며 핵무장한 상대방에 대한 우위를 점할 수 있는 방법을 추구하게 된다. MAD는 강대국들간의 전쟁 가능성을 낮추게 되지만, 핵 우위를 차지한 국가가 더 안전하다고 느끼게 될 것이다. 특히 MAD 상태하의 강대국이라도 두려워해야 할 다른 강대국이 존재하며, 비록 가능성은 낮을지라도 핵공격을 당할 가능성은 여전히 남아있는 것이다. 반면 핵 우위를 달성한 강대국은 패권국이 되어 두려워해야 할 강대국이 없게 될 수 있다. 가장 중요한 점은 그런 강대국은 핵공격의 위협을 두려워해야 할 필요가 없게 된다는 것이다. 그래서 강대국들은 핵 패권국이 되려는 강력한 동기를 갖는 것이다. 이런 논리는 물론 핵 우위를 달성하는 일이 쉽다고 말하는 것은 결코 아니다. 그럼에도 불구하고 국가들은 핵 우위를 추구한다. 그 경우 대단한 이익이 있을 것이라고 생각하기 때문이다. 특히 국가들은 상대방의 군사력을 공격할 수 있는 무기체계를 갖추려 하며 핵 우위를 확보하겠다는 생각으로 핵에 대한 방어체제를 건설하려고 노력한다.

요약컨대, 강대국들은 다음 네 가지 중요한 목표를 추구한다.

1. 지구상의 유일 지역 패권국이 되고자 한다.
2. 가능한 한 높은 비중으로 세계의 부를 장악하고자 한다.
3. 자신이 속한 지역에서 육군력의 우위를 확보하고자 한다.
4. 핵 우위를 달성하고자 한다.

이제 국가의 목표에 관한 논의로부터 국가들은 이 목표를 위해 어떤 전략을 택하는가를 논하기로 하자. 국가들이 그들의 상대적인 힘을 증가시키기 위해 택하는 전략부터 논의하기로 하자.

국력의 증대를 위한 전략

■ 전쟁

전쟁이란 강대국들이 세계 속에서 차지하는 자신들의 힘의 비중을 증대시키기 위해 택할 수 있는 가장 논란이 많은 전략이다. 전쟁은 단지 죽음과 파괴, 때로는 대규모의 죽음과 파괴를 수반할 뿐만 아니라 특히 20세기 이후 정복은 아무런 대가도 가져다주지 못하며 그 결과 전쟁이란 공허한 노력일 뿐이라는 주장이 각광을 받고 있다. 이 관점에 대한 가장 유명한 주장은 1차 세계대전이 발발하기 직전에 간행되었던 노만 엔젤Norman Angell의 『위대한 환상The Great Illusion』이라는 책에서 보인다.[10] 이런 원론석 수장은 오늘날 수많은 국제정치 학도들이 저술한 논문과 책들의 기본적 입장이기도 하다. 그러나 그런 주장들은 틀린 것이다. 정복은 오늘날에도 국가의 힘을 증강시키는 요인이다.

전쟁이란 실패를 의미한다는 주장은 다음과 같은 네 가지 형태를 취한다. 일부 사람들은 침략군은 언제라도 실패한다고 말한다. 나는 이 주장에 대해 이미 제2장에서 논한 바 있다. 과거 역사를 보면 전쟁을 개시한국가들이 전쟁에 승리한 확률은 약 60% 정도라고 주장했다. 혹자들은 핵무기 때문에 강대국들이 서로 전쟁을 한다는 것은 상호파멸의 위험성 때문에 거의 불가능한 일이 되었다고 주장한다. 이 문제는 제4장에서 다루어졌다. 나는 그곳에서 핵무기는 강대국간의 전쟁 가능성을 낮추기는 했지만 전쟁 그 자체를 무용지물로 만들지는 못했다고 주장했다. 핵시대의강대국들 중 다른 강대국과의 전쟁 가능성이 전무하다고 생각하고 행동하는 나라는 하나도 없음이 분명하다.

다른 두 가지 관점은 전쟁은 승리가 가능하지만 그러기 위해서는 엄청난 대가를 치러야 한다고 가정한다. 두 가지 초점은 전쟁의 희생(cost)과전쟁의 결과 얻게 되는 이익(benefit)에 맞추어진다. 이 개념들은 실제적으로는 상호 연결된 것이다. 공격을 생각하는 국가들은 예외 없이 치러야할 희생과 기대되는 이익을 동시에 계산하기 때문이다.

희생에 관한 주장은 1980년대에 큰 관심을 끌었던 것으로, 정복은 이득을 가져다주지 못한다고 주장한다. 왜냐하면 정복은 제국을 창출하게되고, 제국을 유지하기 위한 대가는 궁극적으로 너무 엄청난 것이 되어국내의 경제발전을 현격하게 둔화시킬 것이기 때문이다. 국방비 지출이높은 나라는 장기적으로 그 나라의 경제적 지위를 손상시키게 되며 궁극적으로 세력균형상의 지위를 약화시키게 된다. 따라서, 부를 창출하려고노력하는 편이 다른 나라의 영토를 정복하는 것보다 강대국들에게 더 좋은 결과를 가져다줄 것이라고 말해진다.[11]

이익이라는 측면에서의 주장을 따르면, 군사적 승리는 이득을 가져다주지 못한다고 한다. 이는 정복자들이 현대적 산업경제를 착취하여 이득을 볼 수 없기 때문이다. 특히 정보기술(information technology)을 중심으로 건설된 산업일 경우 그러하다고 말해진다.[12] 정복자들이 당면하는 문제점의 근원은 피정복국의 민족주의 때문에 피정복 국민들을 억압하거나 조작하기 용이하지 않다는 데 있다. 승자는 강압통치를 시도할 수 있지만 대중의 저항이라는 반발을 사게 될지도 모른다. 더구나 정보화의 시대에서 압제란 가능하지 않을지도 모른다. 지식에 기반을 둔 경제가 잘 운용되기 위해서는 개방성이 필수적이기 때문이다. 그래서 만약 정복국이 강압정책을 편다면 이는 황금알을 낳는 거위를 죽이는 일과 마찬가지가 된다. 그러나 피정복국을 압제하지 않는다면, 피정복국 국민들 사이에 체제전복적 이념이 확산될 것이고 폭동의 가능성이 높아질 것이다.[13]

물론 강대국들이 정복을 위한 희생은 크고, 기대되는 이익은 적은 상황에 당면하게 되는 상황이 발발할 수 있을 것이다. 이 경우, 전쟁을 시작한다는 것은 무모한 일이다. 그러나 정복은 항상 공격국을 파탄나게 하며 눈에 보이는 아무런 이익도 가져다주지 못한다는 일반적 주장은 정밀한 분석을 할 경우 올바른 주장이 아니다.

무력을 통해 국력을 팽창함과 동시에 자국의 경제에 피해를 입히지 않은 국가들의 사례도 많이 있다. 19세기 전반부의 미국, 1862년과 1870년 사이의 프러시아의 정복정책은 대표적 사례다. 침략정책은 두 나라 모두에게 상당한 경제적 이익을 가져다주었다. 더 나아가 높은 군사비 지출이 강대국의 경제력을 손상시킨다는 주장을 옹호하는 학술적 연구결과도 별로 없다.[14] 예를 들어 미국은 1940년 이래 국방을 위해 어마어마한 양의 돈을 지출하고 있지만, 미국의 경제는 오늘날 세계의 부러움의 대상이다. 영국은 대제국이었지만 궁극적으로 영국의 경제는 경쟁력을 잃게 되었다. 그러나 영국의 경제적 몰락을 영국의 높은 국방비 지출 때문이라고 주장하는 학자들은 거의 없다. 역사적으로 볼 때 영국은 다른 강대국들에 비해 훨씬 적은 돈을 국방비에 지출했던 것이 사실이다.[15] 엄청난 군사비 지출이 국가의 경제를 파탄시킨다는 수상을 가상 잘 보여주는 사례는 1980년대의 소련이라고 말할 수 있다. 그러나 학자들은 소련의 경제가 붕괴한 원인이 무엇인가에 대해 합의를 이루지 못하고 있다. 높은 군사비 지출이 아니라 경제의 심각한 구조적 문제가 소련을 붕괴시킨 원인이라고 생각할 수 있는 좋은 근거들도 많다.[16]

전쟁으로 인한 이익과 관련하여, 정복자들은 정보화 시대라고 할지라도 패전국의 경제를 착취함으로써 경제적 이득을 취할 수 있다는 주장이 있다. 피정복 국가로부터 세금을 거두어들이거나, 산업 생산물을 징발하거나 혹은 공장시설을 징발해 부를 추출할 수 있다는 것이다. 피터 리버만Peter Liberman은 이 주제와 관련된 그의 금자탑적 저술에서 엔젤Angell 혹은 다른 이들이 주장했던 바와 반대되는 견해를 제시했다. 근대화는 산업사회를 부유하게 만들었을 뿐만 아니라 더욱 유혹적인 표적이 되도록 했다. 게다가 현대화된 산업사회는 정복자들이 더욱 쉽게 강압하고 압제를 가할 수 있게 만들었다.[17] 그는 정보기술은 "전복적 잠재력"(subversive potential)이 있기는 하지만 거꾸로 오웰적 차원[역자 주: 조지 오웰의 소설 『1984』에서 유래한 용어]도 있어서 억압을 더욱 용이하게 할 수도 있다고 말한다. 그는 "억압적이고 강제적 정복자들은 패배당한 현대사회를 정복자 자신들에게 큰 규모의 경제적 잉여를 제공하는 곳으로 만들 수 있다"고 주장한다.[18] 예를 들어 2차 세계대전중 독일은 점령한 국가들의 경제력을 효율적으로 착취할 수 있었다. 독일은 재정거래(financial transfer)만을 통해서도 프랑스 국민소득의 30%, 네덜란드, 벨기에, 노르웨이의 전쟁 이전 국민소득의 42-44%, 그리고 적어도 전쟁 이전 체코슬로바키아 국민소득의 25%에 이르는 돈을 동원할 수 있었다.[19]

2차 세계대전 당시 독일은 소련으로부터도 상당한 경제적 자원을 추출해낼 수 있었다. 소련은 2차 세계대전이 끝난 직후 수년간 동독의 경제를 착취함으로써 경제적 이득을 얻을 수 있었다.[20] 물론 정복이 정복자들의 희생없이 이루어지는 것은 아니며 정복당한 나라의 경제를 착취하는 데서 오는 이익보다 희생이 더 큰 경우도 있다. 그럼에도 불구하고 정복은 꽤 괜찮은 이득을 가져다주는 경우가 있다.

정복국은 석유 혹은 식량 등 자연자원을 착취함으로써 국력을 증대시킬 수 있다. 사우디아라비아를 점령하는 어떤 강대국도 사우디의 석유를 장악함으로써 상당한 경제적 이득을 얻을 수 있을 것이다. 1970년대 말엽 미국이 긴급배치군(Rapid Deployment Force)을 창설했던 이유가 바로 여기 있는 것이다. 미국은 소련이 이란을 공격하여 석유가 풍부한 쿠제스탄 Khuzestan을 점령, 소련의 힘이 증대될 것을 두려워했다.[21] 더욱이 소련이 이란을 장악하는 것은 사우디아라비아 및 석유를 풍부하게 생산하는 산유국들을 위협할 수 있는 좋은 위치를 차지하게 되는 것과 마찬가지였다. 양차 세계대전 기간 중 독일은 소련에서 생산되는 곡물 및 다른 종류의 식량생산 지역을 점령하려 했다. 그럼으로써 독일 국민을 값싸고 쉽게 먹이려 했던 것이다.[22] 독일은 소련이 가지고 있는 석유 및 다른 자원도 역시 부러워했다.

정복을 하는 경우 경제적 이익이 있다는 개념을 부정한다고 해도 정복국가가 자신에게 유리한 방향으로 세력균형을 변경시킬 수 있는 방안이 세 가지 있다. 정복자는 패배한 국가의 국민 중 일부를 자국의 군대에 편입시키거나 본국에서 일할 강제 노동력으로 차출할 수 있다. 한 예로 나폴레옹의 군대는 전쟁에 패배한 나라의 국민들로 구성되었다.[23] 사실 프랑스가 1812년 여름 러시아를 공격했을 당시, 나폴레옹 침공군 67만4천 명 중 약 절반 가량이 프랑스인이 아니었다.[24] 나치 독일 역시 정복당한 국가의 국민을 독일군으로 충원했다. 1945년 당시 존재했던 38개의 SS사단 중 순전히 독일인으로 구성된 사단은 하나도 없었고 19개 사단은 다수가 외국인들로 구성되었다.[25] 더욱이, 제3제국은 자신의 이익을 위해 강제노역제도를 실시했다. 1944년 8월 현재 적어도 760만 명 정도의 외국인 민간인 노동자들과 전쟁포로들이 독일에서 강제노동을 하고 있었으며 이는 독일 전체 노동인구의 약 1/4이 되는 수치였다.[26]

정복자가 전략적으로 중요한 영토를 장악하게 하는 경우 정복은 국력 증강에 큰 보탬이 될 수 있다. 특히 정복국은 다른 국가들의 공격을 완화시켜줄 수 있거나 다른 나라를 공격하기 위한 발판의 역할을 제공하는 완충지대를 차지할 수도 있다. 예를 들어 프랑스는 1차 세계대전 당시 독일의 패배를 전후하여 라인란트 지역의 합병을 심각하게 고려했다.[27] 이스라엘의 전략적 지위는 1967년 6월의 '6일 전쟁' 당시 시나이 반도, 골란 고원, 서부구릉West Bank 지역을 점령함으로써 현저하게 좋아졌다. 소련은 1939년에서 1940년 겨울까지 핀란드와 전쟁을 했는데, 이는 소련의 적군(Red Army)이 나치의 침략군에 대적하기 위한 전략적 영토를 점령하기 위해서였다.[28] 반면 독일군은 1939년 9월 폴란드의 일부를 점령했고 1941년 6월 소련을 공격하기 위한 발판으로 사용했다.

마지막으로, 정복당한 강대국을 강대국의 서열에서 지워버림으로써 정복국은 자신에게 유리한 세력균형상황을 만들어낼 수 있다. 정복국은 여러 가지 다양한 방법으로 자신의 목표를 성취할 수 있다. 국민을 대부분 살해하는 방법으로 정복국가를 파괴하여 그 나라를 국제체제에서 소멸시키는 방법이 있다. 국가들은 이렇게 극단적인 대안을 택하는 경우는 거의 없지만 이런 행동이 존재했다는 증거는 국가들로 하여금 이런 경우도 생각하게 한다. 예를 들면 로마는 카르타고를 전멸시켰고, 히틀러도 폴란드와 소련을 유럽의 지도에서 지워버리려 했다.[29] 스페인은 중남부 아메리카에서 아스테카 왕국 및 잉카제국을 멸망시켰고, 냉전 당시 미소 두 초강대국은 상대방이 성공적 선제공격을 단행함으로써 자국을 파멸시킬지도 모른다고 우려했다. 이스라엘 사람들은 때때로 아랍국가들이 이스라엘을 결정적으로 파괴하여 카르타고의 파멸로 이루어진 평화와 같은 것을 이루려하는 것은 아닌가 우려한다.[30]

또 다른 방안으로 정복국이 피정복국의 영토를 합병해 버리는 경우가 있다. 오스트리아, 프러시아, 러시아는 지난 300년 동안 폴란드를 네 번이나 분할·점령했다.[31] 승자는 패자의 나라를 무장해제시키고 중립화시킬 것을 고려할지도 모른다. 1차 세계대전이 종식된 후 연합국은 독일에 대해 이러한 전략을 적용했고 냉전의 초기, 스탈린은 독립은 되었지만 군사적으로는 대단히 허약한 독일을 창조하려는 생각을 가지기도 했다.[32] "모겐소 계획"(Morgenthau Plan)은 히틀러 이후의 독일을 산업능력이 제거된, 대체로 농업중심의 국가로 만들고 더 이상 막강한 군사력을 건설할 수 없는 나라로 만들려는 것이었다.[33] 마지막으로, 정복국은 전쟁에 패배한 강대국을 둘 혹은 그 이상의 작은 국가로 분할할 수 있다. 1918년 봄 독일은 브레스트-리토프스크 조약을 통해 러시아를 분할할 계획을 가졌고, 2차 세계대전이 끝난 이후 영국, 미국, 소련은 독일을 효과적으로 분할했던 것이다.

■ 공갈(Blackmail)

어떤 국가는 적대국에 대해 군사력 사용을 위협함으로써 전쟁을 치르지 않고서도 상대방을 희생시키고 자신의 힘을 증가시킬 수 있다. 실질적 힘의 행사가 아닌 강압적 위협 혹은 협박은 원하는 결과를 가져다 줄 수 있다.[34] 만약 공갈이 효력이 있다면 그것은 분명히 전쟁보다 좋은 일이다. 피를 흘리지 않은 채 목표를 달성하는 것이기 때문이다. 그러나 공갈만 가지고 원하는 방향으로 힘의 균형을 바꾸지 못한 경우가 대부분인데 공갈을 통한 위협만으로는 한 강대국이 다른 강대국에 대폭적인 양보를 강요할 수 있는 상황을 만들기 어렵기 때문이다. 강대국이란 정의 그대로 다른 강대국에 대해 엄청난 군사력을 보유하는 나라를 말한다. 그렇기 때문에 강대국이 전쟁을 하지 않은 채 항복하기는 어렵다. 공갈은 강대국을 동맹국으로 가지고 있지 못하는 약소국에 대해서 효율적으로 쓰일 수 있을 가능성이 높다.

그럼에도 불구하고 강대국에 대한 공갈이 먹혀든 적이 있기는 하다. 1차 세계대전이 발발하기 약 10년 전 독일은 주변의 강대국에 대해 네 차례정도 공갈정책을 구사한 적이 있었는데 그중 한번은 성공적이었다.[35] 독일은 1905년과 1911년 모로코에서 프랑스, 영국과 외교적 갈등상황을 도발한 적이 있었다. 독일은 당시 영국이나 프랑스보다 분명히 강했고 아마도 영국 프랑스 두 나라를 합친 것보다 더 강하다고 볼 수도 있는 상황이었지만, 독일은 두 번 모두 외교적 패배를 당했다. 다른 두 번의 사례는 독일이 발칸지역에서 양보를 받아내기 위해 러시아를 협박한 것이었다. 1909년 오스트리아는 독일로부터 아무런 지원을 받지 않은 채 보스니아를 합병했다. 러시아가 이에 대해 항의했을 때 독일은 전쟁을 일으키겠다고 위협하며 러시아가 오스트리아의 행동을 받아들이라고 요구했다. 이때 독일의 공갈은 먹혀들었다. 러시아는 당시 러일전쟁(1904-1905)의 참패에서 아직 회복되지 못한 상황이었고, 막강한 독일군과 전쟁을 벌일 상황이 되지 못했다. 1914년 여름 독일은 다시 러시아를 협박했다. 그러나 당시 러시아 군대는 10년 전의 패배로부터 상당히 회복된 상태였다. 러시아는 버텼으며, 그 결과가 바로 1차 세계대전이었다.

이상의 사례 이외에 잘 알려진 세 차례의 공갈정책 중 세력균형에 심각한 영향을 미친 효과적 공갈의 경우는 단 한 차례 있었다. 첫 번째 사례는 1898년 야기된, 아프리카의 나일강 하구에 있는 전략적으로 중요한 요새인 파쇼다의 지배권에 대한 영국과 프랑스의 분쟁이었다.[36] 영국은 프랑스에게 나일강의 어떤 지역에 대해서도 점령할 생각을 갖지 말라고 경고했다. 그럴 경우 이집트와 수에즈운하에 대한 영국의 통치가 위협당할 것이기 때문이었다. 영국이 프랑스가 파쇼다에 원정군을 파견했다는 말을 들었을 때 영국은 프랑스에게 병력을 철수하든지 영국과의 전쟁을 각오하든지 둘 중 하나를 택하라고 협박했다. 당시 프랑스는 굴복하고 말았다. 프랑스는 전쟁을 벌일 경우 영국이 이길 것이라 생각했고, 영국보다는 당시 동쪽 국경에서 점차 고조되던 독일의 위협에 대해 더욱 우려했기 때문이다. 두 번째 사례는 더욱 유명한 1938년의 뮤니히 위기(Munich Crisis)였다. 당시 히틀러는 체코슬로바키아 영토의 일부인 수데텐란트 Sudetenland를 집어삼키려 했고 이를 묵인하지 않을 경우 전쟁을 벌이겠다고 영국과 프랑스를 협박했다. 세 번째 사례는 1962년 가을 미국이 쿠바로부터 미사일을 철수할 것을 소련에게 협박한 경우였다. 이중에서 세력 균형에 극적인 영향을 초래한 것은 뮤니히 위기 하나뿐이었다.

■ 미끼와 피(Bait and Bleed)

미끼와 피는 국가들이 자신의 상대적 국력을 증대시키기 위해 사용하는 세 번째 전략이다. 이 전략은 두 개의 경쟁국을 장기전으로 빠져들게 하고, 두 나라가 서로 패망할 때까지 피를 흘리며 싸우는 동안 미끼를 던진 국가는 자신의 군사력은 그대로 놓아둔 채, 옆에 앉아서 이득을 보는 것과 같은 상황을 말한다. 냉전 당시 미국은 혹시 제3의 국가가 은밀히 미국과 소련 두 초강대국 간의 전면 핵전쟁을 부추기지는 않을까 우려했다.[37] 또한 초강대국 중의 하나가 상대방이 제3세계에서 이길 수 없는 전쟁에 빠져들도록 부추기는 것에 대해 우려했다. 미국은 소련이 아프가니스탄과 같은 곳에서 전쟁에 빠져 들어가는 것을 부추길 수 있었다. 그러나 그것이 미국의 정책은 아니었다. 실제로 근대 역사를 살펴볼 경우 국가들이 미끼와 피의 전략을 추구한 경우란 거의 없었다.

내가 찾을 수 있었던 미끼와 피의 전략에 가장 합당하는 사례는 프랑스혁명(1789)의 와중에서 러시아가 오스트리아와 프러시아를 프랑스와의 전쟁에 빠져들도록 부추긴 것이었다. 그 와중에 러시아는 중부유럽을 향해 자신의 국력을 뻗쳐 나갈 수 있다고 생각했다. 러시아의 지도자였던 캐서린 대제Catherine the Great는 1791년 11월 자신의 비서에게 다음과 같이 말했다.

"나는 온통 비엔나와 베를린의 궁정이 프랑스 문제에 빠져들도록 하기 위한 방안을 궁리하는 데 골몰하고 있소. ··· 내가 그것에 대해 말 못할 이유가 몇 가지 있소. 나는 그들이 이 문제에 빠져들어감으로써 내 손을 자유롭게 해주기를 원하는 것이오. 그러기 위해 그들

은 계속 바빠야 하고 내가 가는 길에 걸림돌이 되면 안 되는 것이
오."[38]

1792년 오스트리아와 프러시아는 프랑스와의 전쟁에 빠져들고 말았지만 그들이 전쟁을 결정하는 데 러시아측의 부추김이 큰 영향을 미친 것은 아니었다. 실제로 프러시아와 오스트리아는 나름대로 프랑스와 전쟁을 하지 않을 수 없는 절박한 이유를 가지고 있었던 것이다.

미끼와 피의 전략에 해당하는 또 다른 사례는 이스라엘과 관계가 있다.[39] 1954년 이스라엘 국방장관 피나스 라본Phinas Lavon은 파괴활동을 담당하는 자들에게 이집트의 도시 알렉산드리아와 카이로에 있는 영국과 미국의 중요한 표적들을 의도적으로 폭파할 것을 지시했다. 이집트와 영국의 긴장을 고조시킴으로써 영국이 수에즈운하 지역의 기지로부터 영국군을 철수하려는 계획을 궁극적으로 포기시키는 것을 목적으로 하는 것이었다. 그러나 공격군은 체포되었고 작전은 엉망이 되었다.

미끼와 피의 전략이 가지는 본질적 문제는 라본 사건이 잘 보여주는 바처럼, 라이벌 관계에 있는 나라들을 속여서, 싸우지 않아도 될 전쟁에 빠져들게 하는 것이 대단히 어렵다는 것이다. 자신을 노출시키지 않은 채 경쟁하는 다른 두 나라들 사이에 문제를 야기하거나, 적어도 상대방에 대해 상호 의혹을 가지게 할 방법은 별로 없다. 더구나 유혹을 당한 국가라 해도 유혹을 한 나라는 옆에서 구경하고 상대적 힘의 우위를 차지하는 동안, 자신들은 장기전에 빠져들어가는 것이 위험하다는 점을 인식할 가능성이 높은 것이다. 국가들은 그러한 덫에 걸려들지 않으려 한다. 마지막으로 전쟁을 부추기는 나라는 최악의 상황을 각오해야 한다. 즉, 부추김에 속아넘어가 전쟁을 하게 되는 나라 중 하나가 상대방에 대해 신속하고 결정적인 승리를 이룩함으로써 힘이 소진되기는커녕 오히려 힘을 급격히 증가시키는 경우가 있을 수 있기 때문이다.

■ 피 흘리게 하기(Bloodletting)

'피 흘리게 하기' 라는 전략은 미끼와 피의 전략을 변형한 것이다. 이것은 자신과 라이벌 관계에 있는 국가가 빠져들어간 어떤 전쟁이라도 그 전쟁을 장기화시키고 희생을 크게 만듦으로써 경쟁 국가의 힘을 소진시키려는 책략을 말한다. 이 전략에는 미끼라는 부분이 없다. 경쟁 국가들은 자신의 결정에 의해 스스로 전쟁에 빠져든다. 그리고 피를 더 흘리게 하는 전략을 채택한 나라는 자신은 전쟁에 개입하지 않은 상태를 유지하면서 현재 전쟁을 하는 나라들이 진이 빠지도록 싸울 것을 부추기는 것이다. 상원의원이었던 해리 트루먼Harry Truman은 이 전략을 염두에 두고 있었다. 1941년 6월 나치 독일이 소련을 침략한 것을 보고 트루먼은 다음과 같이 말했다.

> "만약 독일이 승리하는 것처럼 보이면 우리는 러시아를 지원하고, 러시아가 이기는 것처럼 보이면 우리는 독일을 지원해야 한다. 그렇게 함으로써 그들이 가능한 서로 더 많이 죽이게 할 수 있다."[40]

1차 세계대전 당시 서부전선에서 독일과 연합국(영국, 프랑스, 미국) 사이의 전쟁이 지속되는 와중에 러시아를 전쟁에서 빠져 나오게 한 블라디미르 레닌Vladimir Lenin 역시 이 전략을 염두에 두고 있었다. 레닌은 1918년 1월 20일 다음과 같이 말했다.

> "지금 별개의 강화조약을 체결함으로써 우리는 양대 제국주의 진영간의 싸움에서 벗어날 수 있다. 그들의 전쟁에서 우리는 이득을 취할 수 있다. 그리고 우리의 행동이 자유로운 이 전쟁기간을 활용하여 우리는 사회주의 혁명을 강화·발전시킬 수 있다."

존 베넷John Wheeler Bennett이 말한 것처럼 "레닌이 정치가로서 현실주의 정치의 가치를 잘 이해하고 있었다는 사실을 이보다 더 잘 함축적으로 보여주는 자료는 없다."[41] 1980년대 미국은 역시 아프가니스탄 전쟁에 빠져 들어간 소련에 대해 이 전략(피 흘리게 하기)을 구사했던 것이다.[42]

침략국을 견제하기 위한 전략들

강대국들은 상대방에 비해 자신의 힘을 증가시키려는 전략뿐만 아니라, 상대국이 힘을 증가시키지 못하도록 제어하는 것을 목적으로 하는 전략도 가지고 있다. 잠재적 침략국을 그렇지 못하도록 묶어 두는 것은 아주 단순한 일일 경우가 있다. 강대국들의 목표는 세계에서 자신이 차지하는 힘의 비율을 극대화하는 데 있기 때문에 그들은 전형적으로 막강한 전투력 건설을 위해 투자하게 된다. 막강한 군사력은 다른 나라들이 기존의 세력균형상태를 변경하기 위한 도전을 자제하도록 억제한다. 그러나 때때로 대단히 공격적이기 때문에 다루기 힘든 강대국이 출현하는 경우가 있다. 잠재적 패권국 수준의 특별히 막강한 국가는 대체로 다루기가 아주 어려운 나라의 범주에 들어간다. 따라서 이러한 침략국들에 대처하기 위해서 위협을 당하는 강대국은 다음 두 가지 전략 중 하나를 택하게 된다. 균형을 유지하든가 책임을 전가하든가(Balancing or Buckpassing) 중 하나다. 강대국들은 스스로의 힘으로 위협에 대처하여 균형을 유지해야 하는 경우가 있기는 하지만, 거의 예외 없이 남에게 책임을 떠넘기는 편을 선호한다.

■ 균형의 유지(Balancing)

균형을 유지하려는 강대국은 침략국이 현재의 세력균형을 뒤흔드는 것을 방지하기 위해 직접 책임을 지려 한다.[43] 균형의 일차적 목적은 침략자를 억지하는 것이지만 만약 억지가 실패할 경우 균형의 유지를 원하는 나라는 전쟁을 감수한다. 위협을 당한 국가들은 균형을 유지하기 위해 다음과 같은 세 가지 방법을 택하게 된다. 첫째, 침략국에 대해 외교적 채널(혹은 다음에 설명할 방법들)을 통해 분명한 신호를 보내는 것이다. 그들은 현상유지를 위해, 전쟁이라도 감수할 수 있는 강력한 의지를 가지고 있다는 점을 보여주는 것이다. 균형을 원하는 국가가 강조하는 내용은 협력이기보다는 갈등적인 것이다. 균형의 유지를 원하는 나라의 행동은 사실상 모래 위에 선을 긋고 침략국에게 그 선을 넘지 말라고 경고하는 것과 같다. 미국은 냉전 시대 전기간 동안 소련에 대해 이상과 같은 전략을 택했다. 프랑스와 러시아도 1차 세계대전 이전 독일에 대해 마찬가지의 전략을 전개했다.[44]

둘째, 위협을 당한 국가들은 위험한 적대국을 제어하기 위한 방위 동맹을 형성할 수 있다. "외적 균형"(external balancing)이라고도 불리는 이같은 외교적 작전은 양극적 세계에 적용되기에는 한계가 있는 방법이다. 양극체제의 세상에는 약소국과 동맹을 체결할 수는 있지만 동맹을 체결할 다른 강대국이 현실적으로 존재하지 않기 때문이다.[45] 냉전 당시 미국과 소련은 모두 약소국들과 동맹을 맺는 방안 외에는 없었다. 냉전 시대 국제체제의 강대국이란 그 두 나라뿐이었기 때문이다. 위협에 당면한 국가는 동맹국을 찾는 데 높은 우선순위를 둔다. 동맹을 찾을 수 있다면 침략자를 제어하는 노력을 함께 나눌 수 있기 때문이다. 이는 특히 전쟁이 발발할 경우 대단히 중요한 의의가 있다. 동맹국을 늘이는 경우 침략국에 대항할 전투력이 증가하는 것과 마찬가지이며 전쟁을 억지하는 능력이 증가하게 된다.

이런 이익이 있음에도 불구하고 "외적 균형" 유지노력은 부정적 측면이 있다. 외적 균형은 비효율적이거나 신속하지 못할 경우가 많다. 1차 세계대전이 종식될 무렵, 프랑스 장군의 언급 속에 동맹이 유연하게 작동하기 어렵다는 사실이 잘 반영되어 있다.

> "나는 동맹관계가 작동할 수 있다는 것을 보게 된 이후 나폴레옹에
> 대한 존경의 일부가 사라졌다(나폴레옹은 동맹국에 대항하여 홀로
> 전쟁을 치렀음)."[46]

균형을 위한 동맹을 급히 조직하고 그 동맹이 유연하게 기능할 수 있도록 하는 것은 어려운 일이다. 그렇게 하기 위해서는 장차 동맹을 맺게 될 국가들간의 협력을 조율할 시간이 필요할 것이기 때문이다. 무엇을 해야 할 것인가에 대해 견해가 일치하는 경우라도 어렵기는 마찬가지다. 위협을 당하는 국가들은 동맹국간에 책임이 어떻게 분담되어야 할지에 대해 의견이 일치하지 않을 것이다. 결국 국가들이란 자신의 이익만을 목표로 하고, 침략국을 제어하는 데 필요한 희생을 가능하면 가장 적게 부담하려고 노력하는 이기주의적 행위자들이다. 이 문제는 다음에 설명하게 될 것이지만 동맹을 구성하는 국가들간에도 책임을 전가하려는 충동이 혼재되어 있기 때문에 발생하는 것이다. 마지막으로, 연합국 사이에는 어떤 나라가 동맹을 주도해야 할 것이냐의 여부에 대해 마찰이 있을 것이며 특히 전략을 수립하는 과정에서 분란이 많을 것이다.

셋째, 위협을 당한 국가는 자신의 자원을 더 많이 동원함으로써 침략국에 대처할 수 있을 것이다. 예를 들면 국방비를 늘리거나 병력의 숫자를 증가시키는 징집제도가 발동될 수 있을 것이다. 이는 "내적 균형" (internal-balancing) 유지노력이라고 말해지는데, 말 그대로 자조(self help)를 의미한다. 그러나 한 국가가 침략국에 대항하여 동원할 수 있는 자원에는 한계가 있다. 강대국들은 이미 그들 능력의 상당 부분을 국방에 동원한 상태이기 때문에 그러하다. 그들은 세계 속에서 차지하는 자신들의 힘의 비중을 극대화시키려고 노력하기 때문에 강대국들은 항상 "내적 균형유지 노력"을 하고 있는 상태라고 말할 수 있다. 그럼에도 불구하고

특히 침략적인 적국과 맞닥치게 될 때, 강대국들은 체제 내의 불요불급한 지출들을 제거하고 국방비 증액을 위한 현명한 방안을 찾으려 할 것이다.

그러나 강대국이 침략국을 억지하기 위해 국방비를 대폭 증가시킬 수 있는 한 가지 예외적인 경우가 있다. 해외의 균형자라고 말할 수 있는 영국이나 미국은 그들이 전략적으로 중요한 지역에서 대두하는 잠재적 패권국을 봉쇄해야 하는 상황이 아닌 한 상대적으로 낮은 수준의 국방비를 지출하는 경향이 있다. 이 두 나라는 대체적으로 소규모의 군사력만을 유지해도 충분하다. 미국과 영국의 잠재적 적국들은 자신들간의 경쟁에 힘을 집중해야 하며, 잠재적 적국의 힘의 투사능력을 차단하는 바다의 힘 덕분에 미국과 영국은 충분한 안보를 향유할 수 있기 때문이다. 그렇기 때문에, 미국, 영국과 같이 바다 건너편에 있는 강대국은 잠재적 패권국의 도전을 제어하려 하는 경우, 국방비와 군사력을 대폭 증강시키는 것이 가능하다. 1차 세계대전에 개입하던 1917년, 그리고 2차 세계대전에 개입하기 1년 전인 1940년 미국의 국방비 증액은 이 같은 사례가 된다.

■ 책임전가하기(Buck-Passing)

책임전가하기란 위협을 당하고 있는 강대국이 스스로의 힘으로 균형을 유지하는 노력 대신 선택할 수 있는 가장 중요한 대안이다.[47] 책임을 전가하는 나라는 다른 나라가 침략국을 억지하거나 전쟁을 대신 맡아 주기를 바라는 반면 자신은 직접 개입하지 않으려 한다. 책임을 전가하려는 나라는 침략자의 위험을 충분히 인식하지만 위협을 느끼는 다른 나라가 침략국가를 저지하는 성가신 책임을 맡아줄 것을 기대하는 것이다.

위협을 당하는 국가가 책임을 전가하기 위한 방안에는 다음과 같은 네 가지가 있다. 첫째, 침략국과 외교적으로 좋은 관계를 유지하거나 혹은 침략국을 자극하지 않음으로써 침략국이 관심을 다른 나라(책임을 담당할 나라, buck catcher)에 집중하도록 한다. 1930년대 후반 프랑스와 소련은 나치 독일의 위협에 직면하여 서로 그 위협을 상대방에 떠넘기려 노력했다. 프랑스와 소련 두 나라는 모두 히틀러와 좋은 관계를 유지하고자 했고 그럼으로써 히틀러의 총부리를 상대방으로 향하게 하도록 노력했다.

둘째, 책임을 전가하려는 나라는 대개 책임을 맡을 나라와 냉랭한 관계를 유지한다. 이는 책임전가국과 책임담당국 사이의 외교적 거리가 있을 경우 침략국과의 관계가 좋아질 수 있다는 이유에서뿐만 아니라, 책임을 담당한 나라가 침략국과 전쟁에 빠져들 경우라도 전쟁에 개입하지 않기 위해서다.[48] 결국 책임전가국의 목표는 침략국과의 전쟁을 회피하는 데 있다. 2차 세계대전 이전 프랑스와 소련의 관계가 낮은 음조의 적대관계로 특징지어졌다는 사실은 놀라운 일이 아니다.

셋째, 강대국들은 책임전가를 성공시키기 위해 자신의 추가적인 자원을 동원할 수 있다. 이는 책임을 전가하려는 나라가 국방비 지출에 대해 어느 정도 유연한 접근을 취할 수 있어야 한다는 것을 의미한다. 이 전략의 목표가 다른 어떤 나라가 침략국을 봉쇄하게 하는 것이기 때문이다. 그러나 앞에서 논한 바처럼 바다 건너편에 존재하는 균형자로서의 강대국의 경우를 예외로 한다면 이상의 결론은 잘못된 것이다. 국가들은 자신의 힘을 극대화시키기 위해서 노력한다는 사실을 제쳐두고 생각하더라도, 책임전가를 목표로 하는 나라들도 자신의 국방비를 증액시킬 기회를 추구하는 것이 더 좋으리라는 두 가지 이유가 있다. 책임전가를 원하는 나라는 자신의 국방비 지출을 증액시킴으로써 자신을 보다 어려운 표적으로 만들 수 있다. 즉 군사비를 증액시키는 경우 잠재적 침략국의 표적이 될 가능성은 줄어드는 것이다. 이 논리는 단순한 것이다. 위협을 당하는 국가가 강하면 강할수록 침략국의 공격 가능성은 줄어들게 된다. 물론 책임전가가 성공하기 위해서는 책임을 떠맡을 나라가 책임을 전가한 나라의 도움이 없어도 스스로의 힘으로 침략국의 공격을 막아낼 수 있을 정도로 강해야 한다.

책임을 전가하는 나라들도 역시 예방차원에서 막강한 군사력을 가지고 있어야 한다. 둘 혹은 그 이상의 나라들이 책임전가를 시도하는 세계 속에서 어떤 나라도 자신이 스스로 책임을 떠맡게 되어 침략국에 홀로 맞서야만 하는 경우가 없으리라고 확신할 수는 없는 노릇이다. 그런 경우에 대비하는 것이 안전하다. 1930년대 말엽의 프랑스와 소련은 책임을 떠맡게 될 가능성이 없으리라는 점을 확신할 수 없었다. 어느 나라가 책임전가에 성공한 경우라 해도 침략국이 책임을 떠맡은 나라에 대해 신속하고 결정적 승리를 거둔 후 책임을 전가한 나라를 향해 공격해 올 가능성은 항상 존재한다. 그렇기 때문에 책임전가가 실패할 경우에 대비하여 마치 보험에 드는 것처럼 군사력을 증강시켜야 할 필요가 있는 것이다.

넷째, 책임전가국은 때로 책임을 떠맡게 될 나라의 힘이 증가하는 것을 허락하는 편이 현명하다. 그 경우 책임을 떠맡게 될 나라가 침략국의 공격을 제어할 수 있는 가능성이 더 높아질 것이며 책임을 전가한 나라가 개입하지 않을 가능성도 높아지는 것이다. 1864년부터 1870년 사이 영국과 러시아는 비스마르크의 프러시아가 유럽의 심장지역의 영토를 점령하고, 프러시아보다 훨씬 막강한 독일제국을 건설하는 것을 방치했다. 영국은 통일된 독일제국이 프랑스와 러시아가 유럽의 핵심지역으로 팽창해 나가는 것을 억제할 수 있을 뿐 아니라 아프리카와 아시아에서 대영제국의 이익을 위협했던 프랑스와 러시아의 관심을 유럽으로 되돌려놓게 될 것이라고 생각했던 것이다. 반면, 러시아는 통일된 독일의 존재는 오스트리아와 프랑스를 제약할 뿐 아니라 폴란드의 민족적 야심도 제어할 수 있을 것이라고 생각했다.

■ 책임전가의 유혹

책임전가는 침략국을 다루는 데 있어 균형을 유지하기 위한 동맹의 결성과 정면으로 배치되는 방안이다. 동맹체제는 책임전가나 무임승차에 의해 붕괴될 수 있다. 그럼에도 불구하고 균형 연합 내부에서는 책임전가 혹은 무임승차의 강력한 유혹이 존재한다. 1차 세계대전 초반 영국의 정책결정자들은 서부전선에서의 영국군 전투참여를 가능한 최소화하고자 했고 영국의 동맹국인 프랑스와 러시아군이 독일군에 대항하여 더 큰 부담을 담당하기를 원했다.[49] 당시 영국은 아직 기력이 넘치는 영국군을 독일과의 최후의 결전에 투입시키려 했으며 그럼으로써 평화의 조건을 영국에 유리하게 만들려고 했다. 영국은, 패배한 독일 혹은 전쟁에 지친 프랑스나 러시아보다 더욱 유리한 지위에서 평화를 쟁취할 수 있을 것이라 기대했다. 그러나 영국의 동맹국들은 무슨 일이 진행되고 있는지를 곧 간파했고 영국군도 독일군과의 처절한 전투에 대규모로 참전함으로써 온전한 역할을 담당해야 할 것이라고 강요했다. 국가들은 항상 상대적 힘에 관해 신경을 쓰기 마련인 것이다.[50]

영국이 동맹국의 등을 타고 무임승차하려던 시도와 이 책 제7, 8장에서 서술될 역사는 위협을 받는 국가들이 서로 책임을 상대에게 전가하려는 강력한 충동을 가지고 있었다는 사실을 증명한다. 실제로 강대국들은 균형을 위한 노력보다는 책임전가를 선호한다. 이처럼 책임전가를 선호하는 이유는 책임전가는 '값이 싼' 국가방위가 되기 때문이다. 결국 책임을 담당하게 될 국가들은 전쟁억지가 실패하여 전쟁이 발발하는 경우 침략국과 싸워야 하는 엄청난 희생을 치르게 될 것이다. 물론 책임을 전가한 나라들도 책임전가를 잘할 수 있게 하기 위해 자국의 군사력에 투자를 한다거나, 책임전가가 실패할 경우에 대비하기 위해 상당한 양의 돈을 투자해야 할 경우가 있다.

책임전가는 그 자체 공격적 측면이 있으며 그것 때문에 매혹적일 수도 있다. 특히 만약 침략국과 책임을 담당한 나라들이 길고 지루한 전쟁에 빠져들 경우, 세력균형은 책임전가국에 유리한 방향으로 변경될 것이며 그 경우 책임전가국은 전후 세계를 지배하는 위치에 오를 수 있을 것이다. 이를테면 미국은 1941년 12월 2차 세계대전에 개입하기는 했지만 유럽에서의 전쟁이 종료되기까지 채 1년도 남지 않았던 1944년 6월에 이르기까지 유럽대륙에 육군을 파병하지 않았다. 그렇기 때문에 독일의 막강한 군사력을 파괴시키는 주임무는 소련군의 어깨에 놓였으며, 소련군은 베를린에 도착하기까지 형언할 수 없는 희생을 감내해야 했다.[51] 비록 미국은 1944년 이전 프랑스를 침공하기를 선호했다고 해도, 그래서 우연히 책임을 전가한 나라가 되었을 뿐이라고 해도, 미국은 노르망디 상륙작전을 ─ 독일군과 소련군이 전투하느라 지치고 약화된 ─ 전쟁의 종반 무렵까지 지연시킴으로써 대단한 이득을 취했다.[52] 스탈린은 영국과 미국이 의도적으로 독일과 소련이 서로 끝장을 볼 때까지 싸우도록 하여 대륙 밖에 있는 국가들이 2차 세계대전 이후의 세계를 지배할 의도를 가지고 있다고 믿고 있었는데 이는 놀라운 일이 아니다.[53]

책임전가의 전략이 매력적 대안이 되는 경우가 또 있다. 어떤 나라가 복수의 위험한 적국과 대치하는 경우, 그러나 여러 나라와 한번에 싸울 능력이 없는 경우 책임전가는 유용한 전략이 된다. 책임전가는 위협국의 숫자를 감소시킬 수 있는 것이다. 영국은 1930년대 한꺼번에 위험스런 세 나라와 대처해야 했다. 독일, 이탈리아, 일본이었는데 영국은 이 세 나라의 위협을 한꺼번에 대처할 국력은 보유하고 있지 않았다. 영국은 독일을 다루어야 할 책임을 프랑스에 떠맡겨서 부담을 줄이려 했고 나머지 힘으로 이탈리아와 일본에 대처하고자 했다.

그러나 책임전가는 안전한 전략은 아니다. 이 전략의 가장 큰 문제는 책임을 떠맡는 나라가 침략국을 방어하는 데 실패할 수도 있다는 점이며 그 경우 책임을 전가한 국가는 아주 취약한 전략적 처지에 놓이게 된다. 예를 들면 프랑스는 나치 독일을 혼자의 힘으로 당할 수 없었으며 그래서 영국은 1939년 3월 프랑스와 함께 독일에 대항하는 동맹을 형성했어야 했다. 그러나 이때 히틀러는 이미 체코슬로바키아 전체를 차지하고 있었으며 제3제국을 봉쇄하기에는 너무 늦었다. 전쟁은 5개월 후인 1939년 9월 발발하고 말았다. 같은 기간 동안 소련은 영국과 프랑스에게 책임을 성공적으로 전가시켰고 뒤에 남아 책임을 떠맡은 영국과 프랑스가 독일과의 길고 피비린내 나는 전쟁에 빠져 들어갈 것을 기대했다. 그러나 독일군은 1940년 봄, 프랑스를 단 6주 만에 격파해 버렸고, 히틀러는 서부전선에 대한 우려없이 마음놓고 소련을 공격할 수 있는 상태가 되었다. 프랑스, 영국과 더불어 독일과 직접 대항하지 않고 책임전가를 한 소련은 나중에 독일과 더욱 어려운 전쟁을 치러야만 했다.

더 나아가 책임을 전가한 나라는 책임을 맡은 나라의 군사력이 막강해지는 것을 허락하게 될 경우가 생긴다. 책임을 떠맡은 나라들은 군사력이 막강해져서 궁극적으로 세력균형을 바꾸어 놓을 수 있는데 바로 1870년대 독일이 통일을 이룩한 다음에 나타났던 현실이다. 비스마르크는 통일 이후 약 20년 동안 세력균형을 유지하려고 노력했다. 실제로 독일은 영국이 원했던 대로 유럽대륙에서 러시아와 프랑스 모두를 견제했다. 그러나 1890년 상황은 급격히 변했다. 독일은 점차 강해졌으며 궁극적으로 유럽을 스스로 지배하려 했다. 이 경우 영국과 러시아의 책임전가 전략은 기껏해야 본전 수준의 결과를 가져왔다. 단기적으로는 효과적이었지만, 장기적으로는 파탄이었던 것이다.

이상의 문제점들은 조심의 요인이 되기는 했지만 책임을 전가하려는 유혹을 경감시키는 데는 무력했다. 강대국은 그것이 실패하리라고 생각하며 책임전가를 하는 것은 아니다. 역으로 그들은 책임전가 전략이 성공하리라 믿는다. 그렇지 않다면 강대국들은 책임전가를 포기하고 위협을 당하는 국제체제 속의 다른 나라들과 함께 동맹을 형성하게 될 것이다. 그러나 국제정치에서 미래를 예측한다는 것은 어려운 일이다. 1870년 그 누가 장차 독일이 1900년대 초반에 유럽에서 가장 막강한 나라가 될 것이며 두 차례의 세계대전을 도발할 것이라고 예측할 수 있었겠는가? 물론 세력균형도 책임전가의 완벽한 대안이 될 수는 없다. 실제로 균형은 효율적이지 못하며, 균형을 유지하기 위해 함께 노력하는 국가들은 재앙적 패배를 당할 수도 있다. 1940년 봄 영국과 프랑스가 그러했다.

책임을 전가하는 전략은 때로 미끼를 던져 상대방을 피흘리게 하는 전략과 마찬가지의 결과를 초래할 수 있다. 특히 책임전가 전략이 전쟁을 초래했을 경우, 책임을 전가한 나라는 미끼를 던진 나라와 마찬가지로 자신의 주요한 경쟁 국가들이 서로를 망가뜨리는 전쟁을 하는 동안 자신은 전쟁에 개입하지 않은 상태에서 상대적 지위를 향상시킬 수 있다. 그러나 이 두 가지 전략은 모두 한 나라가 신속하고 결정적 승리를 거둘 경우 낭패를 당하게 된다. 그럼에도 불구하고 양자 사이에는 중요한 차이점이 있다. 책임전가는 본질적으로 억지 전략이다. 이 전략에서 전쟁은 일이 잘못되었을 경우에 발발하는 것이다. 그러나 미끼와 피흘리게 하기 전략은 의도적으로 전쟁이 발발하도록 하는 것이다.

피해야 할 전략들

세력균형의 유지와 책임전가만이 위협을 당하는 국가들이 침략자에 대항하여 택할 수 있는 유일한 전략은 아니다. 유화정책(Appeasement)과 편승(Bandwagoning) 역시 생각해 볼 수 있는 좋은 대안이라고 말해진다. 그러나 이는 사실이 아니다. 이 두 전략은 모두 침략국에 대한 양보를 내포하는 것으로서 세력균형의 논리를 위배하는 것이며 그런 전략을 채택하는 나라에게 더 큰 위협을 초래한다. 자신의 생존에 관심을 가지고 있는 강대국이라면 그들의 적국에 대해 유화정책이나 편승정책을 택하는 일은 피해야 한다.

편승은 어떤 나라가 자신보다 더 강한 나라에 자신의 힘을 보태는 경우로서, 강력하며 새로운 파트너가 자신과 함께 정복한 전리품 중 압도적으로 많은 비율을 차지하도록 양보하는 것이다.[54] 다른 말로 한다면, 힘의 배분상황은 편승을 한 나라에게는 더욱 불리한 방향, 그리고 더 강한 나라에게는 더욱 유리한 상황으로 바뀐다. 편승은 약자의 전략이다. 이 전략이 근거하는 가정은 다음과 같다. 상대방에 비해 아주 열세에 놓인 나라는 강한 국가의 요구에 대항한다는 것이 무리이다. 왜냐하면 강한 나라는 어떤 경우라도 자신이 원하는 바를 군사력을 통해 획득할 수 있을 것이다. 그 과정에서 강한 나라는 약한 나라에게 심각한 피해를 가하게 될 것이다. 꽁무니에 매달리려 하는 나라는 문제를 일으키는 강대국이 자비롭기를 바래야 한다. 편승전략의 본질은 투키디데스의 유명한 금언, "강자는 자신이 하고 싶은 것을 할 수 있으며 약자는 그들이 당해야만 할 고통을 감내할 수밖에 없다"에 잘 나타나 있다.[55]

이 전략은 공격적 현실주의의 기본적 교리 — 즉 국가들은 상대적 힘을 극대화하기 위해 노력한다 — 에 배치되며 강대국들이 이런 전략을 택한 경우는 드물다. 강대국의 정의(definition)에 나타나듯이 강대국이란 다른 강대국과 상대하여 상당한 수준의 전쟁을 벌일 수 있는 힘을 가지고 있는 나라를 의미한다. 강대국들은 당당히 맞서서 싸우려는 동기를 가지고 있는 것이다. 편승이란 주로 적대적 강대국에 홀로 대처해야 하는 약한 나라들이 택하는 전략이다.[56] 그들은 적에게 굴복하는 방법 외에 다른 대안이 없다. 그들은 약하고 외롭기 때문이다. 편승전략의 좋은 예는 2차 세계대전 초기 독일과 동맹을 맺었던 불가리아와 루마니아의 사례다. 이들은 전쟁이 종식되어갈 무렵 그들의 충성대상을 소련으로 바꾸었다.[57]

유화정책을 통해 위협을 당하는 나라는 침략국에 양보함으로써 침략국에 유리한 세력균형상태를 만들게 된다. 유화정책을 택하는 나라는 대개 제3국 영토의 일부 또는 전부를 보다 강력한 적국에 양도하는 데 동의한다. 이러한 행동의 동기는 침략적 강대국의 행동을 완화시키려는 데 있다. 침략국을 보다 평화적인 방향으로 돌린다거나 혹은 공격국을 현상유지를 원하는 나라로 바꾸려는 것이다.[58] 이 전략은 적국의 공격적 의도는 그 나라가 전략적으로 취약하다고 느끼고 있기 때문에 야기된 것이라고 가정한다. 그렇기 때문에 공격적 의도를 가진 국가의 취약성을 감소시킬 수 있는 어떤 조치라도 그 나라가 전쟁을 감행하려는 동기를 완화하거나 없앨 수 있다고 간주한다. 그러니까 '유화정책은 공격의도를 가진 국가를 향해 자신의 선의를 보여주고, 공격의도를 가지고 있는 국가에 유리한 군사 균형상태를 만들어서 공격국을 덜 취약하게 하고 더 안전하게 함으로써 공격의도를 가진 나라를 궁극적으로 덜 공격적인 나라로 만들 수 있고, 결국 평화의 목적을 달성할 수 있다'고 주장한다.

편승전략을 택한 나라들이 공격자를 봉쇄하려는 아무런 노력을 하지 않는 것과는 달리 유화정책을 택하는 나라들은 위협을 제한하기 위해 노력한다. 그러나 편승전략과 마찬가지로 유화전략은 공격적 현실주의가 지시하는 바와 배치되며 그 결과 공상적이고 위험한 전략이 되고 만다. 위험한 적대국은 친절하고 부드러운 적으로 만든다는 것은 가능한 일이 아니다. 더더욱 평화를 사랑하는 나라로 바꿀 수는 없다. 실제로 유화정책은 침략국의 정복욕구를 줄이기는커녕 오히려 부추기게 된다. 만약 심각하게 불안을 느끼는 국가에게 상당한 권력을 양보하는 경우, 권력을 양보받은 나라가 향후 생존가능성에 대해 안전한 느낌을 가질 것이라는 점은 당연하다. 이처럼 낮아지게 된 안보위협은 그 나라로 하여금 자신에게 유리한 방향으로 세력균형을 바꾸겠다는 욕구를 감소시키게 될 것이다.

그러나 이처럼 좋은 소식은 이야기의 일부에 불과하다. 사실 두 가지 다른 고려사항들은 유화정책이 평화를 조장한다는 논리를 덮어버린다. 이미 강조한 바처럼 국제정치의 무정부적 상황은 모든 국가들에게 상대방의 손해를 통해서라도 자신의 힘을 더욱 증대시킬 수 있는 기회를 추구하도록 한다. 강대국이란 그 자체가 공격적으로 프로그램되어 있는 나라들이기 때문에, 유화의 대상이 된 나라들은 유화정책을 행한 나라가 약하기 때문에 그렇게 한 것이라고 해석하게 된다. 유화정책은 이미 힘의 현상유지를 포기한 증거가 되기 때문이다. 이런 상황에서 유화의 대상이 된 나라들은 더 많은 양보를 추구하게 된다. 어느 나라라도 가능한 한 많은 권력을 추구하지 않는다면 그 나라는 바보같은 나라다. 왜냐하면 힘을 증가시키면 시킬수록 그 나라의 생존 가능성도 함께 증가하기 때문이다. 더욱이 유화정책을 행한 나라가 상당량의 힘을 양보한 결과, 유화정책의 대상이 된 나라가 더 많은 힘을 얻을 수 있는 능력이 더욱 강화될 것이다. 요약한다면, 유화정책은 위험한 적대국을 덜 위험한 나라가 아니라 더욱 위험한 나라로 만들 가능성이 높다.

현실주의적 이유에 의한 양보

그러나 세력균형의 논리에 어긋나지 않는 한도 내에서 강대국이 다른 강대국에게 힘을 양보할 수 있는 특수한 상황이 있다. 앞에서 지적한 것처럼, 책임을 떠맡는 나라의 힘이 증가되고, 그럼으로써 책임을 떠맡은 나라가 침략국의 공격을 방어할 수 있는 전망을 높일 수 있다면 그것은 책임을 전가한 나라에게도 유익한 일이 될 것이다. 더구나 한 강대국이 두 나라 이상의 강대국과 동시에 대결해야 하는 경우, 그러나 이들 모두를 상대할 능력이 없고 책임을 떠맡길 동맹국도 없는 경우, 어려움에 처한 국가는 현재 당면한 위협과, 적국에게 유리하게 힘의 균형이 전개되는 경우 야기될 위협 중 우선순위를 판단해야 한다. 그렇게 함으로써 더 큰 위협에 대처하기 위해 자원을 집중시킬 수 있을 것이다. 운이 좋다면 보다 작은 위협국은 궁극적으로 더 큰 위협국의 라이벌이 될 수 있고 그 경우 덜 위험한 나라와 동맹을 체결하여 더 위험한 나라에 대항할 수 있을 것이다.

이 논리는 20세기 초반 영국이 미국에게 우호적으로 접근한 이유의 일부를 설명해 준다.[59] 당시 영국은 아메리카 대륙에 대해 중요한 이권을 가지고 있었고, 이는 때때로 미국과의 심각한 분규상황까지 이르렀지만 미국은 분명 아메리카 대륙의 패권국이었다. 그러나 영국은 아메리카 대륙을 포기하고 미국과 좋은 관계를 유지하고자 했다. 영국이 그렇게 결정한 것은 아메리카 대륙에서의 이익을 추구하기 위해서 영국은 대서양을 건너와야 했고 아메리카 대륙을 바로 뒷마당처럼 생각하는 미국과 겨룰 수 없는 처지였기 때문이다. 사실 영국은 지구의 다른 곳들에서 더 큰 위협에 당면하고 있었다. 특히 유럽대륙에서 부상하는 독일의 도전은 바다 건너편의 미국의 도전에 비해 잠재적으로 훨씬 더 위험한 것이었다. 이처럼 변하는 환경은, 영국이 독일의 위협에 집중적으로 대처하기 위해 아메리카 대륙에서의 패권을 미국에게 양보하도록 만들었다. 궁극적으로 독일은 미국에게도 위협이 되었고 미국이 영국의 동맹국으로서 두 차례에 걸친 세계대전에서 독일에 대항하여 싸우도록 한 원인이 되었다.

마지막으로 위험한 적대국에게 양보하는 것은 위협을 봉쇄하기 위해 필요한 힘을 동원할 수 있는 시간을 벌기 위한 단기적 전략으로는 일리가 있다. 임시적으로 적에게 양보를 하는 경우 그 국가는 반드시 상대국보다 우위에 올라설 수 있을 동원력을 확보하고 있어야 한다. 역사적 기록에서 이와 같은 사례는 거의 없다. 내가 알고 있기로 이와 유사한 유일한 경우는 1938년 9월의 뮌헨 협정인데, 영국은 독일이 수데텐란트(체코슬로바키아의 영토)를 합병하는 것을 허락했다. 영국의 정책결정자들은 단기적으로 그것이 독일에 유리한 세력균형상태를 초래할 것이지만 장기적으로는 영국과 프랑스에 유리하게 될 것이라고 기대했던 것이다. 실제로는 뮌헨 협정 이후 연합국에게 불리한 세력균형상황이 창출되었다. 연합국들은 1938년 독일과 체코슬로바키아에서 전쟁을 벌이는 것이 1939년 폴란드에서 독일과 전쟁을 벌이는 것보다 차라리 더 나았을 것이다.[60]

결론

마지막으로 국가들이 힘을 늘리고 그 힘을 유지하기 위해 어떻게 노력하는가와 관련해서 한 가지 더 말해둘 것이 있다. 케네스 월츠 교수는 "안보를 위한 경쟁은 강대국들이 적국들의 성공적인 행동을 모방하게 한다"는 유명한 언급을 한 적이 있다.[61] 그는 국가들은 공통적인 국제적 행동을 위해 사회화한다고 주장한다. 실제로 국가들이 거칠고 험한 국제정치 속에서 생존하기를 희망한다면 남들이 하는 대로 행동하는 것 이외에 대안이 별로 없다. "국가들이 근접하여 함께 살고 있기에 국가들은 성공적인 행위를 따르지 않을 경우 손해를 입게 된다는 사실을 알게 되어 남들과 같은 행동을 하게 되며 이는 국가들은 모두 마찬가지라는 사실을 더욱 확신시켜 준다"[62]고 말한다.

월츠는 모방의 개념을 균형을 위한 행동과 연계시킨다. 그는 국가들은 세력균형을 파괴하려고 위협하는 나라들을 견제해야만 한다는 사실을 배운다고 주장한다. 이처럼 국가들은 서로 같아지려는 경향이 있다는 사실에서 나오는 분명한 결과는 현상의 유지다. 결국, 세력균형은 가장 중요한 공통적 행동이며, 국가간 힘의 균형을 뒤엎는 것이 아니라 보존하는 방향으로 작동한다는 것이다. 바로 이것이 방어적 현실주의(defensive realism)의 본질이다.

물론 국가들이 국제체제 속의 다른 나라들의 성공사례를 모방하려는 강력한 경향이 있다는 것은 사실이다. 국가들이 왜 침략자에 대항해서 균형을 이루기 위해 모여드는가를 설명하기 모호한 점이 있기는 해도 세력균형을 국가들이 모방하려는 전략으로 상정하는 것은 일리가 있다. 국제체제의 구조 그 자체가 국가들로 하여금 위험한 라이벌에 스스로 대항하게 하거나 혹은 다른 나라들이 침략국을 봉쇄하도록 하기 때문이다.

그러나 월츠는 그 자신이 생각하는 것보다 국제정치를 더욱 공격 지향적으로 만들고 더욱 위험하게 만드는, 밀접하게 연계된 두 가지 측면의 국가 행동을 간과하고 있다. 국가들은 성공적인 세력균형 행동을 흉내낼 뿐만 아니라, 성공적인 침략도 흉내내려 한다. 일례로 미국이 1990-1991년 기간 동안 사담 후세인의 쿠웨이트 정복을 용인하지 않은 하나의 이유는 다른 나라들도 공격전쟁을 할 경우 (후세인처럼) 이득을 볼 것이라 생각하게 될 것이며 그 결과 더 많은 정복전쟁이 야기될지도 모른다는 점을 두려워하는 데 있었다.[63]

더욱이 강대국들은 서로간의 성공적 행동을 모방할 뿐 아니라, 새로운 무기, 혁신적 군사교리, 혹은 영리한 전략을 개발하여 적대국에 대비 더 많은 이득을 얻는 새로운 방법을 강구한다.[64] 종종 예상하지 못한 방식으로 행동하는 국가들이 중요한 이득을 취하기 때문에, 국가들은 전략적 기습(strategic surprise)에 그렇게 신경을 쓰는 것이다.[65] 나치 독일의 경우가 이를 잘 보여준다. 히틀러는 분명히 유럽 경쟁국들의 성공사례를 잘 흉내내냈다. 그러나 그는 자신의 적국들을 놀라게 하는 새로운 전략을 과감히 채택하였다. 안보 경쟁은 국가들이 용인된 행동을 따르게도 하고 벗어나는 행동을 하게도 한다.[66]

나는 국가들이 세계 속에서 자신의 힘의 비율을 극대화시키기 위해서 어떻게 노력하는가를 설명했고 국가들이 추구하는 특별한 목적은 물론 그 목적을 추구하기 위해 국가들이 택하는 전략에 초점을 맞추었다. 이제 강대국들이 경쟁 국가들에 대해 우위를 추구하려고 변함없이 노력했다는 사실을 증명해 줄 수 있는 역사적 기록들을 살펴보기로 하자.

06

강대국들의 행동

The Tragedy Of
Great Power Politics

이 책 제2장에서 제시한 나의 이론은 강대국들은 왜 공격적 의도를 가지는 경향이 있으며 그들은 왜 국제체제에서 자신의 힘의 비율을 극대화하려고 노력하는가를 설명하기 위한 것이었다. 그곳에서 나는 국제정치에서 현상유지를 원하는 국가는 드물며, 특히 강력한 국가는 항상 지역에서의 패권을 추구하기 위해 노력한다는 주장에 대한 심오한 논리적 근거를 제공하고자 노력했다. 그러나 나의 이론이 궁극적으로 설득력 있는 이론인가의 여부는 내 이론이 강대국들의 실제적 행동을 얼마나 잘 설명할 수 있는가에 달려 있다. 강대국들은 공격적 현실주의가 예측하는 대로 행동한다는 확실한 증거가 있는 것일까?

위의 질문에 '그렇다'고 대답하고 공격적 현실주의가 강대국의 행동을 가장 잘 설명한다고 말하기 위해서 나는 다음의 사실들을 증명해야 한다.

1. 강대국 국제정치의 역사는 무엇보다도 현상변경을 원하는 국가들의 충돌을 포함한다.
2. 국제체제에서 현상유지를 원하는 유일한 나라는 이미 지역의 패권을 장악한 국가, 즉 힘의 정상을 차지한 나라뿐이다.

다시 말해, 나는 강대국들이 힘을 증강시킬 기회를 추구하며, 국력이 성장함으로써 이득을 본다는 점을 보여주어야 한다. 또한 강대국들은 자신들에게 유리한 방향으로 세력균형을 변경시킬 수 있는 힘을 가지고 있는 경우 결코 자제력을 발휘하지 않는다는 점, 그리고 막강한 힘을 추구하려는 국가들의 욕망은, 이미 힘이 막강해진 이후라고 해도 줄어들지 않는다는 점을 입증해야 할 것이다. 대신에 강대국들은 가능한 한 언제라도 지역에서의 패권국 지위를 추구하려 한다는 점을 보여주어야 한다. 마지막으로 국가의 지도자들은 자신이 더 많은 힘을 획득할 수 있는 능력을 가지고 있을 때, 결코 그들의 나라가 현재 국제체제에서 차지하고 있는 상대적 힘의 지위에 대해 만족한다고 말하는 경우가 없어야 한다. 실제로 지도자들이 국가의 생존가능성을 높이기 위해 더 많은 힘의 추구를 사명으로 생각하고 있다는 점을 항상 발견할 수 있어야 한다.

국제체제가 현상변경을 원하는 국가들로 가득 차 있다는 사실을 보여주는 일은 간단하지 않다. 잠재적 사례들이 세상에 너무 방대하기 때문이다.[1] 결국 강대국들은 수백년 동안 경합을 벌여왔고, 국가들의 행동에 관한 나의 주장을 실험할 수 있는 좋은 사례들이 많이 있다. 나의 탐구를 가능하게 하기 위해 본 연구는 역사적 기록들에 대해 네 가지 상이한 관점들을 취하고자 한다. 비록 나는 공격적 현실주의를 지지하는 증거들을 찾으려는 본능적 욕망을 가지고 있지만, 나는 나의 이론을 부정할 수도 있는 사례들을 추적함으로써, 나의 이론에 대항하는 주장을 제시하려고 노력할 것이다. 특히 나는 팽창 혹은 비팽창(non-expansion)의 사례에 같은 정도의 비중을 두어 분석하고자 하며, 팽창이 이루어지지 않는 경우 그것들은 대개 전쟁억지가 성공한 결과였음을 보여주고자 한다. 나는 팽창을 억누르는 요인을 평가할 경우 그 사례들에 대해 일관성 있는 잣대를 사용하기 위해 노력할 것이다.

첫째로, 지난 150년 동안의 가장 중요한 강대국 다섯 나라의 외교정책 행위를 분석할 것이다. 일본의 경우는 메이지유신이 있었던 1868년부터 2차 세계대전에서 패배했던 시점까지를 분석기간으로 삼았다. 독일의 경우는 오토 폰 비스마르크가 득세하기 시작한 1862년부터 아돌프 히틀러가 궁극적으로 패망한 1945년까지를 분석대상으로 삼았다. 소련의 경우는 소련이 등장한 1917년부터 붕괴한 1991년까지를 분석대상으로 했다. 영국은 1792년부터 1945년까지를 분석할 것이며, 미국의 경우 1800년부터 1990년까지를 분석할 것이다.[2] 나는 이들 국가들의 역사를 시기별로 나누어 다루기보다 포괄적으로 보는 방법을 택하고자 한다. 그렇게 하는 것이 어떤 특정한 공격행동이 국내정치적 요인 등으로 인해 야기된 비정상적이 행위가 아니라 공격적 현실주의가 말하는 국가들의 보다 넓은 공격적 행동양식이라는 점을 보여주는 데 도움이 될 것이기 때문이다.

일본, 독일, 소련의 행위들은 나의 이론을 강력히 지지하는 뚜렷한 사례들을 제공한다. 이 나라들은 항상 정복을 통한 힘의 팽창기회를 추구했으며, 기회를 포착한 순간 언제라도 달려들었다. 힘을 획득한 후에도 공격적 성향은 완화되지 않았다. 오히려 더 공격적이 되었다. 실제로 이 세 강대국들은 지역 패권국의 지위를 추구했다. 일본과 독일은 이 목표를 달성하기 위해 대규모 전쟁을 감행했다. 오직 미국과 그 동맹국들만이 소련이 유럽을 정복하는 것을 억지했다. 이들 나라들의 정책결정자들이 공격적 현실주의자처럼 말하고 생각했다는 상당한 증거들이 있다. 특히 국가들이 현재의 세력균형을 자신에게 유리하게 바꾸어 놓을 수 있는 능력을 보유한 상황에서 그 나라의 중요한 정책결정자들이 현재상태의 세력균형에 만족한다고 말한 경우는 거의 찾아볼 수 없다. 요약하면, 독일, 일본, 소련의 공격적 정책을 배후에서 추진한 힘은 국가안보에 관한 고려였다.

그러나 영국과 미국은 어느 면에서는 공격적 현실주의와 반대되는 행동을 한 것처럼 보인다. 19세기 대부분의 기간 동안 영국은 유럽에서 경제적으로 제일 풍요로운 나라였다. 그러나 영국은 풍부한 경제력을 군사력을 건설하는 데 쓰려 하지 않았고, 지역적 패권을 획득하려 하지 않았다. 그래서 영국은 그럴 능력이 있는데도 불구하고 상대적 힘의 비중을 증대시키는 데 관심이 없었던 것처럼 보인다. 20세기 초반 약 50년 동안 미국은 동북아시아 및 유럽을 향해 자신의 힘을 투사할 수 있는 기회 몇 번을 지나쳐 버렸고 오히려 고립주의적 외교정책을 택한 것처럼 보였다. 이를 공격적 행동의 증거라고 말할 수 없을 것이다.

그럼에도 불구하고 나는 영국과 미국 역시 공격적 현실주의에 입각해서 행동했다고 주장할 것이다. 미국은 19세기 동안 아메리카 대륙에서 패권을 추구하기 위해 공격적으로 행동했으며, 적대적 국제정치 속에서 살아남을 수 있는 가능성을 극대화시키기 위해 그렇게 했던 것이다. 미국은 성공했고 현대사에서 지역적 패권의 지위를 성취한 유일한 나라가 된 것이다. 미국은 20세기 동안 유럽이나 동북아시아의 영토를 정복하기 위한 시도를 하지 않았다. 대서양과 태평양을 건너 미국의 군사력을 투사하기가 너무 어려웠기 때문이다. 그러나 미국은 전략적으로 중요한 이들 지역에 대해 해외의 균형자로서 행동했다. 영국이 19세기 중 유럽을 제패하기 위한 시도를 결코 하지 않았던 사실 역시 바다가 힘의 투사를 저지하는 데 미치는 영향력 때문이라고 설명될 수 있다. 영국과 미국의 사례는 더욱 자세한 설명이 필요하기 때문에 다음 장에서 따로 다루기로 한다.

둘째로, 나는 이탈리아가 통일국가로 탄생한 1861년부터 2차 세계대전에 패배한 시점까지의 이탈리아 외교정책을 설명하고자 한다. 사람들은 진정한 강대국들은 힘을 더 얻기 위한 기회를 추구한다는 사실에 대해서 수긍하지만 다른 강대국들, 특히 상대적으로 힘이 약한 나라들은 현상유지를 원하는 나라처럼 행동할 것이라고 생각한다. 이탈리아는 바로 이 주장을 시험해 보는 사례로 적합하다. 이탈리아는 유럽 국제정치의 전 기간 동안 분명 "강대국 중에서는 제일 약한" 나라였기 때문이다.[3] 이탈리아는 군사력이 부족했음에도 불구하고 그 나라의 지도자들은 끊임없이 힘을 증대시키기 위한 기회를 추구했고, 기회가 다가왔을 때 이탈리아 지도자들은 주저하지 않았다. 더욱이 이탈리아의 정책결정자들은 세력균형이라는 관점에서 공격적 행동의 동기를 가지게 되었다.

셋째, 혹자들은 "강력하고 활동적인 국가가 힘이 포만상태에 있기 때문에 팽창을 멈추었거나 혹은 권력 추구에 제한을 둔 사례가 실제로 거의 없었다"는 점은 인정하지만, 그럼에도 불구하고 그러한 강대국들이 공격적으로 행동한 것은 바보 같은 짓이었다고 주장한다. 공격이란 재앙을 초래하기 때문이다.[4] 이들 국가들이 군사력을 통해 세력균형을 바꾸려 노력하기보다 현재의 세력균형을 유지하는 데 힘을 집중할 경우 그들은 궁극적으로 더욱 안전해질 것이다. 힘이 포만되었는데도 불구하고 공격적 행동을 단행하는 자기 파멸적 행동은, 전략적 논리로는 설명될 수 없다. 그런 정책들은 자기 이익만 생각하는 국내의 이익집단들에 의해 추구된 잘못된 정책에 경도된 결과라고 말해진다. 방어적 현실주의자들은 때로 이런 논리를 추종한다. 방어적 현실주의자들이 생각하는 자기파멸적 행동의 훌륭한 사례들은 2차 세계대전 전의 일본, 1차 및 2차 세계대전 전의 독일이다. 이 두 나라 모두 다가올 전쟁에서 처참하게 파괴되었다. 그러나 나는 이 같은 일반적 주장에 도전하고자 한다. 나는 일본 및 독일의 사례를 살펴봄으로써 독일과 일본이 잘못된 국내정치의 영향을 받아 자기파멸적 행동에 빠져들어 간 것이 아니라는 사실을 증명해 보일 것이다.

마지막으로, 나는 냉전 당시 미국과 소련의 핵 군비경쟁에 관해 분석할 것이다. 방어적 현실주의자들은 핵무장한 경쟁국들이 일단 상대방을 서로 기능할 수 없는 사회로 완전히 파괴할 수 있을 정도의 핵 군사력을 갖추게 되는 경우, 그들은 자신들이 창조한 세상에 대해 만족하게 되며 더 이상 상황을 변경하려고 시도하지 않을 것이라고 주장한다. 다른 말로 한다면, 이 나라들은 핵무기의 차원에서 현상유지를 원하는 나라가 된다는 것이다. 그러나 공격적 현실주의 이론에 의하면 이 나라들은 상호확실파괴(Mutual Assured Destruction)의 상황을 받아들이지 않을 뿐 아니라 오히려 상대방에 대한 핵 우위 상황을 창출하기 위해 노력한다. 나는 미소 양 초강대국의 핵무기에 관한 정책은 공격적 현실주의가 예측하는 바에 대체로 부합했다는 사실을 보여주려 한다.

다음 장에서 논의될 미국과 영국의 사례를 제외하고, 이 장에서는 앞에서 지적한 다른 4개의 사례를 역사적인 순서에 의해 다룰 것이다. 그럼 메이지유신 이후부터 히로시마 원폭투하에 이르는 기간 동안의 일본 외교정책부터 평가해 보기로 하자.

일본 (1868-1945)

1853년 이전, 일본은 외부세계 특히 미국 및 유럽의 강대국들과 거의 접촉이 없었다. 200년 이상 스스로 문호를 걸어 잠근 결과 일본은 봉건적

정치체제를 유지했고 일본경제는 당시 유럽의 선도적 산업국가들의 경제와 같은 종류가 아니었다. 강대국들은 1850년대 일본의 문호를 개방하기 위해 "포함외교"(Gunboat Diplomacy)를 전개했고 힘을 통한 압박으로 일본과 여러 가지 불평등한 상업조약을 체결했다. 동시에 강대국들은 아시아 대륙에서의 영토장악을 위해 경쟁을 벌이고 있었다. 일본은 상황전개에 아무런 영향을 미칠 수 없는 허약한 상태였다. 일본은 강대국의 자비심에 운명을 맡길 수밖에 없었다.

일본은 다른 강대국을 국내적, 국제적으로 모방함으로써 이같은 적대적 전략상황에 반응했다. 일본의 지도자들은 정치체제를 개혁해서 경제·군사적 측면에서 서구와 경쟁하겠다고 결심했다. 1887년 일본의 외무대신은 이렇게 말했다. "우리가 해야 할 일은 우리의 제국과 국민을 변혁하여 일본을 유럽의 제국들처럼 만들고 우리의 국민들을 유럽의 국민들처럼 만드는 일이다. 다른 말로 한다면 우리는 아시아의 주변에 유럽식의 제국을 새로이 건설해야 하는 것이다."라고 말했다.[5]

1868년의 메이지유신은 국가의 회복을 위해 내딛은 첫 번째 중요한 단계였다.[6] 근대화를 시작한 초기에는 국내적 정책에 주로 관심이 집중되었지만, 일본은 곧 국제무대에서 강대국처럼 행동하기 시작했다.[7] 일본의 초기 정복목표는 한국이었다. 1890년대 중반이 되었을 무렵, 일본이 아시아 대륙의 상당 부분을 통제하려는 의도가 있다는 점은 분명히 드러났고 1차 세계대전이 종식된 후, 일본이 아시아에서 패권을 추구하고 있다는 사실이 분명해졌다. 일본의 공격적 성향은 1945년 2차 세계대전에서 결정적으로 패퇴했을 당시까지 전혀 감소되지 않은 채 그대로 남아 있었다. 메이지유신으로부터 동경만에서 항복선언을 할 때까지 거의 80년 동안, 일본은 공격적으로 행동하고 세계 속에서 자신의 힘의 비중을 증대시키기 위해 자신에게 유리한 세력균형이 전개되는 모든 시기를 성공적으로 포착했다.[8]

일본 외교정책을 연구하는 학자들은 일본은 1868년부터 1945년에 이르기까지 끊임없이 국력팽창, 국력증진의 기회를 추구했으며 일본 행동의 본질적 배경이 된 것은 안보에 관한 관심이었다는 사실에 동의하고 있다. 노부타카 이케는 "회상해 보면 이 기간 끊임없이 나타난 주제는 전쟁이었다. 이 시대는 전쟁을 준비했던가 혹은 전쟁을 실제로 행했던가 중 하나였다. … 여러 가지 근거들은 일본의 근대화 과정을 대표하는 하나의 핵심적 부분은 전쟁이었다고 추측할 수 있게 한다"[9]고 쓰고 있다. 대표적인 방어적 현실주의자인 잭 스나이더Jack Snyder조차 "메이지유신으로부터 1945년까지 모든 일본 행정부는 팽창주의적이었다"는 사실을 인정하고 있다.[10]

마크 피티Mark Peattie는 "여러 가지 증거들에 의하면 서구 강대국들의 아시아를 향한 진출과 관련된 일본의 안보 혹은 불안이 일본 제국이 여러 영토를 획득하도록 한 주요 원인이었다"[11]라고 언급함으로써 일본의 동기에 관한 탁월한 지혜를 포착하고 있다. 메이지유신의 권위적 측면에 대한 예리한 비평자인 노만E.H.Norman조차 역사의 모든 교훈은 "메이지유신의 정치가들에게 굴종하는 국가와, 성장하며 승리하는 제국 사이에 어정쩡한 위치는 없다는 사실을 경고했다"고 결론내렸다.[12] 이시와라 간지 대장은 1946년 5월 동경의 전범재판에서 미국 검사를 향해 다음과 같이 항변하며 위와 마찬가지의 관점을 표명했다.

> 당신은 페리(첫 번째 미일조약을 협상했던 미해군 제독 매튜 페리)가 한말을 듣지 못했소? 당신은 당신 조국의 역사에 대해서는 아무것도 아는 바 없는 것이오? 도쿠가와 일본은 고립정책을 믿고 있었소. 당시 일본은 외국과는 어떤 거래도 원치 않았고, 문을 탄탄하게 걸어 잠그고 있었소. 그때 당신 나라의 페리가 흑선을 타고 이 문을 열기 위해 왔던 것이오. 그는 자신의 대포를 일본을 향해 겨냥하고 경고했소. "만약 당신들이 우리와 싸우기 원치 않는다면, 이걸 보시오. 당신들 문호를 개방하고, 다른 나라들과도 협상하시오." 그

래서 일본이 문호를 개방하고 다른 나라들과 거래를 하려 할 때, 일본은 이 나라들이 모두 무서운 침략국가들이라는 것을 배우게 되었소. 일본은 스스로의 방위를 위해 당신의 나라를 선생으로 생각했고, 어떻게 하면 공격적이 될 수 있는가를 배웠소. 당신은 우리가 당신의 제자가 되었다고 말할 수 있을 것이오. 당신들은 왜 저승에 있는 페리를 송환해서 그를 전범이라고 재판하지 않는 것이오?[13]

▓ 표적과 경쟁국

일본은 우선 아시아 본토의 세 지역 — 한국, 만주, 중국 — 을 지배하는 것에 대해 가장 큰 관심을 가졌다. 가장 일본 가까이 위치한 한국이 최우선적 표적이었다(《지도 6-1》 참조). 모든 일본의 정책결정자들은 독일 장교가 묘사했듯 "(한국은) 일본의 심장을 겨눈 단도"라는 표현에 분명하게 동의하고 있었다.[14] 만주는 일본의 표적 리스트 중 두 번째였다. 역시 동해를 건너 가장 가까운 곳에 있었기 때문이다. 중국은 한국이나 만주와 비교할 때 보다 먼 곳의 위협이었다. 그러나 중국 역시 중요한 관심의 대상이었다. 중국은 자신의 정치 경제체제를 근대화하고 통일을 이룰 경우 아시아를 석권할 수 있는 잠재력을 가진 나라였기 때문이다. 최소한 일본은 중국을 분열된 상태로 유지시키기를 원했다.

일본은 다른 시기에 외몽고 및 러시아의 영토를 장악하려 한 적이 있었다. 더 나아가 일본은 동남아시아의 광대한 부분을 정복하려 했으며, 실제로 2차 세계대전 초기 그 같은 목적을 달성하기도 했다. 특히 일본은 아시아 대륙 주변에 있는 포모사(Formosa, 현재의 대만), 페스카도레스 군도, 하이난(海南省), 류큐 군도 등에 대해서도 눈을 돌렸다. 그러나 아시아의 패권을 장악하려는 일본의 노력은 주로 한국, 만주, 중국을 포함하는 아시아의 대륙에 집중돼 있었다. 일본은 마지막으로 1914년 독일에 대항하는 전쟁을 개시했을 때, 또 1941년 미국과 전쟁을 개시할 때 서태평양

지도 6-1 아시아에서의 일본 팽창주의의 표적들, 1868-1945

에 산재해 있는 다수의 섬들을 점령했다.

비록 중국은 1937년부터 1945년 사이 다른 강대국들을 도와줌으로써 일본의 패권추구를 곤란하게 만들기는 했지만 중국이나 한국은 스스로 일본의 제국주의적 야망을 견제할 수 있는 힘은 없었다.

서구와 접촉하자마자 근대화를 이룩한 일본과는 달리 중국과 한국은

1945년 이후까지도 경제적으로는 후진상태에 있었다. 결과적으로 일본은 19세기 말엽 중국이나 한국에 비교할 때 현저한 군사적 우위를 획득할 수 있었으며 한국을 합병하고 중국의 넓은 영토를 장악할 수 있었다. 다른 강대국들에 의해 방해받지 않았다면 일본은 20세기 초반 아시아 대륙 상당부분을 장악할 수 있었을지도 모른다.

러시아, 영국, 미국은 1895년부터 1945년까지 일본을 견제하는 데 핵심적 역할을 담당한 나라들이었다. 러시아는 아시아의 일부일 뿐 아니라 유럽에 속한 나라이기도 하다. 그래서 러시아는 유럽의 강대국이기도 하고 동시에 아시아의 강대국이기도 하다. 실제로 러시아는 동북아시아에서 일본의 가장 중요한 경쟁국이었으며 아시아 대륙에서 일본 육군과 겨루어 전쟁을 치를 수 있는 유일한 강대국이었다. 물론 러시아 역시 동북아에 대한 그 나름의 제국주의적 야심을 가지고 있었으며 러시아는 일본이 한국 및 만주를 지배하는 것에 대해 도전했다. 그렇지만 러일전쟁(1904-1905)의 경우처럼 러시아의 군사력이 너무 취약하여 일본에 대항할 수 없을 때가 있었다. 비록 육군력보다는 경제력 혹은 해군력에 주로 의지했지만 영국과 미국 역시 일본의 힘을 제약하는 데 중요한 역할을 담당했다. 극동 아시아 지역에서의 프랑스와 독일의 영향력은 대체로 미약한 것이었다.

■ 일본의 팽창에 관한 기록

메이지유신 이후 수십년 동안 일본의 외교정책은 한국에 초점이 맞추어져 있었다. 한국은 여전히 중국의 조공국가라고 느슨하게 여겨졌지만 외부세계와 단절된 고립적 국가였다.[15] 일본은 서구열강들이 19세기 중엽 일본에 대해서 그렇게 했던 것처럼 한국을 외교·경제적으로 개방시키고자 하였다. 그러나 한국인들은 일본에 저항했으며 이로 인해 일본 내에서는 1868년부터 1873년에 이르는 기간 동안 일본의 목표를 위해 과연 군사력을 사용해야 할 것이냐에 대한 격론이 벌어지게 되었다. 궁극적 결론은 전쟁에 앞서 일본 국내의 개혁을 먼저 이룩해야 한다는 것이었다. 그러나 일본의 조사단은 1875년 한국의 해안 경비병들과 충돌했다. 한국정부가 강화도 조약(1876년 2월)을 수락함으로써 간신히 전쟁은 회피될 수 있었다. 강화도 조약을 통해 조선은 3개의 항구를 일본에 대해 개항했고 독립국임을 선언했다.

그럼에도 불구하고 중국은 조선을 계속 속국으로 생각했고 이는 궁극적으로 중국과 일본 간의 조선을 둘러싼 심각한 경쟁을 유발할 것이었다. 실제로 1884년말, 서울에 주둔하던 중국군과 일본군 사이에 충돌이 야기되었다. 그러나 전쟁은 피할 수 있었다. 중국과 일본 양국은 그들이 싸우는 동안 유럽의 강대국들이 실리를 챙길 것이라고 우려했기 때문이다. 그렇지만 한반도를 둘러싼 중일간의 경쟁은 지속되었고 1894년 여름 또 다른 위기가 발생했다. 일본은 이번에는 중국과 전쟁을 하기로 결심, 전장(戰場)에서 문제를 해결하고자 했다. 일본은 신속한 승리를 거두었으며 패자에게 처절한 평화조건을 제시하였다.[16] 1895년 4월 17일 조인된 시모노세키 조약에서 중국은 요동반도, 대만과 페스카도레스 군도를 일본에게 할양하였다. 요동반도는 만주의 일부분이었고 다롄항(Port Arthur)이라는 중요한 항구가 있었다. 특히 중국은 조선의 독립을 승인하도록 강요당했는데 이는 결과적으로 조선은 중국의 한 부분이 아니라 일본의 한 부분이 된다는 것을 의미했다. 일본은 중국으로부터 중요한 상업권을 받아냈고 대규모의 배상도 받았다. 이제 일본이 아시아 정치에서 중요한 행위자가 되었다는 사실에 의문의 여지가 없었다.

강대국들, 특히 러시아는 급격히 증강하는 일본의 국력과 아시아 대륙을 향한 갑작스런 팽창에 경각심을 가지지 않을 수 없었다. 러시아, 프랑스, 독일은 상황을 교정해야겠다고 결심했다. 중·일간 평화조약이 체결된 지 며칠 후 이 세 나라는 일본에게 요동반도를 중국에 다시 반환하라고 요구했다. 러시아는 일본이 만주의 어떤 부분이라도 통제하는 것을 허락하지 않을 작정이었다. 러시아는 자신들이 만주를 통제하려고 마음먹었기 때문이다. 러시아는 조선에 대해서도 일본과 경합을 벌일 것임을 분명히 했다. 일본은 대만과 페스카도레스 군도는 차지할 수 있도록 허락받았다. 이 "삼국개입"(Triple Intervention)을 통해 러시아는 중국을 대신하여 조선과 만주에서 일본과 대적하는 상대로 부상했다.[17]

20세기 초반, 러시아는 만주에서 가장 우세한 나라였다. 러시아는 1900년 의화단 사건 당시 다수의 병력을 만주로 이동시켰다. 일본도 러시아도 한국에서 압도적으로 우세한 입장을 차지할 수 없었는데 이는 주로 한국의 정책결정자들이 두 강대국 사이에서 어느 편에도 먹히지 않을 수 있는 능란한 정책을 전개했기 때문이다. 일본은 이 같은 전략상황을 더 이상 받아들일 수 없다고 판단하고 러시아에 대해 간단한 협상을 제의했다. 일본은 조선에 대한 통제권을 가지고 러시아는 만주를 통제하라는 것이었다. 그러나 러시아는 이에 반대했고 일본은 1904년 2월 러시아와의 전쟁을 감행함으로써 이 문제를 해결하고자 했다.[18]

일본은 바다와 육지에서 완벽한 승리를 거두었고 이는 1905년 9월 5일 뉴햄프셔에서 체결된 평화조약인 포츠머스 조약에 잘 반영되었다. 한반도에 대한 러시아의 영향력은 종식되었고, 일본의 한반도 지배는 확립되었다. 더 나아가 러시아는 요동반도를 일본에 할양했고, 남만주 철도에 대한 통제권도 이양했다. 러시아는 1875년 이후 일본이 장악한 사할린섬의 남반부도 일본에게 할양했다. 일본은 삼국간섭으로 야기되었던 결과를 되돌려 놓았고, 아시아 대륙진출을 위한 교두보를 장악하게 되었다.

일본은 자신이 획득한 것들을 재빨리 굳히고자 했으며 1910년 8월 한국을 합병해 버렸다.[19] 그러나 일본은 만주에서는 보다 조심스럽게 행동해야 했다. 러시아는 아직도 만주에 대규모의 병력을 주둔시키고 있었을 뿐 아니라 만주에 대해서 심각한 이익을 가지고 있었기 때문이다. 특히 미국은 일본의 급증하는 힘에 대해 경각심을 가지게 되었고 러시아를 강화시키고 러시아를 일본에 대항하는 균형세력으로 삼음으로써 일본을 제어하고자 했다. 이같이 새로운 전략상황에 당면한 일본은 1907년 7월 러시아와 함께 만주를 일본과 러시아의 영향권 지역으로 분할할 것에 대해 합의했다. 일본은 외몽고 지역에 대한 러시아의 특수 이익을 인정했고 러시아는 한반도에 대한 일본의 지배를 인정했다.

일본은 1914년 8월 1일 1차 세계대전이 발발했을 당시 공격적 행동을 계속했다. 전쟁이 발발하고 1개월도 되기 전에 연합국측에 가입한 일본은 독일이 장악했던 태평양 지역의 섬들(마셜 군도, 캐롤라인 군도, 마리아나 제도 등)뿐 아니라 독일이 점령했던 도시인 산둥(山東)반도의 칭타오(青島)를 재빨리 점령했다. 당시 엄청난 정치적 혼란에 빠져있었고 전략적으로 취약한 상황에 놓여있던 중국은 일본에게 그 도시를 돌려 달라고 요구했다. 일본은 중국의 요구를 거절했을 뿐 아니라 1915년 1월 그 악명 높은 "21개조 요구사항"을 중국에 제시했다. 이는 중국에게 일본에 대해 중요한 경제적, 정치적 양보를 요구하는 것으로서 궁극적으로 중국을 한국과 같은 처지인 일본의 속국으로 만들려는 것이었다.[20] 미국은 가장 악독한 요구사항들을 포기하도록 하기 위해 일본에 압박을 가했고 중국은 1915년 5월 일본의 보다 온건한 요구들을 마지못해 들어 줄 수밖에 없었다. 이로써 일본이 금명간 중국을 지배할 것이라는 사실이 분명해졌다.

1918년 여름 일본의 외교정책 야망은 다시 한번 과시되었다. 일본은 볼셰비키 혁명(1917년 10월)의 와중에 있던 러시아와 만주 북부를 침공했다.[21] 일본은 피비린내 나는 내란의 와중에 있었던 러시아 혁명에 영국, 프랑스, 미국과 함께 개입했던 것이다. 아직도 서부전선에서 독일 카이저의 군대와 전투를 벌이던 서방측 국가들은 러시아 혁명에 개입함으로써 러시아가 다시 돌아와 독일과 전쟁을 지속할 것을 희망했다. 실제로는 반볼셰비키 세력을 지원함으로써 그들이 내란에서 승리를 거두게 하는 것이 목적이었다. 일본은 러시아 혁명에 개입하기 위한 병력 7만 명을 제공했고 이는 어느 나라의 병력보다도 많은 숫자였지만 일본은 볼셰비키와의 싸움에는 별 관심이 없었고 점령한 지역을 확고히 장악하는 데 더 많은 신경을 썼다. 일본이 점령한 지역은 사할린 섬 북부, 만주 북부, 동 시베리아 지역 등이었다. 일본의 러시아 개입은 처음부터 어려운 것이었다. 특히 기후가 나빴고 점령지의 시민들이 적대적이었으며, 점령한 지역이 너무 넓었다. 볼셰비키가 승리한 이후 일본은 러시아로부터 병력을 철수하여 1922년과 1925년에 각각 시베리아와 사할린으로부터 철수했다.

1차 세계대전이 끝날 무렵 미국은 일본의 군사력이 너무 커졌다고 느끼게 되었고 이 같은 상황을 수정하기로 결심했다. 1921년-1922년 겨울에 열린 워싱턴 회의에서 미국은 1차 세계대전 중 일본이 중국으로부터 획득한 영토들을 사실상 반납하게 만드는 세 가지 조약과 미국, 영국, 일본의 해군력 규모에 제한을 두는 조약을 받아들이라고 강요했다.[22] 이 조약들은 미래의 위기에서 협력해야 할 필요성, 아시아에서의 정치적 균형 유지가 중요하다는 사실에 관한 여러 가지 수사(rhetoric)를 포함하고 있었다. 그러나 일본은 애초부터 워싱턴 조약에 대해 불만이 많았는데 일본은 일본제국을 아시아 지역 전체로 팽창시키려 했던 반면 워싱턴 조약은 그것을 제어하고자 했기 때문이다. 그럼에도 불구하고 일본의 지도자들은 이 조약에 조인했는데 그들은 일본은 아직 1차 세계대전을 막 승리로 이끌면서 부상한 서구 열강들과 겨룰 수 있는 지위에 도달하지 못했다고 생각했기 때문이다. 실제로 1920년대 동안 일본은 현상유지를 파괴하려 하지 않았으며 이 시기는 유럽은 물론 아시아도 상대적으로 평화로운 시기였다.[23]

그러나 일본은 1930년대 초반 공격적 태세로 돌아왔다. 1930년대 동안 일본의 외교정책은 더욱 공격적으로 변해갔다.[24] 일본의 관동군은 1931년 9월 18일 중국과의 위기상황을 도발했다. 묵덴 사건(Mukden Incident)으로 알려진 이 사건은 만주 전체를 정복하기 위한 전쟁의 전초가 되었다.[25] 관동군은 전쟁을 신속한 승리로 이끌었고 1932년 3월 일본은 독립국인 만주국 건설을 지원하였다. 만주국은 사실상 일본의 식민지였다.

1932년 초 한국과 만주를 완전히 손아귀에 넣은 일본은 중국지배로 눈을 돌렸다. 사실 일본은 만주국을 건설하기 이전부터 중국을 침투해 들어가기 시작했다.[26] 1932년 1월 상하이에서 중국의 십구로군(十九路軍)과 일본 해군 사이에 전투가 발생했다. 일본은 상하이로 육군을 파병해야 했으며, 이후 영국의 주선으로 1932년 5월 휴전이 이루어질 때까지 6주 동안 전투가 지속되었다. 1933년 초 일본군은 북부 중국의 두 도시인 제홀 Jehol과 호페이Hopei로 진격했다. 1933년 5월 휴전이 될 때까지 일본군은 제홀을 장악했고, 중국은 호페이 북부를 가로지르는 비무장지대를 받아들이지 않을 수 없었다.

아직도 일본의 의도에 대해 의문을 가지는 사람이 있을지 모르겠다. 일본 외무성은 1934년 4월 18일 중요한 언급을 했는데 동아시아는 일본의 영향권 아래 있다는 점을 선언했고, 다른 강대국들은 중국이 일본과 대결하는 것을 지원하지 말라고 경고했던 것이다. 일본은 아시아에서 일본판 먼로 독트린을 선언한 것이었다.[27] 일본은 1937년 늦은 여름 중국을 점령하기 위한 최후의 대대적 공격을 단행했다.[28] 1939년 9월 1일 히틀러가 폴란드를 침공했을 때 일본은 중국 북부지방의 광대한 영토를 장악했을 뿐 아니라 중국 해안지역의 여러 섬들을 장악한 상태였다.

일본은 1930년대 말엽 소련과도 여러 차례 국경충돌을 일으켰다. 그 중에서 충쿠펑(Chungkuefung, 1938)과 노몬한(Nomonhan, 1939) 전투는 대규모의 유명한 전투였다.[29] 관동군의 장교들은 만주를 넘어 외몽고로 그리고 소련까지 공격해 들어가려고 했다. 소련의 붉은 군대는 이 두 전투에서 관동군을 결정적으로 패퇴시켰다. 그후 일본은 북방을 향한 더 이상의 팽창에 대해서는 입맛을 잃었다.

2차 세계대전을 둘러싼 기간 중 유럽에서 발발한 두 개의 사건 — 1940년 봄 프랑스의 몰락과 1년 후 독일의 소련 공격 — 은 동남아시아 및 서태평양 지역에서의 일본의 침략야욕에 새로운 계기를 제공했다.[30] 일본은 유럽에서 발생한 사태로 이득을 보았지만 결국 1941년부터 1945년까지 지속된 미국과의 전쟁에 빠져들고 말았다. 이 전쟁에서 일본은 결정적으로 패망했고 강대국의 반열에서 떨어져 나가게 되었다.

독일 (1862-1945)

1862년부터 1870년 그리고 1900년부터 1945년에 이르는 기간 동안 독일은 유럽의 세력균형을 뒤엎고자 했으며 자신이 차지하는 군사력의 비중을 높이려 하였다. 독일은 이 55년의 기간 동안 수많은 위기와 전쟁을 도발했고 20세기에 들어와서는 두 차례 유럽을 지배하려고 시도했다. 1870년부터 1900년까지 독일은 주로 세력균형을 변화가 아니라 유지시키는 데 관심을 가졌다. 그러나 당시 독일의 힘은 만족스런 상태는 아니었다. 이런 사실은 20세기 초반 50년 동안 발발했던 사실로 증명된다. 독일이 19세기 말엽 온건한 행동을 보였던 이유는 독일이 아직 경쟁국들에 도전할 만한 힘이 충분하지 못했기 때문이었다.

독일의 공격적 행동은 주로 전략적 계산에 의거하여 이루어진 것이다. 국가안보는 항상 독일의 가장 중요한 이슈가 되었는데 그 본질적 원인은 지리 때문이다. 독일은 유럽의 중심부에 위치해 있고 동쪽과 서쪽의 양쪽 어디에도 국방을 위한 자연적 장벽이 존재하지 않기 때문에 독일은 주변국의 침략 앞에 취약했다. 그 결과 독일의 지도자들은 항상 힘을 증강시킬 수 있는 기회를 포착하려 했고 독일의 생존가능성을 높이고자 하였다. 이렇게 말하는 것이 독일의 외교정책에 영향을 미친 다른 요인들은 없었다고 말하는 것은 아니다.

독일의 가장 유명한 두 지도자들인 오토 폰 비스마르크와 아돌프 히틀러 통치하의 독일의 행동을 생각해 보자. 비록 비스마르크는 현실주의 국제정치를 능난하게 실천한 정치가로 간주되지만, 그가 1864년, 1866년, 그리고 1870-1871년에 전쟁을 도발하고 승리한 배경에는 안보에 대한 관심뿐만 아니라 민족주의라는 동기가 존재했다.[31] 특히 그는 프러시아의 국경을 팽창시키고 더욱 안전하게 만들었을 뿐 아니라, 통일된 독일을 창조하려고 했다.

히틀러의 침략정책이 깊게 자리잡은 인종주의적 이데올로기에 의해 크게 영향받았다는 사실에는 의문의 여지가 없다. 그럼에도 불구하고 히틀러의 국제정치적 사고의 한복판에 놓여져 있던 것은 엄격한 힘의 계산이었다.[32] 1945년 이후 학자들은 나치와 그의 전임자들의 정책 사이에 얼마나 지속성의 고리가 있느냐의 여부에 대해 논란을 벌였다. 그러나 외교정책의 영역에서는 히틀러의 외교정책이 과거와의 뚜렷한 단절은 아니라는 데 견해가 널리 일치하고 있다. 히틀러는 그의 선배 독일 지도자들과 마찬가지로 생각하고 행동했다는 것이다. 데이비드 칼레오David Calleo는 이 점을 명확하게 지적하였다.

> "외교정책의 측면에서 독일제국과 나치 독일의 유사성은 더욱 돋보인다. 히틀러는 같은 지정학적 해석을 공유하고 있었고, 국가들의 분쟁에 관한 확실성, 유럽의 패권을 향한 마찬가지의 욕망과 논리를 공유하고 있었다. 1차 세계대전은 지정학적 분석의 타당성을 더욱 명확히 한 것이 다를 뿐이다."[33]

히틀러와 그의 살인적 이데올로기가 없었다고 할지라도 1930년대 말의 독일은 분명히 침략적 국가가 되어 있었을 것이다.[34]

■ 표적과 경쟁국

프랑스와 러시아는 1862년부터 1945년에 이르는 동안 독일의 주요 경쟁국이었다. 그러나 러시아와 독일의 관계가 양호한 시기가 잠시 있기는 했다. 그러나 프랑스와 독일의 관계는 이 기간 거의 대부분 적대적 관계였다. 영국과 독일의 관계는 1900년도 이전에는 상당히 양호했지만 20세기 초반 이후 양국의 관계는 프랑스와 러시아의 대독 관계와 마찬가지로 나빠지기 시작했으며, 결국 독일에 대항하여 두 차례의 세계대전을 치르게 되었다. 독일과 오스트리아-헝가리의 관계는 비스마르크 집권초기에는 처절한 적대관계에 놓여 있었지만 1879년에는 동맹국이 되었고 1918년 오스트리아-헝가리 제국이 와해될 때까지 양호한 관계를 유지하고 있었다. 독일과 이탈리아의 관계는 1차 세계대전 당시 이탈리아가 독일에 대항하여 전쟁을 하기는 했지만 1862년부터 1945년에 이르기까지 대체로 우호 관계를 유지했다. 미국은 두 차례의 세계대전에서 독일에 대항하여 싸웠다. 그러나 이 기간을 제외한다면 80년 동안 독일과 미국 사이에 심각한 적대관계는 없었다.

1862년부터 1945년에 이르는 기간 동안 독일의 특별한 공격 표적의 리스트는 길다. 독일은 1900년 이후 팽창을 위한 과감한 계획을 가지고 있었기 때문이다. 예로 빌헬름 황제의 독일은 유럽의 지배를 추구했을 뿐만 아니라 세계를 지배하는 나라(world power)가 되려고 했다. 벨트폴리티크(Weltpolitik)라고 알려진 이 대담한 계획은 아프리카에 대식민제국을 건설하는 안(案)도 포함되어 있다.[35] 그럼에도 불구하고 20세기 초반 독일의 가장 중요한 목표는 프랑스와 러시아의 희생 위에 유럽대륙으로 팽창하는 것이며 바로 이것을 두 차례의 세계대전을 통해 독일이 추구했다. 다음에 분석하려는 바처럼 1862년부터 1900년까지의 독일은 보다 제한적 목표를 가지고 있었다. 당시 독일은 아직 유럽을 제압할 만큼 강력하지 못했다는 것이 그 이유였다.

■ 독일 팽창의 기록

비스마르크는 1862년 9월 프러시아의 통치권을 장악하였다. 당시 그곳에 통일된 독일은 존재하지 않았다. 대신에 독일어를 사용하는 수많은 정치 단위들이 느슨하게 연계된 독일연합 형태로 중부유럽 지역에 흩어져 있었다. 그 중에서 가장 강력한 정치단위가 프러시아와 오스트리아였다. 비스마르크는 집권 이후 9년 동안 독일연합을 파괴하고 통일된 독일을 건설하게 되는데, 이는 통일 독일의 전신인 프러시아보다 훨씬 막강한 국가였다.[36] 비스마르크는 이를 위해 세 번의 전쟁을 일으켰고 모두 승리했다. 프러시아는 1864년 오스트리아와 연합하여 덴마크를 격파했고, 1866년에는 이탈리아와 연합하여 오스트리아를 격파했다. 마지막으로 1870년 프랑스를 격파했고 이 과정에서 프랑스 지방 영토인 알자스로렌을 신흥 독일제국에 편입시켰다. 1862년부터 1870년 사이 프러시아의 행동은 공격적 현실주의가 예측하는 행동 그대로였다는 점에 의문의 여지가 없다.

비스마르크는 1871년 1월 18일 새로운 독일제국의 수상이 되었고 1890년 3월 20일 카이저 빌헬름 2세가 그를 해고할 때까지 19년간 수상직에 머물러 있었다.[37] 그후 20년 동안 독일은 유럽대륙에서 가장 막강한 나라였지만 독일은 전쟁을 치르지 않았고 독일의 외교는 기왕의 세력균형을 유지하는 데 초점이 맞추어졌을 뿐 세력균형을 변경시키려 하지 않았다. 비스마르크가 수상직에서 물러난 이후에도 약 10년 동안 독일의 외교정책은 현상유지를 지향하는 것이었다. 20세기 초반에 들어서서 비로소 독일의 외교정책은 보다 도전적으로 바뀌었고 독일의 지도자들은 무력을 통해 독일의 국경을 확장하려고 생각하게 되었다.

독일이 이처럼 30년간 평화롭게 행동하며 지내도록 한 계기는 무엇일까? 왜 처음 9년 동안 대단히 공격적이었던 비스마르크는 그의 공직의 마지막 19년 동안은 방어지향적으로 바뀌었을까? 이는 비스마르크가 갑자기 자비스런 마음을 가지게 되고 그래서 "평화를 사랑하는 외교의 천재"가 되었기 때문은 아니다.[38] 사실은 비스마르크와 그의 후계자들이 독일 육군이 대전쟁을 야기시키지 않은 채 그 능력상 가능한 최대한의 영토를 장악했다는 사실을 정확하게 이해하고 있었기 때문이었다. 아마도 대전쟁을 치렀다면 독일은 패배했을 것이다. 당시 유럽의 지리와, 독일의 공

지도 6-2 1914년의 유럽

격적 행동에 대한 유럽 강대국들이 보일 반응 및 유럽의 힘의 균형상태를 고려한다면 이는 분명해진다.

독일의 동쪽 및 서쪽 국경에는 인접한 약소국들이 거의 없었다. 실제로 오스트리아 – 헝가리 및 러시아가 인접한 동쪽 국경에는 어떤 약소국도 존재하지 않았다(〈지도 6-2〉를 볼 것). 이러한 사실은 독일이 새로운 영토를 더 점령하기 위해서는 다른 강대국들 — 예로 러시아와 프랑스 — 의 본토를 공격하는 외에 다른 방법이 없었다는 점을 말해준다. 게다가 1870년 이후 30년 동안 만약 독일이 프랑스나 러시아를 침공한다면 그 경우 독일은 두 개의 전선 — 심지어는 영국하고도 — 에서 전쟁을 벌이는 판국이 될 것이라는 사실이 독일의 지도자들에게 분명히 인식되었다.

당시 프랑스와 독일 간에 야기되었던 중요한 위기상황 두 가지를 고려해 보자. 1875년 "전쟁임박 위기"(War in Sight Crisis) 당시 영국과 러시아는 1870년의 경우처럼 독일이 프랑스를 파괴하는 것을 그냥 서서 지켜보지는 않을 것이라는 점을 분명히 했다.[39] 1887년 "부랑제 위기"(Boulanger crisis) 당시 비스마르크는 프랑스와 독일 사이에 전쟁이 발발할 경우 러시아가 프랑스를 지원할 것이라고 생각했고 그 생각은 합리적인 것이었다.[40] 이 위기가 종료되었을 때 비스마르크는 독일과 러시아 사이에서 재보장 조약이라 불리는 유명한 협상을 일구어냈다(1887년 6월 13일). 비스마르크의 목표는 러시아의 차르에게 선을 대고 있으면서 프랑스와 러시아가 상호군사동맹을 체결하지 못하도록 하는 것이었다.

그러나 조지 케난George Kennan이 지적하듯, 비스마르크는 다른 많은 사람들의 생각과 마찬가지로 만약 독일과 프랑스 사이에 전쟁이 발발한다면, 조약이 있든 없든 러시아가 즉각 달려나와 독일에 대항하는 것을 막을 방안이 없으리라는 사실을 잘 알고 있었다.[41] 1890년으로부터 1894년 사이에 애매한 문제들은 프랑스와 러시아가 군사동맹을 체결하는 순간 모든 것이 분명하게 되었다. 독일은 비록 1870년부터 1900년에 이르는 기간 동안 유럽에서 제일 강한 나라이기는 했지만 패권을 차지할 정도로

	1875		1880		1885		1890		1895	
	상비군	잠재력	상비군	잠재력	상비군	잠재력	상비군	잠재력	상비군	잠재력
오스트리아-헝가리	278,470	838,700	239,615	771,556	284,495	1,071,034	336,717	1,818,413	354,252	1,872,178
영국	192,478	539,776	194,512	517,769	188,657	577,334	210,218	618,967	222,151	669,553
프랑스	430,703	1,000,000	502,697	2,000,000	523,833	2,500,000	573,277	2,500,000	598,024	2,500,000
독일	419,738	1,304,541	419,014	1,304,541	445,392	1,535,400	492,246	2,234,631	584,734	3,000,000
러시아	765,872	1,213,259	884,319	2,427,853	757,238	1,917,904	814,000	2,220,798	868,672	2,532,496
이탈리아	214,667	460,619	214,667	460,619	250,000	1,243,556	262,247	1,221,478	252,829	1,356,999

표 6-1 유럽 각국 육군 병력수, 1875-1895

참고: 여기서 잠재력(War Potential)이란 동원된 직후 군대에 입대할 수 있는 연령층에 있는 남자들의 수를 말한다. 이 수는 현재 동원된 병력과, 앞으로 동원될 수 있는 병력을 모두 합친 수치다. 물론 이들이 얼마나 잘 훈련된 병력인가의 여부를 고려한 것은 아니다. 그러나 이 수치는 추정치일 뿐이라는 점을 염두에 두어야 한다. 여기에는 훈련을 제대로 받지 못한 병사들도 포함되며 때로 아예 훈련을 받은 적이 없는 병사들도 포함된다. *The Statesmen's Year-Book*은 영국의 자료를 기록하고 있지 않다. 저자는 본토 및 영국 제국에 있던 다양한 예비군, 민병대, 지원군 등 영국군의 현역에 포함되지 않는 사람들의 수를 합쳐서 영국의 자료를 만들었다.

자료: 저자가 직접 추정한 1875년과 1880년의 프랑스 잠재력. 1885년 이탈리아의 상비군을 예외로 하면 여기에 게재된 모든 수치들은 *The Statesmen's Year-Book*(London: Macmillan 간행)에서 구한 것이다. 해당 연도와 페이지는 다음과 같다.(해당 연도는 이 책의 각 판을 의미한다). 오스트리아 헝가리: 1876, p. 17; 1881, p. 17; 1886, p. 19; 1891, p. 350; 1896, p. 356; 영국: 1876, pp. 226~27; 1881, pp. 224~25; 1886, pp. 242~43; 1891, pp. 55~56; 1896, pp. 55~56; 프랑스 1876, p. 70; 1881, p. 70; 1886, p. 76; 1891, p. 479; 1895, p. 487; 독일: 1876, p. 102; 1881, p. 102; 1886, p. 108; 1891, pp. 538~39; 1896, pp. 547~48; 러시아: 1876, p. 371; 1882, p. 380; 1887, p. 430; 1891, p. 870, 872; 1896, p. 886, 888; 이탈리아: 1876, p. 311; 1881; p. 311; 1886, p. 337; 1891, p. 693; 1896, p. 702

막강한 나라는 아니었다. 그렇기 때문에 독일은 프랑스와 러시아를 동시에 격파할 자신은 없었다. 더욱이 영국, 프랑스, 러시아를 한번에 파괴한 다는 것은 생각하기도 힘든 일이었다. 실제로 독일은 1900년 이전 프랑스 하나도 상당히 어려운 상대라고 생각했다. 제2장에서 논한 바처럼 잠재적 패권국은 그 지역에서 가장 막강한 육군과 가장 강한 경제력을 보유하고 있어야 한다.

독일은 유럽 최강의 육군을 보유하고 있기는 했다. 그러나 19세기 말엽 독일 육군은 프랑스 육군을 완전히 압도할 수 있을 정도로 막강하지는 않았다. 독일 육군은 보불전쟁(1870-1871) 직후 수년간, 그리고 19세기가 끝날 무렵 몇년간은 프랑스에 비해 우위에 있었다(〈표 6-1〉을 참조할 것). 프랑스는 1880년대와 1890년대 초반 독일보다 양적으로 많은 육군을 보유하고 있었지만 이 양적인 우위는 대체로 무의미한 것이었다. 독일과 달리 프랑스는 제대로 훈련받지 못한 예비군의 숫자가 독일보다 많았으며 이들은 독일과 프랑스 사이에 일어날 수 있는 어떤 전쟁에서도 프랑스의 승리를 위해 도움이 될 수 있는 군사력은 아니었다. 독일군은 질적 측면에서 프랑스군을 압도했다. 물론 독일군의 우위는 보불전쟁 당시처럼 결정적인 것은 아니었다.[42]

1870년부터 1900년에 이르는 기간 동안의 경제적 측면을 보면, 독일은 프랑스와 러시아에 비해 상당히 유리한 상황이었다(〈표 3-3〉을 참조). 그러나 이 기간 중 영국의 경제력은 독일보다 훨씬 막강했다. 1880년 당시 독일의 경제력은 유럽 전체의 약 20% 정도를 차지하고 있었는데, 프랑스는 13%, 러시아는 3%였다. 그러나 영국은 유럽 전체의 59%에 이르는 경제력을 보유, 독일의 거의 3배나 되었다. 1890년 당시 독일이 차지하는 경제력의 비중은 25%로 오르게 되었지만 프랑스와 러시아는 각각 13%와 3%였다. 그러나 영국은 아직도 유럽 경제력의 50%를 차지하고 있었고 독일과 비교 2:1의 경제력 우위를 점하고 있었다.

만약 독일이 19세기 마지막 30년 중 어느 시점에서 공격적 행동을 취했다면 그것은 독일이 승리할 수 없는 강대국 전쟁(Great Power War)으로 이어졌을 것이다. 그 경우 독일 제2제국은 동시에 둘 혹은 세 개의 강대국과 전쟁을 치르는 상황에 직면했을 것이며 그런 종류의 전쟁에 이길 수 있을 정도로 충분한 국력을 보유하고 있지는 못했다. 독일은 영국, 프랑스, 러시아에게 공격적 태세를 취할 수 있다는 낌새만으로도 이들을 놀라게 할 만큼 충분한 국력을 보유하고 있었다. 그러나 독일은 영국, 프랑스, 러시아 등 세 개의 강대국과 한꺼번에 전쟁을 치를 수 있을 만큼 막강하지는 않았다. 그래서 1870년부터 1900년에 이르는 기간 동안 독일은 현상유지를 받아들일 수밖에 없는 상황이었다.

그러나 1903년이 되었을 때 독일은 잠재적 패권국의 지위에 도달했다.[43] 독일은 유럽의 산업능력에서 영국을 포함한 그 어느 나라보다도 큰 비중을 점유하고 있었으며, 독일 육군은 세계에서 제일 막강한 수준이었다. 독일은 당시 더 많은 힘을 장악하기 위한 공세적 외교정책을 고려할 수 있는 능력을 가지게 되었다. 당시 독일이 유럽의 세력균형 변화를 심각히 고려했고 세계의 패권국이 되려 했다는 사실은 놀라운 일이 아니다.

현상을 타파하려는 독일의 첫 번째 본격적 시도는 20세기로 접어드는 시점에서 막강한 해군을 건설한다는 결심이었다. 독일의 해군력 건설 결정은 세계의 바다를 장악한 영국에 대한 도전이며 독일이 세계로 향하는 정책(Weltpolitik)을 추구할 수 있도록 하는 것이었다.[44] 독일의 해군력 증강결정의 결과는 1차 세계대전 발발 시점까지 이어지는 영국과 독일 사이의 해군력 경쟁이었다. 1905년 3월 독일은 모로코에서 의도적으로 프랑스와의 심각한 위기상황을 조성했다. 독일의 목표는 프랑스를 영국과 러시아로부터 고립시키려는 것이었으며 이 세 나라가 독일에 대한 적대적 연합을 형성하지 못하게 막는 것이었다. 그러나 독일의 행동은 오히려 그 세 개의 강대국들이 3국협상(Triple Entente)을 결성하게 되는 역풍을 맞았다. 독일 지도자들이 1908년 10월 보스니아 위기라고 불리는 위기상태를 조성하지는 않았지만, 3대 강국들은 오스트리아-헝가리를 대신하여 독일과의 위기에 개입했으며, 1909년 3월 러시아가 수치스런 패배를 받아들이고 뒤로 물러설 때까지 일촉즉발의 전쟁 위기가 계속되었다. 1911년 7월 독일은 두 번째 모로코 위기를 의도적으로 도발했다. 이번에도 역시 독일의 목표는 프랑스를 고립시키고 모욕주려는 것이었다. 그러나 이 경우도 독일이 원하는 대로 되지 않았다. 오히려 독일이 굴복하도록 압박을 당했으며 3국협상은 더욱 튼튼해졌다. 가장 중요한 점은 독일 지도자들이 1914년 여름 1차 세계대전을 일으키는 데 가장 본질적 책임을 지고 있다는 점이다. 독일 지도자들의 목표는 독일에 대항하는 강대국들을 결정적으로 파괴하고 유럽의 지도를 새로 그림으로써 가까운 장래에 독일의 패권을 확보한다는 것이었다.[45]

베르사유 조약(1919)은 바이마르 공화국의 전 기간(1919-1939) 동안 독일을 위험하지 않은 나라로 만들었다.[46] 독일은 공군을 가질 수 없었고 육군은 10만 명을 넘을 수 없었다. 징집제와 유명한 일반참모부(German General Staff)도 불법화되었다. 1920년대 독일 육군은 너무 약해서 독일 지도자들은 폴란드의 독일침공을 우려해야 할 정도였다. 폴란드군은 사실 1920년 소련을 침공, 소련의 붉은 군대(Red army)를 격파하기도 했다.[47] 비록 독일은 무력으로 영토를 장악할 수 있는 처지가 되지 못했지만 바이마르 공화국의 모든 독일 지도자들은 당시의 상태를 변화시키려고 시도했다. 그들은 적어도 제1차 세계대전 종식 당시 빼앗겼던 폴란드 및 벨기에의 영토 일부를 회복해야겠다고 생각했다.[48] 바이마르 공화국의 지도자들도 역시 수정주의적 태도를 지향하고 있었다는 점은 1933년 히틀러가 권력을 장악한 이후 그의 외교 군사정책에 별다른 저항이 없었던 이유를 설명하는 요인이 된다.[49]

바이마르 공화국 당시 독일의 대표적 정치가는 구스타프 스트레제만 Gustav Stresemann으로, 그는 1924년부터 사망할 때인 1929년까지 독일의 외무장관직에 있었다. 그의 외교정책에 관한 입장은 온건한 것이었다. 그의 라이벌들은 독일의 수정주의적 외교정책을 수행하기에는 스트레제만이 너무나 덜 공격적이라고 비난했다. 그는 로카르노 조약(1925년 12월 1일)과 켈로그 브리앙 조약(1928년 8월 27일)을 조인했는데 이 두 조약은 국제적 협력을 촉진하고 정책수단으로의 전쟁은 소멸시키자는 것이었다. 그는 또한 독일을 국제연맹에 가입시켰고(1926년 9월 8일) 세력균형을 변경시키기 위해 군사력을 사용하겠다는 말을 거의 한 적이 없었다. 그럼에도 불구하고 학자들은 스트레제만이 이상주의가 아니라 현실주의자였다는 데 대해 견해가 일치하고 있다. 스트레제만은 이상주의자가 아니라 현실주의자로서 국제관계의 유일한 결정요인은 힘의 정치(Macht Politics)라는 사실을 확신하고 오직 국가의 잠재적 힘만이 세계 속에서 그 나라의 지위를 결정해 주는 유일한 요인이라는 사실을 믿고 있었다.[50] 특히 그는 독일의 국경을 팽창시키기는 데 깊은 관심을 가지고 있었다. 그는 프랑스, 영국과 불가침 조약을 체결했고 협조적이고 호의적인 언어를 사용했다. 그는 능란한 외교만이 군사적으로 약한 독일이 잃어버린 땅의 일부라도 다시 얻게 되는 유일한 길임을 알고 있었다. 만약 그가 외무장관으로 재임하는 기간 중 독일이 막강한 군사력을 가지고 있었다면 그는 잃어버린 영토를 회복하기 위해 분명히 그 군사력을 사용했거나 사용하려고 위협했을 것이다.

나치 독일(1933-1945)에 대해서는 말할 필요가 없다. 나치 독일이야말로 세계역사상 가장 공격적 정권이라는 사실이 널리 인식되고 있기 때문이다.[51] 1933년 1월 히틀러가 정권을 장악했을 당시 독일은 아직 군사적으로 허약한 나라였다. 그는 즉각 상황을 개선하기로 마음먹었고 공격적 목표를 위해 사용될 수 있는 독일군(Wehrmacht) 건설을 시작했다.[52] 1938년이 되었을 때 히틀러는 이제 독일의 국경을 확대시켜야 할 시점이 되었다고 느꼈다. 1938년 독일은 총 한방 쏘지 않은 채 오스트리아와 체코슬로바키아의 수데텐란트를 점령할 수 있었다. 1939년 3월에는 체코슬로바키아의 나머지 부분과 리투아니아의 메멜시를 점령했다. 1939년 말, 독일군은 폴란드를 향해 침공해 들어갔으며 1940년 4월에는 덴마크와 노르웨이를, 1940년 5월에는 벨기에, 네덜란드, 룩셈부르크를 그리고 1940년 5월에는 프랑스를, 1941년 4월에는 유고슬라비아와 그리스를 그리고 1941년 6월에는 소련을 침공했다.

소련 (1917-1991)

1917년 10월 볼셰비키가 권력을 장악하기 이전 러시아는 영토팽창의 풍부한 역사를 가지고 있었다. 실제로 "1917년 당시의 러시아 제국은 4세기 동안의 끊임없는 팽창 결과였다."[53] 블라디미르 레닌, 조세프 스탈린, 그리고 그의 후계자들도 역시 차르의 뒤를 따라 소련의 국경을 더욱 확장시키려 했다는 충분한 근거가 있다. 그러나 소련의 역사 74년 동안 팽창을 위한 가능성이 제한되어 있었다. 1917년부터 1933년 사이에는 소련은 너무 약해서 주변의 강대국들에 대항, 공격적 태세를 취할 수 없었다. 1933년 이후 소련은 양 측면에서 다가오는 엄중한 위협을 막아내는 데도 쩔쩔맸다. 동북아시아의 일본제국과 유럽의 나치 독일이 양쪽의 위협이었다. 냉전 당시 미국과 미국의 동맹국들은 소련의 팽창을 지구 방방곡곡에서 막으려 했다. 그럼에도 불구하고 소련은 팽창의 기회가 있을 때마다 그 기회를 잘 이용했다.

러시아의 지도자들은 오랫동안 마음속 깊은 곳에 러시아는 외부의 공격으로부터 위험하다는 생각을 가지고 있었다. 이런 문제에 대처하기 위해 가장 좋은 방안은 러시아 국토를 팽창시키는 일이었다. 볼셰비키 혁명 이전 혹은 이후 외교정책에 관한 러시아인들의 사고는 항상 현실주의적 논리에 근거를 두고 있었다는 사실이 놀라운 일은 아니다. 1600년으로부터 1914년에 이르는 기간 동안의 "러시아 정치가들의 대화"를 묘사한 윌리엄 풀러William Fuller는 다음과 같이 말했다.

"그들은 그들이 제안한 정책들의 국제정치적 비중을 측정하려 했
다. 그들은 자신들의 잠재적 적국의 강함과 약함에 대해 심사숙고
했으며 러시아의 권력과 안보라는 측면에서 오는 이익에서 자신들
정책의 정당성을 찾고자 했다. 러시아 정치가들의 대화에 이와 같
은 사고가 만연되어 있다는 사실은 놀랍다."[54]

볼셰비키는 권력을 장악한 1917년 이후, 세계는 즉각 큰 변화가 있으
리라는 사실을 믿고 있었고 세력균형의 논리는 역사의 쓰레기 더미에 묻
혀질 것이라고 생각했다. 특히 그들은 소련의 지원을 받음으로써 유럽과
세계 곳곳 나라들에서 공산주의 혁명이 발발할 것이며, 생각이 같은 정부
들은 최종적으로 다 같이 소멸되기 이전까지 평화스럽게 지낼 수 있을 것
이라고 믿었다. 그래서 1917년 11월 레온 트로츠키는 공산당의 외교담당
위원이 되었을 때 다음과 같은 유명한 경구를 남겼다. "나는 인민들에게
몇 가지 혁명적 선언을 발표할 것이다. 그런 다음 가게문을 닫을 것이다."
이와 비슷하게 레닌도 1917년 10월 "우리에게 무슨 외교 문제가 있겠는
가?"라고 말했다.[55]

그러나 세계혁명은 결코 일어나지 않았고, 레닌은 즉각 "누구에도 뒤지
지 않는 정치적 현실주의자"가 되었다.[56] 사실 리처드 도보Richard Dobo는
"레닌은 공산주의 전파의 신념을 너무 빨리 포기했기 때문에 그가 실제로
공산주의 확장에 대한 신념을 가진 적이 있었는지 의심스럽다"[57]고 말할
정도이다. 레닌이 죽은 후 소련 외교정책을 거의 30년 동안 장악했던 스
탈린 역시 냉엄한 현실주의 논리에 입각했고 1939년부터 1941년까지 그
가 독일과 협력했다는 사실은 이를 증명한다.[58] 스탈린의 후계자들은 이
데올로기에는 별 관심이 없었다. 이는 그들이 무정부 상태에서 어떻게 살
아나가야 할 것이냐의 문제에 몰입했기 때문만이 아니라, "스탈린이 맑스
레닌주의 이데올로기의 이념적 보편성(ideological universalism)의 아랫
동이를 잘라내고, 이념적 보편성의 진정한 주창자들을 죽여 버렸기 때문

이다. 스탈린은 그의 세계정치적 관점에서 당의 이념가(party ideologue)들을 선전원 수준으로 낮추어 버렸다."[59]

요약한다면, 소련의 외교정책은 주로 상대적 힘의 계산에 입각한 것이었지 공산주의 이데올로기에 입각한 것은 아니었다. 배링턴 무어가 말했듯이 "국제정치의 차원"에서 "러시아의 공산주의 지도자들이 채택한 기예(technique)는 칼 맑스 혹은 레닌보다는 비스마르크, 마키아벨리, 심지어는 아리스토텔레스의 가르침에 더욱 크게 의존하는 것이었다. 소련 지도자들은 세계정치를 본질적으로 불안전한 균형의 체계로 인식했는데, 이는 세력균형의 개념 속에 묘사되어 있는 것이다."[60]

이렇게 말하는 것이 공산주의 이데올로기는 소련 외교정책에서 아무런 의미가 없었다고 말하는 것은 아니다.[61] 소련의 지도자들은 1920년대 세계혁명을 촉진시키기 위해 노력했고 냉전 당시 제3세계에 대한 외교에서 이념적 측면에 관심의 초점을 맞추기도 했다. 더구나 맑스주의가 지시하는 바와 현실주의 사이에 갈등이 없는 경우도 있었다. 소련은 1945년 이후 1990년에 이를 때까지 미국과 이념적 측면에서는 물론 세력균형이라는 측면에서도 갈등관계에 있었던 것이다. 소련이 국가 안보적 관점에서 공격적으로 행동할 때마다 그들의 행동은 공산주의의 확산이라는 이름 아래 정당화되었다. 그러나 현실주의와 이데올로기 사이에 갈등이 야기되는 경우, 예외 없이 현실주의적 관점이 승리를 거두었다. 국가들은 생존하기 위해 무엇이든 한다. 소련도 이런 측면에서 예외는 아니다.

■ 표적과 경쟁국

소련은 자신이 자리잡은 유럽과 동북아시아 두 지역에서 영토를 장악하고 이들 지역에 있는 나라들을 압도하는 데 대해 관심을 가지고 있다. 1945년 이전까지 이 지역에 있는 강대국들이 소련의 가장 중요한 경쟁국이었다. 1945년 이후 유럽과 동북아시아에서 소련의 주적은 미국이었으며 미국과는 세계 모든 곳에서 경쟁했다.

1937년부터 1945년에 이르는 기간 동안 유럽에서 소련의 가장 강력한 적국은 독일이었다. 그러나 독일은 1922년부터 1933년에 이르는 기간 동안, 그리고 1939년부터 1941년에 이르는 기간 동안 소련의 동맹국이기도 했다. 영국과 프랑스는 볼셰비키 혁명이 발발한 무렵부터 2차 세계대전 초엽 영국과 소련이 함께 나치 독일에 대항해서 싸우게 될 때까지 소련과 냉랭하고 적대적 관계를 유지했다. 냉전 당시 소련과 동유럽의 소련 동맹국들은 미국과 미국의 서유럽 동맹국들과 대결했다. 실제로 이 무렵 소련 외교정책의 가장 중요한 관심사는 동유럽을 통제하는 문제였다. 소련의 지도자들은 물론 서유럽도 지배하여 유럽의 첫 번째 패권국이 되고 싶은 마음이 있었다. 그러나 그것은 2차 세계대전 중 붉은 군대가 독일군을 격파했음에도 불구하고 이루지 못한 목표였다. 왜냐하면 소련 앞에는 북대서양조약기구가 버티고 서 있었기 때문이다.

동북아시아에서는 1917년부터 1945년에 이를 때까지 일본이 소련의 앙숙이었다. 차르 치하의 러시아와 마찬가지로 소련은 한반도, 만주, 쿠릴 제도, 그리고 사할린 섬 남부를 장악하려고 했다. 이 지역은 모두 일본이 장악한 영토들이었다. 1945년 2차 세계대전이 종식되었을 때, 미국은 동북아시아에서 소련의 주적이 되어 있었다. 1949년 마오쩌둥이 국민당에게 승리한 후 중국은 소련의 중요한 동맹국이 되었다. 그러나 중국과 소련은 1950년대 말엽 이후 심각한 갈등관계에 놓였으며 이는 중국이 1970년대 초반 미국, 일본과 함께 소련에 대항하는 상황을 만들었다. 소련은 1945년 쿠릴 제도와 사할린 섬 전체에 대한 영유권을 확보했고, 1949년 이후 만주는 중국의 통치 아래 놓이게 되었으며 한국은 냉전 당시 두 진영의 중요한 결전장이 되었다.

소련의 지도자들은 페르시아만 지역으로의 확장에 대해서도 관심을 가졌다. 특히 소련과 국경을 맞대고 있으며 석유가 풍부한 이란에 대해 관심이 많았다. 마지막으로 냉전 당시 소련의 정책결정자들은 아프리카, 라틴 아메리카, 중동, 동남아시아, 남아시아 대륙 등 제3세계의 거의 모든 지역에 대해 영향력을 확보하고 동맹국을 얻기 위해 노력했다. 그러나 소련은 이들 저개발국가들을 영토적으로 점령하려는 생각은 없었다. 대신 소련은 이들 종속국(client states)들을 미국과의 전 세계적 차원의 경쟁에서 유리하게 활용하고자 했다.

■ 소련 팽창의 기록

소련은 소련이 건국된 후 초기 3년 동안은 살아남기 위해 궁극적 전투를 벌이고 있었다(1917-1920).[62] 볼셰비키 혁명이 끝나자마자 레닌은 소련을 1차 세계대전으로부터 끌어냈다. 그러나 그러기 위해서 레닌은 독일에게 브레스트–리토프스크 조약(Treay of Brest-Litovsk, 1918년 3월 15일)을 통해 광대한 영토를 양보해야만 했다.[63] 그 일이 있은 지 얼마 후 아직 서부전선에서 독일과 싸움을 벌이던 연합국들은 소련 영토 내에 지상군을 투입시켰다.[64] 그들의 목적은 소련이 독일과의 전쟁을 다시 시작하도록 하는 것이었다. 그러나 그런 일은 일어나지 않았다. 그 중요한 이유는 1918년 늦여름 그리고 초가을 무렵 이미 독일 육군은 패배하기 시작했기 때문이다. 1차 세계대전은 1918년 11월 11일 종식되었다.

독일의 패배 소식은 러시아 지도자들에게는 희소식이었다. 독일의 패망은 러시아가 광대한 영토를 빼앗겼던 브레스트 리토프스크 조약의 폐기를 의미하기 때문이었다. 그러나 러시아의 문제점이 해결되기에는 아직 멀었다. 1918년 초 몇 달간 볼셰비키와 반대세력 사이에 내란이 발생했다. 상황이 더욱 나빠진 것은 서방동맹이 반볼셰비키 세력을 지원하고 나섰기 때문이다. 이들 반 볼셰비키 세력은 볼셰비키가 적군(赤軍)이라고 불리는 데 대해 백군(白軍)이라고 지칭되었으며, 소련에 진주한 서방측 군사력은 1920년 여름까지 소련에 머물러 있었다. 한때 볼셰비키가 전쟁에 질지도 모르는 상황까지 몰린 적이 있기는 했지만 1920년 이후 세력균형은 결정적으로 백군측에 불리한 방향으로 진행되었고 백군의 패배는 단지 시간문제인 것 같아 보였다. 그러나 백군이 패배하기 이전 새로 건국된 폴란드는 소련의 허약함을 틈타 1920년 4월 우크라이나를 공격했다. 폴란드는 소련을 분열시키기를 희망했고 벨로루시(백러시아)와 우크라이나를 독립국으로 만들고자 했다. 폴란드의 희망사항은 이 새로운 독립국들이 폴란드가 주도하는 동유럽 독립국 연합에 가입해 주는 것이었다.

폴란드 육군은 초기 전투에서 주요한 승리를 거두어 1920년 5월에는 키예프Kiev를 점령했다. 그러나 그해 늦여름 소련의 적군은 전황을 바꾸어 놓았고 7월 하순 소련군은 소련-폴란드 국경선까지 진격했다. 놀랍게도 이제 소련은 폴란드로 진입해 들어가 폴란드를 점령할 수 있는 상황이 되었다. 아마 독일의 지원을 받아(독일은 폴란드의 존재를 못마땅해하는 또 하나의 강대국이었다), 동유럽의 지도를 다시 그릴 수 있을지도 몰랐다. 레닌은 이 기회를 재빨리 포착했고 바르샤바를 향해 붉은 군대를 진격시켰다.[65] 그러나 폴란드는 프랑스의 도움을 받아, 진격하는 소련군을 두들겨 부수었으며 그들을 폴란드 국경 밖으로 밀어내었다. 그때 양측 모두는 전쟁에 지쳐 있었으며 그 결과 1920년 10월 양국은 휴전조약에 서명하였고 1921년 3월 공식적 평화조약이 체결되었다. 그 무렵 소련의 내란은 실질적으로 종식되었고 서방측 동맹국들은 소련 영토로부터 자국의 군대를 철수시켰다.[66]

소련의 지도자들은 1920년부터 1930년대 초반에 이르는 기간에는 팽창주의적 외교정책을 수행할 엄두를 낼 수 없었다. 그들은 그동안의 내란으로 인해 흐트러진 국내적 통치문제에 집중해야 했으며 경제를 재건해야만 했기 때문이다.[67] 예를 들면 소련은 당시 유럽 전체 산업력의 불과 2%에 해당하는 정도의 산업능력을 보유하고 있었다(〈표 3-3〉). 그러나 모스크바는 외교정책에 보다 큰 관심을 표명했다. 특히 소련은 라팔로 조약 (Treaty of Rapallo)이 조인된 1922년 4월부터 히틀러가 정권을 잡는 1933년 초엽까지 독일과 우호적 관계를 유지했다.[68] 두 나라 모두 현상유지를 타파하는 데 심각한 이익을 가지고 있었지만 독일, 소련 그 누구도 상당한 수준의 공격능력을 보유하고 있지는 못했다. 소련의 지도자들은 1920년대 당시 공산주의를 세계로 전파하기 위해 노력했다. 그러나 소련의 지도자들은 강대국들을 자극함으로써 그들이 소련을 적대시하게 되고 그럼으로써 소련의 안전을 위태롭게 하는 상황이 오지 않도록 하기 위해 조심하였다. 아시아든 혹은 유럽이든 혁명을 부추기는 소련의 행동은 성공하지 못했다.

1920년대 당시 소련의 가장 야심적 행동은 아마도 강제적 산업화, 무자비한 집단 농업화를 통한 소련 경제의 현대화 계획이었을 것이다. 스탈린의 행동동기는 그 상당 부분이 국가안보문제와 관련이 있는 것이었다. 스탈린은 소련의 경제가 다른 산업국가들에 비해 계속 뒤처질 경우, 소련은 미래의 강대국 전쟁에서 파멸할 것이라고 생각했다. 1931년의 연설에서 스탈린은 "우리는 선진국에 비해 50년 혹은 100년 정도 뒤지고 있다. 우리는 10년 이내에 그 차이를 극복해야만 한다. 10년 이내에 우리가 목표를 성취하든지 혹은 그들이 우리를 파멸시키든지 두 가지 중 하나일 것이다"고 말했다.[69] 1928년 10월부터 시작된 수차례에 걸친 5개년 계획은 1920년대의 궁핍한 강대국인 소련을 2차 세계대전이 끝날 무렵 유럽에서 가장 막강한 국가로 변화시켰다.

1930년대는 소련에게 대단한 공포의 시대였다. 유럽에서는 나치 독일의 치명적 위협에 대처해야 했으며 동북아시아에서는 일본제국주의와 대항해야 했다. 비록 소련의 붉은 군대는 일본군이 아니라 독일군과 최후의 결전을 치렀지만 1930년대 동안 소련에게 더욱 위험스러운 적은 일본이었다.[70] 실제로 소련과 일본은 1930년대 말엽 국경지대에서 여러 차례에 걸친 심각한 무력충돌을 야기했고 1939년 여름 노몬한Nomonhan에서는 짧은 기간이지만 전쟁이 발발하기도 했다. 소련은 1930년대 아시아에서 공세를 취할 처지는 아니었기 때문에 일본의 팽창을 억제하는 데 주로 초점을 맞추었다. 이 목표를 위해 소련은 동북아시아 지역에 막강한 군사력을 주둔시키고 있었으며 1937년 여름 중일전쟁이 발발한 이후 중국에 상당한 지원을 제공했다. 소련의 목표는 일본을 중국과의 소모전에 묶어두는 것이었다.

나치 독일에 대한 소련의 전략에는 중요한 공격적 요소가 포함되어 있었다.[71] 스탈린은 독일에서 제3제국이 건설된 직후 독일은 곧 유럽에서 대전쟁을 야기할 것이라고 생각했다. 그러나 러시아는 나치 독일을 억제하기 위해 영국, 프랑스, 소련으로 구성된 3국협상(Triple Entente)을 재정비할 기회나 전쟁이 발발할 경우 독일에 맞서 싸울 능력은 없다고 생각했다. 그래서 스탈린은 '책임전가 전략'(Buck Passing Strategy)을 생각하게 된다. 특히 그는 히틀러와 우호적 관계를 수립하기 위해 한참 더 나갔다. 그는 히틀러가 소련이 아닌 영국과 프랑스를 먼저 공격하도록 노력한 것이다. 스탈린은 다가올 전쟁이 1차 세계대전 당시 서부전선에서처럼 양 당사자 모두에게 길고 희생이 큰 전쟁이 되기를 희망했다. 영국, 프랑스, 특히 독일의 힘이 빠지게 되는 기회를 틈타 소련은 힘과 영토를 확보할 수 있을 것이기 때문이었다.

스탈린은 1939년에 몰로토프－리벤트로프 조약에 사인함으로써 궁극적으로 부담을 영국과 프랑스로 떠넘기는 데 성공했다. 이 조약은 히틀러와 스탈린이 폴란드를 함께 점령하여 분할하는 데 동의한 것이며, 히틀러는 발틱국가들(에스토니아, 라트비아, 리투아니아)과 핀란드에 대한 스탈린의 행동에 자유를 부여하였다. 이 협약은 독일군은 장차 소련군이 아니라 영국, 프랑스군과 싸울 것을 의미하는 것이었다. 소련은 이 조약을 시행하기 위해 즉각적 조치를 취했다. 1939년 9월 폴란드의 동부지역 절반을 점령한 스탈린은 그 해 10월 발트연안 국가들에게 소련군의 진주를 허락하라고 강요했다. 이로부터 채 일년도 되기 전인 1940년 6월 소련은 이 작은 발틱 국가 세 나라를 합병해 버렸다. 1939년 가을 스탈린은 핀란드에 영토의 일부를 할양하라고 요구했으나 핀란드는 소련과의 협상을 거절했다. 그래서 스탈린은 1939년 11월 붉은 군대를 핀란드에 진입시켜

원하던 영토를 강제로 점령하였다.[72] 스탈린은 1940년 6월 히틀러를 확신시키는 데 성공함으로써 루마니아의 일부분인 베사라비아와 북부 부코니아를 점령했다. 1939년 여름부터 1940년까지 소련은 동유럽에서 상당히 넓은 영토를 장악할 수 있었다.

그럼에도 불구하고 스탈린의 책임전가 전략은 1940년 봄에 이르러 그 한계가 드러났다. 독일군은 프랑스를 6주 만에 장악해 버렸고, 영국 육군을 던케르크Dunkirk에서 쫓아냄으로써 대륙에서 추방해 버렸다. 나치 독일은 훨씬 막강해졌고 이제 독일은 서부전선에 대해 별 걱정 없이 소련을 공격할 수 있는 상황이 되었다. 스탈린과 그의 참모들이 이 서부전선의 뉴스에 얼마나 황당해 했는지를 흐루시초프는 다음과 같이 기록하고 있다.

"프랑스 패배의 뉴스를 듣고 스탈린의 신경은 거의 마비지경이었다. … 소련은 이제 역사상 가장 막강하고 위험한 세력과 당면하게 된 것이다. 우리는 오직 우리 스스로 이 엄청난 위협에 대처해야 하리라고 느꼈다."[73]

독일에 의한 소련 공격은 1년 후인 1941년 6월 22일 시작되었다. 소련은 2차 세계대전 초반 정말 처절한 피해를 입었지만 궁극적으로 제3제국을 몰아내기 시작했고 1943년 초 서쪽을 향한 공세작전을 시작, 베를린을 향해 진격할 수 있었다. 소련의 적군은 단순히 독일군을 파괴하고 잃어버린 영토를 되찾는 것만을 목표로 하지는 않았다. 스탈린은 독일이 몰락한 후 동유럽의 영토를 장악하고 지배하려고 했다.[74] 적군은 독일군을 파괴하기 위해 폴란드와 발틱 국가들을 점령해야 했다. 그러나 소련군은 불가리아, 헝가리, 루마니아 등에 대해서도 대규모 군사작전을 전개했다. 사실 독일군을 파멸하기 위해서 이 지역에서의 전투는 불필요했고 이 작전들은 전쟁승리의 시간을 지연시켰는지도 모른다.

권력을 향한 소련의 야심과 동북아시아에서의 영향력 확보는 2차 세계대전 당시 더욱 분명히 드러났다. 2차 세계대전이 끝난 후 스탈린은 1905년 일본에게 패배당할 무렵 러시아가 동북아시아에서 장악하고 있었던 영토보다 훨씬 넓은 영토를 되찾을 수 있었다. 소련은 태평양에서의 2차 세계대전이 끝나기 바로 직전까지 전쟁에 개입하지 않으면서 전쟁상황을 관리했다. 소련은 1945년 8월 9일에서야 비로소 만주에 주둔하던 일본의 관동군에 대한 공격을 개시했다. 소련의 대 일본 공격은 독일이 항복한 후 일본과의 전쟁에 참여해 달라는 오래된 미국의 압력에 대한 반응의 일부였다. 그러나 스탈린은 대 일본 참전에 대한 대가를 요구했고 윈스턴 처칠과 프랭클린 루스벨트는 1945년 2월 얄타회담에서 비밀리에 스탈린과 협상을 했다.[75] 일본에 대항하여 전쟁에 참전하는 조건으로 소련은 쿠릴 제도와 사할린 섬의 남부에 대한 영유권을 보장받았다. 소련은 만주의 다롄(大連)항을 해군기지의 용도로 빌릴 수 있게 되었고, 다롄항을 비롯해 가장 중요한 두 개의 철도에 대한 소련측의 '특별한 이익'(preeminent interest)에 대해 인정을 받았다.

비록 소련의 적군은 2차 세계대전이 끝나갈 무렵 한반도의 북부를 점령했지만, 2차 세계대전 당시 한국의 미래에 대해서는 어떤 분명한 계획이 없었다.[76] 1945년 12월 미국과 소련은 한국을 신탁통치하자는 데 동의했다. 그러나 이 계획은 곧 붕괴되었으며 소련은 1946년 2월 북한에 괴뢰국가를 세우기 시작했다. 미국도 남한에 대해 마찬가지 조치를 취하기 시작했다.

2차 세계대전 이후 독일과 일본이 파탄상태에 빠지게 되자 소련은 이들을 대체하여 유럽 및 동북아시아에서 잠재적 패권국으로 부상하였다. 만약 가능하기만 했다면 소련은 이 두 지역을 장악하기 위한 조치를 취했을 것임이 분명하다. 1945년 유럽 전체를 통치하고 싶다고 합리적으로 생각한 나라가 있었다면 그것은 소련이었다. 소련은 지난 30년 동안 독일에 의해 두 차례나 침략당했고 그때마다 엄청난 피를 흘렸다. 2차 세계대전 종식 당시와 같은 처지에서 어떤 소련 지도자라도 유럽의 패권을 차지할 수 있는 기회를 지나쳐 버리려고 하지 않았을 것이다.

그러나 소련에게 패권추구는 두 가지 면에서 불가능했다. 첫째, 독일 제3제국이 소련사회에 가한 엄청난 피해를 감안할 때 스탈린은 1945년 이후 소련사회의 재건과 회복에 주력해야 했지 또 다른 전쟁을 벌일 수는 없었다. 그래서 그는 2차 세계대전 종식 당시 1,250만 명에 이르렀던 병력을 1948년에는 287만 명으로 감축했다.[77] 둘째로, 미국은 소련이 유럽 혹은 동북아시아 지역 어느 곳에서도 패권국이 되는 것을 허용하지 않을 정도로 엄청나게 부유한 강대국이었다.[78]

제약사항을 충분히 인식한 스탈린은 미국 및 그 동맹국들과 무력 전쟁을 일으키지 않는 한도 내에서 가능한 한 소련을 최대한으로 팽창시키려 했다.[79] 비록 성공적이지는 못했지만 여러 가지 증거들은 스탈린이 실제로 미국과의 심각한 안보 경쟁을 회피하려했다는 사실을 보여준다. 냉전의 초반기 스탈린은 조심스런 확장주의자였다. 그의 중요한 표적 네 곳은 이란, 터키, 동유럽, 남한이었다.

소련은 2차 세계대전 중에 북부 이란을 점령했고 영국과 미국은 남부 이란을 점령했다.[80] 이 3국은 일본과의 전쟁이 끝나는 대로 모두 이란에서 철수하기로 약속했다. 미국은 1946년 1월 이란으로부터 병력을 철수했고 영국은 1946년 3월 2일까지 철수할 계획이었다. 그러나 소련은 이란에서 철수하려는 의도를 보이지 않았다. 오히려 소련은 이란의 공산당인 투데당Tudeh Party을 지원하였음은 물론 이란 북부지역의 아제리족Azeri과 쿠르드족Kurds을 부추겨 분리운동을 야기시켰다. 영국과 미국은 스탈린에게 이란에서 철군하라고 압력을 가했고 결국 스탈린은 1946년 봄 이란에서 소련군을 철수시켰다.

2차 세계대전 당시 1945년 3월까지 중립적 입장을 견지했던 터키에 대해 스탈린은 1945년 6월 아르다한과 카르 지방의 반환을 요구했다. 이 지역들은 1878년부터 1918년까지는 러시아 영토의 일부였다.[81] 스탈린은 또한 터키 내의 군사기지를 요구했다. 그 군사기지를 통해 흑해와 지중해

지도 6-3 냉전초기 동유럽에서의 소련의 영토확장

를 연결하는 다르다넬스Dardanelles와 터키 해협을 장악하기 위한 목적이었다. 요구사항을 실현시키기 위해 스탈린은 터키와의 국경지역 한 지점에 병력을 집중시켰다. 그러나 미국이 동지중해 지역에 대한 소련의 팽창을 결코 용납하지 않겠다는 강경한 태도를 견지하고 있었기 때문에 스탈린의 요구는 실현되지 못했다.

냉전 초기 소련 팽창의 가장 중요한 지역은 동유럽이었는데 그 가장 중요한 이유는 2차 세계대전의 막바지에 이르렀을 때 소련군이 이 지역의 대부분을 이미 점령했기 때문이다. 에스토니아, 라트비아, 리투아니아는 2차 세계대전 이후 공식적으로 소련에 합병되었고 폴란드 동부의 약 1/3에 해당하는 지역, 동프러시아의 일부, 베사라비아, 북 부코비나, 체코슬로바키아 동부의 섭카르파티안 루테니아, 핀란드 동부 국경지역의 세 부분(〈지도 6-3〉 참조)이 소련의 영토에 편입되었다. 불가리아, 헝가리, 폴란드와 루마니아는 전쟁이 끝나자마자 위성국으로 전락했다. 1948년 2월 체코슬로바키아도 소련 위성국이 되는 운명을 맞이했고 1년 후 소련은 또 하나의 위성국을 동부 독일에 건설했다.

핀란드와 유고슬라비아는 소련의 지배를 피할 수 있었던 몇 안되는 나라들이다. 이 두 나라의 행운은 다음과 같은 두 가지 이유에서 연유한다. 첫째, 두 나라는 2차 세계대전 당시 소련군이 자신들을 정복하고 장기간 지배하기 위해서는 대단한 희생이 따르게 될 것이라는 점을 분명하게 보여주었다. 나치에 의해 처절한 피해를 입은 소련은 대규모 피해로부터 재건하는 데 노력을 집중했고 소련이 점령한 동유럽의 다른 국가들을 관리하는 데도 이미 손이 부족할 지경이었다. 그러므로 소련은 핀란드와 유고슬라비아에서 희생을 각오해야만 할 작전을 시도하지 않았다. 둘째, 두 나라는 모두 동서갈등에서 중립적 입장을 견지하고자 했다. 즉 그들은 소련에 대한 군사적 위협이 되지 않으려 했던 것이다. 만약 핀란드 혹은 유고슬라비아 중 어느 나라가 북대서양조약기구 측으로 기우는 경향을 보였다면 소련군은 아마도 이들 나라들을 침공했을 것이다.[82]

소련은 냉전 초기 동북아시아에서도 권력을 증대시키고 영향력을 확대하고자 노력했다. 물론 동북아시아는 유럽과 비교할 경우 소련의 주요한 관심사는 아니었다.[83] 스탈린과 마오쩌둥 사이에 불신이 있었음에도 불구하고 소련은 장제스 휘하의 국민당 군대에 저항하는 중국 공산당을 지원했다. 1949년 내전에서 승리한 중국 공산당은 소련과 동맹을 맺어 미국에 대항했다. 1년 후 소련은 남한을 침략하는 북한을 지원했다. 그후 3년 동안 지속된 한국전쟁이 야기되었으며 한반도의 상태는 전쟁이전의 상태와 별다를 바 없는 분단된 상태로 남게 되었다.[84]

1950년대 초반 미국과 전 세계에 산재한 미국의 동맹국들은 강력한 봉쇄정책을 수립하여 소련이 동북아시아, 유럽 혹은 걸프만 지역에서 영토를 더 이상 확장할 수 있는 기회는 없었다. 사실 1950년 6월 한국에 대한 북한의 남침은, 냉전 당시 대단히 중요하게 생각하던 동북아시아 지역에서 소련이 침략국을 지원한 마지막 사례가 된다. 1950년으로부터 1990년까지 소련의 팽창노력은 제3세계 지역으로 한정되었고 부분적으로 성공하기도 했다. 그러나 대개의 경우 미국의 강력한 반발에 직면하였다.[85]

수십 년 동안 미국과 유럽을 통제하게 위한 경합을 벌인 끝에 1989년 소련은 갑자기 이제까지의 정책을 되돌렸고 동유럽에서의 제국을 포기하고 말았다. 이같이 과감한 행동은 냉전을 종식시켰다. 그후 소련 그 자체도 분열되어 1991년 말 15개의 국가로 와해되었다. 몇명의 예외적 학자들을 제외하면 소련의 붕괴를 연구한 대부분의 학자들은 소련 지도자, 특히 고르바초프가 1980년대에 이르러 국제정치에 관한 그들의 사고를 본질적으로 변화시켰기 때문에 냉전의 종식이 가능했다고 주장한다.[86] 소련의 새로운 지도자들은 세계에서 차지하는 소련의 비중을 증대시키기를 추구하기보다 경제적 번영과 군사력의 사용을 자제하는 자유주의적 규범에 따라 행동했다고 말해진다. 소련의 지도자들은 현실주의자로서 생각하고 행동하기를 포기하고 대신에 국가간 협력의 도덕성을 강조하는 관점을 채택했다는 것이다.

그러나 점차 많이 나오고 있는 증거들에 의하면, 위에서 언급한 바와 같은 류의 냉전종식 당시 소련행동에 대한 설명들은 비록 틀렸다고 말하기는 어려울지라도 완벽한 설명은 아니라는 사실이 드러나고 있다. 소련과 그 제국이 몰락한 가장 중요한 이유는 소련의 철지난 굴뚝산업이 더이상 세계 다른 주요 국가들의 기술적 진보와 겨룰 수가 없었다는 사실에 있다.[87] 경제붕괴의 방향을 돌이키기 위해서 결정적 조치를 취하지 않는 한 초강대국으로서의 소련의 운명은 위험했다.

문제를 해결하기 위해 소련의 지도자들은 동서 안보 경쟁을 대폭 완화시키고 국내적 통치체제를 자유화시키며, 제3세계에서 야기되는 경제적 손실을 감소시킴으로써 서방측의 우월한 기술에 접근할 수 있는 방안을 추구한 것이다. 그러나 그 같은 정책들이 역풍을 불러일으켰다. 정치적 자유화는 오랫동안 잠자던 민족주의에 불을 지피는 꼴이 되었으며 소련 그 자체도 분열, 몰락하게 된 것이다.[88] 냉전의 종식에 관한 일반적 상식은 틀린 것이다. 소련 지도자들은 현실주의 원칙들을 포기하기는커녕, 국가들은 국제적 경쟁국들로부터 안전하기 위해 자국의 힘을 극대화하기 위해 노력한다는 역사의 패턴을 오히려 더욱 강화시켰다.[89]

이탈리아 (1861-1943)

1891년부터 1943년에 이르는 기간 동안 이탈리아는 강대국 중에서는 가장 약한 나라였지만 지속적으로 팽창하고 힘을 더 많이 얻기 위한 기회를 추구했다는 사실에 대해 학자들의 견해가 일치하고 있다.[90] 리처드 보스워드Richard Bosworth는 "1914년 이전의 이탈리아는 더 많은 힘을 얻기 위해 골몰했으며, 별 볼일 없는 강대국인 자신의 입지를 강화시켜줄 유리한 패키지 딜(package deal)의 기회를 추구했다"[91]고 기록하고 있다. 1차 세계대전 이후 이탈리아의 외교정책은 베니토 무솔리니에 의해 주도되었는데, 역시 마찬가지 목표를 가지고 있었다. 파시스트 이탈리아(1922-1943)는 그 선임 정부인 자유 이탈리아(Liberal Italy)와 비교할 때 새로운 기회에 당면했다. 2차 세계대전 중 이탈리아가 몰락하기 4년 전인 1938년의 글에서 맥스웰 매카트니Maxwell Macartney와 폴 크레모나Paul Cremona는 다음과 같이 기술했다.

> "과거 이탈리아의 외교정책은 추상적 이념에 의해 지배되지 않았음이 분명하다. 고결함(innocence)의 정치적 비효율성에 관한 마키아벨리가 한 명언의 의미를 그의 조국(이탈리아)처럼 분명하게 파악하고 있던 나라는 어디에도 없었다."[92]

■ 표적과 경쟁국

이탈리아가 강대국으로 존속했던 80년 동안 어느 나라를 가장 중요한 표적으로 삼고 있었는가를 살펴봄으로써 이탈리아의 영토점령 야욕의 폭이 얼마나 넓었던가를 이해할 수 있을 것이다. 이탈리아는 그 침략적의 의도를 다섯 곳의 상이한 지역으로 펼쳐나갔다.(《지도 6-4》참조.)

1. 이집트, 리비아, 튀니지를 포함하는 북 아프리카
2. 에리트레아, 에티오피아, 소말릴란드가 있는 동부 아프리카의 뿔처럼 튀어나온 지역(Horn of Africa)
3. 알바니아, 코르푸, 도데카네스 제도, 심지어 남서부의 터키 등이 포함된 남부 발칸지역
4. 달마티아, 이스트리아, 트렌티노(티롤의 남부지역), 베네치아를 포함하는 남부 오스트리아－헝가리
5. 코르시카, 니스, 사보이를 포함하는 남동부 프랑스

이 지역들을 장악하는 데 있어 이탈리아의 주요 경쟁국은 발칸에서는 오스트리아-헝가리(적어도 다민족 국가가 붕괴하기 이전인 1918년까지), 아프리카에서는 프랑스였다. 물론 이탈리아는 오랫동안 "이탈리아 반도를 외교 및 군사작전을 전개할 수 있는 주인없는 땅"[93]으로 여겨왔던 오스트리아-헝가리와 프랑스가 차지하고 있던 영토에 대해서도 점령의 야욕을 보였다. 1861년부터 붕괴되기 시작한 오토만 제국은 1923년 그 마지막 단계에 이르렀고, 이탈리아의 영토점령계획에 있어 중요한 요인이었다. 오토만 제국은 발칸과 북 아프리카에서 상당한 크기의 영토를 장악하고 있었던 것이다.

비록 이탈리아의 적대적 목표는 항상 존재했지만 이탈리아 육군은 영토팽창의 목표를 추구하기에는 제대로 장비를 갖추지 못한 상태였다. 사실 이탈리아군은 아주 효율성이 적은 군대였다.[94] 이탈리아군은 유럽의 다른 강대국 군대와 싸워 자신을 지키기에도 역부족이었을 뿐만 아니라 유럽의 약소국들은 물론이고 아프리카 토인들과의 전쟁에서도 형편없는 수준이었다. 비스마르크는 "이탈리아는 식욕은 왕성하지만 다 썩은 이빨을 가지고 있을 뿐이다"고 말함으로써 이탈리아의 문제를 정확히 지적했다.[95] 결론적으로 이탈리아 지도자들은, 적대국이 전쟁에 질 것 같아 보이거나 혹은 다른 전선에 상당 규모의 병력을 투입한 채 헤매고 있지 않는 한, 다른 강대국과 직접적 충돌은 회피하고자 노력했다.

이탈리아는 군사력이 부족했기 때문에 이탈리아 지도자들은 힘의 증진을 위해 주로 외교에 매달려야 했다. 이탈리아의 지도자들은 동맹국을 선정하는 데 신중했고, 이탈리아의 이익을 위해 다른 강대국들을 서로 적대시하도록 만드는 데 능란했다. 특히 이탈리아 지도자들은 비록 이탈리아가 약하기는 하지만 어느 강대국의 편을 들어줌으로써 강대국간의 세력균형을 바꾸어놓을 수 있을 정도의 힘을 보유하고 있다는 가정하에 외교를 전개했다.

강대국들은 이런 사실을 알고 있었기 때문에 이탈리아를 자국의 동맹

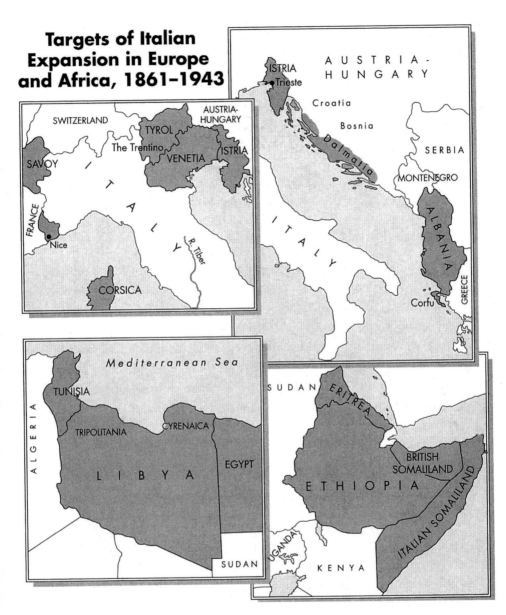

Targets of Italian Expansion in Europe and Africa, 1861-1943

지도 6-4 유럽 및 아프리카에서의 이탈리아 팽창주의의 표적들, 1861-1943

국으로 삼고자 하며 그 결과 이탈리아에게 무엇인가를 양보할 수 있었던 것이다. 브라이언 설리번Brian Sullivan은 이러한 접근방법을 "결정적 무게의 전략"(strategy of the decisive weight)이라고 명명했다.[96] 1차 세계대전은 바로 이 전략이 잘 사용된 사례를 보여준다. 1914년 8월 1일 전쟁이 발발했을 당시 이탈리아는 전쟁에 가입하지 않고 옆에 서서 전쟁 당사자 양측 모두와 흥정함으로써 어느 편에 가담해서 전쟁을 하는 편이 유리한지를 재고 있었다.[97] 전쟁당사국 양방은 모두 이탈리아에게 유리한 조건을 제시했다. 양측은 모두 이탈리아 육군이 어느 편에 가담하느냐의 여부에 따라 전쟁의 승패를 결정지을 수 있을지도 모른다고 믿었던 것이다. 1차 세계대전 이전 이탈리아는 공식적으로 오스트리아 – 헝가리, 독일과 동맹을 체결하고 있었지만, 1915년 4월 연합국의 편을 들었다. 왜냐하면 영국과 프랑스는 이탈리아의 공식적 동맹국인 독일 및 오스트리아 – 헝가리보다 더 넓은 영토를 제공할 의사를 보였기 때문이다.

■ 자유 이탈리아, 파시스트 이탈리아 팽창의 기록

이탈리아의 영토팽창 시도의 첫 번째 대상은 유럽이었다. 1866년 이탈리아는 오스트리아에 대항하여 프러시아와 연합했다. 프러시아는 전투에서 오스트리아를 격파했지만 이탈리아는 오스트리아에게 격파당했다. 그러나 평화를 위한 협상에서 이탈리아는 베네치아를 획득할 수 있었다. 베네치아는 이탈리아의 북방에 있는 넓은 지역이었으며 오스트리아의 일부분이었다. 이탈리아는 곧 있게 된 보불 전쟁(Franco – Prussian War, 1870-1871)에는 개입하지 않았다. 그러나 이탈리아는 과거 로마의 독립을 보장해 주었던 프랑스가 프러시아와의 전쟁에서 질 것이 확실해질 무렵인 1870년 9월 로마를 점령해 버렸다. 데니스 맥 스미스Denis Mack Smith가 말한 것처럼 이탈리아는 "베네치아의 경우처럼 프러시아 승리의 대가로 로마를 획득하게 되었다."[98] 1875년 오토만 제국의 남동유럽에 대한 지배력이 붕괴됨으로써 야기된 "동방의 위기"(Great Eastern Crisis) 당시 이탈리아는 오스트리아 – 헝가리로부터 영토를 빼앗을 계획을 수립했다. 그러나 그 계획은 실패로 돌아가 이탈리아는 베를린 회의(Congress of Berlin, 1878)에서 빈손으로 돌아설 수밖에 없었고 동방의 위기는 끝나게 되었다.

1880년대 초반 이탈리아는 영토팽창의 초점을 유럽으로부터 아프리카로 전환하였다. 1861년 통일을 이루기 이전에도 이탈리아의 엘리트들은 북아프리카 해안지역의 영토정복에 대해 깊은 관심을 보였다. 튀니지가 그 중 첫 번째 표적이었다. 그러나 1881년 프랑스는 튀니지 정복에서 이탈리아를 제쳤고, 이 사건은 이후 약 20년 동안 이탈리아와 프랑스의 관계를 뒤틀리게 한 계기가 되었다. 이 사건으로 말미암아 이탈리아는 1882년 독일, 오스트리아 – 헝가리와 함께 프랑스에 대항하는 3국동맹(Triple Alliance)을 체결했다. 1882년 이탈리아는 이집트에 대한 영국의 점령에 동참하려 했다. 그러나 비스마르크는 이탈리아의 계획을 정지시켰다. 이에 이탈리아는 다른 강대국들이 별 관심을 가지고 있지 않던 아프리카의 뿔 지역(Horn of Africa)으로 팽창의 관심을 돌렸다. 1885년 이탈리아 원정군이 파견되었으며, 그 후 10년 이내에 이탈리아는 두 곳의 식민지를 획득하게 되었다. 에리트레아와 이탈리아령 소말릴란드였다. 그러나 이탈리아는 에티오피아를 점령하는 데는 실패했다. 오히려 에티오피아 육군은 1895년 아도와Adowa에서 이탈리아 육군에게 심각한 타격을 가했다.

1900년이 되었을 때 이탈리아는 또다시 북아프리카와 유럽지역에 대한 팽창을 추구했다. 오토만 제국이 리비아와 발칸반도에 대한 통제권을 잃어버리게 된 것이 유럽 및 북아프리카 지역에 대한 이탈리아의 영토팽창의 기회를 제공한 것이다. 3국동맹 국가들의 관계에서 오스트리아 – 헝가리와 이탈리아의 관계는 이 시점에서 서먹하게 되었다. 두 나라가 발칸지역에서 경쟁자의 위치에 놓여 있었다는 것이 사이가 나빠진 중요한 이유였다. 오스트리아 – 헝가리와의 라이벌 관계의 심화는 이탈리아로 하여금 이스트리아와 트렌티노를 오스트리아 – 헝가리로부터 떼어내는 것을 심각하게 고려하게 만들었다.

이탈리아는 1911년 리비아를 둘러싸고 오토만 제국과 전쟁을 벌였다. 1년 후 전쟁이 종료되었을 당시 이탈리아는 아프리카에서 세 번째 식민지인 리비아를 장악할 수 있었다. 이 전쟁이 치러지는 동안 이탈리아는 도데카네스 제도도 점령했다. 이 섬의 주민들은 대부분이 그리스인들이었다. 그러나 이탈리아가 자신의 힘을 팽창하고 안보를 확립할 가장 좋은 기회는 1차 세계대전에 의해 제공되었다. 앞에서 말한 바처럼 이탈리아의 지도자들은 영국, 프랑스, 러시아의 편에서 싸우기로 결정하기 이전에 심각하게 협상을 추구했다. 이탈리아의 기본적 목표는 오스트리아 – 헝가리와의 사이에 "방어하기 용이한 육상 경계선"을 확보하는 것과 발칸반도와 이탈리아 사이의 아드리아해에 대한 통제권을 장악하는 것이었다.[99]

유명한 런던 조약에서 연합국들은 전쟁이 승리로 귀결될 경우 이탈리아에게 1) 이스트리아, 2) 트렌티노, 3) 달마시아 해변의 상당부분, 4) 도데카네스 제도에 대한 영구적 주권, 5) 터키의 영토인 아달리아, 6) 알바니아의 도시 발로나와 그 주변지역에 대한 통제권, 7) 알바니아 중심지역에 대한 영향권 인정 등을 제공하기로 약속했다.[100] 테일러A.J.p. Taylor의 언급처럼 이탈리아인들의 욕구도 "결코 온건한 것들은 아니었다."[101]

이탈리아는 1차 세계대전에 참전함으로써 100만 명 이상의 인명피해를 입었지만 결국 전승국의 일원이 되었다. 전쟁이 끝난 후 이탈리아는 1915년 당시 약속받았던 것들을 획득할 수 있었을 뿐만 아니라 오스트리아 – 헝가리 제국, 오토만 제국 그리고 러시아의 몰락 등으로 인해 더 많은 팽창욕구를 충족시킬 수 있게 되었다. 그래서 설리번이 기록한 바처럼 "이탈리아는 루마니아, 우크라이나, 코카서스, 크로아티아의 보호령, 홍해의 동부연안 등에서 나오는 석유, 식량, 광물을 장악하는 것에 관한 계획도 수립하기 시작했다".[102] 그러나 여러 가지 이유로 이탈리아의 원대한 계획들은 실현되지 못했다. 1차 세계대전 이후 마지막 강화회의에서 이탈리아는 단지 이스트리아와 트렌티노만을 얻을 수 있었다. 물론 이 두 지역은 전략적으로 대단히 중요한 곳이기는 했다.[103] 이탈리아는 도데카네스 제도도 계속 점령할 수 있었고 1923년 로잔 조약(Treaty of Luasanne)은 이 제도에 대한 이탈리아의 공식적 주권을 인정했다.

그러므로 이탈리아가 독립한 이후부터 무솔리니가 정권을 잡게 되는 1922년 10월까지의 60년의 기간 동안 '자유 이탈리아'(liberal Italy)는 로마, 베니스, 이스트리아, 트렌티노, 도데카네스 제도 등 유럽지역의 영토를 장악했고, 아프리카 지역의 에리트레아, 리비아, 그리고 이탈리아령 소말릴란드를 장악한 것이다. 파시스트 이탈리아는 선임 정부의 이상과 같은 성공적 팽창정책을 곧바로 승계하고자 했다. 1923년 8월 무솔리니의 육군은 아드리아해 입구에 있는 그리스령 코르푸 섬Corfu을 점령하기 위해 출병했다. 그러나 영국은 이탈리아를 압박, 계획을 포기하게 했다. 무솔리니는 1차 세계대전 당시 이탈리아가 점령한 바 있었으나 전쟁이 끝난 후인 1920년 그 지방 주민들이 외국 점령군에 대항하여 폭동을 일으키는 바람에 포기했던 알바니아에 대해 관심을 가지기 시작했다. 무솔리니는 1920년대 중반 알바니아의 족장을 지원했다. 당시 알바니아 족장은 알바니아를 이탈리아의 보호령으로 만드는 협약에 조인했다. 그러나 그 정도로는 파시스트 지도자를 만족시킬 수 없었다. 무솔리니는 1939년 4월 공식적으로 알바니아를 합병했다.

에티오피아 역시 무솔리니의 중요한 표적 중 하나였다. 이탈리아는 1920년대 중반부터 에티오피아를 점령할 계획을 수립하기 시작했고, "적어도 1929년 이후부터는 에티오피아 내의 지역들을 은밀하게 점령해 나가기 시작했다".[104] 1935년 10월 이탈리아는 에티오피아를 향한 전면전쟁을 개시했으며 1년 후 이탈리아는 공식적으로 에티오피아를 통치하기 시작했다. 마지막으로 이탈리아는 스페인 내란(1936-1939)에 군대를 파견, 프란시스코 프랑코 장군의 반동 군사혁명위원회를 지원했다. 여기서 이탈리아의 주요 목표는 지중해 서부지역의 발레릭 제도Balearic Islands를 장악하는 것이었다. 이 제도는 이탈리아가 북아프리카와 프랑스 사이의 교역로뿐만 아니라 영국과 지브랄타Gibraltar 및 몰타Malta 사이의 교역로를 위협할 수 있게 해주는 요충지였다.[105]

　무솔리니는 2차 세계대전을 해외의 영토를 정복하고 힘을 증진시키기 위한 절호의 기회로 생각했다. 특히 전쟁 초기 나치 독일의 놀라운 군사적 성공은 이탈리아에게 "전례없는 지렛대와 행동의 자유"를 제공했다.[106] 무솔리니의 첫 번째 계획은 1940년 6월 10일 프랑스에 대해 선전포고하는 일이었다. 이때는 독일이 프랑스를 침공한지 한 달이 경과한 시점이었고 프랑스의 패배가 거의 확정된 시점이었다. 이탈리아는 프랑스의 영토와 프랑스 식민지를 장악하기 위해 이처럼 유리한 시점에 전쟁을 개시한 것이다. 니스, 사보이, 코르시카, 튀니지 등이 주요 표적이었다. 그러나 이탈리아는 프랑스의 식민지인 알제리는 물론 대영제국의 일부였던 아덴Aden과 몰타에 대해서도 관심을 가지고 있었다. 무솔리니는 프랑스의 해군과 공군을 이탈리아에 넘겨주도록 요구했다. 그러나 독일은 이탈리아의 요구를 거의 들어주지 않았다. 히틀러는 프랑스가 나치의 점령에 대해 저항할 수 있는 어떤 명분도 주기를 원치 않았기 때문이다.

　이같이 낭패하기는 했지만 무솔리니는 영토를 획득할 수 있는 기회를 지속적으로 추구했다. 1940년 초여름, 무솔리니는 나치 독일로부터 영국을 침공할 경우 이탈리아군이 동참할 수 있다는 사실을 전달받았다. 1940년 8월 이탈리아는 영국령 소말릴란드를 점령했다. 동시에 무솔리니는 소규모의 영국군이 방어를 담당하고 있는 그리스, 유고슬라비아, 이집트 등에 대한 공격을 고려하고 있었다. 1940년 9월 이탈리아는 수에즈운하에 도달한다는 희망을 가지고 이집트를 공격했다. 다음달 이탈리아는 그리스를 침공했다. 그러나 두 작전은 모두 이탈리아 육군에게는 재앙이었다. 이 두 경우 모두 독일군이 달려와서 이탈리아군을 구해주어야 했다.[107] 군사적 파탄상태에도 불구하고 이탈리아는 1941년 여름 소련에 대해 선전포고를 발하였다. 이 무렵 소련의 적군이 나치의 다음 번 희생자로 간주될 때였다. 이탈리아는 약 20만의 병력을 동부전선으로 파견했다. 이때도 역시 무솔리니는 이탈리아가 승리의 과실을 나누어 먹기를 원했다. 그러나 그의 희망은 결코 현실화 될 수 없었다. 이탈리아는 1943년 9월 연합국에 항복했기 때문이다.

요약한다면, 무솔리니도 그의 선임이었던 자유 이탈리아의 지도자들과 마찬가지로 끊임없는 팽창주의자였던 것이다.

자기 파멸적 행동?

앞에서 분석한 네 가지 사례들은 — 일본, 독일, 소련, 이탈리아 — 강대국들은 세계 속에서 자신들이 차지하는 힘의 비중을 극대화시키기 위해서 노력한다는 주장을 뒷받침한다. 더욱이 이 사례들은 그 목표를 달성하기 위해 때로는 무력을 사용하려 한다는 사실도 보여 준다. 자신의 힘에 대해 만족해하는 강대국은 별로 없다. 강대국들이 어떻게 행동하는가에 관한 이상의 서술은 사실 방어적 현실주의자들 사이에서도 논쟁거리가 아니다. 잭 스나이더Jack Snyder는 "영토확장을 통해 안보를 달성할 수 있다는 생각은 산업화 시대 강대국들의 대전략에 만연되었던 이념"이라고 언급한 바 있다.[108] 더욱이 그는 과거 강대국들의 행동에 대한 자세한 연구 결과인 그의 저서『제국의 신화Myths of Empire』에서 강대국들이 공격적 성향을 갖는다는 사실을 증명할 수 있는 엄청난 자료들을 제시했다.

혹자는 역사에는 강대국들이 공격적으로 행동한 사례들이 수 없이 많이 존재한다는 사실을 알 수 있음에도 불구하고 그런 행동들이 공격적 현실주의에 의해서 설명될 수 없다고 주장하는 경우가 있다. 방어적 현실주의자들이 대부분 공감하는 이 주장의 근거는, 팽창은 잘못 인도된 결과라는 데 있다. 실제로 그들은 팽창을 국가의 자살이라고 생각한다. 이들은 '정복은 대가가 없는 일이다. 왜냐하면 팽창을 시도하는 국가는 궁극적으로 패하게 될 것이기 때문이다' 고 설명한다. 국가들이 "감축정책, 선택적

유화정책, 주변영역보다는 핵심영역 강화하기, 혹은 우호적 무시(benign neglect) 정책을 추구하면서 현상유지 정책을 취하는 것이 더 현명한 일"이라고 주장한다.[109] 국가들이 그렇게 행동하지 않는 것은 비합리적, 비전략적 행동의 증거이며, 그런 행동은 국제체제의 요구로부터 도출되어지는 것은 아니라고 주장한다. 그들은 이처럼 나쁜 행동은 일차적으로는 사악한 국내정치적 요인 때문에 야기되는 것이라고 주장한다.[110]

이러한 논점에는 두 가지 문제점이 있다. 이미 논의한 바 있지만, 역사적 사례들을 살펴보면 정복이 언제나 아무런 대가도 없었던 일은 아니었고, 공격을 감행한 나라가 공격을 하기 이전보다 상황이 언제나 더욱 나빠진 것만도 아니었다. 팽창정책은 때로는 진짜 큰 이득을 가져다주기도 했고 또 어떤 때는 그렇지 않은 경우도 있었다. 더구나 강대국들이 공격적으로 행동하는 것은 국내정치의 사악한 요인 때문이라는 주장은 받아들이기 어렵다. 왜냐하면 대단히 다른 종류의 정치체제를 가진 거의 모든 종류의 국가들이 공격적 군사전략을 채택하고 있기 때문이다. 오로지 공격을 회피하고 현상유지를 위해서만 노력하는 정치체제 혹은 문화 — 민주주의를 포함해서 — 는 최소한 한 가지 사례라도 발견된 적이 없었다. 또한 강대국들이 자신의 공격적 성향을 대폭 낮추는 특히 위험한 시기 — 예를 들면 핵시대 — 가 있다는 점을 말해주는 역사적 사례도 없다. 확장정책이 본질적으로 잘못 인도된 정책이라고 말한다면 이는 지난 350년 동안의 역사에 나타났던 모든 강대국들이 국제체제가 어떻게 작동하는지 이해하는 데 실패했다고 말하는 것과 마찬가지일 것이다.

방어적 현실주의자들의 저술 중에서 보다 정교하며 위의 입장에서 약간 후퇴한 입장을 표명한 연구결과들을 찾아볼 수 있다.[111] 비록 방어적 현실주의자들은 일반적으로 정복은 아무런 이득이 없다고 주장하지만, 그들은 또 한편 공격이 성공하는 경우가 많았다고 말한다. 이처럼 어느 정도 혼란스러운 전망에 기초하여 그들은 공격자의 세계를 "팽창주의자"(expander)와 "과도팽창주의자"(over expander)의 세상으로 구분한다.

팽창주의자란 기본적으로 영리한 침략국으로 전쟁에서 승리하는 나라다. 그들은 오직 제한적 의미에서의 확장만이 전략적으로 타당한 것이라고 주장한다. 한 지역 전체를 지배하려는 시도는 자기 파괴적 행위다. 왜냐하면 예외 없이 큰 욕망을 가진 국가에 대항하는 균형 연합이 형성될 것이고, 공격국은 파멸적 패배를 감내해야만 하기 때문이다. 팽창주의자들은 때로 전쟁에 패배할 수도 있다. 그러나 그들은 재앙의 조짐을 보자마자, 패배에 당면하여 신속히 후퇴한다. 본질적으로 그들은 빨리 배우는 학생(good learner)이다.[112] 방어적 현실주의자들이 보기에 비스마르크는 영리한 팽창주의자의 전형이다. 왜냐하면 비스마르크는 유럽의 패권국이 되겠다는 운명적 실수를 범하지 않으면서도 여러 차례의 전쟁에서 계속 승리를 거둘 수 있었기 때문이다. 과거의 소련도 영리한 침략국의 전형으로 간주된다. 소련은 유럽 전체를 정복하려는 의도는 없는 것처럼 현명하게 행동했기 때문이다.

그러나 과도한 팽창주의자(over expander)들이란 비이성적 공격자들로서 이길 수 없는 전쟁을 시작하며, 또한 패배할 수밖에 없는 전쟁을 중단시켜야 할 시점에서 영리하게 끝내지 못하는 나라들을 의미한다. 그들은 특히 무모하게 지역적 패권주의를 추구하는 강대국들이며 이들은 역사적으로 예외 없이 재앙적 패전을 경험했다. 방어적 현실주의자들은 이 나라들은 좀 더 신중했어야 했어야 할 것이라고 말한다. 왜냐하면 패권추구는 예외 없이 실패로 귀결된 것이 역사의 교훈이기 때문이다. 이들은 계속해서, 이러한 자기 파멸적 행동은 왜곡된 국내정치의 결과라고 주장한다.

방어적 현실주의자들은 역사상 가장 뚜렷한 과도팽창주의자로 세 나라, 즉 1890년부터 1914년까지의 빌헬름 독일, 1933년부터 1941년까지의 나치 독일, 그리고 1937년부터 1941년에 이르는 기간의 일본제국을 거명한다. 이 침략 국가들은 모두 궁극적으로 재앙적 패전을 불러온 전쟁을 도발했다. 공격적 군사정책이 국가들을 파멸로 이끌었다는 주장이 이 세 나라의 사례로부터 도출되었다는 것은 과장이 아니다.

'자제하는 것이 좋은 것'이라고 여기는 관점이 가지는 문제점은 불합리적 팽창정책과 군사적 패배를 동일시한다는 데 있다. 어느 강대국이 전쟁에서 패했다는 사실이 그 강대국이 잘못된 정보 혹은 비합리적 정책결정 때문에 전쟁을 시작했음을 의미하는 것은 아니다. 물론 질 것이 분명한 경우라면 국가들은 전쟁을 시작하지 말아야 했을 것이다. 그러나 전쟁의 결과가 어떻게 될지를 확실하게 예측한다는 것은 대단히 어려운 일이다. 전쟁이 끝난 후 말 많은 사람들 혹은 학자들은 마치 전쟁의 결과가 처음부터 분명했었다는 투로 말한다. 일이 지난 후에 보면 훨씬 더 잘 보이기 마련이다. 그러나 미래를 예측한다는 것은 대단히 어려운 일이며, 국가들은 때로 잘못 추측한 결과 처참한 결과를 당할 경우가 있다. 그래서 합리적 국가들도 전쟁을 먼저 도발하고 그 전쟁에서 패할 수도 있는 것이다.

　일본 혹은 독일 같은 침략국가들이 과연 자기 파멸적 행동에 빠져들었는가를 판단하기 위해 가장 좋은 방법은 전쟁의 결과를 살펴보는 것이 아니라 그 나라들에게 전쟁을 일으키도록 한 정책결정 과정을 살펴보는 것이다. 일본과 독일의 사례들을 조심스레 살펴볼 경우 이들이 전쟁을 결정한 것은 당시 두 나라가 처했던 특별한 상황에 대한 이성적 반응이었다는 측면을 찾아볼 수 있다. 다음의 논의에서 분명히 밝힐 것이지만 일본, 독일의 개전 결정들은 국내정치의 사악한 요인들에 의해 유발된 불합리적인 정책결정의 결과는 아니었다.

　지역적 패권을 추구하는 것은 풍차와 씨우는 것과 마찬가지라는 주장에도 문제가 있다. 오직 미국만이 자신이 존재하는 지역을 정복하려 했고 성공했던 유일한 사례다. 나폴레옹의 프랑스, 빌헬름의 독일, 나치 독일, 그리고 일본제국 등은 모두 지역 패권을 추구했으나 실패하고 말았다. 5개의 사례 중 하나(미국)만이 성공했다는 사실은 성공률이 아주 낮다는 사실을 말해준다. 그럼에도 불구하고 미국의 경험은 지역적 패권추구가 성공할 수도 있는 일임을 말해주고 있다. 더 오래된 과거를 보면 패권추구의 성공사례를 더 찾아 볼 수 있다. 유럽의 로마제국(B.C 133-A.D 235),

남아시아의 무굴 제국(1556-1707), 아시아의 청제국(1683-1839) 등은 지역 패권에 성공했던 사례들의 일부다. 나폴레옹, 빌헬름 황제, 히틀러 등은 모두 궁극적으로 전쟁에 패하기는 했지만, 중요한 전투에서 승리를 거두었고, 광대한 영토를 차지하기도 했으며, 그들의 목적에 근접했다. 오직 일본만이 전장에서 패했고 패권을 차지할 가능성이 희박했다. 그러나 다음에 논하겠지만 일본의 정책결정자들은 전쟁에 질 것이라는 사실을 예상하면서도 전쟁에 돌입했다. 이는 미국이 일본에게 전쟁을 일으키는 것 이외의 다른 대안이 없도록 만들었기 때문이다.

공격적 정책에 대한 비판자들은 패권을 추구하는 나라를 패배시키기 위해 균형 연합이 형성될 것이라고 주장한다. 그러나 역사는 이러한 균형 동맹이 효과적으로, 시의 적절하게 형성되기 어려웠다는 사실을 보여준다. 위협에 당면한 국가들은 위험한 국가에 맞서 균형 연합을 형성하기보다는 오히려 서로 책임을 떠넘기기에 급급했다. 일례로 나폴레옹 및 히틀러에 대항하기 위한 균형 연합은 나폴레옹과 히틀러가 유럽대륙의 상당 부분을 차지한 이후 비로소 형성되었다. 더구나 이 두 가지 사례 모두, 나폴레옹과 히틀러가 러시아에서 패배하여 패권을 향하는 예봉이 꺾인 이후에 비로소 형성되었던 것이다. 당시 러시아는 동맹은 없었지만 나폴레옹 및 히틀러에 대항하여 효과적으로 전쟁을 벌였다.[113] 효과적인 방어동맹을 형성한다는 일이 어려운 일이기 때문에 강력한 국가들은 침략을 감행할 수 있는 기회를 가지게 되는 것이다.

마지막으로 강대국들은 지역적 패권을 추구하려는 노력이 모두 실패로 돌아갔다는 역사적 교훈을 배워야한다는 주장도 역시 설득력이 적다. 미국의 성공사례는 이 주장에 배치되는 것일 뿐 아니라, 패권을 추구하려는 제일 강한 나라에게 이러한 교훈을 적용하기도 어렵다. 사실 전례가 별로 없으며, 과거 패권추구 사례의 결과도 간단하지 않다. 빌헬름의 독일을 예로 들어보자. 빌헬름 독일이 바라본 전례는 실패한 나폴레옹의 패권 도전과 성공한 미국의 패권 도전 두 가지였다. 이 사례를 보았을 때, 빌헬름의 독일이 패권을 추구하는 국가들의 역사를 읽은 후, 패권을 추구할 경우 궁극적으로 패망할 것이라고 생각했다고 주장하기는 어렵다. 빌헬름의 사례는 그렇다 하더라도 히틀러는 과거에 대해 더 잘 알았을 것이라고 주장할 수 있다. 히틀러는 나폴레옹의 프랑스, 빌헬름의 독일이 패권 도전에 실패한 사례를 알고 있었을 것이기 때문이다. 그러나 다음에 논의할 것이지만 히틀러가 역사로부터 배운 것은 '침략전쟁은 아무런 보상이 없다'라는 것이 아니라, 선임자들은 왜 실수를 저질렀느냐에 관한 것으로 제3제국이 패권 도전에서 승리하기 위한 교훈이었던 것이다.

그렇기 때문에 지역적 패권의 추구는 그것이 달성하기 어려운 일이었을지라도 돈키호테식 야망의 결과는 아니었던 것이다. 패권적 지위를 차지했을 때 얻을 수 있는 안보상의 이익이 엄청난 것이기 때문에, 강력한 국가들은 예외 없이 미국의 흉내를 내려 하며 그들이 존재하고 있는 지역에서 패권을 추구하길 원하는 것이다.

■ 빌헬름의 독일(1890-1914)

독일의 카이저는 두 가지 측면에서 자기 파멸적 행동을 저질렀다고 비판받는다. 첫째, 독일의 공격적 행동은 영국, 프랑스, 러시아가 동맹을 형성(3국협상, Triple Entente)하여 독일에 대항하도록 했다고 말해진다. 즉 독일은 스스로 포위당하는 죄악을 저질렀다는 것이다. 둘째, 그런데 독일은 1914년 이 동맹에 대항하여, 질 것이 뻔한 전쟁을 야기했다는 것이다. 독일은 스스로 포위를 초래했기 때문에 두 개의 전선에서 전쟁해야 했을 뿐 아니라, 적국을 신속하게, 결정적으로 파괴할 수 있는 훌륭한 전략도 가지고 있지 못했다.

그러나 이런 주장들은 잘 살펴보면 허점이 많다. 물론 독일의 움직임이 3국협상의 형성에 자극이 되었음은 사실이다. 다른 모든 강대국들과 마찬가지로 독일도 역시 국경을 확장해야 한다는 전략적 이유를 가지고 있었

고 특히 1900년 이후 주변국가들에 대해 잦은 도발을 야기했다. 그러나 3
국협상이 형성된 과정을 자세히 살펴보면 이는 독일의 공격적 행동 때문
이기보다 점차 막강해지는 독일의 경제력과 군사력 때문에 형성되었다는
사실을 알 수 있다.

1890년부터 1894년 사이 프랑스와 러시아가 가까워지도록 한 동기가
무엇인지를 고려해 보자. 그리고 나서 1905년에서 1907년 사이 영국이
이들 연합에 참여하게 된 동기가 무엇인지를 살펴보자. 앞에서 말한 것처
럼 프랑스와 러시아는 1870년대와 1880년대 점증하는 독일의 힘을 두려
워했다. 비스마르크는 프랑스와 러시아가 독일에 대항하는 연합을 형성
할지 모른다는 사실을 두려워했다. "전쟁임박 위기"(1875) 당시 러시아가
프랑스를 지원할 것이라고 위협했을 때, 비스마르크는 프랑스를 유럽의
강대국들로부터 고립시키도록 고안된 동맹체제를 형성했다. 비스마르크
는 자신이 재임하는 동안 프랑스와 러시아가 동맹을 체결하는 것을 막는
데 성공했지만, 향후 전쟁이 발발할 경우 러시아는 1870년-1871년 당시
처럼 독일이 프랑스와 싸우는 것을 그냥 방관하지는 않을 것이라고 생각
됐다. 사실 1880년대 말엽이 되었을 때의 분위기는 비스마르크가 재상의
지위에 있느냐의 여부를 불문하고, 금명간 프랑스와 러시아가 독일에 대
항하는 동맹을 결성할 것 같았다. 1890년 3월 비스마르크가 재상직을 떠
난 지 얼마 되지 않아 프랑스와 러시아는 동맹결성에 관해 협상하기 시작
했다. 그후 4년이 지난 후에 동맹은 체결되었다. 그러나 독일은 비스마르
크가 재상직을 떠나기 직전 혹은 직후에 공격적으로 행동하지는 않았다.
비스마르크의 후계자들은 1890년부터 1990년에 이르기까지 어떤 심각한
국제위기에도 개입하지 않았다.[114] 그렇기 때문에 '독일의 공격적 행동은
포위상황을 초래하고 말았다' 고 말하는 것은 사실과 다르다.[115]

혹자는 비스마르크의 후계자들이 공격적으로 행동해서가 아니라 오히
려 바보처럼 러시아와의 재보장 조약을 갱신하지 않는 바람에 러시아가
프랑스와 동맹을 체결하게 하는 결과를 초래했다고 주장하기도 한다.

1887년 비스마르크는 프랑스와 러시아를 분리시키기 위해 독일과 러시아의 합의를 도출해 내는 최후의 노력을 했다. 학자들 중에는 독일과 러시아의 재보장 조약은 1890년 무렵에는 이미 효력이 없는 것이었으며 이를 대체할 외교전략이 없었다고 주장하는 사람도 있다. 실제로 메들리콧 W.N.Medlicott은 재보장 조약에도 불구하고 비스마르크의 대 러시아 정책은 1887년 무렵 "거의 파탄상태였다"고 주장한다.[116] 1890년 이후 비스마르크가 재상직을 유지하고 있었다 할지라도 비스마르크가 영리한 외교를 통해 프랑스와 러시아의 동맹결성을 막을 수 있었을지는 의문이다. 가이스Immanuel Geiss는 "비스마르크도, 혹은 독일 외교 정책결정자 중 비스마르크보다 더 탁월한 사람이 있었다고 할지라도, 그 누구도 러시아와 프랑스의 동맹체결을 막을 수는 없었을 것이다"[117]고 주장한다. 프랑스와 러시아는 독일의 힘이 팽창하고 있다는 사실이 두려워 서로 접근한 것이지 독일이 공격적인 혹은 바보처럼 행동했기 때문에 가까워진 것은 아니다.

영국이 러시아 프랑스의 연합에 참가하여 3국협상(Triple Entente)을 체결한 20세기 초반, 독일은 공격적으로 행동했다. 그러나 이 경우에도 영국이 3국협상에 가입한 더 중요한 이유는 독일이 공격적으로 행동했다는 사실보다는 독일의 힘이 증강되고 있다는 사실을 두려워했기 때문이다.[118] 1898년 영국의 해군과 맞먹는 함대를 건설하겠다는 독일의 결정은 영국과 독일 관계를 나쁘게 만든 것은 사실이었지만, 그것 자체가 영국이 프랑스, 러시아와 동맹을 체결하도록 강요한 것은 아니었다. 결국 영국이 독일과 경쟁을 벌이는 데 가장 좋은 방법은 아예 해군경쟁에서 확실하게 승리하는 것이었다. 독일과 지상에서 전쟁을 벌이기 위해 엄청난 국방비를 육군력 건설에 투입하는 것보다는 해군경쟁에서 독일을 압도해 버린다는 것이다. 1905년의 모로코 위기는 독일의 과도한 공격적 행동에 대한 첫 번째 테스트였는데, 이 사건이 1905년부터 1907년 사이 3국협상이 성립하게 하는 데 중요한 역할을 담당했음은 분명하다. 그러나 영국이 3국협상에 개입하도록 한 더욱 중요한 요소는 러시아가 러일전쟁(1904-

1905)에서 처참하게 패배했다는 사실이지 독일의 공격적 행동이 아니었다.[119] 러시아는 일본에 패배함으로써 유럽의 세력균형에서 몰락하고 말았다. 러시아의 몰락은 유럽대륙에서 독일의 지위를 현격하게 상승시키는 일과 같았다.[120] 영국의 지도자들은 프랑스 혼자 독일을 감당해서 잘 싸울 수 있을 것이라고 생각하지 않았다. 그래서 영국은 프랑스, 러시아와 동맹을 맺어 세력균형상태를 회복하고 독일을 봉쇄하려 했던 것이다. 요약하면, 독일의 공격적 행동이 아니라 유럽 국제체제의 구조변화가 3국협상 형성의 원인이었던 것이다.

1914년 전쟁을 도발한 독일의 결정은 질 것이 뻔한 전쟁임에도 불구하고 전쟁을 감행한 광적(狂的)인 전략개념에 의거한 것이 아니다. 이 결정은 3국협상으로 포위된 독일의 안보환경을 타개하고, 러시아의 힘의 증강을 제어하고, 유럽에서 패권국이 되겠다는 독일의 욕구가 반영된 계산된 위험이었다. 전쟁을 직접 촉발한 계기는 발칸 반도에서의 오스트리아-헝가리와 세르비아 간의 위기였다. 이 위기상황에서 독일은 오스트리아-헝가리를 후원했고 러시아는 세르비아를 후원했다.

독일의 지도자들은 그들이 두 개의 전선에서 싸워야한다는 사실을 분명히 인식하고 있었고 슐리펜 플랜이 승리를 보장하는 것이 아니라는 사실도 알고 있었다. 그럼에도 불구하고 독일의 지도자들은 위험(risk)을 걸어볼 만하다고 생각했다. 특히 당시 독일은 프랑스, 러시아 그 누구보다도 막강했고, 영국은 전쟁에 개입하지 않고 옆에서 지켜볼 가능성이 높다고 생각되었다.[121] 사실 독일 지도자의 생각은 거의 옳았다. 1914년 슐리펜 플랜이 계획했던 신속하고도 결정적 승리만이 사실 약간 어긋났을 뿐이다.[122] 정치학자 스콧 사강Scott Sagan은 1914년 9월 프랑스군이 파리 부근에서 마지막 순간에 승리를 거둔 것을 "마른의 기적(Miracle of Marne)이라고 부르는 데에는 합당한 이유가 있다"고 지적했다.[123] 더욱이 독일은 그후 1915년부터 1918년에 이르는 기간 동안의 소모전에서도 거의 승리를 움켜쥘 수 있었다. 카이저의 육군은 1917년 가을 러시아를 더 이상 전쟁에 참여하지 못할 정도로 만들어 쫓아내었고, 1918년 봄 영국군, 특히 프랑스군은 거의 파멸상황이었다. 마지막 순간에 미국이 개입하지 않았더라면, 독일은 1차 세계대전에서 승리할 수도 있었다.[124]

1차 세계대전 이전 독일의 행동에 관한 논의는 공격적 현실주의가 설명하지 못하는 부분을 지적한다. 독일은 1905년 여름, 유럽에서 패권을 장악할 수 있는 아주 좋은 기회가 있었다. 당시 독일은 이미 잠재적 패권국이었을 뿐만 아니라, 러시아는 극동에서의 패배로 휘청거리고 있었으며 독일의 공격 앞에 자신을 방어할 수 있는 처지도 아니었다. 그리고 당시 영국은 아직 프랑스, 러시아와 동맹을 맺지 않은 상태였다. 오직 프랑스만이 막강한 독일 앞에 홀로 서 있을 뿐이었고 "독일은 그 어느 때보다 유럽에서 세력균형을 자신에게 유리하게 바꿀 수 있는 좋은 상황이었다." [125] 그러나 1905년 독일은 전쟁을 일으킬 것을 심각하게 고려하지 않았다. 독일은 러시아가 러일전쟁의 패배로부터 회복된, 그리고 영국이 프랑스, 러시아와의 동맹에 가입한 후인 1914년에 비로소 전쟁을 시작하였다.[126] 공격적 현실주의에 의하면 독일은 1905년에 전쟁을 도발했어야 옳다. 그때 전쟁을 일으켰다면 독일의 승리는 거의 확실했다.

■ 나치 독일(1933-1941)

히틀러는 공격적으로 행동할 경우, 또다시 대항연합이 결성되어 피비린내나는 전쟁에서 그를 굴복시킬 것이며 또한 두 개의 전선에서 전쟁해야만 한다는, 1차 세계대전의 교훈을 배웠어야 했다고 비난받는다. 히틀러가 이처럼 교훈을 무시하고, 심연을 향해 뛰어든 것은, 분명히 정책결정 구조에 심각한 문제가 있었던 결과라고 말해진다.

그러나 자세히 살펴볼 경우 이 비난은 타당치 못하다. 물론 히틀러는 대량학살의 신전(神殿)에서 특별한 위치를 차지해야 함이 마땅하다. 그러나 그의 악마성이 그의 전략가로서의 기예를 모호하게 만드는 것이어서는 안 된다. 그는 1941년 여름 소련 침공결정이라는 궁극적인 전략적 실수를 범하기 이전까지, 오랫동안의 전쟁에서 승리를 이룩했던 것이다. 사실 히틀러는 1차 세계대전으로부터 교훈을 배웠다. 그는 독일은 두 개의 전선에서 동시에 싸우면 안 된다는 사실을 알았던 것이다. 그리고 독일은 신속하고 결정적인 군사적 승리를 추구해야 한다고 배웠다. 실제로 그는 2차 세계대전 초기 이와 같은 목표를 현실화시키고 있었다. 그것이 바로 제3제국이 유럽 전역에서 그렇게 많은 죽음과 파괴를 초래한 원인이었다. 이 사례는 학습에 대해 이미 지적한 나의 관점을 묘사한다. 전쟁에 패배한 나라들이 전쟁은 무모한 것이라고 결론내리지는 않는다. 오히려 국가들은 다음 번 전쟁에서는 실수를 반복하지 않으리라고 다짐한다.

히틀러의 외교는 적국들이 동맹을 형성하지 못하도록 사려깊게 계산된 것으로서, 독일군이 이 나라들을 하나씩 각개격파하기 위한 것이었다.[127] 성공의 열쇠는 소련이 영국, 프랑스와 연합하여 3국협상을 다시 재건하지 못하도록 하는 것이었다. 히틀러는 성공했다. 영국, 프랑스조차 독일에 대해 선전포고를 하는 판국인데도 소련은 1939년 9월, 독일군의 폴란드 장악을 실질적으로 도와주었던 것이다. 그 다음 해 여름(1940) 독일군이 프랑스를 점령한 후 던케르크에서 영국군을 대륙으로부터 몰아내는 동안 소련은 전쟁에 개입하지 않은 채 구경하고 있었던 것이다. 1941년 히틀러가 소련을 침공했을 당시 프랑스는 더 이상 교전 당사국이 아니었고, 미국은 아직 전쟁에 참전하기 전이었으며, 영국은 독일에 대해 심각한 위협이 아니었다. 결국 독일군은 1941년 하나의 전선에서 소련의 적군과 전쟁을 벌일 수 있었다.[128]

히틀러의 성공은 사실 대부분 히틀러의 라이벌이 만들어 준 국제구조에 의한 것이었다. 그러나 물론 히틀러가 영리하게 행동했다는 데 의문의 여지는 없다. 히틀러는 적대국들이 서로 적대감을 가지도록 했을 뿐만 아니라, 나치 독일은 온건한 목적을 가진 것처럼 오랫동안 상대방을 속일 수 있었다. 노만 리치Norman Rich가 언급한 것처럼 "자신의 진정한 의도를 숨기거나 애매모호하게 만듦으로써 히틀러는 그의 외교 및 선전기술을 과시했다. 히틀러의 연설과 외교적 대화에서 그의 단조로운 목소리는 일관성있게 평화에 대한 그의 희망을 과시했다. 그는 우호조약과 불가침 조약을 체결했고, 선의를 확인하는 데 인색하지 않았다."[129]

히틀러는 1차 세계대전 이전 빌헬름 황제와 다른 독일 지도자들의 허풍스러운 언변은 실수였다는 사실을 인식하고 있었다. 히틀러는 또한 훌륭한 장비를 갖추어 전쟁을 속전속결로 끝냄으로써 1차 세계대전과 같은 처참한 전쟁을 다시 하지 말아야 한다는 사실도 인식하고 있었다. 이 목표를 위해 그는 탱크사단의 건설을 지지했고 전격전 전략(blitzkrieg strategy)을 만드는 데 크게 기여했다. 전격전 전략은 1940년 독일의 프랑스에 대한 역사상 빛나는 놀라운 승리에 기여했다.[130] 히틀러의 군대는 약소국들에 대해서도 놀라운 승리를 거두었다. 폴란드, 노르웨이, 유고슬라비아, 그리스 등에서였다. 세바스찬 헤프너가 지적하듯 "1930년부터 1941년까지 히틀러는 그가 시도한 모든 일 — 그것이 국내정치든 외교정책이든 — 에 성공했고 궁극적으로는 군사의 측면에서도 성공을 거둬서 세계를 놀라게 했다."[131] 만약 히틀러가 1940년 7월 프랑스를 항복시킨 이후 곧 죽었더라면 그는 "아마도 독일 역사상 가장 위대한 정치가"로 간주되었을 것이다.[132]

다행히도 히틀러는 제3제국을 붕괴시키게 되는 몇 가지 결정적 실수를 저질렀다. 그는 1941년 6월 독일군이 소련을 진격하도록 했다. 이 공격에서 독일군의 전격작전은 신속하고 결정적인 승리를 이룩하는 데 실패했다. 대신 동부전선에서 야만적인 소모전이 전개되기 시작했고 독일군은 궁극적으로 소련의 적군에게 패배했다. 더구나 1941년 12월 미국이 2차 세계대전에 개입함으로써 문제를 더욱 복잡하게 만들었다. 미국의 개입은 영국군과 함께 서부전선에서 두 번째 전선을 만드는 결과를 초래했다. 소련을 공격한 결과가 처절한 결과를 초래했다는 사실을 보며 혹자는 전쟁이 발발하기 이전 소련이 승리할 것이라는 충분한 증거가 있었던 것처럼 말한다. 바바로사 작전(Operation Barbarossa, 독일군의 소련 침공 작전명)은 국가의 자살과 마찬가지라는 경고를 받았음에도 불구하고 히틀러는 합리적 계산을 하지 못하는 사람이기 때문에 공격을 감행한 것이라고 말한다.

그러나 여러 가지 증거들은 위의 해석을 지지하지 않는다. 소련을 침략하겠다는 히틀러의 결정은 당시 독일의 지도자들로부터 거의 반대를 받지 않았다. 오히려 이런 대도박에 열정적 태도가 만연해 있었다.[133] 물론 일부 독일군 장군들은 마지막 작전계획의 중요한 부분에 대해서 불만을 갖고 있었고, 소수의 정책결정자와 기획자들은 소련의 적군은 독일군의 전격작전을 감내할 수도 있다고 생각했다. 그럼에도 불구하고 독일의 엘리트 사이에는 한해 전 영국군과 프랑스군을 격파했던 것처럼 독일군은 신속하게 소련군을 궤멸할 수 있으리라는 일치된 의견이 존재하고 있었다. 1941년 당시 미국이나 영국 사람들 대부분은 독일은 소련을 격파할 수 있을 것이라고 믿고 있었다.[134]

실제로 소련의 적군이 독일군의 맹공격 앞에서 붕괴될 것이라고 생각할 수 있는 여러 가지 합당한 이유들이 있었다. 1930년대 후반 스탈린에 의한 소련군의 대규모 숙청은 소련군의 전력을 현격히 약화시켰고, 마치 이런 관점을 증명이라도 하듯 소련군은 핀란드와의 전쟁(1939-40)에서도 졸전을 면치 못했다.[135] 게다가 독일군은 1941년 당시 전쟁을 치르기에 잘 준비된 군사력이었다. 결국 히틀러와 그의 부관들은 바바로사 작전의 결과를 잘못 계산한 것이 되었다. 그들은 잘못된 결정을 내렸지만 그것이 비합리적 결정은 아니었다. 그리고 이런 일은 국제정치에서 흔히 발생하는 일이다.

두 차례에 걸친 독일의 실패한 패권도전에 대한 마지막 관점을 이야기해 보기로 하자. 냉전 당시 헤프너는 널리 받아들여진 것처럼 독일이 유럽을 지배하려고 시도했던 것은 "애초부터 실수였다"고 지적했다.[136] 그는 "젊은 세대는 때로 그의 아버지 혹은 할아버지들이 어떻게 그런 목표를 설정할 수 있었던 공격적인 사람들이었을까 하는 놀라운 태도로 쳐다본다"고 쓰고 있다. 젊은 세대란 서독의 젊은이들을 의미한다. 그러나 그는 "그들의 아버지와 할아버지 세대의 다수는, 즉 1차 및 2차 세계대전의 세대들은, 그들의 목표를 이성적이고 성취 가능한 것이라고 생각했다는 사실을 기억하라. 그들은 목표에 의해 감명을 받았고 수많은 사람들이 그 목표를 위해 죽었다"고 쓰고 있다.

■ 일본제국(1937-1941)

일본이 과도하게 팽창했고 전쟁을 결정한 것은 잘못된 것이라는 비판은 1941년 자신의 힘보다 8배나 강한 미국(《표 6-2》를 볼 것)과 무모한 전쟁을 개시했다는 사실과 결국 미국으로부터 처참한 패배를 당했다는 점에 맞추어진다.

일본은 1938년 그리고 1939년 소련군과 전투를 벌였고 두 전투에서 모두 패배했던 것이 사실이다. 그러나 그 결과 일본은 소련을 더 이상 자극하지 않기로 결정했고 일본과 소련의 국경은(일본의 괴뢰국인 만주국을 일본의 영토로 간주할 경우) 2차 세계대전이 끝날 무렵, 일본의 장래가 가망이 없게 되었던 시점에 이를 때까지 평온을 유지했다. 일본은 마지못해 전쟁에 빨려 들어가기도 했지만, 당시 일본의 지도자들은 중국이 막강한 군사력을 보유하지 않고 있으며 중국에 대해서는 쉽게 승리할 것이라는 사실을 확신했다. 비록 일본 지도자들의 판단이 그른 것이었다 할지라도 일본이 중국에게 승리하지 못한 것을 재앙적 실패라고 볼 수는 없다. 또한 중일전쟁이 미국과 일본을 충돌의 과정으로 나아가게 한 촉매제가 된 것도 아니었다.[137] 미국의 정책결정자들이 일본과 중국의 전쟁에 대해 불쾌하게 생각한 것은 사실이지만 미국 지도자들은 중일전쟁이 확전되는 상황에서도 이 전쟁에 개입하지 않은 채 옆에서 지켜보고 있었다. 사실 1938년 말엽에 이르기까지 미국은 중국을 도우려 하지도 않았다. 그후에도 미

	1830	1840	1850	1860	1870	1880	1890	1900	1910	1913	1920	1930	1940
영국	47%	57%	59%	59%	53%	45%	32%	23%	15%	14%	16%	11%	11%
독일	4%	4%	3%	9%	13%	16%	16%	21%	20%	21%	14%	14%	17%
프랑스	18%	14%	10%	12%	11%	10%	8%	7%	6%	6%	5%	9%	4%
러시아	13%	8%	6%	3%	2%	2%	3%	6%	5%	6%	1%	6%	13%
오스트리아-헝가리	6%	6%	6%	4%	4%	3%	4%	4%	4%	4%	–	–	–
이탈리아	–	–	–	0%	0%	0%	1%	1%	1%	1%	1%	2%	2%
미국	12%	12%	15%	13%	16%	23%	35%	38%	48%	47%	62%	54%	49%
일본	–	–	–	0%	0%	0%	0%	0%	1%	1%	2%	4%	6%

표 6-2 세계경제에서 차지하는 비중, 1830-1940

참고: "경제력"은 〈표 3-3〉에서와 같은 지표를 통해 구한 것이다. 이곳에서 세계의 경제력이라 함은 강대국의 경제력을 기준으로 계산한 것이다. 19세기의 미국은 아직 강대국의 범주에 포함되지는 않았지만 미국의 경제력은 포함시켰다. 그러나 다른 약소국의 자료들은 포함되지 않았다.

자료: 여기 사용된 모든 자료들은 J. David Singer and Melvin Small, *National Material Capabilities Data, 1816~1986* (Ann Arbor MI: Inter-University Consortium for Political and Social Research, February 1993)에서 구한 것이다.

국은 중국에 대해 소규모의 경제지원만을 했을 뿐이다.[138]

유럽에서 발생한 두 가지 놀라운 일 — 1940년 6월의 프랑스 함락과 1941년 6월 나치의 소련침공 — 은 미국이 일본과 갈등관계에 빠져들게 했으며 이는 궁극적으로 진주만 공격을 초래하였다. 폴 슈뢰더Paul Schroeder가 지적한 바처럼 "미국은 극동에서의 전쟁이 유럽에서의 더 큰 전쟁과 (그리고 더 중요한 것으로서 미국과) 분명하게 연계되기 이전까지는 일본의 진격을 군사력으로 막으려는 생각을 하지 않았으며 일본을 실질적인 적국으로도 생각하지 않았다." 특히 "히틀러에 대항하려는 미국의 입장은 미국의 극동정책의 조건을 결정한 가장 중요한 요인이었다."[139]

서부전선에서 독일군의 승리는 프랑스는 물론 네덜란드도 더 이상 전쟁을 할 수 없게 했으며 특히 치명적 손상을 당한 영국은 독일의 해상 및 공중공격으로부터 자신을 방어하는 데에도 급급했다. 이 세 나라(영국, 프랑스, 네덜란드)가 동남아시아의 대부분을 장악하고 있었던 관계로, 자원이 풍부한 이 지역은 일본 팽창주의의 표적이 되었다. 그리고 만약 일본이 동남아시아를 장악한다면 이는 중국으로 흘러들어 가는 외부의 지원을 효과적으로 차단하는 것과 마찬가지가 될 것이며 이는 일본 승리의 가능성을 높여줄 것이었다.[140] 만약 일본이 한국과 만주는 물론 중국, 동남아시아를 장악하면 일본은 아시아의 대부분을 장악하게 되는 것이었다. 미국은 이런 상황의 초래를 막으려 했다. 미국은 1940년 여름 이후 일본의 팽창을 저지하기 위해 적극적으로 나서기 시작했다.

일본은 미국과의 싸움을 회피하기 위해 진정으로 노력했고 동남아시아에 대한 진출도 조심성있게 시도했다. 1941년 초여름까지 오직 북부 인도차이나 지역만이 일본의 수중에 들어가 있었다. 당시 일본은 1940년 7월부터 10월까지 영국에게 버마 통로(Burma Road)를 차단하도록 강요할 수 있었고, 네덜란드에게 더 많은 석유를 일본에 제공하도록 요구할 수 있었다. 1941년 6월 중순, 미국과 일본 사이에 현실적 합의가 이루어질 가능성은 별로 없었지만 임시적이고 제한적인 협정이 체결될 수 있는 가능성은 남아 있었다.[141] 당시 미국과 일본이 6개월 이내에 전쟁할 것이라고는 생각되지 않았다.

그러나 1941년 6월 22일 단행된 독일의 소련침공은 미국과 일본의 관계를 본질적으로 바꾸어 놓았으며 두 나라가 전쟁을 향해 돌진하게 했다.[142] 대부분 미국 정책결정자들은 독일군이 소련의 적군(赤軍)을 쉽게 무너뜨릴 것이라고 생각했고 독일은 유럽의 패권국이 될 것이라고 믿었다. 유럽에서 나치가 승리할 경우 아시아에서는 일본이 패권국이 될 수 있을 것이었다. 아시아에는 오직 소련만이 일본을 제어할 수 있는 강대국이었기 때문이다.[143] 그래서 만약 소련이 독일에게 패한다면, 미국은 유럽에서는 물론 아시아에서도 지역의 패권국과 겨뤄야 하는 상황에 직면하게 될 것이었다. 미국이 이런 악몽의 시나리오를 회피하려고 생각한 것은 놀라운 일이 아니다. 소련은 1941년, 그리고 그 이후의 독일군의 공격으로부터 살아남아야만 했다.

일본에게는 불행한 일이지만 일본은 1941년 소련의 생존에 영향을 미칠 수 있는 지위에 있었다. 특히 미국의 정책결정자들은 일본이 극동에서 소련을 공격함으로써 독일군이 소련군을 궤멸시키는 것을 지원할지도 모른다는 사실에 대해 깊이 우려했다. 일본과 독일은 3국 조약(Tripartite Pact)의 동맹국이었을 뿐만 아니라 미국은 일본이 이미 전쟁에서 지쳐버린 소련을 공격할 것을 고려하고 있다는 풍부한 정보를 입수하고 있었다. 일본은 바로 2년 전 러시아와 전쟁을 벌인 적이 있었다.[144] 일본의 소련침공 가능성을 배제하기 위해 미국은 1941년 후반 일본에 대해 엄청난 경제적 외교적 압박을 가하기 시작했다. 미국의 목표는 단지 일본이 소련을 공격하는 것을 방지한다는 것만이 아니라 일본이 중국, 인도차이나, 그리고 아마도 만주마저 포기하도록 강요하는 것이었다. 더 일반적으로 말한다면 일본이 아시아를 지배하려는 야욕을 제어하는 것이었다.[145] 결론적으로 미국은 일본을 2급 수준의 국가로 만들기 위해 일본에 대해 엄청난 압력을 가했던 것이다.

미국은 일본을 강압하기에 유리한 위치에 있었다. 2차 세계대전 발발 직전 일본은 필요한 석유관련 생산품 80%, 휘발유의 90% 이상, 기계부품의 60% 이상, 고철의 75% 이상을 미국으로부터 수입하고 있었다.[146] 이와 같은 의존성은 일본이 미국의 수출금지 조치에 취약하게 만들었고, 이는 일본의 경제를 마비시킬 뿐 아니라 일본의 생존 그 자체를 위협할 수 있을 정도였다. 1941년 7월 26일 유럽의 동부전선에서 소련의 적군이 헤매고 있는 동안 일본은 남부 인도차이나를 점령했다. 이에 미국과 미국의 동맹국들은 일본의 자산을 동결시켰고 곧 일본에 대한 재앙적 수출금지조치를 취하게 되었다.[147] 미국은 일본에게 중국, 인도차이나, 그리고 만주까지도 일본이 포기하는 경우에만 일본은 경제제재에서 벗어날 수 있을 것이라는 사실을 강조했다.

수출금지조치는 일본에게 두 가지 황당한 대안만을 남겨 놓았다. 미국의 압력에 굴복하고 일본국력의 대폭 감소를 수용할 것이냐 혹은 누구나 미국이 승리할 것이라고 알고 있는데도 불구하고 미국과의 전쟁을 감행할 것인가였다.[148] 1941년 늦은 여름과 가을 일본의 지도자들은 미국과의 거래를 성사시키려 했다. 일본 지도자들은 만약 중국에서 '정의로운 평화'가 이루어질 경우 인도차이나에 있는 일본군의 철수가 가능하다고 제의했고, 만약 일본과 중국 사이에 평화가 이루어진다면 앞으로 25년 이내 모든 일본군을 중국으로부터 철수시킬 용의가 있다고 제의했다.[149] 그러나 미국의 정책결정자들은 총을 굳건히 쥔 채 일본에게 어떤 양보도 할 수 없다는 사실을 분명히 했고 이미 좌절된 일본을 더욱 좌절하게 만들었다.[150] 미국은 1941년 혹은 전쟁이 끝난 이후 일본이 소련을 위협할 수 있는 상황의 도래를 결코 용납하지 않으려 했다. 결국 일본은 평화적으로 파괴되든지 전쟁을 통해 파괴되든지 둘 중의 하나였고 그 선택은 일본의 몫이었다.[151]

일본은 궁극적으로 전쟁에 패할 것이라는 사실을 확실히 알고 있는 상태에서, 미국을 공격하는 대안을 선택했다. 그러나 일본은 긴 전쟁에서 당분간이나마 미국을 붙들어 놓을 수 있으리라 기대했고, 궁극적으로 미국이 일본과의 전쟁에서 손을 뗄 수도 있다는 사실을 기대했다. 예를 들면 1941년 11월 모스크바 코앞에 도달했던 독일군은 소련군을 결정적으로 파괴할 수도 있었을 것이고, 그 경우 미국은 관심의 대부분을 아시아가 아니라 유럽전선에 기울여야 했었을 것이다. 더구나 미군은 1941년 가을 아직 그렇게 우수한 전투력을 보유한 군대는 아니었고 일본이 선제공격을 가함으로써 미군을 더욱 약화시킬 수도 있을 것이었다.[152] 공격능력은 별도로 하더라도 만약 공격을 당할 경우 미국이 이에 맞서 싸울 의지가 있는지도 불확실했다. 사실 1930년대 미국은 일본의 팽창을 거의 저지하지 못한 상태였고, 미국 내에서는 아직도 고립주의가 막강한 영향력을 가지고 있는 이데올로기였다. 1년이었던 군 복무기간을 연장하는 법안의 초안이 1940년에 만들어졌는데 이는 1941년 8월이 되어서야 비로소 하원에서 통과되었다. 그것도 한 표 차이로 간신히 통과되었던 것이다.[153]

일본 사람들은 멍청한 사람들은 아니었다. 미국이 전쟁에 개입할 가능성도 높으며 미국이 전쟁에서 승리할 것이라고 믿고 있었다. 그러나 일본인들은 점점 어려워지는 도박의 위험을 감수하기로 했던 것이다. 미국의 요구에 굴복하는 것은 더 나쁜 상황을 초래할지도 모르는 일이었기 때문이다. 사강Sagan은 이러한 관점을 잘 지적하고 있다.

> "일본인들이 비합리적이었다는 오래된 주장은 잘못된 것이다. …
> 전쟁을 결정한 일본인들은 합리적으로 보여진다. 1941년 동경에서
> 이루어진 결정을 더욱 세밀하게 조사해 보면, 일본이 생각없이 자
> 살의 길로 뛰어든 것이 아니라, 두 가지 바람직하지 못한 대안을 두
> 고, 길고 괴로운 논쟁을 벌였다는 사실을 알게 될 것이다."[154]

핵 군비 경쟁

공격적 현실주의에 대한 마지막 테스트는 국가들이 핵시대에서도 핵무기의 우위를 확보하기 위해 경쟁한다는 공격적 현실주의 이론의 예측이 타당한가의 여부를 밝히는 일이다. 방어적 현실주의자들이 주로 견지하는 반대입장은 핵으로 무장한 적대국들이 서로 상호확실파괴(MAD) — 상호확실파괴의 상황이란 한편이 상대방의 선제공격을 당한 이후에도 보복공격을 가함으로써 먼저 공격한 나라를 똑같이 파멸에 이르게 할 수 있는 상황을 의미한다 — 의 상황에 놓이게 된 것을 알아차린다면 그들은

더 이상 핵 우위를 지향하기보다는 현상유지를 원하게 될 것이라는 점이다. 이 경우 국가들은 상대방의 보복공격을 무력화시킬 수 있는 무기를 개발하여 MAD 상황을 망가뜨리는 일을 자제해야만 한다고 주장한다. 냉전 당시 초강대국의 핵무기 개발정책을 살펴봄으로써 두 가지 현실주의 관점 중 어느 것이 더 사실에 가까운지를 알아볼 수 있을 것이다.

역사적 기록은 공격적 현실주의 이론이 냉전 당시 미국과 소련의 핵무기 개발 정책을 훨씬 더 잘 설명하고 있음을 밝혀준다. 미국, 소련 어느 나라도 방어적 현실주의자들이 권고하는 MAD의 도덕적 측면을 받아들이지 않았다. 대신 미국과 소련은 상대방의 무기를 공격할 수 있는 보다 크고 정교한 무기체계(counterforce)를 개발하고 배치했다. 미소 양국은 상대방에 대해 핵 우위를 차지하기 위해, 혹은 상대방이 핵 우위를 차지하지 못하도록 하기 위해 그렇게 행동했던 것이다. 더구나 미소 양측은 모두 상대방의 핵공격을 막을 수 있는 방어 체계의 건설을 위해 노력했음은 물론 핵전쟁 수행 및 승리를 위해 정교하고 영리한 전략을 추구했다.

■ 미국의 핵정책

초강대국 사이의 핵 군비경쟁은 1950년까지는 그다지 심각하지 않았다. 미국은 냉전초기 핵 독점상태를 즐기고 있었으며, 소련은 1949년 8월까지는 핵폭탄을 개발하지 못했다. 그렇기 때문에 1949년까지 핵무기에 대한 공격(對병력공격, counterforce)이라는 개념은 존재하지 않았다. 소련은 아직 미국의 핵무기를 공격할 수 있는 핵무기를 가지지 못했기 때문이다. 이 무렵 미국 전략가들의 주요한 관심은 소련이 재래식 병력으로 유럽을 공격하여 점령하지 못하도록 하는 데 있었다. 미국의 전략가들은 이같은 위협에 대처하는 가장 좋은 방법은 소련의 산업기지에 대해 핵폭격을 가하는 것이라고 생각했다.[155] 이 전략은 본질적으로는 2차 세계대전 당시 미국이 독일에 대해 감행했던 폭격작전의 "확장"이었다. 다만 핵폭격의 경우 "시간이 대폭 단축될 것이며, 효과는 더욱 클 것이고, 미국 측의 희생은 훨씬 적을 것이다."[156]

소련이 핵폭탄을 발명한 이후 미국은 선제 공격력을 갖추기 위해서 노력했다. 선제 공격력이란 미국의 한번의 선제공격을 통해 소련의 핵무기를 모두 다 파괴할 수 있는 능력을 의미한다. 1950년대 미국의 핵정책은 "대량보복"(massive retaliation)이라고 불렸다. 그러나 그 이름은 의미상으로는 보았을 때 잘못된 것이다. "보복"이라는 용어는 마치 미국이 소련의 공격을 기다리고 있다가 소련의 공격이 있은 후 미국이 이를 감당한 후에 공격할 것이라는 의미를 갖기 때문이다.[157] 사실 미국은 위기가 발발할 경우, 소련이 보유한 소수의 핵무기들이 사용되기 이전 모두 제거해 버리기 위해 선제공격을 가할 의도가 있었다는 증거가 상당히 존재한다. 미국의 전략공군 사령부 사령관이었던 커티스 르메이Curtis LeMay 대장은 전략공군사령부의 폭격기들의 취약성을 말하면서 ― 이는 당시 중요한 걱정거리였다 ― 이와 같은 관점을 명백히 밝혔다. 그는 전략폭격기의 취약성에 대해 크게 우려하지 않는다고 말했다. 왜냐하면 핵전쟁에 관한 그의 각본에 의하면 미국은 선제공격을 통해 소련을 우선적으로 무장해제시키게 되어 있기 때문이다.

> "만약 소련이 공격을 강행하기 위해 폭격기들을 집결시키는 것을 본다면, 나는 그들이 이륙을 하기 전에 먼저 공격을 해서 그들을 파괴해 버릴 것이다."[158]

이런 측면에서 1950년대 미국의 핵정책은 "대량보복"이라기보다는 "대량선제공격"(massive preemption)이라고 말하는 편이 더 나을 것이다. 1950년대의 가장 중요한 관점은 미국이 소련에 대한 핵 우위 확보를 진지하게 주구했다는 점이다.

그럼에도 불구하고 1950년대 그리고 1960년대 초반, 미국은 소련의 핵 군사력에 대한 선제공격 능력을 확보하지는 못했다. 당시 만약 미국이 소련에 대해 선제공격을 가했다면 미국은 소련에게 훨씬 더 큰 피해를 입힐수 있었을 것이다. 미국의 정책입안자들은 선제공격을 가함으로써 소련의 핵 보복력의 거의 대부분을 파괴한다는 가장 낙관적인 시나리오를 가지고 있었음이 분명했고, 이는 모스크바가 과연 확실파괴의 능력을 가지고 있는지에 대한 의문을 야기시켰다.[159] 다른 말로 한다면 미국은 소련을먼저 공격해서 파멸시킬 수 있는 능력, 즉 선제 공격력에 거의 근접하는핵 군사력을 보유하고 있었다. 그러나 당시 대부분의 미국 정책결정자들은 소련과 핵전쟁을 벌일 경우 미국 역시 감당할 수 없을 정도의 피해를입을 것이라고 생각했다.[160]

그러나 1960년대 초반이 되었을 때 소련 핵 군사력의 규모와 다양성은당시의 기술적 조건을 고려할 때 미국이 선제공격을 통해 소련을 무장 해제시키는 것은 거의 불가능하게 되었음을 의미했다.[161] 소련은 미국의 공격 앞에 취약하지 않게 되었으며 막강한 보복능력을 갖추어 가고 있었다.초강대국 두 나라는 모두 상호확실파괴(MAD)의 세계로 빠져들었다. 미국의 정책결정자들은 이러한 상황을 어떻게 인식하고 여기에 어떻게 대응하고자 했는가? 그들은 이러한 상황에 대해 상당히 유감스러워하면서,그 이후 냉전의 나머지 기간 동안 상호확실파괴의 상태로부터 벗어나서소련에 대한 핵 우위 상황을 확보하기 위해 상당한 자원을 투입했다.

핵전쟁이 발발할 경우 미국이 공격하기로 되어 있는 소련 내 표적의 숫자를 생각해 보자. 그 숫자는 상호확실파괴가 요구하는 숫자보다 훨씬 많다. 미국이 상호확실파괴의 능력을 갖춘다 함은 소련의 선제공격을 받은후에도 보복공격을 가함으로써 소련 인구의 30%, 산업능력의 70% 정도를 파괴할 수 있는 능력을 갖추는 것이라고 일반적으로 알려졌다.[162] 이정도의 파괴는 소련의 대도시 200곳을 파괴함으로써 이룰 수 있는 것이다. 이 임무를 달성하기 위해서는 1메가톤짜리 핵폭탄 400발 정도가 있거나 혹은 무기와 폭탄의 숫자를 혼합해서 400메가톤 정도에 해당하는 능력(400 EMT)이 있으면 충분하다. 그러나 실제 핵전쟁이 발발할 경우 미국이 파괴하려고 계획한 소련의 도시는 상호확실파괴를 위한 200개 도시를 훨씬 넘는 것이었다. 예를 들면 1976년 1월 1일부터 효력을 발휘하기 시작한 핵무기를 동원하기 위한 군사계획인 SIOP-5에 의하면, 미국이 공격하려는 소련 내의 잠재적 표적이 2만5천 곳으로 되어 있다.[163] 1983년 1월 레이건 행정부 당시 승인한 SIOP-6은 소련 내의 잠재적 표적 5만 곳을 기록하고 있다.

물론 미국은 소련 내의 모든 표적을 한번에 공격할 수 있는 능력을 결코 가지지 못했지만, 미국은 엄청난 규모의 핵무기를 배치하고 있었으며, 미국 핵무기의 양은 1960년대 초 이래 1990년 냉전이 끝날 때까지 계속 증강되었다. 더욱이 미국이 보유한 대부분의 핵무기는 소련의 군사시설에 대한 타격이 가능한 무기였다. 미국의 전략계획자들은 소련에 있는 단지 200개의 표적을 공격하는 것에 만족하지 않았고, 소련이 보복공격을 가할 때 사용할 수 있는 소련 핵무기 대부분을 공격 표적으로 삼았던 것이다. 1960년 12월 SIOP-62(최초의 SIOP)가 승인되었을 당시 미국은 3,217개의 핵폭탄 및 핵탄두를 보유하고 있었다.[164] 이로부터 23년 후 SIOP-6이 효력을 발휘하기 시작할 당시 미국의 핵 병기고에는 10,802개의 핵무기가 존재했다. 비록 미국은 상호확실파괴라는 목적 때문에 다량의 보복력을 보유할 필요가 있었지만 — 미국이 보유한 핵무기의 일부는 소련의 선제공격으로 인해 소실될 것이기 때문에 — 냉전의 후반부 20년 동안 미국이 보유했던 핵무기의 숫자가 소련의 도시 200개를 파괴할 수 있는 데 필요한 400EMT를 훨씬 상회하는 것이었음은 분명하다.

미국은 핵 우위 상태를 점할 수 있게 하는 기술개발에도 전력을 투구했다. 예를 들면 미국은 소련의 핵무기를 공격할 수 있는 미국 핵무기의 파괴력을 증강시키기 위해 오랫동안 노력했다. 미국은 특히 미사일의 정확성을 높이고자 노력했고 상당한 성공을 거두었다. 미국은 다탄두미사일(MIRVs) 개발에도 선구적 역할을 했다. 다탄두미사일은 미국의 전략 핵탄두의 숫자를 증가시키는 데 크게 기여했다. 냉전이 끝날 무렵 미국 탄도미사일의 '강화된 표적을 파괴하는 능력'(hard target kill capability)은 소련 영토내의 미사일 사일로(missile silos)가 과연 미국의 핵공격 앞에 생존할 수 있을까를 의심해야 할 정도로 막강해졌다. 미국은 소련의 핵공격으로부터 미국의 지휘통제시설을 보호하는 방안을 구축하기 위해서도 많은 투자를 했다. 그렇게 함으로써 미국은 제한된 핵전쟁을 수행할 수 있는 능력을 증대시켰다. 더 나아가 미국은, 비록 성공이었다고는 말할 수 없을지는 몰라도, 탄도미사일을 방어할 수 있는 효과적 체계를 건설하려고 노력했다. 미국의 정책결정자들은 미사일 방어망의 궁극적 목표는 공격 중심의 핵 세계를 방어 중심의 더 안전한 세계로 바꾸려는 것이라고 말한 바 있다. 그러나 사실 미국은 합리적 희생의 범위 내에서 핵전쟁을 승리로 이끌기 위한 미사일 방어체제의 건설을 원했던 것이다.[165]

마지막으로, 미국은 대량보복전략에 대한 대안으로, 소련과 핵전쟁을 벌이고 그 핵전쟁에서 승리할 수 있는 방안을 생각해냈다. 이 대안적 전략은 1961년 케네디 대통령 당시 처음 구상되었고 "제한적 핵 전쟁"(Limited nuclear option)이라고 알려졌다.[166] 이 새로운 정책은 미국, 소련 누구도 상대방의 보복능력을 완전히 파괴하는 것은 불가능하지만 동시에 미소 양국은 핵무기를 동원하여 상대방의 핵시설을 공격하는 제한적 핵공격을 주고받을 수는 있다고 가정한다. 전략의 핵심은 미국이 인명피해를 제한하기 위해 소련의 도시를 공격하는 것을 피해야 하며, 대신에 소련의 군사력을 공격하는 제한된 핵전쟁에서 승리하는 데 집중해야 한다는 것이다. 이 전략은 소련도 마찬가지 규칙에 의거해서 전쟁을 할 것을 희망한다.

이 새로운 정책은 SIOP -63이라고 불렸고 1962년 8월 1일부터 효력을 발휘했다. 그 이후 네 개의 SIOP가 더 만들어졌다. 각각의 SIOP들은 이전의 SIOP보다 본질적으로 더 작고, 더욱 정밀한 폭탄으로 상대방의 핵군사 시설을 더욱 선택적으로 공격하는 것은 물론, 명령과 통제체제를 확실하게 보호함으로써 제한된 핵전쟁을 더욱 효과적으로 수행할 수 있도록 하였다.[167] 이처럼 계획이 정교화되는 궁극적 목적은 핵전쟁이 발발할 경우 미국이 소련에 대해 승리를 확보하기 위해서였다.[168]

결론적으로 말한다면 미국은 냉전의 마지막 25년 동안 핵 우위를 추구하기 위한 노력을 포기한 적이 없었다는 근거들이 압도적으로 많이 발견된다.[169] 그럼에도 불구하고 미국은 소련에 대해 의미있는 핵 우위를 달성하지는 못했다. 사실 미국은 1950년대 혹은 1960년대 초반 향유했던 소련에 대한 핵 우위 상태에 결코 다시 도달하지 못했다.

■ 소련의 핵정책

우리는 비록 소련의 핵정책을 미국의 핵정책처럼 많이 알고 있지는 못하지만 소련이 상호확실파괴의 상태에 만족하고 있었는지 혹은 미국에 대한 핵 우위 상태를 추구하기 위해 노력했는지를 알아내는 것은 그다지 어렵지 않다. 우리는 냉전 당시 소련이 보유했던 핵무기의 크기 및 양을 알고 있을 뿐만 아니라 소련의 핵 전략사고에 관해 알 수 있는 소련 측 문헌에도 상당히 많이 접근했다.

소련은 미국과 마찬가지로 상대방의 핵무기를 공격할 수 있는 능력을 가진 막강한 핵 군사력을 보유하고 있었다.[170] 그러나 소련은 미국보다 뒤졌다. 소련은 1949년 8월 이전에는 핵을 보유하지 못했으며, 1950년대 소련의 핵무기 증가는 더딘 편이었다. 1950년대 동안 소련은 미국에 비해 핵무기 개발은 물론 핵무기 운반수단의 측면에서 뒤떨어졌다. 1960년 소련은 단지 354개의 전략 핵무기를 보유하고 있었다. 당시 미국이 보유한 전략핵무기는 3,127개였다.[171] 그러나 1960년대 소련의 핵무기는 급격히 증강되었다. 1970년이 되었을 때 소련의 전략 핵무기 숫자는 2,216이었고, 10년 뒤 7,480개로 증강됐다. 소련 대통령 고르바초프의 "신사고" (New Thinking)에도 불구하고 1980년대 소련은 약 4천개의 핵무기를 추가, 1989년 베를린 장벽이 무너질 당시 소련이 보유한 전략 핵무기는 11,320개에 이르렀다.

더욱이 소련전략가들 거의 대부분은 소련은 핵전쟁을 준비해야만 하며 핵전쟁에서 이길 수 있다고 믿고 있었음이 분명하다.[172] 이렇게 말하는 것은 물론 소련의 지도자들이 열정적으로 핵전쟁을 원했다거나 그들이 의미 있는 승리를 거둘 수 있다고 확신하고 있었다고 말하려는 것은 아니다. 소련의 전략가들은 핵전쟁은 감당할 수 없는 파괴를 초래할 것이라고 이해하고 있었다.[173] 그러나 그들은 핵전쟁이 발발하는 경우에도 소련의 피해를 제한하려고 결심했으며, 미국과 어떤 핵공격을 주고받은 이후라도 소련이 우위를 차지할 수 있을 것이라고 믿었다. 소련의 지도자들이 방어적 현실주의자들이 주장하는 상호확실파괴의 가치와 상대방의 군사력을 공격하려는 전략의 위험성에 대해 귀를 기울였다는 근거는 없다.

그러나 미국과 소련의 전략가들은 핵전쟁에서 승리하기 위한 가장 좋은 방법에 대해 다른 견해를 가지고 있었다. 소련의 계획자들이 미국이 생각하던 "제한적 핵전쟁"(limited nuclear option)을 받아들이지 않았음은 분명하다.[174] 대신 소련의 전략가들은 미국이 1950년대 생각했던 대량보복전략과 유사한 표적정책(targeting policy)을 가지고 있었다. 특히 소련은 핵전쟁을 수행하고, 소련에 대한 피해를 최소화하는 가장 좋은 방법은 미국 및 미국 동맹의 핵전쟁 능력 전체에 대해 신속하고 대량적 공격을 가하는 것이라고 생각했다. 소련은 상호확실파괴 전략이 요구하는, 미국 시민들을 표적으로 삼는 것을 강조하지는 않았다. 물론 미국과의 전면 핵전쟁을 가정할 경우 수백만 명의 미국 시민이 인명피해를 입을 것이라는 사실은 분명했다.

그렇기 때문에 두 초강대국 모두는 냉전의 긴 기간 동안 상대방의 핵 군사력을 공격할 수 있는 대규모의 핵 군사력을 건설했으며, 그럼으로써 상대방에 대한 핵 우위를 차지하고자 했다. 미국 소련 어느 나라도 확실 파괴능력을 구축하고 유지하는 것으로 만족하지는 않았다.

■ 핵 혁명에 대한 오해

혹자는 미국과 소련이 끊임없이 핵 우위를 추구했다는 사실은 인정하지만 이 같은 행동은 비록 비합리적인 것은 아닐지라도 잘못 인도된 정책 탓이며 이는 세력균형의 논리로는 설명이 되지 않는다고 주장한다. 어느 편도 상대방에 대해 의미 있는 핵 우위 상태에 도달할 수 없으며, 상호확실파괴의 상태는 세상을 한층 안정된 곳으로 만든다고 주장한다. 그래서 핵 우위를 지향하는 정책들은 미국 소련 양국의 역기능적 국내정치 혹은 관료정치의 결과라고 보여지는 것이다. 이러한 관점은 대부분의 방어적 현실주의자들이 주장하는 견해로, 이들은 미국 소련 두 나라 중 어느 나라도 상호확실파괴의 이점과 대 병력 선제 핵공격(counterforce)의 해악에 관한 자신의 주장들을 받아들이지 않았다는 사실을 인정한다.[175]

이 주장을 1950년대 그리고 1960년대 초반의 상황에 적용시키기는 쉽지 않다. 당시 소련의 핵무기는 그 규모가 작았기 때문에 미국은 핵 우위를 이룩할 수 있는 실질적 기회가 있었다. 실제로 미국의 일부 전문가들은 미국은 소련에 대해 "영광스런 선제공격 능력"을 보유하고 있었다고 믿기도 한다.[176] 나는 이 견해에 동의하지 않는다. 그러나 냉전 초기 미국과 소련이 핵전쟁을 벌였다면 그 경우 미국이 소련보다 훨씬 적은 피해를 당했을 것이라는 사실에는 의문의 여지가 없다. 그래서 방어적 현실주의자들의 논리는 미국과 소련이 분명한 상호확실파괴의 능력을 보유하던 냉전의 후반부 약 25년 정도에 적용될 수 있는 것이다. 그러나 전략적 균형상태가 유지되었던 이 시기에도 미국과 소련은 각각 상대방에 대한 핵우위 상태를 추구하기 위해 노력했다.

미국과 소련 핵전략의 지형은 공격적 현실주의가 예견하는 바와 대체로 유사했다. 특히 미국은 선제공격 능력의 확보가 거의 가능한 것처럼 보였던 1950년대에 소련에 대한 핵 우위를 점하기 위해 특히 열심히 노력했다. 그러나 소련이 상당히 안정된 보복능력을 갖추게 된 이후 핵 우위를 점하기 위한 미국의 노력은 약간 늦추어지기는 했지만 소멸되지는 않았다. 미국의 정책결정자들이 결코 확실파괴의 논리를 받아들이지는 않았지만 전략 핵무기에 투입된 방위비는 1960년대 이후 조금씩 감소되기 시작했다.[177] 더욱이 미국과 소련은 서로 미사일 방어망을 배치하지 않기로 약속했으며 궁극적으로 공격무기에 대해서도 질적, 양적 제한을 가하기로 약속했다. 미소간의 핵무기 경쟁은 여러 가지 다른 방식으로 계속 진행되었고, 이 중 일부는 이미 앞에서 설명한 바 있다. 그러나 어느 편도 상호확실파괴가 확립된 이후 핵 우위를 차지하기 위한 총체적 노력을 기울이지는 않았다.

더욱이 군비경쟁의 지속이 잘못 인도된 것도 아니었다. 비록 핵 우위라는 것이 환상적 목표였을 뿐이라고 말할 수 있을지라도 말이다. 사실 미국과 소련이 핵무기 영역에서 활발하게 경쟁하는 것은 전략적으로 타당한 것으로 간주되었다. 군사기술은 알지 못하는 방법으로 신속히 발전하는 경향이 있기 때문이다. 예를 들면 1914년 당시 사람들은 잠수함이 1차 세계대전 중에 그처럼 치명적이며 효율적인 무기가 될 줄을 생각하지 못했다. 1965년 당시 정보기술의 혁명적 발달이 전투기와 탱크 같은 재래식 무기의 발달에 그렇게 심각한 영향을 미칠 것을 예측한 사람들은 거의 없었다. 핵심은 1965년 당시 누구도 혁명적인 새로운 기술이 핵 균형상태를 바꾸어놓고, 한 편에 대해 핵 우위의 상태를 가져다줄지도 모른다는 사실을 확실하게 말할 수 없었다는 점이다.

더욱이 군사적 경쟁은 로버트 페이프Robert Pape가 말한 것과 같이 일반적으로 "군사기술의 불균형적 확산"이라는 특징을 갖는다.[178] 국가들은 동시에 새로운 기술을 확보하지는 않는다. 즉 먼저 신기술을 개발하는 편이, 비록 일시적인 것일지라도, 늦게 개발하는 편에 대해 상당한 전략적 우위를 차지할 수 있는 것이다. 예를 들어 냉전 당시 미국은 상대방의 잠수함을 찾아내는 동시에 자신의 잠수함을 감출 수 있는 기술개발 측면에서 대단한 우위를 차지하고 있었다.

강대국들은 누구나 새로운 기술을 제일 먼저 발명하는 나라가 되려고 한다. 강대국들은 상대방이 자신을 추월하지 못하도록 힘쓰며 특히 상대방이 우위를 차지하지 못하는 상태를 선호한다. 그 결과 미국과 소련이 모두 상대방의 핵 군사력을 공격할 수 있는 기술과 미사일을 방어할 수 있는 기술개발에 매달린 것은 전략적으로 타당한 일이었다. 성공적인 기술상의 돌파(technological breakthrough)는 최상의 경우, 압도적 군사력 우위상황을 가져다주며, 최소한의 경우라도 상대방이 일방적 우위를 차지하는 것을 방지해 준다. 핵 우위와 더불어 오게 되는 전략적 이익을 생각할 때, 그리고 냉전 전기간 동안 과연 이러한 것이 성취 가능한지 잘 알 수 없었다는 사실을 고려할 때, 미소 두 나라가 이와 같은 목표를 추구했다는 사실은 비논리적인 것도 아니고 놀라운 일도 아니다.

결론

핵 군비경쟁에 관한 두 초강대국과, 일본(1868-1945), 독일(1862-1945), 소련(1917-1991), 이탈리아(1861-1943)가 보여준 외교정책은, 강대국들은 세력균형을 자신에게 유리하게 바꾸기 위한 기회를 추구하고 있으며 그런 기회가 나타나는 경우 대체로 그 기회를 장악했다는 사실을 보여준다. 더욱이 이상의 사례들은 나의 주장, 즉 국가들은 그들이 '더 많은 힘을 가지는 경우라도 권력에 대한 욕구가 줄어들지 않는다'는 점을 보여주고 있으며, 특별히 강한 국가들은 지역적 차원에서의 패권을 지향하려는 강력한 욕구를 가졌다는 점을 보여준다. 일본, 독일, 소련은 모두 그들의 힘이 증강함에 따라 더욱 과감한 외교정책목표를 수립했고 더욱 공격적인 행동을 취했다. 사실 독일과 일본은 그들이 존재하는 대륙에서의 패권장악을 위해 전쟁을 벌였다. 소련은 독일과 일본의 길을 답습하지 못했는데 이는 미국의 군사력에 의해 억지되었기 때문이지 소련이 자신의 처지에 만족한 국가였기 때문은 아니었다.

약간 후퇴한 주장, 즉 강대국들은 과거 끊임없이 권력을 추구했다는 사실을 인정하지만 이러한 행동을 자기 파멸적 행동이며 파괴적인 국내정치의 결과라고 보는 주장도 설득력이 없다. 공격이라는 것이 항상 나쁜 결과만 가져오는 것은 아니다. 전쟁을 도발한 나라들이 전쟁에 이기는 경우가 있으며 그 과정에서 자국의 전략적 지위를 개선하는 경우가 많다. 더구나 수많은 다양한 종류의 강대국들이 그토록 오랜 세월동안 상대방에 대한 자신의 우위를 추구하려 했다는 역사적 사실은, 이러한 행동들이 바보 같은 것이며 혹은 비합리적 행동으로 잘못된 국내정치적 병리현상에서 연원하는 것이라고 말할 수 없게 한다. 전략적으로 보아 도저히 정상적인 것처럼 보이는 않는 사례들도 — 냉전 후반 25년 동안의 핵 군비경쟁, 일본제국, 빌헬름 황제의 독일, 나치 독일 등 — 자세히 살펴볼 경우 그렇지 않다는 사실을 알 수 있다. 이들 사례에서 국내정치적 요인들이 영향을 미치기는 했지만 각 국가들은 상대방에 대해 전략적 이익을 추구한다는 합리적 이유를 가지고 있었으며, 자신들의 노력이 성공할 수 있을 것이라고 믿을 수 있는 합리적 근거들도 있었다.

이 장에서 논한 대부분의 사례들은 강대국들이 그들의 경쟁국에 대해 전략적 이득을 확보하기 위해 행동하는 모습이었고 이는 바로 공격적 현실주의 이론이 예측하는 바 그대로였다. 다음 장에서는 영국과 미국의 사례들을 살펴보기로 하자. 얼핏보기에 영국과 미국의 사례는 강대국들이 힘을 증가시킬 수 있는 기회를 무시하기도 한다는 사례로 보일 수 있다. 그러나 이 사례들도 역시 공격적 현실주의 이론을 보강해 주는 경우이다.

07

해외의 균형자:
영국과 미국

The Tragedy Of
Great Power Politics

영국과 미국의 사례를 따로 장을 마련하여 분석하고자 하는 이유는 영국과 미국의 사례야말로 '강대국들은 세계 속에서 자국이 차지하는 지위를 극대화하기 위해 노력한다는 주장'에 가장 강력한 반대사례로 보일 수도 있기 때문이었다. 많은 미국인들은 자국을 강대국 중에서는 예외라고 보는 경향이 있으며 미국은 세력균형의 논리가 아니라 보다 고상한 목표에 의거해서 행동하는 나라라고 보는 경향이 있다. 노만 그래브너Norman Graebner, 조지 케넌George Kennan, 월터 리프먼Walter Lippmann과 같은 현실주의 사상가들조차도 미국은 때로 권력정치(power politics)가 요구하는 바를 무시하고 이상주의적 가치에 따라 행동하는 경우가 있었다고 믿고 있다.[1] 영국의 경우도 마찬가지 관점이 드러나는데 카E.H.Carr가 1930년대 말에 『20년간의 위기The Twenty Years' Crisis』라는 유명한 책을 쓴 이유가 바로 거기 있다. 그는 영국 시민들에게 외교정책에서의 과도한 이상주의가 미칠 영향에 대해 경고하고 있으며 국제정치의 본질은 국가들간의 힘을 위한 경쟁이라는 사실을 되새겨주고 있다.[2]

미국과 영국이 국력을 증강시킬 수 있는 기회를 지나쳐버린 특수한 경우가 세 번 있었다. 첫째, 미국은 1898년 미서전쟁(Spanish-American War)에서 승리함으로써 강대국의 지위를 차지했다고 알려져 있다. 이 전쟁을 통해 미국은 쿠바, 괌, 필리핀, 푸에르토리코의 운명을 장악할 수 있었다. 또한 이 무렵부터 상당 수준의 군사력을 건설하기 시작했다.[3] 그러나 미국은 1850년이 되었을 때 이미 대서양 연안으로부터 태평양 연안에 이르는 나라가 되었으며, 〈표 6-2〉에서 볼 수 있는 바와 마찬가지로 강대국이 되기에 충분한 경제력을 갖추었으며 세계 방방곡곡에서 유럽 열강들과 겨루고 있었다. 그러나 미국은 1850년부터 1898년 사이 막강한 군사력을 건설하지는 않았고, 외부세계에서는 물론 아메리카 대륙에서조차 영토획득을 위해 노력하지 않았다. 파리드 자카리아Fareed Zakaria는 이 시기를 "제국의 과소팽창"(Imperial Understretch) 시대라고 명명하고 있다.[4] 19세기 후반기에 미국이 강대국이 되어 정복정책을 추구하는 데 실패한 것처럼 보이는 것은 공격적 현실주의 이론과 배치되는 것처럼 보일 수 있다.

둘째, 미국은 1900년에 이르렀을 무렵 다른 나라와 같은 보통의 강대국이 아니었다. 미국은 당시 세계에서 가장 막강한 경제력을 갖추고 있었고 아메리카 대륙에서의 확실한 패권적 지위를 차지하고 있었다(〈표 6-2〉를 볼 것). 이와 같은 조건들은 20세기에도 변하지 않았지만 미국은 유럽이나 동북아시아에서 영토를 획득하려고 노력하지도 않았고 상당한 부를 생산하는 지역들에 대한 지배를 추구하지도 않았다. 오히려 미국은 유럽이나 동북아시아에 군대를 파견하는 일을 회피하기 위해 애썼으며, 군대를 파견해야만 했을 경우 그 파견된 병력을 가능한 한 빨리 본국으로 철수시키려고 노력했다. 유럽 및 아시아 지역에로 팽창하는 데 대한 미국의 이와 같은 주저는 국가들은 상대적 힘을 극대화하기 위해 노력한다는 나의 주장과 배치되는 것처럼 보일 수 있다.

셋째, 영국은 19세기 대부분 동안 유럽대륙의 어느 나라보다 막강한 잠재력을 가지고 있던 나라였다. 사실 1840년부터 1860년에 이르기까지 영국은 유럽 산업력의 거의 70%를 차지했는데 이는 영국 다음으로 막강했던 프랑스 산업능력의 다섯 배에 이르는 것이었다(〈표 3-3〉 참조). 그럼에도 불구하고 영국은 자신의 막강한 부를 실제적 군사력으로 전환시키지 않았고 유럽을 지배하려는 시도도 하지 않았다. 강대국들이란 끊임없는 권력에의 욕구를 가진 것으로 판단되며 궁극적으로 지역적 패권을 추구한다는 사실에 비추어 본다면 당시 영국은 나폴레옹 시대의 프랑스, 빌헬름 황제의 독일, 나치 독일, 혹은 소련처럼 행동하고 유럽의 패권국이 되었어야 했다고 예상할 수 있었다. 그러나 영국은 그렇지 않았다.

영국과 미국은 지난 세기 대부분 기간 동안 권력을 극대화하려는 노력을 하지 않았다는 관점은 언뜻 보기에 매력적인 개념이다. 그러나 사실 영국과 미국 두 나라는 공격적 현실주의가 예측하는 바대로 행동했다.

19세기 미국의 외교정책에는 하나의 지고한 목표가 있었다. 아메리카 대륙에서의 패권확보가 바로 그것이었다. 이 목표는 주로 현실주의적 논리에 근거를 두고 있는 것으로서 남북아메리카 대륙의 독립국들을 지배할 수 있고 동시에 유럽의 강대국이 대서양을 건너 아메리카 대륙에 힘을 투사하는 것을 방지할 수 있는 막강한 미국을 만드는 것이었다. 패권추구를 위한 미국의 노력은 성공했다. 실제로 앞에서 강조한 바처럼 미국은 근대에 이르러 지역 패권국의 지위를 차지한 유일한 국가가 되었다. 이런 인상적 성취야말로 — 미국이 외부세계를 향해 의도적으로 보여준 고상한 태도가 아니라 — 외교정책의 차원에서 미국적 예외주의의 본질적 근거인 것이다.

1850년 이후 미국이 아메리카 대륙에서 더 이상의 영토를 정복하지 않았다는 사실을 설명하기 위해서 미국은 이미 방대한 영토를 차지하고 있었고 이에 대한 지배권을 강화하는 데 노력을 집중시켜야 했다는 설명보다 더 좋은 전략적 이유는 없다. 기왕 차지한 영토에 대한 지배권을 확립하는 경우 미국은 아메리카 대륙에서는 당할 자가 없는 압도적 지위를 차지하게 될 것이었다. 미국은 19세기 후반부 유럽 및 아시아 대륙의 세력균형에 대해 별로 관심을 쏟지 않았다. 이는 미국이 아메리카 대륙에서의 패권추구에 초점을 맞추고 있었음은 물론, 유럽 및 아시아 지역에 미국과 맞먹을 만한 막강한 경쟁자가 없었기 때문이었다. 마지막으로 미국은 1850년부터 1898년 사이에 막강한 군사력을 건설하지 않았는데 그 이유는 미국의 성장에 반대하는 심각한 반대세력이 없었기 때문이다.[5] 영국은 북아메리카 대륙에 거의 군대를 주둔시키지 않았으며, 미국의 인디언들은 군사력을 거의 보유하지 않았다. 본질적으로 미국은 아메리카 대륙에서의 지역 패권을 싼값에 획득했다.

미국은 유럽 혹은 동북아시아 지역의 영토를 점령할 생각을 하지 않았는데 그 이유는 대서양 혹은 태평양을 건너 이들 지역에 있는 강대국들에 대항하여 미국의 군사력을 투사하는 일이 어려웠기 때문이다.[6] 어떤 강대국도 세계 전체를 지배하길 원한다. 그러나 어느 강대국도 세계를 지배한 적이 없으며 지구 전체의 패권국이 될 만한 군사력을 가지고 있지 못했다. 그렇기 때문에 강대국들의 궁극적 목표는 지역의 패권국이 되는 일과 지구 저 편 멀리 있는 강대국의 출현을 억제하는 일이었다. 본질적으로 지역 패권을 장악한 국가는 다른 지역에서 해외의 균형자(Offshore Balancer)로서 행동하게 된다. 그럼에도 불구하고 먼 곳에 있는 패권국은 그 지역의 강대국이 그 지역의 패권에 도전하는 나라를 제어해주기를 원하면서 자신은 멀리서 이를 지켜보려 한다. 그러나 이같은 책임전가 전략(buck passing strategy)만으로 충분하지 못할 때가 있고 먼 곳의 패권국은 다른 지역의 패권 도전자를 제압하기 위해 그 지역의 국제정치에 개입하여 균형을 회복시켜야 할 때가 있다.

미국의 군대는 20세기 동안 유럽 및 동북아시아 지역에 파견된 적이 몇 번 있었는데 개입의 논리는 바로 위에서 설명한 그대로였다. 특히 동북아시아 혹은 유럽대륙에 패권 도전 국가가 출현했을 당시, 미국은 이 나라들을 제압함으로써 세계 유일의 지역 패권국으로서의 미국의 지위를 유지시키려 했다. 이미 강조한 바처럼 패권국이란 기본적으로 현상유지를 원하는 나라다. 미국도 이런 측면에서 예외가 아니다. 더구나 미국의 정책결정자들은 책임전가 전략을 통해 다른 강대국이 패권국의 출현을 저지하여 균형을 회복해 주기 바랐다. 그러나 이것이 실패로 돌아갔을 때 미국은 자신의 군사력을 사용하여 위협을 소멸시키려 했고 다른 지역에서 대략적인 세력균형을 회복시키려 했다. 그렇게 한 이후 미국은 자국 군대를 본국으로 철군시키려 했다. 요약한다면 미국은 20세기 동안 자신만이 유일한 지역 패권국으로 남기 위한 목적 아래 해외의 균형자 역할을 담당했던 것이다.

영국도 마찬가지로 결코 유럽대륙을 점령하려고 시도한 적이 없었는데 유럽대륙 밖에서 군사력을 통해 거대한 제국을 건설했던 나라가 영국이었다는 관점에서 보면 이는 상당히 놀라운 일이라 말할 수 있다. 더구나 영국은 미국과는 달리 유럽의 강대국이었다. 그러므로 19세기 중반 영국은 엄청난 부를 군사력으로 전환하고 이를 통해 지역 패권국의 길을 추구했을 것이라고 기대할 수 있었다. 그러나 영국이 그렇게 하지 못한 이유는 미국이 그렇게 하지 못한 이유와 마찬가지다. 바다의 차단성(stopping power of water) 때문이었다. 미국과 마찬가지로 영국도 고립적인 나라였다. 영국은 상당한 폭의 바다(영국해협)를 사이에 두고 유럽대륙과 떨어져 있었다. 이는 영국이 유럽을 점령하고 통치하는 일을 거의 불가능하게 만든 요인이다.

지금까지도 영국은 유럽대륙에 대해 해외의 균형자 역할을 담당하고 있다. 이는 공격적 현실주의 이론이 예측하는 그대로다. 특히 영국은 영국에 도전하는 강대국의 힘이 유럽 전체를 지배할 정도로 막강해지고, 책임전가 전략만으로 충분하지 못할 경우, 직접 자국의 군사력으로 유럽에 개입했다. 반면 유럽대륙에서 대략적 균형이 이루어지고 있을 때 영국군은 대륙에 개입하지 않은 채로 남아 있었다. 미국과 영국 어느 나라도 근대 이후 유럽대륙을 지배하려고 시도하지 않았고, 양국은 모두 유럽대륙에 대한 최후의 균형자 역할을 담당했던 것이다.7

이번 장은 과거 영국과 미국의 외교정책 행위, 특히 19세기 미국의 지역 패권추구 행위에 초점을 맞추어 이들의 행동이 공격적 현실주의 이론과 잘 부합하는지를 자세히 살펴보려 한다. 다음의 두 절에서는 20세기 미국의 군사력이 유럽 및 동북아시아에 개입한 것을 살펴보기로 하고 그 다음에는 영국의 유럽대륙에 대한 해외의 균형자 역할을 살펴보기로 한다. 마지막 부분에서는 앞에서 분석된 사항들에서 추론되는 넓은 의미를 고찰해 보기로 하겠다.

미국 국력의 성장 (1800-1900)

미국은 19세기 대부분 기간 주로 국내정치에 매달렸으며 국제문제에 대해서는 별 관심이 없었다고 일반적으로 알려져 있다. 그러나 이 관점은 미국의 외교정책이 아메리카 대륙 이외의 지역, 특히 유럽문제에 어떻게 관여했는가를 논하는 경우에만 타당하다. 물론 미국은 이 기간 동안 유럽 국가들과 동맹을 맺는 일을 회피했다. 그럼에도 불구하고 미국은 1800년 부터 1900년에 이르는 동안 아메리카 대륙에서의 안보이슈 및 외교정책에 깊은 관심을 가지고 있었다. 실제로 미국은 이 지역에서 지역적 패권을 수립하고자 노력했고, 남북아메리카 대륙의 국가들 중에서는 첫째가는 팽창주의 국가였다.[8] 헨리 로지Henry Cabot Lodge는 미국은 "19세기 동안 어느 나라 못지 않은 정복, 식민주의, 영토팽창의 기록을 가지고 있다"고 말함으로써 미국의 외교정책을 정확히 지적했다.[9] 그것은 20세기에도 마찬가지였다. 아메리카 대륙에 대한 미국의 침략적 행동을 고려해 본 사람들은, 특히 그 결과를 고려해 본 사람들은 미국은 공격적 현실주의 이론에 관한 가장 대표적 사례가 되는 나라라는 점을 알게 될 것이다.

미국 군사력의 확장을 묘사하기 위해 19세기가 시작될 무렵과 19세기가 끝날 무렵의 미국의 전략적 입장을 고려해 보라. 미국은 1800년 당시 전략적으로 취약한 입장에 놓여 있었다(〈지도 7-1〉을 볼 것). 긍정적인 면에서 본다면 미국은 당시 아메리카 대륙에서 유일한 독립국가였으며, 대서양 연안에서 미시시피 강에 이르는 지역 중 스페인 통치하에 있었던 플로리다를 제외한 모든 지역을 차지하고 있었다. 그러나 부정적 측면을 본다면 애팔래치아 산맥과 미시시피 강 사의의 영토에 거주하는 백인들은 희박한 상태였고 이 지역 대부분은 적대적인 원주민이 지배하고 있었다. 더구나 영국과 스페인은 북미 대륙에 대규모의 제국을 보유하고 있었다. 그들은 미시시피 강 서쪽, 그리고 미국 대륙의 남과 북의 영토를 차지하고 있었다. 실제로, 1800년 당시, 차후 멕시코가 된 북미대륙의 스페인 영토에 거주하는 사람들의 숫자는 미국 전체 인구보다 오히려 더 많았을 정도였다(〈표 7-1〉을 보라).

그러나 1900년이 되었을 때, 미국은 이미 아메리카 대륙의 패권국이

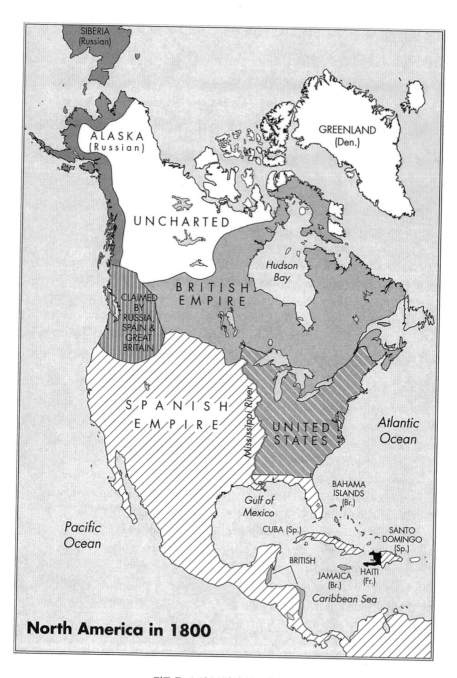

North America in 1800

지도 7-1 1800년의 북아메리카

되어 있었다. 미국은 대서양에서 태평양에 이르는 북미 대륙 대부분을 장악했을 뿐 아니라, 아메리카 대륙에 진출해 있던 유럽의 제국들은 붕괴되거나 사라졌다. 유럽의 제국이 붕괴된 자리에는 아르헨티나, 브라질, 캐나다, 멕시코 등의 나라들이 건설되어 있었다. 그러나 이 나라들 중 어느 누구도 미국에 인구 혹은 경제력의 측면에서 도전할 수 있는 나라는 없었다. 미국은 1890년 후반 이미 지구에서 가장 부유한 나라가 되어 있었다 (〈표 6-2〉를 볼 것). 누구도 미국 외무장관 리처드 올니Richard Olney의 견해에 반대할 수 없는 처지였다. 그가 1895년 7월 20일 퉁명스러운 어투로 영국의 솔리스베리 경에게 했던 말은 유명하다.

> "오늘날 미국은 이 대륙에서 실질적인 통치자요. 그리고 미국의 명령은 자신이 간섭하기로 정한 문제에 대해서는 법과 같은 것이오. … 미국의 무한정한 자원은 미국의 고립적 위치와 결합하여 미국을 상황의 주도국으로 만들고 있으며 미국은 어떤 강대국과 대항한다 해도 아무런 취약점이 없소."10

미국은 두 가지 밀접하게 연계된 정책을 끊임없이 추구함으로써 19세기 아메리카 대륙의 패권국이 될 수 있었다.

1. 북아메리카 대륙을 가로지르는 팽창 및 아메리카 대륙에서 가장 막강한 국가의 건설. 이는 일반적으로 (미국에게) "분명한 운명" (Manifest Destiny)이라고 불린다.
2. 영국 및 다른 유럽국가의 북미대륙에 대한 영향력의 최소화. 이 정책은 일반적으로 먼로 독트린(Monroe Doctrine)이라고 알려져 있다.

	1800	1830	1850	1880	1900
미국	5,308	12,866	23,192	50,156	75,995
캐나다	362	1,085	2,436	4,325	5,371
멕시코	5,765	6,382	7,853	9,210	13,607
브라질	2,419	3,961	7,678	9,930	17,438
아르헨티나	406	634	935	1,737	3,955
합계	14,260	24,928	42,094	75,358	116,366

(단위:천명)

	1800	1830	1850	1880	1900
미국	37%	52%	55%	67%	65%
캐나다	3%	4%	6%	6%	5%
멕시코	40%	26%	19%	12%	12%
브라질	17%	16%	18%	13%	15%
아르헨티나	3%	3%	2%	2%	3%

표 7-1 서반구의 인구, 1800-1900

참고: 위의 도표에 나타나는 국가들의 통계조사는 같은 기간에 이루어진 것은 아니다. 다만 미국의 경우는 조사가 이루어진 해가 정확하다. 또한 19세기 주권국가는 미국뿐이었다. 다른 나라들의 경우 독립한 해와 통계조사가 행해진 해는 다음과 같다. 1) 캐나다(1867년 독립):1801, 1831, 1851, 1881, 1901. 2) 멕시코(1821년 독립):1803, 1831, 1854, 1873, 1900. 3) 브라질(1822년 독립):1808, 1823, 1854, 1872, 1900년. 4) 아르헨티나(1816년 독립):1809, 1829, 1849, 1869, 1895.

자료: 모든 자료는 B.R.Mitchell, *International Historical Statistics: The Americas, 1750-1988*, 2nd. ed.(New York: Stockton, 1993), pp. 1, 3-5, 7-8.

■ 분명한 운명(Manifest Destiny)

미국은 1776년 대서양 해안가를 따라 존재했던 13개의 식민지가 합쳐져서 시작된 나라였다. 그 다음 125년 동안 미국 지도자들의 가장 중요한 원칙은 미국이라는 국가의 이른바 "분명한 운명"을 성취하는 것이었다.[11] 이미 지적한 바대로 미국은 1800년 당시 플로리다까지는 장악하지 못했지만 미시시피강 유역에 도달했다. 그 다음 50년 동안 미국은 대륙의 서쪽으로 팽창, 태평양에 도달했다. 19세기 후반 50년 동안 미국은 확보한 영토를 강화하는 데 그리고 부유하고 결집력이 높은 국가를 건설하는 데 초점을 맞추었다.

1800년부터 1850년에 이르는 동안 미국의 팽창은 5가지 단계를 통해서 이루어졌다(〈지도 7-2〉를 볼 것). 1803년 미시시피강 이서지방의 광대한 루이지애나 영토를 프랑스로부터 1,500만 달러를 주고 사들였다. 나폴레옹의 프랑스는 얼마 전 이 영토를 스페인으로부터 확보했다. 그러나 이곳은 1682년부터 1762년까지는 프랑스가 장악하고 있던 곳이었다. 나폴레옹은 이 땅을 팔아서 유럽에서의 전쟁비용을 충당해야 했다. 더욱이 프랑스는 북미대륙에서 영국과 경쟁할 처지가 아니었다. 영국은 막강한 해군력을 보유하고 있었기 때문에 프랑스는 대서양을 건너와 북미대륙에 자신의 힘을 투사할 수 없었다. 루이지애나 영토를 구입함으로써 미국은 영토를 두 배로 확장하게 되었다. 미국은 1819년 스페인으로부터 플로리다를 빼앗음으로써 확장의 제2단계를 시작했다.[12] 미국의 지도자들은 1800년대 초부터 플로리다를 장악하려는 계획을 세웠고 그 계획 속에는 군사력을 통한 침공계획도 포함되어 있었다. 1818년 미국이 펜사콜라 Pensacola를 점령했을 당시 스페인은 모든 영토를 양보하고 말았다.

다음 3차례의 영토획득은 모두 1845년부터 1848년 사이의 짧은 기간에 일어난 일이었다.[13] 1836년 텍사스는 멕시코로부터 독립을 획득했고 그후 얼마 지나지 않아 미합중국에 편입을 신청했다. 그러나 텍사스의 요청은 거부되었다. 미국의회는 아직도 노예제도를 합법적으로 시행하는 텍사스를 미국의 한 주로 받아들이는 것을 거부했다.[14] 그러나 이러한 제약요인은 궁극적으로 붕괴되었고 1845년 12월 29일 텍사스는 미국에 합병되었다. 그후 6개월이 지난 1846년 6월 미국은 영국과 오리건 영토문제를 해결했고 태평양 북서부 지역의 대규모 영토를 획득하였다. 1846년 5월 초, 오리건 합의가 이루어지기 며칠 전 미국은 멕시코에 선전포고를 하고 캘리포니아와 오늘날 미국의 남서부라고 불리는 지역을 점령하려 했다. 2년 사이에 미국의 영토는 120만 평방 마일, 즉 64%가 불어난 것이다. 당시 국세조사국 국장에 의하면 미국의 영토는 "프랑스와 영국의 영토를 합친 것의 거의 10배에 해당하며 프랑스, 영국, 오스트리아, 프러시아, 스페인, 포르투갈, 벨기에, 네덜란드, 덴마크를 모두 합친 것의 약 3배 … 로마제국 혹은 알렉산더의 제국과 맞먹는 정도로 넓은 것이었다".[15]

1853년 미국이 멕시코와의 국경선을 모양새 있게 하기 위한 방안으로 멕시코로부터 소규모의 영토(개스덴)를 구입했고, 1867년에는 러시아로부터 알래스카를 구입하기도 했지만 아메리카 대륙을 가로지르는 팽창은 사실상 1840년대 말엽 거의 완료된 상황이었다. 그러나 미국은 자신이 원했던 모든 영토를 다 획득하지는 못했다. 특히 미국은 1812년 영국과 전쟁을 벌였을 당시 캐나다를 차지하고자 했고 미국의 여러 지도자들은 19세기 내내 캐나다를 장악하려고 노력했다.[16] 또한 남방의 카리브 해 지역으로 향하는 팽창의 압력도 높았고 쿠바는 가장 중요한 가치있는 표적이었다.[17] 그럼에도 불구하고 북방과 남방으로 향하는 팽창정책은 현실화되지 못했다. 대신 미국은 서쪽으로 팽창, 태평양을 향해 진출했고 그 과정에서 거대한 영토를 가진 국가를 건설한 것이다.[18]

1848년 이후의 미국은 더 이상의 영토가 필요하지 않은 나라였다. 적어도 국가안보의 측면에서는 그러했다. 그래서 미국의 지도자들은 미국을 보다 막강한 나라로 만들기 위한 노력을 국경 내부에 집중했다. 미국을 강화시키는 과정은 처참하고 피비린내 나는 경우도 있었으며 네 단계

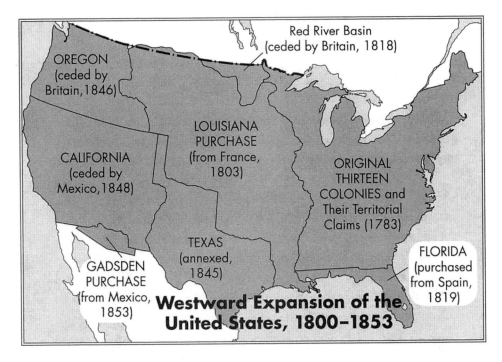

지도 7-2 미국의 팽창, 1800-1853

로 나누어진다.

1. 노예제도를 폐지하고 국가의 분열을 방지하기 위한 남북전쟁
2. 미국이 획득한 영토의 대부분을 통제하던 원주민들의 소개 (displacing)
3. 광대한 영토에 인간을 거주시키기 위한 목적에서 행해진 대규모 이민
4. 세계 최대의 경제력 건설

19세기 처음 60년 동안 미국의 남부와 북부는 노예문제로 인해 끊임없

이 다투고 있었다. 특히 미시시피 서부지역의 새로 획득된 영토에 노예제가 적용되자 마찰은 더욱 커졌다. 실제로 노예제도의 문제는 너무 심각하여 미합중국을 쪼개버릴 수도 있는 위험한 것이었다. 그렇게 됐다면 그것은 아메리카 대륙에서의 세력균형의 판도를 바꾸는 일이 되었을 것이다. 이 문제는 1861년 남북전쟁이 발발함으로써 전면에 등장하게 되었다. 통합된 미국을 유지하려는 목적 아래 전쟁에 임한 북부는 처음에는 졸전을 면치 못했지만 궁극적으로 힘을 회복, 결정적 승리를 거둘 수 있었다. 미국 전역에서 노예제도는 급격히 종식되었고 전쟁은 비록 나쁜 감정에 의해 행해졌음에도 불구하고 미국은 다시 응집력있는 하나의 국가로 등장하여 오늘까지 그 응집력을 유지하고 있다.

만약 남북전쟁에서 남부가 승리했다면 미국은 지역의 패권국가로 성장하지 못했을 것이다. 그랬을 경우 북아메리카에는 최소한 두 개의 강대국이 존재하는 상황이 되었을 것이기 때문이다. 만약 남부가 승리했다면 유럽의 강대국들은 아메리카 대륙에서 그들의 존재와 영향력을 증대시킬 기회를 포착할 수 있었을 것이다.[19]

1800년이 되었을 당시 아메리카 원주민 부족들은 북아메리카의 대규모 영토를 차지하고 있었다. 이들 영토들은 미국이 분명한 운명(Manifest Destiny)을 충족하려 했다면 반드시 정복해야만 할 영토였다.[20] 원주민들은 미국이 그들의 영토를 빼앗는 것을 막을 만한 힘이 없었다. 원주민들은 여러 가지 불리한 점이 많았다. 그러나 가장 중요한 것은 그들이 백인인 미국인보다 수적으로 훨씬 열세에 있었다는 점이며 시간이 지날수록 상황은 더욱 악화되었다. 예를 들면 1800년 당시 미국에는 17만8천 명의 원주민이 거주하고 있었다. 그후 미국의 영토는 미시시피강 이서지방으로 확대되었다.[21] 당시 미국의 인구는 대략 530만 명 정도였다(《표 7-1》을 참조). 미국 육군이 19세기 중 불과 수십 년 동안 미시시피강 이동지방에 거주하던 원주민을 파괴하고, 그들의 땅을 빼앗고, 원주민 대부분을 미시시피 강 이서지방으로 몰아내기 위해 그다지 큰 고생을 하지 않아도 되었

다는 사실은 놀랄 일도 아니다.[22]

1850년이 되었을 때 미국의 국경은 오늘날 미국의 국경과 거의 같은 모습이 되었는데 당시 66만5천 명 정도의 원주민이 미국 영토 내에 거주하고 있었고 그 중 48만6천 명이 미시시피강 이서지방에서 살고 있었다. 그러나 미국의 인구는 1850년이 되었을 무렵 거의 2,320만 명으로 증가했다. 19세기 후반부 50년 동안 규모도 작고 실력도 모자란 미국 육군이 미시시피강 이서지방의 원주민들을 거의 대부분 궤멸시키고 그들의 영토를 빼앗을 수 있었다는 사실도 놀라운 일은 아니다.[23] 1900년이 되었을 당시 미국은 원주민들에 대해 완벽한 승리를 거두었다. 원주민들은 몇 안되는 보호구역에 모여 살게 되었고 그들의 인구도 45만6천 명으로 줄어들었다. 이 중 29만9천 명은 미시시피강 이서지방에 살고 있었다. 그 무렵 미국 인구는 7,600만 명에 이르렀다.

미국의 인구는 19세기 후반기 동안 3배 이상 증가했다. 인구증가의 주요 이유는 유럽으로부터 대서양을 건너온 대규모의 이민 때문이었다. 1851년부터 1900년 사이 약 1,670만 명의 이민자들이 미국으로 유입되었다.[24] 1900년 당시 7,600만 미국인구 중 34.2%는 미국이 아닌 곳에서 태어났던가 혹은 부모 중 적어도 한 명이 외국에서 출생한 사람이었다.[25] 이민자들의 다수는 팽창하던 미국경제를 보고 직업을 찾기 위해서 미국에 온 사람들이다. 그들은 동시에 미국경제력의 증가에 기여했다. 미국경제는 19세기 후반부 펄펄 뛰는 정도로 급속한 성장을 이룩했던 것이다. 1850년 당시 영국은 미국 산업능력의 약 4배를 보유한 세계에서 가장 부유한 나라였다는 사실을 생각해 보자. 단 50년 만에 미국은 세계에서 가장 부유한 나라로 성장했고 영국 산업력의 1.6배에 이르는 경제력을 보유하게 되었다(〈표 6-2〉 참조).

미국과 영국은 20세기 초반 북아메리카 대륙에서의 길고 긴 라이벌 관계를 청산했다. 사실은 영국이 아메리카 대륙으로부터 대서양을 건너 철수했고 아메리카 대륙을 미국이 맡아서 운영하도록 넘겨준 것이나 마찬

		1800	1830	1850	1880	1900
세계 경제에서 차지하는 상대적 비중	영국	na	47%	59%	45%	23%
	미국	na	12%	15%	23%	38%
인구 (단위: 천명)	영국	15,717	24,028	27,369	34,885	41,459
	미국	5,308	12,866	23,192	50,156	75,995

표 7-2 **미국과 영국, 1800-1900**

참고: na=자료가 없는 경우(not available)

자료: 세계의 경제에 관한 수치는 〈표 6-2〉를 사용. 영국의 인구에 대해서는 B. R. Mitchell, *Abstract to British Historical Statistics* (Cambridge: Cambridge Univ. Press, 1962), pp. 6-8; 1800년의 자료는 1801년 조사에 의한 것으로 잉글랜드, 웨일즈, 스코트랜드와 아일랜드를 합친 것이다. 미국 관련 모든 수치는 Mitchell, *International Historical Statistics: The Americas*, p. 4.

가지였다. 미국과 영국이 우호관계를 맺게 된 이유에 대한 보다 일반적 설명은 당시 영국은 점증하는 독일의 위협에 대항하기 위해 군사력을 더욱 강화시켜야 했고 그러기 위해서 미국과의 문제를 해결해야만 했다. 미국은 유럽에서의 세력균형 유지는 물론 영국을 아메리카에서 몰아내야 한다는 데 기득권적 이익을 가지고 있었기 때문이다.[26] 이 설명은 여러 가지 타당한 점이 많다. 그러나 왜 1900년 영국과 미국의 라이벌 관계가 종료되었는가를 설명할 수 있는 더 중요한 이유가 있다. 영국은 아메리카 대륙에서 더 이상 미국에 도전할 수 있는 힘이 없었다는 사실이다.[27]

잠재적 군사력을 나타내 주는 두 가지 요인(indicator)은 인구와 산업능력인데 미국은 1900년 당시 이 두 가지 측면에서 영국을 확실하게 앞서고 있었다(〈표 7-2〉를 참조). 더구나 영국은 대서양을 건너 아메리카 대륙에 힘을 투사해야만 했던 반면 미국은 아메리카 대륙에 존재하고 있는 나라였다. 미국과 영국 두 나라의 안보를 위한 경쟁은 끝났다. 20세기 초반 독일의 위협이 없었다고 할지라도 영국은 자신의 후손이라고 할 수 있는, 그리고 그 당시 이미 성년으로 성장해 버린 미국에게 아메리카 대륙을 넘겨줄 수밖에 없었을 것이다.

■ 먼로 독트린

19세기 미국의 정책결정자들은 미국을 광대한 영토국가로 만들겠다는 목표뿐 아니라 유럽의 강대국들을 아메리카 대륙으로부터 축출하고 그들이 다시 들어오지 못하도록 하는 데 깊은 관심을 가지고 있었다.[28] 오직 그렇게 함으로써만 미국은 아메리카 대륙의 패권국이 될 수 있었고, 다른 강대국의 위협으로부터 안전할 수 있었다. 미국은 북아메리카를 가로지르기 위해 과거 영국, 프랑스 혹은 스페인이 보유하던 영토를 집어삼키게 되었으며 그럼으로써 이들 강대국들의 아메리카 대륙에 대한 영향력을 약화시켰다. 미국은 똑같은 목표를 가진 먼로 독트린을 이용해 영토확장 정책을 지속하였다.

먼로 독트린은 1823년 12월 2일 제임스 먼로 대통령의 의회에 대한 연례연설에서 처음 개진되었다. 그는 미국 외교정책에 관해 세 가지 기본 관점을 제시했다.[29]

첫째, 먼로 대통령은 조지 워싱턴 대통령이 유명한 "고별 연설"에서 언급한 바를 지키기 위해 미국은 유럽의 전쟁에 개입하지 않을 것임을 명백히 했다(이 정책은 20세기에는 지켜지지 않았음이 분명하다).[30]

둘째, 먼로 대통령은 유럽의 강대국들에 대해 이미 상당 규모의 영토를 아메리카 대륙에서 보유하고 있으니 더 이상 영토를 확장하지 말아줄 것을 요구했다. 먼로 대통령은 "아메리카 대륙은 더 이상 유럽 강대국들의 식민정책의 대상으로 고려되어서는 안 될 것이다"고 언급했다. 그러나 먼로 대통령의 정책은 이미 아메리카 대륙에 존재하던 유럽 강대국의 제국

을 해체할 것을 요구하지는 않았다.[31]

셋째, 미국은 유럽의 강대국들이 아메리카 대륙에 있는 독립 국가들과 동맹을 체결하거나 또는 어떤 식으로든 그들을 통제하는 것을 하지 않기를 원했다. 그래서 먼로는 "독립을 선언하고 독립을 유지하려는 국가들과 함께 … 우리는 그들을 억압하거나 혹은 어떤 식으로든 그들의 운명을 통제하려는 목적의, 유럽 강대국들에 의한 어떠한 개입도 미국을 향한 비우호적 입장이라고 간주하지 않을 수 없다"고 말한 것이다.

1800년 당시 미국이, 유럽 강대국들이 아메리카 대륙에서 식민지를 더 늘리는 것에 대해 우려했던 것은 이해할 수 있는 일이다. 영국은 막강한 국가로서 지구 전체에 제국을 건설한 역사를 가지고 있는 나라였고 당시 미국은 아메리카 대륙 어느 지역에서도 영국의 힘을 억제할 만한 국력을 가지고 있지 못했다. 실제로 미국은 먼로 독트린이 선포된 후 약 10년 동안은 먼로 독트린을 집행할 수 있을 만큼 강력한 육군력을 보유하지 못했을 수 있다. 그럼에도 불구하고 이 문제는 심각한 이슈가 되지 못했다. 왜냐하면 유럽의 제국들이 점차 몰락하기 시작했으며 이를 대체할 제국이 출현하지 않았기 때문이다.[32] 미국은 사실 이들 유럽제국이 무너지는 데 별 기여한 바 없다. 이 제국들은 제국 내의 비등하는 민족주의 때문에 좌초하게 된 것이었다.[33] 1776년 미국 식민지에서 일어난 일처럼 브라질, 캐나다, 멕시코는 미국의 예를 따라 독립국가를 건설한 것이다.

19세기 미국이 당면했던 진정한 위협은 — 그리고 20세기 중에도 계속 당면했던 위협은 — 유럽의 강대국들이 아메리카 대륙의 나라들과 연합하여 반미조약을 체결할지도 모른다는 가능성이었다. 그 동맹은 궁극적으로 아메리카에서 미국의 힘에 도전할 수 있을 정도의 힘을 가지게 될 것이며 이는 미국의 국가안보에 위해가 되는 일일 것이다. 그래서 1895년 여름 미국 국무장관 올니Olney는 솔리스베리 경Lord Salisbury에게 보낸 유명한 편지에서 다음과 같은 점을 강조했다.

"아메리카 국가들의 독립성이 위태로울 경우 언제라도 미국의 개입(interposition)을 요구하고 정당화할 수 있을 정도로, 미국의 안보와 복지는 모든 미주 국가들의 유럽 국가들에 대한 독립의 유지와 매우 밀접하게 결부되어 있다."[34]

19세기 동안 이와 같은 문제들이 발발했을 때 미국은 이에 대처할 능력을 가지고 있었다. 예를 들어 프랑스는 미국이 남북전쟁을 치르고 있을 때 멕시코의 왕위에 황제를 앉힌 바 있었다. 그러나 프랑스와 멕시코 연합군은 미국이 심각한 내란을 치르고 있는 경우에도 미국에게 심각한 위협이 되지 못했다. 남북전쟁이 끝난 후 멕시코의 민족주의자 베니토 후아레즈Benito Juarez의 군대와 미국군은 프랑스에 압박을 가하여 프랑스군을 멕시코로부터 나가도록 했다. 미국은 1865년부터 1900년에 이르는 동안 더욱 막강해졌고 그 결과 어떤 유럽의 강대국들이 아메리카 대륙에 있는 독립국들과 반미동맹을 결성하는 것이 더욱 어려운 상태가 되었다. 그럼에도 불구하고 문제가 모두 해결된 것은 아니었다. 실제로 미국은 20세기에 들어서 유럽 강대국들이 아메리카 대륙의 독립국과 반미 동맹을 체결할지도 모르는 우려에 3번이나 대처해야 했다.

1. 1차 세계대전 당시 독일의 멕시코에 대한 개입
2. 2차 세계대전 당시 남미에 대한 독일의 구상
3. 냉전 당시 소련과 쿠바의 동맹[35]

■ 전략적 소명(Strategic Imperative)

1800년 이후 100년 동안 이루어진 미국의 경이적 성장은 대체로 현실주의적 논리에 의해 부추겨진 것이었다.[36] 올니Olney는 19세기가 끝나는 무렵 "미국민들은 국제관계는 감정(sentiment)이나 원칙(principle)뿐 아니라 이기적 국가이익(selfish interest)에도 의거하는 것이라는 사실을 배우게 되었다"고 기술하고 있다.[37] 더 나아가 미국의 지도자들은 미국이 강력해지면 강력해질수록 험악한 국제정치에서 살아가는 데 더욱 안전해진다는 사실을 이해하게 되었다. 프랭클린 피어스Franklin Pierce 대통령은 1853년 3월 4일 취임연설에서 이 같은 점을 밝히고 있다.

> "우리의 관할권 밖에 있는 어떤 특정지역을 장악하는 일이 우리의 국가방위를 위해 대단히 중요한 것임을 국가로서 우리의 행태, 지구에서 우리의 지위라는 점에서 보아 은폐해야 할 일이 아니다."[38]

물론 미국이 대륙으로 팽창한 데에는 다른 동기들도 있다. 예를 들어 어떤 이들은 이념적 사명이라는 강력한 인식을 가지기도 했다.[39] 그들은 미국은 세계사에 전례가 없는 도덕적 국가를 건설했다고 믿고 있었으며 그렇기 때문에 미국 국민들은 자신의 가치와 체제를 더 멀리 더 넓게 확산시켜야 할 도덕적 임무를 가지고 있다고 생각했다. 다른 어떤 사람들은 경제적 이익이라는 동기를 가지고 있었고 이는 팽창을 위한 강력한 동기가 되었다.[40]

그러나 팽창의 다른 동기들이 국가안보를 위한 소명과 배치되는 것은 아니었다. 사실 이들은 국가안보의 동기를 보완해 주는 것이었다.[41] 경제적 동기의 경우는 특히 그랬다. 경제력은 군사력의 기반이 되는 것이기 때문이며, 미국의 상대적 경제력을 상승시키는 어떤 행동도 미국의 생존 가능성을 높이는 일이 되었던 것이다. 이상주의적 관점에서 많은 미국인들은 팽창이 도덕적으로 정당화될 수 있는 것이라는 열정을 가지고 있었다. 그러나 이상주의적 논점은 19세기 미국 국력이 엄청나게 증강하는 배후에 놓여져 있는 잔인한 측면을 가리는 데 적절한 가면을 제공하는 것이기도 했다.[42]

미국이 독립을 선언한 1776년 이전에도 북미 대륙에는 이미 세력균형의 논리가 팽배하고 있었다.[43] 특히 프랑스와 영국은 북아메리카 대륙에서 치열한 안보 경쟁을 전개했으며 잔인한 전쟁이었던 7년 전쟁(1756-1763)도 그 같은 안보 경쟁의 하나였다. 더욱이 미국은 궁극적으로 영국과 전쟁을 치르고 영국의 최대 경쟁국인 프랑스와 동맹을 맺음으로써 독립을 쟁취할 수 있었다. 제임스 헛슨James Hutson이 한 말인 "미국 혁명의 지도자들이 발견한 세상은 잔인하고 비도덕적인 투기장(cockpit)같은 곳이었다. … 그곳은 무엇보다도 힘 그 자체가 최고인 세상이었다"는 말은 상황에 대한 정확한 묘사였다.[44] 그러므로 미국이 독립된 후 수십 년 동안 미국의 국가안보 정책을 계획한 엘리트들은 계속 현실주의적 사고에 몰두하게 된 것이다.

1800년 당시 아메리카 대륙의 정치는 미국의 엘리트들에게 지속적으로 세력균형적 관점을 유지하게 하였다. 미국은 아직도 위험한 이웃들 사이에서 살고 있었다. 대영제국과 스페인 제국은 미국을 세 방향에서 둘러싸고 있었으며, 미국의 정책결정자들의 공통적인 우려는 미국이 포위될지 모른다는 사실이었다. 미국의 엘리트들은 당시 유럽에서 가장 막강했던 나폴레옹의 프랑스가 북아메리카 대륙에 새로운 제국을 건설할까 두려워했다. 물론 프랑스 제국은 북아메리카에 건설되지 않았다. 실제로 프랑스는 엄청나게 넓은 루이지애나 영토(Louisiana Territory)를 1803년 미국에 매각했다.

그럼에도 불구하고 유럽인들, 특히 영국인들은 미국을 봉쇄할 수 있는 일이라면 어떤 일이라도 함으로써 미국이 자신의 국경을 더 이상 팽창하는 것을 막으려 했다.[45] 영국은 실제로 1812년 전쟁(War of 1812)을 통해 미국의 캐나다 정복을 막을 수 있었다. 영국은 미국이 서쪽으로 팽창하는 것을 막을 수 있는 유용한 대안은 별로 가지고 있지 않았다. 그러나 영국은 1807년부터 1815년에 이르는 기간 동안 오대호 연안에 거주하는 북미 원주민들과 동맹을 맺었고 차후 잠깐 동안 독립국으로 존재했던 텍사스와도 동맹을 체결한 바 있었다.[46] 그러나 이 노력은 미국이 태평양 연안까지 도달하는 데 아무런 심각한 위협이 되지 못했다.

사실 미국의 팽창을 제어하려는 유럽인들의 어떤 노력도 오히려 역효과를 불러일으켰다. 그것은 미국인에게 더욱 더 팽창을 운명적으로 생각하게 만들었다. 예를 들어 유럽인들은 1840년 무렵부터 북아메리카 대륙에서 세력균형을 유지해야 한다고 공개적으로 말하기 시작했다. 이는 미국의 팽창을 제어하고 유럽 제국의 상대적 힘을 증강시키겠다는 의미를 내포한 것이었다.[47]

이 주제는 미국이 루이지애나 영토 이서 지역으로 팽창하기 이전에 떠오른 주제였다. 물론 미국인들 사이에 이 주제에 대해 완벽한 의견일치가 있던 것은 아니었지만 이 문제가 즉각적으로 미국정치의 가장 중요한 이슈가 되었다는 사실은 놀랄 일이 아니다. 제임스 폴크James Polk 대통령이 "세력균형 개념이 북아메리카 대륙에 적용되도록 허락될 수 없다. 특히 미국에 대해서는 적용될 수 없다. 우리는 이 대륙에 사는 시민들만이 그들 자신의 운명을 결정할 수 있다는 원칙을 견지해야만 한다"[48]고 말한 것은 모든 미국 시민을 대표해서 한 말이다. 1845년 12월 2일 폴크 대통령이 위와 같은 말을 한 직후 텍사스는 미국의 한 주로 편입되었으며, 뒤이어 오리건 영토, 캘리포니아, 그리고 1818년 멕시코로부터 빼앗은 영토들이 미국에 편입되었다.

역사학자 프레데릭 머크Frederick Merk는 19세기 미국의 안보정책을 다음과 같이 간결하게 기술했다.

"가장 중요한 국방문제는 영국이었다. 영국의 야심은 미국을 에워싸고 있는 것 같았다. 미국의 변방에 대해 영국은 위험한 잠재적 침략국이었다. 영국을 막는 최선의 방법은 변방을 미국 스스로 장악하는 일이다. 그것은 바로 분명한 운명(Manifest Destiny)의 시대에 먼로 독트린이 가지는 의미였다."[49]

미국과 유럽, 1900-1990

공격적 현실주의 이론은 미국은 유럽에 잠재적 패권국이 출현할 가능성이 있을 경우, 그리고 유럽국가들의 자체적 힘으로 패권국을 제어할 능력이 없을 경우 자신의 군사력을 대서양을 건너 유럽에 파견할 것이라고 예측한다. 그렇지 않은 이상 미국은 유럽대륙에 대한 개입을 회피할 것이다. 1900년부터 1990년에 이르는 기간 동안 유럽에 대한 미국 군사력의 파견은 해외의 균형자 역할(offshore balancing)이라는 일반적 패턴과 부합하는 것이었다. 유럽에 대한 미국의 군사정책을 개괄하기 좋은 방법은 19세기 후반를 설명하고 나서 20세기를 다섯 가지 뚜렷한 기간들로 나누어 설명하는 것이다.

미국은 1850년부터 1900년까지 유럽에 군대를 파견한다는 생각을 해본 적이 없었다. 1850년 이전까지 미국인들의 심리에는 유럽의 문제에 개입하지 않아야 한다는 점이 크게 자리잡고 있었기 때문이다. 조지 워싱턴 대통령과 먼로 대통령은 이를 명백히 했다.[50] 더 나아가 19세기 후반기의 미국은 아메리카 대륙에서 자신의 패권을 수립하는 데 노력을 집중하고 있었다. 그러나 미국이 유럽에 병력을 파견할 생각을 하지 않았던 더욱 중요한 이유는 그 당시 유럽의 어떤 국가도 유럽의 패권국이 될 수 있는 잠재력을 가지고 있지 못했다는 사실이다. 당시 유럽대륙에는 대략적 세력균형상태가 유지되고 있었다.[51] 1792년부터 1815년에 이르는 기간 동안 패권을 추구했던 프랑스는 19세기 동안 계속 내리막길을 걷고 있었으며, 20세기 초반 패권국의 지위에 도전하게 될 독일은 1900년 이전에는 유럽을 뒤흔들 정도로 막강한 국력을 가지고 있지 않았다. 당시 유럽에 패권을 지향하는 국가가 있었다고 할지라도 미국은 다른 유럽의 강대국들이 스스로 패권을 추구하는 강대국의 문제를 처리해 주기를 바라면서 "책임전가"(Buck passing) 전략을 추구했을 것이다.

20세기의 첫 번째 시기는 1900년부터 1917년 4월까지의 기간이다. 20

세기 초반인 이 무렵 독일은 유럽에서 가장 힘이 막강한 나라였을 뿐 아니라 유럽지역을 장악하려고 점차 위협을 가하는 나라였음이 분명하다.[52] 사실 이 시기 독일은 여러 차례 국제적 위기를 도발했으며 결국 1914년 8월 1일 1차 세계대전을 야기했다. 그럼에도 불구하고 독일의 위협을 억누르기 위한 목적에서 미국의 군대가 유럽으로 파견되지는 않았다. 대신 미국은 책임전가 전략을 추구, 3국협상(Triple Entente) — 영국, 프랑스, 러시아 — 이 독일을 봉쇄해 줄 것을 기대했다.[53]

20세기의 두 번째 시기는 1917년 4월부터 1923년까지로, 미국이 1차 세계대전에 개입했던 기간을 포함한다. 이 시기에 미국은 역사상 최초로 전쟁을 치르기 위해 유럽에 전투병을 파병했다. 미국은 1917년 4월 6일 독일에 대해 선전포고했지만 1917년 연말까지 단지 4개 사단만을 프랑스에 파병할 수 있었다.[54] 그러나 1918년 이후 대규모의 미국 병력이 유럽에 파견되기 시작했으며 1918년 11월 11일 전쟁이 끝날 당시 유럽 주둔 미군은 200만 명에 도달했고 더 많은 수의 미군 병력이 유럽을 향하던 중이었다. 사실 당시 미국 원정군 사령관이었던 존 퍼싱 대장은 1919년 7월까지 400만 이상의 병력을 지휘할 계획이었다. 소규모의 점령군은 1923년 1월까지 독일에 남아있었지만 유럽에 파견되었던 미군의 대부분은 전쟁이 끝나자마자 본국으로 송환되었다.[55]

미국이 1차 세계대전에 개입한 중요한 이유는 독일이 점차 3국협상을 압도하기 시작했으며 전쟁에서 승리, 유럽에서 패권을 장악할지도 모른다고 생각했기 때문이다.[56] 책임을 전가하려던 미국의 전략은 전쟁이 시작된 이후 2년 반쯤 지나 더 이상 먹혀들 수 없는 전략이 되어 버렸다. 독일군과 교전할 때마다 엄청난 피해를 입었던 러시아군은 러시아 혁명이 발발하고 황제가 권좌에서 쫓겨난 1917년 3월 12일 무렵에는 거의 와해 상태에 이를 지경이었다.[57] 프랑스 육군 역시 위태로운 상황이었다. 1917년 5월에는 프랑스군 내부에서 폭동이 발생했고 이 일이 있은 직후 미국은 참전을 결정했다.[58] 연합국 3개국 중 영국 육군이 제일 양호한 상황이었다. 영국은 전쟁 시작 후 약 2년간 전쟁에 직접 개입하지 않은 상태에서 군사력을 팽창, 대규모 육군을 건설할 수 있었으며 프랑스나 러시아군처럼 처절한 피해를 입지 않고 있었다. 그럼에도 불구하고 영국 역시 1917년 4월에는 처절한 상태에 도달하게 되었다. 1917년 2월부터 독일이 영국의 해로에 대한 무제한 잠수함 공격작전을 시작했고 그해 초가을 영국이 더 이상 전쟁을 치를 수 없는 상황으로 몰아갔다.[59] 결국 미국은 1917년 봄, 3국협상 측을 독려하고 독일의 승리를 막기 위해 전쟁에 개입하지 않을 수 없는 상황이었다.[60]

20세기의 세 번째 시기는 1923년부터 1940년 여름까지의 기간이다. 이 기간 동안 미국은 유럽에 아무런 병력도 파견하지 않았다. 실제로 양차 세계대전 사이의 기간 중 미국의 정책을 표현하는 데 가장 흔히 사용된 단어는 '고립주의'(isolationism)였다.[61] 1920년대 그리고 1930년대 초반 유럽은 상대적으로 평온했다. 독일이 베르사유 조약의 족쇄에 묶여 조용히 지내던 기간이었기 때문이다. 그러나 1933년 1월 30일 아돌프 히틀러가 정권을 장악하게 되었고, 그후 곧 유럽은 다시 혼란으로 빠져들었다. 1930년대 말엽 미국의 정책결정자들은 나치 독일을 잠재적 패권국으로 인식했고 히틀러는 유럽 정복을 시도할 가능성이 있을 것이라고 생각했다. 1939년 9월 1일 독일이 폴란드를 공격하고 영국과 프랑스가 이에 대항, 독일에 선전을 포고함으로써 2차 세계대전이 시작되었다. 그러나 전쟁이 발발했을 당시 미국은 유럽대륙에 개입하는 것을 심각하게 고려하지 않고 있었다. 1차 세계대전 당시와 마찬가지로 미국은 유럽의 다른 강대국들이 독일의 위협을 봉쇄해 줄 것을 기대했던 것이다.[62]

네 번째 시기는 1940년 여름부터 5년 간의 기간으로 독일이 프랑스를 결정적으로 격파하고 던케르크에서 영국군을 본토로 쫓아낸 이후 유럽에서의 2차 세계대전이 종식되는 1945년 5월 초까지를 포함한다. 미국의 정책결정자들은 영국과 프랑스군이 서부전선에서 독일군의 공세를 막아내어 전쟁을 지연시키고, 소모전으로 만듦으로써 독일의 군사력을 소진시킬 것을 기대했다.[63] 스탈린도 같은 결과를 기대하고 있었다. 그러나 독일군은 프랑스에서 전격적이며 결정적인 승리를 거둠으로써 세계를 경악하게 하였다.[64] 독일은 프랑스에서 승리함으로써 영국마저 위태롭게 만들 상황이 되었다.

그러나 더 중요한 것은 히틀러가 군사력의 대부분을 동원하여 소련으로 쳐들어갈지도 모른다는 사실이었다. 히틀러에겐 우려해야 할 서부전선이 더 이상 없었기 때문이다. 당시 많은 미국과 영국 사람들은 독일군은 소련군을 격파할 것이고 유럽에서 패권적 지위를 차지할 것이라 믿고 있었다.[65] 독일은 1차 세계대전 당시에는 러시아군을 격멸해야만 했고 두 개의 전선에서 전쟁을 치러야만 했으며 러시아 육군과 싸우는 병력보다 훨씬 많은 병력을 영국과 프랑스와의 전쟁에 투입해야 했다.[66] 2차 세계대전의 경우 독일은 본질적으로 하나의 전선에서 전쟁을 하는 것과 마찬가지였다. 또한 1937년부터 1941년까지 자행된 적군(赤軍)에 대한 스탈린의 숙청작업은 소련군의 전투력을 현저히 저하시켰다. 소련군이 허약해졌다는 사실은 1939년과 1940년 당시 소련군이 형편없는 약세인 핀란드군에 대해서도 쩔쩔맸다는 사실로도 증명되었다. 요약컨대 1940년 여름, 독일이 유럽대륙을 장악할 수 있으리라고 예상할 수 있는 충분한 근거가 있었다.

프랑스의 붕괴는 유럽대륙에 개입여부 문제에 대한 미국인의 사고에 결정적 변화를 불러일으켰다.[67] 당시 독일에 대항, 홀로 서 있는 영국에 대해 대규모의 원조를 해야 한다는 생각과 미국도 독일과의 전쟁 가능성에 대비해야 한다는 생각이 갑작스럽게 지지를 받게 되었다. 1940년 초가을, 히틀러가 정권을 잡은 이후 처음으로 미국의 여론은 유럽에서의 전쟁을 회피해야 한다는 주장보다 영국이 독일을 확실하게 파괴할 수 있도록 해야 한다는 주장에 대해 더 많은 지지를 보내는 것으로 나타났다.[68] 1940년 여름 미국의회 역시 국방비를 대폭 증액시켜 유럽에 대한 원정군의 건설을 가능하게 하였다. 1940년 6월 30일 미국 육군의 규모는 26만7,767

명이었다. 이로부터 1년 후, 진주만 폭격이 있기 약 5개월 전인 1941년 7월, 미국의 육군은 146만998명으로 증가되어 있었다.[69]

더구나 1941년 3월 11일 렌드리스 법Lend Lease Act이 통과된 이후 미국은 대량의 전쟁물자를 영국으로 수송하기 시작하였다. 이 단계에서의 미국의 행동은 독일에 대한 "실질적 선전포고"라고 말한 에드워드 크로닌의 주장을 거부할 수 없게 한다.[70] 1941년 여름과 가을 미국은 영국이 독일과의 전쟁에서 이기기 위해 더욱 깊이 개입했고 9월 중순 프랭클린 루스벨트 대통령은 미국 해군에게 대서양에서 독일 잠수함을 만날 경우 현장에서 사격을 가하라는 명령을 내릴 정도가 되었다. 그러나 미국은 진주만 폭격이 있은 후 4일째 되는 날, 즉 1941년 12월 11일, 독일이 미국에 대해 선전포고를 할 때까지 공식적으로는 독일과의 전쟁을 개시하지 않았다. 미국은 1943년 9월 이탈리아에 미군이 상륙하기 이전까지는 유럽에 군대를 파견하지 않았다.[71]

다섯 번째 시기는 냉전 시대에 해당하는 시기로 1945년 여름부터 1990년에 이르는 기간이다. 미국은 2차 세계대전이 끝나자마자 마치 그들이 1차 세계대전 당시 그러했던 것처럼 앞으로 수년간 독일에 대한 점령 및 경찰임무를 담당할 소수의 병력을 제외하곤 모두 미국본토로 철수시켰다.[72] 1950년이 되었을 당시 유럽에는 미군이 단 8만 명밖에 남아있지 않았고 그들 대부분은 독일에 대한 점령임무를 담당하고 있었다.[73] 그러나 1940년대 냉전이 격화되자 1949년 미국은 북대서양조약기구NATO를 창설했고, 미군을 궁극적으로 유럽에 주둔시키기로 결정하고 유럽대륙에 있는 미군의 숫자를 대폭 증강시키기 시작했다(1950). 1953년이 되었을 당시 유럽에는 42만7천 명의 미군이 유럽에 주둔하고 있었으며 냉전은 절정에 이르게 되었다. 미국은 1950년대 그리고 1960년대 초반 유럽지역에 약 7천발 정도의 핵폭탄을 배치하고 있었다. 유럽에 주둔하는 미군의 숫자는 약간의 변화가 있기는 했지만 결코 30만 명 이하로 내려간 적은 없었다.

미국은 2차 세계대전 이후 어쩔 수 없이 유럽에 미군을 주둔시켰다. 소련이 유럽 동부지역의 2/3에 해당되는 지역을 장악하고 있었을 뿐 아니라 나머지 유럽을 전부 점령할 수 있을 정도의 군사력을 보유하고 있었기 때문이다.[74] 소련을 제어할 수 있는 유럽국가는 없었다. 독일은 폐허가 되었으며 프랑스도 영국도 막강한 적군(Red Army)을 방어할 수준이 되지 못했다. 소련의 적군은 1940년 영국군과 프랑스군을 쉽게 격파했던 바로 그 독일군을 막 격파한 막강한 군대였다. 1945년 이후에는 오직 미국만이 소련의 패권을 막을 수 있었고 그래서 냉전 시대 동안 유럽에 미군이 주둔하고 있었던 것이다.

미국과 동북아시아, 1900-1990

미국의 군대가 태평양을 건너 이동하는 모습은 미국이 유럽에 대해 해외의 균형자 역할을 했던 것과 마찬가지 패턴을 보인다. 동북아시아 지역에 대한 미국의 정책을 이해하기 위한 좋은 방법은 1900년부터 1990년에 이르는 기간을 네 시기로 나누고 각 시기의 실제 모습을 묘사하는 일이다.

첫 번째 시기는 20세기 초반 30년 정도의 기간으로 동북아시아에 대한 대규모의 미국 군사력 개입이 없었던 시기다.[75] 그러나 이 시기 동안 소규모적인 미국 군사력의 개입은 여러 차례 있었다. 미국은 필리핀제도에 일정 규모의 군사력을 주둔시키고 있었으며,[76] 1900년 의화단사건을 진압하기 위해 그리고 그 유명한 문호개방정책(Open Door Policy)을 유지하기 위한 목적으로 중국에 5천 명의 병력을 파견했다. 당시 미국 국무장관 존 헤이John Hay는 다음과 같이 솔직하게 말했다.

"우리의 가장 취약한 점은 이것이다. 우리는 중국으로부터 노략질을 원치 않는다. 그리고 우리의 여론은 우리가 다른 나라들이 중국을 노략질하는 것을 방지하기 위한 목적의 군사개입을 허락하지 않는다. 게다가 우리는 개입할 수 있는 육군도 없다. '우리의 지고한 도덕성은 우리가 세계에 대해 명령할 권리를 갖게 한다'는 언론의 언급들은 허튼 소리일 뿐이다."[77]

약 1천 명 정도의 미국부대가 1912년 1월부터 1938년 3월까지 중국의 톈진(天津)에 배치되었다. 마지막으로 미해군의 함대는 같은 기간 동안 이 지역에 대한 정찰항해를 실시하게 되었다.[78]

미국은 동북아시아 지역에 잠재적 패권국이 없었기 때문에 대규모의 군대를 이 지역에 파병하지 않았다. 이 지역 국제정치에서 중국은 중요한 역할을 담당했다. 그러나 중국은 강대국이 아니었고 동북아시아를 지배하겠다는 위협도 하지 않았다. 20세기 초반 영국과 프랑스는 아시아에서 중요한 행위자였다. 그러나 영국과 프랑스는 먼 대륙에서 온 참견자들이었지만 그런 역할이 필요로 하는 힘의 투사능력(power projection)의 결여로 고전하는 나라들이었다. 더구나 영국과 프랑스는 이 기간 동안 독일의 힘을 봉쇄하는 데 신경을 써야만 했고 그 결과 그들의 관심은 동북아시아보다는 유럽에 초점을 두게 되었다. 일본과 러시아는 동북아시아에서의 잠재적 패권국이었다. 두 나라는 동북아시아에 위치한 강대국이었기 때문이다. 그러나 일본, 러시아 두 나라 모두 패권국의 수준에는 미달했다.

1900년부터 1930년에 이르는 동안 일본은 동북아시아 지역에서 가장 막강한 육군을 보유한 나라였다. 일본은 러일전쟁(1904-1905)에서 러시아군을 완벽하게 격파했다.[79] 러시아 육군은 1차 세계대전을 통해 최악의 군대가 되었고 결국 1917년에는 와해되고 말았다. 새로 건설된 적군(Red Army)은 1920년대에는 본질적으로 종이호랑이 수준에 불과했다. 같은 기간 동안 일본의 육군은 막강한 전투력으로 존재하고 있었다.[80] 그러나 일본도 잠재적 패권국은 아니었다. 동북아시아 지역에서 가장 부유한 나라는 러시아였기 때문이다. 1900년 당시 러시아는 세계 산업능력의 6%를 차지했던 반면 일본의 경우는 1%에도 미달했다(〈표 6-2〉를 참조). 1910년이 되었을 때 러시아가 차지하는 비율은 5%로 줄어들었고 일본의 비중은 1% 정도로 늘어났다. 아직도 러시아가 상당한 우위에 있었던 것이다. 이 무렵 일본에 가장 근접하여 경제적 각축을 벌였던 나라는 이탈리아였다. 일본은 1920년대, 잠깐 동안 러시아의 경제를 앞선 적이 있었다. 2%대 1%였지만 이는 러시아가 파멸적 내전상태에 있었기 때문이었다. 1930년 당시 러시아는 세계 산업력의 6%를 차지했고 일본의 경우는 4%였다. 요약건대 일본은 20세기 초반 수십 년 동안 동북아시아에서 지배적 지위를 차지하기에는 역부족이었다.

두 번째 시기는 1930년대 10년간으로 일본이 파죽지세로 아시아 본토를 공격하던 시기다. 일본은 1931년 만주를 점령했고 그곳에 일본의 괴뢰국가인 만주국을 건설했다. 1937년 일본은 중국과의 전쟁에 돌입했다. 일본의 목표는 중국의 북부를 점령하고 중국의 주요 해안지방을 점령하는 것이었다. 일본은 1930년대 말엽 소련에 대해 지속적으로 국경분쟁을 도발했는데 일본의 분명한 의도는 소련의 영토를 빼앗겠다는 것이었다. 일본은 아시아를 지배하려고 했다.

미국은 1930년대 아시아에 미군을 파견하지 않았다. 왜냐하면 일본은 거창한 대전략에도 불구하고 잠재적 패권국은 아니었기 때문이며 중국, 프랑스, 소련, 영국은 일본군을 봉쇄할 수 있는 능력을 가지고 있었기 때문이다. 실제로 1930년대 소련은 일본에 비해 뚜렷한 힘의 우위를 가지고 있었다. 이는 주로 1928년부터 시작한 1차 5개년 계획의 효과가 나타나 소련의 산업이 빠른 속도로 발전했기 때문이다. 소련이 세계경제에서 차지하는 비중은 1930년의 6%로부터 1940년에는 13%로 성장하였다. 반면 같은 기간 일본이 세계경제에서 차지하는 비중은 4%에서 6%로 증가하였다(〈표 6-2〉를 참조). 더욱이 1930년대를 통해 소련의 적군은 효율적 전투력을 갖춘 군대로 성장하였다. 실제로 소련의 적군은 1938년과 1939년 일본군과의 전투에서 승리했고 일본을 봉쇄하는 중요한 임무를 수행했다.[81]

영국과 중국 역시 1930년대 일본의 팽창을 저지하는 역할을 담당했다. 영국은 실제로는 1930년대 말엽 군사력의 대부분을 아시아로부터 철수시키고 일본과 협상을 타결함으로써 일본보다 더 직접적이고 더 위험한 적국인 나치 독일의 팽창을 제어하는 데 노력을 집중하고자 했다.[82] 그러나 당시 책임을 전가(회피)하는 나라였던 미국은, 영국에게 아시아에서 영국의 군사력이 더 이상 줄어드는 것을 용납할 수 없으며 영국은 아시아에 남아서 아시아 문제에 개입하고 일본과의 균형을 유지해야 한다고 말했다. 그렇지 않을 경우 미국은 영국이 유럽에서 점증하는 독일의 위험에 대처하는 데 도움을 주지 않을 수도 있다고 했다. 영국은 아시아에 남아 있었다. 당시 중국은 비록 강대국은 아니었지만 길고 희생이 큰, 그러나 일본이 이길 수 없는 전쟁에 일본군을 묶어놓는 역할을 담당할 수 있었다.[83] 사실 1937년부터 1945년에 이르는 동안 중국에서의 일본의 경험은 월남에서의 미국의 경험(1965-1972), 아프가니스탄에서의 소련의 경험(1979-1989)을 방불케 하는 것이었다.

세 번째 시기는 1940년부터 1945년에 이르는 기간으로, 이 시기에 유럽에서의 사건들 때문에 일본이 갑자기 아시아에서 잠재적 패권국으로 부상했다. 1940년 6월의 프랑스의 몰락과 1941년 6월 독일의 소련침공은 동북아시아의 세력균형을 본질적으로 바꾸어 놓았다. 1940년 늦은 봄 프랑스에 대한 독일의 결정적이고 신속한 승리는 아시아에서 일본의 행동에 대한 프랑스의 영향력을 — 비록 완전히는 아니지만 — 대폭 감소시켰다. 실제로 프랑스의 패배는 물론 네덜란드의 패배는 동남아시아에서의 프랑스 제국과 네덜란드 제국을 일본의 공격 앞에 노출시켰다. 프랑스가 더 이상 전쟁에 참전하지 못하게 된 후 영국은 서부전선에서 홀로 독일에 맞서고 있었다. 그러나 영국군은 던케르크Dunkirk 이후 지리멸렬한 상태에 있었으며 독일공군은 1940년 7월 중순부터 영국의 도시들을 강타하기 시작했다. 영국은 또한 지중해 연안에서 파시스트 이탈리아에 대항해야 했다. 요약하자면 영국은 유럽에서 목숨을 부지하는 데도 급급한 상황이어서 아시아에서 일본을 봉쇄하는 데 아무런 기여도 할 수 없는 처지였다.

그럼에도 불구하고 미국은 1940년 아시아에 병력을 파견할 계획이 없었다. 그 이유는 1) 일본이 중국과의 전쟁에서 웅덩이에 빠져 헤매는 상황이었고, 2) 당시 유럽에서의 전쟁에 아직 말려들고 있지 않았던 소련이 일본을 견제하는 막강한 균형세력으로 작동하고 있었기 때문이다. 이와 같은 상황은 1941년 6월 22일 독일이 소련을 공격함으로써 급격하게 변했다. 다음 6개월 동안 독일군은 소련의 적군에게 결정적 패배를 가져다주었다. 1941년 늦여름의 상황은 마치 일년 전 프랑스의 경우처럼 소련도 망할 것 같은 모습이었다. 그렇게 될 경우 일본은 동아시아에서 패권을 차지할 수 있는 유리한 위치를 점하게 될 처지에 있었다. 일본만이 동아시아에 남아있는 유일한 강대국이었기 때문이다. 결국 유럽에서의 2차 세계대전은 아시아에서의 힘의 공백상태를 초래했고 일본은 그 공백상태를 메울 준비가 되어 있었다.

미국의 정책결정자들은 일본이 북쪽으로 진격하여 소련의 후방을 공격하고 독일이 소련을 끝장내는 데 도움을 줄 것에 대해 특히 우려했다. 그 경우 독일은 유럽의 패권국이 될 것이며, 동북아시아에서는 오직 중국만이 일본의 패권가도에서 버티고 있는 유일한 나라가 될 상황이었다. 공격적 현실주의 이론이 예측하는 바대로 미국은 1941년 가을 군사력을 아시아로 이동, 일본의 위협에 대처하고자 했다.[84] 그후 얼마 지나지 않아 일본은 미국의 진주만을 폭격했고 이는 대규모의 미군이 사상 처음으로 태평양을 건너올 수 있는 확실한 이유를 제공했다. 미국의 목표는 일본이 아시아에서 패권국이 되기 이전에 일본을 격파하는 것이었다.

네 번째 시기는 냉전 시대(1945-1990)이다. 미국은 2차 세계대전 이후 아시아에 군대를 주둔시켰는데 이는 미국이 유럽대륙에 개입한 것과 본질적으로 같은 이유 때문이다. 2차 세계대전이 끝날 무렵 놀랍게도 만주에서 일본의 관동군을 격파한 소련은 유럽에서처럼 동북아시아에서도 잠재적 패권국이었으며 소련을 제어할 지역적 강대국은 없는 상황이었다.[85] 일본은 패망한 상황이었고 중국은 어느 면에서 보아도 강대국이 아니었으며 더구나 잔혹한 내란에 휩싸여 있었다. 영국과 프랑스는 아시아에서는커녕 유럽에서도 소련을 제어할 수 있는 처지가 아니었다. 그래서 미국은 극동에서 소련을 봉쇄하는 부담을 스스로 담당하지 않을 도리가 없었다.[86] 미국은 냉전 시대 동안 유럽에서는 총 한방 안 쏜 것과는 달리 아시아에서는 두 차례의 피비린내 나는 전쟁을 치러야 했다.

영국의 대전략, 1792-1990

미국과 마찬가지로 영국도 유럽대륙과 상당히 큰 바다로 격리되어 있는 나라고 대륙에 육군을 파병한 경험이 있는 나라다. 영국도 역시 해외의 균형전략(offshore balancing strategy)을 채택했던 나라다.[87] 1907년 아이어 크로 경Sir Eyre Crowe이 영국의 안보정책에 관한 자신의 유명한 메모에서 언급했던 것처럼 "가장 강력한 단일국가의 정치적 독재에 반대하는 편에 … 영국의 무게를 실어줌으로써 유럽대륙에서의 균형을 유지하는 영국의 세속적 정책은 거의 역사적 진실이 되었다".[88] 더 나아가 영국은 지속적으로 유럽의 다른 강대국이 잠재적 패권국에 대항하여 균형을 유지하기를 원했고 자신은 가능한 한 오랫동안 이를 지켜보고자 했다. 로드 볼링브로크Lord Bolingbroke는 1743년 영국이 언제 유럽대륙의 문제에 개입해야 하며 언제 개입하지 말아야 할 것인가를 간명하게 요약하였다.

"우리는 가능한 한 유럽대륙에 개입하지 말아야 한다. 영국의 무게를 실어주는 것 이외에 유럽대륙에서의 균형의 축을 회복할 가망이 전혀 없는 상황이 아닌 한, 특히 대륙에서의 지상전에는 결코 개입하지 말아야 한다."[89]

이처럼 영국이 오랫동안 책임전가 정책에 매달렸다는 사실은 많은 유럽국가들이 영국을 지난 수세기 동안 "믿을 수 없는 영국인"(Perfidious Albion)이라고 부른 이유가 된다.

프랑스 혁명이 발발하고 나폴레옹 전쟁이 야기된 1792년부터 냉전이 끝난 1990년까지 유럽대륙에 대한 영국의 군사정책을 분석해 보자.[90] 이 두 세기는 다음과 같은 여섯 개의 시기로 나누어 질 수 있다.

첫 번째 시기는 1792년부터 1815년까지로, 프랑스 혁명 및 나폴레옹 전쟁 시기 전부를 포함한다. 당시 프랑스는 대륙에서 가장 막강한 나라였으며 유럽을 지배하려는 의도를 가지고 있었다.[91] 1799년 말 나폴레옹이 권력을 장악한 이후의 프랑스는 특히 공격적이며 막강한 나라였다. 사실 1812년 가을 나폴레옹의 군대가 모스크바에 입성했을 당시 프랑스는 유럽대륙 대부분을 장악하고 있었다. 그러나 패권을 향한 프랑스의 도전은 궁극적으로 저지될 수 있었다. 나폴레옹을 패망시키는 과정에서 영국 육군은 중요한 역할을 담당했다. 1793년 영국은 소규모의 육군을 유럽대륙에 배치했다. 그러나 1795년 프랑스에 대항하는 연합전선이 무너지자 영국군은 본토로 철수하지 않을 수 없었다. 1799년 8월 영국은 또다시 육군을 홀란드(현 네덜란드)에 파병했다. 그러나 2개월도 지나지 않은 시점에서 영국군은 프랑스군에게 패배, 포위되어 항복해야만 했다. 1808년 영국은 다시 포르투갈과 스페인에 육군을 파견했는데 스페인에서는 대규모의 프랑스군을 결정적으로 파괴하는 데 크게 기여했다. 이 영국 육군은 워털루(1815)에서 나폴레옹을 마지막으로 격파한 바로 그 군대였다.

두 번째 시기는 1816년부터 1904년에 이르는 기간으로, 영국이 일반적으로 "영광스런 고립"(splendid isolation)이라고 불리는 정책을 채택한 기간이었다.[92] 영국은 이 시기 여러 차례 강대국간 전쟁이 발발했음에도 불구하고 유럽대륙에 대해 아무런 개입도 하지 않았다. 가장 중요한 사례로서 영국은 오스트리아-프러시아 전쟁(1866) 혹은 통일 독일건설의 계기가 된 보불전쟁(Franco-Prussian War 1870-1871)에 개입하지 않았다. 영국은 이 90년 동안 유럽대륙에 군대를 파견하지 않았는데 그 이유는 유럽에 대략적인 세력균형이 유지되고 있었기 때문이다.[93] 1793년부터 1815년까지 유럽대륙의 잠재적 패권국이었던 프랑스는 19세기 동안 힘이 상대적으로 쇠락했고, 20세기 초반 차세대의 잠재적 패권국이 될 독일은 아직 유럽을 지배할 수 있을 만큼 강력하지 못했다. 잠재적 패권국이 없는 상황에서 영국은 유럽의 본토에 육군을 파견해야 할 어떤 전략적 이유도 찾을 수 없었다.

세 번째 시기는 1905년부터 1930년에 이르는 기간으로, 영국이 20세기 초반 잠재적 패권국으로 등장한 빌헬름 황제의 독일을 봉쇄하기 위해 노력했던 시기다.[94] 1890년이 되었을 무렵 막강한 군사력, 많은 인구, 역동적 산업기반을 갖춘 독일이 차후 유럽에서 가장 막강한 국가가 될 것이라는 사실이 분명해 보였다. 실제로 프랑스와 러시아는 1894년 동맹을 체결하여 그들 가운데 놓인 위협에 대처하고자 했다. 영국은 프랑스와 러시아가 이 문제에 대처해 주기를 바랐다. 그러나 1905년이 되었을 무렵 프랑스와 러시아의 힘만으로는 독일에 대처하기 어렵고 영국의 힘을 필요로 하게 되었다는 점이 분명해졌다. 독일과 다른 유럽국가간의 국력격차가 독일에 유리한 방향으로 확대되었을 뿐만 아니라, 러시아는 러일전쟁(1904-1904)에서 심각한 군사적 패배를 당함으로써 러시아 육군을 비참한 상황에 놓이게 만들었고 도저히 독일 육군과 겨룰 수 있는 상황이 아니었다. 1905년 3월 독일은 모로코에서 프랑스를 향해 위기상황을 도발했다. 이는 프랑스를 영국과 러시아로부터 고립시키기 위한 것이었고, 그럼으로써 독일이 유럽을 장악할 수 있는 조건을 구축하려는 것이었다.

이처럼 악화되는 전략상황에 대처하기 위해 영국은 1905년과 1907년에 프랑스, 러시아와 동맹을 체결하여 3국협상(Triple Entente)을 구축했다. 이는 기본적으로 영국이 독일의 패권을 저지하기 위해 대륙에 개입하기 시작했다는 사실을 의미한다. 1914년 1차 세계대전이 발발했을 때 영국은 프랑스 육군을 도와 슐리펜 계획(Schlieffen Plan, 역자주; 1차 세계대전 직전 전쟁개시 6주만에 프랑스를 정복하고 그 전선을 동쪽으로 이동 러시아를 공략한다는 독일의 작전계획)을 저지하기 위해 육군을 유럽대륙에 즉각 파병했다. 전쟁이 지속됨에 따라 1917년 여름, 연합군 중 가장 막강한 군대가 될 때까지 영국의 대륙 원정군 규모는 계속 증강되었다. 1918년 독일군을 궤멸하는 데에 영국군은 가장 중요한 역할을 담당했다.[95] 전쟁이 끝난 후 곧 대부분의 영국군은 대륙에서 철수했다. 그러나 소규모의 점령군은 1930년까지 독일에 주둔했다.[96]

네 번째 시기는 1930년부터 1939년 여름까지의 기간으로, 영국이 유럽대륙에 대해 흔히 "제한된 책임"(Limited Liability)이라 불리는 정책을 채택했던 기간이다. 영국은 1930년대 초반 유럽에 대해 아무런 개입도 하지 않았는데 유럽대륙은 상대적으로 평온했고 이 지역에 개략적 세력균형이 이루어지고 있었기 때문이다. 히틀러가 정권을 장악하고 재군비를 단행한 1933년 이후에도 영국은 지상군을 파견하여 대륙에서 전쟁을 벌이려는 아무런 움직임을 보이지 않았다. 대신, 여러 차례 논란 끝에 1937년 12월 영국은 독일을 봉쇄하는 임무를 프랑스에 떠넘기기로 결정했다. 그러나 결국 영국의 정책결정자들은 프랑스 혼자의 군사력만으로 히틀러를 억지할 수 없다는 사실을 깨달았고 전쟁이 발발할 경우 영국은 마치 나폴레옹의 프랑스, 빌헬름의 독일에 대항했듯이 나치 독일과 싸우기 위해서도 유럽대륙에 군대를 파병해야 할 것이라고 생각했다.

영국은 1939년 3월 31일 마침내 다시 유럽대륙에 개입했고 이때부터가 다섯 번째 시기다. 특히 영국은 독일군이 폴란드를 공격할 경우 프랑스와 함께 독일에 대항하여 싸우기 위한 군대를 파병하겠다고 결심했다. 일주일 후 영국은 그리스와 루마니아에게도 똑같은 보장안을 제시했다.

그후 5개월이 지나 2차 세계대전이 발발했을 때 영국군은 1차 세계대전 당시처럼 신속하게 프랑스로 파견되었다. 1940년 6월 영국 육군은 던케르크에서 영국본토로 쫓겨나기도 했지만 1943년 9월 영국군은 미군과 함께 이탈리아에 상륙함으로써 유럽대륙에 다시 투입되었다. 영국군은 1944년 6월 노르망디에도 상륙했으며 궁극적으로 독일까지 진격하였다. 1945년 5월 독일의 항복과 함께 이 시기는 종료된다.

마지막 시기는 1945년부터 1990년까지로서 냉전 시대를 포함한다.[97] 2차 세계대전의 종식과 더불어 영국은 독일에 대한 짧은 점령통치 이후 대륙으로부터 군사력을 철수시키려고 계획했다. 그러나 지난 150년 유럽 역사에서 네 번째로 등장한 잠재적 패권국으로서의 소련의 위협이 출현하자 영국은 1948년 다시 유럽에 대한 개입정책을 받아들이게 된다. 영국군은 미군과 함께 냉전이 지속되는 동안 중부유럽의 전선에 지속적으로 배치돼 있었다.

결론

요약한다면, 영국과 미국 두 나라는 모두 지속적으로 유럽대륙에 대해 해외의 균형자 역할을 담당했다. 영국, 미국이라는 두 개의 고립적 강대국 누구도 유럽대륙을 제패하려는 시도는 하지 않았다. 동북아시아 지역에 대한 미국의 행동 역시 유럽에서의 미국의 행동 패턴과 일치한다. 이 모든 행동들은 물론 19세기 당시 아메리카 대륙에서의 미국의 패권추구는 모두 공격적 현실주의 이론이 예측하는 바와 일치한다.

이 장에서는 언급할 의의가 있는 두 가지 이슈를 제시했다. 첫째, 20세기 초반 섬나라인 일본이 아시아 대륙의 상당 부분을 점령했던 것은 '바다의 차단성(stopping power)이 19세기에 영국과 20세기에 미국이 유럽대륙의 영토를 지배하는 것을 거의 불가능하게 만들었다'는 나의 주장에 반하는 것처럼 보일 수 있다. 어쨌든, 일본이 바다를 건너 대륙을 지배할 수 있었다면 왜 영국과 미국은 유럽에서 그렇게 하지 못했는가?

이 문제에 대한 대답으로 '아시아와 유럽의 대륙은 서로 본질이 다른 표적이었다'라고 말할 수 있다. 특히 유럽대륙에는 지난 200년 동안 막강한 강대국들이 다수 포진하고 있었으며 이 나라들은 영국 혹은 미국이 유럽대륙을 지배하는 것을 막겠다는 동기와 능력을 가지고 있었다. 1900년부터 1945년 사이 일본이 당면한 아시아에서의 상황은 아주 상이했다. 러시아만이 아시아 본토에 위치한 유일한 강대국이었는데 러시아는 아시아보다는 주로 유럽의 문제에 신경을 집중했다. 더욱이 러시아는 이 무렵 군사적으로 약한 나라였다. 러시아의 이웃나라들은 허약한 한국, 중국 등으로 이들은 오히려 일본의 침략정책을 유인하는 표적이었다. 아시아 대륙은 외부로부터의 침략에 열려있는 상태였다. 유럽국가들이 아시아에 제국을 유지하고 있었던 것이 바로 그 증거다. 반면, 유럽대륙은 영국, 미국 등 먼 지역에 있는 강대국의 침략에 효과적으로 대처할 수 있는 거대한 요새와 같았다.

둘째로, 나는 강대국은 평화를 유지하기 위해 심각하게 노력하는 것이 아니라 세계 속에서 자국이 차지하는 힘의 비중을 극대화시키기 위해서 노력하는 것이라고 주장했다. 이점에 대해서는 1900년부터 1990년에 이르는 어느 시점에서도 미국은 평화를 지키기 위한 목적으로 유럽대륙의 문제에 개입한 적이 없다는 점을 지적해야 하겠다. 어떤 미군 병력도 1차 세계대전을 방지하기 위해 혹은 전쟁이 발발한 후 전쟁을 중지시키기 위한 이유로 대서양을 건너 유럽에 파견된 적은 없다. 역시 미국은 나치 독일을 억지하거나 혹은 1939년 9월 폴란드가 침략 당한 후 싸움을 중지시키기 위한 목적에서 유럽에 개입하려고 하지 않았다. 이 두 경우 모두 미국은 궁극적으로 독일에 대항하는 전쟁에 참전하여 승리했고 유럽에서 평화를 창출했다. 그러나 미국은 두 차례의 세계대전 어느 경우에도 유럽의 평화를 목적으로 전쟁한 것은 아니었다. 미국은 위험한 적국이 유럽에서 지역적 패권국의 지위를 획득하는 것을 저지하기 위해 싸웠다. 평화란 이러한 행동의 결과로 얻어진 기분좋은 부산물이었다. 냉전에도 같은 관점이 적용된다. 미국의 군사력이 유럽에 배치되었던 것은 소련을 봉쇄하려는 것이었지 평화를 유지하려는 것은 아니었다. 냉전 시대 오랫동안 평화가 유지된 것은 전쟁억지정책의 행복한 결과였다.

우리는 동북아시아에서도 이와 유사한 상황을 발견한다. 미국은 러일전쟁(1904-1905)을 방지하기 위해 개입하지 않았고, 일본이 아시아 본토에 대해 침략적 정책을 선택하고 여러 차례의 잔인한 군사작전을 통해 만주를 정복하고 중국 영토의 상당 부분을 점령했던 1930년대에도 이를 저지하기 위해 군대를 파견하지 않았다. 미국은 1941년 여름 아시아에 군사력으로 개입할지 여부에 대해 심각하게 생각하고 있었는데 그것은 미국의 지도자들이 아시아에서 평화를 회복하려는 목적이 아니라, 일본이 나치 독일과 연합하여 소련의 적군(Red Army)을 결정적으로 파멸시킨 후 독일은 유럽에서, 일본은 동북아시아에서 패권국이 될 지도 모른다는 사실을 두려워했기 때문이다. 미국은 이런 상황이 초래되는 것을 방지하기 위해 1941년부터 1945년까지 동아시아에서 전쟁을 벌였다. 유럽의 경우에서와 마찬가지로 미군은 냉전기간 동안 동북아시아 지역에 주둔했다. 이 지역의 평화를 위해서가 아니라 소련이 이 지역을 장악하는 것을 저지하기 위해서였다.

필자는 앞에서 영국과 미국과 같은 해외의 균형자가 유럽 혹은 동북아시아의 잠재적 패권국과 경합을 벌이는 경우 영국과 미국은 직접 개입하기보다는 그 지역의 강대국들에게 잠재적 패권국을 억제할 부담을 전가하는 것을 더욱 선호한다는 사실을 강조했다. 물론 이처럼 책임을 남에게 떠넘기려는 것은 모든 강대국들에게 공통적으로 나타나는 현상이지 미국, 영국과 같은 해외의 균형자들에게만 고유하게 나타나는 전략은 아니다. 제8장에서는 국가들은 이 두 가지 전략을 어떻게 선택하는가의 문제를 다루기로 한다

08

균형을 위한 노력과
책임전가

The Tragedy Of
Great Power Politics

이 책 제5장에서 균형을 위한 노력과 책임전가는 모두 공격국에 대항하여 국가들이 세력 균형을 지키기 위해 택하는 주요한 전략들이며, 위협을 당하는 국가들은 책임을 전가하려는 강한 충동을 느낀다고 주장했다. 책임전가가 균형노력을 담당하는 것보다는 더 선호되는 전략인데 그 이유는 성공적으로 책임을 전가할 수 있는 나라는 전쟁억지가 실패한 경우라도 공격국과 직접 전쟁을 벌이지 않아도 되기 때문이다. 그리고 공격국과 공격국에 맞서 싸운(buck catcher) 나라들이 길고 처참한 전쟁에서 힘을 탕진한다면 책임전가에 성공한 나라는 오히려 힘이 증강되는 결과를 얻을 수도 있다. 그러나 책임전가 전략의 공격적 성격에도 불구하고 침략국이 신속하고 결정적인 승리를 거둔 후 유리해진 균형상태에서 책임전가한 나라에 대항할 수 있는 가능성은 항상 존재한다.

이 장에는 세 가지 목표가 있다. 첫째, 위협을 당한 국가들이 어느 경우 균형을 위한 노력을 담당하려고 하며, 어느 경우에 책임을 전가하려고 하는가에 관해 설명하고자 한다. 이 선택은 주로 국제체제의 구조와 함수관계에 있다. 양극체제(Bipolar system)의 경우 위협에 당면한 강대국은 상대방의 위협에 반드시 스스로 대처해야만 한다. 양극체제 속에서 책임을 떠맡길 다른 강대국은 존재하지 않기 때문이다. 위협을 당하는 강대국이 그 책임을 다른 강대국에 전가하는 경우, 혹은 전가할 수 있는 경우는 다극체제(Multipolar system)이다. 책임전가의 전략이 얼마나 자주 채택되는가는 위협의 규모와 지리적 요인에 따라 달라진다. 책임전가는 잠재적 패권국의 도전이 없는 다극체제의 경우, 그리고 위협에 당면한 나라들이 침략국과 공통의 국경선을 공유하고 있지 않는 경우 흔히 나타난다. 그러나 대단히 압도적인 위협이 있는 경우조차도, 위험에 처한 경쟁 국가들은 여전히 책임을 전가할 기회를 찾기 위해 노력한다. 일반적으로 보아, 잠재적 패권국이 상대적으로 더 막강한 힘을 장악하고 있을수록, 위협을 당하고 있는 국가들이 책임전가의 전략을 자제하고 힘을 합쳐 대항연합을 형성할 가능성이 더 높아진다.

둘째, 지난 200년 동안의 유럽 역사에 나타난 다섯 차례의 심각한 안보 경쟁 사례를 분석함으로써 국가들은 언제 책임전가의 전략을 택하는가에 관한 이 책의 주장을 검증하고자 한다. 특히 근대 유럽 역사에서 강대국들은 4개의 잠재적 패권국의 도전에 어떻게 대응했는가를 살펴보고자 한다. 4개의 잠재적 패권국은 혁명기 및 나폴레옹 시기의 프랑스(1789-1815), 빌헬름 황제 시대의 독일(1890-1914), 나치 독일(1933-1941), 소련(1945-1990) 등이다.[1] 나는 또한 오토 폰 비스마르크가 군사력을 통해 독일통일을 시도했던 1862년부터 1870년 당시 유럽의 강대국들은 어떻게 반응했는지에 대해서도 분석하고자 한다. 그러나 비스마르크 시대의 프러시아는 잠재적 패권국은 아니었다. 위의 사례들은 냉전체제하의 미국과 소련의 갈등을 제외하면 모두 다극체제에서 일어난 일이었다. 더욱이 위의 사례들은 초강대국의 갈등을 제외하면 4가지 경우 모두 대전쟁을 촉발시켰다.

위의 다섯 가지 사례에서 나타난 역사적 사례들은 국가들은 언제 스스로 균형의 역할을 담당하고, 언제 책임전가의 전략을 추구하는가에 관한 나의 이론에 대체로 부합하고 있다. 예를 들어 미국은 냉전기간 동안 소련과 균형을 이루는 이외에 다른 대안은 없었다. 냉전 당시 세력균형을 위한 행동이 어떤 다극체제의 경우보다 더욱 효율적이었고 시의 적절한 방법이었다는 사실은 놀라운 일이 아니다. 책임을 전가하는 것이 하나의 정책대안이 될 수 있었던 4개의 다극체제의 경우에도 사례들마다 큰 차이가 있었다. 비스마르크의 프러시아에 대항했던 경우 강대국들의 책임전가 경향이 가장 뚜렷하게 나타났다. 이 사례는 놀라운 일이 아닌데 프러시아는 잠재적 패권국이 아닌 유일한 사례였기 때문이다. 빌헬름 황제의 독일에 대항하는 과정에서 책임전가 전략이 가장 미약하게 나타났고 빌헬름의 독일에 대항하는 막강한 균형 연합(balancing coalition)이 형성되었다. 이는 1차 세계대전이 발발하기 약 7년 전의 일이다. 혁명기의 프랑스와 나치 독일에 대항해서는 1792년과 1939년에 전쟁에 들어가기 수년 전부터 책임전가 현상이 심각하게 나타났다. 전쟁이 발발한 후에도 책임전가 현상은 지속되었다. 이들 사례에서 나타나는 차이점들은 당시 국제체제에서의 힘의 분포상황과 지리적 요소의 차이에 따른 것이라고 설명될 수 있다. 나폴레옹과 히틀러에 대항하는 경우 책임전가가 용이했고 빌헬름 황제에 대항하는 경우는 그러하지 못했다.

셋째, 국가들은 위협에 당면했을 경우 스스로 그 위협에 대항하기보다 책임전가의 전략을 더욱 선호한다는 나의 주장을 잘 설명하기를 원한다. 제7장에서 다룬 바처럼 미국과 영국이 유럽 혹은 동북아시아에서 잠재적 패권국의 위험에 당면했을 때마다 책임을 전가시킬 수 있는 대상을 찾았다는 사실은 국가들이 스스로 균형을 담당하기보다 책임을 전가하려는 경향이 있다는 증거가 된다. 그러나 이 장에서 나는 다섯 개의 특히 공격적인 유럽 강대국들과, 그들의 위협에 대해 경쟁 국가들이 어떻게 대응했는가에 초점을 맞추어 그 주제를 더욱 직접적으로 다루려고 한다.

국가들은 언제 책임전가의 전략을 택하는가에 관한 나의 설명은 다음 절에서 제시될 것이다. 그리고 나서 다섯 가지의 역사적 사례들이 혁명기의 프랑스 및 나폴레옹의 프랑스로부터 냉전 시대에 이르기까지 발생 순서에 따라 논의될 것이다. 마지막 절에서는 각종 사례들에서 밝혀진 사실들이 비교 및 대비될 것이다.

국가들은 언제 책임을 전가하려 하는가

침략국가가 출현하는 경우, 적어도 한 나라는 궁극적으로 이 침략국을 제어하기 위한 직접적 책임을 담당하게 되어있다. 균형을 위한 노력은 언제나 성공적인 것은 아니지만 항상 존재한다. 이 관점은 책임전가 전략의 논리와 배치되는 것은 아니다. 책임전가 전략이란 본질적으로 누가 균형의 역할을 담당하는가에 관한 것이지 균형을 해야 하느냐 마느냐의 문제는 아니다. 책임을 전가하는 나라는 다만 다른 나라가 더 큰 부담을 담당해 주기 바라는 것이며 위협이 제어되어야 한다고 믿고 있음은 물론이다. 반면, 공격국이 세력균형을 뒤엎어 놓겠다고 위협하는 경우 책임전가가 항상 야기되는 것도 아니다. 책임전가는 위협을 당하는 국가들이 택할 수 있는 전략적 선택의 하나일 뿐이며 언제라도 채택가능한 대안은 아니다. 이곳에서의 임무는 책임을 전가하려는 전략이 어느 경우에 훌륭한 전략적 선택이 될 것인지를 밝히는 데 있다.

책임전가 전략의 가능성은 대개 국제체제가 가진 특별한 구조의 함수이다. 가장 중요한 변수는 주요 국가간 힘의 분포와 지리적 요인이다.[2] 강대국들간 힘의 분포는 대체로 다음과 같은 세 가지 방식으로 되어 있다.[3]

1. 양극체제(Bipolar System): 대략 비슷한 군사력을 보유한 두 개의 강대국에 의해 지배되는 국제체제.
2. 불균형적 다극체제(Unbalanced Multipolar System): 3국 혹은 그 이상의 강대국, 그리고 그 중의 한 국가는 잠재적 패권국(potential hegemon)으로 구성된 국제체제.
3. 균형적 다극체제(Balanced Multipolar System): 패권을 열망하는 강대국이 없는 체제. 대신 힘이 강대국들 사이에 혹은 적어도 체제 내에서 가장 강한 두 국가 사이에 비교적 균등하게 분포되어 있는 경우.

양극체제하의 강대국의 경우 책임전가 전략은 불가능하다. 책임을 담당할 세 번째 강대국이 존재하지 않기 때문이다. 위협에 당면한 강대국은 적대적 강대국에 대해 스스로 균형을 유지하는 조치를 취하는 외에 다른 방안이 없다. 강대국이 둘밖에 없는 세상에서는 다른 강대국들과 함께 균형 연합을 형성할 방법도 없다. 대신에 위협에 당면한 강대국은 자신 스스로의 자원을 동원해서 위협에 대처하거나 혹은 침략국을 제어하기 위해 약소국들과 동맹을 체결할 수 있을 것이다. 책임전가 혹은 강대국들과의 균형 연합 형성이 모두 불가능한 양극체제하에서는 균형을 위한 노력이 신속하고 효과적으로 이루어질 것이라고 기대할 수 있다.

책임전가는 오직 다극체제하에서만 가능한 것이다. 다극체제하에서는 항상 책임을 떠맡게 될 강대국이 한 나라는 존재하기 때문이다. 그러나 책임전가 전략은 균형적 다극체제에서 더욱 가능성이 높은 전략이다. 왜 냐하면 이러한 국제체제에서는 어떤 공격국이라도 — 정의상 — 다른 모든 강대국들과 싸우거나, 국제체제 전체를 장악할 힘은 없기 때문이다. 균형적 국제체제는 하나의 침략국가에 의해 모든 강대국들이 직접적으로 위협을 당하는 것은 아닌 국제체제를 의미한다. 직접적 위협이 아닌 경우 국가들은 대부분의 경우 그 위협을 남에게 떠넘기려 하기 마련이다. 침략 국에 의해 직접적 위협에 당면한 국가는 위협을 받는 다른 나라가 당면한 위협을 처리해주기를 바랄 것이다. 그럼으로써 그 나라는 책임을 떠맡은 다른 나라(buck catcher)가 문제를 처리하는 동안 자신은 피해를 입지 않은 채로 남아 있으려 할 것이다. 요약한다면 다극체제에서 국가들 사이에 힘이 비교적 균등하게 분포되어 있을 때는 침략국에 대항하는 균형 연합이 형성될 가능성이 낮다.

불균형적 다극체제하에서는 책임전가의 가능성이 낮아진다. 왜냐하면 위협을 당한 국가들은 잠재적 패권국이 압도적 지위를 차지하는 것을 막아야만 한다는 동기가 강력할 것이기 때문이다. 결국 잠재적 패권국이란 남보다 분명히 막강한 잠재적 국력과 남보다 분명히 막강한 육군력을 보유한 나라를 말하며 잠재적 패권국은 자신에게 유리하게 세력균형상태를 본질적으로 바꾸어 놓을 수 있는 나라를 의미한다. 결론적으로 잠재적 패권국이란 체제내의 거의 모든 강대국에 대해 직접적인 위협이 되는 나라다. 독일의 역사학자 루드비히 데히오Ludwig Dehio는 국가들이란 "오로지 한 가지 경우에만 함께 뭉칠 수 있는 듯하다. 자신들의 서클 중 어느 하나라가 패권을 장악하려고 시도할 때가 그 경우다"라고 말했고, 배리 포젠 Barry Posen은 "역사상 패권을 지향한 나라라고 알려진 나라들은 이웃나라

들이 강력한 균형행위를 발휘하도록 한 나라들이다"고 언급했다.[4]

그럼에도 불구하고 불균형적 다극체제하에서도 책임전가 전략이 나타나는 경우가 있다. 위협을 당한 국가들이 잠재적 패권국가에 대항하는 균형 연합의 형성을 주저하는 것이다. 균형을 이뤄 잠재적 패권국에 대항하는 일이 너무 희생이 클 것이라고 생각할 수 있기 때문이다. 만약 다른 나라들에게 잠재적 패권국에 대항하는 일을 떠넘길 수 있다면 위협에 당면한 국가들은 어떻게든 그렇게 하려고 노력할 것이다. 그러나 위협을 가하는 국가가 상대적으로 더욱 강력하면 할수록, 잠재적 피해국들이 책임을 전가할 수 있는 가능성은 줄어들게 되고, 침략국가에 맞서 균형 연합을 형성할 가능성은 높아지게 된다. 실제로 어느 순간, 진정으로 강력한 침략국을 제어하기 위해 위협을 당하는 모든 강대국들의 집단적 노력이 필요한 경우가 있다. 이러한 상황에서 책임전가는 가능하지 않다. 책임을 떠맡게 될 나라가 다른 나라의 도움이 없이 잠재적 패권국을 당해낼 수가 없을 것이기 때문이다.

국제체제의 힘의 분포상황은 강대국들 사이에서 얼마나 많은 책임전가가 가능한지를 우리에게 말해 주지만, 지리적 요인은 다극체제하에서 어느 나라가 책임을 전가할 나라이고 어느 나라가 책임을 떠맡게 될 나라인지를 말해 준다. 여기서 지리적 요인에 관한 결정적으로 중요한 이슈는 위협을 당하는 나라가 위협을 가하는 나라와 국경을 접하고 있느냐 혹은 지리적 장벽 — 다른 나라의 영토, 혹은 큰 바다 등 — 이 경쟁국을 갈라놓고 있는지의 여부다. 공통의 국경선은 협력적 균형행위를 조장하고, 지리적 장벽은 책임전가 전략을 조장한다.

공통의 국경선은 두 가지 방법으로 균형행위를 조장한다. 첫째, 공통의 국경선은 위협을 당하는 국가들이 직접 혹은 상대적으로 공격국의 영토에 접근하는 것을 유리하게 만든다. 이는 위협에 당면한 국가들이 위험한 적대국에 대해 군사적 압력을 가하는 데 유리한 위치에 있음을 의미한다. 만약 모든 강대국들이 위협을 가하는 공통의 적대국과 국경선을 공유하고 있는 경우라면, 위협에 처한 나라들은 침략국에게 다전선 전쟁(multi-front war)을 치러야만 한다는 공포감을 느끼도록 할 수 있으며, 이는 강력한 침략국을 억지할 수 있는 가장 유용한 방법이 될 것이다.[5] 반면에, 만약 위협을 당하는 국가들이 위협을 가하는 국가로부터 바다 혹은 영토적 완충지대로 인해 떨어져 있는 경우, 위협을 당하는 국가들이 위협국에 대해 군사력 사용의 압력을 가하기 어렵다. 만약 약소국이 강대국들 사이에 끼여 있는 경우, 그 약소국은 위협을 당하는 강대국들이 자신의 영토에 진입하게 되는 것을 원하지 않을 것이며, 그 결과 위협을 당한 강대국들이 위협을 가한 강대국을 제어하기 위해서 그 약소국을 침입할 수밖에 없는 상황이 야기될 것이다. 제4장에서 논한 것처럼 바다를 건너 군사력을 투사하는 것 역시 어려운 일이다.

둘째로, 침략국과 국경을 공유하는 강대국들은 공격에 대해 특히 위협을 느낄 것이며, 그 결과 스스로 그 위협에 대처하기 위해 그들의 위험한 적에 맞서 균형을 유지하고자 할 것이다. 위협 당하는 강대국들은 모두 책임전가 전략에 대한 유혹을 가지게 되지만, 이 경우는 강대국들이 책임을 전가하기 좋은 위치가 아니다. 반면, 위협을 받는 나라들이 침략국과 장애물을 사이에 두고 격리되어 있는 경우, 그들은 침략에 대해 위협을 더 적게 느낄 것이며, 침략국과 국경을 공유하고 있기에 더욱 큰 위협을 느끼는 국가에게 침략국을 제어하는 책임을 떠맡기려 할 것이다. 그러므로 위협을 느끼는 나라들 가운데서, 침략국의 바로 이웃에 있는 나라들이 대체로 책임을 떠맡게 되며, 침략국으로부터 멀리 떨어진 나라들은 대체로 책임을 전가하는 전략을 택하게 된다. '지리는 운명이다'(geography is destiny)라는 금언에는 어느 정도의 진리가 내포되어 있는 것이다.

요약한다면, 양극체제하에서는 강대국들 사이의 책임전가가 불가능하고, 다극체제하에서는 책임전가가 가능할 뿐 아니라 항상 있는 일이다. 실제로 막강한 잠재적 패권국이 존재하는 다극체제이면서 침략국과 위협을 당하는 강대국 사이에 지리적 장벽이 존재하지 않는 경우, 책임전가는 가능하지 않다. 압도적인 위협이 없고 국경을 공유하지 않는 다극체제라면 책임전가의 가능성이 상당히 높다.

이 이론이 역사적 기록들을 얼마나 잘 설명하고 있는지를 유럽의 강대국들이 프랑스 혁명 이후, 나폴레옹의 공격적 행태에 어떻게 반응했는지를 살펴봄으로써 분석해 보기로 하자.

혁명기, 그리고 나폴레옹의 프랑스 (1789-1815)

■ 배경

1792년부터 1815년에 이르기까지 유럽의 강대국들은 거의 끊임없이 전쟁을 치르고 있었다. 기본적으로는 막강하고 공격적인 프랑스가 유럽의 다른 강대국들, 즉 오스트리아, 영국, 프러시아, 러시아 등의 다양한 연합에 맞서 전쟁을 치르는 형국이었다. 유럽의 패권국이 되려고 한 프랑스는 1812년 9월 중순 나폴레옹의 군대가 모스크바에 입성함으로써 팽창의 최고점에 도달했다. 당시 프랑스는 대서양에서 모스크바에 이르는, 그리고 지중해에서 발트해에 이르는 유럽대륙 전체를 장악하고 있었다. 그러나 그후 2년이 채 되기도 전에 프랑스는 패배한 나라가 되었고 나폴레옹은 엘바 섬에 유배되었다.

프랑스 혁명이 발발한 1789년부터 강대국간의 대전쟁이 발발한 1792년에 이르기까지 프랑스에 대항하여 균형을 유지하려는 노력은 없었다. 1792년 오스트리아와 프러시아가 혁명기의 프랑스에 대항하는 전쟁을 개시했는데 이는 프랑스의 힘을 제어하려는 것이 아니라 혁명으로 인해 혼란해진 프랑스로부터 이득을 취하려는 것이었다. 그러나 프랑스는 곧 막강한 군사력을 건설했고, 1793년 말엽 프랑스는 잠재적 패권국이 되었다. 그럼에도 불구하고 프랑스의 라이벌 강대국 네 나라가 모두 함께 프랑스에 대항하여 프랑스를 결정적으로 격파하려고 시도한 것은 전쟁이 시작되고 나서 20년도 더 지난 1813년의 일이었다. 그 사이 20년 동안 프랑스의 적대국들은 서로 책임을 회피하고 전가하느라 급급했고 균형을 위한 행동도 효과적이지 못했다. 실제로 1793년부터 1809년에 이르는 기간 동안 프랑스에 대항하기 위한 균형 연합 다섯 개가 개별적으로 형성된 적이 있었다. 그러나 어떤 균형 연합도 프랑스의 라이벌 강대국들이 모두 포함된 것은 없었고 각각의 균형 연합들은 전장에서 프랑스군에게 각개 격파 당한 후 지리멸렬하고 말았다. 영국이 단독으로 프랑스와 싸운 기간 도 상당히 길었다.

1789년부터 1815년에 이르는 동안 프랑스의 경쟁국들이 보인 행동은 당시 유럽 강대국간 힘의 분포상황 및 지리적 요인에 의해 잘 설명되어질 수 있다. 1793년 이전 프랑스에 대항하는 어떤 균형 연합도 형성되지 않았다. 그때까지 프랑스는 잠재적 패권국이 아니었기 때문이다. 1793년 말 이후 프랑스가 유럽을 지배할 수 있을 정도의 위협이 된 이후에도 오스트리아, 영국, 프러시아, 러시아는 12년 이상 서로 책임을 회피하거나 전가하는 데 급급했다. 중요한 이유는 프랑스가 강하기는 했지만 프랑스와 적대적인 강대국 네 나라 모두가 힘을 합쳐 프랑스의 유럽 유린을 막아야 할 정도로 프랑스의 힘이 막강하지는 않았기 때문이다.

그러나 1805년이 되었을 때 나폴레옹 휘하의 프랑스군은 진정 막강한 군사력으로 성장했고, 유럽 강대국이 모두 힘을 합쳐 집단적으로 대항해야만 프랑스군을 제어할 수 있을 정도로 강해졌다. 그러나 유럽의 다른 강대국들은 1813년이 될 때까지 프랑스에 대해 집단적 균형 연합을 형성하지 않았다. 아직도 책임을 전가하고 싶은 생각이 일부나마 남아있었기 때문이다. 보다 중요한 이유는 균형이 효율적으로 이룩되지 못했기 때문이다. 특히 나폴레옹은 1805년 오스트리아를 전격적으로 격파해 균형동맹 밖으로 몰아냈고, 1806년에는 마찬가지로 프러시아를 격파함으로써 프랑스에 대적하는 강대국들이 통일적 균형 연합을 형성할 수 없도록 만들었다. 그러나 프랑스가 러시아에서 재앙적 패배를 당한 1812년 말 상황은 급변했다. 프랑스의 힘이 일시적으로 약해진 상황에서 오스트리아, 영국, 프러시아, 러시아는 1813년 함께 뭉칠 수 있었고 패권을 향한 프랑스의 야욕을 종식시킬 수 있었다.

■ 강대국의 전략적 행태

1789년부터 1815년 사이의 유럽 강대국의 행태를 분석하는 좋은 방법의 하나는 다양한 프랑스의 공격목표를 간략하게 기술하는 것으로부터 시작하는 것이다. 그리고 난 후 프랑스와 그 경쟁 국가들의 상호작용을 다음과 같은 4개의 분명한 시기로 나누어 살펴보는 것이다.

1. 1789-1791
2. 1792-1804
3. 1805-1812
4. 1813-1815[6]

프랑스는 비록 장시간에 걸쳐, 서쪽으로부터 동쪽으로 확대해 나갔지만 유럽 전체의 영토를 장악하는 것을 목표로 했다. 서유럽에서 프랑스의 주요 표적은 1792년 당시 오스트리아의 지배하에 있던 벨기에, 네덜란드 공화국, 프랑스의 동쪽 국경부근의 바바리아, 하노버, 색소니 등과 같은 독일인들의 정치 공동체(나는 이들 국가들을 "제3독일Third Germany"[7]이라고 지칭할 것이다), 스위스, 이탈리아 반도(특히 북부지방), 이베리아 반도의 스페인과 포르투갈, 영국이었다. 프랑스는 어느 시점에서인가 영국을 제외한 이 모든 지역을 장악한 적이 있었다. 나폴레옹은 영국에 대한 침입 계획이 있기는 했지만 실고 실행에 옮기지는 못했다. 중부유럽에서 프랑스의 주요 표적은 오스트리아, 프러시아, 폴란드였다. 폴란드는 당시 오스트리아, 프러시아, 러시아에 의해 지배당하고 있는 상태였다. 동유럽에서의 가장 큰 표적은 러시아였다(〈지도 8-1〉 참조).

1789년 여름에 발발한 프랑스 혁명 때문에 프랑스가 그 이념을 전파하기 위해 전쟁을 일으킨 것은 아니었다. 또한 유럽의 다른 강대국들이 프랑스 혁명을 붕괴시키고 왕정을 복고시키기 위해 프랑스를 상대로 전쟁을 한 것도 아니었다. 사실 오스트리아와 프러시아가 프랑스를 향해 전쟁을 도발한 1792년 봄까지 강대국들 사이에는 평화가 유지되었다. 비록 그 전쟁은 세력균형의 고려에서 비롯되기는 했지만 막강한 프랑스의 위협에 대항하기 위한 균형 연합의 사례는 아니다.[8] 반대로 프러시아와 오스트리아는 허약하고 취약해진 프랑스로부터 이득을 얻기 위한 방편으로 프랑스에 덤벼들었다. 영국은 뒷전에 앉아서 이 일을 지켜보는 것으로 만족했고 러시아는 오스트리아와 프러시아가 프랑스와 싸우는 것을 부추겨서 오스트리아, 프러시아가 폴란드에 대해 가지고 있던 이득을 빼앗을 기회로 삼고자 했다.

프랑스는 전쟁이 발발한 후 처음 몇 달간 형편없는 전쟁을 치렀고 이는 1792년 여름 프랑스 육군을 재편, 확대하는 계기가 되었다. 그후 1792년 9월 20일 프랑스군은 침입해 오는 프러시아군을 격파하여 발미Valmy에서 경이적인 승리를 거두었다. 그 이후 곧 프랑스는 공세적 입장을 취하기 시작했고 1815년 6월 나폴레옹이 워털루에서 마지막으로 패퇴할 때까지 프랑스 육군은 쉬지 않고 전진하는 막강한 군사력으로 군림했다.

1793년에서 1804년에 이르는 기간에 프랑스는 유럽 전역을 정복하려고 시도하지는 않았다. 대신 프랑스는 서유럽에서의 패권적 지위를 추구했다. 특히 프랑스는 벨기에, 이탈리아의 대부분, 제3독일의 일부를 장악하였다. 프랑스는 네덜란드 공화국과 스위스도 장악했다. 그러나 포르투갈, 스페인, 그리고 가장 중요한 영국은 프랑스의 지배하에 들어가지 않았다. 서유럽에서의 점령이 쉽고 빠르게 이루어지지는 않았다. 예를 들어 프랑스는 1792년 11월 6일 제마프 전투(Battle of Jemappes)에서 오스트

Europe at the Height of Napoleon's Power, 1810

- French Empire
- Satellites
- Subordinate Allies
- Independent Adversaries of France

Atlantic Ocean

SWEDEN

NORWAY AND DENMARK

North Sea

Baltic Sea

GREAT BRITAIN

RUSSIAN EMPIRE

PRUSSIA

GRAND DUCHY OF WARSAW

CONFED-ERATION OF THE RHINE (THIRD GERMANY)

EMPIRE OF THE FRENCH

AUSTRIAN EMPIRE

SWITZ.

ILLYRIAN PROVINCES

KINGDOM OF ITALY

Black Sea

PORTUGAL

SPAIN

CORSICA

OTTOMAN EMPIRE

KINGDOM OF SARDINIA

KINGDOM OF NAPLES

KINGDOM OF SICILY

Mediterranean Sea

지도 8-1 **나폴레옹 전성기의 유럽, 1810**

리아를 격파해 벨기에를 장악했지만 오스트리아는 1793년 3월 16일 네르빈덴 전투(Battle of Neerwinden)에서 벨기에를 되찾아 갔다. 그리고 프랑스는 1794년 6월 26일 플레루스 전투(Battle of Fleurus)에서 승리함으로써 벨기에를 다시 장악했다.

이탈리아에서도 비슷한 이야기를 발견할 수 있다. 1796년 3월부터 1797년 4월에 이르는 기간 나폴레옹은 북부 이탈리아 지역에서 프랑스군을 지휘해 오스트리아군을 격파했다. 프랑스는 그후 캄포 포르미오 조약(Treaty of Campo Formio, 1797년 10월 18일)을 통해 이탈리아 내의 영토와 정치적 영향력을 획득했고, 오스트리아와의 전쟁을 종식시켰다. 그러나 1799년 3월 13일 프랑스와 오스트리아는 다시 전쟁에 돌입했고 그해 가을까지 프랑스군 대부분은 이탈리아로부터 쫓겨나고 말았다. 나폴레옹은 1800년 봄 다시 이탈리아로 돌아와 여러 차례의 전투에서 오스트리아군을 격파했고 루네비유Luneville 조약을 통해 이탈리아에 대한 지배권을 다시 장악하고, 오스트리아와의 전쟁을 끝냈다.

프랑스는 1793년부터 1804년에 이르는 기간 동안에는 영토적 야욕이 제한적이었을 뿐만 아니라 프랑스의 라이벌 강대국 중 어느 나라의 영토를 점령할 생각을 가지고 있지 않았다. 물론 프랑스는 오스트리아, 영국, 프러시아, 그리고 러시아와의 전투를 성공적으로 수행했지만 이들 강대국 중 어느 나라를 파멸시켜서 세력균형 체제에서 몰아내겠다고 위협하지 않았다. 실제로 1805년 이전 프랑스의 전쟁은 그 범위에서 한계가 있었으며, 20세기에서 흔히 말해지는 "제한전쟁"(limited war)이라고 볼 수 있는 것이었다. 1805년 이전 프랑스의 전쟁은 한 강대국에 의한 다른 강대국의 정복으로 이어지는 결정적 승리를 거의 만들어내지 않았던 전쟁이었다.9

프랑스의 라이벌들은 1793년부터 1804년 사이 프랑스에 대항, 두 차례의 균형동맹을 형성했으나 여전히 위협을 당하는 국가들 사이에 책임을 전가하려는 행동이 만연해 있었다. 첫 번째 균형 연합은 1793년 2월 1일

벨기에와 네덜란드를 향한 프랑스의 팽창에 반대하는 오스트리아-프러시아의 연합에 영국이 가입함으로써 형성되었다.[10] 그러나 러시아는 프랑스와의 전쟁에 개입하지 않았고 다른 나라들이 피흘리는 것을 보고 즐기겠다는 전략(Blood Letting Strategy)을 취했다. 즉 오스트리아와 프러시아가 프랑스와 싸우면서 힘을 탕진할 것을 기대했던 것이다.[11] 전투에 지친 프러시아는 1795년 4월 5일 연합에서 탈퇴했는데, 이는 영국과 오스트리아에게 책임을 떠맡긴 것이나 마찬가지였다. 사실상 오스트리아가 책임을 모두 떠맡은 처지가 되었는데 이는 영국의 소규모 육군이 대륙에서 프랑스의 심각한 적수가 될 수 없었던 반면 오스트리아 육군은 막강한 침략국에 대항하여 싸워야 했기 때문이다. 그러나 오스트리아는 프랑스와의 전투에서 잘 싸우지 못했으며, 1797년 가을, 전쟁에서 빠져나감으로써 영국이 홀로 프랑스와 싸우도록 만들었다.

두 번째 균형 연합은 1798년 12월 29일 형성되었는데, 연합에 속한 나라들은 오스트리아, 영국, 러시아였고, 계속해서 책임전가 전략을 선호한 프러시아는 이 연합에 가입하지 않았다. 1799년 3월부터 8월에 이르는 사이 연합국의 군대는 몇 개의 전투에서 승리를 거두었다. 그러나 프랑스군은 전세를 역전, 1799년 9월과 10월 연합군과의 싸움에서 큰 승리를 거두었다. 1799년 10월 22일 러시아는 연합에서 탈퇴, 오스트리아와 영국에게 프랑스를 제어하는 책임을 떠넘겼다. 이번에도 거의 모든 책임을 영국이 아니라 오스트리아가 혼자 담당해야 할 상황이었다. 몇 개의 소규모 전투에서 프랑스군에 의해 격파당한 오스트리아는 1801년 2월 9일 프랑스와 평화조약을 맺었다. 1802년 3월 25일 영국은 더 이상의 전투를 포기하고 프랑스와 아미앵 평화조약을 체결했다. 이로써 유럽은 1792년 봄 이후 강대국간 전쟁이 없는 첫 번째 시기를 맞이했다. 그러나 사실상 휴전상태(Armed Truce)에 불과한 평화는 단 14개월 동안만 지속되었다. 1803년 5월 16일, 영국이 프랑스에게 선전포고를 함으로써 전쟁은 다시 개시되었다.

1805년과 1812년 사이 나폴레옹은 18세기 유럽에서의 전쟁을 특징지었던 제한전쟁적 성격(limited war mold)을 깨뜨렸다.[12] 특히 나폴레옹은 전 유럽을 정복하고자 했으며, 프랑스를 패권국으로 만들고자 했다. 1809년 여름 프랑스는 중부유럽 전체를 확실하게 장악했으며, 아직 장악하지 못한 서유럽의 유일한 영토인 스페인을 정복하고 이베리아 반도를 장악하고자 시도했다.[13] 1812년 6월 프랑스는 동유럽마저 장악한다는 목표 아래 러시아를 침공했다. 유럽에서의 패권을 추구하기 위해 나폴레옹은 다른 강대국을 점령하고자 했고 그들을 세력균형 체제에서 제거해버리고 자 했다. 이러한 점은 1792년부터 1804년까지의 전쟁에서는 나타나지 않았던 양상이었다. 프랑스는 1805년 오스트리아를 신속하고 결정적으로 파괴하였다. 1년 후인 1806년 말 프러시아도 똑같은 운명에 처하게 되었다. 오스트리아는 1809년 잠시 회생할 수 있었지만 나폴레옹의 군대는 다시 오스트리아를 결정적으로 파괴하였다. 사실상 1805년 이후 1812년에 이를 때까지 영국과 러시아만이 프랑스에 대항할 수 있는 강대국이었다.

이 기간 동안 프랑스에 대항하기 위한 세 차례의 연합이 형성되었다. 물론 아직도 책임전가가 있기는 했지만, 1792년부터 1804년에 이르는 기간처럼 책임전가가 만연하지는 않았다. 1805년 이후 나폴레옹의 라이벌 들이 당면한 보다 중요한 문제는 그들이 막강한 균형 연합을 형성하는 데 다소 비효율적이었다는 점이었다. 나폴레옹은 연합에 속한 나라들을 하나씩 각개 격파했고, 그럼으로써 패배한 강대국들 중 일부 나라들을 세력 균형 체제에서 제거해버렸기 때문이다. 외교는 군사보다 속도가 느렸던 것이다.[14]

오스트리아가 영국과 러시아의 연합에 다시 개입한 1805년 8월 9일 세 번째 연합이 형성되었다. 프러시아는 처음에는 책임을 전가하고 연합에 가입하지 않은 채로 남아 있기를 원했다. 오스트리아, 영국, 러시아 3개국 의 힘은 1800년 말 이후 중요한 전투의 경험이 없는 프랑스군을 제어하는 데 충분할 것이라 생각되었기 때문이었다.[15] 사실 나폴레옹은 외교적 측면에서는 상당히 공세적 입장이었지만 1801년 초반 이래 유럽의 3개 강대국과 평화를 유지하는 상황이었다. 폴 슈뢰더Paul Schroeder가 기술한 바처럼 "나폴레옹에게 평화란 다른 수단에 의한 전쟁의 연속"을 의미하는 것이었다.[16] 더욱이 1803년 영국과 프랑스가 다시 전쟁에 돌입한 이후, 나폴레옹은 영국해협을 건너 영국을 공격하기 위해 막강한 육군을 건설했다. 프랑스 육군은 결코 영국을 침공하지는 않았지만 나폴레옹은 1805년 가을 그 막강한 군사력을 동원하여 세 번째 연합을 공격했다. 전투의 초반 프랑스 육군은 울름Ulm에서 오스트리아군을 격파하였다(1805년 10월 20일).[17] 프랑스가 이제는 자국의 생존에 심각한 위협이 된다고 판단한 프러시아는 연합에 가담하기 위한 조치를 취했다. 그러나 프러시아가 연합에 가담하기 이전 나폴레옹은 1805년 12월 2일 아우스터리츠Austrlitz에서 오스트리아와 러시아 육군을 격파했다.[18] 3개월 동안 두 차례의 큰 패배를 당한 오스트리아는 더 이상 강대국으로 치부될 수 없었다.

그후 1년도 채 되기 전인 1806년 7월 24일 영국, 프러시아, 러시아는 4번째 연합을 형성했다. 이번에는 책임전가가 없었다. 왜냐하면 오스트리아가 이 연합에 가입할 형편이 못되었기 때문이다. 그러나 이번에는 책임전가가 없었다는 사실이 별 도움이 되지 못했다. 1806년 10월 14일 예나Jena와 아우어슈타트Auerstadt 전투에서 승리함으로써 나폴레옹은 프러시아를 점령했다. 이로써 오스트리아와 프러시아 모두 강대국의 대열에서 탈락하게 되었다. 이로Eylau에서 러시아군과 승부를 결정하지 못한 채 피비린내 나는 접전(1807년 2월 8일)을 벌인 후 나폴레옹은 프리드란트Friedland 전쟁에서 러시아군을 격멸했다(1807년 6월 14일). 그후 얼마 지나지 않은 시점에, 심각하게 피해를 입은 러시아는 나폴레옹과 틸지트 조약(Treaty of Tilsit)을 체결했고, 프랑스와 러시아 사이의 전쟁은 종결되었다. 프랑스는 고립된 영국을 향해 자유롭게 전쟁을 벌일 수 있는 상황이 되었다. 러시아는 효과적으로 책임전가 전략을 구사했고 프랑스가 영국과의 전쟁에 몰두하도록 했다. 그 동안 러시아는 패배로부터 자신을 복구함으로써 중부유럽에서 러시아의 지위를 증진시키려 했다.

1805년 이후 나폴레옹의 압도적인 군사적 승리는 부분적으로 러시아의 책임전가 전략의 도움을 받았다고 말할 수 있다. 러시아의 책임전가 전략은 1815년 이전 단 한차례의 중요한 책임전가 사례라고 할 수 있다. 러시아는 1807년부터 1812년까지 영국에게 책임을 전가했는데 그 이유는 프러시아와 오스트리아가 프랑스에게 점령당해서 균형 연합에 가입할 수 없게 되었기 때문이다. 또, 1805년부터 1807년에 이르는 기간 러시아가 당한 피해가 너무 커서 대륙의 강대국과 동맹을 맺지 않은 상태에서 홀로 프랑스와 대결할 처지에 있지 못했기 때문이기도 했다. 러시아는 옆에 앉아서 자신의 상태를 회복하고 세력균형이 유리하게 전개될 때를 기다리며 영국과 프랑스가 서로 치고 받는 것을 보는 편이 더 좋았다.

오스트리아는 1809년 봄이 되었을 무렵 영국과 함께 프랑스에 대항하는 다섯 번째 연합을 형성할 수 있을 정도로 국력이 회복되었다. 1805년과 1807년 패배의 충격이 아직 가시지 않은 러시아는 연합에 개입하지 않은 채 밖에 남아있기를 선호했다. 오스트리아는 1809년 5월 21-22일 아스펀 에슬링Aspern Essling과 1809년 7월 5-6일 와그람Wagram에서 나폴레옹군과 대규모 전투를 벌였지만 또다시 결정적 패배를 당하여 점령당하고 말았다. 오스트리아와 프러시아 모두가 세력균형 체제 밖으로 밀려난 상황에서 러시아는 프랑스에 대항할 수 있는 대륙의 유일한 강대국이었다. 틸지트 조약에도 불구하고 나폴레옹은 1812년 6월 러시아를 침공, 러시아를 점령·소멸시킴으로써 세력균형 체제에서 몰아내고자 했다. 그러나 프랑스군은 1812년 6월부터 12월 사이 러시아군에게 거의 재앙적인 패배를 당했다.[19] 동시에 스페인에서의 프랑스의 지위도 급격히 악화되고 있었다. 1813년 1월초, 나폴레옹은 처음으로 무적이 아니라 격파할 수 있는 대상으로 보여지기 시작했다.

1813년 1월 프랑스에 대항한 여섯 번째 연합이 형성된 것은 놀라운 일이 아니다. 러시아에서 나폴레옹이 패퇴한 뒤 결정적으로 필요한 숨돌릴

여유를 얻게 된 프러시아는 1813년 2월 26일 러시아와 동맹을 체결했고 그후 한 달이 채 되지 않은 1813년 3월 17일 프랑스와의 전쟁에 돌입했다. 영국은 1813년 6월 8일 연합에 가담했고, 오스트리아도 뒤를 따랐으며 1813년 8월 11일 프랑스에게 선전포고를 했다. 1792년 전쟁이 시작된 이래 처음으로 프랑스의 라이벌 강국 4개국 모두가 동맹을 체결, 함께 균형 연합을 형성한 것이다.[20]

러시아에서의 패퇴와 막강한 적대연합의 출현에도 불구하고 나폴레옹은 전쟁을 지속할 결심이었다. 1813년, 그때까지 약 10년 정도 프랑스가 장악하던 제3독일[당시 이 지역은 라인 연합(Confederation of Rhine)이라 불렸다]에 대한 지배권을 놓고 전쟁이 벌어졌다. 1813년 5월 프랑스군은 륏젠Lutzen과 바웃젠Bautzen에서 감명적인 승리를 거두었고 1813년 여름에도 훌륭한 전투를 전개했으며 1813년 8월 26~27일 드레스덴에서 큰 승리를 거두었다. 그러나 프랑스의 승리는 6차 연합군이 아직 형성되는 과정에 있었기 때문에 가능했다고 볼 수 있다. 1813년 10월 중순 연합이 완전히 형성된 이후 나폴레옹은 라이프치히 전투(Battle of Leipzig)에서 오스트리아, 프러시아, 러시아의 막강한 연합군과 대적해야만 했다. 프랑스는 또 한번 처절한 패배를 당했고 독일을 영원히 잃게 되었다.

1813년이 끝날 무렵 프랑스의 적국들은 프랑스 영토를 향해 진격했다. 1814년의 전쟁은 프랑스 그 자체를 놓고 벌인 싸움이었다. 1814년 2월의 몇몇 주요 전투에서 나폴레옹군은 놀라울 정도로 잘 싸웠다. 그러나 연합군은 갈등이 존재했음에도 불구하고 연합을 유지, 3월에는 프랑스군을 대파했고 1814년 4월 6일 나폴레옹이 전쟁을 포기하도록 했다.[21] 그는 궁극적으로 엘바 섬에 유배되었다. 나폴레옹은 1815년 3월 섬을 탈출, 프랑스로 돌아왔다. 1815년 3월 25일 여섯 번째 연합은 즉각 다시 뭉쳤고 1815년 6월 18일 워털루 전투에서 프랑스군을 마지막으로 격파했다. 패권을 향한 프랑스의 노력은 끝났다.

■ 힘의 계산(Calculus of Power)

프랑스가 다른 강대국들보다 더 큰 잠재국력을 가지고 있었다는 사실을 확인하는 일은 쉽지 않다. 1792년과 1815년 사이 각국의 인구 특히 경제력에 관한 자료가 미흡하다는 것이 가장 중요한 이유다. 그러나 우리가 군사력의 요소가 되는 것이 무엇인가에 관해 알려진 자료들을 고려한다면 당시 프랑스는 다른 유럽 강대국들보다 더 많은 잠재력을 가지고 있었다고 생각할 수 있는 근거가 많다.

나폴레옹 당시 국가들의 경제력을 비교할 수 있는 자료들이 별로 없지만 학자들은 대체로 영국과 프랑스가 국제체제 내에서 가장 부유한 국가였다는 사실에 동의한다. 영국이 대단히 부유했다는 사실은 영국이 오스트리아, 프러시아, 러시아에게 상당량의 돈을 지원, 그들이 프랑스를 격파할 수 있는 군대를 건설하는 것을 도와주었다는 사실로 증명된다. 이돈이야말로 영국 이외의 다른 나라가 지원할 수 없는 것이었다. 영국과 프랑스 중 누가 더 부유했는가 판단하기는 어렵다. 그러나 우리가 관심을 가지는 기간 동안 프랑스가 영국에 비해서, 아주 대단한 차이는 아닐지라도, 더 부유했다고 생각할 수 있는 근거들이 있다.[22] 예를 들면 1800년 당시 프랑스는 영국보다 인구가 훨씬 많았다. 프랑스 인구는 2,800만 명이었고 영국은 1,600만 명이었다(〈표 8-1〉참조). 두 나라가 모두 번영하는 국가였다고 가정한다면 인구가 더 많은 나라가 더 많은 부를 보유했을 가능성이 높을 것이다. 더 나아가 나치 독일의 경우처럼 프랑스는 유럽의 대부분을 점령한 결과 점령된 영토를 착취해서 많은 국부를 획득할 수 있었다. 한 학자는 "나폴레옹이 정복한 영토들은 1805년 이후 매년 프랑스 국고 수입의 10~15%를 제공했다"고 평가하고 있다.[23]

인구 규모를 비교할 경우에도 프랑스는 다른 강대국들에 비해 유리한 입장이었다. 1800년부터 1816년 사이의 각국 인구에 관한 〈표 8-1〉의 자료는 프랑스가 영국에 대해서는 15:1, 프러시아에 대해서는 3:1로 우위

	1750	1800	1816
오스트리아	18	28	29.5
대영제국	10.5	16	19.5
프랑스	21.5	28	29.5
프러시아	6	9.5	10.3
러시아	20	37	51.3

(단위:백만 명)

표 8-1 유럽 강대국의 인구, 1750-1816

자료: 1750년부터 1800년까지는 Paul Kennedy, *The Rise and Fall of the Great Powers: Economic Change and Military Conflict from 1500 to 2000* (New York: Vintage, 1987), p. 99. 1816년의 자료는 J. David Singer and Melvin Small, *National Material Capabilities Database, 1816-1985* (Ann Arbor, MI: Inter Univ. Consortium for Political and Social Research, 1993).

에 있음을 보여준다.[24] 그러나 프랑스의 인구는 오스트리아, 러시아의 인구보다는 적었다. 프랑스의 인구는 오스트리아 인구와 비슷했고, 러시아 인구보다는 훨씬 적었다. 그럼에도 불구하고 효율적으로 작동했던 다른 중요한 요인 때문에 인구의 균형은 오스트리아, 러시아 두 나라보다 프랑스에 유리하게 나타났다.

제3장에서 강조했던 것처럼 인구의 규모는 군사력의 중요한 요인이다. 인구는 한 국가의 잠재적 군사력 규모에 영향을 미치는 요소인 것이다.[25] 인구가 많을 경우 대규모의 군사력 건설이 가능하다. 그러나 나라들마다 누가 군대에 가야하는가에 대해 색다른 정책을 가질 수 있으며 그래서 인구의 절대치만 가지고 비교하는 것은 유용하지 않을 수도 있다. 1789년부터 1815년 사이 프랑스와 프랑스에 대항하는 강대국들의 경우에 그러했다. 프랑스 혁명이 발발하기 이전 유럽의 군대는 수적으로 소규모였고 병

력의 대부분은 외국의 용병 혹은 자국 사회의 하층 시민으로 충당되었다. 혁명이 발발할 무렵 프랑스에서는 민족주의가 막강한 세력으로 등장했고 전혀 새로운 "무장한 국민"(nations in arms)[26] 개념이 도입됐다. 프랑스를 위해 싸울 수 있는 모든 국민이 군대에 입대해야 한다는 이념이 채택되었고 그 결과 프랑스 지도자들이 군에 동원할 수 있는 인구 비율이 극적으로 상승하게 되었다. 그러나 오스트리아와 러시아 그 어느 나라도 프랑스를 흉내내어 무장한 국민이라는 개념을 도입하려 하지 않았다. 이런 사실은 프랑스와 비교할 때 훨씬 적은 비율의 오스트리아, 러시아 국민만이 군에서 복무할 수 있다는 사실을 의미했다. 그래서 프랑스는 오스트리아, 러시아보다 훨씬 많은 군대를 건설할 수 있었다. 이를 자세히 살펴보기로 하자.[27]

우선 실제 군사력을 고려해 보자. 1789년부터 1792년까지 프랑스는 유럽에서 가장 막강한 군사력을 보유하지는 못했고 그래서 프랑스는 잠재적 패권국은 아니었다.[28] 병력의 숫자만을 고려한다면, 오스트리아, 프러시아, 러시아는 모두 프랑스보다 더 큰 규모의 군대를 보유하고 있었다(〈표 8-2〉 참조). 오직 영국 육군만이 프랑스보다 규모가 작았다.[29] 더욱이 프랑스 육군은 라이벌들에 비해 질적으로 우수하지도 못한 상태였다. 사실 프랑스 육군은 혁명 직후 여러 해 동안 지리멸렬 상태에 있었으며 프랑스에 대한 침략을 막아낼 수 있을지조차 의심스런 수준이었다.[30] 프랑스가 이처럼 약했다는 사실은 1793년 이후 왜 프랑스에 대한 균형노력이 없었고, 그리고 왜 1792년 오스트리아와 프러시아가 힘을 합쳐 프랑스를 침략했는지를 설명해준다.

프랑스에게 아주 불리하게 전황이 전개되었던 1792년 여름, 프랑스는 프랑스 육군을 유럽에서 가장 막강한 육군으로 전환시키는 단계를 밟게 된다. 1793년 초가을 이 목표는 달성되었고 프랑스는 분명히 잠재적 패권국의 지위에 이르렀다. 프랑스 육군은 1793년부터 1804년에 이르는 동안 유럽에서 가장 막강한 육군으로 존재했다. 그럼에도 불구하고 상대적 규모와 병력의 질적 측면을 고려할 경우, 프랑스 육군은 프랑스의 라이벌 네 나라가 모두 동맹을 체결해서 대항해야만 할 정도로 막강하지는 않았다. 대신, 프랑스 육군이 한계가 있다는 점은 유럽 강대국들이 서로 책임을 전가하게 만드는 계기가 되었다.

프랑스 육군은 1792년 4월 전쟁이 발발했을 무렵 15만 명이었지만 같은 해 11월에는 세 배가 늘어난 45만 명에 이르렀고,(〈표 8-2를 참조) 이는 당시 유럽 최대의 육군이었다. 그러나 프랑스 육군의 규모는 곧 줄기 시작했다. 1793년 2월에는 29만 명으로 줄어들었고 이는 오스트리아, 러시아의 육군보다 약간 작은 규모였다. 그러나 1793년 8월 23일 그 유명한 국민개병제(levee an masse)가 채택되었고 같은 해 프랑스 육군은 70만 명으로 대폭 증강되어, 유럽 어느 나라 육군보다도 압도적으로 큰 군사력으로 성장했다. 그러나 프랑스는 이처럼 대규모의 군사력을 유지할 능력이 없었으며 결국 1795년에는 48만 명 수준으로 축소되었다. 1796년부터 1804년 사이 프랑스 육군 병력수는 적을 때는 32만5천 명, 많을 때는 40만 명 사이에서 유지되었다. 이는 오스트리아 육군(30만)보다는 대규모였지만, 러시아 육군(40만)에 비해서는 작은 규모였다.

그러나 병력의 숫자가 모든 것을 말해주지는 않는다. 프랑스 육군은 1792년 여름 국민의 군대(nation in arms)를 건설하여 경쟁국들의 육군과 비교할 경우 아주 중요한 질적 우위를 갖추게 되었다.[31] 당시 프랑스군의 사병은 프랑스를 위해 목숨을 바치겠다는 동기를 가진 사람들로 충원되었을 뿐 아니라 장교들의 경우 그 선발 및 진급의 가장 중요한 기준이 출생 성분이 아닌 능력으로 바뀌었다. 더 나아가 애국심으로 무장된 시민군에게는 전장에서 상대국에 대한 프랑스 군사력의 우위를 달성할 수 있는 새로운 전술을 적용할 수 있었다. 당시 프랑스 육군은 과거의 프랑스군 혹은 주변의 경쟁국 육군과 비교할 때 엄청난 전략적 기동성을 보유하고 있었다.

그러나 비록 프랑스 육군이 적국에 비해 질적으로 대단히 유리했다 하

	프랑스	오스트리아	대영제국	프러시아	러시아
1789	180,000	300,000	45,000	200,000	300,000
1790	130,000				
1791	150,000				
1792	150,000(early)				
	450,000(Nov.)				
1793	290,000(Feb.)				
	700,000(end)				
1794	732,474				
1795	484,363		120,000		400,000
1796	396,016				
1797	381,909				
1798	325,000				
1799	337,000				
1800	355,000				
1801	350,000		160,000		
1802	350,000				
1803	400,000				
1804	400,000				
1805	450,000				
1806	500,000				
1807	639,000			42,000	
1808	700,000				
1809	750,000		250,000		
1810	800,000	150,000			
1811	800,000				
1812	1,000,000				
1813	850,000	300,000		270,000	500,000
1814	356,000				
1815	300,000				

표 8-2 유럽 각국의 육군 병력수, 1789-1815

자료: 프랑스군의 자료는 다음의 자료들을 참조한 것임. Jean-paul Bertaud, *The Army of the French Revolution*, trans. R.R. Palmer (Princeton, NJ: Princeton Univ. Press, 1988), pp. 239 (m.2), 272; Georges Blond, *La Grande Armee*, trans. Marchall May (London: Arms and Armour Press, 19950, pp. 510-11; David G. Chandler, *The Campaigns of Napoleon* (New York: Macmillan, 1966), p. 333; Owen Connelly, *French Revolution/Napoleonic Era* (New York: Holt, Rinehart, and Winston, 1979), p. 240; Robert A. Doughty and Ira D. Gruber, *Warfare in the Western World*, vol.1, *Military Operations from 1600 to 1871* (Lexington, MA: D.C. Heath, 1996), p. 213; John R. Elting, *Swords around a Throne: Napoleon's Grande Armee* (New York: Free Press, 1988), pp. 61, 653; Vinceton J. Esposito and John Robert Elting, *A Military History and Atlas of the Napoleonic Wars* (New York: Frederick A. Praeger, 1964), p. 35; Alan Forrest, *The Soldiers of the French Revolution* (Durham, NC: Duke Univ. Press, 1990), p. 82; Kennedy, *Rise and Fall*, p. 99; John A. Lynn, *The Bayonets of the Republic* (Urbana: Univ. of Illinois Press, 1984), pp. 48, 53; and Gunther E. Rothenberg, *The Art of Warfare in the Age of Napoleon* (Bloomington: Indiana Univ. Press, 1978), pp. 43, 98. 1801-2년의 자료들과 1810-11년의 자료들은 저자가 평가한 것임. 다른 유럽국가 육군 자료들은 다음의 자료들을 종합해서 평균을 낸 것임: Chandler, *Campaigns of Napoleon*, pp. 42, 666, 750; Connelly, *French Revolution/Napoleonic Era*, p. 268; Clive Emsley, *The Longman Companion to Napoleonic Europe* (London: Longman, 1993), p. 138; David French, *The British Way in Warfare, 1688-2000* (London: Unwin Hyman, 1990), p. 107; Charles J. Esdaile, *The Wars of Napoleon* (New York; Longman, 1995), p. 18; David R. Jones, "The Soviet Defence Burden Through the Prism of History," in Carl G. Jacobsen, ed., *The Soviet Defence Enigma: Estimating Costs and Burden* (Oxford: Oxford Univ. Press, 1987), p. 155; Kennedy, *Rise and Fall*, p. 99; Evan Luard, *The Balance of Power: The System of International Relations, 1648-1815* (New York: St. Martin's, 1992), p. 37; Walter M. Pintner, *Russia as a Great Power: Reflections on the Problem of Relative Backwardness, with Special Reference to the Russian Army and Russian Society*, Occasional Paper No.33 (Washington, DC: Kennan Institute for Advanced Russian Studies, July 18, 1979), p. 29; Rothenberg, *Art of Warfare*, pp. 167, 171-73, 177, 188, 199; William O. Shanahan, *Prussian Military Reforms, 1786-1813* (New York: AMS, 1966), pp. 33-34, 178, 206, 221.

더라도(당시 적국들은 무장한 국민이란 개념에 반대하고 있었다), 그리고 1793 년부터 1804년에 이르는 기간 동안 유럽에서 가장 막강한 군대였다고 하더라도, 프랑스군은 아주 중요한 단점을 가지고 있었다. 특히 프랑스군은 잘 운련되거나 군율이 잘 확립되지는 않았고 탈영 비율이 높아 문제가 많았다. 제프리 베스트Geoffrey Best가 말한 것처럼 1805년 이전 프랑스가 보

유하던 군대는 '대규모의 혼란스런 군대'(Messy Mass Armies)였다.[32]

1805년부터 1813년 사이, 프랑스 육군과 경쟁국 육군 간 힘의 격차는 더 크게 벌어졌다. 사태의 진전은 나폴레옹 덕택이었다. 그는 징병제도를 개선하고 다수의 외국인 병사를 프랑스 병사로 편입시켜 프랑스 육군의 규모를 급격히 확대시켰다.[33] 그 결과 프랑스 육군은 1805년 45만 명에서 1808년 70만 명으로 급격히 확대되고, 프랑스가 러시아를 침공한 1812년에는 100만 대군으로 증강되었다. 러시아 원정의 대실패에도 불구하고 1813년 당시 프랑스는 85만 명의 병력을 유지했다. 〈표 8-2〉가 분명히 보여주는 것처럼 1805년부터 1813년 사이 프랑스에 견줄 만한 다른 유럽 강대국의 군비증강은 없었다.

나폴레옹은 프랑스 육군의 질도 급격히 향상시켰다. 그는 군대의 업무를 대폭 바꾸지는 않았다. 그는 다만 기존체제의 문제점들을 보완했다.[34] 그는 훈련과 군율을 개선했고, 보병, 포병, 기병 간의 협력을 강화했다. 요약한다면, 1805년 이후의 프랑스 육군은 그 이전의 프랑스 육군에 비해 더욱 전문적이었고 더욱 능숙해졌다. 천재적인 지휘관이었던 나폴레옹 역시 경쟁국들의 지휘관과 비교할 때 프랑스에 더욱 유리한 조건이 되었다.[35] 프랑스의 경쟁국들은 나폴레옹에 대항하여 자신들의 군사력에 소규모의 변화를 가져왔을 뿐이었다. 다만 프러시아는 국민군의 개념을 받아들여 자국 군대를 본질적으로 현대화시켰다.[36] 그렇다 할지라도 소규모의 프러시아 육군은 훨씬 규모가 큰 프랑스군에 대해 일대일의 적수가 될 수 없었다.

1805년부터 1813년에 이르는 기간 프랑스가 각각의 경쟁 국가들에 대해 압도적인 군사적 우위를 점하고 있었다는 사실은 왜 네 나라가 1813년이 되어서야 비로소 뭉치기 시작했고 1815년 프랑스가 패망하고 정복당할 때까지 연합을 유지할 수 있었는가에 관해 부분적 설명을 제공한다. 그러나 혹자는 왜 프랑스에 대항하는 균형동맹이 더 일찍, 이를테면 1806년 혹은 1810년에, 형성될 수 없었는가에 대해 질문할 수 있을 것이다. 연합이 지연된 중요한 이유는 이 장의 앞부분에서 이미 강조한 바처럼 전장에서 나폴레옹의 놀라운 승리 때문이었다. 이는 4개의 동맹국들이 한꺼번에 동맹을 체결하는 것을 불가능하게 만들었다. 1805년 연말 나폴레옹이 오스트리아를 점령한 후부터 1813년에 이를 때까지 4개의 강대국들이 동시에 세력균형의 게임에 참여할 수 있는 기회가 없었다. 사실 이 시기 대부분의 기간 동안 오스트리아와 프러시아는 단지 명목상의 강대국에 불과했다.

마지막으로 책임전가에 지리(地理)가 어떤 영향을 미치는지에 대한 언급이 필요하다. 오스트리아만이 프랑스와 국경을 접하고 있는 지역을 통치하고 있던 유일한 나라였다. 오스트리아와 프랑스는 각각 이탈리아와 제3독일과 국경을 공유하고 있었으며 이탈리아와 제3독일은 모두 프랑스와 오스트리아가 중시하는 표적이었다. 프랑스에게 위협 당하는 강대국인 오스트리아는 책임전가 전략을 사용해 프랑스와의 전쟁을 피하고자 했다. 그러나 실제로 오스트리아는 책임을 부담해야 하는(Buck Catcher), 별로 부럽지 않은 역할을 담당할 수밖에 없는 처지에 놓여 있었다. 오스트리아는 그 역할을 담당했고 오스트리아는 프랑스의 경쟁국 중 제일 학대받은 나라 중 하나였다.[37] 챈들러David Chandler의 계산에 의하면, 프랑스의 경쟁국 중 오스트리아는 나폴레옹 전쟁 23년 중 135년 동안 프랑스와 전쟁 중에 있었던 반면 프러시아와 러시아는 겨우 55년 동안 전쟁 중에 있었다.[38]

바다를 통해 대륙과 격리된 영국은 프랑스의 침략위협을 제일 적게 받은 나라였다. 그러나 영국은 1793년 이래 지속적으로 프랑스와 전쟁을 하고 있었다. 챈들러는 영국은 나폴레옹 전쟁 23년 중 215년 동안 프랑스와 전쟁 중에 있었다고 평가했다.[39] 그러나 영국은 결코 강력한 육군을 건설하지 않았다는 측면에서 볼 때 프랑스와 싸우는 책임을 지속적으로 대륙에 있는 다른 동맹국에게 전가했다고 말할 수 있다. 영국은 동맹국들이 프랑스 육군의 주력에 맞서 전투를 벌이는 동안 그들에게 물자를 지원하는 한편, 소규모의 부대를 파견해 스페인과 같은 변방지역에서 프랑스군과 전투를 벌였다.[40] 영국의 지리적 속성은 영국이 바다 밖에서 균형을 유지하는 역할을 가능하게 했던 것이다.

러시아는 유럽대륙의 프랑스 반대편 변두리에 위치했고 그 사이에 오스트리아와 프러시아가 놓여 있었다. 그래서 유리한 지리적 조건을 가지고 있었던 러시아는 프랑스가 서유럽에서의 패권확립에 노력을 집중했던 1793년으로부터 1804년에 이르는 동안 남에게 책임을 전가할 수 있었다.[41] 사실 이 기간 동안 러시아가 프랑스와 싸운 기간은 1년도 되지 않다. 프러시아 역시 상당한 정도로 책임전가 전략을 취했던 나라다. 그러나 프러시아의 행동은 지리적 요인으로는 잘 설명이 되지 않는다. 왜냐하면 프러시아는 유럽의 심장부에 위치하여 프랑스로부터 멀지 않은 곳에 있었기 때문이다. 프러시아가 책임을 전가하는 데 성공한 가장 중요한 이유는 이웃 국가인 오스트리아가 책임을 떠맡길 수 있는 이상적 나라였기 때문이었다.

요약한다면 1789년부터 1815년 사이 프랑스의 적대국들이 보여준 책임전가 혹은 균형유지의 행동 패턴들은 국력의 분포 및 지리적 요인을 강조하는 나의 이론으로 대부분 설명될 수 있다고 본다.

유럽은 1815년 나폴레옹 전쟁이 종료된 이후 약 40년 동안 상대적으로 평화롭게 지낼 수 있었다. 1853년 크리미아 전쟁이 발발했을 때까지 강대국 사이에는 어떤 전쟁도 발발하지 않았다. 그후 1859년 오스트리아와 프랑스가 적대진영에 서서 싸우게 된 이탈리아 독립전쟁이 발발했다. 그러나 이 전쟁 중 어느 전쟁도 기존의 유럽 세력균형 관계에 어떤 의미 있는 변화를 초래하지는 않았다. 그러나 1860년대 비스마르크가 프러시아를 독일로 전환시키는 과정에서 도발한 일련의 전쟁들은 유럽에서의 세력균형을 본질적으로 바꾸어 놓았다. 다음 절에서는 다른 강대국들이 프러시아의 확장에 대해 어떻게 반응했는지를 살펴보기로 하자.

비스마르크의 프러시아 (1862-1870)

■ 배경

프러시아는 18세기 중엽까지는 강대국이 아니었을 뿐 아니라 당시까지
는 아마 유럽에서 제일 약한 나라 중 하나였을 것이다.[42] 프러시아가 약했
던 가장 중요한 이유는 프러시아 인구가 다른 나라에 비교해서 훨씬 적었
기 때문이다. 1800년 당시 프러시아의 인구는 950만 명인 데 반해 오스
트리아와 프랑스는 각각 2,800만 명, 그리고 러시아 인구는 3,700만 명이
었다(《표 8-1》). 프러시아의 전략 상황은 비스마르크가 3회의 전쟁을 도발
하고 승리로 이끌었던 1864년~1870년 사이에 극적으로 변했다. 사실
1870년 이후 프러시아는 더 이상 주권국가로 존속하지 않았고 대신 프러
시아보다 훨씬 막강한 통일된 독일의 핵심으로 남게 되었다.

1862년 9월 비스마르크가 프러시아의 재상으로 임명되었을 당시 "독
일"이라는 국가는 없었다. 대신 유럽대륙 한복판에 독일어를 사용하는 정
치적 단위들이 흩어져 있었고 이들은 게르만 연방(German Confederation)
으로 느슨하게 연결되어 있었다. 게르만 연방은 1815년 나폴레옹 몰락 이
후 건설되었던 비효율적 정치조직이었다. 게르만 연방 내에는 두 개의 강
대국이 있었다. 오스트리아와 프러시아이다. 그러나 연방에는 바바리아
와 색소니 등 중간 규모의 왕국들은 물론 다수의 소국 그리고 자유시(free
city)들도 포함되어 있었다.

나는 이들을 통칭하여 제3독일(Third Germany)이라고 부르겠다. 1848
년 혁명 이후의 독일 민족주의는 독일의 정치적 실체들이 서로 연합하여
통일된 독일을 형성하게 하는 데 잠재적 힘이 되었음이 분명하다. 당시의
문제점은 오스트리아와 프러시아 두 나라 중 누가 통일독일의 주역이 되
느냐 여부였다. 즉 어느 강대국이 제3독일을 흡수하느냐의 본질적 문제였
다. 1864년, 1866년 그리고 1870-1871년의 전쟁들은 이 문제를 프러시

아에 유리하게 이끌어갔다.

1860년대의 유럽에는 오스트리아와 프러시아 이외에도 4개의 강대국이 존재했다. 영국, 프랑스, 이탈리아, 러시아였다(〈지도 8-2〉 참조). 이탈리아는 비록 1866년 오스트리아의 편에 서서 프러시아와 전쟁을 한 적이 있지만 독일 통일문제에 대해 그다지 큰 영향력을 행사하지 못했다. 이탈리아는 주변의 강대국과 비교할 때 특히 취약한 신생국가일 뿐이었다. 그러므로 중요한 문제는 오스트리아, 영국, 프랑스, 러시아가 프러시아를 독일로 바꾸려는 비스마르크의 노력에 대해 어떻게 반응할 것인가였다. 앞으로 분명히 밝히겠지만 당시 강대국들이 선호한 전략은 책임전가(buck passing)였다. 오스트리아와 프랑스가 때때로 프러시아에 대항하여 세력균형 유지를 위해 노력하기는 했지만 그것은 다른 대안이 없는 경우에 그러했을 뿐이다.

■ 강대국의 전략적 행태

비스마르크가 일으킨 프러시아의 첫 번째 전쟁(1864)은 두 강대국 오스트리아와 프러시아가 뭉쳐서 약소국인 덴마크를 공격한 사례였다.[43] 그들의 목표는 덴마크로부터 슐레스비히와 홀슈타인의 네덜란드인들을 제거하려는 것이었다. 게르만 연방 내에서는 이 지역이 어떤 게르만계 나라의 일부가 되어야 한다는 광범위한 동의가 이루어져 있었다. 홀슈타인 거주민의 대부분, 그리고 슐레스비히 거주주민의 약 절반 정도가 독일어를 사용하고 있었고 그 결과 이들은 독일민족이라고 간주되었기 때문이다. 오스트리아와 프러시아가 덴마크를 패배시키는 것은 문제가 아니었다. 그러나 프러시아와 오스트리아는 누가 슐레스비히와 홀슈타인을 장악해야 할지에 대해 동의할 수 없었다. 영국, 프랑스, 러시아는 덴마크가 패망하는 것을 곁에 서서 쳐다볼 뿐이었다.

프러시아는 1866년 오스트리아와 전쟁을 벌였고, 오스트리아의 처절

North Sea

DENMARK
Schleswig
Holstein

NETHER-
LANDS

BELGIUM

P R U S S I A

Berlin

Silesia

RUSSIAN
EMPIRE

FRANCE

THE THIRD
GERMANY

Koniggratz

AUSTRIAN
EMPIRE

Vienna

SWITZERLAND

Venetia

I T A L Y

OTTOMAN

EMPIRE

Central Europe
in 1866

지도 8-2 1866년의 중부유럽

한 라이벌인 이탈리아는 이 전쟁에서 프러시아 편을 들었다.[44] 전쟁은 슐레스비히와 홀슈타인을 어떻게 처리할 것이냐에 대한 프러시아와 오스트리아 사이의 분쟁이 원인이 되어 발발했다. 그러나 사실 더 중요한 이슈는 두 나라 중 누가 통일 이후의 독일을 지배할 것이냐에 관한 것이었다. 프러시아 육군은 오스트리아 육군을 쉽게 격파했고 그 결과 프러시아는 제3독일의 북부 지역을 장악하게 되었다. 어떤 강대국도 오스트리아를 도와주기 위해 개입하지 않았다.

마지막으로 1870년 프러시아는 프랑스와 전쟁을 개시했다.[45] 비스마르크는 프랑스에 대한 군사적 승리는 독일의 통일을 완수하는 계기가 될 것이라는 생각에서 전쟁을 야기했다. 프랑스는 1866년 프러시아가 차지했던 영토에 대해 보상을 받겠다는 차원에서 전쟁에 임했다. 프러시아군은 프랑스군을 결정적으로 파괴했고 알자스로렌 지역을 프랑스로부터 빼앗을 수 있었다. 더 중요한 사실은 프러시아가 제3독일의 남부지역도 지배할 수 있게 되었다는 점이며 이는 궁극적으로 비스마르크가 통일독일을 창출하게 되었다는 사실을 의미한다. 유럽의 다른 강대국들은 프랑스군이 궤멸되고 있는 동안 이를 옆에 서서 지켜볼 따름이었다.

당시 어떤 유럽 강대국들도 1864년 당시 오스트리아와 프러시아에 대한 균형조치를 취할 생각을 하지 않았는데 이는 걸려있는 문제가 그다지 심각한 것이 아니라는 사실에 비추어 볼 때 놀라운 일은 아니다. 오스트리아와 프러시아 누구도 막강한 군사강국은 아니었고 둘 중 어느 나라가 궁극적으로 슐레스비히와 홀슈타인을 지배하게 될지도 불분명했다. 그러나 1866년과 1870년의 사건은 차원이 다른 일이었다. 이 전쟁들은 프러시아에게 유리하도록 유럽의 세력균형을 근본적으로 바꾸는 전쟁이었다. 1866년 당시 영국, 프랑스, 러시아는 오스트리아를 도와 프러시아에 대항하여 균형을 이룩할 것이라 기대할 수 있었고 1870년의 경우 오스트리아, 영국, 러시아는 프랑스와 함께 프러시아에 대항, 균형을 모색할 것이라고 기대할 수 있었다. 그러나 모든 강대국들은 책임전가 전략을 추구했다.

그 결과 1866년 오스트리아는 홀로 프러시아에 대항해야 했으며 1870년 프랑스 역시 똑같은 처지에 놓이게 되었다.

1864년과 1870년 사이 유럽에서 일어난 책임전가의 전략은 두 가지 상이한 동기에서 파생되었다. 영국과 러시아는 솔직히 프러시아의 승리를 환영했다. 영국과 러시아는 통일된 독일은 그들의 전략적 이익에 부합한다고 생각했기 때문이다.[46] 두 나라는 모두 프랑스를 유럽에서 제일 위협적인 나라로 생각하고 있었고 프랑스의 문턱에 존재하는 강력한 독일의 출현은 프랑스의 위협을 견제하게 될 것이라고 생각했다. 영국과 러시아는 본질적으로 모두 책임전가 전략을 추구했다. 그러나 그들의 전략은 어떤 다른 나라가 프러시아에 대항해서 균형을 유지하게 하는 것은 아니었다. 그들은 프러시아를 아직 힘이 약한 나라라고 생각하고 있었기 때문이다. 대신에 영국과 러시아는 프러시아가 더욱 강력해져서 그들이 두려워하는 프랑스를 견제해줄 것을 기대했다. 영국은 또한 통일된 독일은 러시아의 관심을 유럽지역에 묶어두는 역할을 담당할 수 있으며 영국과 러시아가 치열한 경합을 벌이고 있는 중앙아시아 지역으로부터 러시아의 관심을 경감시킬 수 있을 것이라고 생각했다. 더 나아가 러시아는 강력한 독일은 최근 러시아와 처절한 적국이 되어버린 오스트리아를 견제해 줄 수 있을 것이라고 생각했다. 그러나 영국, 러시아의 책임전가 전략의 가장 중요한 배경은 프랑스가 위협이라는 사실이었다.

오스트리아와 프랑스는 다른 이유로 인한 책임전가 전략을 추구했다. 영국이나 러시아와는 달리 그들은 자신들의 턱 앞에 있는 통일된 독일을 두려워했다. 통일된 독일은 그들의 국가안보를 직접적으로 위협할 것이기 때문이었다. 그럼에도 불구하고 프랑스와 오스트리아는 프러시아에 대항하는 균형을 형성하지 않았다. 대신 그들은 책임을 서로 상대방에게 전가하려 했고 그로 인해 비스마르크가 두 나라를 각각 개별적으로 격파할 수 있도록 도와주고 말았다. 사실 프랑스는 1866년 프러시아와 오스트리아가 전쟁을 하며 서로 피흘리는 것을 환영했다는 증거가 있다. 프랑스는 두 나라가 싸우는 와중에 자신은 상대적으로 힘의 비중이 증가할 것을 기대했던 것이다.[47] 프랑스와 오스트리아가 서로 책임을 전가한 까닭은 프랑스와 오스트리아는 상대방이 다른 강대국의 도움 없이도 프러시아 육군을 막아내고 비스마르크의 야욕을 위축시킬 수 있을 것이라고 믿었다는 사실에 있다. 사실 당시 유럽에는 프랑스와 오스트리아는 각각 프러시아와의 전쟁에서 승리할 수 있는 군사력을 갖추고 있다는 믿음이 널리 퍼져 있었다.[48] 당시 프랑스는 나폴레옹의 신화를 가지고 있었을 뿐 아니라 최근 크리미아 전쟁(1853-1856)과 이탈리아 통일전쟁(1859)에서 승리를 기록한 바 있었다.

프랑스와 오스트리아가 프러시아에 대항하는 균형 연합을 형성하는 데 실패한 또 다른 이유가 있다. 비스마르크는 표적 국가들을 고립시키는 데 탁월한 외교술을 가지고 있었다. 더욱이 오스트리아와 프랑스는 1859년 서로 전쟁을 치른 적이 있고 이로 인한 적대감은 1860년대 동안 지속적으로 잔존해 있었다.[49] 오스트리아 역시 1870년 당시 만약 자신이 프랑스와 연합하게 된다면 러시아가 동쪽으로부터 공격을 가해올지도 모른다고 우려했다.[50] 마지막으로 오스트리아 육군은 1870년 당시 아직도 1866년의 패배로부터 완전한 회복을 이루지 못한 상황이었다. 오스트리아는 다시 프러시아와 전쟁을 할 만한 처지가 아니었던 것이다. 이것이 프랑스와 오스트리아가 서로 책임을 전가하도록 한 중요한 이유이기는 했지만 만약 프랑스의 정책결정자들이 오스트리아가 프러시아에 대항하려면 도움이 필요할 것이라고 믿었다면 그리고 그 반대의 경우도 마찬가지였다면, 무시될 수 있는 요소들이었다. 십중팔구, 프랑스와 오스트리아는 비스마르크가 통일된 독일을 창조하는 것을 막기 위해 협력했었을 것이다.

■ 힘의 계산

1860년대에 흔히 나타났던 책임전가 전략은 유럽의 세력균형 판도에서 프러시아가 차지했던 지위에서 상당 부분 비롯된 것이라 할 수 있다. 프러시아는 분명히 잠재적 패권국은 아니었다. 비록 프러시아의 육군력이 10년 동안 괄목할 만큼 증강했지만 프러시아는 아직 다른 강대국들이 연합전선을 형성해서 대항해야 할 만큼 막강한 나라는 아니었다. 이 책 전체를 통해서 여러 차례 강조하고 있지만 잠재적 패권국이란 지역의 어떤 도전국보다 경제적으로 부유해야 하며, 그 지역에서 가장 막강한 육군을 보유하고 있어야 한다. 19세기 중반 유럽에서 잠재력의 가장 큰 부분을 장악하고 있던 나라는 비스마르크의 프러시아가 아니라 영국이었다. 영국은 1860년 당시 유럽 경제력의 68%를 차지하고 있었던 데 반해, 프랑스는 14%, 프러시아는 10%에 불과했다(〈표 3-3〉을 볼 것). 1870년이 되었을 때 영국은 여전히 유럽 산업능력 전체의 64%를 차지하고 있었던 반면 독일은 16%, 프랑스는 13%를 차지하고 있었다.[51]

1860년대 유럽의 군사력 균형을 살펴보면 프랑스와 프러시아가 가장 강력한 육군을 보유하고 있었다는 사실에 의문의 여지는 없다. 1860년부터 1866년에 이르는 기간 프랑스의 육군은 분명히 1위였다. 바로 이 사실은 왜 영국과 러시아가 통일독일을 건설하려는 비스마르크의 의도를 긍정적으로 봤는지를 말해준다. 1860년대가 시작될 무렵 프러시아 육군은 유럽에서 가장 약했다. 그러나 1867년이 되었을 때 프러시아 육군은 유럽에서 가장 강력한 육군이 되어 있었고 1870년까지 최강의 지위를 유지했다.[52] 오스트리아는 1860년대 전반부 동안에는 강력한 육군을 보유했다. 그러나 오스트리아 육군은 1866년 이후 쇠락하기 시작했다.[53] 러시아는 대단히 큰 규모의 육군을 보유하고 있었지만 비효율적이었기 때문에 힘을 투사할 능력이 거의 없었다. 다만 러시아를 향한 다른 강대국의 대규모 침공을 막을 수 있는 정도였다.[54] 마지막으로 영국은 어떤 경쟁국보다도 잠재적 국력이 막강했지만 영국은 세력균형의 계산에 포함되기 어려운 소규모의 비효율적인 육군을 보유하고 있었을 뿐이었다.[55]

물론 영국과 러시아의 상대적인 군사적 취약성은 비스마르크를 제어하는 데 큰 문젯거리는 아니었다. 왜냐하면 두 나라는 모두 프러시아가 독일로 변화되는 것을 바라고 있었기 때문이다. 1866년과 1870년에 가장 중요한 문제는 오스트리아, 프러시아, 프랑스 사이에 힘이 어떻게 배분되어 있느냐였다.[56]

1866년 당시 숫자로만 본다면 오스트리아 육군은 분명히 프러시아 육군을 상대할 수 있었다(표⟨8-3⟩을 보라).[57] 오스트리아의 육군은 프러시아 육군과 비교할 때 1.25 : 1로 우위에 있었다. 양국의 예비군이 동원된 후의 경우라도 오스트리아는 마찬가지의 우위를 차지하고 있었다. 1866년 7월 3일 쾨니히그레츠Koniggratz의 결정적 전투에서 오스트리아 육군 27만 명은 프러시아 육군 28만 명과 대적했다.[58] 그러나 프러시아 육군은 질적 측면에서 오스트리아 육군보다 훨씬 우세했다.[59] 프러시아군은 후미 장전식 소총(후장총, Breech Loading Rifle)을 보유했는데 이는 총구 장전식 소총(전장총, Muzzle Loading Rifle)을 보유한 오스트리아 육군과 비교할 때 중요한 이점이었다. 프러시아 육군은 또한 우수한 참모제도를 가지고 있었던 데 반해 오스트리아 육군의 다인종적 인적 구성은 — 1866년까지는 관리할 수 있는 수준이었지만 — 전투력 저하를 초래했다. 그러나 오스트리아 육군은 프러시아 육군보다 훨씬 우수한 포병과 기병을 보유했다. 양적, 질적 측면을 모두 고려할 경우 프러시아 육군은 오스트리아군에 비해 우위에 있다는 사실은 분명했지만 그 차이는 그렇게 큰 것은 아니었다. 이처럼 오스트리아와 프러시아 사이에 대략적인 균형이 이루어지고 있었다는 사실은 1866년 당시 프랑스가 프러시아를 견제하는 역할을 오스트리아에게 떠넘기는 전략을 채택했던 이유가 된다.[60]

1866년 당시 유럽 최강의 육군을 보유한 프랑스는 오스트리아와 동맹을 이루어 비스마르크를 봉쇄할 수도 있었다. 오스트리아, 프러시아와는 달리 프랑스는 아직도 상비군에 크게 의존했으며 예비군 동원은 생각도 하지 않았다. 그러나 프랑스의 상비군은 1866년 당시 총동원된 프러시아군과 비교할 때 45만8천 명 대 37만 명으로 우세를 유지했다. 더구나 당

	1862	1864	1866		1870		1870-71
	상비군	상비군	상비군	동원령 이후	상비군	동원령 이후	동원된 총병력수
오스트리아	250,000	298,000	275,000	460,000	252,000	na	na
영국	200,000	200,000	176,731	na	174,198	na	na
프랑스	520,000	487,000	458,000	na	367,850	530,870	1,980,000
프러시아	213,000	212,000	214,000	370,000	319,000	1,183,000	1,450,000
러시아	682,000	727,000	742,000	na	738,000	na	na
이탈리아	185,000	196,100	200,000	na	214,354	na	na

표 8-3 독일 통일전쟁 당시 유럽 각국 육군 병력수, 1862-1870

참고: na = 자료 없음.

자료: 1862년과 1864년의 오스트리아, 프러시아, 러시아의 자료는 Singer and Small, *National Material Capabilities*의 자료들임. 러시아의 병력 수는 실제로는 1862년, 1865년의 자료들이다. 싱거와 스몰은 1864년의 러시아 군사력을 설명없이 100만 이상으로 기록하고 있다. 영국군 관련 자료는 Michael Stephen Partridge, *Military Planning for the Defense of the United Kingdom, 1814~1870* (Westport, CT: Greenwood, 1989), p. 72에 있다. 1862년의 이탈리아 자료는 Singer and Small, *National Material Capabilities*의 자료다. 1864년의 수치는 *The Stateman's Year Book* (London: Macmillan, 1865), p. 312에서 구함. 1866년도 오스트리아, 프러시아, 러시아의 상비군 수는 Singer and Small, *National Material Capabilities Data*에서 구함; 1866년 영국군 자료는 Edward M. Spiers, *The Army and Society, 1815~1914* (London: Longman, 1980), 38; 1866년의 프랑스 자료는 Douglas Porch, *Army and Revolution: France, 1815~1848* (London: Routledge and Kegan Paul, 1974), p. 67; 1866년의 이탈리아 자료는 Geoffrey Wawro, *The Austro-Prussian War* (Cambridge University Press, 1996), pp. 52~53. 1866년 동원된 이후의 오스트리아와 프러시아 군에 관한 자료는 William McElwee, *The Art of War: Waterloo to Mons* (Bloomington: Indiana University Press, 1974), pp. 53, 62. 1870년의 오스트리아, 프러시아 그리고 러시아의 상비군에 관한 자료는 Singer and Small, *National Material Capabilities Data*; 1870년 영국군 자료는 Spiers, *Army and Society* , p. 36. 1870년 프랑스군 자료는 Thomas J. Adriance, *The Last Gaiter Button: A Study of the Mobilization and Concentration of the French Army in the War of 1870* (Westpost, CT: Greenwood, 1987), p. 23; 1870년의 이탈리아군 자료는 *The Stateman's Year Book* (London: Macmillan, 1871), p. 312. 동원 이후 프랑스군(1870년 7월 28일)은 Adriance, *Last Gaiter Button*, p. 145; 이 자료는 7월 28일까지 상비군에 추가되어 현지에 도착한 예비군 병력수로부터 계산한 것이다. 프러시아 군의 수는(1870년 8월 2일 현재) Michael Howard, *The Franco-Prussian War: The German Invasion of France 1870~1871* (London: Methuen, 1961, p. 60. 1870년부터 71년 사이의 전쟁기간 중 동원된 프랑스와 프러시아 군의 수는 Theodore Ropp, *War in the Modern World* (Duham, NC: Dike University Press, 1959, p. 156(n.13)에서 인용한 것임.

시 프랑스군과 프러시아군 사이에 별다른 질적 차이도 없었다. 그러나 당시 비록 분명하게 인식되지는 못했지만 1866년부터 1870년에 이르는 기간 동안 양국의 군사력 균형은 점차 프랑스에게는 불리하고 프러시아에는 유리한 방향으로 전개되었음은 사실이다.

1866년 전쟁에서 동원된 예비군을 가지고 프러시아가 성공을 거두는 것을 관찰한 프랑스는 상비군의 숫자를 줄이는 대신 자체의 예비군 제도를 건설하기 시작했다. 4년 후 프랑스군은 서류상으로는 막강한 예비군 구조를 갖추게 되었다. 그러나 실제로 프랑스 예비군은 프러시아 예비군과 비교할 경우 비효율적 군대였으며, 이는 1870년 7월 19일 프랑스가 프러시아에 대해 선전포고를 했을 때 큰 문제로 대두되었다.[61] 선전포고 당시 프랑스의 상비군은 프러시아 상비군보다 훨씬 더 막강했다. 그러나 전쟁이 시작되자마자 프러시아는 118만3천 명의 예비군을 동원할 수 있었는데 비해 프랑스는 53만870명밖에 동원할 수 없었다. 프랑스는 결국 어렵게 예비군 모두를 동원할 수 있었고, 전쟁 기간 동안 프러시아보다 약 50만 명 더 많은 병력을 동원했다. 1870년 당시 프러시아 육군은 질적인 면에서 프랑스군에 비해 약간 우수할 뿐이었다. 이는 프러시아군이 보다 우수한 참모제도를 가지고 있다는 사실과 프러시아의 예비군이 프랑스 예비군보다 훈련이 더 잘 되어 있었다는 사실에서 기인하는 것이었다.[62] 그러나 프랑스의 보병은 비록 후장포(Breech Loading Artillery)를 장비한 프러시아 포병에 의해 그 우위가 일부 상실되었음에도 불구하고 프러시아 보병보다 더 좋은 무장을 갖추고 있었다.

종합적으로 볼 때 1870년 당시 프러시아군은 프랑스군보다 더 강하다는 사실이 분명했는데 이는 주로 두 나라 사이의 단기적 동원 능력 격차에서 연유하는 것이었다. 이와 같은 불균형 상태를 고려할 때, 오스트리아는 프러시아에 대항하여 프랑스와 동맹을 맺어야 했다. 그러나 그런 일은 일어나지 않았다. 오스트리아와 프랑스의 정책결정자들이 세력균형을 잘못 계산했기 때문이다. 프러시아의 라이벌인 프랑스와 오스트리아 모두 프랑스 육군이 프러시아 육군처럼 예비군을 효율적이고 신속하게 동원할 수 있을 것이라는 잘못된 믿음을 가지고 있었다.[63] 실제로 프랑스 지도자들은 프러시아군이 예비군을 동원하는 데 더 어려운 문제에 봉착할 것이며 그래서 프랑스가 더 유리해질 것이라고 생각했다. 그러나 프러시아는 프랑스의 예비군 동원은 그다지 효율적이지 못할 것이며 그 결과 전장에서 프러시아군이 우위를 점하게 될 것이라고 정확하게 예측했다.[64] 1870년 여름, 기회가 다가왔을 때 비스마르크가 프랑스와의 전쟁을 주저하지 않았다는 사실은 놀라운 일이 아니다.

마지막으로, 이 경우 책임전가 전략은 지리적 고려의 영향을 그다지 크게 받은 것은 아니었다. 영국은 지리적으로는 영국해협을 통해 프러시아와 격리되어 있었지만 지리적 요인은 프러시아에 대한 영국의 정책에 제한적 영향밖에 미치지 못했다. 영국의 정책은 주로 프랑스로부터 오는 위협에 대응하는 것이었다. 오스트리아, 프랑스, 러시아는 모두 프러시아와 국경을 접하고 있었으며, 그래서 통일독일을 건설하려는 비스마르크의 노력에 대한 이들 국가의 상이한 대응은 지리적 요인에 의해 영향을 받지 않을 수 없다. 프러시아의 잠재적 라이벌인 네 나라가 만약 프러시아에 대항하는 동맹을 결성했다면 모두 프러시아 영토를 공격하기 좋은 지리적 위치에 있었다. 그러나 그들은 동맹을 결성하지 않았다. 1862년부터 1870년 사이에 형성되었던 유럽에서의 국가간 힘의 분포상황은 각 국가들이 책임전가 전략을 택하도록 조장하는 상황이었다.

빌헬름 황제의 독일 (1890-1914)

■ 배경

1890년 3월 비스마르크가 재상직을 물러날 무렵 독일은 비록 증가하고 있는 대규모의 인구를 보유했고, 역동적으로 발전하는 국가경제와 막강한 육군을 보유하고 있었음에도 불구하고 아직 유럽의 잠재적 패권국가는 아니었다. 19세기의 마지막 10년 동안 독일의 종합적 국력은 유럽의 다른 강대국들로부터 우려를 불러일으키는 요인이기는 했다. 그러나 20세기 초반이 되었을 무렵 독일은 매년 그 상대적 힘의 비중이 지속적으로 증가하고 있는 완전한 잠재적 패권국이 되어 있었다. 1900년부터 1차 세계대전이 발발한 1914년 8월 사이 독일에 대한 두려움이 유럽에 만연되어 있었음은 놀라운 일이 아니다.

이 기간 유럽에는 독일 외에도 5개의 강대국이 존재하고 있었다. 오스트리아－헝가리, 영국, 프랑스, 이탈리아, 러시아가 5개의 강대국이었다 (〈지도 6-2〉를 보라).

오스트리아－헝가리, 이탈리아, 독일은 모두 3국동맹의 회원국들이었다. 오스트리아－헝가리는 미래가 불투명한 취약한 강대국이었다.[65] 사실 오스트리아－헝가리는 1차 세계대전이 종식될 무렵 영원히 와해되고 말았다. 오스트리아－헝가리의 중요한 취약점은 민족주의 때문이었다. 오스트리아－헝가리는 다민족 국가였고 가장 숫자가 많은 민족은 그들 자신의 독립국가를 원하고 있었다. 1차 세계대전 이전 오스트리아－헝가리와 독일은 가까운 동맹국이었다. 오스트리아－헝가리는 동유럽과 발칸 지역에서 러시아와 심각한 영토분쟁 중에 있었으며 러시아 차르의 군대로부터 자국을 지키기 위해 독일의 도움을 필요로 하고 있었다. 반면, 독일은 오스트리아－헝가리가 그대로 남아 러시아의 확장을 저지해야 한다는 데 본질적 이익을 가지고 있었다.

이탈리아 역시 대단히 취약한 강대국이었다. 이탈리아의 문제는 민족주의의 문제가 아니라, 이탈리아에는 산업능력이 거의 존재하지 않았다는 사실과 전쟁에 이길 수 없는 허약한 육군을 보유하고 있다는 사실이었다. 민족주의는 오히려 이탈리아의 결속을 도와주는 요인이었다.[66] 1909년 고위급 영국 외교관이 다음과 같이 말한 것은 농담이 아니었다.

"우리는 3국동맹으로부터 이탈리아를 꾀어내려는 아무런 욕구가 없다. 왜냐하면 이탈리아는 우리 자신(영국)과 프랑스에게는 도움이 되기보다는 골칫거리가 될 것이기 때문이다."[67]

그러나 20세기 초반에 이를 때까지 이탈리아는 3국동맹에 진지하게 개입하지 않은 상태였다. 왜냐하면 이탈리아가 독일 및 오스트리아-헝가리와 동맹을 결속하도록 한 원인인 프랑스와의 문제점이 대부분 해소되었기 때문이다. 반면 이탈리아와 오스트리아-헝가리의 관계는 악화되고 있었다.[68] 실제로 1차 세계대전 이전 이탈리아는 중립국이나 마찬가지였다. 전쟁이 발발했을 당시 이탈리아는 중립을 지켰고 그러다가 1915년 5월 연합국 측에 가담하여 오랫동안의 동맹국인 오스트리아-헝가리, 그리고 독일에 대항해서 싸웠다.

영국, 프랑스, 러시아는 모두 오스트리아-헝가리와 이탈리아보다는 강한 나라들이었으며 독일이 유럽에서의 패권국이 되는 것을 저지하겠다는 강력한 결의를 가지고 있었다. 그렇기 때문에 가장 중요한 이슈는 이세 개의 강대국이 1890년부터 1914년에 이르는 기간 동안 빌헬름 독일의 증강되는 국력에 어떻게 반응하느냐였다. 앞으로 분명히 밝히겠지만 카이저(빌헬름 황제)의 경쟁국들 사이에 책임전가는 거의 없었다. 영국, 프랑스, 러시아는 1차 세계대전이 발발하기 7년 전 균형 연합을 형성 ─ 3국협상(The Triple Entente) ─ 했다.

■ 강대국의 전략적 행태

독일의 동서 국경지역에 자리잡은 프랑스와 러시아는 독일을 봉쇄할 것을 목표로 하는 동맹을 결성하기 위해 1890년 그리고 1894년 회동하였다.[69] 그러나 프랑스와 러시아 그 누구도 독일이 곧 공격을 가해올 것이라고 생각하지는 않았다. 프랑스와 러시아는 독일이 유럽에서 문제를 일으키지 않도록 하고, 그럼으로써 자신들이 세계의 다른 지역에서 중요한 목표들을 추구할 수 있도록 하는 데 주로 관심을 가지고 있었다. 영국과 독일의 관계는 1890년대 아주 냉랭한 상태가 되었지만 영국은 독일에 대항하여 프랑스 혹은 러시아와 동맹을 결성하려는 의도를 전혀 내비치지 않았다.[70] 사실 영국은 1890년대에 프랑스와의 동맹과 관련 무감한 상태였고 1898년에는 나일강 하구의 파쇼다에서 하마터면 프랑스와 전쟁을 벌일 뻔했다.[71]

1894년부터 1904년까지 미래의 3국협상 동맹국들이 독일에 어떻게 대응할지에 대해 특별한 변화는 없었다. 프랑스와 러시아는 동맹으로 남아 독일에 대해 두 개의 전선에서의 전쟁을 위협하여 독일을 봉쇄한다는 입장을 견지했다. 영국과 독일의 관계는 20세기가 시작될 무렵 대단히 악화되었다. 이는 독일이 스스로 대영제국 해군에 버금가는 해군력 건설에 박차를 가했기 때문이다(Weltpolitik). 그러나 영국은 독일을 견제하기 위한 프랑스, 러시아와의 동맹을 생각하지 않았다. 물론 독일에 대한 두려움은 1903년-1904년 영국과 프랑스의 관계를 대폭 호전시켰음은 물론이다.[72] 영국과 프랑스는 1904년 4월 8일 영불협상(Entente Cordiale)에 조인했고 이로써 두 나라는 유럽 이외의 지역에서 벌였던 처절한 경쟁관계를 종식시켰다. 이 협정은 독일에 대한 은밀한 동맹을 의미한 것은 아니었다. 물론 이 협정은 1905년 이후 영국과 프랑스의 동맹이 쉽게 형성될 수 있는 계기가 되었다. 실제로 영국은 고전적인 해외의 균형자 역할을 담당했고 이는 사실상 책임전가의 전략이었다. 영국은 프랑스와 러시아가 유럽대륙에서 독일의 팽창을 막아줄 것을 기대했던 것이다. 물론 대륙에 대한 개입을 거부한다는 것은 영국이 막강한 육군을 건설하지 않은 채 세계에서 가장 강한 해군력을 유지하는 데 신경을 집중시키는 것을 의미했다.

1905년과 1907년 사이 유럽의 세력균형에 극적 변화가 야기되었는데, 그러한 상황들은 영국이 프랑스, 러시아와 함께 3국협상을 체결하는 것으로 이어졌다.[73] 1905년 독일이 유럽의 잠재적 패권국이 되었다는 단순한 사실로 인해 영국은 유럽대륙에 개입하지 않을 수 없게 되었다.[74] 그러나 다른 고려도 영국의 계산에 영향을 미쳤다. 1905년 일본은 러시아에게 치명적 타격을 가하여 러시아를 유럽의 세력균형 판도에서 사라지게 만들었으며, 프랑스가 주된 동맹 없이 홀로 남게 만들었다.[75] 상황을 더욱 나쁘게 만든 것은, 러시아가 점점 패망하고 있는 가운데 독일이 모로코를 놓고 프랑스와의 중대한 외교적 위기를 야기했다는 점이다. 독일의 목표는 프랑스를 고립시키고 모욕주는 것이었다. 당시 러시아는 더 이상 프랑스의 믿을 만한 동맹이 아니었고, 영국은 아직 프랑스와 동맹을 맺고 있지 않았다.

영국의 정책결정자들은 곧 책임전가 전략이 더 이상 가능한 것이 아님을 알아차렸다. 프랑스가 혼자의 힘만으로 독일을 봉쇄할 수 없었기 때문이다.[76] 그래서 1905년 말 영국은 대륙에 개입하는 방향으로 정책을 전환했다. 특히 영국은 프랑스 육군과 함께 유럽대륙에서 전투할 수 있는 소규모의 원정군을 건설했으며 독일에 대항하여 함께 싸우기 위해 영국, 프랑스 육군 간의 협력에 관한 양측 참모간 회의를 시작했다.[77] 동시에 영국은 아시아에서의 경쟁관계로 인해 매우 악화되었던 러시아와의 관계개선을 도모하기 시작했다. 3국협상의 마지막 축이 되는 영국-러시아 간 회의가 1907년 8월 31일 시작되었다.[78] 이 회의의 목표는 영국과 러시아가 유럽 이외의 지역에서(특히 중앙아시아 지역에서) 더 이상 심각한 분규에 빠져들지 않을 것을 약속하는 것이었다. 그럼으로써 두 나라는 유럽 내에서 독일을 봉쇄하기 위한 협력을 도모하려 했다.

비록 1907년 여름, 영국, 프랑스, 러시아가 독일을 제어하기 위한 균형 동맹을 형성하기는 했지만 책임을 전가하려는 영국의 충동이 결코 없어진 상태는 아니었다. 일례로 영국은 독일이 침략하여 전쟁이 발발할 경우 동맹국과 함께 싸우겠다는 사실을 결코 명백하게 밝힌 적이 없었다.[79] 3국협상은 냉전 당시의 북대서양조약기구와는 달리 강력하게 조직된 공식적 동맹은 아니었다. 더구나 1911년 러시아 육군이 러일전쟁의 패배로부터 완전히 회복되었을 때, 또다시 영국의 도움 없이 프랑스와 러시아가 독일을 봉쇄할 수 있을 거라는 생각이 대두되었다. 결과적으로, 영국과 러시아 관계는 다시 한번 삐그덕거렸고 3국협상은 다소 불안정해졌다.[80] 마지막으로, 영국은 전쟁이 발발했을 때 프랑스와 러시아가 막강한 독일군을 격파하는 큰 부담을 져야 한다고 생각했고, 자신은 옆에 비켜서서 전후의 세계를 대비하기 위해 힘을 비축해 두려 했다.[81] 이러한 주저에도 불구하고 1907년 이후 영국은 대륙에 대한 개입정책을 회피할 수 없었고, 1914년 8월 영국은 프랑스, 러시아와 함께 전쟁에 빠져들었다. 영국은 대규모의 육군을 서부전선에 투입했고 막강한 독일군과의 싸움에서 자신의 역할을 담당하였다.

요약한다면, 우리는 1차 세계대전 발발 이전 약 25년 동안 독일에 대항하는 상대적으로 효과적 균형노력을 볼 수 있었다. 프랑스와 러시아는 1890년부터 1905년 사이에 독일을 견제하기 위해 연합했고, 당시 영국은 책임전가 전략을 취하고 있었다. 그러나 1905년 이후 책임전가는 거의 없었고 영국은 독일의 팽창을 막기 위해 프랑스, 러시아와 연합하였다. 독일의 적대국들이 보인 이 같은 행동패턴은 지리적 요인과 1890년부터 1914년 사이 유럽 세력균형에서 독일의 지위변화라는 요인에 의해 설명될 수 있다.

■ 힘의 계산

1890년부터 1905년에 이르는 기간부터 분석하기로 하자. 독일은 이기간이 끝날 무렵까지 잠재적 패권국은 아니었다. 영국이 1903년까지는 독일보다 더 많은 잠재적 국력의 요소를 차지하고 있었기 때문이다. 영국은 1890년 당시 유럽의 부의 50% 정도를 차지하고 있었던 반면 독일은 25%를 차지하고 있었다(〈표 3-3〉을 볼 것). 프랑스가 차지하던 비율은 13% 그리고 러시아가 차지한 비율은 단지 5%에 불과했다. 1900년이 되었을 당시에도 영국은 독일에 비해 우위에 있었다. 그러나 그 비율은 37% 대 34%로 좁혀졌다. 더구나 프랑스가 차지하는 비중은 11%로 감소했다. 그러나 러시아는 10%로 증강되었다. 독일은 잠재적 패권국가가 되기 충분할 수준으로 산업력을 증강시키고 있었다. 실제로 독일의 경제력은 1903년 잠재적 패권국의 수준에 도달했다. 당시 독일의 경제력이 유럽전체에서 차지하는 비중은 36.5%에 이르렀고 영국의 비중은 34.5%로 줄어들었다.[82] 20세기 초반 독일의 경제적 잠재력이 프랑스 혹은 러시아의 경제력보다 막강했다는 사실에 의문의 여지가 없다.

1890년부터 1905년에 이르는 기간 동안 실질적 군사력의 측면에서 프랑스와 독일은 분명히 가장 강력한 두 나라였다. 데이비드 허먼David Herrmann이 기록한 바처럼 1차 세계대전 이전 "군사전문가들의 인식으로는 독일과 프랑스의 군사력이 무대를 지배했다."[83] 그러나 두 나라의 군사력 중 독일의 군사력이 더 막강했다. 독일과 프랑스의 상비군과 동원된 군사력은 이 기간 동안 거의 비슷한 수준을 유지했다(〈표 6-1〉과 〈표 8-4〉를 참조). 그러나 양국 군사력의 핵심적 차이는 각국의 육군이 예비군을 어떻게 사용했느냐에 있었다. 독일 예비군의 상당수는 전투를 위해 훈련되었고 유럽에서 주요 전쟁이 발발한 직후 첫 번째 전투에 투입될 수 있는 전투단위로 조직되어 있었다. 반면 프랑스는 예비군이 상비군과 함께 싸울 수 있을 정도로 훈련되어야 한다고는 믿지 않았다. 그렇기 때문에 완전히 동원된 군사력의 수적 측면에서 프랑스군과 독일군의 차이는 별로 없었지만 대체로 독일군이 훨씬 막강한 전투력을 발휘할 수 있었다. 만약 1905년에 전쟁이 발발했다면 독일군은 약 150만 명의 병사를 전투력으로 보유할 수 있었던 반면 프랑스는 약 84만 명의 전투병을 보유할 수 있었다. 이는 1.8:1로 독일에게 유리한 것이었다.[84] 마지막으로 독일 육군은 프랑스에 비해 약간의 질적 우위를 가지고 있었다. 이는 독일이 더 우수한 일반 참모본부를 보유했다는 사실과 독일군의 중포병(heavy artillery)이 우수했다는 점에서 비롯된 것이었다.

	1900		1905		1910		1914		1914-18
	상비군	전쟁 잠재력	상비군	전쟁 잠재력	상비군	전쟁 잠재력	상비군	전쟁 잠재력	동원된 총병력수
오스트리아 -헝가리	361,693	1,872,178	386,870	2,580,000	397,132	2,750,000	415,000	1,250,000	8,000,000
영국	231,85	677,314	287,240	742,568	255,438	742,036	247,432	110,000	6,211,427
프랑스	598,756	2,500,000	580,420	2,500,000	612,424	3,172,000	736,000	1,071,000	8,660,000
독일	600,516	3,000,000	609,758	3,000,000	622,483	3,260,000	880,000	1,710,000	13,250,000
러시아	1,100,000	4,600,000	1,100,000	4,600,000	1,200,000	4,000,000	1,320,000	1,800,000	13,700,000
이탈리아	263,684	1,063,635	264,516	1,064,467	238,617	600,000	256,000	875,000	5,615,000

표 8-4 1차 세계대전 당시 유럽 각국 육군 병력수, 1900-1918

참고: "전쟁 잠재력"은 〈표 6-1〉에서 정의된 바와 마찬가지이다. 한 나라의 전투병력(fighting army)은 전투가 진행되는 전쟁터에 집중되어 있는 병력으로 직접 전투에 투입될 수 있는 병력을 의미한다. 1914년 1개의 전선 이상에서 접전을 벌인 전투병의 할당은 다음 자료와 같다. 오스트리아 헝가리는 갈리시아에 1,000,000명, 세르비아 침공을 위해서는 250,000명; 독일의 경우 프랑스 및 저지대 국가들(벨기에, 네덜란드 등)을 공격하기 위해서는 225,000명; 러시아는 갈리시아에 1,200,000명을 주둔시켰고 동프러시아 공격을 위해서 600,000명을 할당했다.

자료: 1900년, 그리고 1910년의 상비군과 국가들의 전쟁 잠재력에 관한 자료들은 *The Statesman's Year-Book* (London: Macmillan, various years)에서 인용. 1910년의 오스트리아 헝가리 자료는 추정치임. 각 해당연도의 페이지는 다음과 같다. (연도는 *The Statesman's Year-Book*의 간행연도를 말함) 오스트리아 헝가리, 1901, p. 556; 1906, p. 653; 1911, pp. 768~69; 영국 pp. 57~58; 1906, p. 284; 1911, pp. 52~53; 프랑스, 1901, p. 556; 1906, pp. 614~15; 1911, pp. 768~69; 독일, 1901, pp. 629~30; 1906, pp. 936~37; 1911, p. 843; 러시아, 1901, p. 991; 1911, p. 1166; 이탈리아, 1902, p. 806; 1906, p. 1088; 1911, p. 936. 1905년 프랑스의 전투병력 수는 David G. Herrmann, *The Arming of Europe and the Making of the First World War* (Princeton, NJ; Princeton University Press, 1996), p. 45 독일군의 전투병력에 관한 저자의 평가는 같은 책 pp. 44~45,160, 221의 논의에 의거한 것임. 그리고 Jack L. Snyder, *The Ideology of the offensive: Military Decision Making and the disaster of 1914* (Ithaca, NY; Cornell University Press 1984), pp. 41~50, 67, 81, 109~11, 220의 자료를 참고한 것임. 1914년도 오스트리아 헝가리의 상비군과 동원된 군사력에 관한 자료는 Holger H. Herwig, *The First World War: Germany and Austria-Hungary, 1914~1918* (London: Arnold, 1997), p. 12와 Arthur Banks, *A Military Atlas of the First World War* (London; leo Cooper, 1989), p. 32에서 인용.

영국군의 자료는 War Office, Statistics of the Military Effort of the British Empire During the Great World War (London: his Majesty's Stationery Office, 1992), p. 30; 그리고 Herwig, First World War, p. 98에서 인용. 프랑스군의 자료는 Les Arm'ees Francaises dans La Grande Guerre (Paris: Imprimerie Nationale, 1923), p. 30; 그리고 J. E. Edmonds, History of the Great War: Military Operations, France and Belgium, 1914, Vol. 1 (London: Macmillan, 1933), p. 18. 독일군의 자료는 Spencer C. Tucher, The Great War, 1914~1918 (Bloomington: Indiana University Press, 1998), p. 17; 그리고 Banks, Atlas of the First World War, pp. 30, 32. 러시아군 관련 자료는 Alfred Knox, With the Russian Army, 1914~1917 (London: Hutchinson, 1921), p. xviii; 그리고 Tucker, The Great War, pp. 40, 44. 이탈리아군 관련자료 중 상비군 관련 자료는, Herrmann, Arming of Europe, p. 234, 그리고 동원된 병력 관련 자료는 (이탈리아가 전쟁을 시작한 1915년 5월 당시 자료임) Banks, Atlas of the First World War, p. 200. 오스트리아 헝가리, 영국, 프랑스, 독일, 러시아의 1914년부터 1920년 사이에 동원된 병력의 총수에 관한 자료는 Roger Chickering, Imperial Germany and the Great War, 1914~1918 (Cambridge: Cambridge University Press, 1998), p. 195. 이탈리아에 관한 자료는 Judith M. Hughes, To the Maginot Line: The Politics of French Military Preparation in the 1920s (Cambridge, MA: Harvard University Press, 1971), p. 12.

러시아는 1890년부터 1905년에 이르는 동안 유럽에서 수적으로 가장 대규모의 병력을 보유하고 있었다. 그러나 러시아군에는 심각한 문제가 만연돼 있었다. 그 결과 러시아군은 독일, 프랑스에 이어 한참 뒤쳐지는 3위의 군사력이었다.[85] 일본 육군은 러시아군의 단점을 이용, 1904-1905년의 전쟁에서 러시아군에게 치명적 피해를 안겨줄 수 있었다. 1905년 이전 영국의 육군은 대륙에서 작전을 수행하기에는 규모가 작고 잘 준비되지 못한 병력이었고 그 결과 유럽의 세력균형에 아무런 영향을 미치지 못하는 군사력이었다. 허만이 기록한 바처럼 "파리, 베를린으로부터 비엔나와 로마에 이르는 각국 수도의 합동참모본부에서 작성된 유럽국가들의 병력 및 장비에 관한 조사에서 영국 육군은 통상 고려대상에서 완전히 제외되었다."[86]

독일은 1차 세계대전이 발발하기 이전 10년간 분명히 유럽에서의 잠재적 패권국이었다. 잠재적 힘이라는 측면에서 보았을 때 1913년 당시의 독일은 유럽 전체 산업능력의 40%를 장악했다. 영국은 28%를 차지했다(《

표 3-3〉을 볼 것).[87] 또한 당시 독일은 프랑스와 러시아에 비해 3:1로 우세한 잠재력을 보유하고 있었다. 프랑스와 러시아의 산업능력은 유럽 전체의 12%와 11%를 각각 차지했다. 더욱이 1905년 이후 독일 육군은 유럽을 지배할 수 있는 군사력이었다. 실제로 독일은 1912년부터 확장을 위한 계획을 실천에 옮기기 시작했다. 1914년 전쟁이 발발했을 때 독일은 171만 명의 전투병을 전선에 배치할 수 있었다. 반면 프랑스는 단지 107만 명을 배치할 수 있었다(〈표 8-4〉를 참조). 물론 잠재적 국력에서 독일이 차지한 우위는 전쟁이 지속되는 동안 프랑스에 비해 훨씬 더 큰 규모의 병력동원을 가능하게 하였다. 전쟁기간 동안 독일은 1,325만 명의 군사력을 동원했고 프랑스는 866만 명을 동원했다. 러시아 육군은 러일전쟁에서 패배함으로써 심각하게 훼손된 후 1911년이 되어서야 비로소 회복되기 시작했다. 그러나 아직 러시아 육군은 프랑스, 독일 육군에 비해 훨씬 열악했다.

1905년 이후 영국 육군은 소규모이기는 했지만 수준 높은 전투력을 보유하고 있었다. 특히 러시아 육군과 비교할 경우 그러했다. 1차 세계대전이 발발하기 이전 10년간 아마도 영국 육군은 유럽 3위 수준의 육군이었을 것이며, 러시아 육군이 4위의 육군이라고 말할 수 있을 것이다. 1905년 당시에는 러시아 육군이 3위, 영국 육군이 4위였다.

1890년부터 1905년 사이 유럽대륙에서 독일이 가장 강한 나라이기는 했지만 1903년이 될 때까지 잠재적 패권국의 수준에는 도달하지 못했다는 사실은 프랑스와 러시아가 힘을 합쳐 독일과 균형을 이루었다는 점 그리고 영국은 해외의 균형자로서 책임전가의 전략을 채택하고 있었다는 점이 이해될 수 있는 일임을 말해 준다. 그러나 1905년이 되었을 때 독일은 분명한 잠재적 패권국이 되었고 유럽의 세력균형에 더욱 심각한 위협이 되고 있었다. 특히 러시아가 1905년 전쟁(일본에게)에서 패한 뒤 특히 그랬다. 영국이 책임전가 전략을 중지했고 프랑스, 러시아와 함께 독일에 대항하려 했으며, 1918년 11월 독일이 패망할 때까지 유럽에 깊이 개입했다는 점은 놀라운 일이 아니다.

마지막으로 지리적 요인은 독일에 대한 균형노력에서 장애요인이 되지는 않았다. 프랑스와 러시아는 독일과 국경을 접하고 있었다. 이는 프랑스와 러시아가 독일의 영토로 공격해 들어가거나 혹은 공격하겠다고 위협하는 것을 용이하게 했다. 물론 지리적 근접성은 독일에게도 프랑스, 러시아를 침략하는 것을 용이하게 했으며 이는 프랑스와 러시아가 균형을 위한 연합을 형성하게 한 동기가 되었다. 영국은 영국해협을 통해 독일과는 격리되어 있었으며 이는 프랑스 및 러시아와는 달리 영국이 책임전가를 하나의 가능한 대안으로 생각할 수 있도록 했다. 그러나 영국이 책임전가 전략을 포기하고 대륙에 대한 개입을 결심한 이후, 영국은 프랑스에 육군을 파견하여 독일에 대한 압력을 행사할 수 있었다. 영국은 1914년에 그렇게 했다.

나치 독일 (1933-1941)

■ 배경

1차 세계대전이 끝난 때(1918년)부터 히틀러가 독일의 수상이 된 1933년 1월 30일에 이르는 동안 유럽에서 제일 막강한 나라는 프랑스였다. 프랑스는 엄청난 육군을 보유하고 있었으며 독일의 공격으로부터 동부 국경선을 막으려는 데 심각한 관심을 기울였다(〈표 8-5〉를 보라). 그러나 이 무렵 독일은 프랑스에 대해 아무런 위협도 제기하지 않았다. 당시 독일은 프랑스를 공격하기는커녕 자신을 보호하기에도 벅찬 상황이었다. 독일은 분명히 유럽 최강의 군사력을 건설하는 데 필수적인 인구와 산업능력을 보유하고 있었다. 그러나 베르사유 조약(1919년)은 전략적으로 중요한 라인란트를 독일로부터 빼앗았고 그 지역을 국제적 통치하에 두었으며 독

	1920	1925	1930
영국	485,000	216,121	208,573
프랑스	660,000	684,039	522,643
독일	100,000	99,086	99,191
이탈리아	250,000	326,000	251,470
소련	3,050,000	260,000	562,000

표 8-5 유럽 각국 육군 병력수, 1920-1930

자료: 모든 수치는 *The Statesman's Year Book*(각 해당연도)에서 얻은 것이다. 그러나 1920년 소련의 자료는 Singer and Small, *National Material Capabilities Data*에서 구한 것임. 각 년도와 페이지는 다음과 같다(햇수는 *Statesman's Year Book* 간행연도를 말한다). 영국, 1920, p. 53; 1925, p. 44; 1931, p. 41; 프랑스, 1921, p. 855; 1926, p. 857; 1931, p. 853; 독일, 1921, p. 927; 1926, p. 927; 1931, p. 927; 이탈리아, 1921, p. 1016; 1926, p. 1006; 1931, p. 1023; 소련, 1926, p. 1218; 1931, p. 1238.

일 바이마르 공화국이 막강한 군사력을 건설하는 것을 금지하여 독일을 불구의 나라로 만들어 버렸다.

소련도 역시 1차 세계대전 직후 약 15년 동안은 아주 허약한 나라였으며 이 사실은 1933년 이전 소련과 독일의 바이마르 공화국이 상호간에 폭넓은 협력관계를 수립했던 이유를 상당 부분 설명해 준다.[88] 1920년대에 소련 지도자들은 1차 세계대전으로 피폐된 소련을 재건하는 데 많은 어려움에 당면했다. 혁명이 발생했고, 내란이 야기되었으며 폴란드와의 전쟁에서 패배했다. 그러나 소련이 당면한 제일 중요한 문제는 소련경제의 낙후성에서 유래하는 것이었다. 낙후된 소련경제는 일급 군사력을 건설할 수 있는 기반이 될 수 없었다. 이 문제를 해결하기 위해 1928년 스탈린 Josef Stalin은 중요한 근대화 계획을 시작했다. 스탈린의 시도는 궁극적으로 성공적이었다.

그러나 스탈린의 대대적인 산업화 정책의 결실은 나치가 정권을 장악한 이후 비로소 현실적으로 나타나기 시작하였다. 1920년대 영국은 소규모의 육군을 보유했는데 영국 육군은 유럽대륙에서라기보다는 대영 제국의 식민지에서 싸우기 위해 만들어진 것이었다. 1922년 이래 베니토 무솔리니의 지배하에 있던 이탈리아는 유럽 강대국 중 가장 약한 나라였다.

히틀러가 집권한 이후 얼마 지나지 않아 유럽국가들은 독일이 곧 베르사유 조약의 족쇄를 풀어버리고 자국에게 유리한 방향으로 세력균형상태를 바꾸어 놓으려 할 것이라는 사실을 인지하게 되었다. 그러나 히틀러가 재임한 후 처음 5년 동안은 그가 얼마나 빨리, 그리고 어느 방향으로 움직일 것인지, 나치 독일은 얼마나 침략적일지 등에 대해서 분명하게 알려지지 않았다. 오늘날의 국제정치학자들이 알고 있는 바와는 달리 당시 유럽에 존재했던 히틀러의 상대자들은 미래를 볼 수 없었다. 히틀러가 오스트리아를 제3제국의 일부분으로 병합하고, 영국과 프랑스에게 체코슬로바키아로부터 수데텐란트를 할양받는 것을 허락하라고 요구한 1938년이 되어서야 비로소 그림이 뚜렷이 보이기 시작했다. 1939년이 되었을 때 히틀러가 원하는 바가 무엇인지 수정처럼 분명해졌다. 1939년 3월 나치 독일군은 체코슬로바키아 전체를 점령해버렸다. 이는 인종적으로 보아 거주민의 다수가 독일인이 아닌 지역에 대한 최초의 점령이었다. 6개월 후인 1939년 9월 나치 독일은 폴란드를 공격했고 2차 세계대전이 발발하게 되었다. 전쟁발발 후 1년이 채 되지 않은 1940년 5월 히틀러는 프랑스를 침공했고 그후 약 1년이 지난 후인 1941년 6월 히틀러는 독일군을 소련에 진입시켰다.

1914년 이전 빌헬름의 독일을 견제하기 위해 연합했던 세 나라 — 영국, 프랑스, 러시아 — 는 1933년과 1941년 사이 다시 나치 독일의 주된 적국이 되었다. 비록 그 성격은 본질적으로 변하지 않았지만 히틀러의 상대방들은 제3제국의 공격적 행태 앞에서, 마치 그들의 선배들이 그랬던 것처럼, 균형을 위한 연합을 형성하기보다는 서로에게 책임을 떠넘기려고 노력했다.

■ 강대국의 전략적 행태

히틀러는 집권 초기 외교정책 전선에서 공격적으로 행동하기에 좋은 위치를 차지하고 있지는 못했다. 그는 우선 국내적으로 그의 정치적 지위를 강화해야 했으며 독일의 경제를 재건해야 했다. 더욱이 그가 물려받은 독일의 군사력은 가까운 장래 주요한 전쟁을 치를 수 있는 수준이 아니었다. 1914년 1차 세계대전이 시작될 당시 동원되었던 독일군의 규모가 215만 명의 병력과 102개 사단이었다는 사실을 생각해 보자.[89] 이처럼 막강했던 독일군의 1933년도의 모습은 병력수 10만과 7개 사단 규모의 초라한 것이었다. 히틀러와 그의 휘하 장군들은 베르사유 조약을 거부하고 막강한 군사력을 재건해서 이 문제를 해결하고자 결심했다. 그러나 이 목적을 이루는 데는 6년이 더 필요했다.

독일 육군의 증강을 위해 3개의 중요한 계획이 있었다.[90] 히틀러는 1933년 12월 평시 독일군은 세 배가 증강된 30만 명의 병력과 21개의 보병사단으로 구성되어야 한다고 선언했다. 새로운 예비군 단위도 창설되기로 했고, 완전 동원된 야전군은 63개 사단이 될 예정이었다. 1935년 3월 새로운 법이 제정되어 평시 육군은 70만 병력에 36개 보병사단으로 구성되도록 하였다. 비록 1935년 10월 1일이 되어서야 효력을 발생하기 시작했지만 징집제도도 채택되었다. 같은 날 히틀러는 36개의 보병사단에 추가하여 3개 기갑사단의 건설을 결심했다. 그러나 기대되는 야전군의 규모는 "실질적으로는 변하지 않은 63~73개" 사단으로 유지되었다.[91] 마지막으로 1936년 8월의 재무장 계획은 평시의 육군을 1940년까지 83만 명의 병력과 약 40개 사단으로 증강시킬 것을 결정했다. 완전히 동원된 야전군은 462만 명의 병력과 102개 사단으로 구성되었다. 1939년 9월 1일 2차 세계대전이 발발한 날 독일군은 374만 명의 병력과 103개 사단을 보유하고 있었다.

히틀러는 1930년대에 막강한 해군력과 공군력 건설을 위해서도 노력을 경주했다.[92] 그러나 독일 해군의 건설은 무계획적인 것처럼 보였고 대단해 보이지도 않았다. 반면 독일공군(Luftwaffe)의 건설은 완전히 다른 이야기였다. 독일은 히틀러가 집권한 1933년에는 전투준비를 갖춘 비행중대를 하나도 보유하고 있지 않았다. 베르사유 조약이 독일의 공군력 보유를 불허했기 때문이다. 그러나 1939년 8월 독일 공군은 전투준비를 갖춘 302개의 비행 중대를 갖추고 있었다. 빌헬름 다이스트Wilhelm Deist가 기술한 바처럼 "1933년부터 전쟁이 발발할 때까지 6년에 걸친 독일 공군의 비약적 발전은 동시대에 살았던 사람들로부터 끝없는 존경은 물론 암흑의 불길함을 야기했다."[93]

독일이 막강한 육군을 보유하기 이전 히틀러는 군사력의 위협 혹은 사용을 통해 유럽의 지도를 새로 그릴 수 있는 위치에 있지 못했다. 그래서 1938년 이전 나치 독일의 외교정책은 상대적으로 유순했다. 1933년 10월 히틀러는 제네바 군축협상(Geneva Disarmament Conference) 및 국제연맹(League of Nations)으로부터 탈퇴했지만 히틀러는 1934년 1월 폴란드와 10년 기한의 불가침조약을 체결했고, 1935년 6월에는 영국과 해군조약을 체결했다. 1936년 3월 독일은 베르사유 조약에 의해 영원히 비무장 지역이어야 한다고 강제되었던 라인란트를 점령한 후 재무장했다. 사실 라인란트는 독일 영토로 널리 인식되던 지역이었다.[94] 1938년 독일의 실제적 침략행동은 없었지만 히틀러는 새로운 영토를 장악하기 위해 두 차례에 걸쳐 군사력을 사용하겠다고 협박했다. 히틀러는 독일어를 사용하는 오스트리아에게 독일제국에 편입될 것을 강압했고(이것이 유명한 안슈루스Anschulus, 오스트리아 합병), 그 다음 1938년 9월 뮌니히Munich에서 영국과 프랑스에게 협박을 가해 독일어를 사용하는 수데텐란트를 체코슬로바키아로부터 떼어내어 나치 독일에 편입시켰다. 1939년이 되자 히틀러는 결국 막강한 군사력을 갖추게 되었고 노골적인 공격태세를 취하기 시작했다.

영국, 프랑스, 소련은 모두 나치 독일을 두려워했고 그들은 각자 타당한 봉쇄전략을 찾아내기 위해 골몰했다. 그러나 아마도 소련을 예외로 한다면 이들 나라들은 서로 힘을 합쳐 3국협상과 같은 균형 연합을 형성하여 양면 전쟁의 위협을 가하고 그럼으로써 히틀러를 억지할 수도 있다는 사실에 대해서는 별 관심이 없었다. 각국은 책임전가 전략을 선호했다. 1933년부터 1939년에 이르는 기간 동안 히틀러에 적대적인 강대국들 사이에 어떤 동맹도 존재하지 않았다. 영국은 독일을 봉쇄하는 책임을 프랑스에게 떠넘기려 했고, 프랑스는 히틀러가 동쪽의 작은 나라들과 소련에게 관심을 가지도록 떠밀고 있었다. 소련도 역시 영국과 프랑스에게 독일 봉쇄의 책임을 떠넘기려 했다. 1939년 3월 영국은 궁극적으로 프랑스와 제3제국에 대항하는 연합을 결성했다. 그러나 소련은 여기에 참여하지 않았다. 1940년 6월 독일이 프랑스를 멸망시킨 후 영국은 소련과 동맹을 맺으려 했지만 실패했다. 소련은 지속적으로 독일봉쇄의 책임을 영국에 떠넘기려 했기 때문이다.

히틀러의 적대국들은 히틀러에 대항하는 균형 연합을 형성하는 데 아무런 관심을 보이지 않았지만, 프랑스와 소련은 1930년대 상당기간 동안 독일군을 방어할 수 있는 군사력을 유지하기 위해 노력했다. 그들은 책임전가의 가능성을 높이기 위해서 군사력을 늘렸던 것이다. 즉 그들은 자신이 더욱 강력해질 경우 히틀러가 자신을 공격할 가능성은 줄어들 것이라고 생각했던 것이다. 강력한 군사력은 1) 책임을 떠맡는 상황이 되어 나치의 군사력에 홀로 대항해야 할 경우, 2) 책임전가 전략이 먹혀들었지만 책임을 떠맡은 나라가 독일군을 막아내는 데 실패한 경우에 대비할 수 있는 보험장치로 생각될 수 있었다.

영국의 히틀러에 대한 일차적 전략은 1930년대 중반 유럽에서 아마도 가장 강력한 육군을 보유하고 있었던 프랑스에게 독일을 봉쇄하는 책임을 전가하는 것이었다.[95] 영국의 지도자들은 프랑스는 소련으로부터 거의 아무런 지원도 받지 못할 것이라는 점을 인식했는데 이는 그대로 괜찮은 일이라고 인식되었다. 그러나 영국은 동유럽의 작은 프랑스 동맹국들(체코슬로바키아, 폴란드, 루마니아, 유고슬라비아)이 히틀러를 봉쇄하는 데 프랑스에게 도움을 줄 것을 희망했다. 영국은 유럽대륙에 책임을 전가하려는 강력한 유혹을 가지고 있었다. 왜냐하면 당시 영국은 아시아에서는 일본으로부터 그리고 지중해에서는 이탈리아로부터 도전을 받고 있었으며 불량한 영국경제는 영국이 이 세 지역의 도전에 모두 군사적으로 대응할 수 있는 여력이 없도록 만들었다.

이와 같은 위험한 상황에서 영국은 1934년 국방비를 극적으로 증강시켰으며 1938년까지 국방비는 3배 이상 증액되었다.[96] 그러나 1937년 12월 12일 영국은 프랑스군과 함께 대륙에서 전투를 벌일 수 있는 육군을 건설하지 않기로 결정했다. 실제로 영국 내각은 육군의 기금이 거의 바닥나도록 내버려두었고 이는 분명히 영국이 택하고 있는 책임전가 전략과 일치하는 행동이었다. 대신 히틀러의 공군이 영국 본토를 향해 공격해 오는 것을 억지하기 위한 공군력 강화가 강조되었다.

그럼에도 불구하고 1938년 말 나치 독일을 봉쇄하기 위해서는 프랑스가 영국의 도움을 필요로 한다는 사실이 분명해졌다. 독일군은 막강한 군사력을 갖추기 일보직전이었고 오스트리아 합병과 뮤니히 협정은 그렇지 않아도 취약했던 프랑스의 동유럽 동맹체제에 마지막 타격을 가하고 말았다. 영국은 결국 책임전가 전략을 포기하고 1939년 3월 히틀러가 체코슬로바키아를 점령한 직후 프랑스와 균형 연합을 형성했다.[97] 동시에, 전쟁이 발발할 경우 프랑스군과 함께 대륙에서 전투를 벌일 수 있는 육군의 신속한 건설을 추진했다. 영국은 소련과도 동맹을 맺을 수 있다는 뜻을 아주 조금 내비치기는 했지만 결국 3국협상을 다시 구축할 수 있는 아무런 기반도 발견할 수 없었다.[98]

독일군이 폴란드를 침공한지 이틀 후인 1939년 9월 3일 영국과 프랑스는 독일에 대해 선전포고를 했다. 그러나 영국과 프랑스는 히틀러는 서부전선을 공격한 1940년 봄까지 독일과 싸움을 벌이지 않았고, 결국 프랑스는 궤멸되었다. 1940년 여름, 형편없이 약화된 영국은 독일에 홀로 대처해야만 했다. 영국의 지도자들은 소련과 함께 독일에 대항하는 균형. 연합을 형성하고자 했다. 그러나 이 노력은 스탈린이 책임전가 전략을 계속 추구했기 때문에 실패하고 말았다. 스탈린은 영국과 독일이 긴 전쟁에 휘말려 들어가는 것을 보고 싶어했고 그 동안 소련은 두 나라가 싸우는 것을 구경만 하려고 했다.[99] 영국과 소련은 독일군이 소련을 침공한 1941년 6월 이후에야 비로소 동맹을 맺을 수 있었다.

프랑스 역시 책임전가 전략에 몰두했다.[100] 1920년대 히틀러가 권력을 장악하기 훨씬 이전, 프랑스는 동유럽의 국가들과 동맹을 체결했는데 이는 미래에 있을지도 모를 독일의 위협에 대처하려는 것이었다. 이 동맹들은 1933년 이후에도 남아 있었으며 이들은 프랑스가 책임을 전가하기보다는 나치 독일에 대항하여 균형 연합을 형성하려는 것처럼 보이게 했다. 그러나 실질적으로 이들 동맹의 대부분은 1930년대 중반 이후 사문화된 것이나 마찬가지였다. 프랑스는 약소국 동맹국들을 도와주려는 생각이 거의 없었고 1938년 뮌헨 협정에서 프랑스가 체코슬로바키아를 포기한 사실은 이에 대한 실질적 증거가 된다.[101] 실제로 프랑스는 히틀러가 동쪽을 향해 공격하기를 원했으며 독일이 동유럽의 전선에서 헤매던가 혹은 소련과 전쟁에 빠져들 것을 기대했다. 아놀드 울퍼스Arnold Wolfers가 지적한 바처럼 "프랑스의 군사정책"은 "프랑스가 비스츌라Vistula로부터 다뉴브Danube에 이르는 넓은 지역에 이해관계를 가지고 있는 바와는 달리, 주기보다는 받는데, 그리고 작은 동맹국을 보호하기보다 자신의 영토를 보호하는 데 더 큰 관심을 쓰고 있었다."[102]

히틀러의 동부지역을 향한 선제공격을 부추기기 위해 프랑스의 지도자들은 1930년대 상당 기간 동안 독일 제3제국과 우호적 관계를 가지기 위해 노력한 적도 있었다. 이 정책은 뮌헨 협정 이후에도 존속되었다.[103] 반면 프랑스는 소련과 함께 대독일 균형 연합을 형성하는 데 대해서는 별로 관심이 없었다. 지리적 요인은 분명히 그 같은 연합형성에 부정적으로 작용했을 것이다(〈지도 8-3〉을 보라). 소련은 독일과 국경선을 접하고 있지

지도 8-3 1935년의 유럽

않았으며 이는 독일이 프랑스를 침공하는 경우 소련군이 독일을 공격하기 위해서는 폴란드를 거쳐와야 했음을 의미했다. 폴란드가 그런 상황에 격렬하게 저항할 것임은 물론이다.[104] 더 일반적으로 말한다면 프랑스와 소련의 동맹은 동유럽의 약소국들을 소외시키는 것이었다. 그들은 독일보다 오히려 소련을 더 두려워했으며, 만약 프랑스와 소련이 동맹을 맺을 경우 이들은 히틀러와 동맹을 맺을지도 모를 일이었다. 이 경우 프랑스의 책임전가 전략은 실패하게 될 것이었다.

프랑스가 소련에 접근하는 것을 방해한 또 다른 요인은 만약 프랑스-소련 동맹이 체결될 경우에 영국이 프랑스의 편에 서서 독일에 대항할 기회를 아예 없앨지도 모른다는 우려였다. 영국의 지도자들은 공산주의를 경멸하고 두려워했기 때문에 소련을 미워했을 뿐만 아니라, 만약 프랑스가 소련을 믿을 만한 동맹으로 획득하게 된다면 그 경우 영국은 자유롭게 프랑스에게 책임을 전가할 수 있을 것이었다.[105] 프랑스가 스탈린과 동맹을 체결하지 않은 마지막 이유는 프랑스 지도자들이 히틀러가 프랑스보다 소련을 먼저 공격하도록 부추기고 있었기 때문이다. 프랑스는 독일이 소련을 공격할 경우 모스크바를 구해 주려는 의도는 없었다. 요약한다면 프랑스는 소련은 물론 동유럽의 약소국가들에게 독일에 대항하는 책임을 떠넘기고 싶었던 것이다.

소련으로 책임을 떠넘기려는 프랑스의 의도는 스탈린 역시 프랑스에게 책임을 떠넘기려 한다는 믿음이 퍼지면서 더욱 강화되었다. 많은 프랑스 지도자들은 이를 소련이 믿을 만한 동맹 파트너가 아니라는 증거로 생각했다.[106] 물론 소련의 정치가들도 프랑스의 의도를 이해하고 있었으며 이것 역시 스탈린의 책임전가 전략을 강화시켰다. 이는 또 프랑스 지도자들에게 소련이 프랑스에게 책임을 전가하고 있다는 의혹을 증폭시키게 되었다.[107] 이 모든 요인들의 결과로서, 프랑스는 1930년대에 소련과 동맹을 맺어 독일에 대항하는 것에 대해 거의 관심을 보이지 않게 되었다.

영국의 책임전가 전략에도 불구하고 1930년대 당시 프랑스 지도자들은 영국이 프랑스의 방위를 약속하도록 끌어들이기 위해 많은 노력을 기울였다.[108] 그들은 영불 동맹을 가치있는 것으로 생각했다. 왜냐하면 영불 동맹은 그들의 책임전가 전략의 성공가능성을 높여줄 것 같았기 때문이다. 영국과 프랑스가 연합하는 경우 독일이 서쪽을 향해 공격할 가능성은 줄어드는 반면 동쪽을 향해 공격할 가능성이 높아질 것이다. 책임전가 전략이 실패하는 경우라도 영국과 더불어 독일과 싸우는 편이 혼자 싸우는 것보다는 훨씬 바람직한 대안이었다. 프랑스는 책임전가 전략이 더 잘 작동될 수 있도록 만들기 위해, 그리고 만약 책임전가가 실패했을 경우 방어능력을 높이기 위해, 자신의 자원을 동원하였다. 히틀러가 집권한 후 2년 동안 프랑스는 국방비를 별로 증액시키지 않았다. 아마도 히틀러가 집권했던 1933년 당시 프랑스는 상대적으로 독일보다 막강한 군사력을 보유하고 있었기 때문일 것이다. 그러나 1935년을 기점으로 프랑스의 역대 정부는 독일의 공격을 방어하기 위한 목적에서 매년 국방비를 지속적으로, 그리고 대폭적으로 증액시켰다. 1935년 당시 75억 프랑을 국방비로 사용한 프랑스는 1937년에는 112억 프랑, 그리고 1939년에는 441억 프랑을 국방비로 사용하였다.[109]

1934년으로부터 1938년에 이르는 동안 소련의 대 독일정책에 대해서는 학자들에 따라 견해가 상당히 다르다. 1939년부터 1941년 사이 스탈린의 전략은 보다 분명하며 논란의 여지가 없다. 1930년대 소련의 정책에 대해서는 세 가지 다른 학파의 설명이 존재한다. 일부 학자들은 유럽정치를 움직인 힘은 히틀러가 아니라 스탈린이었고 스탈린은 미끼를 던져 피 흘리게 하기(bait-and-bleed) 전략을 추구했다고 주장한다. 이들은 특히 스탈린은 독일의 국내정치에 개입하여 히틀러가 수상이 되는 것을 도왔다고 주장한다. 스탈린은 나치 독일이 프랑스와 영국을 향해 전쟁을 도발할 것이라고 믿었고 그것은 소련에게 아주 득이 되는 일이기 때문이었다.[110] 다른 사람들은 스탈린은 독일을 봉쇄하기 위해 프랑스, 영국과 균형 연합을 결성하고자 했지만 이처럼 "집단안보"를 위한 스탈린의 노력은 서방국가들이 협력을 거부했기 때문에 실패로 돌아갔다고 주장한다.[111] 또 다른 사람들은 스탈린이 책임전가의 전략을 추구했으며, 그 목표는 히틀러와의 협력은 강화하면서 프랑스 및 영국과 독일의 관계는 훼손시킴으로써 히틀러가 이들을 먼저 공격하도록 유도하는 것이었다고 주장한다.[112] 이러한 접근은 서방의 강대국들에게 책임을 전가하는 것을 용이하게 할 뿐만 아니라 히틀러와 스탈린이 힘을 합쳐 폴란드 같은 동유럽의 약소국가들을 정복할 수 있는 기회를 제공하는 것이었다.

스탈린이 당시 영리한 전략가였다는 사실은 인정하지만 스탈린이 미끼를 던져 피흘리게 하는 전략을 채택했다고 믿을 수 있는 충분한 근거는 없다. 그러나 1934년부터 1938년 사이 스탈린이 책임전가의 전략 혹은 집단안보의 전략을 채택했다고 볼 수 있는 근거는 상당히 많다.[113] 이런 사실은 놀라운 일이 아니다. 히틀러가 권력을 잡은 이후 유럽의 정치적 지평은 급격히 변하고 있었으며 향후 유럽의 정치가 어느 방향으로 진행될지도 불분명했다. 역사학자인 아담 울램Adam Ulam은 상황을 잘 지적하고 있다.

"무서운 공포에 당면한 절망적 상황에서 소련은 모든 대안을 다 열어두어야 한다고 생각했다. 그중 한 가지는 소련이 실제로 전쟁에 빨려 들어가는 것을 연기시키거나 피하게 해주는 것일 거라고 기대했다."[114]

그럼에도 불구하고 1930년대에 나타났던 근거들을 중심으로 종합적으로 판단해 본다면 스탈린은 나치 독일에 대응하기 위해 책임전가의 전략을 더욱 선호했었다고 판단할 수 있을 것 같다. 책임전가란 물론 매력적 전략이었다. 그렇기 때문에 영국, 프랑스, 그리고 소련이 모두 책임전가의 전략을 추구했던 것이다.[115] 만약 이 전략이 계획했던 대로 실행될 수 있다면 책임을 전가한 나라는 침략국에 맞서 싸우는 혹독한 대가를 전가할 수 있을 것이며 상대적인 힘의 증가라는 이익을 얻을 수 있을지도 모른다. 당연한 결과였지만 1940년 6월 프랑스가 독일의 공격 앞에 붕괴됨으로써 스탈린의 책임전가 전략은 실패로 돌아갔다. 실제로 당시 영국과 프랑스가 독일에 대항할 수 있을 것이라 생각할 수 있는 좋은 근거들이 있었다. 유럽에서 책임전가는 소련에게는 특히 매력적인 전략이었다. 소련은 1930년대 동아시아에서 일본으로부터도 심각한 위협을 당하고 있었기 때문이다.[116]

더 나아가 스탈린은 그가 열심히 노력한다 할지라도 1930년대 유럽의 국제상황은 3국협상을 다시 재건할 가능성이 없다는 사실을 잘 인식하고 있었다. 프랑스 육군은 독일에 대한 공격작전을 수행하기에는 능력이 부족했다. 히틀러가 1936년 3월 라인란트를 점령한 이후에는 특히 그랬다. 그렇기 때문에 스탈린은 독일이 소련을 먼저 공격하는 경우라 해도 프랑스가 독일을 공격해 줄 것을 기대할 수 없었다. 스탈린은 영국과 프랑스가 책임을 소련으로 떠넘기려 한다는 상당한 근거들을 알고 있었으며 이런 사실들은 소련이 영국, 프랑스와 믿을 수 있는 동맹관계를 구축할 수 없다고 생각하게 했다. 서방측과 소련 사이의 뿌리 깊은 이념적 적대감은 문제를 더욱 복잡하게 만들었다.[117] 마지막으로 이미 지적한 바처럼 동유럽의 지리적 특성은 집단안보의 대안에 대한 중요한 장애요인이었다.

소련도 역시 자원을 동원함으로써 독일의 공격에 스스로 대비하고자 했으며 책임전가 전략의 성공가능성을 높이려 했다. 제6장의 설명을 다시 기억해 본다면, 1928년 스탈린이 무자비할 정도로 소련의 경제 근대화에 박차를 가한 것은 언젠가 닥쳐올 전쟁에 대비하기 위한 것이었다. 1930년대 소련의 적군(Red Army)은 그 규모가 엄청나게 증가, 1933년부터 1938년 사이 3배의 규모로 성장했다(〈표 8-6〉을 보라). 소련군의 양적, 질적 능력도 급격히 향상되었다. 예로 1930년 소련의 산업은 952문의 야포를 생산했는데, 1933년에는 4,368문, 1936년에는 4,324문, 그리고 1940년에는 15,300문의 야포를 생산할 수 있었다.[118] 소련은 1930년에는 170대의 탱크를 만들었고, 1933년에는 3,509대, 1936년에는 4,800대를 만들었다. 1940년 제조된 탱크의 숫자는 2,794대로 줄어들었는데 그 이유는 1937년 이후부터는 생산라인에서 대규모의 제조가 가능한 경(輕)탱크가 아니라 중간 혹은 중형탱크(Heavy tanks)를 제조하기 시작했기 때문이다. 소련군의 전투력은 양호했고 1930년대 중반이후 지속적으로 개선되었다. 1936년이 되었을 당시 "소련군은 기갑전에 관한 한 세계에서 가장 근대화된 교리와 가장 막강한 능력을 갖추고 있었다."[119] 그러나 1937년 여름 단행된 군부에 대한 스탈린의 대숙청은 2차 세계대전 초반 무렵에 이르기까지 소련군의 전투력을 심각하게 손상시켰다.[120]

1931년부터 1941년 사이 스탈린의 정책이 무엇인지에 대해 별 논란은 없다. 스탈린은 책임전가 전략을 추구하면서, 히틀러와 합세해 동유럽의 약소국들을 먹어치울 기회를 모색했다. 이러한 스탈린의 정책은 1939년 8월 23일 체결된 악명 높은 몰로토프-리벤트로프 조약에 잘 나타나 있다. 이 조약은 동유럽의 대부분을 소련과 독일 간에 분할했을 뿐만 아니라, 히틀러가 영국, 프랑스와 전쟁에 들어가더라도 소련은 전쟁에 개입하지 않을 것임을 사실상 보장해 주었다. 누군가는 1940년 여름 프랑스가 붕괴된 이후 스탈린이 책임전가 전략을 포기하고 영국과 힘을 합쳐 히틀러와 대항하기를 기대했을지도 모른다. 그러나 이미 지적한 바대로 스탈린은 책임전가 전략을 지속적으로 추구했고 영국과 독일이 길고 처절한 전쟁으로 빠져들기를 희망했다. 그러나 스탈린의 이와 같은 접근은 1941년 6월 22일 독일이 소련을 침공함으로써 실패로 돌아갔다. 비로소 영국과 소련은 독일에 대항하는 동맹을 결성할 수 있었다.

■ 힘의 계산

1930년대 독일의 적국들이 모두 책임전가의 행태를 보였던 이유는 당시 유럽 강대국들간의 힘의 분포상황과 지리적 요인으로 상당 부분 설명될 수 있다. 1930년부터 1944년에 이르는 동안 독일은 유럽의 어느 나라보다 잠재적으로 막강한 국력을 보유하고 있었다(⟨표 3-3⟩과 ⟨표 3-4⟩를 보라). 1930년 당시 바이마르 공화국은 유럽 전체 경제력의 33%를 차지하고 있었던 반면 독일의 가장 근접한 경쟁국인 영국은 27%, 프랑스와 소련은 각각 22%와 14%를 점하고 있었다. 1940년에 이르자 독일의 산업 능력은 유럽 전체의 36%로 성장했고, 당시 독일에 가장 근접한 경쟁국인 소련은 28%였고, 영국은 24%로 3위로 떨어졌다.

1차 세계대전 무렵과 비교해 보자. 1차 세계대전이 발발하기 직전인 1913년 독일의 경제력은 유럽 전체의 40%에 이르렀고, 당시 2위인 영국은 28%였다. 프랑스와 러시아는 각각 12%와 11%를 점하고 있었다. 잠재적 국력을 고려한다면 1930년대의 독일은 20세기 초반의 경우와 마찬가지로 유럽의 잠재적 패권국이 될 수 있는 조건을 갖추고 있었다. 1930년대 유럽의 경제에서 차지하는 소련의 비중이 급격히 상승하고 있었다는 사실은 분명하며 이는 소련이 1930년대 말엽에 이르렀을 때 1914년 혹은 1930년 당시보다 훨씬 막강한 군사력을 건설할 수 있으리라는 것을 의미했다.[121]

막강한 잠재력에도 불구하고 1939년에 이를 때까지 독일은 아직 잠재적 패권국에 도달하지는 못했다. 1939년 이전의 독일은 아직 유럽 최강의 육군을 보유하지는 못했기 때문이다. 히틀러는 집권 당시 보잘 것 없는 군사력을 물려받았으며 이를 다른 강대국을 공격할 수 있는 능력을 갖춘 잘 무장된 군사력으로 전환시키는 데는 시간이 필요했다. 결정적으로 중요한 1936년 8월의 재무장 계획도 처음에는 1940년 10월까지 완료될 수 있을지 의문이었다. 독일군 증강목표의 대부분이 계획보다 1년 전에(1939년 여름) 완수되었는데, 이는 재군비 계획이 현기증 날 정도로 빨리 추진되었고, 오스트리아와 체코슬로바키아를 합병함으로써 군비증강을 위한 엄청난 자원을 확보할 수 있었기 때문에 가능했다.[122] 그러나 그렇게 빨리 재무장을 한 결과 다양한 조직상의 문제점이 야기되었고 독일군은 1939

	1933	1934	1935	1936	1937	1938
영국	195,256	195,845	196,137	192,325	190,830	212,300
프랑스	558,067	550,678	642,875	642,785	629,860	698,101
독일	102,500	240,000	480,000	520,000	550,000	720,000
이탈리아	285,088	281,855	310,000	343,000	370,000	373,000
소련	534,657	940,000	1,300,000	1,300,000	1,433,000	1,513,000

표 8-6 유럽 각국 육군 병력수, 1933-1938

자료: 영국의 자료는 *League of Nations Armaments Year-Book* (Geneva: League of Nations, June 1940), pp. 58-59. 프랑스에 대해서는 다음 자료의 해당연도 판을 참조. *League of Nations Armaments Year-Book* (표시된 날짜는 출간된 날짜와 같다); July 1934년 7월, p. 259; 1935년 6월, p. 366; 1936년 8월, p. 368; 그리고 *The Statesman's Year-Book* (London; Macmillan, 해당연도): 1937, p. 898; 1938, p. 908; 1939, p. 904. 독일 관련 자료는 Barton Whaley, *Covert German Rearmament, 1919-1939: Deception and Misperception* (Frederick, MD: Univ. Press of America, 1984), p. 69; Herbert Rosinski, *The German Army* (London: Hogarth, 1939), p. 244; Wilhelm Deist, *The Wehrmacht Statesman's Year-Book*, 1938, p. 968. 이탈리아와 관련해서는, *The Statesman's Year-Book, 1934*, p. 1043; 1935, pp. 1051-52; 1936, p. 1062; 1938, pp. 1066-67; 1939, p. 1066; Singer and Small, *National Material Capabilities Data*를 보라. 소련 관련 자료는 *League of Nations Armaments Year-Book, 1934*, p. 720; June 1940, p. 348; Singer and Small, *National Material Capabilities Data*; 그리고 David M. Glantz, *The Military Strategy of the Soviet Union: A History* (London: Frank Cass, 1992), p. 92.

년 이전에는 강대국간 전쟁을 일으킬 수 있는 수준에 도달하지 못했다.[123] 이처럼 준비가 제대로 되지 못했다는 사실은 1938년 뮤니히 위기 당시 히틀러와 독일군 장군들이 불편한 관계에 놓였던 주된 원인이었다. 독일군 장성들은 히틀러가 아직 제대로 준비도 되지 못한 독일군을 강대국간 전쟁으로 몰고 갈 것을 두려워했다.[124]

독일군이 점증하는 문제에 봉착했던 1933년부터 1939년에 이르는 기간 동안 프랑스와 소련은 독일군의 군비 확장에 대항하기 위해 군사력을 팽창시켰다. 1937년까지 프랑스군과 소련군은 독일군보다 막강했다. 그

	1938	1939	1940
프랑스	100	102	104
독일	71	103	141

표 8-7 동원된 이후 프랑스와 독일의 군사력 규모(사단 수), 1938-1940

자료: 위의 수치는 Williamson Murray, *The Change in the European Balance of Power, 1938-1939: The Path to Ruin* (Princeton, NJ: Princeton Univ. Press, 1984), p. 242; Richard Overy, *The Penguin Historical Atlas of the Third Reich* (London: Penguin, 1996), p. 67에서 인용한 것임; 또한 Albert Seaton, *The German Army, 1933-1945* (New York: New American Library, 1982), pp. 92-93, 95의 자료들임.

러나 프랑스군과 소련군의 독일군에 대한 우위는 그후 2년 동안 급속히 소진되었고 1939년 중반 독일군은 유럽에서 가장 막강한 군대로 성장했다. 바로 이런 이유 때문에 많은 학자들은 히틀러의 라이벌들이 1939년이 아니라 1938년에 히틀러와 전쟁을 벌였어야 한다고 주장한다.[125]

〈표 8-6〉이 분명히 보여주는 바처럼 프랑스 육군은 1937년까지는 독일군에 비해 수적으로 훨씬 우세했다. 프랑스군은 질적 측면에서도 우위를 유지하고 있었는데 이는 프랑스군이 효율적 전투력을 갖춘 군대였기 때문이기보다는(사실은 효율적 군대가 아니었다) 독일군이 성장하는 과정에서 나타나는 문제들로 인해 아직 전투력이 심각하게 제한되었기 때문이었다. 1938년이 되었을 때 결국 독일은 프랑스를 능가하는 평시의 군사력을 갖게 되었다. 그러나 〈표 8-7〉이 분명하게 보여주는 바처럼 그때까지도 프랑스는 전쟁이 발발한다면 더 많은 군사력을 동원할 수 있었다. 즉, 프랑스는 100개 사단을 동원할 수 있었는 데 비해 독일은 71개 사단을 동원할 수 있었다. 1939년에 되었을 때 독일은 그러한 프랑스의 우위를 말소시켰다. 독일은 이제 전쟁이 발발한다면 프랑스와 같은 수의 사단을 동원할 수 있게 되었다. 더욱이 독일 육군은 프랑스 육군보다 질적으로 우수했으며 더욱 우수한 공군력에 의해 지원받을 수 있었다.[126] 독일이 프랑스

보다 경제적으로 훨씬 부유했고 훨씬 많은 인구를 보유했다는 사실을 고려한다면 1940년에 이르렀을 때 프랑스와 독일의 군사력 격차가 더욱 벌어질 것이라는 사실은 전혀 놀랍지 않다.

소련군도 1933년에서부터 1937년 사이에는 독일군에 비해 질적, 양적으로 우세하였다. "1930년대 중반에 독일과 소련이 전쟁을 벌였다면 소련군은 독일군에 대해 상당히 유리한 위치에 있었을 것이다"는 데이비드 글란츠David Glantz의 언급은 아주 정확한 것이다.[127] 그러나 이러한 우위는 1930년대 말엽 소멸되기 시작했다. 독일군의 전력이 증강한 것과 동시에 스탈린의 숙청으로 인해 소련군이 약화되었기 때문이었다(〈표 8-8〉을 보라).

1939년 이전 독일은 아직 잠재적 패권국이 아니었다는 사실과, 1938년까지 프랑스군과 소련군이 각각 독일군과 대적할 수 있는 능력을 보유했다는 사실을 고려할 경우 1939년 이전 3국협상과 같은 균형 연합이 형성되지 않았던 이유와 히틀러의 라이벌들이 서로 책임을 전가하려 했던 이유를 알 수 있다. 영국과 프랑스가 1939년 3월에 히틀러에 대항하는 동맹을 결성했던 이유도 알 수 있다. 이미 그 무렵 독일의 군사력은 프랑스의 군사력에 비해 분명한 우위를 보이기 시작했고, 프랑스는 독일군을 막아내기 위해 도움을 필요로 했던 것이다.

서방측 국가들이 소련과 연합하여 3국협상과 같은 동맹체제를 맺으려 하지 않았던 이유는 1939년 당시 영국과 프랑스는 1차 세계대전 직전 그들이 소련의 생존에 대해 우려했던 것만큼 큰 우려를 하지 않았기 때문이다. 1914년 이전 서방 국가들에게는 러시아와 동맹을 체결하는 방법 외에는 다른 도리가 없었다. 당시 러시아는 독일의 공격에 버틸 수준이 아니었다. 그러나 소련은 러시아보다 훨씬 막강한 산업 및 군사력을 보유하고 있었고 그 결과 영국과 프랑스에겐 소련의 방위를 도와주어야 한다는 강박관념이 없었다. 스탈린 역시 영국과 프랑스는 서로 힘을 합칠 경우 독일을 제어하기에 충분하리라고 생각했고, 그 결과 영국과 프랑스에게 (히

	1939		1940		1941		1939-45
	상비군	동원된 이후	전투력	병력 총수	전투력	병력 총수	동원된 총병력수
영국	237,736	897,000	402,000	1,888,000	na	2,292,000	5,896,000
프랑스	900,000	4,895,000	2,224,000	5,000,000	na	na	na
독일	730,000	3,740,000	2,760,000	4,370,000	3,050,000	5,200,000	17,900,000
이탈리아	581,000	na	na	1,600,000	na	na	9,100,000
소련	1,520,000	na	na	3,602,000	2,900,000	5,000,000	22,400,000

표 8-8 유럽 각국 육군 병력수, 1939-1941

참고: na= 없음. "전투병력"은 〈표 8-4〉에서 정의된 바와 같다. 동원된 병력은 1939년 동원이 완전히 종료된 이후의 군대에서 복무하게 된 남자의 총 수를 의미한다. 그래서 이 수치는 전투병만을 표시하는 것은 아니다. 1940년, 1941년의 경우 이들을 병력총수로 표시했다. 〈표 8-7〉의 자료와 비교해 보면 독일의 경우 다른 나라에 비해 훨씬 높은 비율의 병력이 지원부대가 아니라 전투부대에 할당되었다는 사실을 알 수 있다. 이러한 사실은 독일의 전투력이 우위에 있음을 보여준다.

자료: 영국에 관한 자료는 *League of Nations Armaments Year-Book* (Geneva: League of Nations, June 1940), p. 59; I. C. B. Dear, ed., *The Oxford Companion to World War II* (Oxford: Oxford University press, 1995), p. 1148; 그리고 John Ellis, *World War II: Statistical Survey* (New York: Facts on File, 1993), p. 228. 프랑스 관련 자료는 Ellis, World War II, p. 227; Pierre Montagnon, *Histoire de l' Arm'ee Francaise: Des Milices Royales a l' Arm'ee de Metier* (Paris: Editions Pygmalion, 1997), p. 250; Phillip A. Karber et al., *Assessing the Correlation of Force: France 1940*, Report No. BDM/W-79-560-TR (McLean, VA: BDM Corporation, 1979), 표1; 그리고 Dear, ed., *Oxford Companion to World War II*, p. 401. 독일 관련 자료는 Whaley, *Covert German Rearmament*, p. 69; Dear, ed., *Oxford Companion to World War II*, p. 468; Matthew Cooper, *The German Army 1933~1945: Its Political and Military Failure* (New York: Stein and Day, 1978), pp. 214, 270; Ellia, *World War II*, p. 227을 보라. 소련 관련 자료는 Glantz, *Military Strategy*, p. 92; Louis Rotundo, "The Creation of Soviet Reserves and the 1941 Campaign," *Military Affairs 50*, No. 1 (January 1985), p. 23; Ellis, *World War II*, p. 228; and Jonathon R. Adelman, *Revolution, Armies, and War: A Political History* (Boulder, Co: Lynne Rienner, 1985), p. 174. 이탈리아 관련 자료는 Singer and Small, *National Material Capabilities Data*; Dear, ed., *Oxford Companion to World War II*, p. 228; Ellis, *World War II*, p. 220.

틀러를 봉쇄하는) 책임을 떠넘기려 했던 것이다.[128] 마지막으로 1933년으로부터 1939년 가을에 이를 때까지 독일과 소련이 국경을 접하지 않고 있었다는 사실은 독일 제3제국에 대항하는 동맹의 결성을 방해하는 요인이었다. 더욱이 지리적 요인은 소련이 아니라 프랑스(독일과 국경을 접하고 있는)가 결국 책임을 떠맡게 될 가능성이 가장 높은 나라로 만들었다.

1940년 6월 이후 소련과 동맹을 맺으려는 영국의 욕구는 설명이 필요 없다. 영국은 이미 나치 독일과 전쟁 중에 있었으며 얻을 수 있는 어떤 도움이라도 획득하고자 했다. 더 재미있는 질문은 왜 소련은 영국의 제안을 무시하고 계속 책임전가 전략을 추구했느냐 하는 것이다. 결국 독일군은 던케르크 패퇴 이후의 영국군보다 훨씬 더 막강했고, 이것은 독일이 영국을 쉽게 격파하고 나서 소련을 공격할 수도 있다는 것을 의미했다. 그러나 바다의 차단성은 영국을 독일의 공격으로부터 구원할 수 있었고, 스탈린에게 책임전가를 승리의 전략처럼 보이게 만들었다. 영국해협은 독일에게 영국을 침공하여 정복한다는 것은 거의 불가능하다는 사실을 인식하게 하였다. 이는 영국이 독일과 공중과 바다에서 그리고 북아프리카 및 발칸 등과 같은 변방지역에서 오랫동안 싸울 것임을 의미했다. 실제로 이는 1940년부터 1945년 사이에 발생했던 일들의 대체적인 모습이다.

영국과 동맹을 체결한다는 것이 스탈린에게 별로 매력적인 일로 보이지 않았던 또 다른 이유는 영국과 동맹을 체결할 경우 소련은 독일 제3제국과의 전쟁에 빠져들어갈 뿐만 아니라 소련군이 독일군과의 전투의 대부분을 담당해야 할 것이라고 생각되었기 때문이다. 왜냐하면 영국은 어떤 경우라도 다수의 육군을 대륙에 파견할 수 있는 처지가 아니었기 때문이다. 이같이 고려를 했음에도 불구하고 스탈린의 사고에는 중대한 실책이 있었다. 스탈린은 히틀러가 '영국을 완전히 격파하고 서유럽에서의 위치를 공고히 하기 이전에는 소련을 침략하지 않을 것'이라는 올바르지 못한 가정을 했던 것이다.[129]

양차 대전 이전 수년 동안 독일의 라이벌 강대국들의 전략적 행태에 대해 결론을 내리기로 하자. 영국, 프랑스, 소련은 왜 독일 제3제국에 대해서는 책임전가의 전략을 채택한 반면, 카이저의 독일에 대해서는 전쟁발발 7년 전부터 동맹을 맺었는가? 이를 설명하기 위해서는 양자 사이에는 3가지 중요한 차이점이 있음을 알아야 한다. 첫째, 나치 독일은 1939년까지는 엄청난 군사 강국이 아니었다는 점이다. 반면 카이저의 육군은 적어도 이미 1870년 이후부터 1차 세계대전이 발발할 무렵까지 유럽에서 제일 막강했다. 실제로 히틀러의 독일은 1939년까지는 잠재적 패권국이 아니었다. 반면 빌헬름 황제의 독일은 1903년에 이미 잠재적 패권국의 지위를 획득했다. 둘째, 1930년대의 소련은 1차 세계대전 이전의 러시아보다 훨씬 큰 잠재력과 능력을 보유하고 있었다. 그렇기 때문에 영국과 프랑스는 차르의 러시아와 비교할 때 소련의 생존에 대해 그다지 큰 우려를 하지 않았다. 셋째, 1914년 이전에는 독일과 러시아가 국경을 맞대고 있었지만 1939년 이전에는 그렇지 않았다. 국경을 접하고 있지 않았다는 사실은 소련이 책임전가의 전략을 추구하도록 부추겼다.

냉전 시대 (1945-1990)

■ 배경

1945년 독일 제3제국이 붕괴했을 당시 소련은 유럽에서 가장 강력한 국가로 등장했다. 일본제국은 4개월 후 몰락했고(1945년 8월), 그 결과 소련은 동북아시아에서도 가장 강한 국가가 되었다. 유럽이나 동북아시아에 막강한 소련군이 그 지역들을 점령하여 패권국이 되는 것을 막을 수 있는 강대국은 존재하지 않았다. 소련의 팽창을 막을 수 있을 정도의 힘을 가진 유일한 나라는 미국뿐이었다.

그러나 미국이 소련에 대항하여 균형세력의 역할을 담당하지 않을 수도 있는 이유가 있었다. 미국은 유럽 국가도 아시아 국가도 아니며 오랫동안 이 지역에 개입하지 않는다는 전통을 고수하고 있었다. 사실 1945년 2월의 얄타회담에서 프랭클린 루스벨트 대통령은 스탈린에게 2차 세계대전이 끝난 후 2년 이내에 유럽에서 모든 미군을 철수시킬 것이라고 말했다.[130] 더구나 1941년부터 1945년에 이르기까지 미국과 소련은 나치 독일에 대항하여 함께 싸운 동맹국이었다는 사실을 고려할 때 미국의 정책 결정자들이 갑자기 방향을 180도 선회하여 미국 국민들에게 소련이야말로 친구가 아니라 가장 심각한 적국이라고 말하기도 어려운 일이었다. 2차 세계대전이 종식된 후 스탈린과 해리 트루먼Harry Truman 대통령은 패배한 주축국, 특히 독일 문제를 처리하는 데 상호협력해야 할 필요가 있었다.

그럼에도 불구하고 미국은 2차 세계대전이 끝나자마자 소련을 제어하기 위한 행동을 시작했으며 45년 후 소련이 붕괴될 때까지 미국은 엄청난 봉쇄정책을 지속했다. 마크 트라크텐버그Marc Trachtenberg는 이 관점을 잘 지적했다.

> "봉쇄정책이라 불린 정책은 1946년이 시작될 무렵 채택되었다. 이
> 정책은 용어가 만들어지기 이전에, 아마도 봉쇄정책의 중요한 이론
> 가인 조지 케난이 그 근거를 제시하기 이전부터 이미 채택되었다고
> 볼 수 있다."[131]

미국은 민첩하고 효과적으로 소련과 균형을 이루었는데 이는 소련이 유럽과 동북아시아를 지배하지 않는 것이 미국의 국가이익과 일치하기 때문이고, 1940년대 중반 양극체제의 세계에서 소련이 유럽과 동북아시아의 지배를 막을 수 있는 나라는 미국 이외에는 없었기 때문이다. 간단히 말한다면 미국은 책임전가 전략을 택할 수가 없었고 그래서 소련을 봉쇄하는 무거운 부담을 혼자 담당할 수밖에 없었다.[132]

■ 강대국의 전략적 행태

이란과 터키는 냉전초기 소련 팽창정책의 중요한 표적이었다.[133] 2차 세계대전 당시 소련은 북부 이란의 영토를 점령하고 있었으나 태평양 지역에서의 전투가 종료되면 6개월 이내에 이란에 주둔하는 소련군을 철수 시킬 것이라고 약속했다. 1946년 초반 소련군이 이란을 떠날 가능성이 없어 보이자 미국은 소련에게 약속을 지키라며 압력을 가했다. 미국의 압력은 효과가 있었다. 소련군은 1946년 5월초 이란으로부터의 철수를 완료했다.

스탈린은 동부 지중해 지역에 대한 팽창에도 관심이 있었다. 그의 중요한 표적은 터키였다. 1945년 여름 스탈린은 터키 동쪽의 영토를 요구했고 다르다넬스에 소련군의 기지 건설권을 요구했다. 이는 소련 해군이 지중해에 접근하기 위한 방편이었다. 게다가 1944년부터 1949년 사이 내란으로 혼란해진 그리스에서는 강력한 공산주의 폭동이 야기되었다. 스탈린이 그리스 공산주의자들을 직접 지원하지는 않았지만 공산주의자들이 내란에서 승리하여 그리스를 지배하게 된다면 그것은 분명히 스탈린에게 큰 도움이 되는 것이었다.[134] 미국은 소련으로부터 그리스와 터키를 방어하는 일을 영국에게 맡기려 했지만 1946년 내내 영국이 그 역할을 담당할 수 없을 것이라는 사실에 우려했다. 1947년 2월 말 영국의 경제력이 그리스와 터키에게 필요한 경제 및 군사지원을 제공할 수 없을 정도로 취약해졌음이 분명하게 드러났을 때 미국은 즉각 그 공백을 메웠다.

1947년 3월 12일 트루먼 대통령은 의회 합동회의에서 그의 이름이 붙여진 유명한 독트린을 제시했다. 그는 분명한 어조로 미국이 지중해뿐만 아니라 전 세계에서 공산주의의 위협 앞에 맞서야 할 때라고 말했다. 그는 그리스와 터키를 지원하기 위한 4억 달러를 의회에 요청했다. 아더 반덴버그Arthur Vandenberg 상원의원(공화당, 미시간 주 출신)은 트루먼에게 만약 그가 그만한 금액의 돈을 원한다면 우선 "미국 국민을 벌벌 떨 정도로 겁주어야 할 것"이라고 말했다.[135] 그는 그렇게 했고 미국의회는 그의 요구를 승인했다. 그리스의 공산당은 결국 패퇴했고, 소련은 터키 영토도 다르다넬스의 기지도 차지하지 못했다. 그리스와 터키는 1952년 2월 북대서양조약기구의 회원국이 되었다.

미국의 정책결정자들은 또한 1946년, 그리고 1947년 초반 소련이 곧 서유럽을 지배하게 될지도 모른다고 우려했다. 미국은 소련군이 대서양까지 밀고 올 것이라고 우려한 것은 아니었다. 대신 미국의 지도자들은 모스크바와 연계된 강력한 공산당이 프랑스, 이탈리아 등에서 출현하게 되는 것을 우려했다. 이들의 경제상황은 형편없는 수준이었으며 이 나라 국민들은 대단한 불만족 속에서 처절한 상태에 처해 있었기 때문이다. 1947년 6월 초 미국은 유명한 마셜 플랜(Marshall Plan)으로 이 문제에 대처하기 시작했다. 마셜 플랜은 서유럽에서의 "가난, 궁핍, 좌절 그리고 혼란"과 싸울 것을 분명한 목표로 설정했다.[136]

동시에 미국은 독일의 미래에 대해 깊은 관심을 가졌다. 미국은 물론 소련도 2차 세계대전이 끝난 직후 독일의 미래에 대한 분명한 비전이 없었다.[137] 냉전 초기 서방측은 소련이 독일을 무력으로 정복하려 할 것이라는 우려는 가지고 있지 않았다. 실제로 스탈린이 영국, 프랑스, 미국이 점령지역을 통합하여 서독 국가를 건설하지 않는 한, 영구히 분단된 독일의 상태에 만족해 했다는 증거가 있다. 그러나 미국의 정책결정자들은 1947년을 거치면서 서유럽(독일의 연합군 정복지역을 포함하는)에서 공산주의를 몰아내기 위해서는, 서유럽 국가들과 긴밀한 관계를 가질 강력하고 번영하는 서부독일의 건설이 반드시 필요하다고 생각하게 되었다. 1947년 12월 런던회의에서 그 방안이 확정되었고, 다음 2년 동안 실행에 옮겨졌다. 1949년 9월 21일 독일연방공화국(Federal Republic of Germany, 서독)이 탄생했다. 요약한다면 미국은 서독이 중심이 된 막강한 성곽을 서유럽에 구축함으로써 소련의 팽창을 저지하고자 했다.

소련이 독일의 미래에 관한 미국의 계획을 심각한 경종으로 받아들인 것은 놀라운 일이 아니다. 멜빈 레플러Melvyn Leffler가 지적했듯이, "서부 독일에 관한 영국과 미국의 계획보다 크렘린을 더 자극한 것은 없다. 서독의 자치정부가 형성될지도 모른다는 악몽은 독일이 서방 경제블록에 편입될 것이라는 전망만큼이나 러시아인들을 두렵게 만들었다."[138] 이에 대한 반응으로 소련은 1948년 2월 체코슬로바키아의 공산주의 쿠데타를 지원했으며 체코슬로바키아를 서방에 대한 소련 성곽의 한 부분으로 만들었다. 더 중요한 것으로 소련은 1948년 6월 베를린을 봉쇄함으로써 위기를 야기했다. 소련은 독일의 서방측 점령 지역과 베를린을 연결하는 도로와 수로(水路)를 모두 차단했던 것이다.

미국은 소련의 행동에 신속하고 강압적으로 대응했다. 체코슬로바키아에서 쿠데타가 발발했을 당시 미국은 향후 서유럽에 대한 소련의 군사적 위협을 억지하기 위한 서방측의 군사동맹 결성을 심각하게 고려하기 시작했다.[139] 1948년 5월 계획안이 본격적으로 마련되기 시작했고 결국 1949년 4월 4일 북대서양조약기구(NATO)가 탄생했다.[140] 서방측의 많은 사람들이 베를린은 전략적인 골칫거리이며 포기해야 한다고 주장했지만, 미국은 비참하게 된 베를린시에 대해 대규모 물자 공수작전을 전개했다.[141] 미국이 베를린을 포기하지 않을 것이란 사실을 인식한 소련은 1949년 5월 베를린 봉쇄를 해제했다.

스탈린은 냉전 초반 동북아시아에서도 소련의 영향력 팽창을 시도하였다.[142] 2차 세계대전 당시 소련은 만주에 진주한 소련군을 1946년 2월 1일까지는 모두 철수할 것이라고 약속했다. 그러나 소련군은 약속한 날짜가 되었을 때 만주에 계속 주둔하고 있었다. 미국은 이에 대해 항의했고 소련군은 1946년 5월 철수했다. 미국의 정책결정자들은 오랫동안 지속된 내란에서 마오쩌둥의 공산주의자들이 민족주의자인 장제스를 패배시키고 중국을 소련의 동맹국으로 만들지도 모른다는 사실에 깊은 관심을 가졌다. 마오쩌둥과 스탈린의 관계는 복잡했지만 스탈린은 중국 공산주의자들에게 적당한 지원을 제공했다. 그러나 미국은 1949년 장제스를 궁극적인 패배로부터 구하기 위한 어떤 노력도 할 수 없었다. 장제스군이 너무나도 부패하고 비효율적이었기 때문이었다. 미국 국무장관 애치슨Dean Acheson은 1949년 7월 30일 대통령에게 전달된 중국에 관한 국무성의 유명한 백서에서 다음과 같이 지적했다.

> "미국이 했거나 능력의 합리적인 한도 내에서 할 수 있었던 어떤
> 일로도 지금의 결과를 바꿀 수는 없었을 것입니다. 미국이 하지 않
> 은 그 어떤 일로도 그 결과를 바꿀 수는 없었을 것입니다. 미국이
> 영향을 미치려 했지만 가능하지 않았던 것은 중국의 내부적 힘이었
> 습니다."[143]

1950년 6월 25일, 북한의 남한 침략은 당시 스탈린이 허락하고 지원한 것이라고 널리 인식되었다. 트루먼 행정부는 이 공격에 대해 즉각 반응했고 이전의 상태를 회복하기 위해 북한 및 중국에 대항하여 3년에 걸친 전쟁을 벌였다. 전쟁의 결과 중 하나는 남은 냉전 기간 동안 미국이 한국에 상당수의 미군을 주둔시키게 되었다는 점이다. 그러나 더 중요한 사실은 한국전쟁으로 인해 미국이 국방비를 대폭 증액하게 되었다는 점과 소련을 봉쇄하는 데 더욱 전념하게 되었다는 점이다. 미국은 1950년부터 1990년까지 유럽, 동북아시아, 걸프 지역 등 결정적으로 중요한 지역에서 소련의 팽창을 억제하기 위한 막강한 억지력을 구축하였다. 40년의 냉전 기간 동안 소련이 팽창할 수 있었던 지역은 오직 제3세계뿐이었다. 그러나 이 지역에서 소련은 이렇다할 이득을 얻지 못했으며, 미국은 소련의 모든 움직임에 대해 일일이 대응했다.[144]

그럼에도 불구하고 냉전 당시 미국에게 소련을 봉쇄하는 책임을 다른 나라에게 전가하고 싶은 마음이 전혀 없었던 것은 아니다.[145] 1949년 나토 조약(NATO Treaty)을 상원에서 승인받기 위한 목적에서 애치슨 장관은 미국은 유럽에 대규모의 상비군을 파견할 의도가 없다고 언급했다.

1950년대 드와이트 아이젠하워Dwight Eisenhower 대통령은 미군을 본토로 철수시키고 소련의 침략위협을 서유럽국가들이 스스로 담당하도록 할 것을 심각하게 고려하였다.[146] 실제로 미국의 이런 생각은 냉전 초반 미국이 유럽의 통합을 적극 지지했던 이유 중 하나였다. 더 나아가 미국의 상원에는 1960년대 후반과 1970년대 초반에 유럽에 대한 미국의 개입을 완전히 손을 떼는 정도는 아닐지라도 상당 수준 축소해야 한다는 분위기가 팽배한 적이 있었다. 레이건Ronald Reagan 대통령 재임 중에도 미국의 유럽주둔 군사력을 대폭 감축해야 한다는 영향력있는 목소리들이 존재했다.[147] 그러나 1945년으로부터 1990년까지 지속된 양극체제의 세계에서 책임전가는 미국의 좋은 정책대안이 될 수 없었다. 2차 세계대전이 종식된 이후부터 냉전이 끝날 때까지 미국은 소련에 대해 강력한 봉쇄정책을 실시했고 이 정책은 놀라운 성공을 거두었다.

■ 힘의 계산

2차 세계대전이 종식될 무렵 국가들의 힘의 분포상황을 간단히 검토해 보면 유럽이나 동북아시아 지역에서 어떤 강대국 혹은 강대국들의 힘으로 소련군이 이 지역을 점령하는 것을 막을 수 없었고, 그렇기 때문에 미국이 소련의 팽창을 직접 봉쇄하는 이외에 다른 대안이 없었다는 사실을 분명히 알 수 있다. 동북아시아의 경우 일본은 패망했고 무장해제된 상태였으며, 다시 시작할 잠재적 국력이 거의 남아 있지 않았던 중국은 처절한 내란의 와중에 있었다. 유럽의 경우 독일은 소련군에 의해 결정적 패배를 당해 붕괴된 상태였다. 독일은 가까운 장래에 군사력을 다시 재건할 가망성이 없었다. 이탈리아의 군사력도 붕괴되었고 곧 회복될 가망이 없었다. 이탈리아군은 붕괴되기 이전에도 근대 유럽 역사에서 가장 열등한 군사력 중 하나였다. 프랑스는 1940년의 전쟁에서 나가떨어졌고 1944년 여름 미군과 영국군에 의해 해방될 때까지 독일에게 유린당했다. 1945년 봄 전쟁이 끝났을 무렵 프랑스는 아주 소규모의 육군을 보유하고 있었다. 그러나 당시 프랑스는 1940년 이전에 보유하고 있었던 수준의 대규모 군사력을 — 경제적 혹은 정치적으로 — 다시 보유할 가망이 없는 상태였다.[148] 영국은 2차 세계대전 동안 대규모의 육군을 건설했고 독일군을 파괴하는 데 큰 기여를 했다. 그러나 자세히 살펴볼 경우 1945년 이후 영국은 경제 및 군사적 측면에서 소련에 대항하는 균형 연합을 주도할 능력을 가지고 있지 않았다. 오직 미국만이 이 어려운 역할을 담당할 수 있는 능력을 갖추고 있었다.

2차 세계대전 당시 미국, 영국, 그리고 소련 군사력의 상대적 규모를 보면 왜 영국은 미국, 소련과 같은 반열에 놓일 수 있는 국가가 아닌지를 알수 있다. 1939년부터 1945년 사이 영국은 590만 명의 병력을 동원했는데 미국은 1,400만 명 그리고 소련은 2,240만 명의 병력을 동원했다.[149] 1945년 2차 세계대전이 종결될 당시 영국군은 약 470만 명이었는데 반해 미군은 약 1,200만 명, 소련군은 약 1,250만 명 정도였다.[150] 육군의 규모를 본다면 영국은 2차 세계대전 동안 50개 사단을 건설했었는데 반해 미국은 90개 사단, 소련은 1개 사단 병력규모가 영국과 미국보다 적기는 하지만 550개 사단을 건설할 수 있었다.[151]

물론 이 3국의 군사력은 2차 세계대전이 종식된 후 급격히 줄어들었다. 그러나 영국은 소련의 적수가 되지 못했다. 1948년 소련군 287만 명이 무장을 갖추고 있었는데 반해 영국군은 84만 7천 명에 불과했다. 같은 해 미국의 병력은 136만 명이었다.[152] 게다가 미국 및 소련의 군사력은 1948년 이후 더욱 급속히 증대되었다. 반면 영국의 군사력은 그 규모가 줄어들고 있었다.[153] 앞에서 살펴본 바처럼 1947년 당시 영국의 경제력은 아주 취약해서 그리스와 터키에 원조를 해 줄 수 있는 수준이 아니었고, 바로 이것이 트루먼 독트린이 나오게 되는 배경이었다. 영국은 결코 소련의 위협으로부터 서유럽을 지킬 수 있는 처지가 못 되었다.

영국의 문제는 소련의 위험을 인지하지 못하거나 혹은 소련의 위협에 대처할 의지가 없다는 것이 아니었다. 반대로 영국의 지도자들은 미국의 지도자들 못지 않게 소련의 팽창에 대해 우려하고 있었다.[154] 다만 영국은 소련과 대적할 수 있는 물적 자원을 가지고 있지 못했다. 1950년의 자료를 보면 소련의 국민총생산은 1,260억 달러였고 그중 155억 달러를 국방비로 사용하고 있었다. 같은 해 영국의 국민총생산은 710억 달러였으며 그중 23억 달러를 국방비로 지출했다.[155] 문제를 더 어렵게 만든 것은 당시 영국은 아직도 대영제국의 식민지들을 유지하고 있었다는 사실이었다. 영국은 귀중한 국방비의 상당 부분을 제국의 유지비로 사용해야만 했다. 영국의 지도자들이 냉전의 시작과 동시에 서방측이 소련에 대한 봉쇄를 조직하고 지휘할 미국을 필요로 할 것이라고 생각했던 것은 전혀 놀랄 일이 아니다.

결론

이제까지 각 사례들을 자세히 분석했으므로, 그 결과들을 요약 정리하기로 하자. 공격적 현실주의는 국가들이 세력균형에 대단히 민감하며 자신들의 힘의 비중을 증강시키려 하든가 혹은 경쟁국의 힘의 비중을 약화시키려 한다고 예측한다. 구체적으로 말해서, 이는 국가들이 특정한 힘의 분포에서 기인하는 기회 혹은 제약 요인들을 반영하는 외교전략을 추구한다는 것을 의미한다. 특히 공격적 현실주의 이론에 의하면, 양극체제하에서 위협을 당하는 국가는 즉각적이고 효율적으로 균형을 도모할 가능성이 있다. 왜냐하면 국제체제 속에 단 두 개의 강대국만이 존재하는 경우 책임전가나 강대국간 균형 연합은 가능하지 않기 때문이다. 냉전의 경우가 위와 같은 주장이 적용되는 사례이다. 2차 세계대전을 거치면서 소련은 유럽(그리고 동북아시아)에서 타의 추종을 불허하는 강대국으로 등장했으며, 오직 미국만이 소련을 봉쇄할 수 있는 능력을 갖춘 나라였다.

20세기 초반 유럽대륙에 출현한 잠재적 패권국 — 빌헬름 황제의 독일과 나치 독일 — 에 당면했을 당시 미국의 첫 번째 반응은 잠재적 패권국을 제어하는 책임을 영국, 프랑스, 러시아 같은 유럽의 다른 강대국들에게 떠넘기는 것이었다. 그러나 냉전 당시 책임전가는 정책대안이 될 수 없었다. 소련을 봉쇄할 수 있을 정도의 강대국이 유럽에 존재하지 않았기 때문이다. 그래서 2차 세계대전이 끝난 직후, 미국은 소련의 위협에 대응하기 위해 재빠르고 강력한 조치를 취했고 이를 냉전이 종식되는 1990년까지 견지했다. 그럼에도 불구하고 책임을 남에게 전가하고 싶어하는 미국의 충동은 이 시기 동안에도 분명히 보였다.

　공격적 현실주의는 다극체제의 경우 잠재적 패권국이 존재하지 않을 때 책임전가 전략이 가장 흔히 나타나지만, 특별히 막강한 국가가 존재하는 경우라도 책임전가 전략이 채택될 가능성이 있다고 예측한다. 역사적 사례들은 이를 증명한다. 4개의 다극체제 사례 중에서 비스마르크의 프러시아만이 잠재적 패권국에 이르지 못한 경우였다. 프랑스는 1862년부터 1866년 사이에 유럽 최강의 육군을 보유하고 있었고 프러시아 육군은 1867년부터 1870년 사이에 유럽에서 최강이었다. 그러나 당시 프랑스와 프러시아 어느 나라도 유럽 전체를 지배하겠다고 위협하지 않았다. 나의 이론이 예측하는 바와 같이, 이 시기에 잠재적 패권국이 존재하던 어떤 사례보다 책임전가 전략이 더욱 빈번하게 나타났다. 실제로 이 무렵 프러시아가 8년 동안 세 개의 전쟁을 일으켰고 모두 승리하는 상황에서도 프러시아를 견제하기 위한 어떤 균형 연합도 — 그것이 단 두 나라 사이에 형성된 것일지라도 — 형성되지 않았다. 영국과 러시아는 오히려 통일된 독일을 건설하려는 비스마르크의 노력을 환영했다. 영국과 러시아는 통일된 독일이 그들을 위해 장차 책임을 떠맡는 나라가 되어주길 바랐다! 프러시아 육군은 오스트리아와 프랑스를 직접적으로 위협함으로써 그 두 나라가 프러시아에 대항하는 균형 연합을 형성할 가능성이 가장 높은 후보가 되게 했다. 그러나 프랑스와 오스트리아는 오히려 책임을 상대에게 떠넘기려 했다. 그럼으로써 프러시아 육군은 1866년 프랑스가 그냥 쳐다보고 있는 동안 오스트리아군을 사정없이 때려눕힐 수 있었고 1870년에는 오스트리아가 그냥 쳐다보고 있는 동안 프랑스군을 때려눕혔다.

균형 연합은 나폴레옹의 프랑스, 빌헬름 황제의 독일, 나치 독일 같은 잠재적 패권국에 대항하여 형성되었다. 그러나 잠재적 패권국이 있을 때에도, 비록 그 방식에 상당한 차이가 있기는 하지만 책임전가 전략이 추구되었다. 내 이론에 의하면, 사례들간의 차이는 국가간 힘의 균형상황과 지리적 요인으로 설명될 수 있다. 특히 잠재적 패권국의 상대적 힘이 강하면 강할수록 책임전가 전략이 채택될 가능성이 줄어들며, 잠재적 패권국과 국경을 접하고 있는 경우에도 책임전가 전략이 채택될 가능성이 줄어든다. 이러한 주장은 세 가지 불균형적 다극체제 사례에서 나타났던 상이한 책임전가의 패턴들을 설명해 준다.

빌헬름 황제의 독일에 대해서는 책임전가의 양상이 가장 적게 나타났다. 독일을 제어하기 위한 목적으로 영국, 프랑스, 러시아가 결성했던 3국협상(The Triple Entente)은 이미 1907년, 즉 전쟁발발 7년 전에 형성이 완료되었다. 프랑스와 러시아는 이미 1890년, 독일에 대항하는 3국협상의 한 축이 되는 균형 연합을 형성했다. 이는 1차 세계대전이 발발하기 거의 20년 전의 일이었다. 비록 초기에는 프랑스와 러시아에 책임을 전가하려는 전략을 추구했던 영국도 1905년과 1907년 사이 균형 연합의 형성에 참여했다.

3국협상의 형성은 주로 당시 국가간 힘의 계산에 의해 설명될 수 있다. 독일은 1890년대 초반 이미 막강한 육군을 보유하고 있었고 이는 프랑스와 러시아의 동맹결성을 압박했다. 그러나 그 당시 독일은 아직 잠재적 패권국이 아니었고 프랑스와 러시아 육군은 힘을 합쳐 독일군을 막을 수 있을 것처럼 보였다. 그래서 영국은 옆에 서서 상황을 관망할 수 있었다. 그러나 20세기가 시작된 후 5년 사이에 보는 셈이 번해 머졌나. 독일은 1903년 무렵 잠재적 패권국이 되었고 러시아는 일본에게 처절하게 패배했다(1904-1905). 이 같은 상황에 당면하여 영국은 책임전가 전략을 포기하였고 3국협상이 결성되었다.

나치 독일에 대해서는 빌헬름 황제의 독일에 대항하는 경우보다 책임전가 전략이 훨씬 더 흔하게 나타났다. 히틀러는 1933년 1월 정권을 장악한 즉시 강력한 군사력 건설을 감행했다. 독일 제3제국의 주요 경쟁국들 — 영국, 프랑스, 소련 — 은 결코 나치 독일에 대항하는 균형동맹을 결성한 적이 없었다. 실제로 이 세 나라 모두는 1930년대 내내 책임전가 전략을 추구했다. 1939년 3월이 될 때까지도 프랑스와 영국은 히틀러에게 함께 힘을 합쳐 대항하려 하지 않았다. 소련은 지속적으로 책임을 전가하려했다. 1940년 봄, 독일군이 프랑스를 격파하고 영국만이 홀로 남아 독일에 대항해야 하는 상황에서도 스탈린은 오히려 영국과 독일 사이에 전쟁이 장기화되도록 부추겼고 자신은 옆에서 이를 지켜보려고 했다. 1941년 여름의 바바로사 작전(Operation Barbarossa: 독일군의 소련 침공 작전)이 비로소 영국과 러시아의 동맹을 가능하게 만들었고, 1941년 12월 미국은 영소 동맹에 합류했다. 이 동맹은 그후 3년 반 동안 유지되면서 독일 제3제국을 격파하는 데 기여했다.

1930년대 만연되었던 책임전가 전략은 1939년에 이르기까지 독일군은 그다지 막강하지 않았으며, 그 결과 히틀러에 대항하는 나라들이 힘을 합칠 필요가 없었다는 사실로 대체적으로 설명된다. 1939년 나치 독일이 잠재적 패권국이 되었을 때 영국과 프랑스는 동맹을 형성했다. 영국이 프랑스 혼자서는 독일을 감당할 수 없다는 사실을 인식했기 때문이다. 그러나 영국과 프랑스는 소련과는 동맹을 맺지는 않았다. 그 가장 중요한 이유는 소련이 1914년의 러시아보다 훨씬 강력하다고 생각되었기 때문이다. 영국과 프랑스가 도와주지 않더라도 소련은 독일의 공격 앞에서 살아남을 수 있을 것이라고 생각되었다. 프랑스가 붕괴된 이후에도 스탈린은 독일 제3제국에 대항하는 영국과의 동맹을 거부했다. 스탈린이 생각하기에 영국해협은 독일이 영국을 신속하고 완전하게 격파할 수 없게 하는 장애요인이 될 것이며, 그 결과 영국과 독일은 장기적 전쟁을 벌일 것이 확실하고 그것이 소련에게는 이익이 된다고 생각했기 때문이다.

4개의 라이벌 강대국들과 맞섰던 프랑스 혁명 및 나폴레옹의 프랑스에 대해서 책임전가 전략이 가장 흔하게 나타났다. 당시 4개의 강대국은 오스트리아, 영국, 프러시아, 러시아였다. 프랑스는 전쟁이 시작되고 1년이 지난 1793년이 될 때까지 실질적인 잠재적 패권국은 아니었다. 프랑스의 경쟁국들은 1793년부터 1804년 사이 계속 책임전가 전략을 추구했다. 가장 중요한 이유는 당시 프랑스는 모든 경쟁국들이 함께 동맹을 결성하여 프랑스가 유럽을 유린하는 것을 막아야 할 정도로 막강하지는 않았기 때문이다.

그러나 1805년 나폴레옹은 프랑스가 유럽 최초의 패권국이 될 수 있을 정도로 막강한 육군을 보유하게 되었다. 그렇지만 유럽 강대국들이 통일된 균형 연합을 결성하기 이전에 나폴레옹은 오스트리아와 프러시아를 격파하여 세력균형의 게임 밖으로 쫓아냈고, 러시아를 압박하여 싸움을 포기하고 프랑스와 평화조약을 맺도록 했다. 다극체제에서 흔하게 나타나는 비효율적 균형행위는 1805년부터 1809년 사이 나폴레옹이 지속적으로 놀라운 승리를 거둘 수 있도록 도와주었고, 그 결과 나폴레옹은 유럽의 상당 부분을 장악하고 지배할 수 있게 되었다. 프랑스의 경쟁국들은 나폴레옹이 러시아에서 심각한 패배를 당한 1812년 연말 겨우 한숨을 돌릴 수 있었다. 이때 그들은 효과적인 동맹을 결성할 수 있었고 1813년에서 1815년 사이에 프랑스를 결정적으로 격파했다.

지리적 요인들은 빌헬름 황제의 독일에 대해서는 책임전가의 가능성을 낮추었지만 나치 독일 및 나폴레옹의 프랑스에 대해서는 책임전가의 가능성을 조장했다. 영국은 이 세 개의 잠재적 패권국 모두와 전쟁을 벌였지만 영국해협에 의해 그들로부터 격리되어 있었다. 그래서 영국의 경우 지리적 요인의 편차가 없기 때문에 분석 대상에서 제외할 수 있다. 그러나 대륙에서의 상황은 이 세 가지 사례들 간에 차이가 크다. 빌헬름 황제의 독일은 프랑스, 러시아 두 나라 모두와 긴 국경선을 공유했는데, 이는 프랑스와 러시아가 독일을 봉쇄하는 책임을 상대방에게 전가하는 것을 어렵게 만들고 균형 연합을 형성하는 것을 쉽게 만들었다. 프랑스와 러시아는 모두 독일을 직접 공격할 수 있는 위치에 있었기 때문이다. 프랑스는 나치 독일과 국경을 접하고 있었지만 소련은 1930년대 대부분 기간 동안 독일과 국경을 직접 맞대지는 않았다. 폴란드와 같은 약소국이 독일과 소련 사이에 있었기 때문이다. 이런 완충지대는 소련이 책임전가 전략을 채택하도록 조장했고 프랑스와 소련이 독일을 봉쇄하기 위해 균형 연합을 형성하는 것을 어렵게 만들었다. 1792년부터 1815년 사이에 유럽의 지도는 빈번하게 바뀌었지만 나폴레옹의 경쟁국들이 프랑스와 국경을 맞대고 있는 경우는 별로 없었다. 이는 강대국들이 책임전가 전략을 채택하는 것을 용이하게 하였고 효과적인 균형동맹을 형성하는 것을 어렵게 만들었다.

요약한다면 지리적 요인과 강대국 사이의 힘의 분포상황은 모두 위협을 당하는 강대국들이 균형 연합을 형성할 것이냐 혹은 위험한 침략자에 대항하는 책임을 남에게 떠넘길 것이냐를 결정하는 데 있어 핵심적 역할을 한다. 다음 장에서는 분석의 대상을 바꾸어, 공격자들은 어떻게 행동하는가, 즉 그들은 언제 다른 나라와 전쟁을 시작할 가능성이 높은가에 초점을 맞춰 분석을 해 보기로 하자. 앞으로 분명히 밝혀질 것이지만, 강대국간 전쟁발발을 설명하는 데 있어서도 국가간 힘의 분포상황은 중요한 요인이다.

09

강대국 전쟁의
원인

The Tragedy Of
Great Power Politics

안 보를 위한 경쟁은 국제체제에서는 매일 일어나는 일이다. 그러나 전쟁은 그렇지 않다. 안보를 위한 경쟁은 가끔씩만 전쟁으로 비화된다. 이 장에서는 그러한 치명적 전환을 설명하는 구조적 이론을 제시하려고 한다. 즉 강대국간 전쟁의 원인을 설명하려는 것이다. 강대국 전쟁 (Great - Power War)이란 최소한 하나의 강대국이 전쟁 당사국에 포함된 전쟁으로 정의된다.

우리들은 국제적인 무정부 상태가 국가들이 전쟁에 빠져들게 하는 가장 중요한 구조적 요인이라고 추측한다. 국가들이 무정부 상태, 즉 상대방 국가들이 상당한 공격능력과 적대적 의도를 가지고 있는 국제체제에서 생존해 나가기 위한 가장 좋은 방법은 상대방보다 더 많은 힘을 가지는 것이다. 제2장에서 설명한 이 논리는 국가들이 세계정치에서 차지하는 자신의 상대적 비중을 극대화하기 위해 분투하도록 만든다. 그리고 이것은 때로는 경쟁 국가와 전쟁에 들어가는 것을 의미하기도 한다. 무정부 상태가 전쟁의 심각한 원인이라는 사실에는 의문의 여지가 없다. 1차 세계대전의 원인에 관한 분석에서 디킨슨G. Lowes Dickinson은 이 관점을 잘 설명했다.

"일부 국가는 언제 어느 때라도 즉각적인 침략국이 될 수 있다. 그러나 영구적이고 주요한 공격태세는 모든 나라에 공통적인 것이다. 모든 나라들이 무정부 상태의 지속에 책임이 있다."[1]

그러나 무정부 상태 그 자체만으로 왜 안보 경쟁이 때로는 전쟁으로 비화하고, 때로는 그렇지 않은지를 설명해 줄 수 없다. 문제는 무정부 상태란 상수(常數) — 즉 국제체제는 항상 무정부이다 — 인데 반해 전쟁은 상수가 아니라는 점이다. 국가들 행동에 나타나는 차이점을 설명하기 위해서는 또 다른 구조적 변수를 고려할 필요가 있다. 또 다른 변수란 체제 내의 주도적 국가들 간의 힘의 분포상황을 말한다. 제8장에서 논의했지만 국제체제에서 힘의 분포는 주로 다음과 같은 세 가지 양식으로 나타난다. 1) 양극, 2) 균형적 다극, 3) 불균형적 다극이다. 그렇기 때문에 힘의 분포 상황이 전쟁의 발발 가능성에 미치는 효과를 분석하기 위해서 우리는 국제체제가 양극체제인가, 다극체제인가를 분석해야 하고, 국제체제가 다극일 경우 강대국 중에 잠재적 패권국이 존재하느냐의 여부를 판단해야 한다. 내가 주장하려는 핵심은 양극체제가 평화적일 가능성이 가장 높고, 불균형적 다극체제의 경우 잔혹한 전쟁발발 가능성이 가장 높다는 점이다. 균형적 다극체제는 전쟁과 평화의 가능성이 중간 정도이다.

공격적 현실주의와 같은 구조적 이론들은 언제 안보 경쟁이 전쟁으로 비화될 것이냐에 대해 기껏해야 개략적 예측밖에 할 수 없다. 이 이론들은 어떤 국제체제의 경우 다른 국제체제에 비해서 얼마나 자주 전쟁이 발발할 것인지를 정확하게 설명하지 못한다. 또한 언제 전쟁이 발발할 것인지도 정확히 예측할 수 없다. 예를 들어, 공격적 현실주의 이론은 1900년대 초반 잠재적 패권국으로서 독일의 등장이 유럽의 모든 강대국들이 참여하는 전쟁이 발발하게 될 가능성을 높였다고 본다. 그러나 공격적 현실주의 이론은 왜 1912년 혹은 1916년이 아니라 1914년에 전쟁이 발발했는지를 정확하게 설명하지 못한다.[2]

이와 같은 한계는 국가들이 전쟁을 할 것이냐 말 것이냐를 결정하는 데 있어 때로는 비구조적 요인이 중요한 영향을 미친다는 사실에 기인한다. 국가들이 안보상의 이유만으로 전쟁을 하는 것은 아니다. 제2장에서 설명한 바처럼 오토 폰 비스마르크가 1864년부터 1870년에 이르는 기간 동안 세 차례나 프러시아를 전쟁으로 몰고갔던 것은 상당 부분 현실주의적인 계산의 결과였지만 민족주의 및 다른 국내정치적 계산의 결과이기도 했다. 그렇지만 구조적 힘이 국가의 행동에 가장 강력한 영향을 미친다. 국가들이 자신의 생존에 큰 신경을 쓰는 한, 국가의 행동은 국제구조로부터 영향을 받지 않을 수 없다. 그렇기 때문에 국제구조에만 초점을 맞추는 것으로도 강대국 전쟁의 기원에 대해 많은 것을 설명할 수 있을 것이다.

전쟁의 원인에 관한 많은 이론들이 있다는 사실은 놀랍지 않다. 전쟁은 항상 국제정치 학도들의 가장 중요한 연구주제였기 때문이다. 어떤 이론들은 인간의 본능에서 전쟁의 원인을 찾기도 하며 또 어떤 이론들은 개별적 지도자, 국내정치, 정치 이데올로기, 자본주의, 경제적 상호의존, 국제체제의 구조 등에 초점을 맞추기도 한다.[3] 사실, 몇 안 되는 탁월한 이론들만이 국가간 힘의 분포상황을 국제분쟁을 이해하는 데 가장 중요한 요인이라고 보고 있다. 케네스 월츠Kenneth Waltz는 양극체제가 다극체제보다 전쟁의 발발 가능성이 낮다고 주장한다. 반면 칼 도이치Karl Deutsch와 제이 데이비드 싱어J. David Singer 교수는 그 반대의 주장을 편다.[4] 다른 학자들은 국제체제의 극의 숫자에 초점을 맞추기보다는 국제체제에 압도적으로 우세한 강대국(preponderant power)의 존재여부에 초점을 맞춘다. 한스 모겐소 교수와 같은 고전적 현실주의자들은 지배적 국가가 있는 경우보다는 대체적인 힘의 균형이 유지되고 있는 국제체제가 평화적일 가능성이 높다고 주장한다. 그 반대로 로버트 길핀Robert Gilpin과 오건스키 A.F.K.Organski 교수는 지배적 국가의 존재가 국제체제의 안정을 조장한다고 주장한다.[5]

국제체제를 주도하는 국가들간의 힘의 균형상태뿐만 아니라 극성(polarity)을 중요하게 고려하는 공격적 현실주의 이론은 다극체제보다는 양극체제가 더욱 안정된 체제라는 데 동의하지만, 다극체제 내에 잠재적 패권국이 존재하느냐 존재하지 않느냐를 구분함으로써 그러한 주장을 뛰어넘는다. 나는 균형적 다극체제와 불균형적 다극체제를 구분하는 것이 강대국 전쟁의 역사를 이해하는 데 있어서 대단히 중요하다고 주장한다. 공격적 현실주의는 또한 고전적 현실주의자들의 주장, 즉 국제체제 내에 지배적인 국가가 없을 경우 국제체제가 보다 안정적일 것이라는 데 동의하지만, 안정성이 국제체제가 다극인지 양극인지 여부에도 달려 있다는 점을 강조함으로써 그러한 관점을 뛰어넘는다.

공격적 현실주의 이론이 어떻게 강대국 전쟁을 설명하는지를 보여주기 위해서는 두 가지 단계가 필요하다. 다음 세 절에서는 공격적 현실주의 이론을 제시하고 이 이론이 인과론적 논리에서 완전하며 막강한 것임을 밝히고자 한다. 그 다음 두 개의 절에서는 공격적 현실주의 이론이 1792년부터 1990년에 이르는 동안의 유럽 국제정치에 나타나는 강대국 전쟁의 발발과 상대적인 평화의 시기들을 얼마나 잘 설명하는지를 검증하고자 한다. 특히 유럽이 양극체제였을 때, 균형적 다극체제였을 때, 그리고 불균형적 다극체제였을 때 각각 얼마나 많은 강대국 전쟁이 발발했는지를 살펴보고자 한다. 마지막으로 냉전 당시 핵무기의 존재가 공격적 현실주의 분석에 어떤 영향을 미쳤는지에 대해 간략한 결론을 내리려 한다.

국제정치 구조와 전쟁

전쟁의 주된 원인은 국제체제의 구조에 있다. 가장 중요한 것은 강대국의 숫자가 몇 개인가 하는 점과 각 강대국은 얼마나 많은 힘을 장악하고 있느냐이다. 국제체제는 양극적일 수도 있고 다극적일 수도 있으며 국가들 사이에 힘이 고르게 분포될 수도 있고 그렇지 못할 경우도 있다. 강대국 사이의 힘의 비중의 차이는 국제체제의 안정성 여부에 영향을 미친다. 그러나 가장 중요한 것은 가장 강력한 두 나라 사이에 나타나는 힘의 비중의 차이다. 만약 1위의 국가와 2위의 국가가 국력에서 현격한 차이를 보인다면, 그 경우 1위의 국가를 잠재적 패권국이라고 말할 수 있다.[6] 패권국을 지향하는 막강한 국가가 포함된 체제는 불균형한 체제라고 말할 수 있다. 반면 막강한 국가가 포함되지 않는 국제체제는 균형체제라고 말할 수 있다. 균형체제의 경우라도 모든 주요 국가들 사이에 힘이 동등하게 분포되어 있는 것은 아니다. 물론 그럴 수도 있다.

이상과 같은 힘에 관한 두 차원은 4개의 국제체제를 산출하게 된다. 1) 불균형적 양극체제(Unbalanced Bipolarity), 2) 균형적 양극체제

(Balanced Bipolarity), 3) 불균형적 다극체제(Unbalanced Multipolarity), 4) 균형적 다극체제(Balanced Multipolarity)가 그것이다. 불균형적 양극체제는 유용한 범주가 되지 못한다. 현실세계에서 발견될 가능성이 별로 없기 때문이다. 불균형적 양극체제가 근대 세계에 나타난 경우는 없었다. 물론 일부 지역에서 단 두 개의 강대국이 존재하며 그중 한 강대국이 압도적으로 막강한 상황이 야기될 가능성은 있을 것이다. 그러나 이 상황은 곧바로 사라지게 될 것이다. 막강한 국가는 약한 상대방을 점령할 가능성이 높으며, 약한 나라는 누구에게 도움을 요청할 수도 없을 것이다. 정의상 다른 강대국이 존재하지 않는 체제이기 때문이다. 실제로 약한 나라는 싸우기보다는 항복할 것이고, 그럼으로써 강한 나라는 지역의 패권국이 될 것이다. 요약하자면, 불균형적 양극체제는 대단히 불안정한 국제체제이며, 오래 지속될 수 없는 체제다.

그렇기 때문에 우리는 강대국들의 힘의 분포상황에 따라 세 가지 상이한 양식의 국제체제를 가정할 수 있을 것이다. 양극체제(이는 균형적 양극체제를 짧게 줄여서 부른 것이다)는 대략적으로 비슷한 국력을 가진 두 개의 강대국에 의해 지배되는 국제체제를 말하거나 혹은 적어도 어느 국가도 상대국에 비해 결정적으로 막강하지 않은 경우의 국제체제를 말한다. 불균형적 다극체제란 3개 혹은 그 이상의 강대국에 의해 지배되는 국제체제를 말하며 그 중 한 나라가 잠재적 패권국일 경우를 의미한다. 균형적 다극체제란 3개 혹은 그 이상의 강대국이 존재하며, 그 강대국 중 어느 나라도 패권을 지향하는 국가가 아닌 경우의 국제체제를 의미한다. 이 경우 비록 강대국들 사이에 어느 정도 힘의 격차가 존재하기는 할지라도 국제체제를 주도하는 가장 강력한 두 개의 강대국 사이에는 현저한 군사력 격차가 존재하지 않는다.

힘의 분포상황의 차이는 전쟁과 평화의 전망에 어떻게 영향을 미치는 것일까? 이 세 가지 국제체제 중에서 양극체제가 가장 안정적이다. 양극체제에서 강대국 전쟁은 자주 일어나지 않으며, 만약 강대국 전쟁이 발발한다면, 전쟁에 참전하는 강대국은 다른 강대국이 아니라 약소국과 전쟁할 가능성이 높다. 불균형적 다극체제는 가장 위험한 힘의 분포상황이다. 왜냐하면 잠재적 패권국은 국제체제 내의 모든 강대국을 전쟁으로 몰고 갈 가능성이 있기 때문이다. 이런 전쟁은 예외 없이 장기적이고 희생이 엄청난 전쟁이 된다. 균형적 다극체제는 중간적 위치에 있다. 강대국 전쟁의 발발 가능성은 양극체제의 경우보다 높지만 불균형적 다극체제의 경우보다는 훨씬 낮다. 더욱이 균형적 다극체제의 경우 강대국들 간 전쟁은 1:1 혹은 1:2의 전쟁이 될 가능성이 높으며 잠재적 패권국이 존재할 경우 나타나는 체제적 전쟁은 일어나지 않는다.

먼저 왜 양극체제가 다극체제보다 — 체제 내 잠재적 패권국의 존재 여부와 관계 없이 — 더 안정적인지를 알아보기로 하자. 그 다음 왜 균형적 다극체제가 불균형적 다극체제보다 더욱 안정적인지를 설명해 보도록 한다.

양극체제 대 다극체제

다극체제의 경우 양극체제에 비해 다음과 같은 세 가지 이유 때문에 전쟁발발 가능성이 더 높다.[7] 첫째, 다극체제에서는 국제관계의 쌍자(雙子, dyad) [역자 주; 두 나라만 있는 경우 국제관계의 쌍자는 1개이지만 세 나라가 있는 경우는 3개가 되며, 네 나라가 있는 경우는 6개가 된다. 쌍자는 체제 내 국가들이 맺을 수 있는 양자 관계의 숫자로 계산한다.] 숫자가 많아지기 때문에 전쟁의 기회도 증가한다. 둘째, 다극체제에서는 힘의 불균형 상태가 오히려 더욱 흔히 나타나는 모습이며, 그 결과 강대국들이 전쟁에서 이길 수 있는 능력을 얻을 가능성이 높아지고, 이로 인해 전쟁억지는 더 어려워지고 전쟁발발은 더 쉬워진다. 셋째, 다극체제의 경우 오산(miscalculation)의 가능성이 높아진다. 국가들은 자신이 실질적으로 보유한 힘과 관계 없이 다른 나라를 강제하거나 정복할 능력이 있다고 믿을 가능성이 있다.

■ 전쟁의 기회

다극체제에는 양극적 질서와 비교할 때 더 많은 잠재적 분쟁상황이 존재한다. 강대국 – 강대국 쌍자를 살펴보자. 양극체제에는 단지 두 개의 강대국만이 존재하기 때문에 그들 사이에는 그들을 직접 연결하는 하나의 분쟁 쌍자(conflict dyad)만이 존재할 뿐이다. 예를 들면 냉전 당시 미국이 싸워야 했을지도 모르는 강대국은 즉 단 한나라 소련뿐이었다. 그러나 이와는 반대로 3개의 강대국이 존재하는 다극체제의 경우 강대국 전쟁이 발발할 가능성이 있는 쌍자의 수는 3개가 된다. 강대국 A는 강대국 B와 C와 싸울 수 있고 강대국 B는 강대국 C와 싸울 수 있다. 5개의 강대국으로 구성된 다극체제에는 강대국 – 강대국 전쟁 가능성이 있는 쌍자의 수가 10개로 늘어난다.

분쟁은 강대국과 약소국을 잇는 쌍자에서도 발발할 수 있다. 어떤 가상적 상황을 설정하면서, 양극체제와 다극체제 모두에 같은 수의 약소국이 존재한다고 가정해 볼 수 있다. 왜냐하면 강대국의 수가 같은 국제체제에 존재하는 약소국의 수에 영향을 미치는 것은 아니기 때문이다. 따라서, 국제체제에 더 많은 수의 강대국들이 있을수록, 그곳에는 더 많은 강대국-약속국 쌍자가 존재하게 된다. 예를 들어, 10개의 약소국이 있는 양극체제에는 20개의 강대국 – 약소국 쌍자가 존재하는데 반해, 5개의 강대국과 동일한 10개의 약소국을 가진 다극체제에는 50개의 강대국 – 약소국 쌍자가 존재하게 된다.

양 체제에 존재하는 강대국 – 약소국 쌍자 수의 이러한 격차는 양극체제에 유리하게 더 기울어지게 된다. 왜냐하면 양극체제는 다극체제에 비해 일반적으로 유연성이 떨어지기 때문이다. 양극체제는 경직된 구조일 가능성이 높다. 두 개의 강대국이 지배하며, 안보 경쟁의 논리상 그 두 나라가 분명한 라이벌 국가가 될 것이다. 양극체제하에서 대부분 약소국들은 어느 한 강대국의 편에 서지 않고 홀로 지내기 어려울 것이다. 강대국은 약소국의 충성을 강요할 것이기 때문이다. 이는 변방 지역보다는 지리적 핵심 지역에서 더욱 분명히 나타난다. 약소국들은 어느 한 강대국의 세력권 안으로 끌어당겨지기 때문에 어느 강대국도 적국과 밀접한 동맹 관계에 있는 약소국들을 상대로 전쟁을 하는 것이 쉽지 않게 된다. 결과적으로, 양극체제에서는 잠재적인 충돌 상황이 현저하게 줄어드는 것이다. 예를 들면 냉전 시대 동안 미국은 소련의 위성국인 헝가리나 폴란드에 대해 군사력을 사용할 생각이 없었다. 그 결과 우리가 설정한 가상적인 양극체제에서 강대국 – 약소국 쌍자 수는 실질적으로는 20개보다 훨씬 더 적을 것이다.

그 반대로 다극체제는 양극체제처럼 확고하게 구조화되어 있지 못하다. 다극체제가 취할 수 있는 정확한 형태는 국제체제 속에 존재하는 강대국과 약소국의 수, 그리고 그들의 지리적 관련성에 따라 다양하게 나타난다. 그렇지만 강대국이나 약소국 모두 동맹 방식에 있어 대개 상당한 유연성을 갖고 있다. 약소국들은 다극체제의 경우, 양극체제보다 강대국과 밀접한 관계를 맺을 가능성이 낮다. 그러나 약소국이 이처럼 자율성을 가진다는 사실은 동시에 약소국이 강대국의 공격을 당할 위험성이 더 높다는 사실을 의미한다. 그렇기 때문에 우리의 가상적인 다극체제에서 50개의 강대국 – 약소국 쌍자는 아마도 합리적인 숫자일 것이다.

이 연구는 약소국끼리의 전쟁은 대체로 무시했다. 왜냐하면 연구의 목적이 강대국 전쟁의 이론을 밝혀내려는 것이기 때문이다. 그러나 약소국들의 전쟁이 때로는 확대되기도 하고, 강대국들이 그에 말려 들어가는 경우도 있다. 이처럼 전쟁이 확대되는 과정은 이 연구의 범위는 아니지만, 국제정치의 극이 다극이냐 양극이냐 여부에 따라 강대국들이 어떻게 약소국늘의 전쟁에 말려들게 되는지에 관해서는 간단한 언급이 필요할 것이다. 본질적으로 강대국이 약소국들의 전쟁에 빠져 들어갈 가능성이 높은 체제는 양극체제보다 다극체제다. 약소국들이 서로 전쟁할 가능성이 높은 체제가 다극체제이기 때문이며, 결국 강대국이 전쟁에 개입하게 될 가능성도 높아진다.

우리가 상정한 다극체제와 양극체제가 모두 10개의 약소국을 포함하고 있다고 가정해 보자. 이는 두 체제 모두 45개의 잠재적인 약소국 – 약소국 쌍자가 존재한다는 것을 의미한다. 그러나 양극체제의 경우 이 수는 급격히 줄어들게 된다. 양극체제는 국제구조가 견고해서 어느 약소국이 다른 약소국과 전쟁을 벌이기가 어렵기 때문이다. 특히 강대국들은 자신들의 휘하에 있는 약소국들간의 전쟁을 막으려 할 것이다. 그들은 또한 상대방 진영에 있는 약소국과의 전쟁도 막으려 할 것이다. 전쟁이 확대될 가능성을 두려워하기 때문이다. 약소국들은 다극체제하에 있을 경우 행동반경이 훨씬 더 넓으며 그렇기 때문에 서로간에 전쟁할 가능성도 높다. 그리스와 터키는 1921년과 1924년 사이 전쟁을 벌였는데, 당시 유럽은 다극체제였다. 그러나 냉전 당시 유럽이 양극체제였던 시절 두 나라는 서로 싸울 수 있는 처지가 아니었다. 미국은 유럽의 동맹국인 이 두 나라가 전쟁하는 것을 결코 용인하지 않았을 것이다. 왜냐하면 소련의 위협에 맞서는 북대서양조약기구가 약화될 수 있기 때문이다.

■ 세력 불균형

강대국간에 힘의 격차가 더 크게 나타나는 경우는 양극체제보다 다극체제에서 더 흔하다. 그리고 가장 강한 나라의 힘이 아주 커지게 되어 힘의 불균형 상황이 나타날 경우 그 나라를 억제할 가능성이 줄어들게 되며, 그 나라는 전쟁에 승리할 수 있는 힘을 더 가지게 된다.[8] 그러나 강대국들의 군사능력이 대체로 균형을 이루고 있는 경우라 해도 양극체제보다 다극체제에서 힘의 불균형 때문에 전쟁이 야기될 가능성이 더 높다.

한 가지 기본적 이유 때문에 다극체제는 불균형의 방향으로 나갈 가능성이 높은 반면 양극체제는 균형의 방향으로 진행할 가능성이 높다. 한 국제체제에 더 많은 강대국이 존재하면 할수록 경제력, 인구 규모 등 군사력 건설의 기본이 되는 요소들이 국가들간에 불균등하게 분포되어 있을 가능성이 높아진다. 이 상황을 설명하기 위해 다음과 같은 국제체제를 상상해 보자. 국제체제에 얼마나 많은 강대국이 있는지 관계없이, 어떤 두 개의 강대국이 거의 비슷한 잠재국력을 보유하고 있을 확률이 50%라고 가정하자. 만약 국제체제에 단 두 개의 강대국만이 존재하는 경우(양극체제), 강대국들이 비슷한 국력 자원을 갖고 있을 가능성은 당연히 50%가 된다. 그러나 만약 강대국이 세 개인 국제체제라면(다극체제), 그런 세상에서 강대국들 모두가 비슷한 힘을 보유하고 있을 확률은 12.5%로 줄어든다[역자 주; 한 나라와 그 옆 나라가 힘이 비슷할 확률을 0.5라고 가정했으니 두 나라가 힘이 비슷할 확률은 0.5×0.5, 세 나라 모두 힘이 비슷할 확률은 0.5×0.5×0.5=0.125, 즉 12.5%가 된다는 의미다]. 강대국이 4개 있는 경우 이 네 나라가 모두 군사력을 건설하는 데 필요한 요소들을 비슷한 수준으로 보유하고 있을 확률은 2% 미만으로 줄어들게 된다.

어떤 두 개의 강대국이 동일한 국력을 보유하고 있을 확율을 50%라고만 가정할 필요는 없다. 즉, 25%라고 해도 되고 60%라고 가정할 수도 있을 것이다. 그러나 위에서 말한 논리는 그대로 남아있을 것이다. 양극체제보다 다극체제의 경우 국가간 잠재적 국력의 불균형 가능성이 높을 것이며 다극체제하에서 강대국 수가 많으면 많을수록 강대국들이 힘의 균형을 이루고 있을 가능성은 더 적어진다.

이는 다수의 강대국들로 이루어진 국제체제에서 균형상태를 이루는 것이 불가능하다는 것을 말하는 것은 아니다. 다만 국가들이 보유한 잠재적 힘의 요소가 균형을 이루고 있을 가능성은 다극체제가 양극체제보다 훨씬 낮다는 점을 말하는 것이다. 물론, 잠재적 국력에 관심을 갖는 이유는 수요 국가들간의 경제력과 인구 규모에서의 중요한 차이는 실질적인 군사력의 차이로 이어질 가능성이 높기 때문이다. 결국 어떤 국가들은 다른

국가들보다 군비경쟁에서 우위를 차지할 수 있는 자원을 더 많이 물려받기 마련이다.[9]

그러나 모든 주요 강대국이 비슷할 정도로 막강하다고 가정할지라도 역시 다극체제가 양극체제보다 힘의 불균형 상태를 야기할 가능성이 더 높다. 다극체제하에 있는 두 개의 강대국을 예로 들어보자. 이들은 힘을 합쳐 세 번째 강대국을 공격할 수 있을 것이다. 크리미아 전쟁(1853-1856) 당시 영국과 프랑스가 힘을 합쳐 러시아를 공격한 경우가 그러하며, 1866년 이탈리아와 프러시아가 힘을 합쳐 오스트리아를 공격한 경우도 그러하다. '떼짓기'(gang up)는 양극체제, 즉 강대국이 두 나라밖에 없는 곳에서는 불가능하다. 두 개의 강대국이 힘을 합쳐 약소국을 정복하는 경우도 있다. 1864년 오스트리아와 프러시아가 힘을 합쳐 덴마크를 공격한 적이 있었으며 1939년 독일과 소련이 함께 폴란드를 공격한 적이 있었다. 이런 종류의 떼짓기가 양극체제하에서는 거의 불가능하다. 양극체제하의 두 강대국은 동맹국으로 함께 싸울 가능성은 거의 없고 그들은 서로에게 최대의 라이벌일 것이다. 더욱이 강대국은 약소국을 정복 혹은 강압하기 위해 자국의 우세한 힘을 사용하기도 하는데, 이런 종류의 행동은 양극체제보다는 다극체제에서 그 가능성이 더 높다. 다극체제에는 더 많은 수의 강대국 – 약소국 쌍자가 존재하기 때문이다.

혹자는 세력균형의 동학(dynamics)은 다극체제에서 나타나는 어떤 세력불균형 상태라도 교정할 수 있다고 주장할지 모른다. 어떤 나라도 다른 모든 나라들이 막강한 연합을 형성하여 대응하는 경우 다른 나라를 지배할 수 없을 것이다.[10] 실제로 이런 상황은 다극체제가 양극체제보다 더 좋은 국제체제라고 생각할 수도 있게 만든다. 양극체제의 세계에서 강대국의 연합형성은 그 가능성이 작아 보이기 때문이다. 그러나 위협을 당하는 국가들이 침략자를 제어할 수 있는 적당한 시기에 균형 연합을 결성하는 경우는 그리 흔하지 않다. 제8장에서 살펴본 것처럼 위협을 당한 국가들은 균형을 이룩하기보다는 책임 떠넘기기를 선호한다. 책임전가는 막강한 균형 연합 형성에 직접적 방해요인이 된다.

그러나 다극체제하에서 위협을 당한 국가들이 함께 힘을 합쳐 균형 연합을 형성하려는 경우라도 이를 위한 외교의 과정이 확실하지 못하다. 방어연합을 형성하기 위해서는 시간이 필요하며, 특히 균형 연합을 형성하기 위해 필요한 나라의 수가 많을 경우 그러하다. 침략국은 반대연합이 완전히 형성되기 이전 자신이 목표하는 바를 성취할 수 있다고 생각할 수 있다. 마지막으로 지리적 요인은 때때로 균형을 이루려는 국가들이 침략국에 대해 의미있는 압력을 가하는 것을 어렵게 만든다. 어떤 강대국은 말썽을 일으키겠다고 위협하는 강대국과 넓은 바다나 혹은 그 사이에 놓여진 또 다른 나라로 인해 멀리 떨어져 있을 수 있고, 그 때문에 효과적인 압박을 가하지 못할 수도 있다.[11]

■ 오산의 가능성(Potential for Miscalculation)

다극체제의 마지막 문제점은 국가들이 오산할 가능성을 높인다는 점이다. 다극체제는 국가들이 상대방의 결의나 대항동맹의 힘을 과소평가할 가능성이 높다. 이럴 경우 국가들은 자신이 상대방을 강제할 수 있는 능력을 가지고 있다고 믿거나 혹은 전투에서 적을 격파할 수 있을 것이라고 믿는다.

입장을 달리하는 사안에 대한 상대방의 결연한 의지를 과소평가하는 경우 전쟁이 발발할 가능성은 높아진다. 그 나라는 상대방이 전쟁을 선택할 시점에 결국 양보할 것이라 믿고 더욱 밀어붙이게 된다. 오산은 다극체제에서 그 가능성이 더 높아지는데, 그 이유는 다극체제에서는 국가들의 연합이 변하기 쉽고 그에 따라 국제질서의 모습이 유동적이 되기 때문이다. 그 결과 상호합의된 국제적 규범 — 국가행동에 대한 규범, 영토적 권리 및 다른 종류의 이득에 관한 구분의 동의 — 이 신속하게 바뀌는 경향이 있다. 적대적 관계가 곧 우호적 관계로 변화될 수도 있으며, 이전의 우호국 혹은 중립국과 새로운 적대 관계가 형성될 수도 있다. 그 경우 새로운 국제규범이 만들어져야 한다. 이런 상황하에서 한 국가는 알지 못하는 사이 다른 나라를 너무 거세게 몰아붙일 수도 있다. 국가의 권리 및 책임에 관한 모호성은 다양한 사안들에 있어 한 국가가 다른 나라의 결의를 잘못 판단하게 만들 수 있다. 국가행동의 규범은, 18세기 유럽국가들이 외교행위에 관한 기본적 규범들을 일반적으로 받아들였던 것처럼 다극체제의 경우라도 모든 국가들에 의해 널리 이해되고 받아들여질 수 있다. 그럼에도 불구하고 잘 정의된 권리의 구분은 다극체제의 경우와 같이 국가의 수가 많아지고 그들의 관계가 가변적일 때 대체로 더욱 어려워진다.

국가들이 자신들에 대항하는 국가들의 수를 과소평가하거나 혹은 자신의 편을 들어 싸워줄 동맹국의 수를 과대평가하는 데서 연유하는 대항동맹의 힘에 대한 잘못된 평가는, 전쟁발발 가능성을 높이게 된다.[12] 이런 실수는 국가들이 많이 모여 있는 국제체제에서 더욱 흔히 나타나는데, 이 경우 대항동맹 사이의 세력균형을 정확히 계산하기 위해서는 더 많은 나라들의 행동을 정확하게 예측해야 할 필요가 있기 때문이다. 국가들이 어느 나라와 싸우게 될지를 정확히 안다고 가정하는 경우라도 경쟁국 하나의 힘을 측정하는 것보다 여러 나라로 구성된 연합국의 군사력을 측정하는 일이 훨씬 어렵기 마련이다.

양극체제의 세계에서 오산의 가능성은 훨씬 줄어든다. 왜냐하면 양극체제의 경우 시간이 지남에 따라 적국과의 거래 규칙이 설정되기 때문이며 이는 두 상대방으로 하여금 서로 어느 정도까지 상대방을 강요할 수 있느냐의 한계를 알도록 해준다. 양극체제하의 국가들은 적대국과 동맹을 맺은 나라들이 누구인지를 오산할 가능성이 없다. 각 상대방은 오로지 하나의 적대국만을 가지고 있기 때문이다. 단순성은 확실성을 산출한다. 그리고 확실성은 평화를 조장한다.

균형적 다극체제 대 불균형적 다극체제

불균형적 다극체제는 다음의 두 가지 이유 때문에 특히 전쟁발발 가능성이 높은 국제체제다. 불균형적 다극체제의 특징은 잠재적 패권국이 다른 강대국들에 비해 압도적으로 힘이 막강하다는 것이다. 이는 잠재적 패권국이 자신보다 약한 경쟁국들과 전쟁을 벌여 승리할 가능성이 높다는 사실을 의미한다. 어떤 사람들은 힘의 불균형이 전쟁발발 가능성을 오히려 줄일 것이라고 생각할지도 모른다. 결국 너무 강하다는 사실은 잠재적 패권국에게 안심하는 마음을 가지게 할 수 있고, 그럼으로써 전쟁을 감행하여 더 많은 힘을 차지하려는 욕구를 제한할 수 있게 한다는 것이다. 더구나 약한 나라들은 가장 막강한 국가가 본질적으로 현상유지를 지향하는 나라임을 믿고 느긋한 마음을 가져야 한다는 것이다. 그러나 약한 나라들이 가장 강한 나라의 자비스러운 의도를 오해하는 경우라 할지라도, 그들은 제일 강한 나라에게 군사력으로 도전할 수 없다. 따라서 이 논리에 의하면, 다극체제하의 잠재적 패권국의 존재는 평화의 가능성을 높이게 될 것이다.

그러나 잠재적 패권국이 실제로 존재했던 경우는 위와 같은 일이 나타나지 않았다. 그들은 엄청난 군사력을 보유하고 있었지만 세력균형의 상황에 만족하지 않았다. 대신 그들은 더 많은 힘을 확보하려 했으며 궁극적으로 지역의 패권국가가 되고자 했다. 패권은 국가안보의 궁극적인 상태이기 때문이다. 패권체제(일극체제)하의 지배국가에 대해서는 더 이상 의미있는 안보위협이 존재하지 않을 것이다. 물론 잠재적 패권국은 자신이 존재하는 지역의 패권국가가 되려는 강력한 동기를 가지고 있을 뿐만 아니라 패권을 추구할 수 있는 막강한 능력을 갖추고 있으며, 바로 이 점은 잠재적 패권국의 존재가 평화에 대한 심각한 위협이라는 사실을 의미한다.

잠재적 패권국은 다른 강대국들의 두려움의 정도를 높여서 전쟁을 초래할 수도 있다.[13] 국제체제 속의 국가들은 항상 두려움을 느끼기 마련이다. 그리고 두려움은 힘을 추구하기 위한 경쟁을 유발한다. 국가들은 힘을 더 많이 가지는 것이 위험한 세상에서 살아남을 수 있는 확률을 더 높이는 것이라고 생각하기 때문이다. 그러나 잠재적 패권국의 등장은 다른 강대국들에게 특히 심각한 두려움을 느끼게 하며, 강대국들은 힘의 불균형을 교정할 수 있는 구체적 방안을 모색하게 되고 그 목적을 위해 위험한 수단을 택하게 될 가능성이 높아지는 것이다. 그 이유는 간단하다. 한 나라가 다른 나라들을 지배하겠다고 위협을 가할 경우, 장기적 측면에서 평화를 지속시켜야 한다는 가치는 줄게 되고 위협에 당면한 국가들은 그들의 안보를 확보하기 위해 위험한 정책이라도 추구하게 될 것이기 때문이다.

잠재적 패권국은 국제체제 속의 다른 나라들을 두렵게 만들기 위해 여러 가지 일을 할 필요가 없다. 잠재적 패권국의 막강한 능력 그 자체가 이웃의 강대국들을 두렵게 하기에 충분한 것이며, 그들은 위험한 상대에 대항하기 위한 균형 연합을 형성할 것이다. 국가들의 의도를 안다는 것은 어려운 일이고 의도란 쉽게 변할 수 있는 것이기 때문에, 라이벌 관계에 있는 강대국들은 잠재적 패권국의 의도에 대해 최악의 경우를 상정하게 되는 경향이 있으며, 이는 위협을 당하는 국가들이 잠재적 패권국을 봉쇄하고 심지어 약화시키려는 동기를 더욱 강화하게 된다.

그러나 봉쇄전략의 표적이 되는 국가는 경쟁하는 강대국들이 형성하는 균형 연합을 자신을 포위하려는 조치라고 생각하게 될 것이 분명하다. 비록 상대적으로 약한 강대국들의 행동이 방어적 목적에서 나온 것이라 해도 잠재적 패권국이 이같이 생각하는 것은 그른 일이 아니다. 다른 강대국들의 조치가 방어적인 것임에도 불구하고 가장 강한 나라는 위협을 당하고 있다고 두렵게 생각할 것이며, 그 결과 자신의 안보를 강화하기 위한 조치를 취할 것이다. 그러나 가장 강한 국가가 이처럼 행동할 경우 다른 나라들은 더욱 두려워하게 되며 그들 역시 안보를 강화하는 조치를 취할 것이다. 이는 또다시 잠재적 패권국을 불안하게 만들며 악순환은 계속될 것이다. 요약한다면 잠재적 패권국의 존재는 통제하기 어려운 두려움의 악순환을 창출한다. 이 문제는 그들 모두가 상당한 국력을 가지고 있다는 사실, 그리고 그들은 당면한 문제를 전쟁을 통해 해결할 수 있다고 생각할 가능성이 높다는 사실 때문에 더욱 꼬이게 된다.

■ 요약

따라서 다음과 같은 4가지 이유 때문에 국제정치의 구조 중에서 양극체제가 가장 안정적이라고 말할 수 있다. 첫째, 양극체제에서는 국제분쟁의 기회가 상대적으로 적으며, 강대국간의 쌍자(dyad)는 단 하나만이 존재한다. 양극체제하에서 강대국이 전쟁을 벌일 경우 그들은 상대방 강대국이 아니라 약소국들과 전쟁을 치를 가능성이 있다. 둘째, 양극체제의 경우 강대국들 사이에 힘이 균형적으로 분포되어 있을 가능성이 높다. 이는 체제의 안정성을 높여주는 주요한 구조적 원인이다. 셋째, 양극체제하에서는 오산의 가능성이 줄어들며 그 결과 강대국들이 전쟁의 구렁텅이로 빨려 들어갈 가능성이 낮다. 넷째, 비록 국제정치에는 두려움이 상존하기는 하지만 양극체제는 국가들을 두렵게 하는 불안을 확대시키지 않는다.

균형적 다극체제는 다음과 같은 세 가지 이유 때문에 양극체제보다는 전쟁발발 가능성이 높다. 첫째, 다극체제는 상당히 더 많은 분쟁의 기회를 제공한다. 특히 강대국들간에 분쟁의 기회가 많아진다. 다만 균형적 다극체제의 경우 강대국 모두가 빠져드는 전쟁이 발발할 가능성은 별로 없다. 둘째, 균형적 다극체제의 경우 지배적 강대국들 사이에 힘이 불균형하게 배분되어 있을 가능성이 있으며, 힘이 우월한 국가가 전쟁을 도발할 가능성이 높다. 힘이 더 강한 나라는 전쟁에 이길 수 있는 능력을 갖추고 있다고 생각하기 때문이다. 균형적 다극체제의 경우 강대국들이 떼를 지어 제3의 국가를 못살게 하거나 약소국들을 점령할 가능성이 있다. 셋째, 균형적 다극체제의 경우 강대국들 사이에 높은 수준의 두려움이 존재할 가능성은 낮을지라도 오산이 심각한 문제가 될 가능성이 있다. 강대국들간의 힘의 차이가 명확하지 않기 때문이다.

불균형적 다극체제는 가장 위태로운 힘의 분포상황이다. 이 체제는 균형적 다극체제가 가지고 있는 모든 문제점들을 다 가지고 있을 뿐만 아니라 불균등이 초래하는 최악의 문제점, 즉 잠재적 패권국의 존재라는 문제에 봉착하고 있다. 잠재적 패권국은 문제를 일으킬 수 있는 충분한 능력을 보유하고 있으며, 다른 강대국들에게 고도의 불안감을 느끼게 한다. 이는 전쟁의 발발 가능성을 높이고 체제내의 강대국들이 모두 전쟁에 빠져들게 하며, 전쟁의 대가도 특히 비참하다.

이상 전쟁의 원인에 관한 이론을 제시했다. 이제 초점을 바꾸어 앞에서 제시된 이론들이 1792년부터 1990년에 이르는 기간 동안 유럽에서 발생한 사건들을 얼마나 잘 설명하는지 살펴보기로 하자.

근대 유럽의 강대국 전쟁, 1792–1990

힘의 상이한 분포가 강대국 전쟁발발 가능성에 어떤 영향을 미치는가에 대해 공격적 현실주의가 주장하는 이론들을 검증하기 위해서는 1792년부터 1990년에 이르는 기간을 유럽이 양극체제 또는 다극체제였을 때, 그리고 그러한 다극체제 내에 잠재적 패권국이 존재했던 때로 구분할 필요가 있다. 그 다음, 각각의 시기 동안에 발발했던 강대국 전쟁을 찾아내야 한다.

체제 구조란 우리가 이미 알고 있는 바처럼 강대국의 수와 그들 간에 힘이 어떻게 분포되어 있는가의 함수이다. 우리가 논의할 약 200년에 이르는 유럽 국제체제의 강대국에는 오스트리아, 영국, 독일, 이탈리아, 러시아가 포함된다.[14] 1917년부터 1990년까지는 소련으로 불린 러시아만이 200년 전 기간 동안 강대국으로 간주될 수 있는 나라였다. 1867년 오스트리아-헝가리가 된 오스트리아는 1792년부터 패망의 길을 걷기 시작한 1918년까지 강대국의 지위를 누렸다. 영국과 독일은 1792년부터 1945년까지 강대국의 지위를 향유했다. 물론 1871년 이전 독일은 프러시아였다. 이탈리아는 1861년부터 패망한 1943년까지 강대국이라고 볼 수 있다.

유럽지역에 있는 나라는 아니지만 이 기간 동안 강대국이었던 일본과 미국은 어떻게 할 것인가? 1895년부터 1945년까지 강대국의 지위를 유지했던 일본은 분석에서 제외하려고 한다. 왜냐하면 일본이 유럽 국제정치에서 주도적 행위자였던 적은 결코 없었기 때문이다. 1차 세계대전이 발발하자마자 일본은 독일에게 선전포고를 한 적이 있었다. 그러나 일본은 아시아 지역의 독일 보유 식민지 몇 군데를 빼앗은 것 외에는 유럽문제에 깊이 개입하지 않았다. 일본은 1차 세계대전이 끝날 무렵 소련을 독일과의 전쟁에 묶어두려는 영국, 프랑스, 미국과 더불어 소련에 군대를 파견한 적이 있기도 했다.[15] 그러나 일본은 러시아 극동 지방의 영토획득에 주로 관심이 있었지 유럽의 문제에 대해서는 별 관심이 없었다. 그럼에도 불구하고 소련에 대한 개입은 실패로 끝났다.

미국은 사례가 다르다. 미국은 비록 아메리카 대륙에 위치하고 있지만 양차대전 모두 군사력을 파견함으로써 유럽 문제에 개입했고 1945년 이후 다수의 미군을 유럽에 주둔시켜왔다. 미국이 유럽대륙의 문제에 개입했던 이 사례들에서 미국은 유럽의 세력균형에 중요한 역할을 담당했던 행위자로 인식된다. 그러나 제7장에서 논했던 이유 때문에 미국은 한번도 유럽에서 잠재적 패권국이 된 적은 없었다. 대신 미국은 해외의 균형자 (Offshore Balancer) 역할을 담당했다. 1792년부터 1990년에 이르는 기간 동안의 강대국에 관한 연구, 특히 유럽에 잠재적 패권국이 존재했는가에 관한 연구의 상당 부분이 제8장에서 소개되었다. 그곳에서 미진했던 부분이 바로 다음에 이야기될 것이다.

강대국 사이에 힘이 어떻게 분포되어 있었는가에 근거해서 1792년 프랑스 혁명이 발발한 직후부터 냉전이 종식된 1990년까지의 유럽을 살펴보면 대략 다음과 같은 7개의 시대가 있었다고 말할 수 있다.

1. 나폴레옹 시대 I, 1792-1793년(1년간), 균형적 다극체제
2. 나폴레옹 시대 II, 1793-1815년(22년간), 불균형적 다극체제
3. 19세기, 1815-1902년(88년간), 균형적 다극체제
4. 카이저(빌헬름 황제) 시대, 1903-1918년(16년간), 불균형적 다극체제
5. 양차대전 사이 시대, 1919-1938년(20년간), 균형적 다극체제
6. 나치 시대, 1939-1945년(6년간), 불균형적 다극체제
7. 냉전 시대, 1945-1990년(46년간), 양극체제

이상 7개 시대 중에 발발했던 전쟁의 리스트는 강대국 전쟁에 관해 훌륭한 자료로 인정받은 잭 리비Jack Levy 교수의 데이터베이스에서 추출했다.[16] 그러나 리비 교수의 데이터베이스에 약간의 수정을 가했다. 이 책에서는, 잭 리비 교수가 하나의 전쟁의 다른 부분으로 간주했던 러시아-폴란드 전쟁(1919-1920)과 러시아 내전(1918-1921)을 두 개의 다른 전쟁으로 간주했다. 이 분석에는 최소한 1국 이상의 유럽 강대국이 당사국으로 참전했던 전쟁 중 유럽국가들끼리의 전쟁만을 연구대상으로 삼는다. 유럽의 강대국이 비유럽국가와 싸웠던 전쟁은 포함하지 않았다. 그래서 1812년 전쟁(War of 1812), 러일전쟁(Russo-Japanese War, 1904-1905), 아프가니스탄 전쟁(소련-아프가니스탄, 1979-1989) 등은 제외되었다.[17] 유럽의 약소국들이 벌였던 전쟁도 분석 대상에서 제외했다. 마지막으로 러시아 내란과 같이 외부의 유럽 강대국에 의한 상당 수준의 개입이 없었던 내란(Civil War)들도 연구대상에서 제외했다. 스페인 내란(1936-1939)은 강대국이 개입한 내란의 범주에 근접한 것이기는 했지만 역시 제외했다.

강대국 전쟁은 3개의 범주로 나누어진다. "대전쟁"(Central Wars)은 체제 내의 거의 모든 강대국이 참전했던 전쟁을 의미하며 각 참전국들은 모두 처절한 혈전을 치렀다.[18] "강대국 대 강대국 전쟁"은 세 개의 강대국이 존재하는 다극체제 혹은 두 개의 강대국이 존재하는 양극체제에서 강대국들이 1:1로 싸운 전쟁 혹은 두 개의 강대국과 하나의 강대국이 2:1로 싸운 전쟁을 지칭한다. 그러나 근대 유럽의 역사에서 이런 경우는 존재하지 않았다. 마지막으로 "강대국 대 약소국 전쟁"이 있다. 연구 대상이 된 199년 동안의 유럽역사에서 24회의 강대국 전쟁이 있었는데, 이 중 '대전쟁'은 3회, '강대국 대 강대국 전쟁'은 6회, '강대국 대 약소국 전쟁'은 15회가 있었다.

■ 나폴레옹 시대, 1792-1815

1792년부터 1815년 사이 유럽에는 5개의 강대국이 있었다. 오스트리아, 영국, 프랑스, 프러시아, 러시아였다. 이 기간 동안 프랑스는 가장 강한 나라이기는 했지만 1793년 가을에 이르기 이전에는 잠재적 패권국이 될 정도는 아니었다. 1793년 이전 프랑스 육군은 유럽에서 가장 막강한 군대는 아니었다.[19] 1792년 오스트리아와 프러시아가 프랑스와 전쟁을 벌였던 일을 상기해 보라. 이 프랑스는 군사적으로 아직 취약한 상황이었고 그래서 두 나라의 침략을 불러일으킨 것이었다. 그후 프랑스는 1815년 나폴레옹이 마지막으로 패망할 때까지 유럽에서 잠재적 패권국의 지위를 유지하였다. 그래서 1792년부터 1793년의 유럽은 균형적 다극체제라고 말할 수 있고 1793년부터 1815년의 유럽은 불균형적 다극체제라고 말할 수 있다.

1792년부터 1815년의 유럽은 프랑스 혁명전쟁과 나폴레옹 전쟁에 의해 지배되었다. 이 전쟁은 첫 해는 강대국 대 강대국 전쟁이었다. 단지 3개의 강대국 오스트리아, 프러시아, 프랑스만이 참전했기 때문이다. 1792

년, 그리고 1793년 초반까지 영국과 러시아는 전쟁에 개입하지 않았다. 그후 22년 동안 이 전쟁은 '대전쟁'의 범주에 포함되는 전쟁이었다. 유럽의 패권국이 되려는 프랑스는 오스트리아, 영국, 프러시아, 러시아 등 모든 강대국과 싸웠다. 물론 시기별로 프랑스에 대항한 강대국 연합의 모습은 상이했다.

나폴레옹 시대에는 강대국 대 약소국 전쟁도 세 번 있었다. 러시아−터키 전쟁(Russo-Turkish War, 1806-1812)은 기본적으로 러시아가 터키로부터 베사라비Bessarabia, 몰다비아Moldavia, 왈라키아Walachia를 빼앗으려는 전쟁이었다. 당시 터키는 오토만 제국이라 불렸다. 러시아는 전쟁에서 승리하여 베사라비아를 빼앗을 수 있었다. 그러나 나머지 두 지역에 대해서는 실패했다.

러시아−스웨덴 전쟁(The Russo-Swedish War, 1808-1809)은 스웨덴이 영국과 동맹을 맺고 있는 사실을 불쾌하게 생각했던 프랑스와 러시아 때문에 발발한 전쟁이다. 러시아와 덴마크는 스웨덴과 전쟁을 벌여 승리했다. 스웨덴은 핀란드와 알란드 섬을 러시아에게 내주어야만 했다. 니폴리탄 전쟁(The Neapolitan War, 1815)은 오스트리아와 나폴리Naples 사이의 전쟁이었다. 나폴레옹이 이탈리아에서 철수하자 오스트리아는 이 지역에 대한 자신의 우위를 재확립하고자 했으며 반면 니폴리탄 군은 이탈리아에서 오스트리아를 몰아내고자 했다. 오스트리아가 이 전쟁에서 승리했다.

■ 19세기, 1815−1902

나폴레옹이 몰락하고 빌헬름 독일이 부상하는 시기까지 88년 동안 지속된 유럽 국제체제에는 6개의 강대국이 존재했다. 오스트리아/오스트리아−헝가리, 영국, 프랑스, 프러시아/독일, 러시아 등은 이 시기 내내 강대국의 지위를 유지했다. 이탈리아는 1861년부터 강대국의 범주에 들어갈 수 있었다. 1815년부터 1902년까지의 유럽에 잠재적인 패권국은 존재

	1820	1830	1840	1850	1858
오스트리아	258,000	273,000	267,000	434,000	403,000
영국	114,513	104,066	124,659	136,932	200,000
프랑스	208,000	224,000	275,000	391,190	400,000
프러시아	130,000	130,000	135,000	131,000	153,000
러시아	772,000	826,000	623,000	871,000	870,000

표 9-1 유럽 각국 육군 병력수, 1820-1858

자료: 오스트리아, 러시아, 프러시아 자료들은 J. David Singer and Melvin Small, *National Material Capabilities Data, 1816-1985* (Ann Arbor, MI: Inter-Univ. Consortium for Political and Social Research, February 1993). 영국의 자료들은 Edward Spiers, *The Army and Society, 1815-1914* (London: Longman, 1980), p. 36, 저자의 추측인 1858년의 자료는 예외. 1820년과 1830년의 프랑스 자료는 Singer and Small, *National Material Capabilities*; 1840년도 프랑스 자료는 William C. Fuller, Jr., *Strategy and Power in Russia, 1600-1914* (New York: Free Press, 1992), p. 239; 1850년의 프랑스 자료는 Andre Corvisier, ed, *Histoire Militaire de la France*, vol.2 (Paris: Presses Universitaires de France, 1992), p. 413. 1858의 프랑스 자료는 (실제는 1857년) Michael Stephen Partridge, *Military Planning for the Defense of the United Kingdom, 1814-1870* (Westport, CT; Greenwood, 1989), p. 76. 1860년 대신에 1858년이 선택되었는데 그 이유는 이탈리아 통일전쟁(War of Italian Unification) 때문에 자료가 왜곡될 가능성이 있기 때문이다. 특히 프랑스의 경우 그럴 것이기 때문이다.

하지 않았다. 이 기간 동안 영국은 유럽의 어떤 나라보다도 부유했다(〈표 3-3〉을 보라). 그러나 영국은 자신의 막강한 경제력을 군사력으로 결코 전환시키지 않았다. 사실 이 시기 내내 영국은 소규모의 작은 육군을 보유하고 있을 뿐이었다. 1815년부터 1860년 사이의 유럽에서 가장 막강한 육군을 보유했던 나라들은 오스트리아, 프랑스, 러시아였다. 그러나 이 세 나라의 육군 중 누구도 유럽을 뒤엎어 놓을 만큼 막강하지는 않았다(〈표 9-1〉과 〈표 9-2〉를 보라).[20] 이들 중 어느 나라도 잠재적 패권국이라고 불릴 수 있을 정도로 막강한 잠재적 국력을 보유하고 있지 못했다.

	1853	1854	1855	1856
오스트리아	514,000	540,000	427,000	427,000
영국	149,089	152,780	168,552	168,552
프랑스	332,549	310,267	507,432	526,056
프러시아	139,000	139,000	142,000	142,000
러시아	761,000	1,100,000	1,843,463	1,742,000

표 9-2 크리미아 전쟁 당시 유럽 각국의 육군 병력수, 1853-1856

자료: 오스트리아와 프러시아 자료들은 Singer and Small, *National Material Capabilities Data*. 영국의 자료들은 다음과 같다: 1853-54, Hew Strachan, *Wellington's Legacy: The Reform of the British Army, 1830-54* (Manchester: Manchester Univ. Press, 1984), p. 182; 1855-56, Spiers, Army and Society, p. 36. 프랑스 자료들은 Corvisier, ed., *Histoire Militaire*, p. 413. 러시아 자료들은, 1853-54년의 경우는 Singer and Small, *National Material Capabilities Data*, 1855-56년의 경우는 David R. Jones, "The Soviet Defence Burden Through the Prism of History," in Carl G. Jacobsen, ed., *The Soviet Defence Enigma: Estimating Costs and Burden* (Oxford: Oxford Univ. Press, 1987), p. 155에서 인용한 것이다.

프러시아 육군은 1860년대 정말 막강한 군사력으로 성장하여 유럽에서 최강의 자리를 놓고 프랑스, 오스트리아 육군과 경합을 벌일 정도가 되었다.[21] 1860년대 초반 1위의 자리는 프랑스 육군이 차지하고 있었다. 그러나 1860년대 후반, 유럽 제 1위의 육군은 프러시아 육군이었다. 1870년부터 1902년까지 유럽에서 제일 막강한 육군은 프러시아 육군이었다는 사실에 의문의 여지가 없다. 그러나 프러시아 육군은 아직 유럽 전체에 위협을 가할 수 있을 만큼 막강한 상태에는 이르지 못했다. 더구나 독일은 잠재적 패권국이 될 수 있는 경제력을 갖추지 못하고 있었다. 그렇기 때문에 19세기의 유럽 국제체제는 균형적 다극체제였다고 말할 수 있다.

1815년부터 1902년 사이 유럽에서는 네 차례의 강대국 대 강대국 전쟁이 발발했다. 크리미아 전쟁(The Crimean War, 1853-1856)은 애초 러시아와 오토만 제국 사이에 발발한 전쟁이었다. 러시아는 오토만 제국의 영토를 빼앗으려 했다. 그러나 프랑스와 영국이 오토만 제국의 편에 서서 전쟁에 개입했다. 러시아는 이 전쟁에서 패배했고 영토의 일부를 양보해야만 했다. 프랑스는 이탈리아 통일전쟁(War of Italian Unification, 1859)에서 오스트리아를 이탈리아로부터 몰아내고 이탈리아 국가를 건설하기 위해 피에드몽Piedmont과 연합했다. 오스트리아는 전쟁에서 패배했고 그 이후 얼마 지나지 않아 이탈리아가 건국되었다.

오스트리아 - 프러시아 전쟁(Austria-Prussian War, 1866)에서 프러시아와 이탈리아는 오스트리아와 대항하여 싸웠다. 프러시아와 오스트리아의 전쟁은 본질적으로 누가 통일된 독일에 대한 지배권을 가지느냐를 판가름하는 것이었다. 반면 이탈리아는 오스트리아의 영토를 일부 빼앗기 위한 목적으로 전쟁에 참전했다. 오스트리아는 전쟁에 패배했고 프러시아는 오스트리아의 희생 위에 상당한 넓이의 영토를 획득했다. 그러나 독일의 통일은 아직 완성되지 않았다. 보불전쟁(The Franco-Prussian War, 1870-1871)은 스페인 정치에 대한 프러시아의 거만한 개입으로 인해 야기된 전쟁이었다. 사실 비스마르크는 독일의 통일을 완수하기 위해 이 전쟁을 원했고, 반면 프랑스는 1866년 프러시아가 획득했던 영토적 이득을 상쇄할 수 있는 영토적 보상을 원하고 있었다. 프러시아 육군은 이 전쟁에서 결정적 승리를 획득했다.

19세기의 유럽에는 강대국 대 약소국 간의 전쟁이 8번 있었다. 프랑스-스페인 사이의 불서전쟁(The Franco-Spanish War, 1823)은 당시 통치 중인 스페인 왕을 몰아내기 위한 폭동으로부터 유발되었다. 프랑스는 왕정복고와 평화의 회복을 위해 이 폭동에 개입했다. 나바리노 만 전쟁(Navarino Bay, 1827)은 오토만 제국과 오토만 제국의 편을 든 영국, 프랑스, 러시아를 한편으로 하고 이집트를 다른 한편으로 삼아 벌어졌던 단기간의 해전(海戰)이었다. 러시아 - 터키 전쟁(Russo-Turkish War, 1828-

1829)은 러시아가 그리스의 독립을 지원하기 위해, 그리고 오토만 제국이 장악하고 있던 코카서스 및 다른 지역의 영토를 획득하기 위해 오토만 제국과 대항해서 벌인 전쟁이었다. 1차 슐레스비히-홀슈타인 전쟁(First Schleswig-Holstein War, 1848-1849)은 프러시아가 슐레스비히와 홀슈타인 지역의 네덜란드 사람들을 덴마크로부터 쫓아내고 통일독일의 건설을 위해 벌인 전쟁이었다. 그러나 프러시아는 이 전쟁에서 실패했다.

오스트리아-사르디니아 전쟁(Austrian-Sardinian War, 1848)에서 피에드몽-사르디니아 왕국은 오스트리아를 이탈리아로부터 쫓아내고 자신의 주도하에 통일된 이탈리아를 건국하려 했다. 해방을 위한 이 노력은 실패했다. 로마공화국 전쟁(The Roman Republic War, 1849)은 조제프 마치니Giuseppe Mazzini에 의해 건설된 신생 공화국을 파괴하고 교황을 다시 권좌에 앉히기 위해 프랑스가 로마에 군대를 파견함으로써 발발한 전쟁이다. 2차 슐레스비히-홀슈타인 전쟁(The Second Schleswig-Holstein War, 1864)은 오스트리아와 프러시아가 합작하여 분규 중에 있던 네덜란드인들을 덴마크로부터 몰아내기 위해 벌인 전쟁이었다. 마지막으로 러시아-터키 전쟁(Russo-Turkish War, 1877-78)은 러시아와 오스트리아가 오토만 제국으로부터 독립을 추구하던 보스니아-헤르체고비나 및 불가리아의 편에 서서 벌였던 전쟁이었다.

■ 카이저 시대, 1903-1918

1903년 이후에도 그 이전 시대와 똑같은 강대국들이 존재했다. 그 이전 시대와 마찬가지로 카이저 시대에도 6개의 강대국이 유럽의 국제정치를 주도하고 있었다. 다만 미군이 유럽대륙에 대규모로 진주하기 시작한 1918년 이후부터는 미국도 유럽의 국제정치에서 중요한 행위자가 되었다. 제8장에서 강조했듯이 빌헬름 황제의 독일은 이 시기 동안 유럽의 잠재적 패권국이었다. 빌헬름의 독일은 유럽 최강의 육군과 유럽 최대의 국부를 보유하고 있었다. 그러므로 1903년부터 1918년 사이의 유럽 국제체제는 불균형적 국제체제였다.

이 시대는 1차 세계대전(1914-1918)의 시기였다. 1차 세계대전은 대전쟁으로 유럽의 강대국 전부 그리고 상당수의 약소국이 참전한 전쟁이었다. 이 기간 동안 강대국 대 강대국 전쟁도 하나 발발했다. 러시아 내전(Russian Civil War, 1918-1921) 당시 영국, 프랑스, 일본, 미국은 내란의 와중에 있는 소련에 군대를 파병했다. 이들은 짧은 기간이었지만 볼셰비키와 치열한 전투를 벌였다. 그러나 어쨌든 볼셰비키는 살아남았다. 이 시대에는 강대국 대 약소국의 전쟁도 하나 발발했다. 이탈리아와 터키 사이의 전쟁(Italo-Turkish War, 1911-1912)이었다. 지중해 주변에 제국을 건설하고자 노력했던 이탈리아는 당시 오토만 제국의 영토였던 북아프리카의 트리폴리타니아와 키레나이카를 공격하여 점령했다(이 두 지역은 현재 리비아의 영토다).

■ 양차대전 사이, 1919-1938

양차대전 사이의 기간 동안 유럽에는 5개의 강대국이 존재했다. 1차 세계대전이 종결되면서 오스트리아-헝가리 제국은 사라졌지만 영국, 프랑스, 독일, 이탈리아, 소련은 강대국의 지위를 그대로 유지했다. 이 20년 동안의 유럽에는 잠재적 패권국은 없었다. 1차 세계대전이 끝난 후 몇 년 동안 유럽에서 제일 부유한 나라는 영국이었다. 그러나 1920년대 말엽에 이르러 독일은 경제력인 측면에서 영국을 추월했다(〈표 3-3〉을 볼 것). 그러나 1919년부터 1939년에 이르는 동안 영국도, 독일도 유럽 최강의 육군을 보유하고 있지는 않았다.[22] 오히려 영국과 독일 두 나라는 1920년대, 그리고 1930년대 초반에 이를 때까지 아주 소규모의 허약한 육군을 가지고 있었을 뿐이었다. 1930년대 후반 독일군은 진정으로 막강해졌지만 1939년에 이를 때까지 독일군이 유럽 최강은 아니었다. 1940년에 형편없이 패하고 말았다는 측면에서 보면 믿기 어려운 일이겠지만, 양차대전 사이 기간 동안 유럽 최강의 육군을 보유한 나라는 프랑스였다. 그러나 프랑스는 인구 그리고 경제력의 측면에서 잠재적 패권국의 근처에도 이르지 못한 상태였다. 그러므로 이 시기 유럽의 국제체제는 균형적 다극체제라고 말할 수 있다.

1919년과 1938년 사이 강대국 대 강대국 전쟁은 발발하지 않았다. 그러나 강대국과 약소국의 전쟁은 발발한 적이 있다. 러시아-폴란드 전쟁 (Russo-Polish War, 1919-1920)에서 폴란드는 1차 세계대전 이후 아주 허약해진 상태에 놓인 소련을 침략해 들어갔다. 폴란드는 벨로루시와 우크라이나를 소련으로부터 떼어내어 폴란드가 주도하는 연방에 포함시키려고 했던 것이다. 비록 폴란드는 이 목표를 모두 이룩하지는 못했지만 벨로루시와 우크라이나의 일부 영토를 획득하는 데 성공했다.

■ 나치 시대, 1939-1945

이 시대는 양차대전 사이 유럽을 지배했던 5대 강국과 더불어 시작되었다. 그러나 1940년 봄, 프랑스는 독일에게 패망하여 강대국의 반열에서 떨어져 나갔다. 1943년에 이탈리아도 프랑스와 마찬가지 처지에 놓이게 되었다. 1945년까지 영국, 독일, 소련이 강대국의 지위를 유지했다. 1941년 12월 2차 세계대전에 개입한 이래 미국 역시 유럽의 국제정치에 깊이 개입하게 되었다. 제8장에서 논했던 바처럼 나치 독일은 1939년부터 1945년 봄 패망할 때까지 유럽의 잠재적 패권국이었다. 그래서 이 기간 동안 유럽의 국제체제는 불균형적 다극체제라고 말할 수 있다.

2차 세계대전(1939-1945)은 대전쟁이었으며 당시 유럽 국제정치를 지배한 사건이었다. 당시 강대국 대 약소국 전쟁이 하나 발발했다. 러시아와 핀란드 사이의 전쟁(The Russo-Finnish War, 1939-1940)이었다. 나치 독일이 소련을 공격할 것이라고 예상한 스탈린은 1939년 가을 핀란드에게 영토할양을 요구했다. 핀란드는 이 요구를 거절했고 소련의 적군(Red Army)은 1939년 11월 말 핀란드를 침공했다. 1940년 3월 핀란드는 항복했고 소련은 자신이 원했던 영토를 획득했다.

■ 냉전, 1945-1990

2차 세계대전 이후 유럽에는 하나의 강대국만 남았다. 소련만이 유일한 유럽의 강대국이었다.[23] 미국은 소련이 유럽을 지배하는 것을 막겠다고 결심했고, 냉전기간 동안 유럽에 대규모의 군사력을 주둔시켰다. 평화시에 유럽에 대규모의 군사력을 주둔시킨 것은 미국 역사상 처음 있는 일이었다. 그러므로 1945년부터 1990년에 이르기까지 유럽 국제체제는 양극체제라고 말할 수 있다.

이 기간 동안 두 강대국 사이에 전쟁은 발발하지 않았다. 그러나 강대국과 약소국의 전쟁이 하나 발발했다. 소련-헝가리 전쟁(Russo-Hungarian War, 1956)에서 소련은 헝가리의 반공폭동에 개입하여 이를 성공적으로 제압했다.

분석

이제까지 조사한 자료들을 기초로 하여 유럽 국제체제가 양극체제였을 때, 균형적 다극체제였을 때, 그리고 불균형적 다극체제였을 때 얼마나 많은 강대국 전쟁이 발발했는지를 알아보자. 특히 각각의 국제체제에서의 전쟁의 발발횟수, 전쟁의 빈도(frequency), 그리고 전쟁의 치열성을 살펴보도록 하자. 각 시기별 강대국 전쟁들은 앞에서 서술했던 세 가지 유형에 따라 내전쟁(Central War), 강대국 내 강대국 전쟁, 강대국 내 약소국 전쟁으로 분류된다. 전쟁의 빈도는 각 시기별로 강대국 전쟁이 진행되었던 횟수를 모두 합쳐서 결정한다. 한 해의 일부 시기에만 전쟁이 있었을 경우에도 그 해를 전쟁의 해로 간주하기로 한다. 크리미아 전쟁은 1853년 10월부터 1856년 2월까지 지속되었는데 1853, 1854, 1855, 1856년을 전쟁이 있었던 해로 간주한다는 것이다. 마지막으로 전쟁의 치열성은 전쟁에서 얼마나 많은 군인의 인명피해가 발생했는가로 측정된다. 여기서 민간인 인명피해는 고려대상에서 제외했다.

여러 가지 국제체제 중에서 양극체제가 가장 평화롭고, 전쟁의 치열성도 가장 약했던 것으로 판명된다(〈표 9-3〉을 볼 것). 유럽이 양극체제하에 있었던 유일한 기간인 1945년부터 1990년에 이르기까지 유럽에는 강대국간 전쟁이 한번도 발발하지 않았다. 다만 단 한 달도 채 지속되지 못한 강대국 대 약소국의 전쟁이 한번 있었을 뿐이다. 유럽이 양극체제였던 46년의 기간 동안 유럽에는 단 한차례 전쟁이 발발했을 뿐이다. 전쟁의 치열성에 관해서 말한다면 단 한번 발생했던 전쟁에서의 인명피해는 1만명이었다.

불균형적 다극체제는 단연코 전쟁의 빈도가 가장 높고 전쟁의 규모도 가장 치열한 국제체제이다. 유럽이 다극체제이면서 잠재적 패권국이 존재하던 시기 — 1793-1815, 1903-1918, 1939-1945 — 에 3회의 대전쟁이 발발했고, 1회의 강대국 대 강대국 전쟁, 그리고 5회의 강대국 대 약소국 전쟁이 발발했다. 이 기간이 전부 44년인데 그 중 35년 동안은 전쟁이 있었으며 그 중 11년은 두 개의 전쟁이 동시에 치러지고 있었다. 이 기간 동안 전쟁 때문에 약 2,700만 명의 군인이 사망했다(2차 세계대전 당시 발발한 사회적 혼란과 살인사건을 고려하면 이와 거의 비슷한 수의 민간인 인명피해가 발생했다고 볼 수 있을 것이다).

균형적 다극체제는 양극체제와 불균형적 다극체제의 중간쯤에 해당된다. 유럽이 다극체제였지만 잠재적 패권국이 존재하지 않았던 시기인 1792-1793년, 1815-1902년, 1919-1938년의 기간 중 패권전쟁 (hegemonic war)[역자 주; 저자는 이 용어를 대전쟁(central war)과 같은 의미

	전쟁이 일어난 횟수			전쟁이 일어난 빈도			전쟁의 치명도
	대전쟁	강대국 대 강대국 전쟁	강대국 대 약소국 전쟁	전체 기간	전쟁 지속 기간	전쟁이 있었던 해의 비율(%)	군인 사망자
양극체제 1945-1990	0	0	1	46	1	2.2%	1만
균형 다극체제 1792-1793 1815-1902 1919-1938	0	5	9	109	20	18.3%	120만
불균형 다극체제 1793-1815 1903-1918 1939-1945	3	1	5	44	35	79.5%	2700만

표 9-3 국제체제 구조에 따른 유럽 전쟁발발 빈도 요약, 1792-1990

참고: 러시아-터키 전쟁(1806~12), 러시아-스웨덴 전쟁(1808~09)의 경우 인명피해 자료를 구할 수 없었다. 이 두 전쟁은 모두 나폴레옹 전쟁 기간 중에 발발했고 따라서 자료를 생략했다. 물론 이 전쟁들에서 인명피해는 그다지 크지 않았음이 분명하며 불균형적 다극체제하의 유럽에서 야기된 전쟁들이 유발한 엄청난 인명피해 규모에 별 영향을 미치지 못했다.

자료: 전쟁의 수와 전쟁이 진행된 횟수에 관한 자료는 Jack S. Levy, *War in the Modern Great Power System, 1495~1975* (Lexington: University Press of Kentucky, 1983), pp. 90~91; 그리고 J. David Singer and Melvin Small, *Resort to Arms: International and Civil Wars, 1816~1980* (Beverly Hills, CA: Sage, 1982), pp. 82~95에서 인용. 전쟁의 처절함(인명피해)에 관한 자료는 모두 Singer and Small, *Resort to Arms*, pp. 82~95에서 인용. 그러나 다음의 전쟁은 예외였다. 나폴레옹 전쟁(The Napoleonic Wars) 자료들은 Charles J. Esdaile, *The Wars of Napoleon* (London: Longman, 1995), p. 300; 나바리노 베이(Navarino Bay) 전쟁자료는 John Laffin, *Brassey's Battles: 3,500 Years of Conflict, Campaigns and Wars from A-Z* (London: Brassey's Defence Publishers, 1986), p. 299에서 인용; 러시아 내란(The Russian Civil War) 자료는 Levy, *War*, p. 61; 그리고 니폴리탄 전쟁(Neapolitan War) 자료는 Clive Emsley, *Napoleonic Europe* (New York: Longman, 1993)에서 인용함.

로 사용하고 있다.]은 한 차례도 없었고, 강대국 대 강대국 전쟁이 5차례, 강대국 대 약소국 전쟁이 9차례 발발했다. 빈도의 측면에서 보았을 때 균형적 다극체제였던 109년 중 20년은 유럽 어딘가에서 전쟁이 벌어지고 있었다. 따라서 유럽이 균형적 다극체제였을 때는 그 기간의 18.3%가 전쟁중에 있었던 것이다. 그에 비해 양극체제의 경우는 그 기간의 2.2%, 불균형적 다극체제의 경우는 79.5%가 전쟁중에 있었다. 전쟁에서의 인명 피해를 살펴보면, 균형적 다극체제였을 때 발생한 전쟁에서는 약 120만 명의 군인이 전사했는데, 이는 불균형적 다극체제였을 때의 2,700만 명보다는 훨씬 적은 수이지만, 양극체제였을 때의 1만 명에 비하면 상당히 많은 수라고 할 수 있다.

결론

이상의 연구결과들은 공격적 현실주의 이론을 강력히 확인해주고 있다. 그럼에도 불구하고 중요한 문제점이 지적되어야 할 것이다. 1945년 처음 배치된 핵무기는 유럽이 양극체제였던 전 기간 동안 배치되어 있었지만 이전의 어느 다극체제에도 핵무기가 배치된 적은 없었다. 이런 사실은 나의 주장에 문제를 제기할 수 있을 것이다. 핵무기란 평화를 지향하도록 하는 막강한 무기이기 때문이며 핵무기가 존재했다는 사실은 1945년부터 1990년에 이르는 기간 동안 유럽에서 전쟁이 한번도 발발하지 않았던 큰 이유가 될 수 있기 때문이다. 그러나 양극체제와 핵무기 중 어느 것이 장기적 안정을 가져오는 데 더 큰 영향을 미친 요인인지를 결정하는 것은 어려운 일이다.

이 문제를 규명하기 위해서는 핵무기가 존재하지 않았던 시절에만 한정하여 양극체제와 다극체제 중 어떤 체제가 전쟁의 가능성을 더 높이느냐의 여부를 판단해 보는 것이 도움이 될 것이다. 그러나 유럽의 경우 핵무기가 존재하지 않았던 양극체제는 없었다.

유럽의 국제체제는 처음 시작된 이후부터 1945년에 이를 때까지 한번도 양극체제인 적은 없었다. 그래서 핵무기가 없는 상태의 양극체제와 다극체제 중 어느 체제가 더 평화스러운지를 비교할 수 있는 역사적 사례는 없다. 더 이전의 역사는 양극체제의 더욱 분명한 사례를 보여주는데 이경우 상당히 전쟁발발 가능성이 높았던 것으로 나타난다. 아테네와 스파르타, 로마와 카르타고의 경우가 호전적인 양극체제였다. 그러나 이것들만을 가지고 완전한 결론을 도출할 수는 없을 것이다.

그러나 균형적 다극체제와 불균형적 다극체제를 비교할 때는 이런 문제가 발생하지 않는다. 1945년 이전 균형적 다극체제, 불균형적 다극체제어느 경우에도 핵무기가 존재한 적이 없으니 말이다. 다극적 국제체제에나폴레옹의 프랑스, 빌헬름 황제의 독일, 나치 독일 등과 같은 잠재적 패권국이 존재하느냐의 여부가 평화의 전망에 중대한 영향을 미친다는 사실은 분명하다. 다극체제에 가장 막강한 육군력과 동시에 가장 막강한 경제력을 가진 국가가 포함되어 있는 경우, 그 국제체제에는 언제라도 강대국 간에 처절한 전쟁이 발생할 가능성이 있다.

마지막 장인 다음 장에서는 중국의 경제적, 정치적 힘의 증강과 이로인한 중국의 부상 결과가 21세기 국제정치에 미칠 영향이 무엇인지를 생각해 볼 것이다.

10

중국은 평화롭게
부상할 수 있을까?

The Tragedy Of
Great Power Politics

19 89년 냉전의 종식, 그리고 2년 후 소련의 붕괴를 통해 미국은 지구 최고의 강대국으로 등장했다. 많은 평자들이 미국은 역사 이래 최초로 단극체제의 세계에서 살게 되었다고 말했다. 다른 말로 미국만이 국제체제의 유일한 강대국이라는 뜻이었다. 만약 이 같은 언급이 사실이라면 더 이상 강대국 국제정치라는 말은 무의미한 말이 될 것이다. 강대국이 하나밖에 없는 세상이니 말이다. 나도 그렇게 생각하고 있지만, 중국과 러시아를 강대국이라고 믿는 사람들일지라도 중국과 러시아는 미국보다는 훨씬 약하며, 미국에 어떤 의미 있는 방식으로 도전을 제기할 수 있는 처지에 있지 못하다. 그러기 때문에 강대국들의 상호관계는 1989년 이전의 국제정치에서 나타난 것과는 다를 것이다. 당시 국제체제에서는 항상 둘 혹은 그 이상의 막강한 강대국들이 서로 경쟁하고 있었다.

이 같은 관점을 명료하게 만들기 위해서는 냉전종식 이후의 세계를 20세기 초반 90년 동안과 대비시켜 볼 필요가 있을 것이다. 20세기 초반 90년 동안 미국은 빌헬름 황제의 독일, 일본제국, 나치 독일, 소련 등 미국에 맞먹는 잠재적 경쟁자들을 봉쇄하기 위해 국제정치에 깊이 개입했었다. 이 시기 동안 미국은 2차례의 세계대전을 치렀고, 지구 방방곡곡에서 소련과 강도 높은 안보 경쟁을 벌였다.

그러나 1989년 이후 미국의 정책결정자들은 미국과 맞먹는 라이벌 국가들과의 싸움을 두려워 할 필요가 없이 약소국들에 대한 전쟁을 감행할 수 있었다. 실제로 미국은 냉전 종식이후 여섯 번의 전쟁, 즉 이라크 전쟁(1991), 보스니아 전쟁(1995), 코소보 전쟁(1999), 아프가니스탄 전쟁(2001년부터 현재), 2차 이라크 전쟁(2003-2011), 그리고 리비아 전쟁(2011)을 치렀다. 미국은 2001년 9월 11일 이후 지구 전역에서 반테러전쟁을 치르고 있는 중이다. 소련의 위협이 소멸된 이후 강대국 국제정치에 대해 관심을 기울일 필요가 없게 되었음은 놀라운 일도 아니다.

그러나 중국의 부상은 이 같은 상황에 변화를 초래했다. 중국의 부상은 국제체제의 구조를 근본적으로 바꾸어 놓을 수 있는 잠재력을 포함하고 있기 때문이다. 만약 중국의 고도 경제성장이 향후 수십 년 이상 지속될 수 있다면, 미국은 또 다시 미국과 맞먹는 잠재적인 강대국에 당면하게 될 것이며, 강대국 국제정치는 또다시 부활하게 될 것이다. 중국의 눈부신 경제 성장이 앞으로도 지속될 수 있을 것이냐, 혹은 성장 속도는 줄어들지만 그래도 대단한 경제성장을 지속할 수 있을 것이냐의 여부는 아직도 알 수 없는 문제이기는 하다. 중국의 부상이 지속될 것이냐의 여부에 대해 서로 상반되는 지적인 논쟁이 있지만 어느 주장이 더 타당한지를 알기는 어렵다.[1]

그러나 만약 중국에 대한 낙관적 견해가 타당하다면 중국의 부상은 21세기의 가장 중요한 지정학적 사건이 될 것이다. 중국은 정말로 강한 나라로 변신하게 될 것이기 때문이다. 모든 정책결정자 혹은 국제정치학자들에게 중국의 부상이 제기하는 질문은 단순하지만 심오하다. 중국은 평화롭게 부상할 수 있을까?(Can China rise peacefully?) 이 장은 이 질문에 대해 답하는 것을 목표로 삼는다.

아시아의 미래를 예측하기 위해서, 우리는 부상하는 강대국들은 어떻게 행동할 가능성이 높은가 그리고 국제체제의 다른 강대국들은 어떻게 이에 반응하는가를 설명할 수 있는 국제정치학 이론이 필요하다. 우리는 이론에 의존해야만 하는데, 왜냐하면 미래에 관한 많은 측면들이 알려져 있지 않기 때문이다. 즉 우리는 미래에 대해 그다지 많지 않은 자료를 가지고 있을 뿐이다. 토마스 홉스Thomas Hobbes는 이 같은 점을 잘 표현했다. "현재는 존재 그 자체이다. 과거는 기억만으로 남아 있다. 그러나 다가올 미래는 존재 자체가 전혀 없는 것이다."[2] 그래서 우리는 세계 정치에서 어떤 일이 발생할지를 예측하기 위해서 반드시 이론을 가지고 있어야 한다.

공격적 현실주의 이론은 중국의 부상에 대해 인상적인 통찰력을 제공한다. 간단명료하게 말해서, 나의 이론은 만약 중국의 경제 성장이 지속된다면, 중국은 미국이 서반구를 지배하는 것처럼 아시아를 지배하려 들

것이라고 보는 것이다. 물론 미국은 중국이 아시아 지역의 패권국이 되는 것을 막으려 할 것이다. 인도, 일본, 싱가포르, 대한민국, 러시아, 베트남 등 중국의 이웃나라들 대부분은 중국의 힘을 봉쇄하려는 미국에 동참할 것이다. 그 결과 전쟁마저 유발할 수 있는 가능성을 내포하는 고도의 안보 경쟁이 야기될 것이다. 중국의 부상이 조용하게 이루어질 가능성은 없어 보인다.

내가 관심을 가지는 바는 중국이 당장의 미래에 어떻게 행동할 것인가에 관한 것은 아니다. 나는 장기적인 차원에서, 즉 중국이 오늘보다 훨씬 강한 나라가 되었을 때 어떻게 행동할 것인가에 깊은 관심을 가지고 있다. 중국은 현재 막강한 군사력을 보유하고 있지 못한 것이 현실이다. 중국의 군사력은 미국보다 열세(劣勢)인 상태다. 중국이 오늘날 미국과 싸우기로 결정한다면 그것은 대실수일 것이다. 한마디로 말하자면, 오늘날의 중국은 미국에게 압도적으로 유리한 전 지구적 세력균형상태에 의해 제약당하고 있다. 미국은 여러 가지 유리한 점들이 많이 있지만 그중에서도 특히 전 세계에 걸쳐 수많은 동맹국을 보유하고 있다는 사실이 중요하다. 중국은 사실상 동맹이 없다고 말할 수 있다. 그러나 우리의 관심은 현재가 아니다. 우리의 관심은 세력균형이 현저하게 미국에게 불리한 상태로 진전된 미래, 중국의 국력이 경제적, 군사적 면에서 미국과 맞먹게 되어 오늘보다 훨씬 제약이 적어진 미래에 있다.

이 장의 나머지 부분들은 다음과 같이 구성될 것이다. 다음 절에서는 이 책 제2장에서 상세하게 제시된, 내 이론의 핵심적인 요소들에 대한 간략한 복습을 할 것이다. 그런 다음 나는 제7장에서 길게 소개되었던 서반구에 대한 미국의 패권 추구 노력을 요약할 것이다. 이 이야기를 통해 미국은 자신의 역사의 대부분 동안 공격적 현실주의가 지시하는 바대로 행동해왔다는 사실이 분명해질 것이다. 그 다음 절에서는 힘이 더욱 막강해진 중국이 어떻게 행동할 것이냐에 초점을 맞출 것이다. 나는 중국 역시 내 이론이 지시하는 바대로 행동할 것이라고 주장한다. 즉 중국은 과거 미국의 행동을 효과적으로 흉내내게 될 것이다. 그 다음 절에서 나는 왜 미국은 물론 중국의 주변국들이 중국을 봉쇄할 의도를 가진 균형 연합을 형성하게 될 것인가를 설명할 것이다. 그 다음 나는 중국과 미국 사이에 전쟁이 야기될 가능성에 대해 고찰한다. 나는 미중 전쟁의 가능성이 냉전 시대 초강대국들 사이의 전쟁 가능성보다 오히려 더 높을 것이라고 주장한다. 끝에서 두 번째 절에서 나는 나의 우울한 예측에 대한 두 가지 중요한 반론을 다시 반박할 것이다. 마지막으로 나는 짧은 결론을 통해, 나의 예측이 틀릴 수도 있는 가장 그럴듯한 이유는, 사회과학이론의 한계 때문임을 지적하고자 한다.

공격적 현실주의 이론 요약

나의 이론은 가장 단순한 형태로, 국제체제의 기본적인 구조는 국가들로 하여금 다른 나라들과의 권력을 위한 경쟁에서 국가안보에 신경쓸 것을 강요한다고 주장한다. 모든 강대국의 궁극적인 목표는 세계에서 자신이 차지하는 힘의 비중을 극대화시키는 것이며, 궁극적으로 국제체제를 지배하는 것이다. 현실적인 측면에서, 이는 가장 강력한 국가들은 자신의 지역에서 패권국이 되고자 하며, 동시에 다른 라이벌 강대국들이 다른 지역에서 패권국이 되는 것을 막으려 한다는 것을 의미한다.

이 이론은 세계 정치에 관한 다섯 개의 가설에 근거하는데 그 가설들은 모두 현실의 합리적인 근사치이다. 무엇보다도 국가는 국제정치의 핵심적 행위자이며, 국가보다 상위에 있는 권위적인 조직은 없다. 국가들이 어려움에 처하거나 원조를 필요로 할 때 손을 내밀 수 있는 궁극적인 중재자 혹은 거인에 해당되는 나라는 국제체제에 존재하지 않는다. 이 같은 국제체제를 무정부 체제(anarchic system)라고 말하며, 이와 반대되는 체제는 위계(位階, hierarchic) 체제이다.

다음 두 가설은 각각 능력과 의도에 관한 것이다. 국가들의 능력이 월등하게 차이가 나기도 하지만 모든 국가들은 공격적인 군사능력을 보유하고 있다. 능력은 대체로 물질적인 요인으로 눈으로 볼 수 있고, 평가할 수 있으며, 셀 수 있는 것들로 구성되기 때문에 비교적 측정하기 쉬운 부분이다.

의도는 다른 이야기다. 국가들은 다른 나라의 의도가 무엇인지를 결코 정확하게 알 수 없다. 의도란 국가 지도자의 머릿속에 있는 것으로서 결코 볼 수도 없고 측정할 수도 없는 것이기 때문이다. 특히 국가들은 과연 다른 나라의 대포가 이런저런 이유로 자기 나라를 사정권에 둘 것인지에 대해 결코 확실하게 알 수 없다. 국가들의 의도를 파악하는 문제는 특히 미래를 생각할 경우 더욱 어려워진다. 우리는 지금부터 5년 혹은 그 이후 다른 나라의 지도자가 누구일지를 결코 알 수 없으며 그들의 외교정책에 관해 어떤 생각을 할지를 알 도리가 없다.

나의 이론은 국가들이 국가의 생존을 가장 중요한 목표로 생각한다고 가정한다. 물론 생존이 유일한 목표라는 뜻은 아니다. 국가들은 다양한 야망을 가지고 있다. 그러나 국가들이 궁지에 몰렸을 때, 생존이라는 목표는 다른 모든 목표들을 압도하게 된다. 국가가 생존하지 못한다면 다른 목표를 추구할 수는 없는 일이기 때문이다. 생존이란 단순이 영토의 일체성을 유지한다는 것 이상을 의미한다. 비록 영토의 일체성 유지는 본질적으로 중요한 것이기는 하지만 말이다. 생존이란 국가의 정치결정 체제가 자율성을 유지하는 것을 의미하기도 한다. 마지막으로 나의 이론은 국가들이 합리적 행위자(rational actor)라고 가정한다. 즉 국가들은 그들의 생존 가능성을 극대화시키는 전략을 구상하는 데 있어 상당히 효과적으로 행동한다고 보는 것이다.

이 같은 가설들을 엮어보면, 국가들이 특정한 방식으로 행동하게 된다는 것을 알 수 있다. 특히, 다른 나라들이 엄청난 공격적 군사능력뿐 아니라 사악한 의도을 가지고 있을 수 있는 가능성 — 그것이 아주 작은 것일지라도 — 이 있는 세계에서 국가들은 서로를 두려워하게 된다.[3] 이 같은 두려움은 내가 "9-1-1 문제"라고 부르는 것으로 인해 더욱 악화된다. 즉 무정부적 국제체제에서는 문제가 눈앞에 닥치더라도 국가들이 도움을 청할 수 있는 야경꾼이 없다는 사실이다. 그래서 국가들은 스스로 자신의 생존을 위해 눈을 부릅뜨고 있어야 하며, 생존을 위해 가장 좋은 방법은 예외적으로 막강한 국가가 되는 것이다.

이곳에서의 논리는 복잡하지 않다. 어떤 국가가 경쟁국들보다 상대적으로 막강할 경우 그 나라의 생존이 위험에 처할 가능성은 상대적으로 낮아진다. 예를 들어보자. 서반구에 있는 어떤 나라도 감히 미국을 공격할 생각을 하지 않는다. 미국은 어떤 이웃나라들보다도 월등히 강하기 때문이다. 이 같은 논리는 강대국들로 하여금 자신들에게 유리한 방식으로 세력균형이 이루어질 수 있는 기회를 추구하도록 몰아간다. 동시에 그들은 다른 강대국이 우월한 지위를 차지해서 자신이 위험에 빠지는 상황을 막기 위해 노력한다. 강대국의 궁극적 목표는 패권국(hegemon), 즉 국제체제에서 유일한 강대국이 되는 것이다.

사람들이 오늘날 패권국에 대해 이야기한다면, 그것은 일반적으로 미국을 의미하는 것일 것이다. 미국은 때로는 지구의 패권국이라고 말해지기도 한다. 그러나 나는 어떤 나라라도 — 미국을 포함해서 — 전 지구적인 패권국이 될 가능성은 없다고 생각한다. 세계를 지배하려는 경우 하나의 큰 장애 요인은 먼 곳에 있는 강대국들을 점령하고 복속시키는 일은 대단히 어렵다는 점이다. 왜냐하면 멀리 떨어진 곳에 힘을 투사하고 유지한다는 것은, 특히 태평양, 대서양과 같은 큰 바다를 건너가야 할 경우, 대단히 어려운 문제를 야기하기 때문이다. 상대적으로 약한 나라들을 대하는 경우 거리의 문제는 상대적으로 덜 심각하겠지만 그럴 경우라도, 약소국들의 민족주의는 적대적인 강대국이 그 약소국들을 점령하고 통치하는 일이 결코 용이치 않을 것임을 말해 준다. 그래서 강대국이 추구하는 최대의 목표는 자신이 속한 지역에서 패권국이 되는 것이다. 즉 이웃나라들을 압도할 수 있는 지위에 오르는 것이다. 예를 들자면 미국은 서반구의 지역 패권국(regional hegemon)이다. 미국은 지구상 어떤 나라보다도 훨씬 막강한 나라이기는 하지만 지구적 패권국(global hegemon)은 아니다.

어떤 국가가 지역 패권국의 지위를 확보한 경우 그 나라는 또 다른 목표를 가지게 된다. 다른 지역에 있는 강대국이 그 자신의 지역에서 패권국이 되는 것을 막는 일이다. 다른 말로 하자면 어떤 지역 패권국도 자신과 경쟁할 수 있는 다른 지역 패권국의 등장을 원하지 않는다는 것이다. 가장 중요한 이유는 지역 패권국은 — 자신의 이웃나라들을 거의 완벽하게 지배하고 있기 때문에 — 지구 전체를 자유롭게 어슬렁거리고 다니면서 다른 대륙의 일에 간섭할 수 있기 때문이다. 이 같은 상황은 지역 패권국들이 여럿 있을 경우 이들은 서로 상대방의 뒷마당에서 문제를 일으킬 가능성이 있음을 의미한다. 그래서 어떤 국가라도 지역 패권국의 지위를 확보하게 되면, 다른 강대국들이 자신이 차지한 것과 동일한 지위에 오르게 되는 것을 차단하려고 하는 것이다. 다른 강대국이 자신의 지역에까지 와서 어슬렁거리는 일이 일어나지 않도록 하기 위해서 말이다.

대부분 미국인들은 결코 이 같은 생각을 하지 않고 있지만, 미국이 세계 도처에 군사력을 배치하고, 거의 모든 지역의 정치문제에 개입할 수 있는 가장 중요한 이유는 서반구에서 미국의 안보를 위협할 나라가 없기 때문이다. 만약 미국이 서반구에 위험한 적국을 가지고 있었다면 미국은 먼 지역들을 배회할 수 없었을 것이다.

그러나 만약 라이벌 국가가 자신의 지역에서 패권을 차지할 경우, 기존 패권국이 해야 할 일은 가능한 한 빨리 라이벌의 패권을 종식시키는 것이다. 이유는 단순하다. 세계의 모든 다른 핵심 지역들에서 둘 혹은 그 이상의 강대국들이 존재하는 것이 패권국에게 훨씬 유리한 일이기 때문이다. 다른 지역의 강대국들은 서로를 견제해야 하기 때문에 멀리 떨어진 패권국의 뒷마당에 개입할 여력이 없게 된다.[4] 요약하자면, 무정부적 국제체제에서 살아남기 위한 가장 좋은 방법은 유일한 지역 패권국이 되는 것이다.

미국의 패권 추구

미국은 근대사에 나타난 유일한 지역 패권국이다. 5개의 강대국들 ─ 나폴레옹의 프랑스, 빌헬름 황제의 독일, 일본제국, 나치 독일, 그리고 소련 ─ 이 자신의 지역에서 패권국이 되고자 시도했지만 모두 실패했다. 미국은 서반구에서 패권국이 되었으며 패권국이 될 당시 아무런 계획도 없이 그런 지위에 도달한 것은 아니었다. 오히려 미국을 건국한 국부들과 그 후계자들은 아메리카 대륙에서 패권국의 지위를 달성하기 위한 의도적이며 정교한 계획을 가지고 있었다. 실제로 미국인들은 공격적 현실주의 이론이 지시하는 바대로 행동했었다.

1783년 영국으로부터 독립을 쟁취했을 당시, 미국은 인구가 주로 대서양 연안 지역에 국한되었던, 상대적으로 약한 나라였다. 대영제국과 스페인 제국은 미국을 둘러싸고 있었으며, 적대적인 아메리카 원주민 부족들은 애팔래치아 산맥으로부터 미시시피 강에 이르는 지역을 장악하고 있었다. 이들은 신생 미국에게 무서운 이웃이었음이 확실했다.

이후 70년 동안 미국은 대륙을 가로질러 태평양까지 진출함으로써 자신의 위험한 상황에 대응했다. 그리고 그 과정에서 거대하고 강력한 국가를 건설했다. 소위 "분명한 운명"(Manifest Destiny)을 달성하기 위해 미국인들은 다수의 원주민들을 살해했고 그들의 땅을 훔쳤으며, 플로리다를 스페인으로부터 구입했고(1819), 오늘 미국의 중앙 부분을 구성하는 지역을 프랑스로부터 사들였다(1803). 미국인들은 1845년 텍사스를 합병했고, 1846년 멕시코와 전쟁을 벌여 승리한 후 멕시코로부터 오늘 미국의 남서부 지방을 구성하는 영토를 빼앗았다. 1846년 영국과 협상을 체결하여 태평양 서북부를 미국의 영토로 만들었고, 마지막으로 1853년 개스던 매입(Gadsden Purchase)을 통해 멕시코로부터 영토를 더 사들였다.

미국 사람들은 19세기 대부분 기간 동안 캐나다를 정복할 것인가에 대해서도 심각하게 생각했다. 실제로 미국 사람들은 1812년 캐나다를 정복하겠다는 의도를 가지고 공격한 적이 있었다. 만약 카리브해의 섬 지역에 많은 수의 노예가 없었더라면, 그리고 미국의 북부 주들이 미합중국에 더 많은 노예소유 주들이 포함되는 것에 반대하지 않았더라면, 카리브 해의 일부 섬들도 미국의 영토로 귀속되었을 것이다. 아픈 진실은 19세기 동안 평화를 사랑하는 나라라고 생각되는 미국이, 역사상 유례를 발견할 수 없을 정도로 엄청난 영토 확장을 기록했다는 사실이다. 아돌프 히틀러가 1941년 6월 소련을 침공한 후 자신은 미국이 서부로 확장되었던 모델을 흉내낸 것이라고 말한 바 있는데, 놀라운 일은 아니다. 히틀러는 "이곳 동쪽에서 일어나고 있는 일은 미국의 정복과 유사한 과정이 다시 반복되는 것"이라 말했던 것이다.[5]

미국이 지역의 패권국이 되기 위해서 해야 할 일이 하나 더 있었다. 유럽의 강대국들을 서반구에서 몰아내고 그들이 다시는 서반구에 개입하지 못하도록 하는 일이었다. 바로 이 목표는 먼로 독트린(Monroe Doctrine)이 추구하는 것이었다. 1823년 먼로 대통령이 그 독트린을 천명했을 당시 미국은 그것을 현실화시키는 데 충분한 힘을 가지고 있지 않았다. 그러나 19세기가 끝났을 때 유럽의 강대국들은 아메리카 대륙에서 영향력이 별로 없는 나라들이 되고 말았다. 미국은 지역의 패권을 장악했으며 이를 통해 예외적으로 안전한 강대국이 되었다.

지역적 패권을 차지했더라도 강대국으로서의 임무가 끝난 것은 아니다. 지역의 패권국이 된 나라는 다른 강대국들이 그들 자신의 지역에서 패권국이 되는 일이 없도록 해야 한다. 20세기 동안 4개의 강대국들이 자신의 지역에서 패권국이 될 수 있는 국력을 보유하고 있었다. 빌헬름 황제의 독일(1890-1918), 일본제국(1937-1945), 나치 독일(1933-1945), 그리고 소련(1945-1990)이었다. 놀라운 일도 아니지만 이들 나라들 모두는 20세기 동안 미국이 서반구에서 차지한 것과 동등한 지위를 차지하려고 시도했다.

미국은 이들의 행동에 어떻게 반응했는가? 각각의 경우에, 미국은 패권국의 지위에 오르려는 이들 강대국을 패배시키고 붕괴시키는 데 결정적인 역할을 담당했다.

미국은 빌헬름의 독일이 유럽에서의 전쟁에서 승리하고 패권을 차지할 가능성이 높아 보였던 1917년 4월 제1차 세계대전에 개입했다. 미국의 군사력은 카이저 군대에 맞서 균형을 유지하는 데 결정적인 역할을 담당했다. 카이저의 군대는 1919년 11월 붕괴되고 말았다. 1940년대 초반 루스벨트 대통령은 아시아에서 일본의 야망과 특히 유럽에서의 독일의 야망을 분쇄하기 위해 미국을 2차 세계대전에 참전시키는 데 온갖 노력을 기울였다. 1941년 12월 전쟁에 개입한 이후 미국은 추축국(Axis Power) 두 나라를 격파하는 데 기여했다. 1945년 이후 미국의 정책결정자들은 독일과 일본의 군사적 능력을 제한하기 위해 상당한 고통을 감수해야 했다. 마지막으로 미국은 냉전기간 동안 소련이 유라시아 대륙을 지배하는 것을 막기 위해 단호하게 행동했으며, 결국 1989년부터 1991년 사이 소련이 역사의 잿더미 속으로 사라지게 하는 데 기여했다.

냉전이 끝나고 얼마 지나지 않았을 때인 1992년 부시George H. W. Bush 행정부는 그 유명한 "방위지침"(Defense Guidance)에서 미국은 이제 세계에서 유일한 초강대국이며, 그러한 격상된 지위를 오랫동안 지속시키려 한다는 것을 천명했다.[6] 다시 말해, 미국의 정책결정자들은 미국에 맞먹는 새로운 도전자의 출현을 용납하지 않으리라는 의미였다. 2002년 9월 부시 행정부가 발표한, 마찬가지로 유명한 "국가안보전략보고서"(National Security Strategy)[7]에서도 이 같은 내용이 반복되었다. 이 보고서는 많은 비난을 받았는데, 특히 "선제 전쟁"(preemptive war)의 가치를 주장한 것에 비난이 쏟아졌다. 그러나 미국이 부상하는 강대국들을 제어하고 지구적 균형체제에서 압도적인 지위를 유지해야 한다는 주장에 대해서는 반대 언급이 거의 나오지 않았다.

요점은 미국이 서반구에서 패권식 지위를 차지하기 위해 100년 이상 노력해왔으며, 분명한 전략적 이유로 그렇게 했다는 것이다. 지역적 패권을 장악하고 난 후, 미국은 다른 강대국들이 유럽 혹은 아시아에서 패권국이 되는 것을 막기 위해 마찬가지로 노력해왔다.

미국의 과거 행동은 중국의 부상에 대해 우리에게 무엇을 말해 주는가? 특히 점차 더 강력해지고 있는 중국은 어떻게 행동할 것인가? 그리고 미국과 중국의 이웃나라들은 강력해진 중국에 어떻게 반응할 것인가?

미국이 걸었던 길을 따르는 중국

만약 중국이 앞으로 수 십년 동안 놀라운 경제발전을 지속하게 될 경우, 중국은 공격적 현실주의 이론이 말해주는 것처럼 행동하게 될 것이다. 즉 중국은 미국이 걸어온 길을 따르게 될 것이라는 말이다. 구체적으로 말하자면 중국은 미국이 서반구를 지배하는 것처럼 아시아를 지배하고자 할 것이다. 중국이 아시아를 지배하고자 하는 것은 그렇게 하는 것이 무정부적 국제체제하에서 생존하기 위한 가장 좋은 방법이기 때문이다. 게다가 중국은 이미 여러 곳에서 영토 분쟁 중에 있는데, 중국의 힘이 더 막강해 질수록 이 분쟁들은 중국에 유리하게 결말날 수 있을 것이다.

더 나아가, 미국과 마찬가지로 더욱 강해진 중국은 세계 전역에 걸친 안보이익을 가지게 될 것이며, 아시아 지역을 훨씬 넘어 세계를 향해 힘을 투사할 수 있는 능력을 추구하게 될 것이다. 새로운 초강대국이 된다면 중국은 페르시아만 지역을 전략적으로 중요한 지역으로 간주하게 될 뿐 아니라 서반구에 대해서도 마찬가지 생각을 하게 될 것이다. 실제로 중국은 서반구 지역에서 미국에게 안보 문제를 야기하는 데 대해 깊은 이익을 가지고 있다. 그래야 미국의 군사력이 다른 지역, 특히 아시아지역에서 자유롭게 어슬렁거릴 수 없기 때문이다. 이 주제들에 대해 보다 자세히 생각해 보자.

■ 중국의 현실정치 (Chinese Realpolitik)

만약 나의 이론이 맞는다면, 중국은 주변에 있는 국가들, 특히 큰 나라들인 인도, 일본, 그리고 러시아와의 국력 격차를 가능한 한 극대화시키려 할 것이다. 중국은 너무나 막강해짐으로써 주변의 어떤 나라도 감히 중국을 위협하지 못하는 상황이 이룩되기를 원한다. 중국이 아시아 국가들을 군사적으로 유린하고 점령할 수 있을 정도의 군사력을 추구하지는 않을 것이다. 중국과 미국 사이의 중요한 차이점 중 하나는 미국은 대서양 연안의 작고 약한 나라로 출범했기에, 서반구를 지배할 수 있는 크고 강한 나라가 되기 위해서는 서부로 팽창해야만 했다는 점이다. 미국의 경우 지역적 패권을 장악하기 위해 정복과 확장이 필요했다. 그러나 미국과 달리 중국은 이미 대국이며, 미국과 맞먹을 수 있는 지역적 패권국이 되기 위해 영토를 더 이상 정복할 필요가 없는 나라다.(《지도 10-1》 참조)

물론 중국의 지도자들이 지역적 패권을 확립하기 위해 다른 나라들을 공격할 필요가 있다고 결론을 내릴 특별한 상황이 언제라도 있을 수 있다. 그러나 중국은 경제를 발전시키고 더욱 막강한 나라가 됨으로써 이웃 나라들에게 자신이 수용 가능한 범위 내에서 행동하도록 지시할 수 있고, 그들이 그 룰을 따르지 않을 경우 심각한 대가를 치르도록 할 수 있는 능력을 확보하고자 할 가능성이 더 높다. 결국 이것은 미국이 서반구에서 성취했던 것이다. 예를 들자면 1962년 케네디 행정부는 소련과 쿠바에게 미국은 쿠바에 배치된 핵무기를 결코 용인할 수 없다는 사실을 분명하게 인식시켰다. 그리고 1970년 닉슨 행정부는 그 두 나라에게 시엔푸에고 Cienfuego에 소련 해군시설이 건설되는 것을 용납하지 않을 것임을 밝혔다.[8] 더 나아가 워싱턴 당국은 반미주의자로 인식되는 지도자의 등장을 막기 위해 다수의 라틴 아메리카 국가들의 내정에 간섭했거나 반미주의 정권들이 수립되었을 경우 이를 무너뜨려 버렸다. 요약하자면 미국은 서반구에서 자신의 철권을 휘둘렀던 것이다.

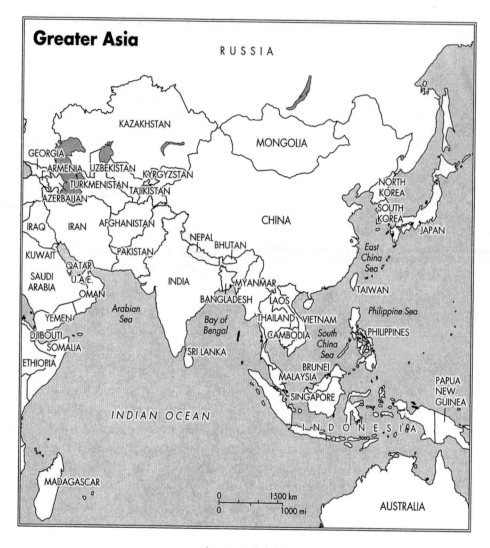

지도 10-1 대아시아

지금보다 훨씬 더 강해진 중국은 미국이 19세기 중 서반구에서 유럽의 강대국들을 몰아냈던 것처럼 아시아 태평양 지역에서 미국을 몰아내고자 할 것이다. 중국은 1930년대 일본제국이 그랬던 것처럼 자신만의 먼로 독트린을 고안할 것이다. 실제로 우리는 이미 그런 것들을 보고 있다. 예로서 중국의 지도자들은 전략적으로 중요한 바다인 남중국해를 자신의 고유한 수역이라고 주장하고 있으며, 미국은 남중국해에서 야기되는 어떤 영토 분쟁에 대해서도 개입할 권리를 가지고 있지 못하다고 생각하고 있음을 분명하게 밝혔다.(〈지도 10-2〉를 보라)[9]

2010년 7월 미국이 한반도와 중국 사이에 위치한 서해(황해)에서 해군 훈련을 계획했을 때 중국은 이를 반대했다(〈지도 10-3〉을 보라). 미국은 당시 미국 핵 항공모함 조지 워싱턴호를 서해에 진입시킬 계획을 갖고 있었다. 그 훈련은 중국을 겨냥한 것은 아니었다. 그 훈련은 서해에서 천안함을 격침시킨 것으로 믿어지는 북한을 겨냥한 것이었다. 그럼에도 불구하고 중국 측의 격렬한 반대는 오바마 행정부로 하여금 해군 훈련을 서해로부터 동쪽으로 멀리 떨어진 동해에서 하도록 강요했다. 중국의 대변인은 마치 먼로 대통령이 말한 것과 같은 어조로 중국의 관점을 요약했다.

"우리는 외국의 군함이나 항공기가 서해 혹은 중국에 인접한 다른 바다에 진입해서 작전함으로써, 중국의 안보 이익에 충격을 가하는 것을 결연히 반대한다."[10]

더 일반적으로 말하자면, 중국의 지도자들은 미국해군을 제1도련선 밖으로 추방할 수 있는 해군력을 건설하려는 의도를 가지고 있음이 분명하다. "제1도련선"은 대순다군도(Greater Sunda Island)로부터 일본, 필리핀, 대만을 연결하는 선이다.[11] 만약 중국의 의도가 현실화된다면 중국은 동중국해, 남중국해, 서해를 완전히 폐쇄할 수 있게 될 것이며, 그런 상태에서 한국전쟁이 다시 발발한다면 미국 해군은 한국을 지원할 수 없게 될

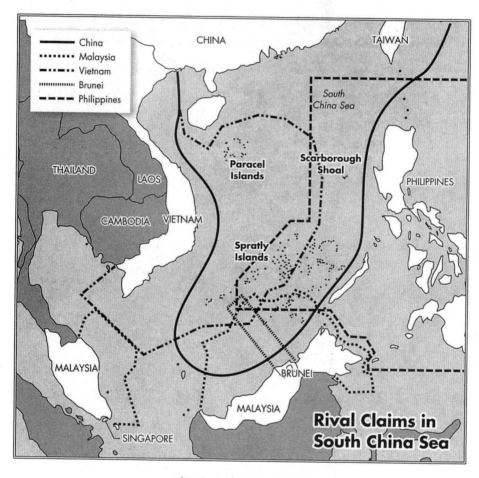

지도 10-2 **남중국해 영토 분쟁**

것이다. 중국인들은 심지어 미국 해군을 "제2도련선" 밖으로 몰아낼 계획
마저 논하고 있다. 제2도련선은 일본의 동부 해안으로부터 괌을 지나 몰
루칸 제도까지 이어지는 선이다. 중국이 이 같은 목적을 달성한다면 일
본, 필리핀에 대한 미국의 해양 지원도 불가능하게 될 것이다(〈지도 10-4〉
를 보라).

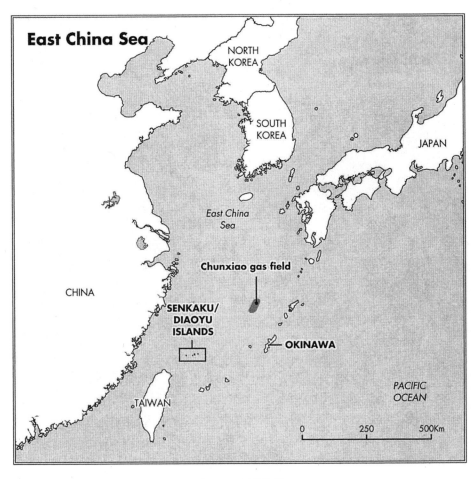

지도 10-3 **동중국해**

이처럼 과감한 목표는 중국의 입장에서 보았을 때 훌륭한 전략이 아닐
수 없다. (물론 중국이 이 같은 원대한 목표를 달성할 수 있다는 말은 아니다) 중
국은 이웃나라들인 인도, 일본, 러시아 등이 군사적으로 허약하고 고립된
상태로 남아 있기를 원한다. 이는 미국이 이웃나라들인 캐나다와 멕시코
가 허약한 상태로 남아 있는 것을 선호하는 것과 마찬가지다. 정상적인

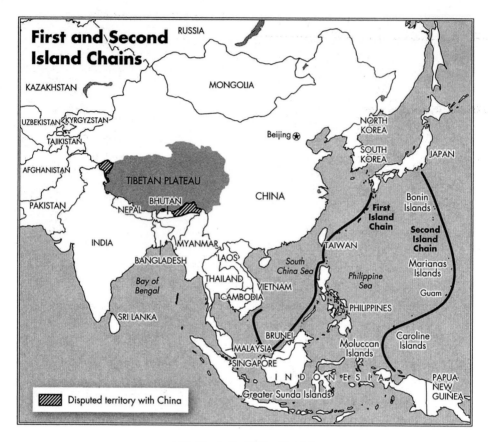

지도 10-4 제1도련선, 제2도련선

나라라면 이 세상 어떤 나라가 이웃에 강대한 나라가 출현하는 것을 원하겠는가? 모든 중국인들은 일본이 막강했고 중국이 허약했던 지난 세기 동안 일어난 일들을 분명하게 기억하고 있다.

더 나아가 강력한 중국이라면 어떻게 자기 뒷마당에서 미국 군사력이 훈련하고 있는 것을 용납할 수 있겠는가? 미국의 지도자들은 다른 강대국들이 서반구에 군사력을 파견하는 것을 강력하게 반대한다. 외부 강대국들의 군사력은 미국에게 잠재적인 안보 위협이 아닐 수 없기 때문이다.

마찬가지 논리가 중국에도 적용된다. 자신의 문턱에 미국 군대가 포진해 있는데, 중국이 어떻게 불안함을 느끼지 않을 수 있겠는가? 먼로 독트린의 논리처럼 미국의 군사력이 아시아 태평양지역에서 밀려난다면 어찌 그것이 중국의 안보에 도움이 되지 않겠는가? 모든 중국인들은 중국이 대단히 허약했던 1차 아편전쟁(1839-1842) 이후부터 2차 세계대전이 끝날 때(1945)까지 약 100년 동안, 미국을 비롯한 서구 열강들이 허약한 중국에 대해 주권을 무시하고 불평등 조약을 강요함으로써 자신들을 착취했었다는 사실을 절절하게 기억하고 있다.

그렇다면 우리는 왜 중국은 미국과 다르게 행동할 것이라고 생각해야 하는가? 중국인들은 미국인들보다 더 원칙을 따르는 사람들인가? 더 윤리적인 사람들인가? 그들은 미국인들보다 덜 민족주의적인가? 그들은 자신들의 생존에 대해 덜 신경 쓴다는 말인가? 물론 그렇지 않다. 중국인들도 기본적인 현실주의 원칙을 따를 것이며 아시아에서 패권국이 되려고 시도할 것이다.

자신의 생존가능성을 극대화시키는 것이 중국이 아시아에서 패권을 차지하고자 하는 가장 주된 이유이겠지만, 중국이 일부 이웃나라들과 영토 분쟁 상태에 있다는 사실 또한 패권 추구의 또 다른 이유가 된다. 테일러 프라벨Tayler Fravel이 지적하는 바처럼 중국은 1949년 이래 대부분의 국경 분쟁들 — 23개 분쟁 중 17개 — 을 해결했다. 이중 다수는 중국이 이웃나라들에게 상당 수준의 양보를 한 결과였다.[12] 그럼에도 불구하고 중국은 6 군데에서 뚜렷한 영토 분규 상황에 있으며, 영토 분쟁 중인 나라들이 — 적어도 지금 현재 상황에서 — 분명한 외교적 해결책을 찾아낼 가능성은 없어 보인다.

아마도 중국이 가장 심각하게 생각하는 영토 분쟁은 대만(Taiwan)과 관련된 것인데, 중국은 대만을 다시 중국의 일부로 만들고자 한다.[13] 그러나 현 대만 정부는 자신을 주권 국가라고 믿고 있으며 중국의 일부로 통합된다는 데 대해 전혀 관심을 가지고 있지 않다. 대만의 정치 지도자들은 자신들의 독립을 큰소리로 광고하지는 않는다. 중국을 자극해서 대만을 침공하게 만들 수도 있기 때문이다. 이와 더불어 중국은 남중국해의 파라셀Paracel 군도에서 베트남과 영토 분쟁 중에 있으며, 브루나이, 말레이시아, 필리핀, 대만, 그리고 베트남 등과 역시 남중국해에 있는 스프래틀리Sprately 군도에서도 영토분쟁 중이다.(〈지도 10-2〉를 보라).

더 일반적으로 말한다면 중국은 남중국해의 대부분 수역에 대해 주권을 가지고 있다고 주장하는데, 이 같은 주장은 이웃나라들과는 물론 미국과도 분규를 야기하고 있다. 중국은 동중국해에서도 일본과 몇 개의 작은 섬에 대한 영유권을 두고 심각한 분쟁을 벌이고 있다. 일본은 이 섬들을 센카쿠 제도라고 부르고 중국은 이 섬들을 다오위다오 제도라고 부른다(〈지도 10-3〉을 보라).

마지막으로 중국은 인도 및 부탄과 지상에서 영토분쟁을 벌이고 있다. 실제로 중국과 인도는 1962년 영토분규 때문에 전쟁을 치른 적이 있었으며 양국은 그 이후에도 여러 차례 도발적인 행동을 단행했다(〈지도 10-4〉를 보라). 예로서 인도 정부는 2012년 한 해 동안에만도 중국이 인도 영토를 향해 400번의 도발을 했다고 주장한다. 2013년 4월 중순, 중국의 군사력은 — 1986년 이래 처음으로 — 자신들이 실제적인 통제선을 넘어 인도의 영역에 들어갔다는 사실을 확인한 후에도 철수를 거부했다. 중국은 최근 국경선에서 공격작전의 수준을 한층 더 높이고 있는데, 이는 인도가 증강된 병력을 국경부근에 배치하고 있다는 점 그리고 인도군의 인프라스트럭처가 보강되고 있다는 사실에 대한 반응으로 보인다.[14]

이러한 영토분쟁이 중국에 대해 가지는 중요성을 고려할 때, 그리고 이 문제들이 주고받기식 외교(give-and-take of diplomacy)로 해결될 가능성이 희박하다는 사실을 생각할 때, 중국이 이 문제를 해결하는 가장 좋은 방법은 아마도 강압(coercion)에 의한 것일 것이다. 더욱 구체적으로 말한다면, 중국이 어떤 이웃 나라보다도 훨씬 막강한 상태가 될 경우, 중국은 군사력을 사용할 것이라고 협박하는 것만으로도 다른 나라들이 중국에 유리한 해결책을 받아들이지 않을 수 없도록 만들 수 있을 것이다. 그리고 만약 이 같은 방식이 통하지 않을 경우 중국은 언제라도 칼을 뽑아들고 전쟁을 벌임으로써 원하는 바를 얻을 수 있을 것이다. 중국이 대만을 다시 가져가는 방법은 강압 혹은 군사력을 실제로 사용하는 것 외에는 없다고 보인다. 요약하자면, 지역의 패권국이 되는 것은 중국이 다양한 영토 분규들을 자신에게 유리하게 해결할 수 있는 가장 좋은 길이다.

이 같은 영토 분규 외에도 중국은 수자원(water)을 두고 이웃나라들과 다투고 있다는 사실을 추가하는 것이 좋을 것 같다. 중국의 영토 안쪽에 존재하는 티베트 고원은 세계에서 북극과 남극을 제외하면 담수 보유량이 3위의 지역이다(〈지도 10-4〉를 보라). 실제로 티베트는 "제3의 극(極)"이라고도 불린다. 티베트는 아시아를 흐르는 대형 강들인 브라마푸트라강Brahmaputra, 이라와디강Irrawaddy, 메콩강Mekong, 사르윈강Salween, 수틀레지강Sutlej, 양자강Yangtze, 황하Yellow 등의 기원이기도 하다. 이 강들 중 대부분은 여러 나라를 거쳐 흐르고 있으며 수백만 주민들의 일상생활에 지대한 영향을 미치고 있다.[15]

지난 수 년 동안 중국 정부는 이 강들이 흐르는 방향을 인구가 많이 거주하는 동쪽과 북쪽으로 바꾸는 데 큰 관심을 보여왔다. 이를 위해 중국은 운하, 댐, 관개시설과 파이프라인을 건설했다. 이들 계획은 초기 단계에 있으며 아직 강물의 흐름을 심각한 상태로 바꿔 놓은 것은 아니다. 그러나 중국의 그러한 행동은 문제를 야기할 가능성이 상당히 높다. 강들의 하류에 있는 중국의 이웃나라들은 자기 나라를 흐르는 강물의 수량이 현격하게 줄어드는 것을 보게 될 것이고, 이는 그들의 경제 및 사회를 파탄내는 결과를 초래할 수 있기 때문이다. 예로서 중국은 브라마푸트라강의 흐름을 북쪽으로 향하게 해서 황하와 연결시키려는 생각을 갖고 있다. 이 같은 일이 현실화되는 경우 인도와 특히 방글라데시는 심각한 문제에 당면하게 될 것이다. 중국은 메콩강의 흐름도 바꾸려 하는데, 그럴 경우 동남아시아 국가들인 캄보디아, 라오스, 태국, 베트남 등이 큰 문제에 봉착하게 될 것임은 불을 보듯 뻔하다.

티베트 고원에서 연원한 강물의 물줄기를 바꾸려는 중국의 노력은 일방적인 것이며 자신들의 행동으로 인해 야기될 문제를 해결하기 위한 국제기구 등의 설치에 아무런 관심을 보이지 않고 있다. 아시아 국가들에서 물이 점차 희귀한 자원이 된다는 현실에서 문제는 시간이 지날수록 더욱 악화될 것이며, 사안의 중요성을 고려할 때 이는 중국과 이웃나라들 사이의 전쟁을 초래할지도 모른다.

마치 미국이 서반구 이외의 지역에 깊은 관심을 보이는 것처럼 부상하는 중국은 지역 패권의 추구를 넘어 아시아 이외의 다른 대륙에 대해서도 관심을 갖게 될 것이다. 공격적 현실주의가 가르치는 바에 따른다면, 중국은 당연히 미국이 자신의 뒷마당에서 쩔쩔매게 만들기 위해 아메리카 대륙의 정치에 개입할 타당한 이유를 가질 것이다. 중국이 아메리카 대륙의 정치에 간섭할 경우 미군은 세계문제를 다루기 위해 자유롭게 나다니지 못하게 될 것이다.

냉전 당시 소련은 쿠바와 긴밀한 관계를 맺고 있었는데, 그 주요 목적은 미국의 뒷마당에서 미국의 행동에 간섭하기 위해서였다.[16] 다가올 미래에 미국과 브라질의 관계가 악화될 수 있을지 모르는데 이는 중국에게 브라질과 밀접한 관계를 형성할 수 있는 기회, 더 나아가 중국군이 서반구에 주둔할 수 있는 계기를 제공하게 될 것이다. 더 나아가 중국은 캐나다, 멕시코 등과 밀접한 관계를 맺을 수 있을 것이며, 북미 대륙에서 미국의 영향력을 약화시키기 위한 어떤 일이라도 하려 할 것이다. 중국의 목표는 미국 본토를 직접 위협하고자 하는 것은 아니라, 미국으로 하여금 먼 외국을 쳐다보는 대신 주변의 이웃을 챙기는 데 더욱 더 신경을 쓰게 만드는 일일 것이다. 이 같은 주장은 현재의 상황에서 보건대 가당치 않은 일처럼 보일 수 있겠지만 1962년 소련이 쿠바에 핵탄두를 장착한 미사일을 배치하고, 40,000명의 병력을 주둔시켰으며, 쿠바에 다양한 종류의 신식·재래식 무기를 제공했던 사실을 기억해야 할 것이다.[17] 그리고 현재 미국이 중국의 뒷마당에 엄청난 군사력을 배치하고 있다는 사실을 잊지 말아야 할 것이다.

중국은 분명 아시아 지역에서 자신의 패권 장악 가능성을 높이기 위해 미국이 세계 어디든 힘을 투사할 수 있는 능력을 제한하길 원할 것이다. 그러나 중국이 가능한 한 미국을 서반구에 고정시켜두려는 다른 이유도 있다. 특히 중국은 아프리카 지역에 대해 정치적, 경제적으로 큰 관심을 가지고 있으며 그 관심은 점점 더 증대되게 될 것이다. 더욱 중요한 사실은 중국이 중동으로부터의 석유 수입에 크게 의존하고 있으며, 그 의존도는 시간이 지남에 따라 더욱 커질 것이라는 점이다.[18] 중국은 미국과 마찬가지로 중동 지역을 중시하게 될 것이며 궁극적으로 중국은 냉전 시대 이 지역에서 미국과 소련이 벌였던 것과 같은 수준의 심각한 경쟁을 벌이게 될 것이다. 중국은 서반구에서 문제를 야기시킴으로써 미국이 페르시아 만과 아프리카에 개입할 수 있는 힘의 투사 능력에 제약을 가할 수 있을 것이다.

이러한 분석을 조금 더 진전시켜 본다면, 중국이 걸프만으로부터 수입하는 대부분의 석유는 해로를 통해 운송된다. 이 석유를 미얀마와 파키스탄을 통과하는 파이프라인과 철도로 수송하겠다는 이야기들이 있지만, 바다를 이용하는 것이 훨씬 쉽고 돈도 덜 드는 일이다.[19] 그러나 중국의 배들이 중국 동부해안의 주요 항구들로부터 걸프만은 물론 아프리카에 도달하기 위해서는 반드시 남중국해를 지나서 인도양으로 가야 하는데, 이 지역은 여러 동남아시아 국가들에 의해 분리되어 있는 곳이다(〈지도 10-1〉을 보라). 중국의 배들이 이 거대한 두 개의 바다 사이를 오가기 위해서는 3곳의 주요 해협을 통과해야만 한다. 중국의 선박들은 특히 말라카 해협을 통과할 수 있는데, 이곳은 인도네시아, 말레이시아, 그리고 싱가포르에 의해 둘러싸여 있는 곳이다. 중국의 선박들은 더 남쪽에 있는 롬보크 해협이나 순다 해협을 가로질러 갈 수도 있다. 그러나 이들 해협도 인도네시아를 통과해야 하며 오스트레일리아 바로 서북쪽에 있는 인도양

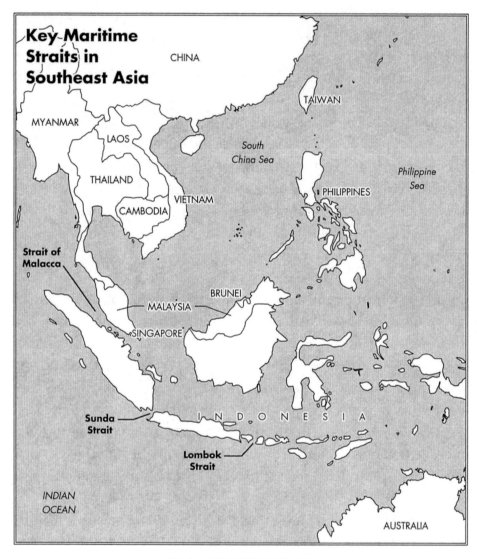

지도 10-5 동남아시아의 주요 해협

으로 나오게 된다(〈지도 10-5〉를 보라).[20]

그런 다음 중국의 선박들은 인도양과 아라비아해를 거쳐서 페르시아만에 도달하게 된다.[21] 그 후 중국의 선박들은 왔던 길로 다시 되돌아가야한다. 미국이 주요 해로들을 장악하는 것의 중요성을 강조하는 것과 마찬가지로, 중국의 지도자들도 이들 해로를 장악하길 원할 것이다. 그래서중국이 대양해군을 건설하고자 하는 것은 아무런 놀라운 일이 아니다. 중국이 대양해군을 갖출 경우, 이는 중국이 자신의 힘을 전 세계로 투사하고 주요 해로들을 장악할 수 있게 할 것이다.[22]

요약하자면, 중국이 급속한 경제 성장을 지속한다면, 중국은 분명히 초강대국이 될 수 있을 것이며, 지구 전역에서 미국과 경쟁할 수 있는 힘의투사능력을 건설하게 될 것이다. 물론 중국은 아프리카에 대해서도 상당한 관심을 보이겠지만, 아마도 가장 크게 관심을 기울이게 될 두 지역은서반구와 페르시아만일 것이다. 더 나아가, 중국은 미국이 해양 통제를추구했던 것과 같은 방식으로, 그러한 먼 지역들에 도달할 수 있기 위한군사력과 해군을 건설하고자 노력할 것이다.

■ 왜 중국은 부상을 숨길 수 없는가

혹자들은 중국이 아시아를 지배하겠다는 의도가 분명히 있더라도 중국은 이 같은 목표를 능란한 전략을 통해 평화적으로 달성할 수 있을 것이라고 주장한다. 특히 중국은 낮은 자세를 유지하고 가능한 한 국제분쟁에휘말리지 않도록 해야 한다는 덩샤오핑의 유명한 금언, 즉 도광양회(韜光養晦)를 받아들여야 한다고 말한다. 그가 말한 바는 정확히 말해 "우리의능력을 숨기고, 시간을 벌면서 원하는 바를 이루도록 하자."[23]라는 것이다. 이 같은 언급이 타당한 것은 중국이 시간을 벌면서, 국제분쟁을 회피하고, 지속적인 경제 발전을 이룩할 경우, 중국은 궁극적으로 너무나 막강해져서 아시아에서 원하는 바를 저절로 얻을 수 있게 되리라고 보기 때문이다. 중국이 부상할 경우 중국의 패권은 주어진 현실이 되리라는 것이다. 그러나 설사 그런 일이 일어나지 않고, 결국 중국이 패권을 장악하고 자신의 분규를 해결하기 위해 군사력을 사용하거나 사용하겠다고 위협해야 하는 상황이 올지라도, 중국은 이웃나라들과 미국을 몰아붙일 수 있는 유리한 위치에 있게 될 것이다.

중국정부는 지금 전쟁을 시작하거나 혹은 심각한 안보 경쟁에 빠져드는 것은 현명한 일이 아니라고 생각한다. 분쟁은 중국의 경제를 망칠 위험성이 있으며, 게다가 중국의 군사력은 미국과 그 동맹국에 맞서 싸울 수 있을 정도로 막강하지 못하다. 중국은 자신의 힘이 더 막강해질 때까지, 미국의 군사력과 맞먹을 수 있는 수준에 이를 때까지 기다리는 편이 더 낫다. 단순하게 말하자면, 어차피 시간은 중국 편에 있기 때문에, 당장은 이웃나라들의 의혹을 불러일으키지 않을 정도로 낮은 목소리의 외교정책을 유지하는 것이 옳다는 것이다.

실제로, 이는 중국이 세상을 향해 자신들은 온건한 의도를 가지고 있으며 결코 막강하고 두려운 군사력을 건설할 계획이 없음을 알리는 노력을 해야 한다는 것을 의미한다. 빈말이라도 중국의 지도자들은 중국이 평화적으로 부상할 것임을 강조해야 하고, 중국은 심오한 유교적인 문화 덕택에 평화적으로 부상할 수 있음을 입증해야 한다. 동시에 중국 지도자들은 중국의 관리들이 미국 및 다른 아시아 국가들에 대해서 말할 때 강경한 어조를 사용하거나 그들을 향해 위협적인 말을 하는 것을 자제시키기 위해 노력해야 할 것이다.

실제 행동적인 측면에서도, 중국은 이웃나라들 혹은 미국과 절대로 먼저 위기를 야기하지 않아야 하고, 이웃나라들이 중국과의 위기를 조장하는 경우라 할지라도 불이 더 확대되지 않도록 해야 한다. 예로서 중국은 남중국해와 센카쿠/다오위다오 지역에서 야기되는 주권 충돌을 회피하는 방향으로 나가야 한다. 중국은 또한 국방비 증액을 가능한 한 제한해야 하며, 그럼으로써 위협을 가하는 나라처럼 보이지 않도록 하는 한편 주변국들 혹은 미국과 경제거래를 확대하기 위해 노력해야 한다. 이 같은 논리를 따라, 중국의 지도자들은 중국이 점점 더 부자 나라가 되고 경제적인 상호의존도가 높아지는 것은 평화를 위한 강력한 힘이 될 것이기 때문에 모두에게 좋은 일이라는 점을 강조해야만 한다. 결국 긴밀하게 연결되어 있으며 번영을 지향하는 세계에서 전쟁을 도발한다는 것은 황금 알을 낳는 거위를 죽이는 일이나 마찬가지라는 것이다. 마지막으로 중국은 가능한 한 다수의 국제기구에 참여해서 적극적이며 협력적인 역할을 담당해야 하며, 북한 문제가 악화되지 않기 위해 미국과 함께 노력해야 할 것이다.

그러나 이상의 접근 방법들은 직관적으로 보았을 때 매력적인 것이기는 하지만 실제로 이루어지기는 어렵다. 실제로 우리는 이미 중국이 덩샤오핑이 제시한 장기적인 외교정책 방안을 성공적으로 따르고 있지 못하고 있다는 증거를 가지고 있다. 2009년 이전까지 중국은 자신의 자세를 낮춤으로써 이웃나라들과 미국이 위협감을 느끼지 않도록 하는 데 성공적이었다. 그러나 2009년 이후 중국은 여러 곳에서 영토분쟁에 빠져들고 있으며, 아시아 이웃국가들로부터 심각한 위협으로 인식되기 시작했다.[24]

중국과 이웃나라들의 관계가 더욱 악화되는 이유는 중국 정부가 아무리 좋은 의도를 나타내 보인다 해도 이웃나라들은 미래는 물론 현재 중국의 본질적인 의도가 무엇인지 확신할 수 없다는 사실에 있다. 우리는 향후 중국의 외교정책을 담당할 사람들이 누구인지 알 수 없으며 이웃나라들과 미국을 향한 중국의 의도가 무엇인지는 더 더욱 알 수 없다. 그러나 중국이 이웃나라들과 심각한 영토 분쟁을 벌일 것이라는 점은 가장 확실해 보인다. 그래서 중국의 이웃나라들은 이미 중국의 능력에 대해 초점을 맞추기 시작했다. 즉 그들은 급성장하는 중국의 경제력과 군사력을 관심을 가지고 지켜보는 것이다. 많은 아시아 나라들이 어느 날 자신들을 향해 사악한 의도를 가질 수도 있는 막상안 조상내국 바로 옆에서 실게 될 날이 닥쳐올지도 모른다고 우려하는 것은 전혀 이상한 일이 아니다.

이 같은 문제는 "안보 딜레마"에 의해 더욱 악화된 상황으로 발전될 것이다. 안보 딜레마란 국가들이 자신 스스로의 안전을 위해 채택한 조치들은 대체적으로 다른 나라들의 안보를 망치는 결과를 초래하고 말았다는 사실을 의미한다. 어떤 나라가 진정으로 방위를 위한 정책 혹은 군비 증강을 택할 경우라도, 그 나라의 잠재적인 라이벌 국가는 이 같은 행동을 본질적으로 공격적인 것으로 생각할 수밖에 없을 것이다. 예로서 미국이 대만 해협에 항공모함을 진입시킨 경우 — 1996년에 그렇게 한 바 있었다 — 혹은 서태평양 지역에 잠수함을 재배치시킨 경우, 미국의 지도자들은 그 같은 조치를 진정 방어적인 것이라고 생각했다. 그러나 중국은 정반대로 미국의 조치들을 중국을 포위하기 위한 공격적인 조치라고 보았지 봉쇄를 위한 방어적 전략의 일부로 보지 않았다.[25] 그래서 2009년 〈이코노미스트〉 지가 보도했던 "은퇴한 중국의 장군, 미국 해군을 '남의 집 문 앞을 배회하는' 범죄자에 비유"[26] 기사는 놀라운 것이 아니다.

군사력을 개선시키려는 중국의 모든 노력은 중국 지도자들이 보기에는 방어적인 것이겠지만, 일본, 베트남 그리고 미국에게는 중국의 군사력 증강 노력은 본질적으로 공격적인 것으로 보일 수밖에 없는 것이다. 이는 중국의 이웃나라들이 중국이 군사력 증강을 위해 취하는 어떤 조치에 대해서도 중국의 공격적 능력을 심각하게 증강시키는 것인 동시에 중국의 공격적 의도를 반영하는 것이라고 해석할 것임을 의미한다. 이웃나라들 혹은 미국이 취한 전투력 증강 조치에 대한 단순한 대응일지라도 중국의 행동은 공세적인 행동으로 해석되는 것이다. 중국의 행동이 이처럼 평가되기 때문에 중국의 지도자들이 덩샤오핑이 제시한 현명한 외교정책을 따른다는 것은 거의 불가능한 일인 것이다.

게다가 중국의 이웃나라들은 세력 균형이 자신들과 미국에게 불리하게 바뀌게 되는 것을 보며 시간은 결국 자신들에게 유리하지 못하다고 생각하고 있다. 그래서 중국의 주변국들은 중국이 초강대국이 될 때까지 기다릴 것이 아니라, 아직 중국이 상대적으로 약한 현 시점에서 영토분쟁을 야기하는 것이 더 낫다고 생각할 가능성이 있다. 최근 이웃나라들과 야기되는 영토분쟁을 중국이 먼저 야기하지 않았다는 점은 분명하다. 중국의 저명한 외교관인 추이티안카이Cui Tiankai는 "우리는 결코 어떤 문제도 야기하지 않았다. 우리는 아직도 평화적으로 발전하는 중이다. 지난 몇 년 동안 일어난 일들을 자세히 살펴본다면, 영토분쟁들은 모두 다른 나라들에 의해서 야기된 것임을 알게 될 것이다."[27] 그의 말은 본질적으로 옳은 말이다. 최근 발생한 문제들을 먼저 야기한 것은 중국의 이웃나라들이지 중국이 아니었다.

그럼에도 불구하고 중국의 이웃나라들은 물론 미국으로 하여금 중국을 2009년 이전보다 더욱 위협적인 나라로 보게 만든 것은 주로 이들 위기에 대한 중국의 대처 방식 때문이었다. 특히 중국의 지도자들은 이러한 분규들이 "중국의 주권 및 영토적 일체성과 관련된 것이며, 중국 인민들이 이 문제들에 대해 강력한 감정을 가지고 있다"[28]는 이유로 그에 대해 보다 강력하고 때로는 거칠게 대응해야 한다는 압박감을 느끼고 있다. 수이셍 자오Suisheng Zhao가 기록한 것처럼, 2008년 이래 중국 정부는 "대중적이며 민족주의적인 표현을 억누르기를 주저했으며, 오히려 서방 강대국들 및 이웃나라들과 한판하자는 민족주의적 요구를 따르려 했다."[29]

그 결과 중국 정부는 자신들의 주장을 강한 어조로 다시 말하기 시작했으며 타협의 여지가 없을 뿐만 아니라 중국은 주권과 영토를 지키기 위해 싸움도 불사할 것임을 강조하게 되었다. 일부 사례에서, 중국 정부는 자신들의 입장을 분명하게 표시하기 위해 군사력 혹은 준 군사력을 사용해야 한다는 압박감을 느끼기도 한다. 실제로 중국은 2012년 4월 남중국해의 작은 섬인 스카보로 사주Scarborough Shoal(〈지도 10-2〉를 보라)를 두고 필리핀과 영유권 분쟁이 격화되자 군사력을 동원하기도 했다. 이와 유사한 이웃나라를 겁주는 중국의 행동은 2012년 9월 이후 중국과 일본이 센카쿠/다오위다오를 놓고 영토분쟁을 벌일 때에도 나타났다. 중국 정부는 상대방 국가들에 대해 조금도 주저하지 않은 채 경제적 제재를 위협하거나 실제로 실행해왔다. 이 같은 중국의 강경한 언급들과 행동은 이 지역의 온도를 높이며 낮은 자세의 외교를 추구한다는 중국의 노력을 망치게 한다.

마지막으로, 가장 기본적인 수준에서, 미국과 중국 주변의 거의 모든 나라들은 중국의 부상을 봉쇄해야 한다는 강력한 동기를 가지고 있다. 이는 이들이 중국의 부상을 예민하게 주시할 것이고, 나중에 하기보다는 조만간 중국의 부상을 억제(check)하기 위해 행동에 들어갈 것임을 의미하는 것이다. 미국과 중국 주변의 아시아 나라들이 중국의 부상에 대해 어떻게 반응할지를 보다 자세하게 살펴보기로 하자.

균형을 위한 연합 형성

역사적인 기록들은 중국이 아시아를 지배하고자 시도할 경우, 미국의 정책결정자들이 어떻게 행동할 것이냐를 분명하게 보여준다. 강대국이 된 이후, 미국은 미국과 맞먹을 수 있는 도전자의 존재를 결코 용인한 적이 없었다. 미국은 20세기 중 늘 그래왔던 것처럼 미국은 앞으로도 세계 유일의 지역 패권국으로 홀로 존재하고자 할 것이다. 그렇기 때문에 미국은 중국을 봉쇄하기 위해 광범한 노력을 할 것이며 중국이 아시아 지역에서 막강한 지배력을 행사할 수 있는 능력을 갖지 못하도록 온갖 방법을 쓸 것이다. 본질적으로 미국은 냉전 시기동안 소련에 대해 행동했던 것과 마찬가지 방식으로 중국을 대할 것이다.[30]

중국의 이웃나라들이 중국의 부상을 두려워할 것임은 분명하며 그들 역시 중국이 지역 패권국의 지위를 차지할 수 없도록 온갖 노력을 할 것이다. 실제로 인도, 일본, 러시아는 물론 작은 나라들인 싱가포르, 한국, 베트남이 중국의 부상을 두려워하고 있으며 이를 봉쇄할 방법을 이미 추구하고 있다는 충분한 증거들이 나타나고 있다. 결국 이들은 미국이 중국의 부상을 제어하기 위해 주도하는 균형 연합(Balancing Coalition)에 가입하게 될 것이다. 이는 마치 냉전기간 동안 소련을 제어하기 위해 미국이 주도한 균형 연합에 영국, 프랑스, 독일, 이태리, 일본, 심지어 중국조차 동참했던 것과 같은 방식인 것이다.

■ 샘 아저씨 대 용(Uncle Sam vs the Dragon)

중국의 군사력은 아직도 아시아에서 패권국의 역할을 담당하기에는 턱없이 부족한 시점에 있다. 이렇게 말하는 것이 대만 문제 혹은 남중국해에서 야기되는 문제들로 인한 정치 분쟁을 걱정할 상당한 이유가 있음을 부정하는 것은 아니다. 다만 그것은 다른 종류의 문제라는 것이다.[31] 미국은 중국이 아시아 지역의 패권국이 되면 안 된다는 것을 확실히 하는 데 뿌리 깊은 관심을 가지고 있음이 분명하다. 물론 이는 결정적으로 중요한 문제를 제기한다. 중국이 아시아를 지배하는 것을 막을 수 있는 가장 좋은 전략은 무엇인가?

중국의 부상을 저지할 수 있는 최적의 전략은 중국을 봉쇄하는 것이다. 봉쇄전략에 따른다면 미국은 중국 정부가 아시아에서 자신의 군사력을 동원하여 영토를 정복하거나, 더 일반적으로 자신의 영향력을 확대하는 것을 막는 데 집중해야 한다. 이 목적을 위해 미국의 정책결정자들은 가능한 한 다수의 중국의 이웃나라들과 균형 연합을 형성하고자 할 것이다. 궁극적인 목표는 냉전 당시 소련을 봉쇄하는 데 결정적으로 효과적이었던 북대서양조약기구와 같은 동맹 구조를 형성하는 것이다. 미국은 또한 세계의 바다에 대한 지배력을 지속시키기 위해 노력할 것이며, 그럼으로써 중국이 페르시아만, 특히 서반구와 같이 먼 지역에 대해 힘을 투사하는 것을 어렵게 만들 것이다.

봉쇄는 중국과 전쟁을 벌이도록 요구하지 않기 때문에, 근본적으로 방어적인 전략이다. 실제로 봉쇄전략은 부상하는 중국과 전쟁을 치르지 않기 위한 대안적 전략이다. 그럼에도 불구하고 전쟁은 언제나 발발가능한 일이다. 미국이 중국을 봉쇄하는 동시에 중국과 지속적인 경제 거래를 유지하지 못할 이유는 없다. 영국, 프랑스, 러시아 등은 빌헬름 황제의 독일을 봉쇄하기 위해 3국 협상(Triple Entente)을 체결했음에도 불구하고 1차 세계대전이 발발하기 20년 전 독일과 방대한 무역 거래를 하고 있었다. 그렇다고 할지라도 국가안보상의 이유 때문에 무역거래에 제약이 있을 수는 있을 것이다. 더 나아가 미국의 대 중국 봉쇄전략의 맥락 안에서 미국과 중국은 다양한 이슈에서 상호 협력할 수 있을 것이다. 그러나 본질적으로 두 나라의 관계는 경쟁적인 것이다.

미국은 바다 건너편의 균형자 혹은 해외의 균형자(offshore balancer)로서 풍부한 전통을 가지고 있는 나라이며, 미국에게 이상적인 전략은 가능한 한 배후에서, 중국의 이웃나라들로 하여금 중국을 봉쇄하는 주요 역할을 담당하게 하는 것이다. 본질적으로 미국은 중국을 두려워하는, 아시아에 위치한 나라들에게 책임을 넘길(buck-passing) 수 있을 것이다. 그러나두 가지 이유 때문에 이런 일이 일어날 가능성은 없다. 우선 중국의 주변에 있는 나라들 중 스스로의 힘으로 중국을 견제할 수 있을 만큼 강해질 수 있는 나라가 없다는 점이다. 그래서 미국은 중국에 대항하는 균형 노력에서 주도국이 되지 않을 수 없으며, 미국의 막강한 힘을 이 같은 목표에 집중시켜야 할 것이다. 더구나 중국에 대항하는 균형 연합의 일부가 될 아시아의 많은 국가들은 서로 지리적으로 분리되어 있는 상황이다. 인도, 일본, 그리고 베트남을 생각해 보라. 그래서 미국은 이들 나라가 서로 협력할 수 있도록 조율하면서 효과적인 동맹체제를 만들어내야만 할 것이다. 물론 미국은 냉전 시대 동안에도 동일한 상황에 있었다. 당시 미국은 유럽은 물론 동북아시아에서 소련을 봉쇄하는 책임을 떠맡는 것 외에 다른 선택의 여지가 없었다. 기본적으로, 해외의 균형자는 현지 국가들이 자신들만의 힘으로 잠재적 패권국을 봉쇄할 수 없을 때 현지에 상륙(onshore)해야 한다.

봉쇄전략을 대체할 수 있는 3가지 대안 전략들이 있다. 앞의 두 가지는 예방전쟁(preventive war)을 감행하거나 혹은 중국의 경제 성장을 둔화시키는 정책을 추구함으로써 중국의 부상을 좌절시키는 것을 목표로 한다. 그러나 두 가지 전략은 모두 미국에게 실행 가능한 옵션이 못된다. 세 번째 대안은 밀어붙이기(roll back) 전략이라고 말할 수 있는 것으로서, 가능한 전략이기는 하지만 그 성과가 미미할 것이다.

예방전쟁은 단지 중국이 핵 보복능력을 보유하고 있다는 사실만으로도 실행 가능한 옵션이 아니다. 미국은 미국과 그 동맹국에게 핵무기를 가지고 보복을 할 수 있는 나라의 본토를 향해 파멸적인 무력공격을 가할 생각이 없다. 중국이 핵무기를 보유하고 있지 않은 경우라 할지라도 과연 미국의 어떤 대통령이 예방전쟁을 전개할 수 있을까를 상상하기 힘들다.[32] 미국은 방대한 육군을 보유한 중국에 쳐들어가지 않을 것이다. 그리고 대규모 공습으로 중국을 붕괴시키려면 핵무기를 사용할 수밖에 없을 것이다. 그럴 경우 중국은 "연기가 나는, 방사능으로 인한 폐허"가 될 것인데, 이 말은 냉전 당시 미국 공군이 소련과 전쟁을 벌일 경우, 소련을 어떻게 할 것인가를 말하기 위해 썼던 말이다.[33] 이 같은 공격으로 인해 야기될 방사능 그 자체 때문이라도 전쟁은 시작될 수 없다. 게다가 중국이 지금과 같은 고속 성장을 지속할 수 있을지, 그럼으로써 궁극적으로 아시아를 지배하게 될 수 있을지도 불확실하다. 미래에 대한 불확실성은 중국에 대한 예방전쟁에 반대하는 한 요인이 된다.

중국의 경제발전을 둔화시키는 것은 핵전쟁을 치르는 것보다 확실히 더 매력적인 대안이지만 그것도 실현 가능하지 않다. 미국 경제를 망가뜨리지 않는 채로 중국의 경제성장을 둔화시킬 방안이 없기 때문이다. 혹자는 중국의 경제는 더 큰 피해를 입게 될 것이며, 그럼으로써 중국에 대한 미국의 상대적인 힘의 지위가 개선될 것이며 동시에 중국의 성장은 약화될 것이라고 말한다. 그러나 이 같은 상황은 미국이 새로운 무역 상대방을 찾을 수 있는 반면 중국은 그렇지 못할 경우에만 가능한 일이다. 두 가

지 조건이 모두 필요하다.[34]

불행한 일이지만 미국이 중국과의 무역을 축소하고, 투자를 줄이는 경우라도 세계 여러 나라들이 중국과의 경제거래를 확대하고자 하기 때문에 미국의 노력으로 인해 생성된 공백을 메울 수 있을 것이다. 예를 들어 중국으로부터 심각한 위협을 당하지 않는 유럽 국가들은 미국의 자리를 이어받아, 중국의 경제성장이 지속될 수 있도록 기름을 부어주는 역할을 담당하려 할 것이다.[35] 요약하자면, 중국은 경제적으로 고립되지 않을 것이기 때문에 미국은 중국의 경제 성장을 의미 있는 수준으로 둔화시킬 수 없을 것이다.[36]

영국은 실제로 1차 세계대전 이전, 부상하는 독일을 견제하려 했을 때, 이와 유사한 문제에 직면한 적이 있었다. 당시 영국의 지도층 내에서는 독일의 경제 성장이 영국보다 더 빠른 속도로 이루어지고 있기 때문에 두 나라 사이의 힘의 균형이 결국 독일에게 유리하게 변할 것이라는 인식이 널리 퍼져 있었다. 독일의 경제성장을 둔화시키기 위해 두 나라 사이의 경제 관계를 축소해야 할 것인가에 대한 격렬한 논쟁이 제기되었다. 영국의 정책결정자들은 이 같은 정책은 독일보다는 오히려 영국에 더 큰 피해를 입힐 것이라고 판단했다. 독일은 영국에 수출하던 물건을 다른 나라에 팔수 있을 뿐만 아니라 영국으로부터 수입하던 물품들을 다른 나라에서 구입할 수 있을 것이기 때문이었다. 동시에 독일로부터 수입이 줄어들 경우 이를 대체할 수 없는 영국의 경제는 심각한 손해를 입을 상황이었다. 그래서 영국은 — 독일이 영국을 이용하여 더욱 강해질지라도 — 독일과 무역을 지속하기로 했다. 그렇게 하는 것이 가장 덜 나쁜 대안(least-bad alternative)이기 때문이었다.[37]

봉쇄를 대체할 수 있는 세 번째 대안은 롤백(roll back), 즉 밀어붙이기 전략인데 미국이 중국에게 우호적인 정권들을 붕괴시켜 중국을 약화시키거나 혹은 직접 중국 내에서 분란을 야기시키는 것이다.[38] 예를 들어 만약 파키스탄이 확실하게 중국 편을 드는 나라가 되는 경우, 미래에 이 같은 상황이 도래할 가능성이 분명히 있다. 미국이 이슬라마바드의 정권을 붕괴시키고 친미적인 지도자를 옹립하는 것이다. 혹은 미국이 신장 혹은 티베트의 분리주의 세력을 지원해 줌으로써 중국 내부의 불안정을 부추기는 것이다.

비록 냉전 시대 미국은 소련에 대한 봉쇄정책을 추구했지만, 지금 우리는 미국이 소련에 대해 밀어붙이기 전략도 사용했다는 사실을 알고 있다.[39] 미국은 1940년대와 1950년대 초반, 소련 내부의 불안정을 조장했을 뿐만 아니라, 소련에게 우호적인 전 세계 국가의 지도자들을 축출하려고 시도했었다. 실제로 1950년대와 60년대 미국은 중국을 직접 표적으로 삼는 은밀한 작전을 시도한 바 있었다.[40] 이처럼 상대방을 밀어붙이는 정책은 두 초강대국 사이의 세력균형에 미미한 영향밖에 미치지 못했고 소련의 몰락을 촉진하는 데도 큰 효과는 없었다. 그럼에도 불구하고 미국의 지도자들은 할수만 있다면 언제 어디서나 밀어붙이기 전략을 추구해왔으며, 미래 미국의 지도자들이 막강해진 중국을 향해 이 같은 방법을 사용하지 않으리라고 생각할 만한 이유는 없다. 그러나 미국이 택할 수 있는 가장 효과적인 전략은 봉쇄전략이 될 것이다.

중국이 어느 날 미국이 동아시아 지역에 군사력을 배치시킨다고 해도 막을 수 없을 만큼 막강한 나라가 될 수 있는 약간의 가능성이 있다. 중국은 언젠가 미국이 20세기 동안 당면했던 4개의 패권 도전국들보다 더 막강한 잠재력을 갖게 될 수도 있다. 인구 규모와 국가의 부 — 이들은 군사력을 건설하는 기본 요소들이다 — 라는 측면에서 빌헬름 황제의 독일, 일본제국, 나치 독일, 소련 등은 미국의 적수가 되지 못했다. 그러나 현재 중국은 미국 인구의 4배가 되는 인구를 보유하고 있다는 사실, 그리고 2050년이 되었을 때에도 중국의 인구는 미국의 3배에 이를 것이라는 사실을 고려한다면, 그리고 만약 중국의 개인 소득 수준(GNI, gross national income)이 한국이나 홍콩 수준에 도달할 것이라고 가정한다면 중국은 잠재적 국력에 있어 상당한 우위를 누리게 될 것이다.[41]

이상과 같은 잠재적 국력은 중국이 아시아에 있는 주요 라이벌 국가들에 대해 결정적인 군사적 우위를 확보할 수 있게 해 줄 것이다. 특히 미국은 캘리포니아로부터 6,000마일이나 되는 먼 곳에 나와서 싸워야 하는데 비해 중국은 뒷마당에서 작전을 전개하는 상황을 고려해보라. 이 같은 상황에서 미국이 어떻게 중국이 지역의 패권국이 되는 것을 막을 수 있을지 상상하기 어렵다. 더 나아가 중국은 아마도 미국과 전 세계적 차원에서 경쟁하는 동안 더 막강한 강대국으로 성장할 수 있을 것이다.

중국의 개인소득이 한국, 홍콩 수준으로 높아지지 않는 경우라도, 그리고 궁극적으로 미국과 맞먹는 수준의 잠재력을 보유할 수 없다고 할지라도, 중국은 여전히 아시아에서 패권국의 지위에 도전할 수 있는 위치에 있게 될 것이다. 이 같은 제반 사실들은 미국은 최근 중국의 경제성장이 현저하게 둔화되고 있는 사실에 심오한 관심을 가지고 있음을 말해준다. 중국의 경제 성장 둔화는 미국의 번영을 위해서도 좋은 일이 아닐지 모르며 특히 지구전체의 번영에 영향을 미치게 만들 것이다. 그러나 그것은 가장 중요한 문제인 미국의 국가안보를 위해서는 좋은 일일 것이다.

■ 중국의 이웃나라들은 어떻게 행동할 것인가

중국의 이웃에 있는 나라들에 대해 가장 중요한 질문은 그들이 미국과 힘을 합쳐 중국에 대항하는 균형(balancing)을 이루려 할 것인가 혹은 부상하는 중국에 편승(bandwagon)할 것이냐에 관한 것이다. 혹자는 3번째 대안, 즉 미국과 중국 어느 편도 들지 않고 옆에 서서 중립을 지키는 일도 가능하다고 논한다. 그러나 아시아 국가들이 그처럼 아무편도 안들고 혼자 앉아 있는 것은 가능하지 않은 일이다. 거의 모든 국가들은 어느 편인지를 선택하게 될 수밖에 없을 것인데, 이는 미국과 중국이 각각 자신의 편을 들라고 압박을 가하기 때문만이 아니다. 중국의 이웃나라들 — 이들은 모두 중국 혹은 미국보다는 약한 나라들이다 — 은 스스로 국가안보가 위협을 당할 경우 자신들을 보호해 줄 수 있는 막강한 보호국이 있어야 한다고 느끼기 때문이다.

살아남아야 한다는 관점에서 볼 때, 중국의 이웃나라들은 중국에 대항하여 균형을 이루는 방안을 선호할 것이다. 마치 냉전 시대 동안 동북아시아 및 유럽 국가들이 스스로 소련에 대항하기 위해 미국과의 연합을 선택했던 것처럼 말이다.[42] 그 이유는 간단하다. 아시아 국가들은 미국보다는 중국을 훨씬 심각한 위협요인으로 생각하고 있으며, 국가들은 언제라도 위협을 주는 국가에 편승하기보다는 그것에 대항하여 균형을 이루고자 한다.[43] 중국은 주로 지리적 이유 때문에 주변 국가들에게 더 위협적인 나라라 할 수 있다. 특히 중국은 아시아 지역의 국가이며, 이웃나라들과 국경을 접하고 있거나 혹은 이웃나라들을 공격할 수 있는 가까운 거리에 있는 나라다. 냉전 당시 소련도 마찬가지였다. 동아시아 및 유럽에 있는 나라들 중에서 서독과 일본은 소련에 대해 자신들을 점령할 수 있는 직접적인 위협이라고 생각했다.

반면 미국은 중국의 이웃나라들로부터 훨씬 덜 위협적인 나라로 인식된다. 미국은 비록 아시아 태평양 지역에서 가장 막강한 행위자이며 앞으로도 한동안 가장 막강한 나라로 남아있을 것이지만, 미국은 멀리 있는 강대국으로 결코 아시아, 유럽지역에서 어떤 영토적인 욕망을 가진 적이 없었다. 가장 중요한 이유는 미국이 이들 지역을 정복하기에는 너무나 멀리 떨어져 있다는 것이다. 미국은 이처럼 전략적으로 중요한 지역에 도달하려고만 해도 엄청나게 멀리 힘을 투사해야만 하며, 두 개의 거대한 바다를 건너야 한다. 그렇기 때문에 1945년부터 1990년 사이의 소련과 미국 사이에서, 그리고 앞으로 막강해질 중국과 미국 사이에서 이들 나라들이 미국에 의해 점령당할 위험은 별로 없는 것이다.

물론 이렇게 말하는 것이 미국이 아시아 및 유럽의 여러 국가들에 대해 군사력을 사용해왔음을 부정하는 것은 아니다. 미국은 냉전 시대 동안 아시아에서 두 개의 중요한 전쟁(한국전쟁과 베트남 전쟁)을 치른 바 있었다.

그러나 여기서 말하려는 핵심은 미국의 군사력은 중국과 달리 중국 주변 국가들을 점령하겠다고 위협하는 군사력이 아니라는 점이다.

아시아에서 미국이 차지하는 지위의 또다른 차원은 미국이 왜 중국보다 덜 위협적인 나라인지를 말해준다. 먼 곳에 있는 강대국인 미국은 아시아 지역에서 미국의 군사력을 대폭 감소시키는 선택을 할 수 있으며, 미군을 전면 철수하는 방법도 생각할 수 있다. 그러나 중국은 그렇게 할 수 없다. 사실 중국의 이웃나라들이 가장 두렵게 생각하는 것은 위기 상황에서 미국이 아시아에 없다면 어떡하나에 관한 것이지, 미국 군사력이 그들을 공격해서 없애 버릴지도 모른다는 두려움이 아니다. 바로 이런 이유 때문에 2011년 가을 미국의 오바마 행정부는 "아시아 회귀"(pivot to Asia)를 선언한 것이다. 이 말은 결국 아시아 지역에서 미국의 존재를 더욱 증대시킬 것임을 간결하게 말한 것이다.[44] 미국은 9 · 11 이후 10년 동안 반테러 전쟁을 치르느라 중동문제에 더 큰 초점을 맞추고 있음에도 불구하고 미국에 안보를 의존하고 있는 아시아 국가들을 확신시키기 위해 노력하고 있다.

물론 혹자는 중국은 비장의 무기를 가지고 있어서 이웃나라들 중 최소한 몇몇 나라들이 미국과 힘을 합쳐 중국과 균형을 이루려는 대신, 중국에 편승하게 할 수 있을 것이라고 말한다. 호주와 일본, 한국, 대만 등 아시아 국가들은 중국과의 무역규모가 대단히 크며 또한 중국에 투자도 많이 하고 있기 때문에 이들 나라들의 번영은 중국과 좋은 관계를 유지하는 데 크게 의존하고 있다. 이 같은 상황은 중국으로 하여금 이들 무역 국가들에 대해 상당한 경제적인 지렛대(leverage)를 갖도록 해주며, 중국은 이들 나라들이 미국이 주도하는 균형 연합에 참가할 경우, 그들과의 경제 관계를 단절하겠다고 위협하고 그들의 번영을 위태롭게 만들 수 있다는 것이다. 실제로, 중국은 이웃나라들로 하여금 자신의 편에 서도록 강제하기 위해 이 같은 경제적인 지렛대를 활용할 수 있을 것이다.[45]

그러나 이 이야기에서는 중국이 이웃나라들과의 경제 관계를 축소하거나 단절하더라도 중국 자신은 그다지 심각한 피해를 입지 않는다는 점을 강조하는 것이 중요하다. 다른 말로, 중국과 이웃나라의 경제 관계는 상호 취약한(mutual vulnerability) 관계가 아닌 것이다. 실제로 경제적 상호의존 이론은 국가들간의 상호 취약성을 이론의 핵심으로 삼고 있으며, 이는 내가 아래에서 다루게 될 주제이다. 중국이 이웃나라를 협박해서 그 나라들이 미국이 조직하려는 어떤 반 중국 연합에도 참가하지 못하게 한다거나 이런 조직을 현격하게 약화시킬 수 있는 능력을 가지고 있다면 이는 중국과 이웃나라들의 경제 관계가 일방적 취약성(one-way vulnerability)의 관계임을 의미한다.

본질적으로 이 같은 상황은 경제적인 고려와 정치적인 고려가 갈등을 일으키는 경우인데, 이 경우 중요한 문제가 대두된다. 두 가지 중 어떤 요인이 더 중요한 것인가? 나는 국가들이 균형을 추구할 것인가 혹은 편승할 것인가에 관한 선택을 해야만 하는 경우, 언제라도 국가안보에 관한 고려가 경제적인 고려를 압도한다고 주장한다.[46] 내 입장에 관한 논리는 명확하다. 국가들은 강력한 적성 국가에 대해 균형을 이루고자 하는데, 그렇게 하는 것이 자신의 생존 가능성을 극대화시키는 일이기 때문이다. 생존은 당연히 국가들의 최고 목표가 아닐 수 없다. 그러나 역으로 이웃의 강한 나라에 편승하는 경우, 결국 편승하는 나라의 생존 가능성은 줄어들게 된다. 이웃나라들이 편승해 줄 경우 막강한 이웃나라는 더욱 강해지게 되고 결국은 더욱 위험한 나라가 되기 때문이다.

그러나 경제적 강압의 주장은 다른 논리, 즉 번영이 생존보다 더 중요하다는 논리에 의거한다. 이 주장의 핵심은 막강한 경제력을 가지고 있는 국가는 표적 국가의 경제를 심각하게 훼손할 수 있는 힘을 가지고 있으며, 그래서 경제적 처벌이라는 위협은 취약한 나라들로 하여금 더 강한 나라에 편승할 수밖에 없게 만든다는 것이다. 물론 심각한 경제적 고통은 두려운 일이라는 사실을 부인할 수 없다. 그러나 생존하지 못한다는 것은 더욱 무시무시한 공포가 아닐 수 없다. 생존은 번영보다 더 강력한 소명

(imperative)이다. 그래서 현실주의자들의 생존 논리가 대개 경제적 강압에 근거한 논리를 이기는 것이고, 중국의 이웃나라들이 중국에 대항하는 균형 전략을 택하게 되리라고 보는 것이다.[47]

이미 인도, 일본, 러시아는 물론 상대적으로 작은 나라들인 싱가포르, 한국, 그리고 베트남이 중국의 부상을 두려워하고 있으며 중국의 부상을 봉쇄하려는 방안을 강구하고 있다는 분명한 증거들이 있다. 예로서 인도와 일본은 2008년 10월 "안보협력에 관한 공동 선언"(Joint Declaration on Security Cooperation)을 발표했는데 이는 주로 중국의 부상하는 힘에 관한 두려움에서 연유한 것이다.[48] 냉전 시대 냉랭한 관계에 있었던 인도와 미국은 지난 10년 동안 우호적인 국가가 되었으며, 그렇게 된 가장 큰 이유는 중국으로부터 오는 두려움이었다. 2010년 7월, 대외적으로 인권 문제의 중요성을 강조하는 사람들이 다수 포진해 있는 오바마 행정부는 인권유린 사태로 악명 높은 인도네시아의 정예 특수부대와 관계를 재개한다고 발표했다. 미국이 이렇게 정책을 바꾼 이유는 중국의 힘이 점차 증강하고 있는 상황에서 인도네시아를 미국의 편에 묶어두기 위한 것이었다. 〈뉴욕 타임스〉 지가 보도한 대로 인도네시아의 관리들은 "미국의 제재가 지속되었다면 인도네시아 특수부대는 중국 군부와의 관계를 모색할 것"임을 암시했던 것이다.[49]

사활적으로 중요한 말라카 해협에 위치한 싱가포르는 중국의 부상하는 힘을 두려워하며, 이미 탄탄한 미국과의 관계를 더욱 돈독히 하고자 한다. 미국과의 관계를 더욱 돈독히 하는 방편으로 싱가포르는 창이 해군기지에 수심이 깊은 부두를 건설, 필요시 미국의 항공모함이 싱가포르에서 작전할 수 있도록 조치했다.[50] 그리고 일본은 2010년 중반 미국 해병대가 오키나와에 지속적으로 주둔하도록 했는데 이는 부분적으로는 중국이 이지역에서 점차 더 공세적으로 나오고 있다는 사실, 그리고 일본을 위해 미국의 안보우산이 더욱 강력하게 펼쳐질 수 있게 하는 방편이었다.[51] 중국의 힘이 점차 막강해짐에 따라 중국의 이웃국가들은 미국과의 관계를

돈독히 함은 물론 서로간의 관계도 돈독히 만들고 있다.[52]

마지막으로 대만의 미래에 대한 언급이 있어야 할 것이다. 동아시아의 해로를 장악하는 데 있어서 대만의 중요성을 고려할 때 미국은 중국이 대만을 점령하는 것을 막는 데 강력한 동인을 가지고 있다.[53] 더 나아가 미국의 정책결정자들은 신뢰 및 평판에 대해 큰 신경을 쓰고 있기 때문에, 그들이 대만을 포기할 가능성은 더욱 더 적다.[54] 이것은 중국의 군사력이 궁극적으로 더욱 막강해져서 미국이 대만을 지킬 수 없는 날이 올 수도 있다는 사실을 부정하는 것은 아니다. 그러나 한동안 대만은 미국이 주도하는 대 중국 대항연합의 일부분이 될 가능성이 높을 것이며, 이는 중국을 어떤 측면에서도 분노하게 만들 것이며 미국과 중국의 안보 경쟁을 더욱 치열하게 만들 것이다.

나의 이론은, 요약하자면, 만약 중국의 놀라운 경제성장이 앞으로도 수십 년 동안 지속된다고 가정한다면, 그 경우 중국은 미국 및 중국의 이웃나라들과 심각한 안보 경쟁에 빠져들게 될 것이라고 본다. 나는 이미 해당 국가들이 어떻게 행동할 것인가에 대해 자세히 언급했다. 예를 들면, 중국은 중국판 먼로 독트린을 선언할 것이며 미국의 세력을 아시아-태평양 지역에서 몰아내고자 할 것이다. 그리고 중국의 이웃나라들 대부분은 중국을 저지하려는 목적을 가진, 미국 주도의 균형 연합에 참가하려 할 것이다.

그러나 미국과 중국의 안보 경쟁이 어떤 모습을 띨 것인가에 대해 더 많은 언급을 해야만 할 것이다. 특히 나의 예측이 맞는지를 증명하기 위해서 우리는 다가올 향후 수 년 동안 어떤 지표들에 관심을 두어야 할지를 알아야 할 필요가 있을 것이다.

■ 미중 안보 경쟁은 어떤 모습일까?

만약 미국과 중국 사이의 안보 경쟁이 더욱 진전된다면, 이는 열두 가지 요소들을 포함하게 될 것이다. 우선 위기가 있을 것인데, 두 나라 사이에 전쟁으로 비화할 가능성이 있는 중요한 분규가 야기될 것이다. 위기는 자주 야기되지는 않을 것이지만 오랫동안 조용하다가 갑자기 야기될 수 있을 것이다. 군비경쟁은 미중 대결의 또 다른 주요 측면이 될 것이다. 중국의 이웃나라들은 물론이고 초강대국인 미국과 중국은 상대방에 대해 우위를 차지하기 위해 그리고 상대방이 우위를 차지하는 것을 막기 위해 상당량의 돈을 군비에 투자할 것이다.

중국과 미국의 동맹국들은 각각 미국과 중국의 지원을 받아 싸우는 대리전쟁(proxy war)을 벌일 수 있을 것이다. 중국과 미국은 전 세계에 걸쳐 상대방에 우호적인 정권들을 붕괴시킬 수 있는 기회를 찾으려 할 것이다. 비록 이 같은 행동의 일부는 공개적일 수도 있지만 대부분은 은밀하게 이루어질 것이다. 또한 미국과 중국 양국은 상대방으로 하여금 값비싼 그리고 바보같은 전쟁에 빠져 들도록 미끼를 던진 후 피를 흘리게 (bait-and-bleed) 만드는 전략을 쓸 수 있을 것이다. 미끼가 없을 때에도, 상대방이 장기전(protracted war)에 빠져들어가는 경우, 상대방이 피를 지속적으로 흘리게 하는 전략을 사용, 가능한 한 그 나라가 전쟁을 종식시키지 못하게 하는 술책을 사용할 것이다.

전투의 현장을 떠나서 다른 곳을 살펴보면 우리는 중국과 미국의 정부 관리들이 각각 상대방을 자신의 제1위협이라고 간주하는 사례들을 아주 많이 발견할 수 있을 것이다. 군사전략을 요약하는 양국의 공개된 혹은 비밀로 분류된 문건들은 분명한 어조로 상대방을 봉쇄해야만 할 위험한 적국으로 묘사할 것이다. 더 나아가 미국과 중국의 국가안보 이슈를 연구하는 씽크 탱크들은 상대방 초강대국을 면밀히 조사하고 상대방을 가장 두렵고 위협적인 적국으로 묘사하는 데 상당한 관심을 기울일 것이다. 물론 미국과 중국에 있는 일부 사람들은 이상과 같은 갈등적인 접근방법을 거부하고, 상대방과 심오한 협력을 해야 한다고 제안할 것이다. 아마도 어떤 특정한 이슈에 관해서는 상대방에 대해 유화적인 정책을 써야 한다고 말할 수도 있을 것이다. 하지만 시간이 지날수록 이 같은 주장들은 정책 논의 혹은 담론에서 점차 주변으로 밀려나게 될 것이다.

중국과 미국 정부는 마치 냉전 시대 소련과 미국이 행했던 것처럼 상대국에서 오는 방문객의 입국을 제한하는 조치를 취할 수도 있을 것이다. 더 나아가 미국 정부는 중국 유학생들이 미국의 대학에서 두 나라의 균형에 영향을 미칠 수 있는 무기나 다른 관련 기술들을 공부를 하지 못하도록 할 수도 있을 것이다. 이것과 관련된 것으로서, 양국 정부는 각국의 국가안보에 심각한 영향을 미치는 상품과 서비스를 수출할 수 없도록 제약을 가할 수 있을 것이다. 이와 유사한 사례가 미국의 코콤(CoCom)인데 냉전 당시 존재했던 소련에 대한 예민한 기술 이전을 금지하기 위한 조치였다.[55]

이렇게 말하는 것이 미국과 중국 두 나라가 안보 경쟁을 벌이는 동안 상당 규모의 경제적 상호의존 관계가 없어질 것이라고 말하는 것은 아니다. 그리고 미국과 중국 두 나라가 일부 이슈에서 협력할 수 있다는 것을 부정하는 것도 아니다. 말하고자 하는 핵심은 미국과 중국 두 나라의 관계는 그 본질상 갈등적인 것이며, 그렇기 때문에 양국이 갈등을 벌일 경우 위에서 열거한 사례들이 나타날 가능성이 있다고 보는 것이다. 물론 내가 의미하는 바는 미국과 중국 사이에는 첨예한 안보 갈등이 존재한다는 것뿐만 아니라 미국과 중국 사이에는 심각한 전쟁 가능성도 존재한다는 것이다. 중국의 부상이 실제로 총을 쏘는 전쟁도 유발할 가능성이 있다는 사실에 대해 좀 더 자세히 살펴보자.

미중 전쟁은 가능한가

다행스런 일이었지만 미국과 소련은 냉전 시대 동안 비록 상대방과 동맹을 맺은 작은 나라들과는 전쟁을 벌였지만, 자신들끼리는 결코 전쟁을 하지 않았다. 두 나라 모두 막강한 핵무기로 무장하고 있었다는 사실은 두 초강대국이 서로 직접 싸우지 못하도록 한 가장 중요한 원인이었다. 결국 핵무기는 그것이 단순히 대량파괴무기라는 사실 때문에 평화를 지키는 힘이 될 수 있었다. 핵무기를 사용하는 경우 그 예상되는 결과의 두려움 때문에 정책결정자들은 핵무기가 사용될 가능성이 아주 적은 경우라 할지라도 극도로 조심하지 않을 수 없었다.

냉전의 역사를 살펴보고, 미국과 중국 두 나라 모두가 핵보유국이라는 사실을 고려할 때, 가까운 미래에 두 나라 사이에서 실제로 총을 쏘는 전쟁이 발발할 가능성은 거의 없을 것이라고 생각할 수 있을 것이다. 그러나 이 같은 결론은 올바른 것이 아니다. 비록 핵무기의 존재가 미국과 중국 사이의 대전쟁을 막는 강력한 요인이 된다 할지라도 차후 아시아에서의 미중 경쟁은 냉전 당시 유럽의 경우보다 전쟁을 유발할 가능성이 더 높은 환경에서 이루어질 것이다. 특히 지리적인 요인과 미국과 중국 양국 간 힘의 불균형은 1945년부터 1990년까지 미국과 소련의 경우보다 전쟁을 야기할 가능성을 더 높게 만들고 있다.

물론 우리는 확신을 가지고 미국과 중국 사이에 전쟁이 발발할 가능성이 높다고 말할 수는 없겠지만, 우리는 정보에 근거한 타당한 추정을 할 수는 있을 것이다.

■ 아시아의 지리

미국과 소련의 경쟁은 지구 전역에 걸치는 것이었지만 미소 갈등의 중심무대는 유럽대륙이었다. 핵무장을 갖춘 대규모의 육군과 공군이 유럽대륙에서 서로 대치하고 있었다. 미국과 소련은 동북아시아와 페르시아만에서도 심각한 대결을 벌였지만 역시 가장 중요한 것은 유럽에서의 힘의 균형이었다. 실제로 미국과 소련의 핵심적 군사력은 소위 중앙전선 (Central Front)이라고도 불린 유럽의 심장부 지역에 배치되어 있었다. 미국 국방부가 초강대국간의 전쟁을 상정하고 전쟁 연습(War Game)을 벌일 때, 유럽이 전쟁의 중심부였다는 사실은 놀라운 일이 아니다.

냉전이 시작되기 30년 전 유럽은 진정 죽음의 대륙이었다. 실제로 미국과 소련(1917년 이전에는 러시아)은 1차 세계대전은 물론 2차 세계대전에서도 한편에 서서 싸웠다. 그러나 1945년 이후 유럽에서는 비록 베를린을 둘러싼 위기가 몇 차례 발생하기는 했었지만 그것들은 군사력을 사용하는 분쟁으로 확대되지 않았고, 그 결과 전쟁이 발발하지 않았다. 전쟁이 발발하지 않은 가장 중요한 이유는 유럽에서의 전쟁은 필경 핵무기가 사용되는 3차 세계대전으로 비화될 것이라는 점 때문이었다. 당시 유럽에서의 전쟁은 의도한 것이 아니고 우발적인 것이라 할지라도 핵전쟁으로 비화될 가능성이 상당히 높을 것이라고 사료되었다. 미국과 소련 양측의 정책결정자 중 누구도 자신의 나라가 절멸당할 가능성이 상당히 높은 전쟁을 감내하려고 하지 않았다. 미래에 대한 이 같은 두려운 전망은 냉전 당시 유럽이 왜 그렇게 안정적이었는지, 미국과 소련의 군사력이 왜 직접 충돌하지 않았는지를 설명해 준다.

아시아의 지리는 냉전 시대 유럽의 그것과는 본질적으로 다르다. 더욱 중요한 것은 아시아의 경우 중국의 힘이 부상하고 있지만 유럽의 중앙전선과 같이 안정을 담보할 만한 것이 아무것도 없다는 점이다. 반면 아시아에는 전쟁 발발이 가능한 지역이 여러 군데 있다. 반면 이들 전쟁은 1945년부터 1990년까지 유럽에서 기대할 수 있었던 정도로 대규모 전쟁으로 비화할 가능성은 없다. 즉 아시아 지역에서의 전쟁은 유럽에서의 전쟁이 핵전쟁으로 확전될 가능성이 높았던 것과 달리 핵전쟁으로 비화할 가능성은 상대적으로 훨씬 낮은 것이다. 무엇보다도 유럽에는 수천 발의 핵폭탄이 존재하고 있었고 핵을 사용하겠다는 전략은 냉전기간 전체를 통해 북대서양조약기구가 공식적으로 채택한 군사전략에 선언적으로 포함되어 있었다. 게다가 유럽에서 발생한 전쟁의 초기 전투에서 승리를 거머쥐는 편은 지구적 차원의 세력균형에서 극적으로 유리한 위치를 점할 수 있을 것이라고 널리 인식되었다. 이 같은 확신은 전투에서 밀리는 편으로 하여금 상황을 구하기 위해 핵무기를 사용하지 않을 수 없다는 강력한 동기를 부여하였다. 그러나 아시아의 경우 핵무기가 중요한 역할을 담당할 잠재적인 분쟁 지역이 별로 없다. 실제로 이 같은 사실은 아시아에서의 전쟁은 냉전 당시 유럽에서 발발할 전쟁에 비해 그 대가가 훨씬 더 작을 것이라고 인식되게 한다. 치러야 할 잠재적인 대가가 낮아짐에 따라 전쟁이 발발할 가능성은 더 높아진다는 사실은 미중 전쟁의 가능성을 냉전 당시 미소 전쟁 가능성보다 더 높게 만들고 있는 것이다.

혹자는 이러한 잠재적인 아시아 전쟁의 이해관계(stakes)가 크지 않고, 따라서 미국과 중국이 서로 싸워야 할 유인이 작기 때문에 아시아에서의 전쟁 발발 가능성은 아직 낮다고 주장할 수 있을 것이다. 그러나 위에서 논의한 바처럼 미국과 중국 사이의 안보 경쟁이 초래할 심각성은 대단한 것이다. 만약 미국을 아시아에서 몰아내고 지역적인 패권을 확보할 수 있다면 중국의 안보는 현저하게 개선될 수 있을 것이다. 반면 미국은 아시아에서 현재의 지위를 유지해야 한다는 데 심오한 이익이 걸려 있다. 그렇기 때문에 미국과 중국 두 나라는 거의 모든 위기 상황에서 자신의 평판에 심각하게 반응할 것이며 어느 경우라도 결코 양보하려 하지 않을 것이다.

아시아에서의 전쟁이 유럽의 중앙전선에서 발발할 수 있었던 전쟁과 비교할 경우 그 규모가 작을지라도, 지도자들은 본질적으로 모든 전쟁은 상호 밀접하게 연계 되어 있으며, 그렇기 때문에 어떤 위기가 발발할 경우라도 그것이 상대방에 유리하게 끝나서는 결코 안 된다는 강박관념을 가지게 된다. 동시에 미국과 중국 양국 지도자들은 군사력을 사용하는 대가가 상대적으로 높지 않을 것이라고 생각하기 쉽다. 이 같은 상황은 이 지역의 안정과 평화를 위해 바람직한 것은 아니다.

미국과 중국이 상당 규모의 지상전을 벌일 가능성이 높은 유일한 지역인 한반도에 대해 생각해 보자. 이 같은 전쟁이 발발할 확률은 낮을 것이지만 한국에서의 전쟁 발발 가능성은 유럽에서 초강대국간의 전쟁 발발 가능성보다는 높다. 우선 한국과 북한이 전쟁을 벌이는 시나리오는 상상하기 어렵지 않으며 중국과 미국 — 한국에 19,000명의 육군을 주둔시키고 있는 — 은 전쟁에 말려 들어갈 가능성이 충분히 있는 것이다. 결국 이 이야기는 1950년에 일어났던 일이다. 중국과 미국은 당시 거의 3년 동안 전쟁을 지속했었다. 더 나아가 앞으로 발생할 수 있는 한반도에서의 전쟁 규모가 NATO—바르샤바조약기구 간의 전쟁보다 작으리라는 생각은 아시아에서의 전쟁 발발 가능성을 더 높게 만들 것이다.

한반도와 더불어, 미국과 중국이 대만, 남중국해, 센카쿠/다오위다오 제도, 그리고 중국과 페르시아만을 잇는 해상 교통로 상에서 전쟁을 벌일 가능성을 상상할 수 있을 것이다. 이 잠재적인 분쟁에서 야기될 대가(한국에서와 마찬가지로)는 냉전 당시 유럽에서 초강대국이 벌일 경우 기대되는 대가에 결코 근접하지 못할 것이다. 더 나아가 미국과 중국 간 전쟁 시나리오 상당수가 바다에서 — 핵전쟁으로 확대될 가능성이 적은 — 야기되는 것이기 때문에 미국과 중국 사이에서 전쟁이 발발할 가능성을 상상하는 것은 북대서양조약기구와 바르샤바조약기구 사이에서 전쟁이 발생하는 것을 상상하는 것보다 훨씬 쉬운 일일 것이다. 더 추가해야 할 사항은 초강대국간의 어떤 영토 분규도 — 베를린도 포함해서 — 대만과 중국 사이에서 야기되는 것만큼 강렬한 민족주의적인 감정을 갖는 경우는 없었다는 점이다. 그렇기 때문에 비록 그 확률이 높은 것은 아니라 할지라도 대만을 둘러싼 전쟁 발발 가능성을 상상하는 것은 어려운 일이 아니다.

마지막으로 핵무기에 관한 논의를 해야 할 것이다. 앞에서의 논의는 아시아에서의 전쟁 발발 가능성이 냉전 당시 유럽에서의 전쟁 발발 가능성보다 높을 것이라는 점을 강조했는데 그 부분적인 이유는 아시아에서의 전쟁은 핵전쟁 수준으로 확전될 가능성이 적기 때문이라고 말했다. 그럼에도 불구하고 아시아에서의 전쟁이 우발적인 핵전쟁으로 확전될 가능성이 항상 존재할 것이며, 그렇기 때문에 위기 상황이 안정적으로 관리될 수도 있는 것이다.[56] 다른 말로, 아시아의 전쟁에서 핵무기는 아무런 억제

역할도 할 수 없다고 생각해서는 안 된다는 것이다. 실제로 아시아 지역 주요 국가의 병기고에 핵무기가 존재한다는 사실 그 자체는 미래의 분쟁 당사국 지도자들이 위기에 당면했을 때 어떻게 행동할 것인가에 대해 적지 않은 영향을 미칠 것이다. 그럼에도 불구하고 아시아에서의 분쟁이 핵전쟁으로 비화할 가능성은 NATO—바르샤바조약기구 국가들 간의 전쟁이 핵전쟁으로 비화할 가능성보다 훨씬 낮을 것이다. 그래서 미래 중국과 미국 사이에 재래식 전쟁의 발발은 그 가능성이 훨씬 심각하다고 보는 것이다.

■ 극의 수와 전쟁(Polarity and War)

아시아가 냉전 시대의 유럽보다 전쟁 발발 가능성이 더 높다고 말할 수 있는 이유는 냉전 시대의 유럽과 아시아의 힘의 구조가 상이하다는 사실 때문이다. 유럽의 경우 대륙의 절반인 동부유럽은 소련이 지배하고 서쪽 절반은 미국이 지배하는 양극구조였다. 혹자는 중국이 지속적으로 부상할 경우 아시아도 미국이 한쪽을 지배하고 중국이 다른 한쪽을 지배하는 양극적인 모습이 될 가능성이 있다고 생각할지도 모른다. 그러나 이 같은 일은 가능하지 않을 것이다. 왜냐하면 아시아 지역에는 또 다른 강대국들이 존재하기 때문이다. 이미 러시아는 하나의 강대국으로 취급받기에 충분히 막강한 나라이며, 만약 일본이 핵무장을 갖춘다면 일본 역시 강대국이 될 수 있을 것이다. 이미 핵무기를 보유하고 있는 인도 역시 강대국으로 간주될 수 있는 날이 곧 도래할 것이다. 이 모든 사실들은 아시아가 다극체제가 될 것이라고 말해 준다. 실제로 아시아는 중국이 다른 나라들보다 상당히 더 막강한 국가가 될 가능성이 있기 때문에 불균형적인 다극체제(unbalanced multipolar system)가 될 것이다.

양극체제보다는 다극체제에서 전쟁 발발 가능성이 높은데, 그 이유는 강대국들이 상호간에 혹은 약소국들과 전쟁을 일으킬 기회가 더 많기 때

528

문이다. 게다가 다극체제의 경우는 힘의 불균형이 일반적인데, 왜냐하면 다극체제에서 국가의 수가 많아질수록 군사력의 기반이 국가들간에 불균형하게 배분될 가능성이 더 높기 때문이다. 국가간 힘의 분포가 불균형한 상황에서 힘이 강한 나라의 공격성을 억제한다는 것은 결코 쉬운 일이 아니다. 마지막으로, 다극체제하에서는 국가들이 상대방의 의도 및 상대방의 힘을 잘못 계산할 가능성이 높아진다. 다극체제의 국제정치는 더욱 복잡하기 때문인데, 다극체제하에서는 국가들의 연합 형성이 무상하게 변하며 국가들이 자신들의 책임을 다른 나라들에게 전가할(buck passing) 가능성도 높아진다.

문제를 더욱 어렵게 만드는 것은, 불균형적 다극체제가 가장 위험한 힘의 분포상태라는 점이다. 불균형적 다극체제에는 잠재적인 패권국이 포함되는데, 그 나라는 다른 나라에 비해 상대적으로 힘이 막강할 뿐 아니라 패권을 차지하기 위해 칼을 휘두르겠다는 욕구가 더욱 강하다. 잠재적인 패권국은 더 나아가 경쟁 국가들의 공포감을 더욱 증폭시켜 그들로 하여금 전쟁을 야기할 수도 있는 위험한 전략을 추구하게 만들 수 있다.

요약하자면, 냉전 시대의 양극체제는 중국의 경제력이 급속하게 증강할 경우 앞으로 전개될 불균형적 다극체제에 비해 훨씬 평화적인 힘의 구조였다고 말할 수 있다. 게다가 중부유럽의 중앙전선은 아시아의 지리보다 평화를 위해 더욱 유리했다. 이 두 가지 조건은 물론 중국과 미국 사이에 전쟁은 반드시 일어날 것이라고 말해주는 것은 아니다. 그러나 이 같은 요소들은 우리들에게 미국과 중국의 전쟁 가능성은 1945년부터 1990년까지 지속되었던 미소 간 전쟁 가능성보다 더 높다고 말해주고 있다.

■ 공산주의와 민족주의

혹자는 냉전 시대의 갈등은 이념적인 측면 — 공산주의와 자유주의적 자본주의 — 때문에 이념적 갈등 요소가 결여된 미국과 중국 관계보다 더욱 위험했다고 주장하며 위에서 제시한 비관적 평가를 부정할 수 있을 것이다. 예로서 싱가포르의 국부인 리콴유는 "냉전 시대의 미소 관계와 달리 미중 관계는 열정적으로 시장을 포용하고 있다. 미중 관계는 협력적이기도 하며 경쟁적이기도 하다. 두 나라 사이의 경쟁은 필연적이다. 그러나 두 나라 사이의 갈등이 필연적인 것은 아니다."[57]고 말했다.

물론 어떤 종류의 이데올로기도 나의 현실주의 국제정치학 이론의 범주에 포함되지 않는다. 그럼에도 불구하고 이데올로기는 비록 그것이 부수적인 것이었다 할지라도 의문의 여지없이 냉전의 갈등을 부추긴 측면이 있었다는 점에서 논해볼 가치가 있다. 냉전의 갈등은 주로 세력균형과 관련된 전략적 고려에 의한 것이었고, 두 초강대국이 이념적으로 다르다는 점에서 더 첨예하게 된 것이다. 미래 중국과 미국의 관계를 형성하는 데 있어서 두 나라 사이의 잠재적인 이념적 균열은 그다지 중요하지 않을 것이라는 점은 분명하다. 결국 중국은 자본주의 국가가 되었으며, 중국 국내든, 국외든 공산주의는 매력을 끌지 못하고 있다. 그래서 중국과 미국의 안보 경쟁은 미국과 소련의 안보 경쟁보다 덜 두려울 것이라는 기대를 갖게 한다.

이것은 좋은 소식이다. 그러나 나쁜 소식은 다른 이데올로기 — 민족주의 — 가 미국과 중국의 경쟁관계는 물론 중국과 이웃나라들의 관계를 더욱 악화시키는 요인이 될 수 있다는 점이다. 지구상에서 가장 강력한 정치적 이데올로기인 민족주의(nationalism)는 현대 세계가 각자 자신만의 국가를 열망하는, 민족이라고 불리는 분명히 구분되는 다수의 사회적 집단들로 나뉘어져야 한다고 주장하는 현상이다. 이렇게 말함이 곧 지구의 모든 민족이 자신만의 국가를 가져야 한다고 주장하거나, 또는 많은 국가들이 그들의 국경 안에 하나 이상의 민족들을 가지고 있는 현상을 부정하는 것은 아니다.

각 민족의 구성원들은 집단에 대한 충성심이라는 강력한 감정을 갖고 있으며 민족에 대한 충성심은 다른 모든 형태의 일체감에 우선할 정도로 강력한 것이다. 집단을 구성하는 대부분 사람들은 전형적으로 그들이 위대한 영웅과 대단한 사건들 — 그것이 성공적이었을 경우는 물론 실패한경우라도 — 로 점철된 빛나는 역사를 가진 배타적 공동체의 일원이라고믿는다. 그러나 사람들은 단순히 자신의 민족에 대해서만 자부심을 느끼는 것은 아니다. 그들은 자신의 민족을 다른 민족, 특히 빈번히 접촉했던,서로를 잘 아는 민족과 비교하고자 한다. 쇼비니즘(국수주의)은 민족의 구성원 중 대부분의 사람들이 자신의 민족은 다른 민족보다 우수하고, 그래서 특별한 인정을 받아야 된다고 생각할 때 야기된다. 자기 민족은 특별나다는 감정은 때로 그들로 하여금 자신들을 "선택된 민족"이라고 믿게만든다. 이 같은 생각은 여러 나라들 중, 중국과 미국 모두에서 풍부한 전통을 가지고 있다.

민족들은 때로는 다른 민족들에 대한 우월감을 넘어 그들을 혐오하고경멸하는 감정을 갖기도 한다. 나는 이 같은 현상을 "초민족주의"(hyper-nationalism)라 부르는데, 이는 다른 민족을 단순히 열등할 뿐만 아니라위험한 족속으로 생각하며, 그렇기 때문에 잔인하게는 아닐지라도 엄하게 다뤄져야 한다고 믿는 것이다. 이 같은 상황에서, 다른 민족에 대한 경멸과 적대감은 민족 전체로 확산되고, 이는 한 민족으로 하여금 다른 민족으로부터 오는 위협을 제거하기 위해 폭력을 사용해야 한다는 강력한유인을 만들어낸다. 다른 말로 한다면, 초민족주의가 전쟁의 잠재적 원천이 되는 것이다.

초민족주의의 원인 중 하나는 심각한 안보 경쟁인데, 이런 경우에 처한국민국가(nation states)들은 상대방 국민국가를 악마처럼 인식하게 된다.때때로 국가의 지도자들은 상황을 잘 인식하지 못하는 자국 국민들에게위협을 증폭시켜 상황의 심각성을 알리려는 전략적 수단으로 초민족주의를 활용하기도 한다. 또 다른 경우 초민족주의는 아래로부터 발산되기도하는데, 이는 안보 경쟁이 야기하는 지저분한 것들(basic nastiness)에서유래하는 것이다. 한 국가의 국민들은 경쟁을 벌이고 있는 다른 나라의 모든 것을 비하하고 경멸하게 되는 경향이 있기 때문이다. 심각한 국제위기가 전쟁으로 비화될 연료가 충만한 상황인 것이다.

현대 중국은 초민족주의가 무르익은 나라다.[58] 1949년 마오가 국민당정부에 대해 결정적 승리를 거둔 이후부터 그가 죽은 1976년까지 공산주의와 더불어 민족주의는 중국인민들의 일상생활의 모든 측면에 영향을미친 강력한 힘이었다. 그러나 마오가 사망한 이후, 특히 1989년 천안문광장에서 야기된 봉기를 군사적으로 진압한 이후 공산주의는 중국인민들로부터 그 정당성을 잃어버렸다. 이 같은 상황에 대한 반응으로, 중국의지도자들은 정권에 대한 대중의 지지를 확보하기 위해 더욱 더 민족주의에 크게 의존하게 되었다.[59]

그러나 민족주의를 국가에 대한 민중의 충성심을 이끌어내기 위해 중국의 지도세력이 조달한 단순한 선전광고로 치부한다면 그것은 실수다. 실제로 많은 중국 국민들은 자유의지에 의해 열정적으로 민족주의적 이념에 열광하고 있는 것이다. 피터 그라이스Peter Gries는 "1990년대"에 중국에서는 "국가 혹은 관제 민족주의라고 인식되면 안 될 자발적인 대중적민족주의가 분출하기 시작했음을 볼 수 있었다."고 지적하고 있다.[60] 오늘날 중국의 민족주의를 그처럼 막강한 힘으로 인정하도록 만드는 요인들은 위에서부터 아래로 그리고 아래로부터 위로 향하는 두 가지 측면 모두를 포함하고 있다.

민족주의는 최근 중국에서 막강하게 나타나는 힘일 뿐만 아니라 그 내용도 몇 가지 중요한 측면에서 변화하고 있다. 마오가 지배하는 동안 중국의 민족주의는 험악한 어려움에 처한 중국인민들의 강인한 힘을 강조했다. 중국인민들은 일본 제국주의를 궁극적으로 파멸시킨 영웅적인 전사로 그려졌다. 그라이스는 "이 같은 영웅적 혹은 승리자적 민족주의 담론은 1930년대와 40년대 인민의 지지를 필요로 하는 공산주의 혁명가들의 요구에 일차적으로 봉사했고, 그 후 1950년대, 60년대 그리고 1970년대 동안 중화인민공화국의 국가건설이라는 목표에 봉사했다. … 새로운 중국은 영웅들이 필요했다."[61]고 말하고 있다.

그러나 이 자랑스러운 이야기는 지난 20년 동안 더 이상 이야기되지 않았다. 대신 중국을 다른 강대국들의 침략에 의한 피해자로 묘사하는 이야기가 대두되었다. 특히, 중국인들이 "국가적 치욕의 세기"라고 묘사하는 제1차 아편전쟁(1839년-1842년)으로부터 1945년 2차 세계대전이 끝날 때까지의 이야기가 강조되었다.[62] 이 시기의 중국은 야욕에 찬 강대국들의 희생물이 되어 극심한 고통을 당했던, 비록 약하기는 하지만 고결한 나라로 그려진다. 외국의 악마들 중에는 일본과 미국이 포함되며, 이 두 나라는 거의 모든 측면에서 중국으로부터 이득을 취한 나라라고 말해진다.

그러나 중국을 어쩔 수 없었던 희생자로만 묘사하는 것은 중국 민족주의의 모든 것이 아니다. 긍정적인 이야기도 여러 측면에서 존재한다. 예로서 중국인들은 어떤 신조를 가지고 있던간에 자부심을 가지고 유교적 문화의 우월성을 강조한다. 그럼에도 불구하고 오늘날 중국 민족주의의 가장 중요한 부분은 "국가적 치욕의 세기"를 강조하는 것이다. 그라이스에 의하면 바로 국가적 치욕의 세기를 강조하는 민족주의가 "오늘날 중국인이 서방측을 대하는 데 있어서 하나의 틀을 형성하는" 요소인 것이다.[63] 실제로 "중국 군부는 치욕에 대한 복수(avenging humiliation)를 중요한 목표로 삼고 있다."[64]

우리는 이미 중국 사람들의 일본과 미국을 향한 분노와 원한이 어떻게 위기를 창출하며 이들의 국제관계를 악화시킬 수 있는지를 살펴보았다. 1999년 코소보 사태 당시 벨그라드의 중국 대사관에 대한 미국의 오폭사건은 중국인들에게는 강한 나라가 약한 나라로부터 이익을 취하고 중국을 모욕하는 또 하나의 사례로 인식되었다. 이 사건은 대규모의 데모와 미국에 대한 분노감을 야기시켰다. 2001년 미국의 정찰기가 남중국해에서 중국의 군용기와 충돌, 중국의 군용기가 추락한 사건이 발발했을 때에도 마찬가지로 나타났다. 2012년-2013년 사이 센카쿠/댜오위다오 군도를 둘러싸고 일본과 벌인 작은 분쟁도 중국 전역에서 반일 데모를 발생시켰으며 이중 일부는 폭력적인 것이 되기도 했다.

앞으로 야기될 심각한 안보 경쟁은 일본과 미국을 향한 중국의 적개심을 더욱 증폭시킬 것이며 초민족주의의 심각한 사례가 될 가능성이 높다.[65] 물론 이 같은 상황전개는 안보 경쟁을 더욱 격화시킬 것이며 전쟁의 가능성도 높일 것이다. 아시아의 경우 본질적으로 이데올로기는 냉전 시대에 그러했던 것처럼 중요한 요인으로 남아있을 것이다. 그러나 그 내용은 다를 것이다. 중국은 물론 다른 아시아 국가들의 경우에도 초민족주의가 공산주의와 자유주의적 자본주의 대결을 대체하게 될 것이기 때문이다. 결론적으로 앞으로 다가올 수 십년 동안 미중관계의 배후를 조종하게 될 중요한 힘은 이데올로기 보다는 현실주의적 논리(realistic logic)가 될 것이다.

화평굴기(和平崛起)의 희망

중국은 평화적으로 부상할 수 없다(China cannot rise peacefully)는 나의 주장에 대해 다양한 반론들이 존재한다. 실제로 우리들은 중국과 미국의 미래에 대한 두 가지 낙관적인 이야기들을 자주 듣고 있다. 첫 번째 이야기는 문화이론에 근거한 것이다. 이 주장을 따르는 사람들은 중국의 유교적 문화는 급속히 부상하는 중국이 미국과는 물론 이웃나라들과도 안보 경쟁 관계에 빠져들지 않도록 할 것이라 믿는다. 또 다른 주장은 우리가 익히 잘 알고 있는 경제적 상호의존에 관한 자유주의 경제학 이론에 근거한 것이다. 특히 동아시아의 주요국가들 — 미국과는 물론 — 과 경제적으로 의존 관계에 있기 때문에, 이들은 자신들에게 그토록 중요한 번영을 위협하는 전쟁을 벌이지는 않을 것이라는 말이다. 그러나 자세히 살펴볼 경우 이 두 가지 이론 모두는 앞으로 다가올지도 모를 아시아의 문제들을 회피할 수 있는 근거를 제시하지 못하고 있다.

■ 유교적 평화주의 (Confucian Pacifism)

중국이 평화적으로 부상할 수 있다는 특히 인기 있는 주장은 중국이 유교문화에 깊이 침잠해 있는 나라라는 점이다. 이들은 유교는 도덕적인 미덕과 조화를 함양시킬 뿐 아니라 이웃나라들에게 공격적으로 행동하는 것도 배제하도록 가르친다고 말한다. 대신에 유교는 자신을 방어하는 것을 강조한다고 한다. 그래서 중국은 역사적으로 유교가 가르치는 바를 따라 행동했고, 유럽의 강대국과 일본, 미국 등 패권을 추구하기 위해 공격적 전쟁을 개시했던, 현실주의의 가르침대로 행동하는 강대국들과는 다르게 행동했다고 주장한다. 중국은 다른 강대국들과는 달리 이웃나라들을 점잖게 대했다는 것이다. 즉 중국은 공격적인 태도를 보이지 않았고 "패권적 권위"를 추구하는 대신 "인간적인 권위"를 추구했다는 것이다.[66]

이 같은 관점은 중국의 학자들은 물론 정책결정자들에 의해서도 광범한 지지를 받고 있다. 다수의 중국학자들은 이 이론을 좋아하는데, 왜냐하면 그들은 이 이론을 기존의 중요한 국제정치학 이론의 대안이론이 될 수 있다고 보기 때문이다. 기존의 이론은 유럽 중심적이며 그래서 중국의 예외적인 문화를 인식하지 못한다는 것이다. 유교주의는 분명히 중국 중심적 이론이다. 예로서 신리Xin Li와 버너 웜Verner Worm은 "중국의 문화는 군사력보다는 도덕의 힘을 요구하며, 패권적 지배보다는 왕의 지배, 그리고 덕에 의한 설득을 강조한다."고 말했다.[67] 아마도 서방에 제일 잘 알려진 중국의 국제정치 이론가인 옌쉐통은 "중국의 부상은 세계를 더욱 문명화된 것으로 만들 것이다. … 유교주의의 핵심은 '자비'(benevolence)다. … 이 개념은 중국의 통치자들로 하여금 패권적 통치보다는 … 자비로운 통치를 추구하게 했다. … 중국인들의 '자비심'이라는 개념은 국제적인 규범에 영향을 미칠 것이며 국제사회를 더욱 문명 사회로 만들 것이다."[68] 고 말했다.

중국의 정책결정자들도 유사한 논리를 제시한다. 예로서 전 총리 웬지

아바오는 2003년 하바드 대학의 연설에서 "평화를 사랑한다는 것은 시간을 초월하는 중국인의 성질"이라고 말했다. 일 년 뒤 후진타오도 "고대 이래로 중국은 이웃나라들을 신실, 자비, 친절, 신뢰로 대해온 전통을 가지고 있다"고 선언했다.[69] 이 같은 언급들이 분명하게 의미하는 바는 중국은 다른 강대국들과는 달리 세계의 무대에서 모범적인 시민으로서 행동해왔다는 것이다.

그러나 이 유교적 이론에는 두 가지 문제가 있다. 첫째, 이 이론은 중국의 엘리트들이 실제로 그들의 오랜 역사동안 국제정치에 대해 어떻게 말하고 생각했는지를 반영하지 않고 있다. 다른 말로 하자면, 유교 이론은 수세기 동안 전해져 내려온 중국의 전략문화를 정확하게 묘사하지 않고 있다는 것이다. 더욱 중요한 것은 중국이 오랫동안 유교가 가르치는 바에 따라 행동했다는 역사적 증거가 없다는 점이다. 그와는 반대로 중국은 다른 강대국들과 똑같이 행동했다. 즉 중국은 이웃나라들에 대해 공격적이며 잔인한 행동을 했던 풍부한 역사를 가지고 있는 것이다.

물론 2000년이 넘는 중국의 문화 속에 유교의 가르침이 심오한 영향을 미쳤다는 사실을 부인할 수 없다. 그러나 알라스테어 이안 죤스톤Alastair Ian Johnston이 지적하는 바처럼 국제정치에 관한 중국인의 더 중요한 두 번째이며 더 강력한 생각의 가닥이 존재한다. 죤스톤은 이를 "전쟁 대비 패러다임"(parabellum paradigm)이라고 부르는데, 이는 "안보관련 분쟁을 해결하는 데 있어 순수한 폭력에 대단히 높은 가치를 두는 것"[70]이라고 설명했다. 그는 이 패러다임은 "중국의 행동을 예측하는 데 있어 단순한 구조주의적 현실주의가 예측하는 바와 별로 다르지 않은 예측을 하게 한다"고 강조한다. 그래서 죤스톤은 "전쟁 대비 패러다임"과 그의 저서 제목인 "문화적 현실주의"(cultural realism)를 상호 혼용하고 있는 것이다. 중요한 것은 유교주의와 문화적 현실주의는 "중국의 전략사상에서 서로 동떨어진 것이 아니며 동등한 지위를 차지하고 있다. 실제로 중국의 역사 속에서 대부분의 경우 더 우위를 점했던 것은 전쟁준비 패러다임이었다."

[71]라는 게 죤스톤의 주장이다.

이제까지의 논의는 유교주의는 본질적으로 평화주의적이며 어떤 이유로도 전쟁을 시작하지 않는다고 가정하고 있다. 그러나 이러한 가정은 옳지 않다. 얀셰통 교수가 분명히 하고 있는 것과 같이 유교의 가르침은 도덕을 높은 자리에 위치시키고 있지만 국가정책 수단으로서 전쟁을 완전히 배제하고 있지는 않다. 실제로 유교는 중국으로 하여금 다른 나라들이 중국의 지도자가 보기에 비도덕적인 행동을 할 경우 이를 벌주기 위한 정의의 전쟁을 치러야 할 것을 강요하고 있다. 얀 교수는 "일부 사람들은 공자와 맹자는 '전쟁을 하지 않아야만 한다'고 주장하고 모든 전쟁을 반대하는 것으로 알고 있다. 실제로 그들은 모든 전쟁을 반대한 것은 아니다. 오직 정의롭지 못한 전쟁만을 반대한 것이다."[72] 얀 교수는 더 나아가 "공자는 자비심과 정의의 규범에만 호소하는 것은 충분치 않다고 생각했다. 그렇기 때문에 공자는 자비심과 정의에 어긋나는 군주를 벌하기 위해 전쟁이라는 수단이 채용되어야 한다고 생각했다."[73]고 말한다.

물론 이런 식으로 전쟁을 정당화시키는 것은 너무나 쉬운 일이다. 국제정치학도 대부분이 알고 있는 바처럼 어떤 정책결정자들 혹은 정치 지도자들도 경쟁국가의 행동을 정의롭지 못하다거나 도덕적으로 잘못된 일이라고 정의하는 데 능란한 기술을 가지고 있다. 그렇기 때문에 공자의 논리는 방어적인 행동은 물론이거니와 공격적인 행동도 정당화시킬 수 있다. 미국의 자유주의와 마찬가지로 유교의 가르침은 중국의 지도자들로 하여금 쉽게, 말은 이상주의처럼 하면서도 행동은 현실주의자처럼 할 수 있도록 해준다.[74]

중국의 오랜 역사는 중국은 가능할 때면 언제라도 이웃나라들에 대해 공격적으로 행동했음을 증명할 수 있는 풍부한 사례들을 가지고 있다. 기원전 2세기 이래 중국의 외교정책을 연구한 워렌 코헨Warren Cohen은 "자신들의 제국을 건설하는 데 있어서 중국인들은 유럽인, 일본인, 미국인들이 그들의 제국을 건설할 때보다 결코 덜 교만하거나 덜 잔인하지 않았다."[75] 그는 "역사적으로 보았을 때 막강한 중국은 약한 이웃을 격파했으며, 미래에 중국이 다른 강대국들이 과거에 그랬던 것보다 더 낫게 행동하리라고 기대할 수 있는 근거는 없다."[76] 정치학자 빅토리아 틴-보르 후이Victoria Tin-bor Hui는 오랜 기간에 걸친 중국 외교정책을 살펴볼 경우, 우리가 발견할 수 있는 가장 중요한 사실은 "'인본주의적인 권위'보다는 처절한 힘이 더욱 중시되었다"는 점이라고 말한다.[77] 그녀는 "유교주의적인 관점에서만 본다면 중국의 역사에 군사 분쟁이 그토록 만연되어 있다는 사실을 이해하기 어렵다."고 기록하고 있다.[78]

많은 다른 학자들도 유사한 견해를 제시한다. 예로서 유안-캉 왕Yuan-Kang Wang은 "유교적 문화는 중국이 무력을 사용하는 것을 제한하지 못했다. 중국은 여러 세기 동안 현실주의 국제정치를 실행했던 나라로서 세계사의 다른 강대국들이 해왔던 것과 똑같이 행동했던 나라다. … 중국의 지도자들은 외부로부터 오는 중국에 대한 안보 위협을 무력으로 해결하는 것을 선호했으며, 국가의 힘이 부상할 경우 더욱 공격적인 태세를 취했다. 그들은 체제적 혹은 군사적 제약이 없을 경우 보다 공격적 목표를 가지는 전쟁을 도발했다."[79]고 말한다. 마지막으로 역사학자 한스 J. 밴드 벤Hans J. van de Ven은 "중국의 역사에 대해 약간의 관심을 가진 사람이라면 누구나 지난 수 세기 동안 중국의 전쟁 수행 능력은 진정 대단한 것이었다는 사실을 알 수 있을 것이다. … 중국의 역사가 유럽 못지 않은 폭력의 역사였다는 사실은 있는 그대로의 일이다."[80]

혹자는 중국은 과거에 유교의 가르침에 대해 말만 앞세운 측면이 있지만 최근에 새로운 깨달음을 얻었으며 이제는 세력균형의 논리를 거부하고 평화적인 세계관을 채택하고 있다고 주장할지도 모른다. 그러나 이 같은 변화가 있었는지를 증명할 수 있는 근거는 희박하다. 실제로 중국을 연구하는 전문가들에게 있어 중국에 현실주의가 생생하게 존재하고 있다는 사실은 이상한 일이 아니다. 예로서 토마스 크리스텐센Thomas Christensen은 "냉전이 끝난 이후의 시대에서 중국은 현실주의의 대표적인 표상으로 보여질 수 있을 것이다."고 말했으며 에이버리 골드스타인Avery Goldstein은 "현재 중국의 지도자들은 제국 중국의 선배 지도자들을 좋아하며 그들의 현실주의 정치를 높게 사주고 있다."[81]고 말했다.

요약하자면, 중국은 일반적인 강대국들과는 예외적으로, 현실주의 논리를 폐기하는 대신 유교주의적 평화주의 원칙에 따라 행동하는 나라라고 말할 수 있는 별 근거가 없다. 가용한 거의 모든 증거들은 중국의 역사는 자신의 상대적인 힘을 증강시키려는 노력의 역사였다는 사실을 확인해 준다. 더욱이 미래의 중국은 다르게 행동할 것이라고 생각할 수 있는 어떤 이유도 없다.

■ 돈을 법시다, 전쟁은 하지 말고(Make Money, Not War)

중국의 부상이 평화적으로 이루어질 수 있다는 주장에서 가장 흔히 들을 수 있는 근거는 경제적 상호의존이론에 의거하는 것이다. 이 관점은 두 가지 요인으로 구성된다. 첫 번째는 중국의 경제는 잠재적인 경쟁국인 미국 및 일본의 경제와 도무지 떼어낼 수 없을 정도로 깊게 연계되어 있다는 점이다. 이 같은 연계는 중국뿐만 아니라 중국과 무역 거래를 하는 나라들이 서로 상대방에게 번영을 의존하고 있으며 또한 그 번영은 그들 사이의 평화적인 관계에 의거하고 있다고 말해진다. 이들 사이의 전쟁은 전쟁 당사국 모두들에게 재앙적인 경제적 결과를 불러일으킬 것이라고 보는 것이다. 이는 마치 경제적인 차원의 상호확실파괴(Mutual Assured Destruction)에 해당하는 일이 될 것이다.[82]

둘째, 번영은 현대국가들의 가장 중요한 목표라는 점이다. 오늘날 국민들은 자신들의 지도자들이 경제성장을 이룩해 주기를 원하며, 지도자들이 경제성장을 이룩하지 못할 경우 자리에서 축출당하고 말 것이다. 어떤 경우에는 국내정치가 심각하게 위태로워질 수 있으며 정권 그 자체가 위기에 당면하게 될 수도 있다. 국민들을 부유하게 만들어야 한다는 사명은 합리적인 지도자라면 그 누구도 전쟁을 시작할 수 없을 것임을 말해 준다. 실제로 국가들 사이의 안보 경쟁도 온건한 것이 될 가능성이 높은데, 이는 지도자들이 자기나라의 부(富)를 극대화시키는 데 노력을 집중할 뿐만 아니라, 국가들 사이의 심각한 경쟁은 의도하지 않았던 전쟁으로 확대될 위험이 있기 때문이다. 한마디로 말해서, 경제적 상호의존도가 높은 나라들의 세상에서 지도자들은 전쟁을 피하기 위해 심각한 노력을 기울일 것이라는 것이다. 지도자들이 그렇게 하는 것은 전쟁이 나라의 번영을 종식시킬 뿐만 아니라 자신들의 정치적 경력도 종식시키게 될 것이라는 두려움 때문이다.

경제적인 상호의존이 평화를 조성하는 데 아무런 의미가 없다고 말하는 것은 올바르지 못한 일이다. 지도자들은 모두 자기 나라의 번영에 대해 심각하게 고민하며, 그래서 이는 특정 상황에서 전쟁으로 확대될지도 모를 열정을 완화시키는 요인이 될 수 있다. 그러나 기본적인 질문은, 이같은 계산법이 과연 대부분의 상황에서 정책결정자들의 행동에 결정적인 영향을 미칠 수 있는 것인가의 여부다. 다른 말로, 경제적인 상호의존 관계는 중국과 중국의 잠재적인 경쟁국들이 앞으로도 오랫동안 평화를 유지할 수 있게 하는 강력한 근거가 되느냐는 것이다. 나는 중국이 더욱 강력해지는 상황에서 상호 번영에 대한 관심이 아시아에서 평화를 유지시킬 것이라는 믿음에 대해 회의적일 수 밖에 없는 좋은 이유들을 가지고 있다.

가장 기초적인 관점은, 정치적인 계산은 경제적인 계산과 상충할 경우 경제적인 계산을 압도한다는 점이다. 이것은 분명 국가안보의 문제에 관한 것일 때 사실이다. 국가안보의 영역은 언제라도 생존의 문제가 걸려있는 곳이며, 생존의 문제는 번영보다 훨씬 더 중요한 것이기 때문이다. 이미 강조한 바처럼, 생존하지 못한다면 번영할 수도 없다. 1914년 이전 유럽의 강대국들 사이에서도 경제적인 상호의존과 번영은 대단히 중요한 사안이었다는 사실을 지적하는 것이 좋을 것 같다. 그럼에도 불구하고 제

1차 세계대전이 발발했던 것이다. 1차 세계대전을 야기한 가장 큰 책임을 져야 할 독일은 러시아가 더 이상 막강해지는 것을 막아야겠다고 생각했으며 동시에 자신은 유럽의 패권국이 되어야 하겠다고 생각했다. 이 중요한 사례에서 정치는 경제를 압도했었다.

민족주의가 당면 이슈에 영향을 미치는 경우, 정치가 경제 문제를 압도하는 경향이 있다. 대만에 대한 중국정부의 입장을 생각해 보자. 중국의 지도자들은 만약 대만이 독립을 선언할 경우, 비록 그것이 중국의 경제에 해를 입히는 일일지라도, 전쟁을 감수할 것이라는 사실을 강조해 왔다. 물론 중국의 대만에 대한 관점에는 민족주의적인 요소가 가장 크게 자리잡고 있다. 대만 섬은 중국의 신성한 영토라고 인식하는 것이다. 우리는 또한 역사는 끊임없는 내란으로 점철되어 있다는 사실을 알고 있으며, 내란이 발발하기 전 양측의 전투원들은 모두 심각한 경제적 상호의존 관계에 있었다는 사실을 알고 있다. 궁극적으로 정치적인 계산법이 더 큰 영향을 미쳤던 것이다.

중국이 막강한 나라로 부상하는 상황에 당면해도 경제적인 상호의존은 아시아의 평화를 유지하는 조건이 되리라는 이론을 의심할 수 있는 3가지 이유가 더 있다.

먼저 이 이론은 번영이 끊임없이 지속될 수 있다는 가정에 의거하는데, 국가들 사이에 무역 전쟁이 없으리라는 보장도 없고 중요한 경제위기가 발생하지 말라는 보장도 없다는 사실은 이 가정을 부정하는 것이다.[83] 일례로서 현재 진행 중인 유로화의 위기가 다수의 유럽 국가들에게 얼마나 큰 경제적 피해를 입히는지를 고려해 보라. 그러나 세계적인 차원에서 심각한 경제적 불황이 없을 경우에도 한 특정 국가는 심각한 경제문제에 봉착하는 경우가 있을 수 있다. 그 나라는 전쟁을 한다 해도 경제적으로 더이상 잃을 것이 없는 처지에 이를 수 있으며, 심지어 전쟁을 통해서 무엇인가를 얻을 수도 있다고 생각할 수도 있다. 1990년 8월 이라크가 쿠웨이트를 침공한 가장 중요한 이유는 — 그 두 나라가 밀접한 경제 관계에 있었음에도 불구하고 — 쿠웨이트가 OPEC가 정한 생산량을 초과하는 양의 석유를 생산함으로써 이라크의 이익을 박탈했고, 이라크가 이를 감내할 수 없는 처지에 이르렀기 때문이었다.

경제적 상호의존 이론을 의심할 수 있는 또 다른 근거는, 국가들은 때로는 전쟁에 승리할 경우 경제적, 전략적 이익을 얻을 수 있다는 기대에서 전쟁을 시작하기도 한다는 점이다. 즉 경제적 상호의존 관계가 훼손됨으로써 입게 될 손해보다 전쟁의 승리로 인해 기대되는 이익이 더 크다고 생각하면 전쟁을 할 수도 있는 것이다. 예로서 남중국해 해저에는 엄청난 자원이 매장되어 있다고 믿어진다. 그러나 중국과 중국의 이웃나라들은 누가 남중국해의 넓은 수역을 통제할 것이냐에 대해 견해가 일치하지 않는다(〈지도 10-2〉를 보라). 비록 가능한 일은 아닐지 모르지만 더욱 막강해진 중국이 군사력을 이용, 남중국해 전역을 통제하고, 중국의 경제발전을 위해 남중국해의 자원을 독점적으로 사용하는 경우를 상상해 볼 수 있을 것이다.

경제적으로 상호의존 관계에 있는 나라들은 평화를 유지할 수 있다는 이론에 대한 마지막 의문은 경제적으로 상호의존되어 있는 나라들이 심각한 경제적 피해를 회피하면서 전쟁을 벌일 수 있다는 점이다. 어떤 나라는 처음에 특정 경쟁 국가를 표적으로 삼아 영리한 군사전략을 수립, 신속하고 결정적인 승리를 이룩할 수 있을 것이다. 사실 모든 국가들은, 비록 항상 기대했던 바가 이루어진 것은 아니지만, 자신들이 신속한 승리를 할 수 있다고 생각하고 전쟁을 개시하는 것이다.[84] 단 하나의 적대국과 신속한 싸움을 벌여 승리를 거머쥘 수 있다면 그 같은 전쟁의 경제적인 피해는 생각보다 심각하지 않을 수 있기 때문이다.[85]

전쟁의 경제적 대가는 어떤 나라가 여러 나라들과 장기전을 벌이는 경우 가장 심각해지기 마련이다. 제1차 세계대전 및 제2차 세계대전이 그런 경우였다. 그러나 지도자들은 그런 결과를 기대하고 전쟁을 한 것이 아니라 그런 결과를 피하기 위해 전쟁을 개시했던 것이다. 더 나아가, 앞에서 이미 논의했던 것처럼, 핵무기의 존재는 중국으로 하여금 2차 세계대전과 같은 대규모 전쟁을 도발할 가능성을 거의 없게 만들 것이다. 실제로 향후 아시아에서 전쟁이 발생한다면 그 전쟁들은 목적과 수단에서 제한적인 전쟁이 될 수밖에 없을 것이다. 이 같은 환경에서 전쟁에 소요되는 경제적 비용은 제한적일 것이며, 전쟁 당사국들의 번영에 심각한 위협이 되지 않을 것이다. 중국이 남중국해의 지배권을 확보하게 해 줄 수 있는 작은 전쟁에서 승리하는 경우 그것은 오히려 국가의 번영에 도움을 줄 수도 있을 것이다.

게다가 서로 전쟁을 벌이고 있는 나라들일 경우라도 경제적인 거래를 중단하지 않았다는 풍부한 증거들이 있다. 국가들은 전쟁 중에 적국과도 무역을 중단하지 않는데 왜냐하면 그렇게 하는 것이 자신들에게 유리하다고 생각했기 때문이다. 이 주제에 관한 두 명의 최고 전문가들인 잭 리비Jack Levy와 캐서린 바비에리Katherine Barbieri 교수는 "전쟁 중에 있는 나라들이 빈번하게 상호간 무역 거래를 하고 있다는 사실은, 전쟁은 체계적으로 그리고 심각하게 전쟁하는 당사국들의 무역거래를 망친다는 우리가 상식적으로 알고 있었던 지식과 분명하게 배치된다."고 말했다. 이들은 또 "전쟁 중인 국가간의 무역거래는 그 전쟁이 제한적인 전쟁일 경우는 물론, 국가의 독립을 위한 혹은 지구의 패권을 장악하기 위한 전면 전쟁일 경우에도 나타난다."고 말했다.[86] 요약하자면 국가들은 자신의 번영이 위협당하지 않은 채로 경제적으로 상호의존 관계에 있는 경쟁자와도 전쟁을 치를 수 있는 것이다.

이 모든 이유들은 아시아 국가들간의 경제적 상호의존 관계라는 확고한 기반 덕분에 아시아에서는 앞으로 수십 년 동안 평화가 유지될 수 있다는 주장의 신뢰성을 의심하게 만든다. 물론 경제적 상호의존 관계가 특정한 상황에서 전쟁의 발발을 막는 요인이 될 수도 있다는 것을 부정하는 것은 아니다.

결론

중국이 지속적으로 부상하는 경우 어떻게 될 것이냐에 관해서 내가 그린 그림은 아름답지는 못하다. 실제로는 전적으로 암울하다. 나는 아시아의 평화에 대해 희망적인 말을 하고 싶다. 그러나 현실은 그렇지 않다. 국제정치는 위험한 영역(dangerous business)이며 선의(善意)가 아무리 많더라도 패권국이 되려는 의지를 가진 나라가 출현하는 경우, 그곳이 유럽이던 아시아이던 심각한 안보 경쟁을 완화시킬 도리가 없는 것이다. 중국이 궁극적으로 아시아 지역에서 패권국의 지위를 추구할 것이라 생각할 수 있는 근거는 충분하다.

그러나 우리를 둘러싸고 있는 정말 복잡한 세상을 이해하는 데 사회과학 이론들이 큰 도움이 되는 것을 인정한다고 할지라도 그 이론들은 아직도 정교하게 발달된 도구는 아니다. 우리가 가진 최고의 이론들일 경우에도 과거를 설명하고 미래를 예측하는 데에는 한계가 있을 것이다. 모든 이론들은 자신이 예측하는 것과 상반되는 사례에 당면할 수 있을 것이다. 나는 우울한 그림을 그렸지만 중국이 더욱 막강해질 경우, 그 실제 결과가 나의 이론과 상치되고 나의 예측이 틀렸다고 증명해 주기를 희망한다.

| NOTES |

개정판 저자 서문

1. "세계 속에서의 미국의 이미지는 중국보다 더 긍정적인 것으로 밝혀졌다. 그러나 다수의 사람들이 중국이 세계의 지도국가가 될 것이라고 믿는다." "America's Global Image Remains More Positive than China's: But Many See China Becoming World's Leading Power," Pew Research Global Attitudes Project, Washington DC, July 18, 2013.
2. 이 논쟁의 원문을 편집한 글을 보려면 Zbigniew Brzezinski and John J. Mearsheimer, "*Clash of the Titans*," Foreign Policy, No. 146 (January-February 2005), pp. 46-49를 보라.

1판 저자 서문

1. C. Wright Mills, *The Sociological Imagination* (N.Y.: Oxford Univ. Press, 1959), p. 221.

1장 서론

1. "영구평화"라는 용어는 임마누엘 칸트에 의해 유명하게 되었다. Hans Reiss(편), *Kant's Political Writings*, H.B.Nisbet 역 (Cambridge: Cambridge Univ. Press, 1970), pp. 93-230에 있는 칸트의 'Perpetual Peace'를 참고하라. 또한 다음의 책들을 보라. John Mueller, *Retreat from Doomsday: The Obsolescence of Major War* (New York: Basic Books, 1989); Michael Mendelbaum, "Is Major War Obsolete?," *Survival* 40, No.4. (Winter 1998-1999), pp. 20-38; Francis Fukuyama, "The End of History?," *The National Interest*, No.16 (Summer, 1989), pp. 3-18. 이 논문은 Francis Fukuyama, *The End of History and the Last Man*(New York: Free Press, 1992)의 기초가 되었다.
2. Charles L. Glaser, "Realist as Optimist: Cooperation as Self-Help," *International Security* 19, No.3. (Winter 1994-1995), pp. 50-90.
3. 세력균형이란 다양한 의미를 가지는 개념이다. Inis L. Claude, Jr., *Power and International Relations* (New York: Random House, 1962), 제2장; Ernst B. Haas, "The Balance of Power: Prescription, Concept, or Propaganda?" *World Politics* 5, No.4 (July 1953), pp. 442-77을 보라. 나는 '세력균형'을 체제에 속하는 강대국들간에 형성된 실질적인 군사적 자산(military assets)의 배분상황을 의미하는 용어로 사용한다.
4. Lothar Gall, Bismarck: *The White Revolutionary*, vol.1, 1851-1871, trans. J.A.Underwood (London: Unwin Hyman, 1986), p. 59에서 재인용했음.
5. 그렇지만 이 이론들은 차이는 있겠지만 약소국들의 행동을 설명하는 데도 타당할 것이

다. 케네스 월츠 교수는 "국제정치학의 일반이론은, 강대국들의 무관심 때문이든 혹은 소통과 교통상의 문제 때문이든 강대국들이 개입되지 않는다면, 약소국들의 상호작용에도 그대로 적용될 수 있다"고 잘 지적하였다. Waltz, *Theory of International Politics* (Reading, MA: Addison Wesley, 1979), p. 73.

6. 강대국에 관한 다른 정의는 Jack S. Levy, *War in the Modern Great Power System 1495-1973* (Lexington: Univ. Press of Kentucky, 1983), pp. 10-19를 보라.

7. 1792년부터 1990년에 이르는 기간 동안 어떤 나라가 강대국이냐에 관해 학자들간에 이견은 별로 없다. Levy, War, 제2장과 J. David Singer and Melvin Small, *The Wages of War, 1816-1965: A Statistical Handbook* (New York: Wiley, 1972), p. 23을 보라. 나의 강대국에 관한 정의와 대체로 일치하기 때문에 나는 강대국에 관한 일반적 학설을 따르려 하며 각각의 잠재적인 강대국들을 "사례별로, 개별적으로 다룬다는 것은 시간과 자원의 측면에서 무리라고 생각한다. 그리고 결국 그렇게 할 경우라도 결과에서 별로 차이가 나지는 않을 것이라 생각한다." Levy, War, p. 26. 러시아(1917년부터 1991년까지는 소련)만이 내가 다루려는 시기 전 기간 동안 강대국으로 간주되는 나라였다. 영국과 독일(1870년 이전에는 프러시아)은 1792년부터 1945년까지 강대국이었고 프랑스는 1792년부터 1940년 나치 독일에 의해 공격을 받아 패망하고 점령당할 때까지 강대국이었다. 일부 학자들은 1945년 이후의 영국, 프랑스, 독일을 강대국의 범주에 포함시키며 훨씬 강력한 미국과 소련은 초강대국으로 분류하기도 한다. 나는 이 명칭이 유용하다고 생각하지 않는다. 나도 때때로 미국과 소련을 초강대국이라고 말하지만 미국과 소련은 냉전의 국제체제 속의 강대국이었으며 영국, 프랑스, 독일(중국과 일본도 물론)은 강대국으로 간주되기에는 군사적 능력이 결여되어 있었다. 이탈리아의 경우 1861년부터 2차 세계대전 중 몰락한 1943년까지 강대국으로 간주했다. 오스트리아-헝가리는(1867년 이전은 오스트리아) 1792년부터 와해된 1918년까지 강대국이었다. 일본은 1895년부터 1945년에 이르는 기간 동안의 강대국으로 간주했다. 미국은 보통 1898년 이후부터 강대국의 범주에 들어간다. 1991년부터 2000년에 이르는 기간 중 중국(중국은 1991년 이후부터 강대국의 범주에 넣었다), 러시아, 미국을 강대국의 범주에 넣었는데 그 이유는 제10장에서 설명될 것이다.

8. Stephen Van Evara, *Causes of War: Power and the Roots of Conflict* (Ithaca, NY: Cornell Univ. Press, 1999), p. 2에서 재인용.

9. William J. Clinton, "Commencement Address," United States Military Academy, West Point, NY, May 31, 1997. 또한 *A National Security Strategy of Engagement and Enlargement* (Washington, DC: The White House, February 1996)를 참고할 것.

10. Strobe Talbott, "Why NATO Should Grow," *New York Review of Books,* August 10, 1995, pp. 27-28. 또한 Strobe Talbott, "Democracy and the National Interest," *Foreign Affairs* 75, No.6 (November-December 1996), pp. 47-63을 참고할 것.

11. Madeleine Albright, "A Presidential Tribute to Gerald Ford," Ford Museum Auditorium에서의 연설, Grand Rapids, MI, April 16, 1997. 또한 Madeleine Albright, "Commencement Address," Harvard Univ., Cambridge, MA, June 5, 1997을 보라. 또한 Richard Holbrooke, "America, A European Power," *Foreign Affairs* 74, No.2 (March-April 1995), pp. 38-51을 참고할 것.

12. 좋은 이론을 구성하는 요소는 무엇인가에 관해서는 Stephen Van Evara, *Guide to Methods for Students of Political Science* (Ithaca, NY: Cornell Univ. Press, 1997), pp.

17-21을 참고할 것.

13. 이 주제에 관한 가장 중요한 저술은 Marc Trachtenberg, *A Constructed Peace: The making of European Settlement, 1945-1963* (Princeton, N.J.: Princeton Univ. Press, 1999)

14. 비록 북대서양조약기구(NATO)는 바르샤바조약기구에 대해 냉전의 전 기간 동안 방어적 태세를 취했지만 사무엘 헌팅턴 교수는 북대서양조약기구가 공세적 태세를 취해야 한다는 논문을 발표하여 안보를 연구하는 사람들 사이에 심각한 논쟁을 불러일으킨 적이 있었다. Samuel p. Huntington, "Conventional Deterrence and Conventional Retaliation in Europe," *International Security 8.* No.3 (Winter 1983-1984), pp. 32-56 을 보라.

15. 이 관점은 Michael W. Doyle, *Ways of War and Peace: Realism, Liberalism and Socialism*(New York: Norton, 1997); Brian C. Schmidt, *The Political Discourse of Anarchy: A Disciplinary History of International Relations* (Albany: State Univ. of New York Press, 1988) 등에서 명백하게 제시되었다.

16. E.H. Carr, *The Twenty Year's Crisis, 1919-1939: An Introduction to the Study of International Relations,* 2d ed.(London: Macmillan, 1962, 1판은 1939년에 출판되었다); Hans J. Morgenthau, *Politics among Nations: The Struggle for Power and Peace.* 5th ed. (New York: Knopf, 1973; 1판은 1948년에 출간되었다); Waltz, *Theory of International Politics.* 역자 주:이 세 권의 책은 모두 한국어로 번역되었다. 김태현(역), 이호재(역).

17. Carr, *Twenty Year's Crisis,* 제4장; Kenneth N. Waltz, "The Myth of National Interdependence," in Charles p. Kindleberger, ed., *The International Corporation* (Cambridge, MA: MIT Press, 1970), pp. 205-223; Waltz, *Theory of International Politics,* 제7장.

18. Morgenthau, *Politics among Nations,* 제14, 21장; Kenneth N. Waltz, "The Stability of a Bipolar World," *Daedalus 93,* No.3 (Summer 1964), pp. 881-909.

19. 이 차이점들에 관한 다른 증거들을 보려면, *Security Studies 5,* No.2 (Winter 1995-96, "Root of Realism" 관련 특별호를 보라. ed. Benjamin Frankel); *Security Studies 5,* No.3 (Spring 1996, "Realism: Restatement and Renewal," 특집 ed. Benjamin Frankel).

20. H.H. Hinsley, *Power and Pursuit of Peace: Theory and Practice of in the History of Relations between States* (Cambridge: Cambridge Univ. Press, 1976), pt. I; Torbjorn L. Knutsen, *A History of International Relations Theory: An Introduction* (New York: Manchester Univ. Press, 1992), 제5장; F. Parkinson, *The Philosophy of International Relations: A Study in the History of Thought* (Beverly Hills, CA: Sage Publications, 1977), 제4장.

21. Andrew Moravcsik, "Taking Preference Seriously: A Liberal Theory of International Politics," *International Organization 51,* No.4 (Autumn 1997), pp. 513-53.

22. Michael Howard, *War and the Liberal Conscience* (New Brunswick, NJ: Rutgers Univ. Press, 1978).

23. Norman Angell, *The Great Illusion: A Study of the Relations of Military Power in Nations to Their Economics and Social Advantage,* 3rd. rev. ed. enl. ed.(New York:

G.p. Putnum's 1912); Thomas L. Friedman, *The Lexus and the Olive Tree: Understanding Globalization* (New York: Farrar, Straus and Giroux, 1999); Edward D. Mansfeild, *Power, Trade and War* (Princeton, N.J.: Princeton Univ. Press, 1994); Susan M. MacMillan, "Interdependence and Conflict," *Mershon International Studies Review* 41, Suppl. 1. (May 1977), pp. 33-58; Richard Rosecrance, *The Rise of the Trading State: Commerce and Conquest in the Modern World* (New York: Basic Books, 1986).

24. 민주적 평화론에 관한 주요 저술들은 다음과 같다. Michael E. Brown, Sean M. Lynn-Jones, and Steven E. Miller, eds., *Debating the Democratic Peace* (Cambridge, MA: MIT Press, 1996), 제I, III부; Michael Doyle, "Liberalism and World Politics," *American Political Science Review* 80, No.4.(December 1986), pp. 1151-69; Fukuyama, "End of History?"; John M. Owen IV, *Liberal Peace Liberal War: American Politics and International Security* (Ithaca, NY: Cornell Univ. Press, 1997); James L. Ray, *Democracy and International Conflict: An Evaluation of the Democratic Peace Proposition* (Columbia: University of South Carolina Press, 1995); Bruce Russett, *Grasping the Democratic Peace: Principles of a Post-Cold War World* (Princeton, NJ.: Princeton University Press, 1993). 일부 학자들은 상대방의 정치체제 유형에 관계없이 민주 국가들은 비민주 국가보다 상대방에 대해 보다 평화적이라고 주장한다. 그러나 이 같은 전제는 증거가 빈약하다. 민주주의의 평화적 효과는 민주 국가들 간의 관계에 제한된다는 강력한 증거가 있다.

25. David Baldwin, ed., *Neorealism and Neoliberalism: The Contemporary Debate* (N. Y.: Columbia Univ. Press, 1993); Robert O. Keohane, *After Hegemony: Cooperation and Discord in the World Political Economy* (Princeton, NJ: Princeton Univ. Press, 1984); *International Organization* 36, No.2 (Spring 1982, "International Regime" 관련 특집, ed. Stephen D. Krasner); Lisa L. Martin and Beth A. Simmons, "Theories and Empirical Studies of International Institutions," *International Organization* 52, No.4 (Autumn 1998), pp. 729-57; John G. Ruggie, *Constructing the World Politics: Essays on International Institutionalization* (New York: Routledge, 1998), 제8-10 장. 레짐(regime)과 국제법(international law)이라는 용어는 제도(institution)와 동의어이다. 이 모든 것들은 국가들이 상호간에 합의한 것이기 때문이다.

26. Carr, *Twenty Years' Crisis,* p. 10.

27. 현실주의자들은 국제체제가 강대국의 대외행위에 별 차이가 없게 만든다고 믿고 있지만 강대국들이 자국 국민들을 대하는 태도에는 큰 차이가 있을 수 있다는 점을 인식하고 있다. 예를 들어 냉전기간 동안 미국과 소련은 상대방을 향해 비슷한 대외정책을 전개했지만 두 초강대국의 지도자들이 자국 국민을 향해서는 본질적으로 상이한 정책을 펼쳤다는 사실에 의문의 여지는 없다. 그러므로 어느 나라의 국내정치를 평가할 경우 그 나라가 선하냐 악하냐를 더 용이하게 구분할 수 있을 것이다. 그러나 이 구분은 국제정치의 영역에서는 이야기해 주는 바가 별로 없다.

28. 두 번째 믿음에 관한 한 모겐소는 예외적이다. 다른 현실주의자들과 마찬가지로 그는 선한 나라, 악한 나라를 구분하지 않았고 국가의 외부환경이 국가의 행동을 결정함이 분명하다고 인식했다. 그러나 권력의 욕구(desire for power) — 모겐소는 이를 국가행위의 이면에 있는 중요한 동인으로 보았는데 — 란 국가의 내적 속성이라고 생각했다.

29. Carl Von Clausewitz, *On War*, trans. and ed. Michael Howard and Peter Paret (Princeton: Princeton Univ. Press, 1976), 특히 제1, 8권을 보라. 또한 Richard K. Betts, "Should Strategic Studies Survive?" *World Politics* 50, No.1 (October 1997), pp. 7-33을 보라. 특히 p. 8을 보라.; Michael I. Handel, *Masters of War: Classical Strategic Thought*, 3d ed. (London: Frank Cass, 2001)

30. 마이클 스미스는 *Realist Thought from Weber to Kissinger* (Baton Rouge: Louisiana State Univ. Press, 1986)라는 책에서 카(Carr)는 "질서있는 사회의 존속과 양립할 수 있는 권력의 행사를 가능케 하는 데 결정적으로 중요한 설명인, 왜 정치는 항상 권력을 포함하는가에 대해 설명하지 않았다. 권력을 향한 욕망은 인간에 내재한 본능인가 — 니버와 모겐소는 그렇다고 보았다 — 혹은 그것은 안보 딜레마의 결과인 것인가?"라고 지적한다.(p. 93).

31. George F. Kennan, *American Diplomacy, 1900-1950* (Chicago: Univ. of Chicago Press, 1951). 스미스는 "케난은 어느 곳에서도 국제정치에 관한 자신의 접근방법이나 정치철학 일반을 체계적으로 설명하지 않았다. 그리고 인간의 본질에 관한 교리를 추구하려 하지도 않았고 국제정치에서 반복적으로 나타나는 진리들을 준 교리적 방식으로 정리하려고도 하지 않았다"고 기술한다. Smith, *Realist Thought*, p. 166.

32. 인간본능 현실주의는 여러 가지 다양한 이유로 인해 1970년대 초반에 이르렀을 무렵 그 호소력을 잃게 되었다. 월남전이 가한 충격은 분명히 이 이론이 쇠망한 요인이었다. 군사력 추구가 불가피하다고 보는 어떤 이론도 1970년대의 대학 캠퍼스에서 인기를 얻을 수 없었다. 역설적으로 모겐소는 월남전 초기, 소리 높여 월남전을 비판했다. Hans J. Morgenthau, *Vietnam War and the United States* (Washington, DC: Public Affairs, 1965)를 보라. Bernard Johnson과 Hans Morgenthau의 인터뷰, Kenneth Thompson and Robert J. Myers, eds., *Truth and Tragedy: A Tribute to Hans J. Morgenthau* (New Brunswick, NJ: Transaction Books, 1984), pp. 382-84를 보라. 더 나아가 1971년의 브레턴우즈 체제(Bretton Woods System)의 몰락, 1973년의 오일 쇼크, 다국적 기업들의 점증하는 힘 등은 많은 이들에게 경제문제가 안보문제보다 오히려 더 중요하게 되었다고 생각하도록 했으며 현실주의, 특히 모겐소 교수의 현실주의는 국제정치경제의 질문에 대해 대답할 수 없다고 생각했다. 1970년대 초반 일부 학자들은 다국적 기업 혹은 다른 초국가적 요인들은 국가의 정체성 그 자체에 위협이 될 정도라고 말하기조차 했다. 당시 "위기에 처한 주권"(Sovereignty at Bay)이라는 말이 널리 통용되었다. 인간본질 현실주의는 본질적으로 철학적 이론이었으며 1970년대 초반 국제정치학 연구를 휩쓸었던 행태주의 혁명에서 현실주의는 밀려날 처지에 놓여 있었다. 모겐소는 현대 사회과학이론들을 대단히 혐오했지만 그는 학문적 싸움에서 수적으로 열세에 몰렸고 그의 이론은 그 정통성을 상당부분 상실하게 되었다. 모겐소의 사회과학에 관한 견해는 Hans J. Morgenthau, *Scientific Man vs. Power Politics* (Chicago: Univ. of Chicago Press, 1946)를 보라. 그러나 최근, 대단히 회귀한 인간본능 현실주의의 예는, Samuel p. Huntington, "Why International Primacy Matters," *International Security* 17, No.4. (Spring 1993), pp. 68-71을 참고할 것. 또 Bradley A. Thayer, "Bringing in Darwin: Evolutionary Theory, Realism and International Politics," *International Security* 25, No.2 (Fall 2000), pp. 124-51.

33. Morgenthau, *Politics among Nations*; Morgenthau, *Scientific Man*.비록 모겐소는 가장 유명한 인간 본질론적 현실주의자였지만 라인홀드 니버 역시 현실주의 사상의 중요

한 지적 세력이었다. Niebuhr의 *Moral Man and Immoral Society* (New York: Scribner's 1932)를 참고할 것. 프리드리히 마이네케는 모겐소가 그의 국제정치에 관한 저술들을 출판하기 시작한 1940년대 중반 훨씬 이전, 인간의 본질적 측면에서 현실주의를 주장했다. Meinecke's *Machiavellism: The Doctrine of Raison d' Etat and Its Place in Modern History, trans. Douglas Scott* (Boulder, CO: Westview, 1984)를 보라. 이 책은 1924년 독일에서 초판이 출판되었지만 영문판은 1957년에 출판되었다. 모겐소의 제자인 Kenneth W. Thompson에 의하면 독일에서 교육을 받은 모겐소는 마키아벨리즘에 대해 익숙했다. 저자와 톰슨의 대화. 1999년 8월 9일. Christoph Frei, *Hans J. Morgenthau: An Intellectual Biography* (Baton Rouge: Louisiana State University Press, 2001), pp. 207-26을 참고.

34. Morgenthau, *Scientific Man*, p. 194. 또한 Morgenthau, *Politics among Nations*, p. 208을 참고할 것.

35. Morgenthau, *Scientific Man*, p. 192. "힘을 극대화하려는 욕구는 보편적인 것"이라는 주장에도 불구하고(*Politics among Nations*, p. 208) 모겐소는 그의 저술들에서 현상유지 국가들과 현상타파 국가들을 구분했다. *Politics among Nations*, pp. 40-44, 64-73. 그러나 여기에는 심각한 문제가 있다. 만약 모든 국가들이 "끊임없는 권력에의 욕망" (*Politics among Nations*, p. 28)을 가지고 있다면 어떻게 세상에 현상유지 국가가 존재할 가능성이 있을까? 더욱이 모겐소는 권력을 향한 욕구는 인간의 본질에 내재하고 있다고 말하지만, 그는 동시에 국제정치 구조는 국가들이 공격을 추구하게 하는 강력한 동기를 창출한다고 말하고 있다. 그는 "모든 국가들은 그들의 상대방이 자신에게 피해를 입히지 않도록 끊임없이 두려워하는 세상에 살고 있기 때문에 그들의 국력이 차지하는 첫 번째 기회의 순간에, 자신의 힘을 극대화하고, 다른 나라들이 자신에게 하면 안 되는 일을 다른 나라들에게 하려는 데 사활적 국가이익을 가지고 있는 것이다.(*Politics among Nations*, p. 208). 그러나 모든 국가들이 기회가 오는 한 다른 나라들에게 손해를 주면서라도 자신의 이익을 극대화하려고 한다면 어떻게 그런 국제체제에 현상유지 국가가 존재할 수 있을까? 실제로 자극 구조(incentive structure)는 만족한 국가가 존재할 틈을 허락하지 않는다. 모겐소 교수는 이처럼 분명한 이율 배반에 대해 구체적 설명을 제시하지 않았다. 아놀드 울퍼스 역시 이 문제를 저서에서 지적하고 있다. Wolfers's *Discord and Collaboration: Essays on International Politics* (Baltimore, MD: Johns Hopkins Univ. Press, 1962), pp. 84-86.

36. 월츠의 현실주의에 관한 다른 주요 저술들은 다음과 같다. *Man, the State, and War: A Theoretical Analysis* (New York: Columbia Univ. Press, 1959); "Theory of International Relations," in Fred I. Greenstein and Nelson W. Polsby, eds., *The Handbook of Political Science*, vol.8, *International Politics* (Reading, MA:Addison-Wesley, 1975, pp. 1-85; "The Origins of War in Neorealist Theory," in Robert I. Rotberg and Theodore K. Rabb, eds., *The Origin and Prevention of Major Wars* (Cambridge: Cambridge Univ. Press, 1989), pp. 39-52; and "Reflections on *Theory of International Politics*: A Response to My Critics," in Robert Keohane, ed., *Neorealism and Its Critics* (New York: Columbia Univ. Press, 1986), pp. 322-45. 모겐소의 *Politics among Nations*와는 달리 월츠의 *Theory of International Politics* 등은 분명히 현대 사회과학의 연구업적으로서의 자격을 갖추고 있다(특히 제1장을 참고할 것).

37. 구조적 이론(structural theories)들은 국제체제의 형상이 강대국의 행동을 강하게 제약하며 강대국들에게 비슷하게 행동할 것을 강요한다는 점을 강조한다. 그래서 우리들은 무정부 상태에 있는 강대국들의 유사한 행동패턴을 기대할 수 있는 것이다. 그렇지만 무정부 상태 그 자체가 강대국의 수가 몇 개인지 혹은 그들 사이에 힘이 어떻게 배분되어 있는지에 따라 다른 방식으로 구성될 수 있는 것이다. 다음 장들에서 설명될 것이지만 구조적 차이점들은 국가행동의 중요한 차이를 유발한다.

38. Waltz, *Theory of International Politics*, p. 126. 또한 ibid., pp. 118, 127; Joseph M. Grieco, "Anarchy and the Limits of Cooperation: A Realist Critique of the Newest Liberal Institutionalism," *International Organization* 42, No.3 (Summer 1988), pp. 485-507, 이 저술들은 국가들은 세계 전체에서 자기나라가 차지하는 힘의 비중에 입각해서 행동한다는 월츠의 주장에 직접 그 근거를 둔 것들이다.

39. Randall L. Schweller, "Neorealism's Status – Quo Bias:What Security Dilemma?" *Security Studies* 5, No.3 (Spring 1996, special issue), pp. 90-121.;Keith L. Shimko, "Realism, and American Liberalism," *Review of Politics* 54, No.2 (Spring 1992), pp. 281-301.

40. Waltz, *Theory of International Politics*, 제6, 8장. 국가들은 침략국가에 대해 균형을 유지하려는 강력한 경향을 가지고 있다고 주장하는 주요 저서는 Stephen M. Walt, *The Origins of Alliances* (Ithaca, NY: Cornell Univ. Press, 1987).

41. Waltz, *Theory of International Politics*, 제8장; Waltz, "Origins of War"를 보라.

42. Waltz, "Origins of War," p. 40.

43. 중요한 저술들은 Robert Jervis, "Cooperation under the Security Dilemma," *World Politics*. 30, No.2 (January 1978), pp. 167-214; Jack L. Syder, *Myths of Empire: Domestic Politics and International Ambition* (Ithaca, NY: Cornell Univ. Press, 1991), 특히 제1-2장; Van Evera, *Causes of War*, 특히 제6장. 또한 Glaser, "Realists as Optimists"; and Robert Powerll, *In the Shadow of Power: States Strategies in International Politics* (Princeton, NJ: Princeton Univ. Press, 1999), 특히 제3장을 보라 George Quester의 *Offense and Defense in the International System*(New York: Wiley, 1977)은 공격-방어 균형(offense-defense balance)에 관한 중요한 책이다. 그러나 Quester 교수는 방어적 현실주의자로 분류되지는 않는다. 이 주제와 관련된 논의를 위해서는 Sean M. Lynn-Jones, "Offense-Defense Theory and Its Critics," *Security Studies*. 4, No.4 (Summer 1995), pp. 660-91을 참고.

44. 저비스(Jervis) 교수는 스나이더(Snyder) 혹은 반 에베라(Van Evera)에 비해 보다 정치(精緻)된 견해를 가지고 있다. Snyder, *Myths of Empire*, pp. 22-24; Van Evera, *Causes of War*, pp. 118, 191, 255.

45. Grieco, "Anarchy and the Limits of Cooperation," p. 500.

46. 일부 방어적 현실주의자들은 강대국들은 상대적인 힘이 아니라 국가안보를 최대화하려고 노력한다고 주장한다. 월츠는 "국가들의 궁극적 관심은 권력이 아니라 국가안보다"라고 쓰고 있다. Waltz, "Origins of War," p. 40. 강대국들이 국가안보를 극대화하기 위해 노력한다는 사실에 의문은 없다. 그러나 그런 주장은 그 자체가 모호하며 실질적 국가 행동에 관해 통찰력을 제공하지 못한다. 중요한 문제는 "국가들은 어떤 방법으로 국가안보를 극대화하느냐"인 것이다. 나의 대답은 세계 속에서 차지하는 자신이 힘의 비중을 극대화하는 것이다. 방어적 현실주의자들의 대답은 현재의 세력균형을 유지

하는 것이다. 스나이더는 이러한 관점을 *Myths of Empire*에서 잘 지적했다. 그는 "공격적 현실주의자, 방어적 현실주의자들 모두는 국제적 무정부 상태에서 존재하는 국가들에게 있어 국가안보가 제일 중요하다는 사실을 인정한다. 그러나 이들은 국가들이 국가안보를 성취하는 가장 효과적 방법이 무엇인지에 대해 견해를 달리한다"고 기술했다 (pp. 11-12).

47. G. Lowes Dickinson, *The European Anarchy* (New York: Macmillan, 1916) ; G. Lowes Dickinson, *The International Anarchy, 1904-1914* (New York: Century Company, 1926), 특히 제1장.

48. Dickinson, *European Anarchy*, pp. 114, 101.

49. Eric Labs, Nicholas Spykman, Martin Wight도 역시 그들의 저술에서 공격적 현실주의 이론을 지지했다. 물론 이들 중 누구도 이론을 더 자세하게 전개하지는 않았다. Eric J. Labs, "Offensive Realism and Why States Expand Their War Aims," *Security Studies. 6*, No.4, pp. 1-49 ; Nicholas J. Spykman, *America's Strategy in World Politics: The United States and the Balance of Power* (New York: Harcourt, Brace, 1942), 서문과 제1장 ; Martin Wight, *Power Politics*, eds. Hedley Bull and Carsten Holbraad (New York: Holmes and Meier, 1978), 제2, 3, 9, 14, 15장. 다음의 저술들에서도 공격적 현실주의의 모습을 발견할 수 있을 것이다. Herbert Butterfield, *Christianity and History* (New York: Scribner's, 1950), pp. 89-91 ; Dale C. Copeland, *The Origins of Major War* (Ithaca, NY: Cornell Univ. Press, 2000), passim ; Robert Gilpin, *War and Change in World Politics* (Cambridge: Cambridge Univ. Press, 1981), pp. 87-88 ; John H. Hertz, "Idealist Internationalism and the Security Dilemma," *World Politics. 2*, No.2 (January 1950), p. 157 ; John H. Hetz, *Political Realism and Political Idealism* (Chicago: Univ. of Chicago Press, 1951), pp. 14-15, 23-25, 206 ; A.F.K. Organski, *World Politics*, 2d ed. (New York: Knopf, 1968), pp. 274, 279, 298 ; Frederick L. Schuman, *International Politics: An Introduction to the Western State System* (New York: McGraw-Hill, 1933), pp. 512-19 ; Fareed Zakaria, *From Wealth to Power: The Unusual Origins of America's World Role* (Princeton, NJ: Princeton University Press, 1998), passim. Randall Schweller의 주요 저술은 공격적 현실주의와 일맥상통한다. Schweller, "Neorealilsm's Status-Quo Bias" ; Randall L. Schweller, "Bandwagoning for Profit: Bringing the Revisionist State Back In," *International Security. 19*, No.1 (Summer 1994), pp. 72-107 ; 그리고 Randall L. Schweller, *Deadly Imbalance: Tripolarity and Hitler's Strategy of World Conquest* (New York: Columbia Univ. Press, 1998). 그러나 Gideon Rose가 분명히 밝힌 것처럼 Schweller를 공격적 현실주의자로 분류하기는 어렵다. Gideon Rose, "Neoclassical Realism and Theories of Foreign Policy," *World Politics. 51*, No.1 (October 1998), pp. 144-72.

50. Inis L. Clause, *Power and International Relations* (New York: Random House, 1962) ; August Heckscher, ed., *The Politics of Woodrow Wilson: Selections from His Speeches and Writings* (New York: Harper, 1956) ; James Brown Scott, ed., *President Wilson's Foreign Policy: Messages, Addresses, Papers* (Oxford: Oxford Univ. Press, 1918).

51. Wight, *Power Politics*, p. 29에서 재인용.

52. William J. Clinton, "American Foreign Policy and the Democratic Ideal," campaign speech, Pabst Theater, Milwaukee, WI, October 1, 1992.

53. "In Clinton' s Words: 'Building Lines of Partnership and Bridges to the Future,' " *New York Times*, July 10, 1997.

54. Shimko, "Realism, Neorealism, and American Liberalism."

55. Seymour Martin Lipset, *American Exceptionalism: A Double - Edged Sword* (New York: Norton, 1996), pp. 51-52, 237.; Gabriel A. Almond, *The American People and Foreign Policy* (New York: Praeger, 1968), pp. 50-51.

56. Alexis de Tocqueville, *Democracy in America,* vol.II, trans. Henry Reeve (New York: Schocken Books, 1972), p. 38.

57. Morgenthau, *Scientific Man,* p. 201.

58. Reinhold Niebuhr, *The Children of Light and the Children of Darkness: A Vindication of Democracy and a Critique of Its Traditional Defense* (NewYork: Scribner' s, 1944), 특히 pp. 153-90.

59. Lipset, *American Exceptionalism,* p. 63.

60. Samuel p. Huntington, *The Soldier and the State: The Theory and Practice of Civil - Military Relationships* (Cambridge, MA: Harvard Univ. Press, 1957).

61. 문헌조사를 통한 냉전 초기 미국 정책결정자들이 어떻게 소련에 대응했는가의 연구는 미국 정책결정자들이 이데올로기가 아니라 권력정치의 관점에서 소련에 대응했다는 사실을 분명히 보여주고 있다. H. W. Brands, *The Specter of Neutralism: The United States and the Emergence of the Third World, 1947-1960* (New York: Columbia Univ. Press, 1989); Thomas J. Christensen, *Useful Adversaries: Grand Strategy, Domestic Mobilization, and Sino - American Conflict, 1947-1958* (Princeton, NJ: Princeton Univ. Press, 1996); Melvyn p. Leffler, *A Preponderance of Power: National Security, The Truman Administration, and the Cold War* (Stanford, CA: Stanford Univ. Press, 1992); and Trachtenberg, *Constructed Peace.* 또한 Keith Wilson, "British Power in the European Balance, 1906-14," in David Dilks, ed., *Retreat from Power: Studies in Britain' s Foreign Policy of the Twentieth Century, vol.1, 1906-1939* (London: Macmillan, 1981), pp. 21-41을 보라. 이 책은 영국의 정책결정자들이 공적인 언급에서는 이상주의적 논법을 사용했음에도 불구하고 사적 측면에서는 "지속적이고 일관되게 세력균형의 개념을 사용" 했는지를 설명하고 있다(p. 22).

62. Kennan, *American Diplomacy,* p. 82. 이 같은 관점을 주장하는 다른 현실주의 저술들은 다음과 같다. Walter Lippmann, *U.S. Foreign Policy: Shield of the Republic* (Boston: Little, Brown, 1943); Hans Morgenthau, *In Defense of the National Interest: A Critical Examination of American Foreign Policy* (New York: Knopf, 1951); Norman A. Graebner, *America as a World Power: A Realist Appraisal from Wilson to Reagan* (Wilmington, DE: Scholarly Resources, 1984); Norman A. Graebner, *Cold War Diplomacy: American Foreign Policy, 1945-1975,* 2d ed. (New York: Van Nostrand, 1977).

63. Carr, *Twenty Years Crisis,* p. 79. 이러한 송뉴의 위선은 앵글로색슨에만 한정되지 않았다는 근거는 Markus Fischer, "Feudal Europe, 800-1300: Communal Discourse and Conflictual Practices," *International Organization* 46, No.2 (Spring 1992), pp. 427-

66.

64. 이 주제와 관련된 주요한 연구는 Ido Oren, "The Subjectivity of the 'Democratic' Peace: Changing U.S. Perceptions of Imperial Germany," *International Security. 20,* No.2 (Fall 1995), pp. 147-84. 이 문장 및 다음 문장에서 논의된 사례들에 대한 더 많은 증거들을 위해서는 Konrad H. Jarausch, "Huns, Krauts, or Good Germans? The German Image in America, 1800-1980," in James F. Harris, ed., *German – American Interrelations: Heritage and Challenge* (Tubingen: Tubingen University Press, 1985), pp. 145-59; Frank Trommler, "Inventing the Enemy: German-American Cultural Relations, 1900-1917," in Hans-Jurgen Schroder, ed., *Confrontation and Cooperation: Germany and the United States in the Era of World War I, 1900-1924* (Providence, RI: Berg Publishers, 1993), pp. 99-125; and John L. Gaddis, *The United States and the Origins of the Cold War, 1941-1947* (New York: Columbia Univ. Press, 1972), 제2장. 양차대전 중 영국 정책결정자들이 어떻게 러시아에 대한 이미지를 정리했는가에 관한 논의는 Keith Neilson, *Britain and the Last Tsar: British Policy and Russia, 1894-1917* (Oxford: Clarendon, 1995), pp. 342-43; p. M.H. Bell, *John Bull and the Bear: British Public Opinion, Foreign Policy and the Soviet Union, 1941-1945* (London: Edward Arnold, 1990)를 보라.

65. 자유주의적 이념이 미국의 사상에 미친 중요한 충격에 관한 고전적 언급은 Louis Hartz, *The Liberal Tradition in America: An Interpretation of American Political Thought since the Revolution* (New York: Harcourt, Brace and World, 1955)을 보라.

2장 무정부 상태와 권력을 향한 투쟁

1. 대부분 현실주의 이론가들은 그들의 이론에서 패권국이 아닌 현상유지 강대국의 존재를 인정한다. 그들은 적어도 일부 국가들은 세력균형상태에 만족할 수 있으며 그 결과 이를 변화시키려는 동기를 가지고 있지 않다고 말한다. Randall L. Schweller, "Neorealism's Status – Quo Bias: What Security Dilemma?" *Security Studies.* 5, No.3 (Spring 1996, special issue on "Realism: Restatements and Renewal," ed. Benjamin Frankel), pp. 98-101; Arnold Wolfers, *Discord and Collaboration: Essays on International Politics* (Baltimore, MD: Johns Hopkins Univ. Press, 1962), pp. 84-86, 91-92, 125-26.

2. Milton Friedman, *Essays in Positive Economics* (Chicago: Univ. of Chicago Press, 1953), p. 14; Kenneth N. Waltz, *Theory of International Politics* (Reading, MA: Addison – Wesley, 1979), pp. 5-6, 91, 119.

3. Terry Moe는 현실을 단순화(예를 들어 그 자체는 현실적이지만 불필요한 내용들을 삭제해버린)시킨 가정과, 현실과는 분명히 반대되는 가정(예를 들어 이미 성립된 진리와 분명히 배치하는)을 구분하는 데 유용한 방안을 제시했다. Moe, "On the Scientific Status of Rational Models," *American Journal of Political Science* 23, No.1 (February 1979), pp. 215-43.

4. 무정부 상태라는 개념과 그 개념이 국제정치에 초래하는 결과에 대한 최초의 분석은 G. Lowes Dickinson, *The European Anarchy* (New York: Macmillan, 1916). 무정부상태에 관한 보다 최근의, 그리고 보다 정교한 논의는 Waltz, *Theory of International*

Politics, pp. 88-93. 또한 Robert J. Art and Robert Jervis, eds., *International Politics: Anarchy, Force, Imperialism* (Boston: Little, Brown, 1973), pt. 1; Helen Milner, "The Assumption of Anarchy in International Relations Theory: A Critique," *Review of International Studies* 17, No.1 (January 1991), pp. 67-85.

5. 비록 본 연구의 초점은 국제체제에 맞추어졌지만 현실주의의 논리는 다른 종류의 무정부상태에도 적용된다. 결국 국가들이 권력을 추구하기 위한 경쟁을 벌이게 만드는 이유는 국가들의 특징 때문이 아니라 중앙집권적 권위가 존재하지 않는다는 사실 때문이다. 마커스 피셔(Markus Fischer)는 1648년 유럽체제가 성립되기 이전의 중세유럽에 이 이론을 적용하고 있다. Fischer, "Feudal Europe, 800-1300: Communal Discourse and Conflictual Practices," *International Organization* 46, No.2 (Spring 1992), pp. 427-66. 이 이론은 개인의 행동을 설명하는 데에도 사용될 수 있다. 이에 관한 가장 중요한 연구결과는 Thomas Hobbes, *Leviathan*, ed. C. B. Macpherson (Harmondsworth, UK: Penguin, 1986). 또한 Elijah Anderson, "The Code of the Streets," *Atlantic Monthly*, May 1994, pp. 80-94; Barry R. Posen, "The Security Dilemma and Ethnic Conflict," *Survival* 35, No.1 (Spring 1993), pp. 27-47; Robert J. Spitzer, *The Politics of Gun Control* (Chatham, NJ: Chatham House, 1995), 제6장.

6. Inis L. Claude, Jr., *Swords into Plowshares: The Problems and Progress of International Organization*, 4th ed. (New York: Random House, 1971), p. 14.

7. 국가들이 온건한 의도를 가질 수도 있다는 것은 단순히 시작을 위한 가설이 될 수 있다. 나는 독자들이 이 이론의 다섯 가지 가설을 혼합해 보는 경우 국가들은 서로 상대방에 대해 적대적 의도를 가질 수밖에 없는 처지에 놓여 있게 되리라는 사실을 알게 될 것이라는 사실을 주장하고자 한다.

8. 나의 이론은 궁극적으로, 강대국들은 서로 공격적으로 행동하게 될 것인데 왜냐하면 그렇게 하는 것이 무정부 상태의 세계에서 자신의 안보를 위한 최선의 길이기 때문이라고 주장한다. 그러나 국가들이 상대방에 대해 공격적으로 행동하는 이유에는 안보 이외의 요인도 있다는 점을 가정한다. 사실 강대국들을 공격적으로 행동하게 하는 요인에 비안보적 요인이 작동하는지 아닌지를 정확히 알 수 없다는 이유도 있다. 안보적인 관점 그 자체만으로는 강대국이 공격적으로 행동을 하지 않는다. 어떤 국가는 안보적인 계산 이외의 다른 이유에 근거한 동기 때문에 공격적으로 행동할 수 있다는 가능성은 공격적 현실주의의 필요조건일 뿐 아니라 안보 경쟁을 예측하는 어떤 종류의 구조적 국제정치 이론에도 필요한 조건이다. 슈벨러는 이러한 관점을 잘 정리하고 있다. Schweller, "Neorealism's Status-Quo Bias," p. 91. Herbert Butterfield도 다음과 같이 기술함으로써 본질적으로 똑같은 관점을 지적하고 있다. "만약 모든 사람들이 기독교 성인이라면 그들 사이에선 전쟁이 일어날 가능성이 거의 없을 것이다. 그들은 다만 그들이 사심을 버리는 것(self-renunciation) 이외에는 상호간에 경합을 벌일 일이 아무것도 없을 것이기 때문이다." C.T. McIntire, ed., *Herbert Butterfield: Writings on Christianity and History* (Oxford: Oxford Univ. Press, 1979), p. 73; Jack Donnelly, *Realism and International Relations* (Cambridge: Cambridge Univ. Press, 2000), 제2장.

9. Jon Jacobson, *When the Soviet Union Entered World Politics* (Berkeley: Univ. of California Press, 1994), p. 271에서 인용.

10. Elizabeth Pond, *Beyond The Wall: Germany's Road to Unification* (Washington, DC: Brookings Institution Press, 1993), 제12장; Margaret Thatcher, *The Downing*

Street Years (N.Y.: HarperCollins, 1993), 제25-26장; Philip Zelikow and Condoleezza Rice, *Germany Unified and Europe Transformed: A Study in Statecraft* (Cambridge, MA: Harvard Univ. Press, 1995), 제4장.

11. 비록 Waltz가 자조(self-help)의 개념을 *Theory of International Politics*, 제6장에서 유명하게 만들었지만 Frederick Schuman도 self-help의 개념을 다음의 책에서 소개했다. *International Politics: An Introduction to the Western State System* (New York: McGraw Hill, 1933), pp. 199-202, 514, 현실주의와 동맹에 관해서는 Stephen M. Walt, *The Origins of Alliances* (Ithaca, NY: Cornell Univ. Press, 1987).

12. Martin Wight, *Power Politics* (London: Royal Institute of International Affairs, 1946), p. 40에서 인용.

13. 만약 어떤 나라가 패권의 지위를 차지하게 된다면 그 경우 국제체제는 무정부적인 것이 아니라 위계적(hierarchical) 질서로 바뀌게 된다. 공격적 현실주의는 국제적 무정부 상태를 가정하는 것이며 위계질서하의 국제정치에 대해서는 별로 할 말이 없다. 그러나 차후 논의될 예정이지만 어느 나라가 지역적 패권국이 될 수는 있을지라도 세계적인 패권국이 될 가능성은 극히 희박하다. 그래서 앞으로 상당기간 동안 현실주의는 세계 정치에 대한 통찰력을 제공하게 될 것이다. 물론 지역적 패권국이 지배하는 지역 내의 국제관계는 현실주의로 분석되기 어려울 것이다.

14. 강대국들이 항상 공격적 의도를 가지고 있다 할지라도, 그들이 언제나 공격국이 되는 것은 아니다. 그들은 공격적으로 행동하는 데 필요한 충분한 힘을 항상 가지고 있는 것은 아니라는 점이 가장 중요한 이유다. 나는 이 책에서 공격적 의도를 현실화시킬 수 있는 국력을 가지고 있는 강대국들을 지칭할 때 "공격국"이라는 용어를 사용하고자 한다.

15. Kenneth Waltz는 강대국들은 패권을 추구하지 말아야 하며, 대신 세계 권력 중 적당량을 통제하는 것을 목표로 해야 한다고 주장한다. Waltz, "The Origins of War in Neorealist Theory," in Robert I. Rotberg and Theodore K. Rabb, eds., *The origin and Prevention of Major Wars* (Cambridge: Cambridge Univ. Press, 1989), p. 40.

16. 다음의 가상적 예는 이 관점을 묘사해준다. 미국의 정책결정자들이 아메리카 대륙에서 두 가지 상이한 힘의 균형 중 하나를 택해야 하는 상황을 가정해 보자. 하나는 현재의 힘의 균형상태로서 미국이 패권적 지위를 유지하는 상황이며, 어떤 나라도 감히 미국에게 군사적으로 도전할 수 없는 상황을 말한다. 두 번째 시나리오는 중국이 캐나다를 대신하고 독일이 멕시코를 대신하는 상황이다. 미국은 중국이나 독일에 비해 상당한 군사적 우위를 점하고 있음에도 불구하고 미국의 전략가들 중 누구도 아메리카 대륙에서 미국의 패권에 관한 후자의 상황(중국, 독일이 캐나다, 멕시코를 대체하는)을 선호하지 않을 것이다.

17. John H. Herz, "Idealist Internationalism and the Security Dilemma," *World Politics* 2, No.2 (January 1950), pp. 157-80. 비록 디킨슨(Dickinson)은 "안보딜레마"(security dilemma)라는 개념을 사용하지는 않았지만 이 논리는 그의 책에 분명히 기술돼있다. European Anarchy, pp. 20, 88.

18. Herz, "Idealist Internationalism," p. 157.

19. Joseph M. Grieco, "Anarchy and the Limits of Cooperation: A Realist Critique of the Newest Liberal Institutionalism," *International Organization* 42, No.3 (Summer 1988), pp. 485-507; Stephen D. Krasner, "Global Communications and National Power: Life on the Pareto Frontier," *World Politics* 43, No.3 (April 1991), pp. 335-

55: Robert Powell, "Absolute and Relative Gains in International Relations Theory," *American Political Science Review* 85, No.4 (December 1991), pp. 1303-20.

20. Michael Mastanduno, "Do Relative Gains Matter? America's Response to Japanese Industrial Policy," *International Security* 16, No.1 (Summer 1991), pp. 73-113.

21. 월츠는 모겐소의 이론에 의하면 국가들은 힘을 목적 그 자체로서 추구한다 고 주장한다. 그래서 모겐소의 이론에 의하면 국가들은 상대적 힘을 추구하는 것이 아니라 절대적 힘을 추구하는 것이다. Waltz, "Origins of War," pp. 40-41; Waltz, *Theory of International Politics*, pp. 126-27. 비록 Morgenthau는 때때로 월츠의 공격이 타당한 것 같은 언급을 하고 있지만 그의 책에는 국가들이 상대적인 힘을 추구하기 위해 행동한다고 주장한 상당한 근거들이 있다. Morgenthau, *Politics among Nations: The Struggle for Power and Peace*, 5th ed. (New York: Knopf, 1973).

22. Marc Trachtenberg, *A Constructed Peace: The Making of the European Settlement, 1945-1963* (Princeton, NJ: Princeton University Press, 1999), p. 36에서 인용.

23. 요약한다면 공격적 현실주의를 평가하는 가장 중요한 이슈는 국가들이 끊임없이 다른 나라를 공격하려 한다든가 혹은 총력을 다해 국방비를 쓰려고 한다는 것이 아니라, 강대국들이 힘을 증가시키기 좋은 기회가 왔을 때 일상적으로 그 기회를 다른 나라에게 넘기는가 혹은 그렇지 않은가의 여부에 있다.

24. Richard K. Betts, *Surprise Attack: Lessons for Defense Planning* (Washington, DC: Brookings Institution Press, 1982); James D. Fearon, "Rationalist Explanations for War," *International Organization* 49, No.3 (Summer 1995), pp. 390-401; Robert Jervis, *The Logic of Images in International Relations* (Princeton, NJ: Princeton Univ. Press, 1970); Stephen Van Evera, *Causes of War: Power and the Roots of Conflict* (Ithaca, NY: Cornell Univ. Press, 1999), pp. 45-51, 83, 137-42.

25. JoelAchenbach, "The Experts in Retreat: After-the-Fact Explanations for the Gloomy Predictions," *Washington Post*, February 28, 1991; Jacob Weisberg, "Gulfballs: How the Experts Blew It, Big-Time," *New Republic*, March 25, 1991.

26. Jack Snyder와 Stephen Van Evera는 이 점을 가장 강력히 주장하고 있다. Jack Snyder, *Myths of Empire: Domestic Politics and International Ambition* (Ithaca, NY: Cornell Univ. Press, 1991), pp. 1, 307-8; Van Evera, *Causes of War*, 특히 pp. 6,9.

27. 방어적 현실주의자들은 이와 관련하여 국가들이 자신의 안전을 증진시키기 위해 채택하는 공격적 대안들은 다른 나라들도 그렇게 행동하도록 강요하며 그 결과 국가들이 차라리 아무것도 하지 않은 것보다도 못한 결과를 초래한다고 주장한다. Charles L. Glaser, "The Security Dilemma Revisited," *World Politics* 50, No.1 (October 1997), pp. 171-201. 안보의 딜레마 상황을 인식한다면, 합리적인 국가들이라면 어떤 나라들도 안보 경쟁을 유발하지 않을 것이다. 왜냐하면 상대방 국가에 대해 우위를 획득하려는 노력은 아무 결실이 없을 것이며, 오히려 더 나쁜 결과를 초래할 수도 있기 때문이다. 공격적인 행동이 자기 파멸적 행동과 마찬가지로 인식되는 안보 딜레마의 세상에서 국가들이 공격적으로 행동하는 것을 찾는 것은 어려운 일일 것이다. 모든 국가들이 전쟁을 양보하고 평화롭게 사는 것이 현명한 일이다. 물론 Herz가 1950년 이 개념을 소개할 때 사용한 의미는 이와 다르다. 이미 지적한 바처럼 이 개념에 관한 Herz의 첫 번째 설명은 공격적 현실주의에 관한 개요였다.

28. 위협을 당하는 국가들이 효과적으로 공격군에 대항해 균형을 유지하는 경우도 있지만,

그렇지 못하고 공격국이 공격에 성공하는 경우가 더 많다. 이 문제는 제8장, 9장에서 보다 자세히 다룰 것이다. 스나이더는 이 문제점을 인식하고 있었던 것 같다. 그래서 그는 중요한 조건을 첨가했다. "적어도 장기적 측면에서 국가들은 공격자에 대해 저항하기 위해 균형동맹을 형성한다"고 말하고 있다. *Myths of Empire*, p. 11. 그러나 공격국은 단시간 내에 승리를 거머쥐려 하며, 그들의 성공을 장기적으로 사용, 그들에 이익이 되도록 만들고자 한다. 공격－방어 균형에 관해 말한다면 이는 무정형의 개념으로 정책결정자 혹은 학자들이 정의내리거나 측정하기 대단히 어렵다. "Correspondence: Taking Offense at Offense-Defense Theory," *International Security* 23, No.3 (Winter 1998-99), pp. 179-206; Jack S. Levy, "The Offensive/Defensive Balance of Military Technology: A Theoretical and Historical Analysis," *International Studies Quarterly* 28, No.2 (June 1984), pp. 219-38; Kier A. Lieber, "Grasping the Technological Peace: The Offense-Defense Balance and International Security," *International Security* 25, No.1 (Summer 2000), pp. 71-104; Sean M. Lynn-Jones, "Offense-Defense Theory and Its Critics," *Security Studies* 4, No.4 (Summer 1995), pp. 672-74; John J. Mearsheimer, *Conventional Deterrence* (Ithaca, NY: Cornell University Press, 1983), pp. 24-27; and Jonathan Shimshoni, "Technology, Military Advantage, and World War I: A Case for Military Entrepreneurship," *International Security* 15, No.3 (Winter 1990-1991), pp. 187-215. 더욱 중요한 것으로서, 방어가 언제라도 공격보다 압도적으로 우위에 있다는 근거도 없다. 이 문장의 뒷부분에서 논의된 것처럼, 국가들은 때로 공격을 하고 실패하는 경우가 있다. 하지만 먼저 공격한 국가들이 승리하는 경우도 있는 것이다.

29. John Arquilla, *Dubious Battles: Aggression, Defeat, and the International System* (Washington, DC: Crane Russak, 1992), p. 2; Bruce Bueno de Mesquita, *The War Trap* (New Haven, CT: Yale Univ. Press, 1981), pp. 21-22; Kevin Wang and James Ray, "Beginners and Winners: The Fate of Initiators of Interstate Wars Involving Great Powers since 1495," *International Studies Quarterly* 38, No.1 (March 1994), pp. 139-54.

30. 비록 스나이더와 에베라는 정복이 별로 가치가 없는 일이라고 주장하지만, 그들은 공격이 때로 성공적일 수 있다는 중요한 사실을 인정한다. 스나이더는 팽창(성공적 공격)과 과도팽창(overexpansion 실패한 공격)을 구분한다. 1896년부터 1945년 사이의 일본의 팽창에 관한 그의 설명을 보라. *Myths of Empire*, pp. 114-16. Van Evera는 정복이 실행 가능했던 몇몇 기간 및 시기를 포함하기 위해 공격-방어 균형에서의 변형을 인정한다. *Causes of War*, 제6장. 물론 성공적인 공격을 인정하는 것은 자신들의 주장, 즉 공격은 거의 보상받지 못한다는 주장과 위배되는 것이다.

31. Robert Gilpin, *War and Change in World Politics* (Cambridge: Cambridge Univ. Press, 1981), p. 29; William C. Wohlforth, *The Elusive Balance: Power and Perceptions during the Cold War* (Ithaca, NY: Cornell Univ. Press, 1993), pp. 12-14.

32. 다음 장에서 힘의 분포상황을 논할 때 바다와 관계되는 힘의 투사능력 문제가 논의될 것이다(제4장). 그러나 이 두 가지 요인들은 이번 장에서 테스트 될 것이다. 여기서는 다만 바다가 강대국의 행동에 대단히 중요한 영향을 미친다는 사실을 강조하려 한다.

33. 반대되는 견해는 David M. Edelstein, "Choosing Friends and Enemies: Perceptions of Intentions in International Relations," Ph.D. diss., University of Chicago, August

2000; Andrew Kydd, "Why Security Seekers Do Not Fight Each Other," *Security Studies.* 7, No.1 (Autumn 1997), pp. 114-54; Walt, *Origins of Alliances.*

34. 이 장의 주 8을 참고할 것.

35. Jacob Viner, "Power versus Plenty as Objectives of Foreign Policy in the Seventeenth and Eighteenth Centuries," *World Politics* 1, No.1 (October 1948), p. 10.

36. Mark Bowden, *Black Hawk Down: A Story of Modern War* (London: Penguin, 1999); Alison Des Forges, *"Leave None to Tell the Story": Genocide in Rwanda* (New York: Human Rights Watch, 1999), pp. 623-25; Gerard Prunier, *The Rwanda Crisis: History of a Genocide* (New York: Columbia Univ. press, 1995), pp. 274-75.37.

37. Scott R. Feil, *Preventing Genocide: How the Early Use of Force Might Have Succeeded in Rwanda* (New York: Carnegie Corporation, 1998); John Mueller, "The Banality of 'Ethnic War,'" *International Security 25*, No.1 (Summer 2000), pp. 58-62. 만약 미국이 르완다에 개입했다면 얼마나 많은 생명이 구해질 수 있었을까에 관한 보다 낙관적 견해는, Alan J. Kuperman, "Rwanda in Retrospect," *Foreign Affairs* 79, No.1 (January-February 2000), pp. 94-118.

38. David F. Schmitz, T*hank God They're on Our Side: The United States and Right-Wing Dictatorships, 1921-1965* (Chapel Hill: Univ. of North Carolina Press, 1999), 제4-6장; Gaddis Smith, *The Last Years of the Monroe Doctrine, 1945-1993* (New York: Hill and Wang, 1994); Tony Smith, *America's Mission: The United States and the Worldwide Struggle for Democracy in the Twentieth Century* (Princeton, NJ: Princeton Univ. Press, 1994); Stephen Van Evera, "Why Europe Matters, Why the Third World Doesn't: American Grand Strategy after the Cold War," *Journal of Strategic Studies* 13, No.2 (June 1990), pp. 25-30.

39. John M. Carroll and George C. Herring, eds., *Modern American Diplomacy*, rev. ed. (Wilmington, DE: Scholarly Resources, 1996), p. 122에서 인용.

40. 흐루시초프도 2차 세계대전 당시 장제스(蔣介石)에 대한 스탈린의 정책에 대해 유사한 언급을 했다. "장제스는 중국 공산당과의 갈등에도 불구하고 일본제국주의에 대항하여 싸웠다. 그래서 스탈린은—그리고 소련 정부는—장제스를 진보세력으로 간주했다. 일본은 동방에서 우리나라 제일의 적이다. 그래서 장제스를 지원하는 것은 소련의 국가이익이다. 물론 우리는 장제스가 일본에게 패망하지 않는 한도 내에서 그를 지원할 뿐이다. 그것은 마치 우리나라가 생긴 그날부터 우리의 적인 처칠이 히틀러에 맞서 싸우고 있는 우리나라를 지원하는 것처럼 현명한 일이다." *Khrushchev Remembers: The Last Testament, trans. and ed. Strobe Talbott* (Boston: Little, Brown, 1974), pp. 37-38.

41. Walt, *Origins of Alliances*, pp. 5, 266-68.

42. Adam Smith, *An Inquiry into the Nature and Causes of the Wealth of Nations*, ed. Edwin Cannan (Chicago: University of Chicago Press, 1976), vol.1, p. 487. 이 문장에서 인용된 것은 모두 이 책 pp. 484-87에서 인용한 것임.

43. 영국과 네덜란드의 경쟁에 관한 분석은 Jack S. Levy, "The Rise and Decline of the Anglo-Dutch Rivalry, 1609-1689," in William R. Thompson, ed., *Great Power Rivalries* (Columbia: Univ. of South Carolina Press, 1999), pp. 172-200; Paul M.

Kennedy, *The Rise and Fall of British Naval Mastery* (London: Allen Lane, 1976), 제2장을 보라. 이 사례는 앞에서 논한 상대적 힘과 절대적 힘에 관한 논의에 직결된다. 특히 항해법(Navigation Act)이 없었더라면 영국과 네덜란드 양측 모두 절대적인 이득을 취했을 것이다. 양국의 경제는 개방적 무역을 통해 이익을 얻을 수 있을 것이기 때문이다. 그러나 영국은 그 경우 네덜란드에 비해 상대적 이익을 더 많이 얻지는 못했을 것이다. 항해법을 통해 영국은 네덜란드에 비해 상대적인 이득을 취할 수 있었다. 그러나 두 나라 모두는 절대적 측면에서 손해를 당했다. 결국 상대적 힘에 대한 고려가 강대국의 행동을 규정하는 본질이다.

44. William J. Clinton, "Address by the President to the 48th Session of the United Nations General Assembly," United Nations, New York, September 27, 1993; George Bush, "Toward a New World Order: Address by the President to a Joint Session of Congress," September 11, 1990.

45. 브래들리 테이어는 전쟁에 승리한 나라들이 나폴레옹 전쟁, 1차 세계대전 그리고 2차 세계대전 이후 안정된 안보질서를 형성하고 유지할 수 있었는지 혹은 현실주의가 예측하듯, 전쟁에 승리한 나라들이 더 많은 힘을 차지하기 위해 각축을 벌였는지를 조사했다. 특히 그는 유럽의 회의체제(European Concert), 국제연맹, 그리고 국제연합 등 강대국의 공격적 행동을 없애지는 못한다 해도, 규제하기 위해 각각의 전쟁 이후 만들었던 기구들을 분석했다. 테이어는 승전국들의 그럴듯한 언급과는 달리, 그들은 상대방을 희생해서라도 자신의 힘을 증강시키기 위해 노력했다고 결론 내렸다. Bradley A. Thayer, "Creating Stability in New World Orders," Ph.D. diss., Univ. of Chicago, August 1996. 또한 Korina Kagan, "The Myth of the European Concert," *Security Studies* 7, No.2 (Winter 1997-98), pp. 1-57을 보라. 그녀는 유럽 회의체제는 "강대국의 행동과는 별 관련이 없는 허약하고 무능한 국제제도였다"고 결론 내린다(p. 3).

46. Melvyn p. Leffler, *A Preponderance of Power: National Security, the Truman Administration, and the Cold War* (Stanford, CA: Stanford Univ. Press, 1992).

47. 동유럽에 대한 소련의 지배를 약화시키기 위한 미국의 노력에 대해서는 Peter Grose, *Operation Rollback: America's Secret War behind the Iron Curtain* (Boston: Houghton Mifflin, 2000); Walter L. Hixson, *Parting the Curtain: Propaganda, Culture, and the Cold War, 1945-1961* (New York: St. Martin's, 1997); Gregory Mitrovich, *Undermining the Kremlin: America's Strategy to Subvert the Soviet Bloc, 1947-1956* (Ithaca, NY: Cornell Univ. Press, 2000)을 보라.

48. 이 주제와 관련된 주요 자료들을 대부분 인용한, 1980년대 후반 미국의 대 소련 정책에 관한 요약된 논의는 Randall L. Schweller and William C. Wohlforth, "Power Test: Evaluating Realism in Response to the End of the Cold War," *Security Studies* 9, No.3 (Spring 2000), pp. 91-97를 참고.

49. 베르사유 조약에 관한 주요 저서의 저자는 "이 책에서 분석된 바와 같은 베르사유 조약에 관한 재평가의 결과는 베르사유 평화회의 관련 연구에 새로운 이론적 종합을 제시한다. 새로운 발견들은 미국과 동맹국 사이의 평화에 대한 목표는 다양했으며, 진행중이었던 베르사유 조약의 협상을 담당하던 사람들의 견해차의 정도가 강조되었다는 점들이 새로이 발견되었다"고 기술하고 있다. Manfred F. Boemeke, Gerald D. Feldman, and Elisabeth Glaser, eds., *The Treaty of Versailles: A Reassessment after 75 Years* (Cambridge: Cambridge Univ. Press, 1998), p. 1.

50. 이 문장은 주로 다음의 책에서 인용한 것이다. Trachtenberg, *Constructed Peace*; Marc Trachtenberg, *History and Strategy* (Princeton, NJ: Princeton Univ. Press, 1991), 제4-5장. 또한 G. John Ikenberry, "Rethinking the Origins of American Hegemony," *Political Science Quarterly* 104, No.3 (Autumn 1989), pp. 375-400을 참고할 것.

51. 냉전 초기 유럽의 안보 경쟁은 어느 방향으로 전개될 것인가의 평가에 관한 미국 외교 정책결정자들의 실패는 트라크텐버그의 책에 잘 요약되어 있다. 그는 다음과 같은 수사 적 질문을 던진다. "누구라도 이런 체제가 형성될 것을 알았을까. 그리고 이 체제가 장 기적 평화를 제공할 줄을 알았을까?" 그의 대답은 "당시 만들어진 결론은 다른 일상적 인 것들과 마찬가지로 반대쪽 입장을 견지하는 것이었다. 즉 독일은 영원토록 통제되지 않을 것이며 자신만의 핵무기 보유를 원할 것이다. 미국의 군대는 유럽에 남아 있을 수 없을 것이다." 그러나 이상의 예측들은 하나도 빠지지 않고 모두 틀린 것으로 나타났다. Trachtenberg, *History and Strategy*, pp. 231-32.; Trachtenberg, *Constructed Peace*, pp. vii-viii.

52. 집단안보체제의 문제점에 관한 논의는 John J. Mearsheimer, "The False Promise of International Institutions," *International Security* 19, No.3 (Winter 1994-95), pp. 26-37.

53. Grieco, "Anarchy and the Limits of Cooperation," pp. 498, 500.

54. 상대적 이익에 대한 관심이 국가간의 협력을 축소시킨다는 증거는 Paul W. Schroeder, *The Transformation of European Politics, 1763-1848* (Oxford: Clarendon, 1994), 제 3장.

55. Charles Lipson, "International Cooperation in Economic and Security Affairs," *World Politics* 37, No.1 (October 1984), p. 14.

56. Randall L. Schweller, "Bandwagoning for Profit:Bringing the Revisionist State Back In," *International Security* 19, No.1 (Summer 1994), pp. 72-107. 또한 이번 장 주 59 의 자료를 참고할 것.

57. Misha Glenny, *The Fall of Yugoslavia: The Third Balkan War*, 3d rev. ed. (New York: Penguin, 1996), p. 149; Philip Sherwell and Alina Petric, "Tudjman Tapes Reveal Plans to Divide Bosnia and Hide War Crimes," *Sunday Telegraph* (London), June 18,2000; Laura Silber and Allan Little, *Yugoslavia: Death of a Nation*, rev. ed. (New York: Penguin, 1997), pp. 131-32, 213; Warren Zimmerman, *Origins of a Catastrophe: Yugoslavia and Its Destroyers – America's Last Ambassador Tells What Happened and Why* (New York: Times Books, 1996), pp. 116-17.

58. John Maynard Keynes, *The Economic Consequences of the Peace* (New York: Penguin, 1988), 제2장; and J. M. Toberts, *Europe, 1880-1945* (London: Longman, 1970), pp. 239-41.

59. 1939년 8월의 몰로토프-리벤트로프 조약과 그 이후 독일과 소련의 협력관계에 대해서 는 Alan Bullock, *Hitler and Stalin: Parallel Lives* (London: HarperCollins, 1991), 제 14-15장; I.C.B. Dear, ed., *The Oxford Companion to World War II* (Oxford: Oxford Univ. Press, 1995), pp. 780-82; Anthony Read and David Fisher, *The Deadly Embrace: Hitler, Stalin, and the Nazi-Soviet Pact, 1939-1941* (New York: Norton, 1988); Geoffrey Roberts, *The Unholy Alliance: Stalin's Pact with Hitler*

(Bloomington: Indiana University Press, 1989), 제8-10장; Adam B. Ulam, *Expansion and Coexistence: Soviet Foreign Policy, 1917-1973*, 2d ed. (New York: Holt, Rinehart, and Winston, 1974), 제6장 등을 참고할 것.

60. 월츠는 구조적 국제정치 이론은 전쟁은 양극체제 혹은 다극체제 중 어떤 체제에서 더 자주 발생하는가 등의 국제정치의 결과를 설명할 수 있다고 주장한다. 그러나 이 이론은 특정 국가들의 외교정책을 설명할 수 없다고 말한다. 그래서 외교정책에 관한 별도의 이론이 필요하다고 주장한다. *Theory of International Politics*, pp. 71-72, 121-23. 콜린 엘만은 이 점에서 월츠를 공격한다. 그는 체계적인 이론이 외교정책을 설명하지 못할 논리적 이유가 없다고 주장한다. 엘만이 지적하듯, 핵심적인 이슈는 특정의 구조적 이론들이 국가들이 만드는 외교정책 결정에 관한 우리의 이해를 돕느냐의 여부다. 나는 공격적 현실주의 이론은 개별국가들의 외교정책과 국제정치적 결과 양자 모두를 설명하는 데 유용하다는 점을 주장할 것이다. Colin Elman, "Horses for Courses: Why Not Neorealist Theories of Foreign Policy?"; Kenneth N. Waltz, "International Politics Is Not Foreign Policy"; Colin Elman, "Cause, Effect, and Consistency: A Response to Kenneth Waltz," in *Security Studies* 6, No 1 (Autumn 1996), pp. 7-61.

3장 부와 권력

1. 권력(혹은 힘)은 다양한 방법으로 정의될 수 있으며 어떤 정의가 옳은가에 대한 문제가 제기될 수 있다. 사실 학자가 추종하는 이론은 적절한 정의를 규정한다. 나의 정의가 옳은가의 여부는 공격적 현실주의 이론이 국제정치를 얼마나 잘 설명할 수 있느냐에 따라 달라질 것이다.

2. 권력에 관한 이 두 가지 사고에 대한 더 자세한 분석은, Bruce Russett and Harvey Starr, *World Politics: The Menu for Choice* (New York: Freeman, 1989), 제6장; and William C. Wohlforth, *The Elusive Balance: Power and Perceptions during the Cold War* (Ithaca, NY: Cornell Univ. Press, 1993), pp. 3-5. 더 나아가 월포스(Wolforth)같은 일부 학자들은 정책결정자들이 인식하는 세력균형과 실제의 세력균형 사이에는 큰 차이가 있다고 주장한다. 그런데 국제정치에서 더 중요한 것은 정책결정자들이 머릿속에 생각하고 있는 세력균형에 대한 그림이다. 나는 이 주장에는 반대한다. 다음 장들에서 분명하게 밝힐 것이지만 정책결정자들은 비록 라이벌 국가의 국력을 오산하는 경우가 있기는 해도 실질적인 세력균형에 대해 좋은 감각을 가지고 있다. 그렇기 때문에 국가들이 어떻게 행동하는가를 알기 위해 힘의 관계가 어떻게 인식되고 있는가에 초점을 맞추지 않아도 된다.

3. Robert Dahl, "The Concept of Power," *Behavioral Science* 2, No.3 (July 1957), pp. 202-3.; David A. Baldwin, *Paradoxes of Power* (New York: Basil Blackwell, 1989); Karl W. Deutsch, *The Analysis of International Relations* (Englewood Cliffs, NJ: Prentice–Hall, 1988), 제3장.

4. 이에 관한 훌륭한 문헌은 A.F.K. Organski and Jacek Kugler, *The War Ledger* (Chicago: Univ. of Chicago Press, 1980), 제3장. 또한 Jacek Kugler and William Domke, "Comparing the Strength of Nations," *Comparative Political Studies* 19, No.1 (April 1986), pp. 39-70; Jacek Kugler and Douglas Lemke, eds., *Parity and*

War: Evaluations and Extensions of the War Ledger (Ann Arbor: Univ. of Michigan Press, 1998)를 참고할 것.

5. Geoffrey Blainey, *The Causes of War* (New York: Free Press, 1973), 제8장. p. 119; James D. Fearon, "Rationalist Explanations for War," *International Organization* 49, No.3 (Summer 1995) pp. 379-414.

6. Zeev Maoz, "Power, Capabilities, and Paradoxical Conflict Outcomes," *World Politics* 41, No.2 (January 1989), pp. 239-66. 다음 장에서 논할 예정이지만 군사력은 군대의 수와 군대의 질이 함께 고려되는 것이다.

7. John J. Mearsheimer, Conventional Deterrence (Ithaca, NY: Cornell Univ. Press, 1983), pp. 33-35, 58-60. 또한 Mark Harrison, "The Economics of World War II: An Overview," in Mark Harrison, ed., The Economics of World War II: Six Great Powers in International Comparison (Cambridge: Cambridge Univ. Press, 1998), pp. 1-2를 참고할 것.

8. Mearsheimer, *Conventional Deterrence*; T.V. Paul, *Asymmetric Conflicts: War Initiation by Weaker Powers* (Cambridge: Cambridge Univ. Press, 1994); Dan Reiter, "Military Strategy and the Outbreak of International Conflict," *Journal of Conflict Resolution* 43, No.3 (June 1999), pp. 366-87.

9. Brian Bond, *France and Belgium 1939-1940* (London: Davis-Poynter, 1975); Phillip A. Karber et al., *Assessing the Correlation of Forces: France 1940*, Report No.BDM/W-79-560-TR (McLean, VA: BDM Corporation, June 18, 1979); Barry R. Posen, *The Sources of Military Doctrine: France, Britain, and Germany between the World Wars* (Ithaca, NY: Cornell Univ. Press, 1984), pp. 82-94.

10. 슐리펜 플랜(Schlieffen Plan)의 자세한 내용은, Gerhard Ritter, *The Schlieffen Plan*, trans. Andrew and Eva Wilson (London; Oswald Wolff, 1958). 슐리펜 플랜의 원안이 채택되었다면 성공할 수 있었을 것이라는 견해는 Gordon Craig, *The Politics of the Prussian Army, 1640-1945* (Oxford: Oxford Univ. Press, 1975), pp. 279-80; Walter Goerlitz, *History of the German General Staff, 1657-1945*, trans. Brian Battershaw (New York: Praeger, 1953) p. 135; and L.C.F. Turner, "The Significance of the Schlieffen Plan," *Australian Journal of Politics and History* 8, No.1 (April 1967), pp. 52-53, 59-63.

11. 냉전의 후반부에 바르샤바조약기구(WARSAW) 국가들이 북대서양조약기구(NATO) 국가들을 재래식 무기로 공격할 경우 얼마나 빠르고 결정적으로 승리를 거둘 수 있는가의 여부를 판단하기 위해, 유럽에서의 재래식 무기균형에 대한 평가가 집중적으로 이루어졌다. 당시 일반적으로 나타난 사실은 분석자들이 양측이 사용할 수 있는 물질적 자산에는 큰 관심을 가졌던 반면 양측이 채택하게 될 전략에 대해서는 그다지 큰 관심을 기울이지 않았다는 점이다. 이 분석에 근거한 가설은 "세력균형 그 자체가 결과를 결정한다"는 것이었다. 그러나 NATO와 WARSAW 국가들이 전쟁을 한다면 그 결과는, 양측의 병력규모는 물론 채택되는 전략에 의거할 것이다. 그렇기 때문에 유럽에서의 균형에 대한 판단에는 물질적 자원의 균형은 물론 전략도 고려되어야만 한다. John J. Mearsheimer, "Numbers, Strategy, and the European Balance," *International Security* 12, No.4 (Spring 1988), pp. 174-85.

12. 러시아에서의 나폴레옹 군사작전에 관한 논의는 주로 다음의 자료를 참고했다. David

GT. Chandler, *The Campaigns of Napoleon* (New York: Macmillan, 1996), pts. 13-14; Christopher Duffy, *Borodino and the War of 1812* (New York: Scribner's, 1973); Vincent J. Esposito and John R. Elting, *A military History and Atlas of the Napoleonic Wars* (New York: Praeger, 1965); Georges Lefebvre, *Napoleon: From Tilsit to Waterloo, 1807-1815*, trans. J.E. Anderson (New York: Columbia Univ. Press, 1990), 제9장.

13. 이 문장에 인용된 수치들은 Chandler, *Campaigns of Napoleon*, pp. 750, 754-55, 852-53에서 인용한 것임. 프랑스 및 러시아군의 규모는 이 책의 〈표 8-2〉를 참고할 것.

14. 러시아의 전략은 정교하게 계산된 정책결정의 결과가 아니라 전장에서의 전황에 따라 결정된 것처럼 보인다. Chandler, *Campaigns of Napoleon*, pp. 764-65, 859; and Lefebvre, *Napoleon*, p. 313. 그러나 어쨌든 러시아의 전략은 빛나는 승리를 거두었다.

15. 나폴레옹 군대의 와해에 관한 탁월한 통계 도표는 Edward R. Tufte, *The Visual Display of Quantitative Information* (Cheshire, CT: Graphics Press, 1983), p. 41, 176을 보라.

16. Jonathan Kirshner, "Rationalist Explanations for War?" *Security Studies* 10, No.1 (Autumn 2000), pp. 153-61; Alan Beyerchen, "Clausewitz, Nonlinearity, and the Unpredictability of War," *International Security* 17, No.3 (Winter 1992-93), pp. 59-90, 위의 저술은 어느 편이 전쟁에서 승리할지를 예측하는 것이 어렵다는 사실을 집중적으로 강조하고 있다. 그렇지만 전쟁의 승패 예측에 관한 중요한 관점을 제시하고 있다.

17. Kenneth N. Waltz, *Theory of International Politics* (Reading, MA: Addison-Wesley, 1979), pp. 191-92; Wohlforth, Elusive Balance, p. 4.

18. Klaus Knorr, *The War Potential of Nations* (Princeton, NJ: Princeton University Press, 1956); Klaus Knorr, *Military Power and Potential* (Lexington, MA: D.C. Heath, 1970).

19. 인구와 국력에 관한 가장 탁월한 연구 결과들은, Kingsley Davis, "The Demographic Foundations of National Power." in Morroe Berger, Theodore Abel, and Charles H. Page, eds., *Freedom and Control in Modern Societies* (New York: Van Nostrand, 1954), pp. 206-42; *Katherine Organski and A.F.K. Organski, Population and World Power* (New York: Knopf, 1961); Michael S. Teitelbaum and Jay M. Winter, *The Fear of Population Decline* (Orlando, FL: Academic Press, 1985).

20. 인구자료는 *The World Factbook, 2013-2014*, Washington,D.C.: Central Intelligence Agency, 2013. https://www.cia.gov/library/publications/the-world-factbook/index.html.

21. Simon Kuznets, *Modern Economic Growth: Rate, Structure, and Spread* (New Haven, CT: Yale Univ. Press, 1966), 제2, 4장.

22. 경제력이 군사력에 미치는 중요성에 관해서는, Robert Gilpin, *War and Change in World Politics* (Cambridge: Cambridge Univ. Press, 1981); Paul M. Kennedy, *The Rise and Fall of British Naval Mastery* (London: Allen Land, 1976); Paul M. Kennedy, *The Rise and Fall of the Great Powers: Economic Change and Military Conflict from 1500 to 2000* (New York: Random House, 1987); A.F.K. Organski, *World Politics*, 2d ed. (New York: Knopf, 1968); Organski and Kugler, *War Ledger*.

23. 1차 세계대전이 초래한 희생에 관해서는, Ernest L. Bogart, *Direct and Indirect Costs*

of the Great World War (Oxford: Oxford Univ. Press, 1919), p. 299; Roger Chickering, *Imperial Germany and the Great War, 1914-1918* (Cambridge: Cambridge Univ. Press, 1998), p. 195; Niall Ferguson, *The Pity of War* (N. Y.: Basic Books, 1999), pp. 322-23; Gerd Hardach, *The First World War, 1914-1918* (Berkeley: University of California Press, 1977), p. 153. 국제전략연구소(The International Institute for Strategic Studies, IISS)는 1995년 가격으로 계산했을 경우 1 차 세계대전의 손실은 4조 5천억 달러였으며 2차 세계대전의 손실은 13조 달러에 이르는 어마어마한 것이라고 추정했다. "The 2000 Chart Armed Conflict," insert to IISS, *The Military Balance, 2000/2001* (Oxford: Oxford Univ. Press, October 2000).

24. 1940년 미국의 GNP는 1,010억 달러였다. 이 자료는 I.C.B. Dear, ed., *The Oxford Companion to World War II* (Oxford: Oxford Univ. Press, 1995), pp. 1059,1182. 2 차 세계대전의 손실에 관한 더 자세한 논의는 Alan S. Milward, *War, Economy, and Society, 1939-1945* (Berkely: Univ. of California Press, 1979), 제3장을 참고.

25. 이 문제를 해소하기 위해 1인당 GNP를 사용할 수 있을 것이다. 이 경우 국가별 인구의 차이문제가 해소된다. 그러나 이미 강조한 바처럼 인구의 규모를 반드시 고려해야 한다. 인구는 국력의 중요한 잠재력 요인이기 때문이다. 예를 들어 1인당 GNP만 가지고 분석한다면 싱가포르는 현재 중국보다 훨씬 막강한 나라로 보일 것이다. 싱가포르의 1인당 GNP가 중국의 그것보다 훨씬 높기 때문이다. 이런 결론은 분명히 타당치 못하다.

26. Bernard Brodie, "Technological Change, Strategic Doctrine, and Political Outcomes," in Klaus Knorr, ed., *Historical Dimensions of National Security Problems* (Lawrence: Univ. Press of Kansas, 1976), pp. 263-306; Karl Lautenschlager, "Technology and the Evolution of Naval Warfare," *International Security* 8, No.2 (fall 1983), pp. 3-51; William H. McNeill, *The Pursuit of War: Technology, Armed Force, and Society since AD 1000* (Chicago: Univ. of Chicago Press, 1982), 제6-10장; Merritt Roe Smith, ed., *Military Enterprise and Technological Change: Perspectives on the American Experience* (Cambridge, MA: MIT Press, 1987). 산업능력의 차이는 잠재력의 균형에 대해 또 다른 영향을 미친다. 선진 산업국가는 더 좋은 병참 능력(도로, 트럭, 철도, 수송선, 화물기 등)으로 군사력을 지원할 수 있을 것이다. 후진국은 대체로 군사적 성공을 위한 요소들을 창출할 수 없다. 현대 산업국가들은 또한 그렇지 못한 국가들보다 더 잘 교육된 인구를 보유하고 있으며, 더 높은 교육을 받은 군대는 그렇지 못한 군대보다 전투력이 높을 것이다. 마지막으로 현대 군사력은 잘 관리되어야만 할 크고 복잡한 조직이며 일반 참모부의 존재가 필수적이다. 고도의 산업국가들은 큰 조직을 경영할 수 있는 상당한 전문적 능력을 갖추고 있다. 그런 나라들에는 대규모의 경제조직들이 많이 있기 때문이다. 1차 세계대전 당시 산업이 발달하지 못했던 러시아는 심각한 병참문제, 제대로 교육받지 못한 병사, 그리고 적절치 못한 참모체계 등의 문제에 봉착했다. 반면, 고도로 산업화된 독일은 교전국 중에서 훌륭한 병참능력, 잘 교육받은 병력, 그리고 가장 탁월한 일반 참모체계를 보유하고 있었다.

27. *The War Ledger*에 나타나는 문제는 Organski와 Kugler 교수가 19세기 후반 및 20세기 초반의 국력을 계산하기 위해 GNP자료를 사용했다는 점이다. William B. Moul, "Measuring the 'Balances of Power': A Look at Some Numbers," *Review of International Studies* 15, No.2 (April 1989), pp. 107-15. 그들은 또한 잠재적 국력과 현재적 국력을 구분하지 않았다. 다음 장에서 논할 것이지만 이 두 가지는 같은 것이 아

니다.

28. 당시 영국이 경제적 거인이기는 했지만, 막강한 군사력을 건설하지는 않았다. 그 이유는 다음에 설명될 것이다.

29. William C. Fuller, Jr., *Strategy and Power in Russia, 1600-1914* (New York: Free Press, 1992), 제6-9장.

30. 이곳의 수치들은 *World Bank Atlas, 2000*, pp. 42-43; and World Bank, *Knowledge for Development: World Development Report 1998/1999* (Oxford: Oxford Univ. Press, 1998), p. 212에서 인용. 1980년의 자료는 GDP를 사용한 것이다. 이 사례들의 경우 GDP는 대략 GNP와 일치할 것이다.

31. 국가의 경제력을 측정하는 데 에너지가 차지하는 중요성에 관해서는 Oskar Morgenstern, Klaus Knorr, and Klaus p. Heiss, *Long Term Projections of Power: Political, Economic, and Military Forecasting* (Cambridge, MA: Ballinger, 1973), 특히 제6장을 참고, 강철에 관해서는 Ray S. Cline, *World Power Assessment, 1977: A Calculus of Strategic Drift* (Boulder, CO: Westview, 1977), pp. 68-69.

32. 잠재적 요소를 바꾸는 것은 일상적인 일은 아니다. 그러나 모울(Moul)이 지적하는 것처럼 "다양한 역사 시대와 당시의 시간적 환경은 똑같은 지표가 아니라 등가(equivalent)의 지표를 요구한다." Moul, "Measuring," p. 103.

33. William T. Hogan, *Global Steel in the 1990s: Growth or Decline?* (Lexington, MA: Lexington Books, 1991); Paul A. Tiffany, "The American Steel Industry in the Postwar Era: Dominance and Decline," in Etsuo Abe and Yoshitaka Suzuki, eds., *Changing Patterns of International Rivalry: Some Lessons from the Steel Industry* (Tokyo: Univ. of Tokyo Press, 1991), pp. 245-65. 클라인(Cline)이 자신의 구 자료(*World Power Assessment, 1977*)를 수정한 1990년대 초반 강철 생산량은 더 이상 중요한 경제력의 지표로서 사용되지 않은 점을 고려하라. Ray S. Cline, *The Power of Nations in the 1990s: A Strategic Assessment* (Lanham, MD: Univ. Press of America, 1994), pp. 51-68.

34. 냉전 전 기간 매해마다 소련과 미국의 GNP를 비교하는 훌륭한 자료는 없다. 내가 사용한 자료는 1960년부터 시작되는 것으로 그 이후는 모두 커버하고 있는데 이는 구 미국의 군비통제 및 군축국(U.S. Arms Control and Disarmament Agency)에서 간행한 World Military Expenditures and Data Base에서 구한 것이다. 냉전 종식 이후의 자료는 세계은행이 발간한 자료에서 구했다.

35. 1960년에 국력지표를 바꾼 것이 초강대국의 잠재적 국력의 균형을 연구하는 데 아무런 왜곡을 초래하지 않을 것이라는 이유들이 있다. 1968년 그리고 1976년 미국 상하원 합동경제위원회(Joint Economic Committee of Congress)는 냉전 시대 몇 년 동안의 미국과 소련의 GNP에 관한 비교 자료를 출간했다. 1968년의 간행물은 1950, 1955, 1961, 1965년의 GNP를 수록하고 있으며, 1975년도 간행물은 1948, 1950, 1955, 1960, 1965, 1970, 1975년의 GNP 자료를 게재하고 있다. 각 간행물에 나타나는 미국과 소련이 차지하는 각 해당년도의 상대적인 GNP 비율은〈표 3-5〉에서 보이는 것과 별로 다를 바 없다. U.S. Congress, Joint Economic Committee, *Soviet Economic Performance, 1966-67*, 90th Cong., 2d. sess. (Washington, DC: U.S. Government Printing Office, May 1968), p. 16; U.S. Congress, Joint Economic Committee, *Soviet Economy in a New Perspective*, 94th Cong., 2d. sess. (Washington, DC: U.S. Government Printing

Office, October 14, 1976), p. 246.

36. J. David Singer and Melvin Small, *National Material Capabilities Data, 1816-1985* (Ann Arbor, MI: Inter-Univ. Consortium for Political and Social Research, February 1993), pp. 108-1, 132-1.

37. 이 자료들은 ibid., p. 132-1.

38. Steven T. Ross, *European Diplomatic History, 1789-1815: France against Europe* (Garden City, NY: Anchor Books, 1969), 제11장.

39. 나폴레옹이 러시아를 공격한 1812년 6월 약 200,000명의 프랑스군이 스페인에서 싸우고 있었다. 그럼에도 불구하고 나폴레옹은 러시아를 공격할 수 있는 군대를 674,000명이나 보유하고 있다. Chandler, *Campaigns of Napoleon*, pp. 754-55. 1941년 6월 독일 사단의 약 70%가 동부전선에 배치되어 있었다. 독일육군 최고의 사단들이 모두 여기에 포함됐다. 이 비율은 1943년 후반, 독일이 1944년 6월 6일 감행된 연합국의 노르망디 상륙작전에 대비, 프랑스 주둔 군사력을 증강시키기 시작할 때까지 큰 변동이 없었다. Jonathan R. Adelman, *Prelude to the Cold War: The Tsarist, Soviet, and U.S. Armies in the Two World Wars* (Boulder, CO: Lynne Rienner, 1988), pp. 130-31; Jonathan R. Adelman, *Revolution, Armies, and War: A Political History* (Boulder, CO: Lynne Rienner, 1985), pp. 71-72.

40. Adelman, *Prelude*, p. 40; and Adelman, *Revolution*, pp. 69-70. 혹자는 이 분석은 2차 세계대전의 경우는 아니었지만 1차 세계대전의 경우 동부전선에서 오스트리아-헝가리 군이 독일군과 함께 싸웠다는 사실을 고려하지 않은 것이라고 주장한다. 그러나 1차 세계대전 당시 전장의 상황을 볼 때, 허약한 오스트리아-헝가리 군은 독일군의 자산이라기보다는 오히려 부담이었다고 보는 것이 타당할 것 같다. Holger H. Herwig, *The First World War: Germany and Austria-Hungary, 1914-1918* (New York: Arnold, 1997). 더욱이 상당수의 핀란드, 헝가리, 이탈리아, 그리고 루마니아군이 2차 세계대전 당시 동부전선에서 독일군의 편에 서서 싸웠다. Adelman, *Revolution*, pp. 71-72.

41. Norman Davies, White Eagle, *Red Star: The Polish-Soviet War, 1919-20* (New York: St. Martin's, 1972); Thomas C. Fiddick, *Russia's Retreat from Poland, 1920* (New York: St. Martin's. 1990); Piotr S. Wandycz, *Soviet-Polish Relations, 1917-1921* (Cambridge, MA: Harvard University Press, 1969); Adam Zamoyski, *The Battle for the Marchlands, Eastern European Monograph* No.88 (New York: Columbia Univ. press, 1981).

42. Francois Crouzet, "Wars, Blockade, and Economic Change in Europe, 1792-1815," *Journal of Economic History* 24, No.4 (December 1964), pp. 567-90; and Patrick O'Brien and Caglar Keyder, *Economic Growth in Britain and France 1780-1914: Two Paths to the Twentieth Century* (London: Allen and Unwin, 1978), 또한 제3장의 〈표 3-3〉의 1816년 자료를 참고할 것.

43. Paul Bairoch, "International Industrialization Levels from 1750 to 1980," *Journal of European Economic History* 11, No.2 (Fall 1982), pp. 281, 292, 294, 296 (Bairoch의 자료중 일부는 Kennedy의 Great Powers, p. 149에서 재인용한 것임); Fuller, *Strategy and Power*, pp. 151-53; Arcadius Kahan, *The Plow, the Hammer, and the Knout: An Economic History of Eighteenth-Century Russia* (Chicago: Univ. of Chicago Press, 1985); and W.W.Rostow, "The Beginnings of Modern Growth in Europe: An

Essay in Synthesis," *Journal of Economic History* 33, No.3 (September 1973), p. 555.

44. David R. Jones, "The Soviet Defense Burden through the Prism of History," in Carl G. Jacobsen, ed., *The Soviet Defense Enigma: Estimating Costs and Burdens* (Oxford: Oxford Univ. Press, 1987), pp. 154-61; Walter M. Pintner, "Russia as a Great Power, 1709-1856: Reflections on the Problem of Relative Backwardness, with Special Reference to the Russian Army and Russian Society," Occasional Paper No.33 (Washington, DC: Kennan Institute for Advanced Russian Studies, July 18, 1978); Walter M. Pintner, "The Burden of Defense in Imperial Russia, 1725-1914," *Russian Review* 43, No.3 (July 1984), pp. 231-59.

45. D.N.Collins, "The Franco-Russian Alliance and Russian Railways, 1891-1914," *Historical Journal* 16, No.4 (December 1973), pp. 777-88.

46. 1차 세계대전 이전, 러시아 경제의 취약성에 관해서는 Raymond Q. Goldsmith, "The Economic Growth of Tsarist Russia, 1860-1913," *Economic Development and Cultural Change* 9, No.3(April 1961), pp. 441-75; Paul R. Gregory, *Russian National Income, 1885-1913* (Cambridge: Cambridge Univ. Press, 1982), 제7장; Alec Nove, *An Economic History of the USSR, 1917-1991*, 3d ed.(New York: Penguin, 1992), 제1장; Clive Trebilcock, *The Industrialization of the Continental Powers, 1780-1914* (New York: Longman, 1981), 제4, 7장.

47. 이 문장에서 인용된 문장과 자료들은 모두 Adelman, *Revolution*, pp. 88-92; ibid., pp. 85-86; Adelman, *Prelude*, pp. 32-37, 44-45; Peter Gatrell and Mark Harrison, "The Russian and Soviet Economies in Two World Wars: A Comparative View," *Economic History Review* 46, No.3 (August 1993), pp. 425-52에서 인용한 것임.

48. 도표를 통한 스탈린의 경제정책 분석은 "Soviet Heavy Industry Output, 1928-1945," in Mark Harrison, *Soviet Planning in Peace and War, 1938-1945* (Cambridge: Cambridge Univ. Press, 1985), p. 253의 도표들을 볼 것. 더 일반적인 논의를 위해서는 R. W. Daview, Mark Harrison, and S. G. Wheatcroft, eds., *The Economic Transformation of the Soviet Union, 1913-1945* (Cambridge: Cambridge Univ. Press, 1944).

49. 이 수치들은 Adelman, *Revolution*, p. 92에서 인용; Adelman은 다음 자료에서는 약간 다른 수치를 이용하고 있다. *Prelude*, p. 219. 또한 David M. Glantz and Jonathan M. House, *When Titans Clashed: How the Red Army Stopped Hitler* (Lawrence: Univ. Press of Kansas, 1995), p. 306을 보라; Harrison, "Economics of World War II," pp. 15-17; and Richard J. Overy, *Why the Allies Won* (New York: Norton, 1996), pp. 331-32.

50. 소련이 단지 무기를 더 많이 만들었다는 사실만으로 독일을 격파한 것은 아니다. 1941 년부터 1945년에 이르는 동안 소련군의 전투기술도 대단히 향상되었다. 예를 들어 전쟁 이 발발한 처음 2년 동안 소련군의 장갑 전투 차량 손실률은 독일군 장갑전투 차량 1대 마다 6-7대였다. 그러나 1944년 가을 그 비율은 거의 1:1 수준이 되었다. Overy, *Why the Allies Won*, p. 212. 또한 Glantz, When Titans Clashed, 특히 pp. 286-89; F. W. von Mellenthin, *Panzer Battles: A Study of the Employment of Armor in the Second World War*, trans. H. Betzler (New York: Ballantine, 1976), pp. 349-67을 참고.

51. 소련의 유일한 경쟁자는 영국이었다. 그러나 영국은 1946년부터 1950년까지 소련보다 철강 생산량도 적었고 에너지 소비량도 적었다. Singer and Small, *National Material Capabilities Data, 1816-1985*, pp. 91-1, 188-1을 참고. 또한 이 책의 제8장을 참고.

52. 1956년 11월 18일 서방측의 외교관을 향한 연설에서 흐루시초프는 말하기를 "당신들이 좋아하건 말건 역사는 우리 편이다. 우리는 당신들을 매장해 버릴 것이다." William J. Tompson, *Khrushchev: A Political Life* (New York: St. Marini's, 1995), p. 171에서 인용.

53. Gus Ofer, "Soviet Economic Growth: 1928-1985," *Journal of Economic Literature* 25, No.4 (December 1987), pp. 1767-833.

54. William E. Odom, "Soviet Force Posture: Dilemmas and Directions," *Problems of Communism* 34, No.4 (July-August 1985), pp. 1-14; Notra Trulock III, "Emerging Technologies and Future War: A Soviet View," in Andrew W. Marshall and Charles Wolf, eds., *The Future Security Environment*, report submitted to the Commission on Integrated Long-Term Strategy (Washington, DC: U.S. Department of Defense, October 1988), pp. 97-163. 냉전이 종식된 후 구소련의 비효율성에 관한 강조는 보편적인 것이 되었다. 그리고 그런 주장은 상당부분 확실하다. 그러나 소련은 1930년대의 스탈린이 보여주었던 것처럼 잘 사용되지 않던 자원을 극적으로 동원하는 데 대단한 능력을 가지고 있었다는 사실이 잊혀지면 안 될 것이다. 소련은 1941년과 1945년 사이에 보여준 것처럼 위기시 자원을 동원하는 능력도 훌륭했다.

55. 이러한 관점은 Stephen M. Walt, *The Origins of Alliances* (Ithaca, NY: Cornell Univ. Press, 1987), pp. 273-81.

56. 국제 정치경제를 연구하는 학자들은 때로 19세기의 영국을 패권국이라고 말한다. Stephen D. Krasner, "State Power and the Structure of International Trade," *World Politics* 28, No.3 (April 1976), pp. 317-47. 그러나 그들은 경제적 자원에만 관심의 초점을 맞추었지 군사력에는 관심을 가지지 않았던 결과, 이처럼 말하는 것이다. 안보 경쟁의 측면을 강조하는 학자들은 1800년대의 유럽을 다극체제로 간주한다.

57. J. M. Hobson, "The Military-Extraction Gap and the Wary Titan: The Fiscal-Sociology of British Defense Policy, 1870-1913," *Journal of European Economic History* 22, No.3 (Winter 1993), pp. 461-503; Paul M. Kennedy, "The Costs and Benefits of British Imperialism, 1846-1914," *Past and Present*, No.125 (November 1989), pp. 186-92; Jacek Kugler and Marina A. Arbetman, "Choosing among Measures of Power: A Review of the Empirical Record," in Richard J. Stoll and Michael D. Ward, eds., *Power in World Politics* (Boulder, CO: Lynne Rienner, 1989), p. 76; Quincy Wright, *A Study of War*, vol.1(Chicago: Univ. of Chicago Press, 1942), pp. 670-71.

58. 20세기 초반 독일의 일부 유명한 학자들은(한스 델뷔릭, 오토 힌체 등) 빌헬름 황제의 독일이 영국에 대항하는 균형동맹을 이끌어야 한다고 잘못 주장했다. 영국은 특히 경제적으로 막강했고 강력한 해군을 보유하고 있었기 때문이다. 오히려 영국, 프랑스, 러시아가 독일에 대항하는 동맹을 결성했다. Ludwig Dehio, *Germany and World Politics in the Twentieth Century*, trans. Dieter Pevsner (New York: Norton, 1967), pp. 45-47, 52-55.

59. 폴 케네디의 *Great Powers*에는 미국이 19세기 후반기 경제력은 막강했으나 군사적으

로 허약했다는 점을 알려주는 다양한 표들이 게재되어 있다 (pp. 149, 154, 199-203, 243); Hobson, "The Military-Extraction Gap," pp. 478-80과 본서 〈표 6-2〉를 참고할 것.

60. R. A. C. Parker, "Economics, Rearmament, and Foreign Policy: The United Kingdom before 1939—A Preliminary Study," *Journal of Contemporary History* 10, No.4 (October 1975), pp. 637-47; G.C. Peden, *British Rearmament and the Treasury: 1932-1939* (Edinburgh: Scottish Academic Press, 1979); Robert p. Shay, Jr., *British Rearmament in the Thirties: Politics and Profits* (Princeton, NJ: Princeton Univ. Press, 1977).

61. Robert R. Bowie and Richard H. Immerman, *Waging Peace: How Eisenhower Shaped and Enduring Cold War Strategy* (Oxford: Oxford Univ. Press, 1998), 특히 제4, 6장; Aaron L. Friedberg, *In the Shadow of the Garrison State: America's Anti-Statism and Its Cold War Grand Strategy* (Princeton, NJ: Princeton Univ. Press, 2000), pp. 93-98, 127-39; John L. Gaddis, *Strategies of Containment: A Critical Appraisal of Postwar American National Security Policy* (Oxford: Oxford Univ. Press, 1982), 제5-6장; Glenn H. Snyder, "The 'New Look' of 1953," in Watner R. Schilling, Paul Y. Hammond, and Glenn H. Snyder, Strategy, *Politics, and Defense Budgets* (New York: Columbia Univ. Press, 1962), pp. 379-524.

62. 미국 중앙정보국은 대체적으로 소련의 GNP 대비 국방비지출비율은 미국에 비해 약 3 배 정도 높았던 것으로 평가한다. 혹자는 이 비율이 너무 낮게 평가된 것이라고 비판하기도 한고 또는 너무 높다고 비판하기도 한다. 그럼에도 불구하고 거의 대부분 전문가들은 소련이 미국보다 더 높은 비율의 국방비를 지출했다는 사실에 동의한다.

63. Walt, *Origins of Alliances*, pp. 289-91.

64. 1979년도 일본의 GNP는 2조 760억 달러였던 반면 같은 해 소련의 GNP는 2조 4,450 억 달러였다. 그후 7년 동안 일본은 이 격차를 줄여 1987년 당시 일본 GNP는 2조 7,720 억 달러가 되었고 소련의 GNP는 2조 7,500억 달러였다. 이 자료들은 미국 군비통제 및 군축국(ACDA)의 World Military Expenditures and Arms Transfers Database에서 구한 것임.

65. Peter Liberman, *Does Conquest Pay? The Exploitation of Occupied Industrial Societie*s (Princeton, NJ: Princeton University Press, 1996), 제3장; Milward, *War, Economy, and Society,* 제5장.

66. Harrison, *Soviet Planning*, pp. 64, 125; Overy, *Why the Allies Won*, pp. 182-83.

67. Mark Harrison, "Resource Mobilization for World War II: The USA, UK, USSR, and Germany, 1938-1945," *Economic History Review* 2d Ser.,vol.41,No.2 (May 1988), p. 185; Dear, ed., *Oxford Companion to World War Ⅱ*, p. 1218.

68. Overy, *Why the Allies Won*, p. 332.

69. Adelman, *Revolution*, pp. 106-7. 이 수치들은 개략적인 것이다. 사실 에델만은 *Prelude*(p. 174)에서 1945년 1월 소련은 488개 사단을 보유하고 있었다고 기술하고 있다. 더 나아가 서로 다른 두 개의 자료는 1945년 초 독일군은 300개 사단을 약간 상회하는 병력을 보유했다고 주장한다. Dear, ed., *Oxford Companion to World War II*, p. 471; N.I. Anisimov, *Great Patriotic War of the Soviet Union, 1941-1945: A General Outline* (Moscow: Progress Publishers, 1970), p. 437. 양국 군대의 장비의 차이점에

대해서는 R. L. DiNardo, *Mechanized Juggernaut or Military Anachronism? Horses and the German Army of World War II* (Westport, CT: Greenwood, 1991).

70. Harrison, "Economics of World War II," p. 21.

71. 널리 인용되는 소련관련 연구는 미국의 무기대여(Lend-Lease)는 전시 소련 총생산의 4% 정도에 이르는 것이었다고 평가한다. 그러나 이 수치는 너무 낮게 평가한 것일지 모른다. Adelman은 10% 정도가 될 것이라고 주장한다. Adelman, *Prelude*, pp. 223-24; Mark Harrison, "The Second World War," in Davies et al., eds., *Economics Transformation*, pp. 250-52; Boris K. Sokolov, "The Role of Lend-Lease in Soviet Military Efforts, 1941-45," trans. David M. Glantz, *Journal of Slavic Military Studies* 27, No.3 (September 1994), pp. 567-86.

72. Werner Abelshauser, "Germany: Guns, Butter, and Economic Miracles," in Harrison, ed., *Economics of World War II*, pp. 151-70; Alfred C. Mierzejewski, *The Collapse of the German War Economy, 1944-45: Allied Air Power and the German National Railway* (Chapel Hill: Univ. of North Carolina Press, 1988), 제1장; Richard J. Overy, *War and Economy in the Third Reich* (Oxford: Clarendon, 1944); Overy, *Why the Allies Won*, 제6-7장.

73. Wright, *A Study of War*, vol.1, pp. 670-71, 표 58, 59. 이미 지적한 바처럼 영국은 경쟁국들과 비교할 때 GDP 대비 국방비 비율이 아주 낮았다. 영국은 바다를 통해 대륙과 격리되어 있었기 때문이다.

74. Hobson, "The Military-Extraction Gap," p. 495에서 인용. 1870년부터 1914년 사이의 영국육군에 관한 일반적인 논의는 Correlli Barnett, *Britain and Her Army, 1509-1970: A Military, Political, and Social Survey* (Harmondsworth, UK: Penguin Books, 1974), 제13-15장; David French, *The British Way in Warfare, 1688-2000* (London: Unwin Hyman, 1990), 제5-6장; and Edward M. Spiers, *The Late Victorian Army, 1868-1902* (New York: Manchester Univ. Press, 1992); A.J.p. Taylor, *The Struggle for Mastery in Europe, 1848-1918* (Oxford: Clarendon, 1954), 서문 등을 참고할 것.

4장 육군력의 우위

1. Alfred T. Mahan, *The Influence of Sea Power upon History, 1660-1783*, 12th ed. (Boston: Little Brown, 1918).

2. Giulio Douhet, *The Command of the Air*, trans. Dino Ferrari (New York: Coward – McCann, 1942).

3. 이처럼 말하는 것이 미국과 그 동맹국이 냉전 당시 유럽에 막강한 군사력을 유지시켰던 사실을 부정하는 것은 아니다. 막강한 군사력을 주둔시켰기 때문에 북대서양조약기구는 소련의 재래식 공격역구를 약화시키는 데 성공적으로 기여했던 것이다. John J. Mearsheimer, "Why the Soviets Can't Win Quickly in Central Europe," *International Security* 7, No.1 (Summer 1982), pp. 3-39; Barry R. Posen, "Measuring the European Conventional Balance. Coping with Complexity in Threat Assessment," *International Security* 9, No.3 (Winter 1984-85), pp. 47-88. 그럼에도 불구하고 소련 육군과는 달리 미국 육군은 유럽을 점령하려는 입장을 취한 적이 없다.

사실 미군은 유럽에서 아마도 소련과 독일에 이어 세 번째로 강한 육군이었을 뿐일지도 모른다. 냉전의 핵심 전선 주위에는 소련군이 26개 사단, 서독군 12개 사단이 있었고 미국은 6개 사단이 채 되지 못했다. 그러나 물론 미 육군 1개 사단은 소련이나 독일군 육군 사단보다 규모도 크고 막강했다. 차이점을 고려한다 해도 미 육군은 유럽 3위의 전투력을 가진 육군이었다. 미국, 서독, 그리고 소련군의 전투 잠재력에 관해서는 William p. Mako, *U.S. Ground Forces and the Defense of Central Europe* (Washington, DC: Brookings Institution Press, 1983), pp. 105 -25를 참조.

4. 해병대는 본질적으로 다른 이름을 가진 작은 육군이다.

5. Julian S. Corbett, *Some Principles of Maritime Strategy* (1911: rpt., Annapolis, MD: U.S. Naval Institute Press, 1988), p. 16. 코벳은 또한 "전쟁이 전적으로 해군 작전만으로 결정될 수 있다는 것이 거의 불가능하다는 사실은 말할 필요도 없다"고 말하고 있다.

6. John J. Mearsheimer, *Conventional Deterrence* (Ithaca, NY: Cornell Univ. Press, 1983), 특히 제2장.

7. 해양의 통제에 관해서는 Corbett, *Principles of Maritime Strategy*, pp. 91-106. 해양전략에 관한 훌륭한 개설서로는 Geoffrey Till et al., *Maritime Strategy and the Nuclear Age* (New York: St. Martin' s, 1982)를 보라.

8. 국가들은 적으로부터 자국의 본토를 지키기 위해 바다와 하늘에 대한 통제권을 가지려 한다.

9. 막강한 독립해군의 주창자였던 마한이 상륙작전, 즉 해군이 육군을 지원할 것을 요구하는 작전을 싫어했다는 것은 놀라운 일이 아니다. Jon T. Sumida, *Inventing Grand Strategy: The Classic Works of Alfred Thayer Mahan Reconsidered* (Baltimore, MD: Johns Hopkins Univ. Press, 1997), p. 45.

10. 상륙공격(amphibious assaults)과 상륙(amphibious landings)의 차이에 관한 분석은 Jeter A. Isely and Philip A. Crowl, *The U.S. Marines and Amphibious War: Its Theory and Its Practice in the Pacific* (Princeton, NJ: Princeton Univ. Press, 1951), p. 8을 참조. 그러나 나는 이 개념들을 저자들과는 약간 상이하게 정의하고 있다.

11. 습격(Raid)은 상륙작전의 네 번째 종류다. 습격이란 해군이 적의 특정한 표적을 파괴하기 위해, 아군을 적의 해안에 단기간 배치하는 것이다. 임무가 완성(혹은 실패)한 이후 병력은 곧바로 다시 되돌아온다. 1942년 8월 프랑스의 디에프(Dieppe) 해안을 향한 연합국의 실패한 상륙작전이 습격의 예가 된다. Brian L. Villa, *Unauthorized Action: Mountbatten and the Dieppe Raid* (Oxford: Oxford Univ. Press, 1990). 1918년 4월 지브러그에서의 영국군 작전의 예는 Paul G. Halpern, *A Naval History of World War I* (Annapolis, MD: U.S. Naval Institute Press, 1994), pp. 411-16을 보라. 나는 습격을 대체로 무시하고자 한다. 습격이 주로 실패하기 때문이 아니라 이들은 전쟁결과에 그다지 큰 영향을 미치지 못하는 미미한 군사작전이기 때문이다.

12. Richard Harding, *Amphibious Warfare in the Eighteenth Century: The British Expedition to the West Indies, 1740-1742* (Woodbridge, UK: Boydell, 1991), p. 81.

13. Brian RE. Sullivan, "Mahan' s Blindness and Brilliance," *Joint Forces Quarterly*, No.21 (Spring 1999), p. 116에서 인용.

14. 로널드 레이건 대통령 재임시 해군장관이었던 존 레만(John Lehman)은 소련과의 전쟁이 발발할 경우 미국의 항공모함은 소련에 근접하는 지역으로 이동해야 하며, 특히 콜라반도 부근으로 이동함으로써 중요한 군사목표들을 공격해야 한다고 자주 언급했다.

그러나 이런 생각을 지지하는 해군 제독은 별로 없었다. 스탠스필드 터너(Stansfield Turner) 제독은 "레만은 해군의 기동, 선제, 공격작전을 요구한다. 아마도 그는 우리 해군이 소련 본토에 가까운 기지 및 항구에서 전쟁을 수행할 수 있다는 사실을 각종 공공연설에서 계속 확인하고 있는 것 같다. 이 말은 감동적이며 애국적이다. 한 가지 문제는 미국의 해군 제독 중 누구도 이처럼 작전할 생각을 가지고 있지 않다는 점이다." Letter to the editor, *Foreign Affairs* 61, No.2 (Winter 1982-83), p. 457. 그러나 잠수함이라면 재래식 폭탄을 장착한 순항 미사일을 적국 본토 가까운 곳에서도 안전하게 발사할 수 있을 것이다. Owen R. Cote, Jr., *Precision Strike from the Sea: New Missions for a New Navy, Security Studies Program Conference Report* (Cambridge: MIT, July 1998); Owen R. Cote, Jr., *Mobile Targets from under the Sea: New Submarine Missions in the New Security Environment, Security Studies Program Conference Report* (Cambridge: MIT, April 2000).

15. Paul M. Kennedy, *The Rise and Fall of British Naval Mastery* (London: Allen Lane, 1976), p. 253에서 인용. 또한 Sumida, *Inventing Grand Strategy*, pp. 45-47; Allan Westcott, *Mahan on Naval Warfare: Selections from the Writings of Rear Admiral Alfred T. Mahan* (London: Sampson Low, Marston, 1919), pp. 91-99, 328-41. 봉쇄에 관한 코벳(Corbett)의 견해는 *Principles of Maritime Strategy*, pp. 95-102. 183-208을 보라. 비록 마한은 독립적인 육군이 아니라, 독립적인 해군이 결정적인 군사력이라고 믿었지만 그의 분석에 치명적인 오류가 있다는 사실은 널리 인식되고 있다. 이에 관한 주장은 다음을 참조하라. Philip A. Crowl, "Alfred Thayer Mahan: The Naval Historian," in Peter Paret, ed., *Makers of Modern Strategy: From Machiavelli to the Nuclear Age* (Princeton, NJ: Princeton Univ. Press, 1986), pp. 444-77; Gerald S. Graham, *The Politics of Naval Supremacy: Studies in British Maritime Ascendancy* (Cambridge: Cambridge Univ. Press, 1965); Kennedy, *British Naval Mastery*, 특히 서론과 제7장.

16. 봉쇄의 사례에서 거의 언급되지 않지만 이곳에 기록될 수도 있는 두 가지 사례는 1차 및 2차 세계대전 당시 독일이 자신의 해군력 우위를 통해 러시아/소련이 외부 세계와 교역하는 것을 차단하려는 노력이었다. 그러나 나는 이 두 가지 사례를 무시했다. 양차대전을 통해 독일은 러시아(혹은 소련)를 고립시키기 위해 다만 작은 노력을 기울였을 뿐이기 때문이다. 독일의 노력은 전쟁의 결과에 거의 아무런 영향을 미치지 못했으며, 결론적으로 독립적인 해군은 제한적 유용성을 가질 뿐이라는 나의 주장을 보강해 준다.

17. 대륙체제(Continental System)에 관한 가장 훌륭한 자료들은 Geoffrey Ellis, *Napoleon's Continental Blockade: The Case of Alsace* (Oxford: Clarendon, 1981); Eli F. Heckscher, *The Continental System: An Economic Interpretation*, trans. C. S. Fearenside (Oxford: Clarendon, 1922); Georges Lefebvre, *Napoleon, vol.2, From Tilsit to Waterloo, 1807-1815*, trans. J. E. Anderson (New York: Columbia Univ. Press, 1990), 제4장; Mancur Olson, Jr., *The Economics of the Wartime Shortage: A History of British Food Supplies in the Napoleonic War and in World Wars I and II* (Durham, NC: Duke Univ. Press, 1963), 제3장.

18. 1792년과 1815년 사이 프랑스에 대한 영국의 봉쇄작전은 Francois Crouzet, "Wars, Blockade, and Economic Change in Europe, 1792-1815," *Journal of Economic History* 24, No.4 (December 1964), pp. 567-90; Kennedy, *British Naval Mastery*, 제

5장; and Herbert W. Richmond, *Statesmen and Seapower* (Oxford: Clarendon, 1946), pp. 170-257을 참조. 영국은 18세기 프랑스와의 여러 차례 전쟁에서 프랑스의 해외무역을 차단함으로써 프랑스를 굴복시키겠다는 시도를 했었다. Graham, *Politics of Naval Supremacy*, pp. 19-20. 그러나 Graham이 지적하는 바처럼 "영국이 프랑스의 식민지 무역을 거부한 결과 때문에 대륙에서의 프랑스의 전략적 지위가 실질적으로 변화되었다고 볼 수 있는 근거는 발견되지 않았다"(p. 19). 또한 Michael Howard, *The British Way in Warfare: A Reappraisal, 1974 Neale Lecture in English History* (London: Jonathan Cape, 1975), pp. 15-20을 참조할 것.

19. 프러시아에 대한 프랑스의 봉쇄작전에 관해서는 Michael Howard, *The Franco-Prussian War: The German Invasion of France, 1870-1871* (London: Dorset Press, 1961), pp. 74-76; Thoedore Ropp, *The Development of a Modern Navy: French Naval Policy, 1871-1904*, ed. Stephen S. Roberts (Annapolis, MD: U.S. Naval Institute Press, 1987), pp. 22-25를 참조할 것.

20. 1차 세계대전 당시 영국에 대한 독일의 봉쇄작전에 관한 가장 좋은 자료들은 다음과 같다. Olson, *Economics of the Wartime Shortage*, 제4장; E. B. Potter and Chester W. Nimitz, *Sea Power: A Naval History* (Englewood Cliffs, NJ: Prentice-Hall, 1960), 제25장; John Terraine, *The U-Boat Wars, 1916-1945* (New York: Putnam, 1989), 제1부; V. E. Tarrant, *The U-Boat Offensive, 1914-1915* (Annapolis, MD: U.S. Naval Institute Press, 1989), pp. 7-76.

21. 1차 세계대전 당시 독일과 오스트리아에 대한 연합국의 봉쇄작전은 A. C. Bell, *A History of the Blockade of Germany, Austria-Hungary, Bulgaria, and Turkey, 1914-1918* (1937; rpt., London: Her Majesty's Stationery Office, 1961); Louis Guichard, *The naval Blockade, 1914-1918*, trans. Christopher R. Turner (New York: Appleton, 1930); Holger H. Herwig, *The First World War: Germany and Austria-Hungary, 1914-1918* (London: Arnold, 1997), pp. 271-83; C. Paul Vincent, *The Politics of Hunger: The Allied Blockade of Germany, 1915-1919* (Athens: Ohio Univ. Press, 1985)를 참고할 것. 또한 Avner Offer, *The First World War: An Agrarian Interpretation* (Oxford: Oxford Univ. Press, 1989), pp. 23-78 은 봉쇄의 효과를 자세하게 분석하고 있다. 그러나 전쟁의 결과에 미친 봉쇄 효과를 지나치게 강조하고 있다.

22. 2차 세계대전 당시 영국에 대한 독일의 봉쇄작전은 Clay Blair, *Hitler's U-Boat War: The Hunters, 1939-1942* (New York: Random House, 1996); Clay Blair, *Hitler's U-Boat: The Hunted, 1942-1945* (New York: Random House, 1998); Jurgen Rohwer, "The U-Boat War against the Allied Supply Lines," in H. A. Jacobsen and J. Rohwer, eds., *Decisive Battles of World War II: The German View*, trans. Edward Fitzgerald (New York: Putnam, 1965), pp. 259-312; Tarrant, *U-Boat Offensive*, pp. 81-144; Terraine, U-Boat Wars, 제3부 등을 참조.

23. 2차 세계대전 당시 독일과 이탈리아에 대한 연합국의 봉쇄작전은 Kennedy, *British Naval Mastery*, 제11장; W. N. Medlicott, *The Economic Blockade*, 2 vols. (London: Her Majesty's Stationery Office, 1952, 1959); Alan S. Milward, *War, Economy, and Society, 1939-1945* (Berkeley: Univ. of California Press, 1979), 제9장을 참조.

24. 미국의 남북전쟁과 관련해서는 Bern Anderson, *By Sea and by River: The Naval History of the Civil War* (New York: De Capo, 1989), pp. 26, 34-37, 65-66, 225-34;

Richard E. Beringer et al., *Why the South Lost the Civil War* (Athens: Univ. of Georgia Press, 1986), 제3장; Potter and Nimitz, *Sea Power*, 제13-17장을 참조.

25. 일본에 대한 미국의 봉쇄작전에 관해 가장 우수한 자료들은 Clay Blair, *Silent Victory: The U.S. Submarine War against Japan* (New York: Lippincott, 1975); U.S. Strategic Bombing Survey (USSBS), *The War against Japanese Transportation, 1941-1945*, Pacific War Report 54 (Washington, DC: U.S. Government Printing Office, 1947); Theodore Roscoe, *United States Submarine Operations in World War II* (Annapolis, MD: U.S. Naval Institute Press, 1956) 등이다.

26. 일본의 항복에 관한 이 책의 분석은 다음의 책에 크게 의존했다. Robert A. Pape, *Bombing to Win: Air Power and Coercion in War* (Ithaca, NY: Cornell Univ. Press, 1996), 제4장, 필자는 Pape 보다 일본에 투하된 두 발의 원자폭탄의 효력을 더 크게 생각하고 있기는 하다. 필자는 또한 다음의 자료에도 의존했다. Barton J. Bernstein, "Compelling Japan's Surrender without the A – bomb, Soviet Entry, or Invasion: Reconsidering the US Bombing Survey's Early – Surrender Conclusion," *Journal of Strategic Studies* 18, No.2 (June 1995), pp. 101-48; Richard B. Frank, *Downfall: The End of the Imperial Japanese Empire* (New York: Random House, 1999); Leon V. Sigal, *Fighting to a Finish: The Politics of War Termination in the United States and Japan, 1945* (Ithaca, NY: Cornell Univ. Press, 1988).

27. Olson, *Economics of the Wartime Shortage*.; L. Margaret Barnett, *British Food Policy during the First World War* (Boston: Allen and Unwin, 1985); Gerd Hardach, *The First World War, 1914-1918* (Berkeley: University of California Press, 1977), 제5장; and Milward, *War, Economy, and Society*, 제8장.

28. Milward, *War, Economy, and Society*, p. 179.

29. 이곳 및 다음의 문장에서의 인용은 Olson, *Economics of the Wartime Shortage*, pp. 132-33, 142.

30. Pape, *Bombing to Win*, pp. 21-27.

31. Pape, *Bombing to Win*, p. 25.

32. Pape, *Bombing to Win*, 제4장; and USSBS, *The Effects of Strategic Bombing on Japanese Morale*, Pacific War Report 14 (Washington, DC: U.S. Government Printing Office, June 1947).

33. 기본적 논리는 Hein E. Goemans, *War and Punishment: The Causes of War Termination and the First World War* (Princeton, NJ: Princeton Univ. Press, 2000) 을 참조.

34. Wesley F. Craven and James L. Cate, *The Army Air Forces in World War II*, 7 vols. (Washington, DC: Office of Air Force History, 1983), vol.2, pp. 681-87, 695-714; Thomas M. Coffey, *Decision over Schweinfurt: The U.S. 8th Air Force Battle for Daylight Bombing* (New York: David McKay, 1977); John Sweetman, *Schweinfurt: Disaster in the Skies* (New York: Ballantine, 1971).

35. Trevor N. Dupuy, *Elusive Victory: The Arab – Israeli Wars, 1947-1974* (New York: Harper and Row, 1978), pp. 550-53, 555-56; Insight Team of the London Sunday Times, *The Yom Kippur War* (Garden City, NY: Doubleday, 1974), pp. 184-89; Chaim Herzog, *The War of Atonement, October 1973* (Boston: Little, Brown, 1975),

pp. 256-61; Edward Luttwak and Dan Horowitz, *The Israeli Army* (London: Allen Lane, 1975), pp. 347-52, 374; Eliezer Cohen, *Israel's Best Defense: The First Full Story of the Israeli Air Force*, trans. Jonathan Cordis (New York: Orion, 1993), pp. 321-68, 386, 391.

36. 적국의 전선보다 훨씬 안쪽에서 행해지는 차단작전(deep interdiction operation)과 전략폭격의 구분은 때로 애매하다. 공군은 봉쇄작전을 수행하는 해군을 도울 수 있다.

37. Carl H. Builder, *The Icarus Syndrome: The Role of Air Power Theory in the Evolution and Fate of the U.S. Air Force* (New Brunswick, MJ: Transaction, 1994), passim; Morton H. Halperin, *Bureaucratic Politics and Foreign Policy* (Washington, DC: Brookings Institution Press, 1974), pp. 28-32, 43-46, 52; Perry M. Smith, *The Air Force Plans for Peace, 1943-1945* (Blatimore, MD: Johns Hopkins Univ. Press, 1970), 제1-3장.

38. 봉쇄와 전략폭격은 두 가지 측면에서 큰 차이가 있다. 첫째로, 봉쇄는 적국의 수입과 수출 모두를 차단한다는 면에서 무차별적이다. 전략폭격기들은 앞에서도 언급한 바처럼 더욱 선택적으로 사용될 수 있다. 즉 전략폭격은 특별한 산업시설을 한정해서 폭격하고 다른 표적은 무시할 수 있다. 둘째, 만약 목표가 적국의 시민을 처벌하는 데 있다면, 봉쇄는 궁극적으로 적의 민간인에게 피해를 가하게 될 적의 경제를 간접적으로 파괴함으로써 그 목적을 달성할 수 있다. 공군력은 그와 반대로 적의 시민을 직접 폭격함으로써 보다 직접적인 영향을 가할 수 있다.

39. John A. Warden III, "Employing Air Power in the Twenty – first Century," in Richard H. Schultz, Jr., and Robert L. Pfaltzgraff, Jr., eds., *The Future of Air Power in the Aftermath of the Gulf War* (Maxwell Air Force Base, AL: Air Univ. Press, July 1992), pp. 57-82.

40. 1945년 이후 전략폭격의 임무가 어떻게 변했는가에 관한 재미있는 논의는 Mark J. Conversino, "The Changed Nature of Strategic Attack," *Parameters 27*, No.4 (Winter 1997-1998), pp. 28-41. Phillip S. Meilinger, "The Problem with Our Airpower Doctrine," *Airpower Journal 6*. No.1 (Spring 1992), pp. 24-31을 보라.

41. 1차 세계대전에 관해서는 H. A. Jones, *The War in the Air*, vol.3 (Oxford: Clarendon, 1931), 제2-3장; H. A. Jones, *The War in the Air*, vol. 5 (Oxford: Clarendon, 1935), 제1-2장; George H. Quester, *Deterrence before Hiroshima: The Airpower Background of Modern Strategy* (New York: John Wiley, 1966), 제3장을 보라. 1차 세계대전 후반 연합국은 독일에 대해 소규모의 폭격작전을 전개했다. 그러나 이 폭격은 전략적인 결과를 초래하지는 못했다. H. A. Jones, *The War in the Air*, vol. 6 (Oxford: Clarendon, 1937), 제1-4장; Quester, *Deterrence before Hiroshima*, 제4장. 2차 세계대전에 대해서는 Matthew Cooper, *The German Air Force*, 1933-1945: An Anatomy of Failure (London: Jane's, 1981), 제 5-6장; John Terraine, *The Right of the Line: The Royal Air Force in the European War, 1949-1945* (London: Hodder and Stoughton, 1985), pp. 16-25, 77을 참조할 것.

42. Richard J. Overy, *Why the Allies Won* (New York: Norton, 1996), p. 124.

43. Paul Kecskemeti, *Strategic Surrender: The Politics of Victory and Defeat* (Stanford, CA: Stanford Univ. Press, 1958), pp. 72-73; Barrie Pitt, *The Crucible of War: Western Desert 1941* (London: Jonathan Cape, 1980), passim; Jonathan Steinberg,

All or Nothing: The Axis and the Holocaust, 1941-1943 (N.Y.: Routledge, 1990), pp. 15-25.

44. 이 자료들은 Pape, Bombing to Win, pp. 254-55에서 구한 것이다. 페이프의 자료에 추가하여 다음의 자료를 참고할 것. Craven and Cate, *Army Air Forces*, vol.3, 제20-22장: Max Hastings, *Bomber Command* (New York: Touchstone, 1989): Ronald Schaffer, *Wings of Judgement: American Bombing in World War II* (Oxford: Oxford Univ. Press, 1985), 제4-5장: Charles Webster and Noble Frankland, *The Strategic Air Offensive against Germany, 1939-1945*, vols. 1-4 (London: Her Majesty's Stationery Office, 1961).

45. Earl R. Beck, *Under the Bombs: The German Home Front, 1942-1945* (Lexington: Univ. Press of Kentucky, 1986).

46. Craven and Cate, *Army Air Forces*, vol.2, sec. 4, and vol.3, secs. 1, 2, 4-6: Haywood S. Hansell, Jr., *The Strategic Air War against Germany and Japan: A Memoir* (Washington, DC: Office of Air Force History, 1986), 제2-3장: Alfred C. Mierzejewski, *The Collapse of the German War Economy, 1944-1945: Allied Air Power and the German National Railway* (Chapel Hill: Univ. of North Carolina Press, 1988): USSBS, *The Effects of Strategic Bombing on the German War Economy*, European War Report 3 (Washington, DC: U.S. Government Printing Office, October 1945).

47. 오버리(Overy)는 공군력이 히틀러를 궤멸하는 데 큰 기여를 했다고 주장한다. 공군력은 히틀러가 지상전투, 특히 소련군과의 지상전투에 투입해야 할 노력을 분산시키게 함으로써 연합국 승리에 기여했다는 것이다. Overy, *Why the Allies Won*, pp. 20, 127-33. 그러나 연합국 역시 지상전에 투입될 엄청난 자원을 공중전에 투입하였다. *General Marshall's Report: The Winning of the War in Europe and the Pacific*, Biennial Report of the Chief of Staff of the United States Army to the Secretary of War, July 1, 1943, to June 30, 1945 (New York: Simon And Schuster, 1945), pp. 101-7을 보라. 연합국이 공중전을 치르기 위해 독일보다 적은 자원을 배분했는지를 알 수 있는 증거는 없다. 사실 필자는 오히려 연합국들이 독일보다 더 큰 자원을 공중전을 위해 분산시켰다는 보다 확실한 사례가 있다고 믿는다.

48. Craven and Cate, *Army Air Forces*, vol.2, 제13-17장: Kecskemeti, *Strategic Surrender*, 제4장: Pape, *Bombing to Win*, pp. 344-45: Philip A. Smith, "Bombing to Surrender: The Contribution of Air Power to the Collapse of Italy, 1943," thesis, School of Advanced Airpower Studies, Air Univ., Maxwell Air Force Base, AL, March 1997: Peter Tompkins, *Italy Betrayed* (N.Y.: Simon and Schuster, 1966).

49. 연합군의 공군은 이탈리아군의 전방병력을 지원하는 교통망에 대한 폭격작전을 통해 이탈리아 육군의 문제를 가중시켰다.

50. Craven and Cate, *Army Air Forces*, vol.5, pp. 507-614: Hansell, *Strategic Air War*, 제4-6장: Schaffer, *Wings of Judgement*, 제6장.

51. Martin Caidin, *A Torch to the Enemy: The Fire Raid on Tokyo* (New York: Ballantine, 1960): Craven and Cate, *Army Air Forces*, vol.5, 제1-5, 17-23장: Schaffer, *Wings of Judgement*, 제6-8장: Kenneth p. Werrell, *Blankets of Fire: U.S. Bombers over Japan during World War II* (Washington, DC: Smithsonian Institution

Press, 1996).

52. 미국의 전략폭격 조사(Strategic Bombing Survey)는 폭격작전 전체(핵폭격과 재래식 폭격을 포함)를 통해 일본의 66개 대도시의 43%를 파괴했고, 90만 명의 시민을 살해했으며 850만 명의 시민을 도시로부터 강제이주시켰다고 보고한다. USSBS, *Japanese Morale*, pp. 1-2. 66개 도시 중 두 곳(히로시마와 나가사키)은 재래식 폭격이 아니라 핵 공격에 의해 파괴되었다. 더욱이 민간인 115,000명 정도가 핵폭격으로 사망했다. Pape, *Bombing to Win*, p. 105. 소이탄 공격 역시 일본경제에 약간의 충격을 가했다. 그러나 폭격기들이 일본을 공격할 무렵 이미 일본경제는 봉쇄작전으로 인해 피폐되어 있었다.

53. Angelo Del Boca, *The Ethiopian War, 1935-1941*, trans. p. D. Cummins (Chicago: Univ. of Chicago Press, 1969) ; J.F.C. Fuller, *The First of the League Wars: Its Lessons and Omens* (London: Eyre and Spottiswoode, 1936) ; Thomas M. Coffey, *Lion by the Tail: The Story of the Italian – Ethiopian War* (London: Hamish Hamilton, 1974).

54. Takejiro Shiba, "Air Operations in the China Area, July 1937 – August 1945," in Donald S. Detwiler and Charles B. Burdick, eds., *War in Asia and the Pacific, 1937-1949*, vol.9 (New York: Garland, 1980), pp. 1-220 ; H. J. Timperley, ed., *Japanese Terror in China* (New York: Modern Age, 1938), 제6-7장.

55. Mark Clodfelter, *The Limits of Air Power: The American Bombing of North Vietnam* (New York: Free Press, 1989), 제2-4장 ; Pape, *Bombing to Win*, pp. 176-95.

56. Scott R. McMichael, *Stumbling Bear: Soviet Military Performance in Afghanistan* (London: Brassey's, 1991), 제9장 ; Denny R. Nelson, "Soviet Air Power: Tactics and Weapons Used in Afghanistan," *Air University Review*, January – February 1985, pp. 31-44 ; Marek Sliwinski, "Afghanistan: The Decimation of a People," *Orbis 33*, No.1 (Winter 1989), pp. 39-56 ; Edward B. Westermann, "The Limits of Soviet Airpower: The Bear versus the Mujahideen in Afghanistan, 1979-1989," thesis, School of Advanced Airpower Studies, Air Univ., Maxwell Air Force Base, AL, June 1997.

57. Eliot A. Cohen et al., *Gulf War Air Power Survey*, 5 vols. (Washington, DC: U.S. Government Printing Office, 1993) ; Pape, *Bombing to Win*, 제7장. 전략폭격작전은 이라크 내의 바그다드시와 같은 곳을 표적으로 삼았으며, 쿠웨이트에서는 이라크의 군사 시설만을 폭격했던 것과는 달랐다. 후자의 폭격작전은 이라크 육군에 심각한 피해를 가했으며, 연합국의 지상군은 1991년 2월 신속하고 결정적인 승리를 거두는 데 기여했다.

58. 이라크의 지휘부를 향한 미국 공군의 공격에 대해 공군 스스로 다음과 같이 결론내렸다. "이러한 목표를 가진 폭격은 최소한 일부 조종사들이 즐겼던, 즉 L(지휘부)과 CCC(명령, 통제, 통신센터)에 대한 폭격은 정권을 붕괴시킬 수도 있으며 바그다드의 정치가들과 전선의 군인들 사이의 통신을 완전 차단할 수 있다던, 그 과감한 희망을 달성하는 데 역부족이었음이 분명하다." Thomas A. Keaney and Eliot A. Cohen, *Gulf War Air Power Survey Summary Report* (Washington, DC: U.S. Government Printing Office, 1993), p. 70 ; Pape, *Bombing to Win*, pp. 221-23, 226-40, 250-53.

59. Allen F. Chew, *The White Death: The Epic of the Soviet – Finnish Winter War* (East Lansing: Michigan State Univ. Press, 1971), 제5장 ; Eloise Engle and Lauri Paananen, *The Winter War: The Russo – Finnish Conflict, 1939-40* (New York: Scribner's, 1973), 제3, 7, 8장 ; William R. Trotter, *A Frozen Hell: The Russo – Finnish Winter War of 1939-1940* (Chapel Hill, NC: Algonquin, 1991), 제15장.

60. 이 사례에 관한 최고의 분석은 Pape, *Bombing to Win*, 제5장. 폭격작전에 대한 더 자세한 설명은 Conrad C. Crane, *American Airpower Strategy in Korea, 1950-1953* (Lawrence: Univ. Press of Kansas, 2000)를 보라. Robert F. Futrell, *The United States Air Force in Korea, 1950-1953*, rev. ed. (Washington, DC: Office of Air Force History, 1983).

61. Clodfelter, *Limits of Air Power*, 제5-6장; Pape, *Bombing to Win*, pp. 195-210.

62. John E. Mueller, "The Search for the 'Breaking Point' in Vietnam: The Statistics of a Deadly Quarrel," *International Studies Quarterly* 24, No.4 (December 1980), pp. 497-519.

63. 코소보 폭격작전에 관해 참고 가능한 가장 좋은 자료는 미국 공군의 공식 연구결과인 *The Air War over Serbia: Aerospace Power in Operation Allied Force*, Initial Report (Washington, DC: U.S. Air Force, 2001)이다. 1995년 늦은 여름 북대서양조약기구의 공군기들도 보스니아에서 유고슬라비아의 지상군을 폭격했다. 그러나 그것은 전략폭격 작전은 아니었다. Robert C. Owen, ed., *Deliberate Force: A Case Study in Effective Air Campaigning* (Maxwell Air Force Base, AL: Air Univ. Press, January 2000).

64. 가용한 가장 훌륭한 자료는, Daniel A. Byman and Matthew C. Waxman, "Kosovo and the Great Air Power Debate," *International Security* 24, No.4 (Spring 2000), pp. 5-38; Ivo H. Daalder and Michael E. O'Hanlon, *Winning Ugly: NATO's War to Save Kosovo* (Washington, DC: Brookings Institution Press, 2000); Doyle McManus, "Clinton's Massive Ground Invasion That Almost Wars; Yugoslavia: After 71days of Air War, White House had in Place a Memo to Send in 175,000 NATO Troops," *Los Angeles Times*, June 9, 2999; and Barry R. Posen, "The War for Kosovo: Serbia's Political – Military Strategy," *International Security* 24, No.4 (Spring 2000), pp. 39-84.

65. William H. Arkin, "Smart Bombs, Dumb Targeting?" *Bulletin of the Atomic Scientists* 56, No.3 (May-June 2000), p. 49. 유고슬라비아 정부는 민간인 사망자 수가 2,000명이라고 주장했다. Posen, "War for Kosovo," p. 81을 보라.

66. Pape, *Bombing to Win*, p. 68. 폭격작전이 왜 실패하는가에 관한 토론으로 ibid., pp. 21-27을 보라.; Stephen T. Hosmer, *Psychological Effects of U.S. Air Operations in Four Wars, 1941-1991: Lessons for U.S. Commanders*, RAND Report MR – 576 – AF (Santa Monica, CA: RAND Corporation, 1996); Irving L. Janis, *Air War and Emotional Stress: Psychological Studies of Bombing and Civilian Defense* (New York: McGraw – Hill, 1951).

67. 1999년 유고슬라비아를 상대로 참수작전이 공개적으로 수행되었다는 근거가 있다. 특히 북대서양조약기구가 공격을 한 몇 가지 표적(TV 방송국, 밀로셰비치의 집, 중요한 정부 청사, 정당 당사, 고위급 군 사령부, 밀로셰비치의 친한 친구들의 사업장)들은 밀로셰비치를 살해하거나 혹은 쿠데타를 유발하기 위한 것이었다. 그러나 이 작전이 효과적이었는지를 증명할 수는 없다.

68. Pape, *Bombing to Win*, pp. 79-86.

69. Beck, *Under the Bombs*; Jeffrey Herf, *Divided Memory: The Nazi Past in the Two Germanys* (Cambridge, MA: Harvard Univ. Press, 1997); Ian Kershaw, *The 'Hitler Myth' : Image and Reality in the Third Reich* (Oxford: Oxford Univ. Press, 1987).

70. 이 주제의 일반적 논의는 Kennedy, *British Naval Mastery*, 제7장; Robert W. Komer, *Maritime Strategy or Coalition Defense* (Cambridge, MA: Abt Books, 1984); Halford J. Mackinder, "The Geographical Pivot of History," *Geographical Journal* 23, No.4 (April 1904), pp. 421-37; Halford J. Mackinder, *Democratic Ideals and Reality: A Study in the Politics of Reconstruction* (New York: Henry Holt, 1919); Martin Wight, *Power Politics*, eds. Hedley Bull and Carsten Holbraad (New York: Holmes and Meier, 1978), 제6장.

71. 코벳은 트라팔가 해전에 대해 "트라팔가 해전이 세계의 중요한 결전이었다는 사실은 누구나 인정한다. 그러나 모든 위대한 승리 중에서 그토록 즉각적 결과가 너무나 보잘 것 없어 보이는 경우는 하나도 없다. 트라팔가 해전은 역사상 가장 완벽하고 복잡한 해전이었다는 승리의 찬사가 따라 붙는다. 그러나 트라팔가 해전이 다른 여러 가지 작전들의 한 부분이라는 측면에서 볼 때 트라팔가 해전의 의미는 별 볼일 없다. 트라팔가 해전은 궁극적으로 영국에게 제해권을 가져다주었다. 그러나 이 전투는 대륙의 독재자 나폴레옹을 그대로 남겨 두었다. 이해하기 어려운 것은 이 해전이 영국을 침략으로부터 구했다는 신화의 공허함을 메우기에는 이 전투는 너무 무의미해 보인다는 점이다." Julian S. Corbett, *The Campaign of Trafalgar* (London: Longmans, Green, 1910), p. 408; Edward Ingram, "Illusions of Victory: The Nile, Copenhagen, and Trafalgar Revisited," *Military Affairs* 48, No.3 (July 1984), pp. 140-43.

72. 나는 독일과의 전쟁에서 소련인이 약 2,400만 명 정도 사망했다고 추정한다. 그중 1,600만 명은 민간인이었고 800만 명이 군인이었다. 800만 명의 군인 전사자 중 330만 명은 포로가 된 상태에서 죽었다. 그 나머지 470만 명은 전투 중 혹은 부상으로 인해 목숨을 잃었다. 소련의 인명피해에 관해서 가장 우수한 자료는 Edwin Bacon, "Soviet Military Losses in World War II," *Journal of Slavic Military Studies* 6, No.4 (December 1993), pp. 613-33; Michael Ellman and S. Maksudov, "Soviet Deaths in the Great Patriotic War: A Note," *Europe – Asia Studies* 46, No.4 (1994), pp. 671-80; Mark Harrison, *Accounting for War: Soviet Production, Employment, and the Defence Burden, 1941-1945* (Cambridge: Cambridge Univ. Press, 1996), pp. 159-61; Gerhard Hirschfeld, ed., *The Policies of Genocide: Jews and Soviet Prisoners of War in Nazi Germany* (Boston: Allen and Unwin, 1986), 제1-2장. 동부전선과 다른 전선에서의 독일군 사망비율은 아마도 3:1 이상이었을 것이다. Jonathan R. Adelman, *Prelude to the Cold War: The Tsarist, Soviet, and U.S. Armies in the Two World Wars* (Boulder, CO: Lynne Rienner, 1988), pp. 128-29, 171-73; David M. Glantz and Jonathan M. House, *When Titans Clashed: How the Red Army Stopped Hitler* (Lawrence: Univ. Press of Kansas, 1995), p, 284.

73. Lincoln Li, *The Japanese Army in North China, 1937-1941: Problems of Political and Economic Control* (Oxford: Oxford Univ. Press, 1975).

74. Potter and Nimitz, *Sea Power*, 제19장과 이 책 제6장 주 18에서 인용된 자료들을 참고할 것.

75. 레이건 행정부의 "해양전략"은 미국해군이 주 전선에서의 상황에 어느 정도 역할을 담당한다는 내용을 일부 포함하고 있다. 그러나 주요 관점은 전략 핵무기의 균형 상태를 소련에게 불리한 방향으로 전이시키는 데 있다. 물론 미국 해군은 전시의 제해권 장악유지도 염두에 두고 있었다. 그렇게 함으로서만 대서양 건너편에 미군 병력을 실어 나를

580

수 있을 것이기 때문이다. John H. Mearsheimer, "A Strategic Misstep: The Maritime Strategy and Deterrence in Europe," *International Security* 11, No.2 (Fall 1986), pp. 3-57: Barry R. Posen, *Inadvertent Escalation: Conventional War and Nuclear Risks* (Ithaca, NY: Cornell Univ. Press, 1991), 제4-5장.

76. 이 견해는 저명한 해군전략가들에 의해 널리 받아들여진다. 20세기 초반 영국의 대표적인 해양 전략가였던 허버트 리치먼드 제독(Admiral Herbert Richmond)은 "강력한 현대 군사국가를 바다로부터 공격한다는 것은, 바다에서 방해를 받지 않는 경우라 할지라도 비현실적인 것으로 포기되어야 하는 전략이다. 바다를 통해 수송 가능한 병력은 결코 적대적 강대국을 향한 어떤 종류의 공격을 감행하기에 충분한 정도가 될 수 없다"고 기술하고 있다. Herbert Richmond, *Sea Power in the Modern World* (London: G. Bell, 1934), p. 173.

77. 큰 바다를 건너 군사력을 투사하는 것은 단순히 군사력을 장거리에 투사하는 경우 야기되는 문제는 아니다. 육군을 바다를 통해서 이동하는 것과 육지로 이동하는 것에는 본질적 차이가 있다. 거리가 멀더라도 육지로 연결된 강대국은 다른 강대국을 공격하기 위해 두 나라 사이에 놓인 영토를 점령하는 것이 가능하며 그 이후 육군과 공군을 적대국의 국경에 집결시킬 수 있으며 그곳에서 대규모의 공격작전을 전개할 수 있을 것이다 (1800년대 초반 나폴레옹이 프랑스와 러시아 사이의 여러 영토를 정복했고 그후 1812년 거대한 병력으로 러시아를 침공했다는 사실을 생각해 보라). 그러나 강대국들이 바다를 정복하거나 점령할 수는 없다. 코벳은 "바다는 누가 소유할 수 없는 곳이다. … 적국의 영토에 자신의 육군을 주둔시키는 것처럼 바다 위에 육군을 주둔시킬 수는 없는 일이다"고 기술하고 있다. Corbett, *Principles of Maritime Strategy*, p. 93(나폴레옹은 영국해협을 장악하고 그곳에 군대를 주둔시킬 수 없었다. 바로 이점은 그가 왜 영국을 침략하지 않았는가를 설명해 주는 이유가 된다). 그렇기 때문에 해군은 바다를 통해 적국을 공격하기 위해서는 육군을 이동시켜야 한다. 그러나 해군은 적국의 영토를 공격할 수 있는 대규모의 막강한 아군 육군을 투사시킬 수 없으며 바다를 통해 공격하는 군사력의 전투력은 현저히 약화되는 것이다.

78. Piers Mackesy, "Problems of an Amphibious Power: Britain against France, 1793-1815," *Naval War College Review* 30, No.4(Spring 1978), pp. 18-21: Richard Harding, "Sailors and Gentlemen of Parade: Some Professional and Technical Problems Concerning the Conduct of Combined Operations in the Eighteenth Century," *Historical Journal* 32, No.1 (March 1989), pp. 35-55: Potter and Nimitz, *Sea Power*, p. 67.

79. 범선시대의 경우 기습은 강대국 전쟁에서도 흔히 나타나는 양식이었다. 영국은 7년 전쟁 중이던 1778년 프랑스의 항구를 향해 네 차례의 기습공격을 감행했다. Potter and Nimitz, *Sea Power*, p. 53. 비록 영국은 기습을 선호하지만 실패한 적도 있었다. Lisbon (1589), Cadiz (1595 and 1626), Brest (1696), Toulon (1707), Lorient (1746), Rochefort (1757)과 Walcheren (1809)을 관찰한 마이클 하워드(Michael Howards)는 "돈이 엄청나게 들었고 창피할 정도의 실패"사례들만 볼 수 있었다. Howard, *British Way in Warfare*, p. 19.

80. 신입화가 해군력 발신에 미친 영향에 관한 일반식 논의는 Bernard Brodie, *Sea Power in the Machine Age*, 2d ed. (Princeton, NJ: Princeton Univ. Press, 1943): Karl Lautenschlager, "Technology and the Evolution of Naval Warfare," *International*

Security 8, No.2 (Fall 1983), pp. 3-51; Potter and Nimitz, *Sea Power,* 제12, 18장을 참조.

81. Brodie, *Sea Power,* p. 49에서 인용.

82. 철도가 전쟁에 비친 영향은 Arden Bucholz, *Moltke, Schlieffen, and Prussian War Planning* (New York: Berg, 1991); Edwin A. Pratt, *The Rise of Rail – Power in War and Conquest, 1833-1914* (London: p. S. King, 1915); Dennis E. Showalter, *Railroads and Rifles: Soldiers, Technology, and the Unification of Germany* (Hamden, CT: Archon, 1975); George Edgar Turner, *Victory Rode the Rails: The Strategic Place of the Railroads in the Civil War* (Lincoln: Univ. of Nebraska Press, 1992); John Westwood, *Railways at War* (San Diego, CA: Howell – North, 1981)을 참조.

83. Arthur Hezlet, *Aircraft and Sea Power* (New York: Stein and Day, 1970); and Norman Polmar, *Aircraft Carriers: A Graphic History of Carrier Aviation and Its Influence on World Events* (Garden City, N.Y.: Doubleday, 1969).

84. USSBS, *Air Campaigns of the Pacific War,* Pacific War Report 71a (Washington, DC: U.S. Government Printing Office, July 1947), sec. 10.

85. I.C.B. Dear, ed., *The Oxford Companion to World War II* (Oxford: Oxford Univ. Press, 1995), pp. 46-50. 또한 B.B. Schofield, *The Arctic Convoys* (London: Macdonald and Jane's 1977); Richard Woodman, *The Arctic Convoys, 1941-1945* (London: John Murray, 1994)를 참조.

86. 잠수함이 전쟁에 미친 영향은 Arthur Hezlet, *The Submarine and Sea Power* (London: Pter Davies, 1967); Karl Lautenschlager, "The Submarine in Naval Warfare, 1901-2001," *International Security* 11, No.3 (Winter 1986-87), pp. 94-140.

87. Halpern, *Naval History of World War I,* p. 48.

88. 수뢰 및 수뢰가 전쟁 수행에 미치는 영향에 관한 논의는 Gregory K. Hartmann and Scott C. Truver, *Weapons That Wait: Mine Warfare in the U.S. Navy,* 2d ed. (Annapolis, MD: U.S. Naval Institute Press, 1991)을 보라.

89. Hartmann and Truver, *Weapons That Wait,* p. 15.

90. U.S. Department of Defense, *Conduct of the Persian Gulf War, Final Report to Congress* (Washington, DC: U.S. Government Printing Office, April 1992), 제7장; Michael R. Gordon and Bernard E. Trainor, *The Generals' War: The Inside Story of the Conflict in the Gulf* (Boston, MA: Little, Brown, 1995), pp. 292-94, 343-45, 368-69.

91. 나폴레옹 전쟁 당시 프랑스에 대항하는 영국의 전략을 묘사하기 위해 피어스 맥커시 (Piers Mackesy)는 "프랑스 군사력의 상당부분을 묶어둘 동부전선에서 전투가 진행되지 않는 한 서유럽을 공격하기 위한 어떤 상륙작전도 고려된 적이 없었다"고 쓰고있다. Mackesy, "Problems of an Amphibious Power," p. 21.

92. 1944년 연말 미국이 제공권을 장악하고 있었던 당시, 필리핀의 병력을 보강하기 위한 일본군의 군사력 수송 작전은 제공권을 장악하지 못한 해군의 군사력 수송작전이 어떤 결과를 가져오는지를 잘 보여준 사례였다. 미국의 비행기들은 일본의 병력 수송선들을 궤멸시켰던 것이다. M. Hamlin Cannon, *Leyte: The Return to the Philippines* (Washington, DC: U.S. Government Printing Office, 1954), pp. 92-102. 물론 상륙작

전용 병력을 수송하기 위해서는 제해권도 장악하고 있어야 한다. 상륙작전에서 제해권의 중요성에 관해서는 p. H. Colomb, *Naval Warfare: Its Ruling Principles and Practice Historically Treated* (London: W.H. Allen, 1891), 제11-18장.

93. Alfred Vagts, *Landing Operations: Strategy, Psychology, Tactics, Politics, from Antiquity to 1945* (Harrisburg, PA: Military Service Publishing Company, 1946), pp. 509-16; Samuel R. Williamson, Jr., *The Politics of Grad Strategy: Britain and France Prepare for War, 1904-1914* (Cambridge, MA: Harvard University Press, 1969), pp. 43-45.

94. Corbett, *Principles of Maritime Strategy*, p. 98.

95. Kennedy, *British Naval Mastery*, p. 201에서 인용.

96. Mearsheimer, "A Strategic Misstep," pp. 25-27.

97. 1945년부터 1950년 사이의 미국 전쟁계획을 기술하기 위해 스티븐 로스(Steven Ross)는 "그러므로 초기의 계획은 유럽으로부터의 신속한 후퇴를 요구했고 두 번째 노르망디 상륙작전의 개념은 없었다. 소련군의 위력에 대항, 그들을 직접 공격해서 성공할 전망은 보이지 않았다"고 쓰고 있다. Steven Ross, *American War Plans, 1945-1950* (New York: Garland, 1988), pp. 152-53.

98. Piers Mackesy, *Statesmen at War: The Strategy of Overthrow, 1798-1799* (New York: Longman, 1974); A.B. Rodger, *The War of the Second Coalition, 1798 to 1801: A Strategic Commentary* (Oxford: Clarendon, 1964).

99. David Gates, *The Spanish Ulcer: A History of the Peninsular War* (New York: Norton, 1986), 제5-7장; Michael Glover, *The Peninsular War, 1807-1814: A Concise Military History* (Hamden, CT: Archon, 1974), 제4-6장.

100. 영국은 소규모의 육군을 포르투갈에 주둔시키고 있었는데 포르투갈은 영국군의 공격을 계기로 자신의 주권을 회복했다. 영국 해군은 1809년 우호국인 포르투갈에 추가병력을 파견했는데 웰링턴 공작의 지휘아래 있던 그 병력들은 이베리아 반도의 전쟁에서 승리하는 데 큰 공을 세웠다.

101. Piers Mackesy, *British Victory in Egypt, 1801: The End of Napoleon's Conquest* (London: Routledge, 1995); Potter and Nimitz, *Sea Power*, 제7장; Rodger, *War of the Second Coalition*, 제1-10장, 특히 제16장. 프랑스 혁명전쟁을 치르는 동안 영국과 프랑스는 서인도 제도에서 소규모의 상륙작전을 수행한 적이 있었다. Michael Duffy, *Soldiers, Sugar, and Seapower: The British Expeditions to the West Indies and the War against Revolutionary France* (Oxford: Clarendon, 1987).

102. 크리미아 전쟁에 관한 가장 우수한 저술들은 Winfried Baumgart, *The Crimean War, 1853-1856* (London: Arnold, 1999); John S. Curtiss, *Russia's Crimean War* (Curham, NC: Duke Univ. Press, 1979); David M. Goldfrank, T*he Origins of the Crimean War* (New York: Longman, 1994); Andrew D. Lambert, *The Crimean War: British Grand Strategy, 1853-1856* (New York: Manchester Univ. Press, 1990); Norman Rich, *Why the Crimean War? A Cautionary Tale* (Hanover, NH: Univ. Press of New England, 1985); Albert Seaton, *The Crimean War: A Russian Chronicle* (London: B. T. Batstord, 1977) 등이나.

103. 이 문장에서 인용한 숫자들은 Potter and Nimitz, *Sea Power*, p. 234; and Hew Strachan, "Soldiers, Strategy and Sebastopol," *Historical Journal* 21, No.2 (June

1978), p. 321. 인용한 것임.

104. Vagts, Landing Operations, p. 411에서 인용.

105. 갈리폴리 작전에 관한 가장 잘된 분석들은 C.F. Aspinall – Oglander, *Military Operations: Gallipoli*, 2 vols., Official British History of WorldWar I (London: Heinemann, 1929); Robert R. James, *Gallipoli* (London: B. T. Batsford, 1965); Michael Hickey, *Gallipoli* (London: John Murray, 1995). 또한 러시아도 터키를 향해 흑해지역에서 소규모의 상륙작전을 전개한 적이 있었다. Halpern, *Naval History of World War I* , pp. 238~46.

106. 유럽에서 잘 알려진 두 차례의 상륙작전은 강대국의 영토를 향해 단행된 것은 아니었다. 1940년 4월 독일은 노르웨이(강대국이 아닌)를 상륙작전으로 공격해서 정복했고 미국은 1942년 11월 프랑스가 장악하고 있던 북 아프리카에 대해 상륙작전을 감행했다. 프랑스는 1940년 봄 나치 독일에 의해 결정적 패배를 당한 상태였고, 1942년 당시 강대국이기는커녕 주권국가도 아니었다. 노르웨이에 대해서는 Jack Adams, *The Doomed Expedition: The Norwegian Campaign of 1940* (London: Leo Cooper, 1989); Maurice Harvey, *Scandinavian Misadventure* (Turnbridge Wells, UK: Spellmount, 1990)를 참조하라. 북아프리카에 대해서는 George F. Howe, *Northwest Africa: Seizing the Initiative in the West* (Washington, DC: U.S. Government Printing Office, 1991), pts. 1~3을 참조. 더욱이 독일, 특히 소련은 발트해 및 흑해 지역에서 다수의 소규모 상륙작전을 감행했다. W. I. Atschkassow, "Landing Operations of the Soviet Naval Fleet during World War Two," in Merrill L. Bartlett, ed., *Assault from the Sea: Essays on the History of Amphibious Warfare* (Annapolis, MD; U.S. Naval Institute Press, 1983), pp. 299~307; "Baltic Sea Operations," and "Black Sea Operations," in Deer, ed., *Oxford Companion to World War II*, pp. 106~8, 135~36. 어떤 연구는 1941년부터 1944년에 이르기까지 소련은 113회의 상륙작전을 감행했다고 밝히고 있다. Atschkassow, "Landing Operations," p. 299. 많은 상륙작전은 실패였다. 그러나 더욱 중요한 사실은 이들은 독일과 소련의 주 전장이 아닌 변두리 지역에서 일어난 일이라는 점이다. 결국 이들은 전쟁의 결과에 거의 아무런 영향을 미치지 못했다. 마지막으로 소련은 1944년 핀란드가 점령하고 있던 영토를 향해 두 차례의 상륙작전을 시도했다. 그 중 하나는 실패였다. Waldemar Erfurth, *The Last Finnish War* (Washington, DC: Univ. Publications of America, 1979), p. 190을 참조.

107. 시실리에 대해서는 Albert N. Garland and Howard M. Smyth, *Sicily and the Surrender of Italy* (Washington, DC: U.S. Government Printing Office, 1965), 제1-10장. 이탈리아 본토에 대해서는 Martin Blumenson, *Salerno to Cassino* (Washington, DC: U.S. Government Printing Office, 1969), 제1-9장.

108. 안치오에 관해서는, Blumenson, *Salerno to Cassino*, 제17-18, 20, 22, 24장.

109. 노르망디에 관해서는 Gordon A. Harrison, *Cross – Channel Attack* (Washington, DC: U.S. Government Printing Office, 1951). 남부 프랑스 지방에 관해서는 Jeffrey J. Clarke and Robert R. Smith, *Riviera to the Rhine* (Washington, DC: U.S. Government Printing Office, 1993), 제1-7장.

110. 1943년 중반 연합군이 시실리를 침공했을 당시 이탈리아는 명목상으로는 강대국이었다. 이탈리아군과 독일군이 그 섬에 주둔하기도 했다. 그러나 이미 지적한 바처럼 이탈리아군은 지리멸렬한 상태였고 동맹국에 대항하여 의미 있는 전투를 벌일 수 있는 수준

이 아니었다. 사실 시실리 작전 당시 이탈리아의 국방은 대부분 독일군이 담당하고 있었다. 연합군이 이탈리아 본토와 안치오를 공격한 이후 이탈리아는 전쟁에서 손을 뗴었다.

111. Paul Kennedy, *Pacific Onslaught: 7th December 1941~7th February 1943* (New York: Ballantine, 1972); H. p. Willmott, *Empires in the Balance: Japanese and Allied Pacific Strategies to April 1942* (Annapolis, MD: U.S. Naval Institute Press, 1982).

112. Hezlet, *Aircraft and Sea Power*, 제8장; Isely and Crowl, *U.S. Marines and Amphibious War*, pp. 74, 79; Hans G. Von Lehmann, "Japanese Landing Operations in World WarII," in Bartlett, ed., *Assault from the Sea*, pp. 195~201.

113. "Major U.S. Amphibious Operations – World WarII," memorandum, U.S. Army Center of Military History, Washington DC., December 15, 1960. 52회의 공격군은 모두 연대급 이상의 단위였다. 이보다 작은 단위에 의한 작전은 포함되지 않았다. 1945년 5월부터 7월 사이 소규모의 호주군이 보르네오에서 일본군을 향해 상륙작전을 전개한 적도 있었다. 이와 같이 마지막 청소작업과 같은 작전들은 미국의 상륙작전 병력이 성공한 것과 마찬가지의 이유로 성공을 거두었다. Peter Dennis et al., *The Oxford Companion to Australian Military History* (Oxford: Oxford Univ. Press, 1995), pp. 109~16.

114. USSBS, *Air Campaigns of the Pacific War*, p. 19.

115. 과달카날(Guadalcanal)과 필리핀(Philippines) 전투는 이 규칙에 위배되는 중요한 사례이다. George W. Garand and Truman R. Strobridge, *Western Pacific Operations: History of U.S. Marine Corps Operations in World War II*, vol.4 (Washington, DC: U.S. Government Printing Office, 1971), pp. 320~21; Isely and Crowl, *U.S. Marines and Amphibious War*, p. 588.

116. USSBS, *Air Campaigns of the Pacific War*, p. 61.

117. 이 분쟁에 관한 가장 훌륭한 일반적인 조사는 Paul S. Dull, *A Battle History of the Imperial Japanese Navy, 1941~1945* (Annapolis, MD: U.S. Naval Institute Press, 1978); Isely and Crowl, *U.S. Marines and Amphibious War; Potter and Nimitz, Sea Power*, 제35~43장; Ronald H. Spector, *Eagle against the Sun: The American War with Japan* (New York: Free Press, 1985).

118. 미국과 일본경제의 불균형성에 관해서는 〈표 6-2〉; Adelman, *Prelude*, pp. 139, 202~3; Jonathan R. Adelman, *Revolution, Armies, and War: A Political History* (Boulder, CO: Lynne Rienner, 1985), pp. 130~31을 참조할 것.

119. 1945년 중엽 일본본토에는 약 200만 명의 일본군이 주둔하고 있었다. Dear, ed., *Oxford Companion to World War II*, p. 623. 동시에 중국에는 약 90만의 일본군이, 한국에는 25만명, 만주에는 75만명, 그리고 동남아시아에는 약 60만의 일본군이 주둔하고 있었다. 이 수치들은 Adelman, *Revolution*, p. 147; Saburo Hayashi and Alvin D. Coox, *Kogun: The Japanese Army in the Pacific War* (Quantico, VA: Marine Corps Association, 1959), p. 173; Douglas J. MacEachin, *The Final Months of the War with Japan: Signals Intelligence, U.S. Invasion Planning, and the A-Bomb Decision* (Langley, VA: Center for the Study of Intelligence, Central Intelligence Agency, December 1998), attached document No.4에서 얻은 것들임.

120. 비록 미군 공격군이 일본 본토를 점령했으리라는 점은 분명하지만 그 과정에서 엄청

난 인명피해가 야기되었을 것임은 확실하다. Frank, *Downfall*; MacEachin, *Final Months*를 참고할 것.

121. 그러나 고립된 (섬)나라들은 다른 강대국이 자신의 배후에 있는 약소국의 영토에 군사력을 전개할 수 있는 경우 육지를 통해 공격을 당할 수도 있다. 다음 장에서 논할 것이지만, 고립적인 강대국들은 이런 상황이 초래될 것을 두려워하며 그런 일이 일어나지 않도록 노력한다.

122. Frank J. McLynn, *Invasion: From the Armada to Hitler, 1588~1945* (London: Routledge and Kegan Paul, 1987); Herbert W. Richmond, *The Invasion of Britain: An Account of Plans, Attempts and Counter - measures from 1586 to 1918* (London: Methuen, 1941).

123. Felipe Fernandez – Armesto, *The Spanish Armada: The Experience of War in 1588* (Oxford: Oxford Univ. Press, 1988); Colin Martin and Geoffrey Parker, *The Spanish Armada* (London: Hamish Hamilton, 1988); Garrett Mattingly, *The Armada* (Boston: Houghton Mifflin, 1959); David Howarth, *The Voyage of the Armada: The Spanish Story* (New York: Viking, 1981).

124. 나폴레옹에 관해서는 Richard Glover, *Britain at Bay: Defence against Bonaparte, 1803~14* (London: Allen and Unwin, 1973); J. Holland Rose and A.M. Broadley, *Dumouriez and the Defence of England against Napoleon* (New York: John Lane, 1909); H.F.B. Wheeler and A.M. Broadley, *Napoleon and the Invasion of England: The Story of the Great Terror* (New York: John Lane, 1908)를 보라. 히틀러에 관해서는 Frank Davis, "Sea Lion: The German Plan to Invade Britain, 1940," in Barlett, ed., *Assault from the Sea*, pp. 228~35; Egber Kieser, *Hitler on the Doorstep, Operation 'Sea Lion' : The German Plan to Invade Britain, 1940*, trans. Helmut Bogler (Annapolis, MD: U.S. Naval Institute Press, 1997); Peter Schenk, *Invasion of England 1940: The Planning of Operation Sealion, trans. Kathleen Bunten* (London: Conway Maritime Press, 1990)을 참조.

125. 유명한 독일군 장교인 한스 폰 젝트(Hans Von Seeckt)는 1916년 "새로운 기술의 발달로 인해 완전히 다른 새로운 무기가 제공되지 않는 한 미국은 우리로부터 공격을 당할 수 없다. 영국도 마찬가지다"라고 기술하고 있다. Vagts, Landing *Operations*, p. 506에서 인용.

126. 영국은 1890년대까지 미국을 공격한다는 계획을 가지고 있었다. 그러나 그 이후 이런 계획은 완전히 포기되었다. Aaron Friedberg, *The Weary Titan: Britain and the Experience of Relative Decline, 1895~1905* (Princeton, NJ: Princeton Univ. Press, 1988), pp. 162~65.

127. 이미 지적한 바처럼 연합군은 1944년 6월 프랑스의 서북부를 침공했고 1944년 8월에는 남부 프랑스를 공격했다. 그러나 당시 프랑스는 주권국가가 아니라 나치 제국의 일부분이었다.

128. 한가지 중요한 사례가 이 분석에서 빠졌다. 1차 세계대전의 마지막 해에 영국, 캐나다, 프랑스, 이탈리아, 일본, 미국은 새로 건설된 소련에 군사력을 투입했다. 지역과 날짜는 다음과 같다. 아르한겔(1918년 8월 2일), 바쿠(1918년 8월 4일), 무르만스크(1918년 3월 6일, 6월 23일), 블라디보스토크(1918년 4월 5일, 8월 3일) 등이다. 투입된 외국 군사력은 볼셰비키와 전투를 벌인 적도 있었다. 그러나 이들 사례는 타당한 사례는 아니

다. 연합국들이 소련에 진입한 것은 어느 측면에서 보아도 침략이라고 볼 수 없기 때문이다. 소련은 당시 독일에게 결정적 패배를 당한 상태였고, 내란상태에 빠져 있었기 때문이다. 볼셰비키 병사들은 진입하는 외국군을 반대하지도 않았다. 사실 연합국은 바쿠와 아르한겔 진입시에는 환영을 받았다. John Swettenham, *Allied Intervention in Russia, 1918~1919* (Toronto: Ryerson,1967); Richard H. Ullman, *Intervention and the War* (Princeton, NJ: Princeton Univ. Press, 1961).

129. William Daugherty, Barbara Levi, and Frank von Hippel, "The Consequences of 'Limited' Nuclear Attacks on the United States," *International Security 10*, No.4 (Spring 1986), pp. 3~45; Arthur M. Katz, *Life after Nuclear War: The Economic and Social Impacts of Nuclear Attacks on the United States* (Cambridge, MA: Ballinger, 1982).

130. 1954년 3월 18일 전략공군 사령부의 브리핑을 들은 후 해군 대령 한 명은 SAC(전략공군 사령부)가 소련과 전쟁할 경우 어떻게 할 것이냐를 이와 같은 용어를 사용해서 말했다. David Alan Rosenberg, " 'A Smoking Radiating Ruin at the End of Two Hours' : Documents on American Plans for Nuclear War with the Soviet Union, 1954~1955," *International Security 6*, No.3 (Winter 1981~82), pp. 11, 25.

131. 허만 칸(Herman Kahn)이 "영광스런 선제공격 능력"이라는 단어를 고안했다. 이 용어는 선제공격을 해서 상대방의 보복력을 완전히 파괴하는 능력, 즉 무장해제 능력과 동의어이다. Kahn's *On Thermonuclear War: Three Lectures and Several Suggestions*, 2d ed. (New York: Free Press, 1969), pp. 36~37.

132. Charles L. Glaser, *Analyzing Strategic Nuclear Policy* (Princeton, NJ: Princeton Univ. Press, 1990), 제5장.

133. Benjamin Frankel, "The Brooding Shadow: Systemic Incentives and Nuclear Weapons Proliferation," *Security Studies 2*, Nos.3~4 (Spring~Summer 1993), pp. 37~78; Bradley A. Thayer, "The Causes of Nuclear Proliferation and the Utility of the Nuclear Nonproliferation Regime," *Security Studies 4*, No.3 (Spring 1995), pp. 463~519.

134. Harry R. Borowski, *A Hollow Threat: Strategic Air Power and Containment before Korea* (Westport, CT: Greenwood, 1982); David A. Rosenberg, "The Origins of Overkill: Nuclear Weapons and American Strategy, 1945~1960," *International Security 7*, No.4 (Spring 1983), pp. 14~18; Ross, *American War Plans*, passim, 특히 pp. 12~15. 냉전 전기간 동안 초강대국 핵무기 보유에 관한 자료는 Robert S. Norris and William M. Arkin, "Nuclear Notebook: Estimated U.S. and Soviet/Russian Nuclear Stockpile, 1945~94," *Bulletin of the Atomic Scientists 50*, No.6 (November~December 1994), p. 59. 또한 Robert S. Norris and William M. Arkin, "Global Nuclear Stockpiles, 1945~2000," *Bulletin of the Atomic Scientists 56*, No.2 (March~April 2000), p. 79를 보라.

135. 냉전 당시 일부 전문가는 MAD 상황에서도 핵 우위의 획득이 가능하다고 주장했다. 특히 이들은 미소 양 초강대국은 자신들이 보유한 상대방의 군사력을 공격할 수 있는 핵무기를 동원하는 세안 액선생보 가능하나고 주명했다. 민민 '상내빙의 획길피피능력은 그대로 놔둘 수 있다는 것이다. 초강대국은 역시 상대방의 민간인 피해를 최소화시킬 수 있다고 생각했다. 제한된 핵전쟁에서, 상대방의 무기를 공격할 능력을 많이 갖춘 국가가

승자로 부상할 수 있으며, 그 경우 상대방에게 압박을 가할 수 있는 지렛대를 가지게 될 것이다. Colin S. Gray, "Nuclear Strategy: A Case for a Theory of Victory," *International Security* 4, No.1 (Summer 1979), pp. 54~87; Paul Nitze, "Deterring Our Deterrent," *Foreign Policy*, No.25 (Winter 1976~77), pp. 195~210. 그러나 제한 핵전쟁이란 개념은 두 가지 차원에서 문제가 있다. 첫째, 핵전쟁이 제한될 수 있을지 의 문스럽다. 핵공격을 당하는 나라는 그것이 아무리 제한적인 것이라 할지라도 전면공격 이나 다름없는 극심한 피해를 당하게 될 것이다. 더구나 우리는 핵전쟁의 경우 전쟁이 어떻게 확산되는지에 대한 동태적 과정(dynamics)을 알 수 없다. 특히 핵전쟁이 발발할 시 명령통제체계가 어떻게 작동할지 알 수 없다. 둘째로, 제한 핵전쟁의 수행이 가능하 고 피해를 한정할 수 있다고 하더라도, 적국의 핵 군사력을 공격할 수 있는 무력을 더 많 이 보유한 나라가 반드시 이긴다고 말할 수 없다. 다음의 예는 이같은 주장의 근거가 된 다. 소련이 미국과의 군사력만을 표적으로 하는 핵전쟁에서 승리했다고 가정해 보자. 그 들에게 500개의 대 병력 공격용 핵무기가 남아있고 미국에게는 하나도 남아 있지 않다 고 하자. 그런 과정에서 양측은 50만 명의 인명피해를 입었고 그들의 상호확실파괴 능 력은 그대로 남아있다고 가정하자. 소련은 상대방의 핵무기를 공격할 수 있는 무기의 수 에서 500:0으로 유리하니, 소련을 승자라 말할 수 있을 것이다. 그러나 사실 그런 이점 은 무의미하다. 왜냐하면 소련이 500개의 병력 공격용 핵무기로 공격을 할 수 있는 표적 이 미국에는 없는 상황이기 때문이다. 소련이 이 무기로 미국의 도시를 공격한다거나 미 국의 보복공격력을 공격하여 미국을 전멸시키려 하지 않는 한 500개의 무기는 의미가 없다는 말이다. 결국 양측은 비슷한 인명피해를 감내한 것이며, 양측은 보복능력을 그대 로 보유하고 있으며, 소련은 군사적으로 의미가 없는 500개의 핵폭탄을 더 가지고 있는 상황일 뿐이다. 이것은 공허한 승리일 뿐이다. 제한 핵전쟁에 대한 가장 훌륭한 비판은 Glaser, *Analyzing Strategic Nuclear Policy*, 제7장; Robert Jervis, "Why Nuclear Superiority Doesn't Matter," *Political Science Quarterly* 94, No.4 (Winter 1979~80), pp. 617~33.

136. Robert S. McNamara, "The Military Role of Nuclear Weapons: Perceptions and Misperceptions," *Foreign Affairs* 62, No.1 (Fall 1983), p. 79.

137. 핵무기 차원에서의 강력한 안정성이 때로는 재래식 무기 차원에서의 불안정성의 원인 이라는 생각은 "안정-불안정 역설(stability-instability paradox)라 불린다. Glenn H. Snyder, "The Balance of Power and the Balance of Terror," in Paul Seabury, ed., *Balance of Power* (San Francisco: Chandler, 1965), pp. 184~201; Robert Jervis, *The meaning of the Nuclear Revolution: Statecraft and the Prospect of Armageddon* (Ithaca, NY: Cornell Univ. Press, 1989), pp. 19~22.

138. 우발적 사고로 인한 핵전쟁으로의 확전에 대해서는 Bruce G. Blair, *The Logic of Accidental Nuclear War* (Washington, DC: Brookings Institution Press, 1993); Scott D. Sagan, *The Limits of Safety: Organizations, Accidents, and Nuclear Weapons* (Princeton, NJ: Princeton Univ. Press, 1993)를 보라. 우발적인 핵전쟁의 확산에 대해 서는 Posen, *Inadvertent Escalation*을 보라. 의도적인 핵전쟁에로의 확전에 대해서는 Herman Kahn, *On Escalation: Metaphors and Scenarios*, rev. ed. (Baltimore, MD: Penguin, 1968); Thomas Schelling, *Arms and Influence* (New Haven, CT: Yale Univ. Press, 1966), 제2~3장 등을 보라. 전쟁의 확전에 관한 일반적 논의로 가장 탁월 한 책은 Richard Smoke, *War: Controlling Escalation* (Cambridge, MA: Harvard

Univ. Press, 1977), 그러나 이 책은 재래식 전쟁이 핵전쟁으로 확대되는 과정 혹은 핵 전쟁이 더욱 커지는 과정에 대해서는 별 논의가 없다.

139. Jervis, *Meaning of the Nuclear Revolution*, p. 45. 또한 McGeroge Bundy, *Danger and Survival: Choices about the Bomb in the First Fifty Years* (New York: Random House, 1988).

140. 멕시코가 생존가능한 핵전략을 가진 강대국으로 부상한 경우를 가정해 보자. 또한 멕 시코가 미국 전체를 정복하는 데는 관심이 없지만 미국 남서부 지방의 광대한 영토를 정 복하려는 생각을 가지고 있다고 가정해 보자. 멕시코 지도자들은 자신들의 제한적 목적 을 위해 미국과 핵전쟁을 벌이지는 않아도 될 수 있다고 생각할 것이다. 아마 그들이 옳 다고 판명될 수도 있다. 그러나 미국의 정책결정자들은 멕시코가 미국을 결정적으로 패 퇴시키려 한다면 핵무기를 사용하고자 할 것이다. 샤이 펠드먼(Shai Feldman)은 1973 년 핵으로 무장된 이스라엘을 공격할 당시 이집트와 시리아가 본질적으로 이상의 경우 와 마찬가지로 생각을 했을 것이라고 말한다. 아랍 지도자들은 이스라엘이 핵무기를 쓰 지 않을 것이라고 생각했다. 왜냐하면 아랍군이 이스라엘 전체를 정복하려는 목적을 가 지고 있지는 않았으며, 1967년 이스라엘에게 빼앗긴 땅을 회복한다는 한정적 목표를 가 지고 있었기 때문이다. Feldman, *Israeli Nuclear Deterrence: A Strategy for the 1980s* (New York: Columbia Univ. Press, 1982), 제3장. 그러나 펠드먼이 지적한 것처럼, 영 토의 일부를 잃어버린 나라는 상대방이 더 많은 영토를 요구할 것이라고 생각하게 되고, 이처럼 조금씩 빼앗는 전략이 궁극적으로 자신을 멸망시키게 될 것이라고 생각한다. Ibid., pp. 111~112. 이러한 운명을 회피하는 가장 좋은 길은 상대방의 선제공격을 억지 할 수 있는 막강한 재래식 군사력을 보유하는 일이며 이러한 사실은 지상군의 균형이 얼 마나 중요한가를 다시 한번 강조해 주는 것이다.

141. 1980년대 초반 미국은 핵무기보다 재래식 무기에 약 다섯 배의 돈을 더 쓰고 있었다. 1980년대 중반에는 재래식 무기에 쓰인 돈이 핵무기에 쓰인 돈의 네 배였다. Harold Brown, *Department of Defense Annual Report for Fiscal Year 1982* (Washington, DC: U.S. Department of Defense, January 19, 1981), pp. C‒4, C‒5; William W. Kaufmann, *A Reasonable Defense* (Washington, DC: Brookings Institution Press, 1986), pp. 21, 27. 냉전 전 기간을 통해 미국 국방예산의 약 25% 정도가 핵무기에 투입 되었다. Steven M. Kosiak, *The Lifecycle Costs of Nuclear Forces: A Preliminary Assessment* (Washington, DC: Defense Budget Project, October 1994), p. ii. 또 다른 연구는 1940년부터 1996년 사이 국방비의 29% 정도가 핵무기를 위해 투입되었다고 말 하고 있다. Stephen I. Schwartz, ed., *Atomic Audit: The Costs and Consequences of U.S. Nuclear Weapons since 1940* (Washington, DC: Brookings Institution Press, 1998), p. 3. 유럽에 있는 미국 재래식 군사력의 상대적 중요성에 관한 근거로서 1986년 미국의 국방예산을 참고해 보라. 당시 국방예산 총액은 3,137억 달러였는데 그 할당은 대체로 다음과 같았다. 약 1,330억 달러 정도가 유럽에서의 재래식 억지력을 위해 쓰였 고, 547억 달러가 핵군비에 투입되었으며 346억 달러 정도가 아시아태평양 지역에서의 재래식 군사력, 209억 달러정도가 중동에서의 재래식 군사력에, 162억 달러 정도가 파 나마와 미국 본토에 대한 방위에 투입되었다, 이 자료들은 *Reasonable Defense*, p. 14. 또한 제6장 주 177에서 인용된 자료들을 참조할 것.

142. Feldman, *Israeli Nuclear Deterrence*, pp. 106~12, 특히 p. 109.

143. Thomas W. Robinson, "The Sino‒Soviet Border Conflict," in Stephen S. Kaplan,

ed., *Diplomacy of Power: Soviet Armed Forces as a Political Instrument* (Washington, DC: Brookings Institution Press, 1981), pp. 265~313; Harrison E. Salisbury, *War between Russia and China* (New York: Norton, 1969); Richard Wich, *Sino – Soviet Crisis Politics: A Study of Political Change and Communication* (Cambridge, MA: Harvard Univ. Press, 1980), 제6, 9장.

144. Sumantra Bose, "Kashmir: Sources of Conflict, Dimensions of Peace," *Survival* 41, No.3 (Autumn 1999), pp. 149~71; Sumit Ganguly, *The Crisis in Kashmir: Portents of War, Hopes of Peace* (Cambridge: Cambridge Univ. Press, 1999); Devin T. Hagerty, "Nuclear deterrence in South Asia: The 1990 Indo – Pakistani Crisis," *International Security 20*, No.3 (Winter 1995~96), pp. 79~114.

145. 제3장 주 11에서 지적한 바와 같이 전반적 평가는 양측 군사력의 양적, 질적 측면의 측정 이상을 요구한다. 양측이 채택할 전략도 필히 고려해야 하며, 전쟁이 발발하여 양국의 병력이 충돌할 경우 어떤 일이 벌어질지도 고려해야 한다.

146. Mako, *U.S. Ground Forces*, pp. 108~26; *Weapons Effectiveness Indices/Weighted Unit Values III (WEI/WUVIII)* (Bethesda, MD: U.S. Army Concepts Analysis Agency, November 1979). Phillip A. Karber et al., *Assessing the Correlation of Forces: France 1940*, Report No. BDM/W – 79 – 560 – TR (McLean, VA: BDM Corporation, June 18, 1979), 이 자료는 1940년 봄 독일과 연합국의 병력 균형을 측정하기 위해 이 방법론을 따르고 있다.

147. Posen, "Measuring the European Conventional Balance," pp. 51~54, 66~70.

148. 어떻게 이런 종류의 분석을 하는가에 관해서는 Joshua Epstein, *Measuring Military Power: The Soviet Air Threat to Europe* (Princeton, NJ: Princeton Univ. Press, 1984); Posen, *Inadvertent Escalation*, pp. 101~6.

149. 양측이 인종적으로 동질적인 인구를 보유하는 경우 평화의 가능성은 높아진다. 인종적 내란의 가능성이 줄어들기 때문이다.

5장 생존의 전략

1. 독자에게 알려둘 말이 있다. 저자는 이 책 전체를 통해 상대방을 공격할 의도와 능력을 가진 강대국을 지칭하기 위해 "공격국"(aggressor)이라는 용어를 사용했다. 제2장에서도 강조했지만 모든 강대국들은 공격적 의도를 가지고 있다. 그러나 모든 국가들이 공격적으로 행동할 능력을 가지고 있는 것은 아니다.

2. Stephen M. Walt, *The Origins of Alliances* (Ithaca, N.Y.: Cornell Univ. Press, 1987); Kenneth N. Waltz, *Theory of International Politics* (Reading, MA: Addison – Wesley, 1979). Robert Powell, *In the Shadow of Power: States and Strategies in International Politics* (Princeton, NJ: Princeton Univ. Press, 1999) 제5장을 보라. 이곳에서 파월은 편승(bandwagoning)과 균형(balancing)을 구분하고 있다. 그러나 월트 및 월츠와는 달리 위협을 당하는 국가들은 적에 대해 균형을 이루려 하기보다는 편승할 가능성이 높다고 주장한다.

3. 내 관점을 지지하는 근거로서, 로버트 카우프만과 스티븐 월트가 행한 1930년대의 나치 독일에 대한 연합국들의 정책에 관한 논쟁을 보라. 그들의 논쟁은 본질적으로 균형

(balancing)과 편승하기(bandwagoning)라는 이분법에 초점을 맞추고 있다. 이는 월트에 의해 유명해졌다. 그러나 논쟁을 자세히 읽어보면 저자들의 논법에도 불구하고 연합국들이 당면한 실질적인 선택은 균형이냐 책임전가(buck passing)였지, 균형이냐 편승이냐가 아니었다. Robert G. Kaufman, "To Balance or to Bandwagon? Alignment Decisions in 1930s Europe," *Security Studies* 1, No.3 (Spring 1992), pp. 417-47; Stephen M. Walt, "Alliances, Threats, and U.S. Grand Strategy: A Reply to Kaufman and Labs," *Security Studies* 1, No.3 (Spring 1992), pp. 448-82.

4. Steven J. Valone, "'Weakness Offers Temptation' : Seward and the Reassertion of the Monroe Doctrine," *Diplomatic History* 19, No.4 (Fall 1995), pp. 583-99. 제7장에서 논의된 바처럼, 미국은 역사이래 다른 대륙의 강대국이 남북 아메리카 대륙의 어떤 나라들과 동맹을 맺을지도 모른다는 사실을 두려워했다. Alan Dowty, *The Limits of American Isolation: The United States and the Crimean War* (New York: New York Univ. Press, 1971); J. Fred Rippy, *America and the Strife of Europe* (Chicago: Univ. of Chicago Press, 1938), 특히 6-8장.

5. 이 말들은 웨버의 언급이 아니라 웨버의 견해를 몸젠이 요약한 것이다. Mommsen, *Max Weber and German Politics, 1890-1920*, trans. Michael S. Steinberg (Chicago: Univ.of Chicago Press, 1984), p. 39.

6. Paul M. Kennedy, *The Rise of the Anglo – German Antagonism, 1860-1914* (London: Allen and Unwin, 1980), 제16, 20장.

7. Stephen Van Evera, "Why Europe Matters, Why the Third World Doesn't: American Grand Strategy after the Cold War," *Journal of Strategic Studies* 13, No.2 (June 1990), pp. 1-51; Stephen M. Walt, "The Case for Finite Containment: Analyzing U.S. Grand Strategy," *International Security* 14, No.1 (Summer 1989), pp. 5-49. 그 자체의 부가 별로 없는 지역일지라도 전략적으로 중요할 수 있다는 주장은 Michael C. Desch, *When the Third World Matters: Latin America and United States Grand Strategy* (Baltimore, MD: Johns Hopkins Univ. Press, 1993). 또한 Steven R. David, "Why the Third World Matters," *International Security* 14, No.1 (Summer 1989), pp. 50-85; Steven R. David, "Why the Third World Still Matters," *International Security* 17, No.3 (Winter 1992 – 93), pp. 127-59를 참조하라.

8. Barry R. Posen and Stephen Van Evera, "Defense Policy and the Reagan Administration: Departure from Containment," *International Security* 8, No.1 (Summer 1983), pp. 3-45.

9. Charles L. Glaser, *Analyzing Strategic Nuclear Policy* (Princeton, NJ: Princeton Univ. Press, 1990); Robert Jervis, *The Illogic of American Nuclear Strategy* (Ithaca, NY: Cornell Univ. Press, 1984); Robert Jervis, *The Meaning of the Nuclear Revolution: Statecraft and the Prospects of Armageddon* (Ithaca, NY: Cornell Univ. Press, 1989); Stephen Van Evera, *Causes of War: Power and the Roots of Conflict* (Ithaca, N.Y.: Cornell Univ. Press, 1999), 제8장.

10. Norman Angell, *The Great Illusion: A Study of the Relation of Military Power in Nations to Their Economic and Social Advantage*, 3d rev. (N.Y.: Putnam, 1912). Norman Angell, *The Great Illusion 1933* (N.Y.: Putnam, 1933). Angel에 대한 초기의 비판은, J.H. Jones, *The Economics of War and Conquest: An Examination of Mr.*

Norman Angell's Economic Doctrines (London: p. S. King, 1915)를 보라.

11. Robert Gilpin, *War and Change in World Politics* (Cambridge Univ. Press, 1981) ; Paul M. Kennedy, *The Rise and Fall of the Great Powers: Economic Change and Military Conflict from 1500 to 2000* (New York: Random House, 1987).

12. Klaus Knorr, *On the uses of Military Power in the Nuclear Age* (Princeton, NJ: Princeton Univ. Press, 1966), pp. 21-34; Richard Rosecrance, *The Rise of the Trading State: Commerce and Conquest in the Modern World* (New York: Basic Books, 1986), pp. 34-37; and Van Evera, *Causes of War*, 제5장.

13. Van Evera는 *Causes of War*, p. 115에서 이런 관점을 제시했다.

14. Ethan B. Kapstein, *The Political Economy of National Security: A Global Perspective* (Columbia: University of South Carolina Press, 1992), pp. 42-52.

15. 제3장, 주 57의 자료들을 보라.

16. 여러 가지 연구결과들은 소련의 경제성장과 혁신에 관한 숨막히는 장애요인은 소련경제의 경직된 중앙 집권적 통제 때문이라고 말한다. 다음을 참조하라. Tatyana Zaslavskaya, "The Novosivirsk Report," *Survey* 28, No.1 (Spring 1984), pp. 88-108; Abel Aganbegyan, *The Economic Challenge of Perestroika*, trans. Pauline M. Tiffen (Bloomington: Indiana Univ. Press, 1988) ; Padma Desai, *Perestroika in Perspective: The Design and Dilemmas of Soviet Reform* (Princeton, NJ: Princeton Univ. Press, 1989) ; Anders Aslund, *Gorbachev's Struggle for Economic Reform*, rev. ed. (Ithaca, NY: Cornell Univ. Press, 1991). 또한 Peter Ruthland, *Politics of Economic Stagnation in the Soviet Union: The Role of Local Party Organs in Economic Management* (Cambridge: Cambridge Univ. Press, 1993)을 보라. 이 책은 소련경제의 문제점을 소련 공산당의 책임이라고 비난한다.

17. Peter Liberman, *Does Conquest Pay? The Exploitation of Occupied Industrial Societies* (Princeton, NJ: Princeton Univ. Press, 1996) ; Peter Liberman, "The Spoils of Conquest," *International Security* 18, No.2 (Fall 1993), pp. 125-53. David Kaiser, *Politics and War: European Conflict from Philip II to Hitler* (Cambridge, MA: Harvard Univ. Press, 1990), pp. 219-22, 246-55; Alan S. Milward, *War, Economy, and Society, 1939-1945* (Berkeley: University of California Press, 1977), 제5장.

18. 이 인용문들은 Liberman, *Does Conquest Pay?* p. 28; Liberman, "Spoils of Conquest," p. 126. 정보기술에 관한 조지 오웰식 차원의 문제들은 Jeffrey Rosen, *The Unwanted Gaze: The Destruction of Privacy in America* (New York: Random House, 2000)를 보라. 정복이 효과가 있느냐를 평가하기 위한 최근의 논문에서 스티븐 부룩스(Stephen Brooks)는 리버만의 주장, 즉 독재적인 정복자는 저항에 더 잘 대처할 수 있을 뿐 아니라 정보기술의 전복적인 잠재력에 대해서도 더 잘 대응할 수 있다고 한 것은 설득력이 있는 것이라 결론지었다. Stephen G. Brooks, "The Globalization of Production and the Changing Benefits of Conquest," *Journal of Conflict Resolution* 43, No.5 (October 1999), pp. 646-70. 그러나 브룩스는 정복은 대단한 이익을 가져다 주지는 못한다고 보았다. "생산이 지구화"(globalization of production) 되었기 때문이라는 것이다. (p. 653). 나는 이 주장에 대해 확신을 가지고 있지는 않다. 이 이론은 본질적으로는 경제적 상호의존은 평화의 원인이라는 자유주의 이론에 세계화의 문제를 포함하여 새로이 분석한 것이기 때문이다. 이 책 10장에서 이 이론을 간단히 다룰 것이다.

19. Liberman, "Spoils of Conquest," p. 139.

20. Norman M. Naimark, *The Russians in Germany: A History of the Soviet Zone of Occupation, 1945-1949* (Cambridge, MA: Harvard Univ. Press, 1995). Liberman, *Does Conquest Pay?* 제7장.

21. Joshua M. Epstein, *Strategy and Force Planning: The Case of the Persian Gulf* (Washington, DC: Brookings Institution Press, 1987); Charles A. Kupchan, *The Persian Gulf and the West: The Dilemmas of Security* (Boston: Allen and Unwin, 1987); Thomas L. McNaugher, *Arms and Oil: U.S. Military Strategy and the Persian Gulf* (Washington, DC: Brookings Institution Press, 1985).

22. John W. Wheeler – Bennett, *Brest – Litovsk: The Forgotten Peace, March 1918* (New York: Norton, 1971); Milward, *War, Economy, and Society,* 제8장.

23. Clive Emsley, *Napoleonic Europe* (New York: Longman, 1993), p. 146.

24. David G. Chandler, *The Campaigns of Napoleon* (New York: Macmillan, 1966), pp. 754-56.

25. George H. Stein, *The Waffen SS: Hitler's Elite Guard at War, 1939-1945* (Ithaca, NY: Cornell Univ. Press, 1966), p. 137.

26. Edward Homze, "Nazi Germany's Forced Labor Program," in Michael Berenbaum, ed., *A Mosaic of Victims: Non – Jews Persecuted and Murdered by the Nazis* (New York: New York Univ. Press, 1990), pp. 37-38. 또한 Ulrich Herbert, *Hitler's Foreign Workers: Enforced Foreign Labor in Germany under the Third Reich, trans. William Templer* (Cambridge: Cambridge Univ. Press, 1997).

27. Jere C. King, *Foch versus Clemenceau: France and German Dismemberment, 1918-1919* (Cambridge, MA: Harvard Univ. Press, 1960); Walter A. McDougall, *France's Rhineland Diplomacy, 1914-1924: The Last Bid for a Balance of Power in Europe* (Princeton, NJ: Princeton Univ. Press, 1978); David Stevenson, *French War Aims against Germany, 1914-1919* (Oxford: Oxford Univ. Press, 1982).

28. Max Jakobson, *The Diplomacy of the Winter War: An Account of the Russo – Finnish War* (Cambridge, MA: Harvard Univ. Press, 1961), 제1-3부; Anthony F. Upton, *Finland, 1939-1940* (London: David – Poynter, 1974), 제1-2장; Carl Van Dyke, *The Soviet Invasion of Finland, 1939-1940* (London: Frank Cass, 1997), 제1부.

29. 카르타고에 관해서는 Serge Lancel, *Carthage: A History*, trans. Antonia Nevill (Cambridge: Blackwell, 1995), esp. pp. 412-27. 폴란드에 관해서는 Jan T. Gross, *Polish Society under German Occupation: The Generalgouvernement, 1939-1944* (Princeton, NJ: Princeton Univ. Press, 1979); Richard C. Lukas, *Forgotten Holocaust: The Poles under German Occupation, 1939-1944* (Lexington: Univ. Press of Kentucky, 1986). 소련에 대해서는 Alexander Dallin, *German Rule in Russia, 1941 -45: A Study of Occupation Policies* (London: Macmillan, 1957). 또한 다음을 보라. David Weigall and Peter Stirk, eds., *The Origins and Development of the European Community* (London: Leicester Univ. Press, 1992), pp. 27-28.

30. 마이클 한델은 "이스라엘 정치 – 군사 독트린의 기본적 가정은 아랍국가들은 그들이 할 수 있다고 믿는 한 이스라엘이라는 나라를 파멸시키는 것이며, 동시에 이스라엘이 평화롭게 살 수 없도록 모든 방안을 다 동원하여 방해하는 것이다"라고 쓰고 있다. Michael

Handel, *Israel's Political - Military Doctrine, Occasional Paper No.30* (Cambridge, MA: Center for International Affairs, Harvard Univ., July 1973), p. 64: Yehoshafat Harkabi, *Arab Strategies and Israel's Response* (New York: Free Press, 1977) : Yehoshafat Harkabi, *Arab Attitudes to Israel, trans. Misha Louvish* (Jerusalem: Israel Universities Press, 1972) : Asher Arian, *Israeli Public Opinion on National Security, 2000,* Memorandum No.56 (Tel Aviv: Jaffee Center for Strategic Studies, July 2000), pp. 13-16.

31. 폴란드는 1772년, 1793년 그리고 1795년에 오스트리아, 프러시아, 러시아에 의해 분할되었고 1939년에는 소련과 독일에 의해 분할되었다. 더구나 2차 세계대전이 끝날 무렵 스탈린은 폴란드 영토의 1/3에 해당하는 폴란드 동부지방을 점령, 병합했다. 한 저자는 다음과 같이 말하고 있다. "일반 상식과는 달리 지난 200년 동안 국가의 죽음이라는 현상은 상당히 빈번하게 나타났다. 210개 국가 중 69개 국가가 없어져 버렸다(약 30%) 그리고 대부분은 폭력적 수단에 의해 소멸되었다(69 국가 중 51개국)." 희생자들의 대부분은 작은 국가였으며, 이들은 강대국의 한 부분이 되던지 혹은 강대국 제국의 일부분이 되어 버렸다. 일부 국가들은 독립국가로 다시 소생한 경우도 있었다. Tanisha M. Fazal, "Born to Lose and Doomed to Survive: State Death and Survival in the International System," paper presented at the Annual Meeting of the American Political Science Association, Washington, DC, August 31-September 3, 2000, pp. 15-16.

32. Wilfried Loth, "Stalin's Plans for Post - War Germany," in Francesca Gori and Silvio Pons, eds., *The Soviet Union and Europe in the Cold War, 1943-53* (New York: St. Martin's, 1996), pp. 23-36: Marc Trachtenberg, *A Constructed Peace: The Making of the European Settlement, 1945-1963* (Princeton, NJ: Princeton University Press, 1999), pp. 57-60, 129-30: and Vladislav Zubok and Constantine Pleshakov, *Inside the Kremlin's Cold War: From Stalin to Khrushchev* (Cambridge, MA: Harvard University Press, 1996), pp. 46-53.

33. Warren F. Kimball, *Swords or Ploughshares? The Morgenthau Plan for Defeated Nazi Germany, 1943-1946* (Philadelphia: Lippincott, 1976): Henry Morgenthau, Jr., *Germany Is Our Problem* (New York: Harper, 1945).

34. "강압"(coercion)과 "공갈"(blackmail)에 관한 해석이 필요할 것 같다. 강압이란 상대방의 행동을 변화시키기 위해 무력을 사용하거나 혹은 사용하겠다고 위협하는 일이다. 나는 이 책 제4장에서 강압이란 말을 사용할 경우 실질적 무력사용(해양봉쇄 혹은 전략폭격 등)을 의미했다. 즉 상대방이 정복당하기 이전에 스스로 전쟁을 포기하라는 것이다. 혼동을 피하기 위해 나는 상대방 국가의 행동을 변화시키기 위해 무력사용을 위협하는 경우 이를 '공갈'이라는 말로 표현했다. 그럼에도 불구하고 강압과 공갈을 흔히 같은 뜻으로 사용된다. 강압에 대해서는 Daniel Ellsberg, "Theory and Practice of Blackmail," RAND Paper p-3883 (Santa Monica, CA: RAND Corporation, 1968) : Alexander L. George, William E. Simons, and David K. Hall, *Limits of Coercive Diplomacy: Laos, Cuba, and Vietnam* (Boston: Little Brown, 1971) : Robert A. Pape, *Bombing to Win: Air Power and Coercion in War* (Ithaca, NY: Cornell Univ. Press, 1996) : Thomas Schelling, *Arms and Influence* (New Haven, CT: Yale Univ. Press, 1966) : Thomas Schelling, *Strategy of Conflict* (Cambridge, MA: Harvard Univ. Press, 1960).

35. 1차 세계대전 이전의 위기에 관해서는 Luigi Albertini, *The Origins of the War of 1914, vol. I, European Relations from the Congress of Berlin to the Eve of the Sarajevo Murder*, ed. and trans. Isabella M. Massey (Oxford: Oxford Univ. Press, 1952), 제3-10장; Imanuel Geiss, *German Foreign Policy, 1871-1914* (London: Routledge and Kegan Paul, 1979), 제8-17장; David G. Herrmann, *The Arming of Europe and the Making of the First World War* (Princeton, NJ: Princeton Univ. Press, 1996); L. C. F. Turner, *Origins of the First World War* (New York: Norton, 1970).

36. Christopher Andrew, *Theophile Delcasse and the Making of the Entente Cordiale: A Reappraisal of French Foreign Policy, 1898-1905* (New York: St. Martin's, 1968), 제5장; Darrell Bates, *The Fashoda Incident: Encounter on the Nile* (Oxford: Oxford University Press, 1984); Roger G. Brown, *Fashoda Reconsidered: The Impact of Domestic Politics on French Policy in Africa, 1893-1898* (Baltimore, MD: Johns Hopkins University Press, 1969).

37. Herman Kahn, *On Thermonuclear War: Three Lectures and Several Suggestions*, 2d ed.(N. Y.: Free Press, 1960), p. 231; Henry S Rowen, "Catalytic Nuclear War," in Graham T. Allison, Albert Carnesale, and Joseph S. Nye, Jr., eds., *Hawks, Doves, and Owls: An Agenda for Avoiding Nuclear War* (New York: Norton, 1985), pp. 148-63.

38. T.C. W. Blanning, *The Origins of the French Revolutionary Wars* (London: Longman, 1986), p. 186.에서 인용. 1908년 오스트리아-헝가리의 외무장관인 세르비아와 불가리아를 전쟁에 참여하도록 미끼를 던졌다는 근거가 있다. 그럼으로써 오스트리아-헝가리는 발칸 반도에서 약해진 세르비아에 대해 우월한 지위를 차지하려고 했다. 그러나 이 생각은 실천에 옮겨지지는 않았다. Edmond Taylor, *The Fall of the Dynasties: The Collapse of the Old Order, 1905-1922* (Garden City, NY: Doubleday, 1963), pp. 128-29. 또한 혹자는 스탈린은 나치 독일과 연합국이 2차 세계대전을 일으키도록 꼬드겼다고 주장한다. 그러나 제8장에서 논의할 것이지만, 이 같은 주장을 지지하는 근거는 충분하지 못하다.

39. Charles D. Smith, *Palestine and the Arab-Israeli Conflict*, 2d ed. (New York: St. Martin's, 1992), p. 164; Michael Bar-Zohar, *Ben-Gurion: A Biography, trans. Peretz Kidron* (New York: Delacorte, 1978), pp. 209-16.

40. David McGullough, *Truman* (New York: Touchstone, 1992), p. 262에서 인용.

41. Wheeler-Bennett, *Brest-Litovsk*, pp. 189-90, 385-91.

42. Peter Schweizer, *Victory: The Reagan Administration's Secret Strategy That Hastened the Collapse of the Soviet Union* (New York: Atlantic Monthly Press, 1994), pp. xviii, 9, 64-65, 100-101, 116-19, 151-53. 또한 Robert p. Hager, Jr., and David A. Lake, "Balancing Empires: Competitive Decolonization in International Politics," *Security Studies* 9, No.3 (Spring 2000), pp. 108-48.

43. 균형(balancing)에 관해서는 Robert Jervis and Jack Snyder, eds., *Dominoes and Bandwagons: Strategic Beliefs and Great Power Competition in the Eurasian Rimland* (Oxford: Oxford Univ. Press, 1991); Walt, *Origins of Alliances*; and Waltz, *Theory of International Politics*를 보라. 일부 학자들은 균형을 강대국들이 서로 자신의 독립성을 보장받기 위해 협력하는 행동이라고 정의한다. 굴릭은 국가들은 "공통

의 운명에 관한 개념"을 가지고 있다고 기술했다. Edward Vose Gulick in *Europe's Classical Balance of Power* (New York: Norton, 1955), p. 10. 모든 강대국들은 상대방 강대국 중 어느 나라도 국제체제에서 사라지지 않음을 확실히 하려고 노력한다. 그렇게 하는 것이 자신의 생존을 위해서도 최고의 방안이기 때문이다. "집단의 양식과 집단의식은 개별국가를 보존하기 위한 가장 훌륭한 방안"이라고 주장된다. Ibid., p. 297. 이 이론에 의하면 국가들이 현상유지에 집착하는 것은 아니다. 어떤 강대국도 그 체제에서 쫓겨나지 않음이 보장되는 한 힘의 분포상황이 변하는 것은 용납할 수 있는 일이다. 실제로 다른 나라의 손해를 통해 자신의 이득을 얻기 위한 목적으로 전쟁을 할 수도 있다. 그러나 국가들은 오직 제한적 전쟁만을 해야 한다. 왜냐하면 국가들은 세력균형이 바뀌는 것을 허락하기는 하지만, 그것은 모든 강대국들의 독립성은 보장되어야만 하는 한도 내에서 이루어져야 하기 때문이다. 그래서 국가들은 흔히 "자제, 기권, 눈앞의 이익추구 포기"라는 행동을 보인다. Ibid., p. 33. 국가들은 "중요한 국가를 소멸시키기보다는 차라리 전쟁을 중지한다." 그들은 일반선(General Good)의 원칙에 따라 행동하는 것이다. Morton A. Kaplan, *System and Process in International Politics* (New York: John Wiley, 1957), p. 23; and Gulick, *Europe's Classical Balance*, p. 45. 이처럼 "집단이익에 대한 관심"의 결과는 견고하지는 못할지라도 안정된 균형일 것이다. Ibid., p. 31. 이 이론은 비록 세력균형과 제한전쟁을 강조하지만 현실주의 이론은 아니다. 이 이론에 의하면 국가들은 자신의 힘을 추구하는 것이 아니라 어떤 특수한 세계질서의 유지를 목표로 하기 때문이다. 이 이론에 관한 더 자세한 논의는 Inis L. Claude, jr., *Power and International Relations* (New York: Random House, 1962), 제2장; Ernst B. Haas, "The Balance of Power: Prescription, Concept, or Propaganda?" *World Politics* 5, No.4 (July 1953), pp. 442-77; Hans Morgenthau, *Politics among Nations: The Struggle for Power and Peace*, 5th ed.(New York: Knopf, 1973), 제11장; Quincy Wright, *A Study of War*, vol.2 (Chicago: Univ. of Chicago Press, 1942), 제20장.

44. 이 장에서 언급된 '균형'과 '책임전가'의 개념은 제8장에서 자세히 다루어 질 것이다.

45. 외적(external)인 균형과 내적(internal)균형 개념은 Waltz in *Theory of International Politics*, pp. 118, 163.

46. "Preface" to Keith Neilson and Roy A. Prete, eds., *Coalition Warfare: An Uneasy Accord* (Waterloo, ON: Wilfrid Laurier Univ. Press, 1983), p. vii.에서 인용. 나폴레옹의 관점은 그가 오스트리아의 외교관에게 했던 언급에 잘 나타나 있다. "당신은 몇 개의 동맹국을 가지고 있습니까? 다섯? 열? 스물? 더 많은 동맹국을 가지고 있을수록 나에게 더욱 좋습니다." Karl A. Roider, Jr., *Baron Thugut and Austria's Response to the French Revolution* (Princeton, NJ: Princeton Univ. Press, 1987), p. 327에서 인용. 또한 다음을 보라. Gordon A. Craig, "Problems of Coalition Warfare: The Military Alliance against Napoleon, 1813-14," in Gordon A. Craig, *War Politics, and Diplomacy: Selected Essays* (New York: Praeger, 1966), pp. 22-45; Neilson and Prete, *Coalition Warfare*, passim.

47. 책임전가(buck-passing)에 관해서는, Mancur Olson, Jr., *The Logic of Collective Action: Public Goods and the Theory of Groups* (Cambridge, MA: Harvard University Press, 1965); Mancur Olson and Richard Zeckhauser, "An Economic Theory of Alliances," *Review of Economics and Statistics* 48, No.3 (August 1966), pp. 266-79; Barry R. Posen, *The Sources of Military Doctrine: France, Britain, and Germany*

between the World Wars (Ithaca: Cornell University Press, 1984), 특히 pp. 63-74, 232.

48. Thomas J. Christensen and Jack Snyder refer to this as the "chain ganging" problem in "Chain Gangs and Passed Bucks: Predicting Alliance Patterns in Multipolarity," *International Organization* 44, No.2 (Spring 1990), pp. 137-68.

49. David French, *British Strategy and War Aims, 1914-1916* (Boston: Allen and Unwin, 1986), pp. 24-25; David French, "The Meaning of Attrition, 1914-1917," *English Historical Review* 103, No.407 (April 1988), pp. 385-405.

50. 국가들은 세력균형과는 관련되지 않는 다른 이유 때문에, 전쟁의 혹독한 대가를 피하는 데 큰 관심을 가지고 있다.

51. 제4장 주 72에서 지적한 바처럼, 나치 독일과의 전쟁에서 소련인 약 2,400만 명이 목숨을 잃었다. 모든 전선에서의 인명피해를 모두 합칠 경우 영국과 미국은 합쳐서 650,000명이 목숨을 잃었다. 대략 미군 30만, 영국군 30만, 그리고 영국시민 5만 명 정도가 여기 포함된다. I.C.B. Dear, ed., *The Oxford Companion to World War II* (Oxford: Oxford Univ. Press, 1995), p. 290; Robert Goralski, *World War II Almanac: 1931-1945* (New York: Putnam, 1981), pp. 425-26, 428.

52. 윈스턴 처칠도 책임전가의 전략을 택했다는 사실이 보여진다. 그는 1944년 여름에도 연합국이 프랑스에 침공하는 것을 반대했다. 오직 미국의 강력한 압력 때문에 마지못해 D-day를 받아들였던 것이다. 그는 미군과 영국군이 유럽의 변두리에 주둔하고 있으며 산발적으로 독일군과 전투를 벌이는 동안, 소련군이 독일군의 주력을 파괴해 주기를 원했다. Mark A. Stoler, *The Politics of the Second Front: American Military Planning and Diplomacy in Coalition Warfare, 1941-1943* (Westport,CT: Greenwood, 1977).

53. Isaac Deutscher, *Stalin: A Political biography*, 2d ed. (Oxford: Oxford Univ. Press, 1967), pp, 478-80; John Erickson, "Stalin, Soviet Strategy and the Grand Alliance," in Ann Lane and Howard Temperley, eds., *The Rise and Fall of the Grand Alliance, 1941-45* (New York: St. Martin's, 1995), pp. 140-41. 2차 세계대전 당시 영국 주재 소련 대사로서의 경험을 회고하여 이반 마이스키는 "처칠의 관점에 의하면 소련과 독일 모두가 처참한 피를 흘리고 그 결과 양국의 거의 한 세대의 시민들 중 상당수가 목발을 짚고 헤매는 처절한 상황에 놓이게 되는 것이 가장 이상적인 것이었다. 그러는 동안 영국은 유럽의 권투선수로서 최소한의 피해만 당한 채 양호한 상태로 결승점에 도달하겠다는 것이었다." Ivan Maisky, *Memoirs of a Soviet Ambassador: The War, 1939-1943*, trans. Andrew Rothstein (London: Hutchinson, 1967), p. 271. 이와 유사한 것으로 2차 세계대전 당시 터키 대사였던 이탈리아 외교관은 "터키가 가장 바라는 이상적 상황은 독일의 마지막 병사가 소련의 마지막 병사의 시체 위에 쓰러지는 것"이었다고 말하고 있다. Selim Deringil, *Turkish Foreign Policy during the Second World War: An "Active" Neutrality* (Cambridge: Cambridge Univ. Press, 1989), pp. 134-35.

54. 편승(bandwagoning) 전략에 관한 중요한 저술들은 Eric J. Labs, "Do Weak States Bandwagon?" *Security Studies* 1, No.3 (Spring 1992), pp. 383-416; Randall L. Schweller, "Bandwagoning for Profit: Bringing the Revisionist State Back In," *International Security* 19, No.1 (Summer 1994), pp. 72-107; Walt, *Origins of Alliances*; Waltz, *Theory of International Politics* 등이다. 그러나 슈벨러의 정의는 나를 비롯한 대부분 국제정치학자들의 정의와 그 의미가 다르다. Schweller,

"Bandwagoning for Profit," pp. 80-83. 일반적인 정의에 의하면, 편승 (bandwagoning)이란 위협을 당한 국가가 그 적국에 대해 취하는 전략이며 이는 침략 국에 대해 불균형적인 대폭 양보를 포함하는 것이다. 그러나 슈벨러의 정의에 의하면 이 는 위협을 받는 나라가 취하는 전략이 아닌 것이 분명하며, 오히려 침략을 통해 이득을 취할 것을 기대하는 공격국이 택하는 전략이다. 특히 슈벨러에 의하면 편승이란 기회주 의적인 나라가 다른 공격국에 합류함으로써 제3국에 대해 이득을 얻는 것이다. 즉 1939 년 소련이 독일의 공격에 편승하여, 폴란드를 공격해서 폴란드를 분할 점령한 것이 그 예가 된다. 이는 세력균형의 논리와 배치되는 것은 아니며, 위에서 언급된 전쟁의 전략 과 완벽하게 합치한다.

55. Robert B. Strassler, ed., *The Landmark Thucydides: A Comprehensive Guide to the Peloponnesian War* (New York: Simon and Schuster, 1998), p. 352.

56. 중동 국가들의 균형과 편승행동을 연구한 후 월트는 "균형이 편승보다 훨씬 흔하게 나 타나는 일, 편승이란 거의 대부분 특히 약하거나 고립된 나라들에 한정되는 것"이라고 결론내렸다. Walt, *Origins of Alliances*, p. 263. 또한 ibid., pp. 29-33; Labs, "Weak States."

57. Elizabeth Wiskemann, "The Subjugation of South – Eastern Europe, June 1940 to June 1941," in Arnold Toynbee and Veronica M. Toynbee, eds., *Survey of International Affairs, 1939-46: The Initial Triumph of the Axis* (Oxford: Oxford Univ. Press, 1958), pp. 319-36; Sidney Lowery, "Rumania" and "Bulgaria," in Arnold Toynbee and Veronica M. Toynbee, eds., *Survey of International Affairs, 1939-46: The Realignment of Europe* (Oxford: Oxford Univ. Press, 1955), pp. 285- 90, 301-6.

58. 유화(appeasement)의 정의는 모든 사전에서 그 의미를 알 수 있으며 역사학자, 정치 학자들에 의해 널리 받아들여진다. 예로 Gilpin, *War and Change*, pp. 193-94; Bradford A. Lee, *Britain and the Sino – Japanese War, 1937-1939: A Study in the Dilemmas of British Decline* (Stanford, CA: Stanford Univ. Press, 1973), pp. vii-viii 을 보라. 그럼에도 불구하고 일부 학자들은 유화를 다르게 정의한다. 그들은 유화를 국 가들 사이의 갈등원인을 제거하기 위한 목적으로, 위험한 적국과의 긴장을 완화하기 위 해 고안된 정책이라고 본다. Stephen R. Rock, *Appeasement in International Politics* (Lexington: Univ. Press of Kentucky, 2000), pp. 10-12. 유화에 관한 이 정의는 적대 국에 대해 양보함을 허락하는 것이 분명하지만 그것을 강요하지는 않는다. 반면 나의 정 의는 유화정책을 채택하는 나라가 자신에게 불리한 힘의 균형변화를 용납하는 것을 요 구한다.

59. 제7장을 볼 것.

60. 제8장을 볼 것.

61. Waltz, *Theory of International Politics*, pp. 127-28. 또한 ibid., pp. 74-77; Kenneth Waltz, "A Response to My Critics," in Robert O. Keohane, ed., *Neorealism and Its Critics* (New York: Columbia Univ. Press, 1986), pp. 330-32; Colin Elman, "The Logic of Emulation: The Diffusion of Military Practices in the International System," Ph.D. Diss., Columbia Univ., 1999.

62. Waltz, *Theory of International Politics*, p. 127-28.

63. 조지 부시 대통령은 1990년 11월 8일 "이라크의 침략은 쿠웨이트와 주변 걸프지역 국

가들의 국가안보에 대한 도전일 뿐만 아니라 냉전이 종료된 이후 우리가 건설하려는 더 좋은 세계에 대한 도전이다. 그래서 미국과 미국의 동맹국들은 이 임무를 회피할 수는 없는 것이다. 쿠웨이트는 다시 정상으로 되돌려져야 하며 그렇지 않는 한 어느 나라도 안전하지 못하며, 우리가 바라는 희망적인 미래는 진정 파탄나고 말 것이다"고 말했다. George Bush, "The Need for an Offensive Military Option," in Micah L. Sifry and Christopher Cerf, eds., *The Gulf War Reader: History, Documents, Opinions* (New York: Times Books, 1991), p. 229. 또한 Thomas L. Friedman, "Washington's 'Vital Interests,'" in ibid., pp. 205-6. 여기에는 역시 국가들이 성공적인 침략국에 편승할 가능성(슈벨러의 의미로)이 있으며 그 경우 더 많은 전쟁이 야기될 것이다.

64. Matthew Evangelista, *Innovation and The Arms Race: How the United States and the Soviet Union Develop New Military Technologies* (Ithaca, NY: Cornell Univ. Press, 1988) ; Williamson Murray and Allan R. Millet, eds., *Military Innovation in the Interwar Period* (Cambridge: Cambridge Univ. Press, 1996) ; Posen, *Sources of Military Doctrine*, pp. 29-33, 54-57, 224-26 ; Stephen p. Rosen, *Winning the Next War: Innovation and the Modern Military* (Ithaca, NY: Cornell Univ. Press, 1991).

65. Richard K. Betts, *Surprise Attack: Lessons for Defense Planning* (Washington, DC: Brookings Institution Press, 1983).

66. Michael I. Handel, *War, Strategy, and Intelligence* (London: Frank Cass, 1989), 제 3-8장; Dan Reiter, *Crucible of Beliefs: Learning, Alliances, and World Wars* (Ithaca, NY: Cornell Univ. Press, 1996).

6장 강대국들의 행동

1. 현상유지를 원하는 강대국은 국제정치체제에서 별로 보이지 않는다는 공격적 현실주의 주장에 관한 직접적 연구는 단 하나 뿐이다. 에릭 랩스(Eric Labs)는 오스트리아-프러시아 전쟁(1866) 당시의 프러시아의 전쟁 목표, 보불전쟁(1870-1871) 당시 프러시아의 전쟁목표, 1차 세계대전 당시(1914-1918) 영국의 전쟁목표, 그리고 한국전쟁(1950-1953) 당시 미국의 전쟁목표에 대해 연구했다. 그는 공격적 현실주의가 예측하듯, 강대국들이 안보 경쟁의 관점에서 이 전쟁에 뛰어 들어감으로써, 이 전쟁들을 상대적인 힘의 비중 증가를 위한 기회로 사용했는가 혹은 현상유지에 만족했는가의 여부를 살펴보았다. 다른 말로 한다면, 전쟁의 목적은 전쟁을 치르는 전 기간 동안 변하지 않았는가 혹은 전쟁의 목적이 전쟁이 진행중인 동안 확대되었는가에 관한 질문이다. 그는 위의 네 가지 사례 전부에서 공격적 현실주의를 강력하게 지지하는 근거들을 찾아냈다. "정치가들은 그들의 전쟁목적을 확대한다. …그리고 국제체제를 자신에게 유리하게 가져간다. 강대국들은 전쟁 이후의 세계에서 안전을 보장받는 가장 좋은 길은, 자신들의 상대적 힘을 최대화시키는 일이라고 믿기 때문이다." Eric J. Labs, "Offensive Realism and Why States Expand Their War Aims," *Security Studies* 6, No.4.(Summer, 1997), pp. 1-49. 인용된 문장은 pp. 21, 46.

2. 19세기가 끝날 무렵까지 미국은 강대국의 반열에 들지 못했지만, 19세기동안 미국의 행동은 공격적 현실주의의 타당성을 검증하는 사례가 된다. 일본 역시 1895년까지는 강대국이 아니었다. 그러나 나는 메이지유신(1868) 이후 1895년까지 일본의 행동을 분석했

다. 이 기간의 사건들이 1895년 이후 일본의 행동에 직접적 영향을 미쳤기 때문이다. 지면의 제약으로 나는 1792년과 1990년 사이의 모든 강대국의 행동을 분석할 수는 없었다. 특히 나는 오스트리아-헝가리(1792-1918), 프랑스(1792-1940), 프러시아(1792-1862), 러시아(1792-1917)의 사례를 생략했다. 그러나 나는 이들 사례들을 연구할 경우 공격적 현실주의의 관점에 배치되기보다는 강력히 지지하는 결과가 나올 것임을 확신한다.

3. 이 문장은 Richard J.B. Bosworth, *Italy, The Least of the Great Powers: Italian Foreign Policy before the First World War* (Cambridge: Cambridge Univ. Press, 1979).

4. 이 인용문은 Nicholas Spykman, *America's Strategy in World Politics: The United States and the Balance of Power* (New York: Harcourt, Brace, 1942), p. 20.

5. Marius B. Jansen, "Japanese Imperialism: Late Meiji Perspectives," in Ramon H. Myers and Mark R. Peattie, eds., *The Japanese Colonial Empire, 1895-1945* (Princeton, NJ: Princeton Univ. Press, 1984), p. 64에서 인용.

6. W. G. Beasley, *The Modern History of Japan*, 2d ed. (London: Weidenfeld and Nicolson, 1973), 제6-8장; Marius B. Jansen, ed., *The Cambridge History of Japan*, vol.5, *The Nineteenth Century* (Cambridge: Cambridge Univ. Press, 1989), 제5-11장.

7. Akira Iriye, "Japan's Drive to Great-Power Status," in Jansen, ed., *Cambridge History*, vol.5, pp. 721-82.

8. 이 기간 동안 일본의 외교정책에 관한 가장 훌륭한 분석들은 W. G. Beasley, *Japanese Imperialism, 1894-1945* (Oxford: Clarendon, 1987); James B. Crowley, "Japan's Military Foreign Policies," in James W. Morley, ed., *Japan's Foreign Policy, 1868-1941: A Research Guide* (New York: Columbia Univ. Press, 1974), pp. 3-117; Peter Duus, ed., *The Cambridge History of Japan*, vol.6, *The Twentieth Century* (Cambridge: Cambridge Univ. Press, 1988), 제5-7장; Ian Nish, *Japanese Foreign Policy, 1869-1942: Kasumigaseki to Miyakezaka* (London: Routledge and Kegan Paul, 1977).

9. Nobutaka Ike, "War and Modernization," in Robert E. Ward, ed., *Political Development in Modern Japan* (Princeton, NJ: Princeton Univ. Press, 1968), p. 189.

10. Jack Snyder, *Myths of Empire: Domestic Politics and International Ambition* (Ithaca, NY: Cornell Univ. Press, 1991), p. 114. 또한 Michael A. Barnhart, *Japan Prepares for Total War: The Search for Economic Security, 1919-1941* (Ithaca, NY: Cornell Univ. Press, 1987), p. 17을 참조하라.

11. Mark R. Peattie, "Introduction," in Myers and Peattie, eds., *Japanese Colonial Empire*, p. 9.

12. E. H. Norman, "Japan's Emergence as a Modern State," in John W. Dower, ed., *Origins of the Modern Japanese State: Selected Writings of E. H. Norman* (New York: Random House, 1975), p. 305. 또 Marius B. Jansen, "Japanese Imperialism: Late Meiji Perspectives," in Myers and Peattie, eds., *Japanese Colonial Empire*, p. 62; Marius B. Jansen, "Modernization and Foreign Policy in Meiji Japan," in Ward, ed., *Political Development*, pp. 149-88을 보라.

13. Hiroharu Seki, "The Manchurian Incident, 1931," trans. Marius B. Jansen, in James W. Morley, ed., *Japan Erupts: The London Naval Conference and the Manchurian*

Incident, 1928-1932 (New York: Columbia Univ. Press, 1984), p. 143에서 인용.

14. Peattie, "Introduction," in Myers and Peattie, eds., *Japanese Colonial Empire*, p. 15 에서 인용.

15. Hilary Conroy, *The Japanese Seizure of Korea, 1868-1910: A Study of Realism and Idealism in International Relations* (Philadelphia: Univ. Pennsylvania Press, 1960); M. Frederick Nelson, *Korea and the Old Orders in Eastern Asia* (New York, Russell and Russell, 1945).

16. Beasley, *Japanese Imperialism*, 제4-5장.

17. Beasley, *Japanese Imperialism*, 제6장.

18. 러일전쟁(Russo-Japanese War)에 관한 가장 훌륭한 자료들은 Committee of Imperial Defence, *The Official History of the Russo - Japanese War*, 3 vols. (London: His Majesty's Stationery Office, 1910-1920); R. M. Connaughton, *The War of the Rising Sun and Tumbling Bear: A Military History of the Russo - Japanese War, 1904-1905* (London: Routledge, 1988); A .N. Kuropatkin, *The Russian Army and the Japanese War*, trans. A. B. Lindsay 2 vols. (London: John Murray, 1909); Ian Nish, *The Origins of the Russo - Japanese War* (London: Longman, 1985); J.N. Westwood, *Russia against Japan, 1904-1905: A New Look At the Rsso - Japanese War* (Albany: State Univ. of New York Press, 1986); John A. White, *The Diplomacy of the Russo - Japanese War* (Princeton, NJ: Princeton Univ. Press, 1964).

19. Beasley, *Japanese Imperialism*, 제7장.

20. Beasley, *Japanese Imperialism*, 제8장.

21. James W. Morley, *The Japanese Thrust into Siberia, 1918* (New York: Columbia Univ. Press, 1957). 이 책의 제4장 주 128 볼 것.

22. Emily O. Goldman, *Sunken Treaties: Naval Arms Control between the Wars* (Univ. Park: Pennsylvania State Univ. Press, 1994); Stephen E. Pelz, *Race to Pearl Harbor: The Failure of the Second London Naval Conference and the Onset of World War II* (Cambridge, MA: Harvard Univ. Press, 1974).

23. Crowley, "Japan's Military Foreign Policies," pp. 39-54.

24. 이 기간에 관한 가장 탁월한 연구들은 Barnhart, Japan Prepares for Total War; Alvin D. Coox, *Nomonhan: Japan against Russia, 1939*, 2 vols. (Stanford, CA: Stanford Univ. Press, 19850; James B. Crowley, *Japan's Quest for Autonomy: National Security and Foreign Policy, 1930-1938* (Princeton, NJ: Princeton Univ. Press, 1966).

25. Seki, "The Manchurian Incident"; Sadako N. Ogata, *Defiance in Manchuria: The Making of Japanese Foreign policy, 1931-1932* (Berkeley: Univ. of California Press, 1964); Mark R. Peattie, *Ishiwara Kanji and Japan's Confrontation with the West* (Princeton, NJ: Princeton Univ. Press, 1975), 제4-5장; Toshihiko Shimada, "The Extension of Hostilities, 1931-1932," trans. Akira Iriye, in Morley, ed., *Japan Erupts*, pp. 233-335.

26. Peter Duus, Raymond H. Myers, and Mark R. Peattie, eds., *The Japanese Formal Empire in China, 1895-1937* (Princeton, NJ: Princeton Univ. Press, 1989); Shimada Toshihiko, "Designs on North China, 1933-1937," trans. James B. Crowley, in James

W. Morley, ed, *The China Quagmire: Japan's Expansion on the Asian Continent, 1933-1941* (New York: Columbia Univ. Press, 1983), pp. 3-230.

27. George H. Blakeslee, "The Japanese Monroe Doctrine," *Foreign Affairs* 11, No.4 (July 1933), pp. 671-81.

28. Ikuhiko Hata, "The Marco Polo Bridge Incident, 1937," trans. David Lu and Katsumi Usui, "The Politics of War, 1937-1941," trans. David Lu, in Morley, ed., *China Quagmire*, pp. 233-86, 289-435.

29. Alvin D. Coox, *The Anatomy of a Small War: The Soviet – Japanese Struggle for Changkufeng – Khasan, 1938* (Westport, CT: Greenwood, 1977); Coox, Nomonhan, vols. 1-2; Hata, "The Japanese – Soviet Confrontation, 1935-1939," trans. Alvin D. Coox, in James W. Morley, ed., *Deterrent Diplomacy: Japan, Germany, and the USSR, 1935-1940* (New York: Columbia Univ. Press, 1976), pp, 113-78.

30. 이 시기 일본 팽창에 관한 논의는 이 장 뒷부분에서 자세하게 다루어질 것이다.

31. 민족주의자 그리고 현실주의자로서의 비스마르크에 대한 종합적 논의는 Bruce Waller, *Bismarck*, 2d ed.(Oxford: Blackwell, 1997), 제2-4장. 비스마르크에 관한 가장 훌륭한 전기 두 권이라고 할 수 있는 다음의 책들은 이 주제를 아주 상세하게 다루고 있다. Lothar Gall, *Bismarck: The White Revolutionary*, vol.1, 1851-1871, trans. J. A. Underwood (Boston: Unwin Hyman, 1986); Otto Pfalanze, *Bismarck and the Development of Germany: The Period of Unification, 1815-1871* (Princeton, NJ: Princeton Univ. Press, 1973).

32. 이 주제에 관한 주요한 연구들은 Andreas Hillgruber, *Germany and the Two World Wars*, trans. William C. Kirby (Cambridge, MA; Harvard Univ. Press, 1982), 제2장; Berhard Jackel, *Hitler's World View: A Blueprint for Power*, trans. Herbert Arnold (Cambridge, MA; Harvard Univ. Press, 1981), 제2, 5장; Dale C. Copeland, *The Origins of Major War* (Ithaca, NY: Cornell Univ. Press, 2000), 제5장; Gordon A. Craig, *Germany, 1866-1945* (Oxford: Oxford Univ. Press, 1980), pp. 673-77; and Sebastian Haffner, *The Meaning of Hitler*, trans. Ewald Osers (Cambridge. MA: Harvard Univ. Press, 1979), pp. 75-95. 히틀러의 외교정책에 관한 가장 포괄적 기술은 『나의 투쟁』에서 발견되지 않고 오히려『히틀러의 비밀스런 책』에서 발견된다. *Hitler's Secret Book*, trans. Salvator Attanasio (New York: Bramhall House, 1986).

33. David Calleo, *The German Problem Reconsidered: Germany and the World Order, 1870 to the Present* (Cambridge: Cambridge Univ. Press, 1978), p, 119. 또한 Ludwig Dehio, *Germany and World Politics in the Twentieth Century*, trans. Dieter Pevsner (New York: Norton, 1959)을 보라. Fritz Fischer, *From Kaiserreich to Third Reich: Elements of Continuity in German History, 1871-1945*, trans. Roger Fletcher (London: Allen and Unwin, 1986); Klaus Hildebrand, *The Foreign Policy of the Third Reich*, trans. Anthony Fothergill (Berkeley: Univ. of California Press, 1973), pp. 1-11, 135-47; Woodruff D. Smith, *The Ideological Origins of Nazi Imperialism* (Oxford: Oxford Univ. Press, 1986).

34. Henry A. Turner, *Hitler's Thirty Days to Power, January 1933* (Reading, MA: Addison – Wesley, 1996), pp. 173-74.

35. 1차 세계대전 발발한 지 한 달이 지났을 때 테오발트 폰 베트만 홀벡(Theobald von Bethmann – Hollweg) 수상이 밝힌 전쟁목표의 리스트에 독일의 야망의 증거가 잘 나타나 있다. Fritz Fischer, *Germany' s Aims in the First World War* (New York: Norton, 1967), pp. 103-6; Stephen Van Evera, *Causes of War: Power and the Roots of Conflict* (Ithaca, NY: Cornell Univ. Press, 1999), pp. 202-3.

36. 제8장을 보라.

37. 1870년과 1900년 사이 유럽정치에 관한 가장 탁월한 분석들은 Luigi Albertini, *The Origins of the War of 1914*, vol.1, *European Relations from the Congress of Berlin to the Eve of the Sarajevo Murder*, ed. and trans. Isabella M. Massey (Oxford: Oxford Univ. Press, 1952), 제1-2장; Imanuel Geiss, *German Foreign Policy, 1871-1914* (London: Routledge and Kegan Paul, 1979), 제3-9장; William L Langer, *European Alliances and Alignments, 1871-1890* (New York: Alfred A Knopf, 1939); William L. Langer, *The Diplomacy of Imperialism, 1890-1902*, 2d ed. (New York: Knopf, 1956); Norman Rich, *Friedrich Von Holstein: Politics and Diplomacy in the Era of Bismarck and Wilhelm II*, 2 vols. (Cambridge: Cambridge Univ. Press, 1965), 제2-5부; Glenn H. Snyder, *Alliance Politics* (Ithaca, NY: Cornell Univ. Press, 1997); A.J.p. Taylor, *The Struggle for Mastery in Europe, 1848-1918* (Oxford: Clarendon, 1954), 제10-17장.

38. 이 문장은 W.N. Medlicott의 것이다. 그러나 그는 이 말이 비스마르크를 정확하게 묘사한 것은 아니라고 말한다. W.N. Medlicott, *Bismarck and Modern Germany* (New York: Harper and Row, 1965), p. 180.

39. George F. Kennan, *The Decline of Bismarck' s European Order: Franco – Russian Relations, 1875-1890* (Princeton, NJ: Princeton Univ. Press, 1979), pp. 11-23; Taylor, Struggle, pp. 225-27.

40. Joseph V. Fuller, *Bismarck' s Diplomacy at Its Zenith* (Cambridge, MA: Harvard Univ. Press, 1922), 제6-8장; William D. Irvine, *The Boulanger Affair Reconsidered: Royalism, Boulangism, and the Origins of the Radical Right in France* (Oxford: Oxford Univ. Press, 1989; Langer, *European Alliances*, 제11장.

41. Kennan, *Decline*, p 338.

42. Richard D. Challener, *The French Theory of the Nation in Arms, 1866-1939* (New York: Russell and Russell, 1965), 제1-2장; Allan Mitchell, *Victors and Vanquished: The German Influence on Army and Church in France after 1870* (Chapel Hill: Univ. of North Carolina Press, 1984), 제1-5장; Barry R. Posen, "Nationalism, the Mass Army, Military Power," *International Security* 18, No.2 (Fall 1993), pp. 109-17; David Stevenson, *Armaments and the Coming of War: Europe, 1904-1914* (Oxford: Oxford Univ. Press, 1996), pp. 56-58.

43. 제8장을 보라.

44. 1900년부터 1914년까지 유럽정치에 관한 가장 우수한 분석들은 Albertini, *Origins of the War*, vol.1, 제3-10장; Geiss, *German Foreign Policy*, 제8-17장; David G. Herrmann, *The Arming of Europe and the Making of the First World War* (Princeton, NJ: Princeton Univ. Press, 1996); Rich, Holstein, vol.2, 제5-6부; Snyder, *Alliance Politics*; Stevenson, *Armaments and the Coming of War*; Taylor, Struggle, 제17-22

장.

45. 1914년 7월 위기가 시작되었을 당시, 독일은 오스트리아-헝가리 및 세르비아가 참전하는 발칸지역에서의 제한된 전쟁을 원했다. 그러나 독일은 오스트리아-헝가리와 독일이 프랑스와 러시아에 대항하는 대륙내 전쟁(continental war)을 용납할 수 있다고 생각했다. 그러나 독일은 영국이 전쟁에 개입하는 세계대전까지를 원한 것은 아니다. Jack S. Levy, "Preferences, Constraints, and Choices in July 1914," *International Security* 15, No.3 (Winter 1990-91), pp. 154-61. 그러나 위기가 진행되는 동안 유럽은 지역전쟁이 아니라 대륙전쟁 혹은 영국마저 참전하게 될 세계대전으로 향하고 있다는 사실이 분명해졌다. 애초부터 위기의 장본인이었던 독일은 전쟁이 점차 현실로 다가올 때 그것을 저지하려 하지 않았다. 사실 독일은 프랑스, 러시아와의 대 전쟁을 다음과 같은 목적을 달성할 수 있는 기회로 삼고자 했다. 1) 3국협상에 의한 독일의 포위망 파괴, 2) 금명간 독일보다 막강해질 것이 우려되는 러시아의 파괴, 3) 유럽에서의 패권확립. 다음을 보라. Copeland, Origins of Major War, 제3-4장; Fritz Fischer, *War of Illusions: German Policies from 1911 to 1914*, trans. Marian Jackson (New York: Norton, 1975), 제22-23장; Imanuel Geiss, ed., July 1914, *The Outbreak of the First World War: Selected Documents* (New York: Norto, 1974); Konrad H. Jarausch, "The Illusion of Limited War: Chancellor Bethmann-Hollweg's Calculated Risk, July 1914," *Central European History* 2, No.1 (March 1969), pp. 48-76; Wayne C. Thompson, *In the Eye of the Storm: Kurt Riezler and the Crises of Modern Germany* (Ames: Univ. of Iowa Press, 1980), 제2-3장; 그리고 이 장 주 35의 자료를 참고할 것.

46. 독일군의 규모와 형태를 다룬 베르사유 조약의 일부분은 US Department of State, *The Treaty of Versailles and After: Annotations of the Text of the Treaty* (Washington, DC; U.S. Government Printing Office, 1947), pp. 301-65.

47. 폴란드에 대한 독일의 두려움에 관해서는, Michael Geyer, "German Strategy in the Age of Machine Warfare, 1914-1945," in Peter Paret, ed., *Makers of Modern Strategy: From Machiavelli to the Nuclear Age* (Princeton, NJ: Princeton Univ. Press, 1986), pp. 561-63; Gaines Post, Jr., *The Civil-Military Fabric of Weimar Foreign Policy* (Princeton, NJ: Princeton Univ. Press, 1973), pp. 101-10. 1차 세계대전 직후 폴란드의 사례 역시 공격적 현실주의에 대한 지지의 경우가 된다. 새로 만들어진 폴란드는 잠시 동안이나마 독일 및 러시아에 대해 현저한 군사적 우위를 차지하고 있었다. 독일과 러시아는 1차 세계대전의 패전으로 거의 패망 상태에 놓여 있었기 때문이다. 힘을 증가하고 자신의 안보를 증진시킬 기회를 감지한 폴란드는 소련연방을 파괴하고 폴란드가 주도하는 강력한 연방을 구축하고자 했다. 이 연방에는 리투아니아, 벨로루시 및 우크라이나가 포함될 예정이었다. 폴란드인들은 "한때의 폴란드 왕국과 같은 막강하고 넓은 국가를 건설하는 꿈을 꾸었던 것이다." Josef Korbel, *Poland Between East and West: Soviet and German Diplomacy toward Poland, 1919-1933* (Princeton, NJ: Princeton Univ. Press, 1963), pp. 33. 또한 이 책 제3장 주 41에 게재된 자료들을 참고할 것.

48. Edward W. Bennett, *German Rearmament and the West, 1932-1933* (Princeton, NJ: Princeton Univ. Press, 1979); Jon Jacobson, *Locarno Diplomacy: Germany and the West, 1925-1929* (Princeton, NJ: Princeton Univ. Press, 1972); Christopher M. Kimmich, *The Free City: Danzig and German Foreign Policy, 1919-1934* (New

Haven, CT: Yale Univ. Press, 1968); Post, *Civil – Military Fabric*; Marshall M. Lee and Wolfgang Michalka, *German Foreign Policy, 1917-1933: Continuity or Break?* (New York: Berg, 1987); Smith, *Ideological Origins*, 제9장.

49. 이 목적을 향해 1922년 4월 16일 바이마르 공화국의 독일과 소련은 라팔로 조약이라는 비밀조약을 체결했다. 이 조약은 "다방면의, 밀접하며, 장기적인 협력적 조치들"로서 독일이 베르사유 조약을 위반하고 비밀리에 군사적 능력을 증강시킬 수 있도록 하는 것이었다. Jiri Hochman, *The Soviet Union and the Failure of Collective Security, 1934-1938* (Ithaca, N.Y.: Cornell Univ. Press, 1984), p. 17. 또한 Hans W. Gatzke, "Russo – German Military Collaboration during the Weimar Republic," *American Historical Review* 63, No.3 (April 1958), pp. 565 -97을 보라. Aleksandr M. Nekrich, *Pariahs, Partners, Predators: German – Soviet Relations, 1922-1941* (New York: Columbia Univ. Press, 1997), 제1-2장; Kurt Rosenbaum, *Community of Fate: German – Soviet Diplomatic Relations, 1922-1928* (Syracuse, N.Y.: Syracuse Univ. Press, 1965).

50. Henry L. Bretton, *Stresemann and the Revision of Versailles: A Fight for Reason* (Stanford, CA; Stanford Univ. Press, 1953), p. 25. 또한 Manfred J. Enssle, *Stresemann's Territorial Revisionism: Germany, Belgium, and the Eupen – Malmedy Question, 1919-1929* (Wiesbaden, FRG: Franz Steiner, 1980); Hans W. Gatzke, *Stresemann and the Rearmament of Germany* (New York: Norton, 1969)을 보라. 그리고 이 장의 주 48에서 인용된 자료를 참고하라. 바이마르 공화국에 대한 힘의 정치 (Machtpolitik)의 영향에 대해서는 Post, *Civil – Military Fabric*, pp. 81-82, 164-67, 311-12.

51. 나치의 침략적 행동에 관한 훌륭한 연구들은 Hildebrand, *Foreign Policy of the Third Reich*; Hillgruber, *Germany*, 제5-9장; Norman Rich, *Hitler's War Aims: Ideology, the Nazi state, and the Course of German Expansion* (New York:Norton, 1973);Telford Taylor, *Sword and Swastika: Generals and Nazis in the Third Reich* (New York: Simon and Schuster, 1952); Gerhard L. Weinberg, *The Foreign Policy of Hitler's Germany: Diplomatic Revolution in Europe, 1933-36* (Chicago: Univ. of Chicago Press, 1970); Gerhard L. Weinberg, *The Foreign Policy of Hitler's Germany: Starting World War II, 1937-39* (Chicago: Univ. of Chicago Press, 1980).

52. 1930년대 독일군 증강에 관해서는 이 책 제8장을 보라.

53. Richard Pipes, *The Formation of the Soviet Union: Communism and Nationalism, 1917-1923* (Cambridge, MA: Harvard Univ. Press, 1957), p. 1. William C. Fuller, Jr., *Strategy and Power in Russia, 1600-1914* (New York: Free Press, 1992); Geoffrey Hosking, *Russia: People and Empire, 1552-1917* (Cambridge, MA: Harvard Univ. Press, 1997), pt. 1; Barbara Jelavich, *A Century of Russian Foreign Policy 1814-1914* (Philadelphia: J.B. Lippincott, 1964); John p. LeDonne, *The Russian Empire and the World, 1700-1917: The Geopolitics of Expansion and Containment* (Oxford; Oxford Univ. Press, 1997).

54. Fuller, *Strategy and Power*, p. 132와 pp. 34, 125-27, 134-39, 174-75; and Hosking, Russia, pp. 3-4, 41.

55. 두 개의 인용문은 모두 Stephen M. Walt, *Revolution and War* (Ithaca, NY: Cornell

Univ. Press, 1996), p. 129.

56. 이 문장은 Jon Jacobson, *When the Soviet Union Entered World Politics* (Berkeley: Univ. of California Press, 1994), p. 3에서 인용한 것이다. 레닌의 외교정책에 관한 학자들의 일치된 견해를 기술하고 있다.

57. Richard K. Debo, *Revolution and Survival: The Foreign Policy of Soviet Russia, 1917-18* (Toronto: Univ. of Toronto Press, 1979), p. 416. 또한 Piero Melograni, *Lenin and the Myth of World Revolution: Ideology and Reasons of State, 1917-1920*, trans. Julie Lerro (Atlantic Highlands, NJ: Humanities Press International, 1979), 이 책은, 레닌은 세계 혁명을 원하지 않았다고 주장한다. 그 경우 다른 국가들에서 공산당이나 사회당이 권력을 장악할 것이고 이들이 유럽의 좌파를 지배하게 될 것인데, 이는 볼셰비키에게 해가 될 것이기 때문이었다.

58. 현실주의자로서의 스탈린에 대해서는 p. M.H. Bell, *The Origins of the Second World War in Europe*, 2d ed. (London: Longman, 1997), pp. 136-37: David Holloway, *Stalin and the Bomb: The Soviet Union and Atomic Energy, 1939-1956* (New Haven, CT: Yale University Press, 1994), pp. 168-69: Henry Kissinger, *Diplomacy* (New York: Simon and Schuster, 1994), 제13-20장: Vojtech Mastny, *Russia's Road to the Cold War: Diplomacy, Warfare, and the Politics of Communism, 1941-1945* (New York: Columbia Univ. Press, 1979), p. 223: Adam B. Ulam, *Expansion and Coexistence: Soviet Foreign Policy, 1917-1973*, 2d ed.(New York: Holt, Rinehart, and Winston, 1974), p. 144: Vladislav Zubok and Constantine Pleshakov, *Inside the Kremlin's Cold War: From Stalin to khrushchev* (Cambridge, MA: Harvard Univ. Press, 1996), pp. 18, 38. 또한 다음을 보라. Vladimir O. Pechatnov, "The Big Three after World War II: New Documents on Soviet Thinking about Post War relations with the United States and Britain," Cold War International History Project[CWIHP] Working Paper No.13 (Washington, DC: Woodrow Wilson International Center for Scholars, July 1995), 이 책은 적어도 스탈린의 보좌관 세 명은 국제정치를 현실주의자의 눈으로 보고 있었다는 사실을 증명한다. 1939년 8월부터 1941년 6월 사이 나치와 스탈린의 협력에 관해서는 이 책 제2장 주 59에 인용된 자료들을 참고할 것.

59. Zubok and Pleshakov, *Inside the Kremlin's Cold War*, p. 139.

60. Barrington Moore, Jr., *Soviet Politics – The Dilemma of Power: The Role of Ideas in Social Change* (Cambridge, MA: Harvard Univ. Press, 1950), p. 408. 또한 ibid., pp. 350-51, 382-83, 390-92를 보라. Francesca Gori and Silvio Pons, eds., *The Soviet Union and Europe in the Cold War, 1945-1953* (London: Macmillan, 1996): Walter Lippmann, *The Cold War: A Study in U.S. Foreign Policy* (New York: Harper and Borhters, 1947): Samuel L. Sharp, "National Interest: Key to Soviet Politics," in Erik p. Hoffmann and Frederic J. Fleron, Jr., eds., *The Conduct of Soviet Foreign Policy* (Chicago: Aldine – Atherton, 1971), pp. 108-17: Snyder, *Myths of Empire*, 제6장: Ulam, Expansion and Coexistence: William C. Wohlforth, *The Elusive Balance: Power and Perceptions during the Cold War* (Ithaca, NY: Cornell Univ. Press, 1993): and Zubok and Pleshakov, *Inside the Kremlin's Cold War*.

61. 소련 외교정책에서 이데올로기가 차지하는 비중의 중요성을 강조한 연구는 Jacobson, *When the Soviet Union Entered*: Douglas J. Macdonald, "Communist Bloc

Expansion in the Early Cold War: Challenging Realism, Refuting Revisionism," *International Security* 20, No.3 (Winter 1995-96), pp. 152-88; Teddy J. Uldricks, *Diplomacy and Ideology: The origins of Soviet Foreign Relations, 1917-1930* (London: Sage, 1979); Walt, Revolution and War, 제4장.

62. E.H. Carr, *The Bolshevik Revolution*, 1917-1923, vol.3 (New York: Macmillan, 1961), 제21-25장; Debo, *Revolution and Survival*; Richard K. Debo, *Survival and Consolidation: The Foreign Policy of Soviet Russia, 1918-1921* (Montreal: McGill – Queen's Univ. Press, 1992); Ulam, *Expansion and Coexistence*, 제3장; Walt, *Revolution and War*, 제4장.

63. John W. Wheeler – Bennett, *Brest – Litovsk: The Forgotten Peace*, March 1918 (New York: Norton, 1971).

64. 이 책 제4장 주 128을 참고할 것.

65. Debo, *Survival and Consolidation*, 제13-14장; James M. McCann, "Beyond the Bug: Soviet Historiography of the Soviet – Polish War of 1920," *Soviet Studies* 36, No.4 (October 1984), pp. 475-93; 그리고 이 책 제3장 주 41에서 인용한 자료들을 참고할 것. 이 사례들은 국가들은 전쟁을 치르는 도중, 영토를 정복할 수 있는 기회가 나타나는 경우라면 언제라도 그들의 전쟁 목표를 확대한다는 에릭 랩스의 주장을 지지한다. Labs, "Offensive Realism"을 참조할 것.

66. 앞에서 지적한 대로 일본은 1922년까지 시베리아에 일본군을 주둔시키고 있었고 북사할린에는 1925년까지 군대를 주둔시켰다.

67. Carr, *Bolshevik Revolution*, vol.3, 제26-34장; R. Craig Nation, *Black Earth, Red Star: A History of Soviet Security Policy, 1917-1991* (Ithaca, NY: Cornell Univ. Press, 1992), 제2장; Jacobson, *When the Soviet Union Entered*; Teddy J. Uldricks, "Russia and Europe : Diplomacy, Revolution, and Economic Development in the 1920s," *International History Review* 1, No.1 (January 1979), pp. 55-83; Ulam, *Expansion and Coexistence*, 제4장; Walt, *Revolution and War*, pp. 175-201.

68. 이 장 주 49에 있는 자료들을 참조할 것.

69. Robert C. Tucker, *Stalin in Power: The Revolution from Above, 1928-1941* (New York: Norton, 1990), p. 9에서 인용. 2차 세계대전 이전 10년 동안 스탈린의 산업화 정책에 관한 논의는 Alec Nove, *An Economic History of the USSR, 1917-1991*, 3d ed. (New York: Penguin, 1992), 제7-9장.

70. Jonathan Haslam, *The Soviet Union and the Threat from the East, 1933-1941: Moscow, Tokyo and the Prelude to the Pacific War* (Pittsburgh, PA: Univ. of Pittsburgh Press, 1992).

71. 제8장을 보라.

72. 제5장 주 28의 자료들을 볼 것.

73. Nikita Khrushchev, *Khrushchev Remembers*, trans. and ed. Strobe Talbott (Boston: Little, Brown, 1970), p. 134.

74. Mastny, *Russia's Road to the Cold War*; Ulam, Expansion and Coexistence, 제7장.

75. Russell D. Buhite, *Decisions at Yalta: An Appraisal of Summit Diplomacy* (Wilmington, DE: Scholarly Resources, 1986), 제5장; Diane S. Clemens, *Yalta* (Oxford: Oxford Univ. Press, 1970), pp. 58-62, 247-55; Herbert Feis, *Churchill,*

Roosevelt, Stalin: The War They Waged and the Peace They Sought (Princeton, NJ: Princeton Univ. Press, 1957), pp, 505-18; Odd Arne Westad, *Cold War and Revolution: Soviet - American Rivalry and the Origins of the Chinese Civil War, 1944-1946* (New York: Columbia Univ. Press, 1993), 제1장.

76. Bruce Cumings, *The Origins of the Korean War*, vol.1, *Liberation and the Emergence of Separate Regimes, 1945-1947* (Princeton, NJ: Princeton Univ. Press, 1981); Kathryn Weathersby, "Soviet Aims in Korea and the Origins of the Korean War, 1945-1950: New Evidence from Russian Archives," CWIHP Working Paper No.8 (Washington, DC: Woodrow Wilson International Center for Scholars, November 1993).

77. 그러나 1948년 당시 미국의 정책결정자들은 소련군은 287만 명이 아니라 400만 명의 병력을 유지하고 있다고 믿었다. Matthew A. Evangelista, "Stalin's Postwar Army Reappraised," *International Security* 7, No.3 (Winter 1982-83), pp. 110-38; Phillip A. Karber and Jerald A. Combs, John S. Duffield, and Matthew Evangelista, "Assessing the Soviet Treat to Europe: A Roundtable," *Diplomatic History* 22, No.3 (Summer 19998), pp. 399-449. 이처럼 미국 정보기관의 과장된 추정에도 불구하고 1940년대 말엽 서방측의 정책결정자들은 소련군이 서유럽을 공격할 가능성은 별로 없다고 생각했다. 1950년 6월 북한이 남한을 침략한 이후 소련의 기습공격에 대한 우려가 높아졌다. Ulam, *Expansion and Coexistence*, pp. 404, 438, 498.

78. 더글러스 맥도널드는 "흐루시초프와 몰로토프의 구두 기술에 의한 회고록 및 다수의 다른 증거들은 미국의 힘에 대한 스탈린의 두려움이 소련 팽창주의를 저지한 가장 중요한 요인"이라고 기술했다. Macdonald, "Communist Bloc Expansion," p. 161.

79. Werner Hahn, *Postwar Soviet Politics: The Fall of Zhdanov and the Defeat of Moderation, 1946-1953* (Ithaca, NY: Cornell Univ. Press, 1982); Holloway, *Stalin and the Bomb*, 제8장; Vojtech Mastny, *The Cold War and Soviet Insecurity: The Stalin Years* (Oxford Univ. Press, 1996); Pechatnov, "The Big Three"; Ulam, *Expansion and Coexistence*, 제8-13장; Zubok and Pleshakov, *Inside the Kremlin's Cold War*, 제1-3장과 "Postmortem." 또한 Molotov와 Stalin에 대해 Marc Trachtenberg, *A Constructed Peace: The Making of the European Settlement, 1945-1963* (Princeton, NJ: Princeton Univ. Press, 1999). pp. 19, 36을 보라.

80. Louise L. Fawcett, *Iran and the Cold War: The Azerbaijan Crisis of 1946* (Cambridge: Cambridge Univ. Press, 1992); Bruce Kuniholm, *The Origins of the Cold War in the Near East: Great Power Conflict and Diplomacy in Iran, Turkey, and Greece* (Princeton, NJ: Princeton Univ. Press, 1980), 제3-6장; Natalia I. Yegorova, "The 'Iran Crisis' of 1945-1946: A View from the Russian Archives," CWIHP Working Paper No.15 (Washington, DC: Woodrow Wilson International Center for Scholars, May 1996).

81. Kuniholm, *The Origins of the Cold War*, 제1, 4-6장; Melvyn p. Leffler, "Strategy, Diplomacy, and the Cold War: The United States, Turkey, and NATO, 1945-1952," *Journal of American History* 71, No.4 (March 1985), pp. 807-25; Eduard Mark, "The War Scare of 1946 and Its Consequences," *Diplomatic History* 21, No.3 (Summer 1997), pp. 383-415.

82. 1955년 소련과 서방측은 오스트리아로부터 나토군과 소련군을 철수하고 오스트리아를 동서 갈등의 중립국으로 만든다는 데 동의했다. 그러나 소련이 이러한 거래를 중지한 데는 그럴듯한 전략적 이유가 있었다. Audrey K. Cronin은 다음의 책에서 이러한 사실을 명백히 밝히고 있다. *Great Power Politics and the Struggle over Austria, 1945-1955* (Ithaca, NY: Cornell Univ. Press, 1986).

83. 아시아에 대한 소련 외교정책에 대한 가장 훌륭한 자료의 하나는 Sergei N. Goncharov, John W. Lewis, and Zue Litai, *Uncertain Partners: Stalin, Mao, and the Korean War* (Stanford, CA: Stanford Univ. Press, 1993); Westad, *Cold War and Revolution*; and Michael M. Sheng, *Battling Western Imperialism: Mao, Stalin, and the United States* (Princeton, NJ: Princeton Univ. Press, 1997).

84. Goncharov, Lewis, and Litai, *Uncertain Partners*, 제5장; Mastny, *The Cold War*, pp. 85-97; Weatherby, "Soviet Aims in Korea"; Kathryn Weatherby, "To Attack or Not to Attack: Stalin, Kim Il Sung, and the Prelude to War," *CWIHP Bulletin 5* (Spring 1995), pp. 1-9.

85. Galia Golan, *The Soviet Union and National Liberation Movements in the Third World* (Boston: Unwin Hyman, 1988); Andrzej Korbonski and Francis Fukuyama, eds., *The Soviet Union and the Third World: The Last Three Decades* (Ithaca, NY: Cornell Univ. Press, 1987); Bruce D. Porter, *The USSR in Third World Conflicts: Soviet Arms and Diplomacy in Local Wars, 1945-1980* (Cambridge: Cambridge Univ. Press, 1984); Carol R. Saivetz, ed., *The Soviet Union in the Third World* (Boulder, CO: Westview, 1989).

86. Jeffrey T. Checkel, *Ideas and International Political Change: Soviet/Russian Behavior and the End of the Cold War* (New Haven, CT: Yale Univ. Press, 1997); Matthew Evangelista, *Unarmed Forces: The Transnational Movement to End the Cold War* (Ithaca, NY: Cornell Univ. Press, 1999); Robert G. Herman, "Identity, Norms and National Security: The Soviet Foreign Policy Revolution and the End of the Cold War," in Peter J. Katzenstein, ed., *The Culture of National Security: Norms and Identity in World Politics* (New York: Columbia Univ. Press, 1996), pp. 271-316; Richard Ned Lebow and Thomas W. Risse – Kappen, eds., *International Relations Theory and the End of the Cold War* (Yew York: Columbia Univ. Press, 1995).

87. Stephen G. Brooks and William C. Wohlforth, "Power, Globalization, and the End of the Cold War: Reevaluating a Landmark Case for Ideas," *International Security* 25, No.3 (Winter 2000-2001), pp. 5-53; William C. Wohlforth, "Realism and the End of the Cold War," *International Security* 19, No.3 (Winter 1994-1995), pp. 91-129; Randall L. Scweller and William C. Wohlforth, "Power Test: Evaluating Realism in Response to the End of the Cold War," Security Studies 9, No.3 (Spring 2000), pp. 60-107. 또한 이 책의 3장과 10장을 참고하라. William C. Wohlforth, ed., *Witnesses to the End of the Cold War* (Baltimore, MD: Johns Hopkins Univ. Press, 1996), 제1부에 게재된 구 소련 정책결정자들의 코멘트 참조.

88. Ronald G. Suny, *The Revenge of the Past: Nationalism, Revolution, and the Collapse of the Soviet Union* (Stanford, CA: Stanford Univ. Press, 1993).

89. 경제적으로 풍요해진 소련이 안보를 위한 경쟁은 더 이상 국제정치의 중요한 측면이 아니라고 확신하고, 동유럽에 대한 지배를 포기한다면 그 경우 공격적 현실주의 이론은 부정될 것이다.

90. 이탈리아 외교정책에 관한 가장 탁월한 분석들은 H. James Burgwyn, *Italian Foreign Policy in the Interwar Period, 1918-1940* (Westport, CT: Praeger, 1997); Bosworth, *Italy, the Least of the Great Powers*; Alan Cassels, *Mussolini's Early Diplomacy* (Princeton, NJ: Princeton Univ. Press, 1970); MacGregor Knox, *Mussolini Unleashed, 1939-1941: Politics and Strategy in Fascist Italy's Last War* (Cambridge: Cambridge Univ. Press, 1982); C. J. Lowe and F. Marzari, *Italian Foreign Policy, 1870-1940* (London: Routedge and Kegan Paul, 1987); Christopher Seton – Watson, *Italy from Liberalism to Fascism, 1870-1925* (London: Methuen, 1967); Denis Mack Smith, *Modern Italy: A Political History* (Ann Arbor : Univ. of Michigan Press, 1997); Denis Mack Smith, *Mussolini's Roman Empire* (New York: Viking, 1976); Brian R. Sullivan, "The Strategy of the Decisive Weight: Italy, 1882-1922," in Williamson Murray, MacGregor Knox, and Alvin Bernstein, eds., *The Making of Strategy: Rulers, States, and War* (Cambridge: Cambridge Univ. Press, 1995), pp. 307-51.

91. Bosworth, *Italy, the Least of the Great Powers*, p. viii. 또한 Ottavio Barie, "Italian Imperialism: The First State," *Journal of Italian History* 2, No.3 (Winter 1979), pp. 531-65; Federico Chabod, *Italian Foreign Policy: The Statecraft of the Founders*, trans. William McCuaig (Princeton, NJ: Princeton Univ. Press, 1996).

92. Maxwell H.H.Macartney and Paul Cremona, *Italy's Foreign and Colonial Policy, 1914-1937* (Oxford: Oxford Univ. Press, 1938), p. 12.

93. Seton – Watson, Italy, p. 29.

94. John Gooch, *Army, State, and Society in Italy, 1870-1915* (New York: St. Martin's, 1989); "Italian Military Efficiency: A Debate," *Journal of Strategic Studies* 5, No.2 (June 1982), pp. 248-77; MacGregor Knox, *Hitler's Italian Allies: Royal Armed Forces, Fascist Regime, and the War of 1940-1943* (Cambridge: Cambridge Univ. Press, 2000); Smith, *Mussolini's Roman Empire*, 제13장; Brian R. Sullivan, "The Italian Armed Forces, 1918-40," in Allan R. Millett and Williamson Murray, eds., *Military Effectiveness*, vol.2, *The Interwar Period* (Boston: Allen and Unwin, 1988), pp. 169-217.

95. Gooch, *Army, State, and Society*, p. xi.에서 인용.

96. Sullivan, "Strategy of Decisive Weight."

97. William A. Renzi, *In the Shadow of the Sword: Italy's Neutrality and Entrance into the Great War, 1914-1915* (New York: Peter Lang, 1987); Seton – Watson, *Italy*, 제11장.

98. Smith, Modern Italy, p. 89.

99. Setono – Watson, Italy, p. 430.

100. 런던조약의 조약문은 Rene Albrecht – Carrie, *Italy at the Paris Peace Conference* (New York: Columbia Univ. Press, 1948), pp. 334~39. 이에 관한 또 다른 자료는 1919년 2월 17일 파리 평화회의에 제출된 "Italian Memorandum of Claims." 이 자료

는 위의 책 pp. 370~87에 게재되어 있다.

101. Taylor, *Struggle*, p. 544.

102. Sullivan, "Strategy of Decisive Weight," p. 343.

103. Albrecht-Carrie, *Italy at the Paris Peace Conference*; H. James Burgwyn, *The Legend of the Mutilated Victory: Italy, the Great War, and the Paris Peace Conference, 1915~1919* (Westport, CT: Greenwood, 1993).

104. Smith, *Mussolini's Roman Empire*, p. 16, 50.

105. John F. Coverdale, *Italian Intervention in the Spanish Civil War* (Princeton, NJ: Princeton Univ. Press, 1975), pp. 41, 53, 74~78, 127~50, 198~200, 388~89.

106. Knox, *Mussolini Unleashed*, p. 2.

107. Mario Cervi, *The Hollow Legions: Mussolini's Blunder in Greece, 1940~1941*, trans. Eric Mosbacher (Garden City, NY: Doubleday, 1971); I.S.O. Playfair, *The Mediterranean and Middle East, vol.1, The Early Successes against Italy* (London: Her Majesty's Stationery Office, 1954).

108. Snyder, *Myths of Empire*, p. 21. 또한 ibid., pp. 1~3, 61~62; Van Evera, *Causes of War*.

109. Snyder, *Myths of Empire*, p. 308.

110. 스나이더는 그의 *Myths of Empire*에서 강대국의 공격적 행동은 국내의 이기적 집단들 사이의 결탁에 의한 것이라고 대략적으로 설명될 수 있다고 주장한다. 반 에베라는 군국 주의를 잘못된 충고를 따른 행동의 결과라고 본다. Stephen Van Evera, *Causes of War: Misperception and the Roots of Conflict* (Ithaca, NY: Cornell Univ. Press, forthcoming).

111. Snyder, *Myths of Empire*; Van Evera, *Causes of War*; Kenneth N. Waltz, *Theory of International Politics* (Reading, MA: Addison-Wesley, 1979). 이런 입장을 취하는 다른 연구는 Charles A. Kupchan, *The Vulnerability of Empire* (Ithaca, NY: Cornell Univ. Press, 1994). 이런 관점에 대한 탁월한 요약과 비판은 Fareed Zakaria, "Realism and Domestic Politics: A Review Essay," *International Security* 17, No.1 (Summer 1992), pp. 177-98. 또한 이 책 제2장 주 30을 참조할 것.

112. Snyder, *Myths of Empire*, p. 8.

113. 제8장에서 논의될 것이지만 나폴레옹을 격파한 균형 연합은, 1812년 러시아를 침공했던 프랑스 육군이 파괴, 궤멸된 이후인 1813년에야 겨우 이루어졌다. 히틀러를 궁극적으로 파멸시킨 균형 연합 역시 소련군이 독일의 전격전을 모스크바 외곽에서 저지한 후에 형성되었다. 그 당시 독일 지휘부의 상당수 장군들은 소련과의 싸움은 이미 패배했다고 생각하고 있었다.

114. J. A. Nichols, *Germany after Bismarck: The Caprivi Era, 1890~1894* (Cambridge, MA: Harvard Univ. Press, 1958); Sidney B. Fay, *The Origins of the World War*, 2d ed. (New York: Macmillan, 1943), pp. 122~124; Geiss, *German Foreign Policy*, 제7 장; Rich, Holstein, vols. 1~2, 제23~35장.

115. 빅헬류의 독일은 스스로 포위를 자초했다고 비난하는 찰스 굽찬은 1887년 이전의 독일은 공격적으로 행동하지 않았다고 주장한다. Kupchan, *Vulnerabilities of Empire*, p. 360. 그러나 이 주장에는 문제가 있다. 독일은 1897년보다 한참 이전 러시아와 프랑스에 의해 포위되었던 것이다. 그러므로 굽찬 자신의 시간표에 의하면 3국협상의 첫 번째,

그리고 가장 중요한 축의 형성은 독일의 공격적 행동 때문이라고 설명될 수 없다. 스나 이더의 *Myths of Empire*에도 비슷한 문제가 있다.

116. Medlicott, *Bismarck*, p. 172. 또한 ibid., pp. 164~66, 171~73; Fuller, *Bismarck's Diplomacy*, passim; Geiss, German Foreign Policy, 제6~7장; Kennan, *Decline*, 제 18~22장; Taylor, *Struggle*, pp. 317~19.

117. Geiss, *German Foreign Policy*, p. 52. 윌러는 다음의 책에서 마찬가지의 주장을 전개 한다. *Bismarck*, p. 118.

118. 이 관점은 다음 책의 핵심적 주장이다. Paul M. Kennedy, *The Rise of the Anglo - German Antagonism, 1860~1914* (London: Allen and Unwin, 1980), 특히 제16, 20 장. Calleo, *German Problem Reconsidered*; 이 책의 제8장을 보라.

119. Hillgruber, *Germany*, p. 13는 이 관점에 대해 탁월한 견해를 제시하고 있다. 모로코 위기가 없었다고 할지라도 러시아 패배 그 자체가 3국협상의 형성원인이 되었을 것이 다. 그러나 그 위기 자체만으로 영국이 프랑스와 러시아의 동맹에 참여하도록 유도하는 데 충분했다고 말하기 어렵다.

120. Herrmann, *Arming of Europe*, 제2장.

121. 영국은 "자신의 동맹국을 지원하기 위한 분명하고 시의 적절한 개입"을 분명히 밝히 는 데 실패했을 뿐만 아니라 1911년부터 1914년에 이르는 동안 영국과 독일의 관계는 상당히 호전되었다는 측면도 있다. Levy, "Preferences," p. 168; Sean M. Lynn - Jones, "Detente and Deterrence: Anglo - German Relations, 1911~1914," *International Security 11*, No.2 (Fall 1986), pp. 121~50; Scott D. Sagan, "1914 Revisited: Allies, Offense, and Instability," *International Security* 11, No.2 (Fall 1986), pp, 169~71; 또한 이 책 제8장 주 79의 자료들을 참고할 것. 더욱이 1911년 이후 영국과 러시아의 관계는 상당히 호전되었다. Keith Neilson, *Britain and the Last Tsar: British Policy and Russia, 1894~1917* (Oxford: Clarendon, 1995), 제10~11장.

122. 시릴 폴스(Cyril Falls)는 "독일은 상당히 장기적 전략계획을 거의 완수하고 그들의 적 을 파멸시키기 직전에 이르렀다"고 쓰고 있다. Falls, *The Great War* (New York: Capricorn, 1959), p. 70; Trevor N. Dupuy, *A Genius for War: The German Army and General Staff, 1807~1945* (Englewood Cliffs, NJ: Prentice - Hall, 1977), pp. 145~47; Herbert Rosinski, *The German Army* (New York: Praeger, 1966), pp. 134~37; Sagan, "1914," pp. 159~61.

123. Sagan, "1914," pp. 159~60.

124. Michael C. Desch, *When the Third World Matters: Latin America and United States Grand Strategy* (Baltimore, MD: Johns Hopkins Univ. Press, 1993), pp. 39~44; Taylor, *Struggle*, pp. xx, 566~67. 또한 이 책 제7장 주 60의 논의를 참조할 것.

125. Taylor, *Mastery*, p. 427. 1905년의 세력균형에 관해서는 Herrmann, *Arming of Europe*, pp. 40~47을 참조.

126. 1905년 독일의 장군들 사이에는 예방 전쟁을 해야한다는 무드가 있었다. 그러나 야전 군 원수 알프레드 폰 슐리펜(독일 합동참모부장)이 그러한 견해를 가지고 있지 않았다 는 사실은 확실하다. 독일 황제는 슐리펜의 견해를 무시했다. Geiss, "Origins of the First World War," in Geiss, ed., July 1914, pp. 39~40; Martin Kitchen, *A Military History of Germany: From the Eighteenth century to the Present Day* (Bloomington: Indiana Univ. Press, 1975), pp. 174~75; Gerhard Ritter, *The Schlieffen Plan:*

Critique of a Myth, trans. *Andrew and Eva Wilson* (London: Oswald Wolff, 1958), pp. 103~28.

127. 1945년 3월 중순 히틀러는 "우리는 무슨 수를 써서라도 두 전선에서의 전쟁을 회피해야만 한다고 주장했다"고 말했다. Francois Genoud, ed., *The Last Testament of Adolf Hitler: The Hitler - Bormann Documents, February - April 1945*, trans. R. H. Stevens (London; Cassell, 1961), p. 63. 이 주제에 관한 그의 주장은 1차 세계대전 이후의 독일에서 아주 정상적인 견해였다. Post, *Civil - Military Fabric*, p. 151.

128. 1941년 3월 30일 히틀러는 그의 장군들에게 "우리의 배후가 안전한 상태에서 러시아를 공격하는 것이 가능하게 되었다. 이러한 기회는 곧 다시 오지 않는다"고 말했다. Joachim C. Fest, *Hitler*, trans. Richard and Clara Winston (New York: Harcourt Brace Jovanovich, 1974), p. 646에서 인용.

129. Rich, *Hitler's War Aims*, p. xii. 또한 Craig, Germany, 제19장, 특히 pp. 677~78; Wolfram Wette, "Ideology, Propaganda, and Internal Politics as Preconditions of the War Policy of the Third Reich," in Wilhelm Deist et al., eds., *Germany and the Second World War*, vol.1, *The Build - up of German Aggression*, trans. p. S. Falla et al. (Oxford: Clarendon, 1990), pp. 83~124.

130. Matthew Cooper and James Lucas, *Panzer: The Armoured Force of the Third Reich* (New York: St. Martin's, 1976), pp. 7~24; Kenneth Macksey, Guderian: Creator of the Blitzkrieg (New York: Stein and Day, 1976), 제5장; Ernest R. May, *Strange Victory: Hitler's Conquest of France* (New York: Hill and Wang, 2000), pt. 3; John J. Mearsheimer, *Conventional Deterrence* (Ithaca, NY: Cornell Univ. Press, 1983), 제4장; Barry R. Posen, *Sources of Military Doctrine: France, Britain, and Germany between the World Wars* (Ithaca, NY: Cornell Univ. Press, 1984), 제3, 6장.

131. Haffner, *Meaning of Hitler*, p. 49.

132. 이 문장은 조나킴 훼스트(Joachim Fest)의 것이다. 그는 같은 관점을 주장하기 위해 1940년이 아니라 1938년을 제시하고 있다. Fest, *Hitler*, p. 9.

133. Robert Cecil, *Hitler's Decision to Invade Russia* (New York: David Mckay, 1975), 제8장; Matthew Cooper, *The German Army, 1933~1945: Its Political and Military Failure* (New York: Stein and Day, 1978), 제17~18장; Geyer, "German Strategy," pp. 587~90; Barry K. Leach, *German Strategy against Russia, 1939~1941* (Oxford: Clarendon, 1973).

134. Feis, *Churchill, Roosevelt, Stalin*, pp. 9~10; Waldo Heinrichs, *Threshold of War: Franklin D. Roosevelt and American Entry into World War II* (Oxford: Oxford Univ. Press, 1988), pp. 95, 102~3; Warren F. Kimball, *The Juggler: Franklin Roosevelt as Wartime Statesman* (Princeton, NJ: Princeton Univ. Press, 1991), p. 15, 21~41; William L. Langer and S. Everett Gleason, *The Undeclared War, 1940~1941* (New York: Harper, 1953), 제17장.

135. 제8장을 보라.

136. Haffner, *Meaning of Hitler*, pp. 104~5.

137. 이는 Akira Iriye, *The Origins of the Second World War in Asia and the Pacific* (London: Longman, 1987)의 기본적 주장이다.

138. Dorothy Borg, *The United States and the Far Eastern Crisis of 1933~1938*

(Cambridge, MA: Harvard Univ. Press, 1964); Warren I. Cohen, *America's Response to China: An Interpretative History of Sino- American Relations*, 2d ed. (New York: John Wiley, 1980), 제5장; Warren I. Cohen, *The Chinese Connection: Roger S. Greene, Thomas W. Lamont, George E. Sokolsky, and American – East Asian Relations* (New York: Columbia Univ. Press, 1978); Michael Schaller, *The United States and China in the Twentieth Century*, 2d ed. (Oxford: Oxford Univ. Press, 1990), 제3장.

139. Paul W. Schroeder, *The Axis Alliance and Japanese – American Relations, 1941* (Ithaca, NY: Cornell Univ. Press, 1958), p. 2, 15. 또한 Herbert Feis, *The Road to Pearl Harbor: The Coming of the War between the United States and Japan* (Princeton, NJ: Princeton Univ. Press, 1950), 특히 제5~6장. 사실 일본 군부는 1940년까지 미국과의 전쟁을 거의 생각하지 않았다. Michael A. Barnhart, "Japanese Intelligence before the Second World War: 'Best Case' Analysis," in Ernest R. May, ed., *Knowing One's Enemies: Intelligence Assessment before the Two World Wars* (Princeton, NJ: Princeton Univ. Press, 1984), pp. 424~55; and Peattie, *Ishiwara Kanji.*

140. 중국으로 들어간 외부 원조의 48% 정도는 중국과 인도차이나 국경을 통해서 이루어진 것이었다. 나머지 31%는 중국과 버마의 국경을 통해서 (이것이 유명한 버마 통로 Burma Road)였다. James W. Morley, ed., *The Final Confrontation: Japan's negotiations with the United States, 1941*, trans. David A. Titus (New York: Columbia Univ. Press, 1994), pp. xx, 373.

141. Schroeder, *Axis Alliance*, p. 46. 또한 Iriye, *Origins of the Second World War*, p. 140.

142. 이 관점에 관한 중요한 저술은 Heinrichs, *Threshold of War.* 또한 Michael A. Barnhart, "Historiography, the Origins of the Second World War in Asia and the Pacific: Synthesis Impossible?" *Diplomatic History* 20, No.2 (Spring 1996), pp. 241~60; Feis, *Road to Pearl Harbor*; Morley, ed., *Final Confrontation*; Schroeder, *Axis Alliance.*

143. 일본에 대항하는 소련의 균형 행동에 관해서는 Coox, *Nomonhan*, vols. 1~2; Hata, "The Japanese – Soviet Confrontation."

144. 3국조약(Tripartite Pact)에 대해서는 Chihiro Hosoya, "The Tripartite Pact, 1939~1940," trans. James W. Morley, in Morley, ed., *Deterrent Diplomacy*, pp. 179~257. 일본의 생각에 대한 미국인의 이해에 관해서는, Heinrichs, *Threshold of War*, 제5~7장.

145. 미국은 일본이 인도차이나와 중국으로부터 철수할 것을 분명하게 요구했지만 만주에 대해서는 모호한 입장을 취했다. 그럼에도 불구하고 미국은 일본이 만주를 포기해야 하리라는 점도 요구하고 있다고 믿었을 충분한 근거들이 있다. Feis, *Road to Pearl Harbor*, p. 276; Morley, ed., *Final Confrontation*, pp. xxviii~xxx, 318, 321~22; Schroeder, *Axis Alliance*, pp. 35~36.

146. Barnhart, *Japan Prepares for Total War*, pp. 144~46.

147. Iriye, *Origins of the Second World War*, pp. 148~50.

148. Kupchan, *Vulnerability of Empire*, pp. 339~50.

149. Langer and Gleason, *Undeclared War*, pp. 857, 867.

150. 이 관점에 대한 자세한 논의는 Schroeder, *Axis Alliance*. 이 책은 다음의 책과 함께 읽어야 할 것이다. Heinrichs, *Threshold of War*, 제4~7장. 하인리히는 독일이 1941년 6월과 12월 사이 동부전선의 전투에서 승리한 것이 일본에 대한 미국의 협상지위를 어떻게 강화시켰는지를 보여준다.

151. 루스벨트가 그의 정책이 궁극적으로 미국과 일본 간의 전쟁을 유발하리라는 사실을 이해하지 못했다고 믿기는 어렵다. Heinrichs, *Threshold of War*, p. 159.

152. Mark S. Watson, *Chief of Staff: Prewar Plans and Operations* (Washington, DC: Department of the Army, 1950), 제4~9장; Stephen D. Westbrook, "The Railey Report and Army Morale, 1941: Anatomy of a Crisis," *Military Review* 60, No.6 (June 1980), pp. 11~24.

153. Langer and Gleason, *Undeclared War*, pp. 570~74.

154. Scott D. Sagan, "The Origins of the Pacific War," in Robert I. Rotberg and Theodore K. Rabb, eds., *The Origin and Prevention of Major Wars* (Cambridge: Cambridge Univ. Press, 1989), p. 324. 이와 같은 주장은 다음의 책에서도 강조되고 있다. Michael E. Brown, *Deterrence Failures and Deterrence Strategies*, RAND Paper 5842 (Santa Monica, CA: RAND Corporation, March 1977), pp. 3~7; Robert J.C. Butow, *Tojo and the Coming of the War* (Princeton, NJ: Princeton Univ. Press, 1961), 제11장; Kupchan, *Vulnerability of Empire*, p. 344; Bruce M. Russett, "Pearl Harbor: Deterrence Theory and Decision Theory," *Journal of Peace Research* 4, No.2 (1967), pp. 89~105; Schroeder, *Axis Alliance*, pp. 200~201; Nobutaka Ike, ed. and trans., *Japan's Decision for War: Records of the 1941 Policy Conferences* (Stanford, CA: Stanford Univ. Press, 1967).

155. 1945년부터 1955년 사이 미국의 핵정책에 관한 가장 훌륭한 분석들은 Harry R. Borowski, *A Hollow Threat: Strategic Air Power and Containment before Korea* (Westport, CT: Greenwood, 1982); David Alan Rosenberg, "The Origins of Overkill: Nuclear Weapons and American Strategy, 1945~1960," *International Security* 7, No.4 (Spring 1983), pp. 11~22; David Alan Rosenberg, "American Atomic Strategy and the Hydrogen Bomb Decision," *Journal of American History* 66, No.1 (June 1979), pp. 62~87; Steven T. Ross, *American War Plans, 1945~1950* (New York: Garland, 1988); Samuel R. Williamson and Steven L. Rearden, *The Origins of U.S. Nuclear Strategy, 1945~1953* (New York: St. Martin's, 1993).

156. Henry S. Rowen, "Formulating Strategic Doctrine," in *Report of the Commission on the Organization of the Government for the Conduct of Foreign Policy, Appendix K, Adequacy of Current Organization: Defense and Arms Control* (Washington, DC: U.S. Government Printing Office, June 1975), p. 222.

157. 대량보복에 관한 가장 우수한 분석들은 Rosenberg, "Origins of Overkill," pp. 3~69; Scott D. Sagan, "SIOP – 62: The Nuclear War Plan Briefing to President Kennedy," *International Security* 12, No.1 (Summer 1987), pp. 22~51; Samuel F. Wells, Jr., "The Origins of Massive Retaliation," *Political Science Quarterly* 96, No.1 (Summer 1981), pp. 31~52.

158. Fred Kaplan, *The Wizards of Armageddon* (New York: Simon and Schuster, 1983), p. 134에서 인용.

159. Trachtenberg, *Constructed Peace*, pp. 100~101, 123, 156~58, 179~83, 293~97, 351. 트라크텐버그는 대략 1953년부터 1963년 사이 미국이 핵 우위를 점하고 있었다고 주장한다.

160. Richard K. Betts, *Nuclear Blackmail and Nuclear Balance* (Washington, DC: Brookings Institution Press, 1987), pp. 144~79; Scott D. Sagan, *Moving Targets: Nuclear Strategy and National Security* (Princeton, NJ: Princeton Univ. Press, 1989), pp. 24~26. 1949년부터 1955년 사이 미국은 소련의 맹아적 핵능력을 선제공격을 통해 파괴해 버릴 것이냐의 문제로 씨름했다. 항상 나오는 결론은 이런 계획은 가능하지 못하다는 것이었다. Tami Davis Biddle, "Handling the Soviet Threat: 'Project Control' and the Debate on American Strategy in the Early Cold War Years," *Journal of Strategic Studies* 12, No.3 (September 1989), pp. 273~302; Russell D. Buhite and William C. Hamel, "War for Peace: The Question of an American Preventive War against the Soviet Union, 1945~1955," *Diplomatic History* 14, No.3 (Summer 1990), pp. 367~84; Copeland, *Origins of Major War*, pp. 170~75; Marc Trachtenberg, "A 'Wasting Asset': American Strategy and the Shifting Nuclear Balance, 1949~1954," *International Security* 13, No.3 (Winter 1988~89), pp. 5~49.

161. Kaplan, *Wizards*, 제12~18장. 또한 Lynn Etheridge Davis, *Limited Nuclear Options: Deterrence and the New American Doctrine*, Adelphi Paper No.121 (London: International Institute for Strategic Studies, Winter 1975~76); Alfread Goldberg, *A Brief Survey of the Evolution of Ideas about Counterforce*, RM‒5431‒PR (Santa Monica, CA: RAND Corporation, October 1967, rev. March 1981); Klaus Knorr and Thornton Read, eds., *Limited Strategic War* (New York: Praeger, 1962); Marc Trachtenberg, *History and Strategy* (Princeton, NJ: Princeton Univ. Press, 1991), 제1장.

162. 확실파괴의 기준에 관해서는 Alain C. Enthoven and K. Wayne Smith, *How Much Is Enough? Shaping the Defense Program, 1961~1969* (New York: Harper and Row, 1971), pp. 174~75, 207~10; Milton Lietenberg, "Presidential Directive (PD) 59: United States Nuclear Weapons Targeting Policy," *Journal of Peace Research* 18, No.4 (1981), pp. 312~14; Stephen Van Evera, "Analysis or Propaganda? Measuring American Strategic Nuclear Capability, 1969~1988," in Lynn Eden and Steven E. Miller, eds., *Nuclear Arguments: Understanding the Strategic Nuclear Arms and Arms Control Debates* (Ithaca, NY: Cornell Univ. Press, 1989), p. 209~21.

163. SIOP는 단일통합 작전계획(Single Integrated Operational Plan)을 의미한다. 이 문장에 나오는 잠재적 표적의 수는 Desmond Ball, "The Development of the SIOP, 1960~1983," in Desmond Ball and Jeffrey Richelson, eds., *Strategic Nuclear Targeting* (Ithaca, NY: Cornell Univ. Press, 1986), p. 80에서 인용한 것.

164. 미국 핵 군사력의 규모에 관한 자료는 Robert S. Norris and William M. Arkin, "Nuclear Notebook: Estimated U.S. and Soviet/Russian Nuclear Stockpiles, 1945~94," *Bulletin of the Atomic Scientists* 50, No.6 (November~December 1994), p. 59.

165. Frances Fitzgerald, *Way Out There in the Blue: Reagan, Star Wars, and the End of the Cold War* (New York: Simon and Schuster, 2000); David Goldfischer, *The Best Defense: Policy Alternatives for U.S. Nuclear Security from the 1950s to the 1990s* (Ithaca, NY: Cornell Univ. Press, 1993).

166. 1961년부터 1990년까지 미국의 핵정책에 관한 가장 훌륭한 자료들은 Desmond Ball, *Politics and Force Levels: The Strategic Missile Program of the Kennedy Administration* (Berkeley: Univ. of California Press, 1980); Ball, "Development of the SIOP"; Desmond Ball, "U.S. Strategic Forces: How Would They Be Used?" *International Security* 7, No.3 (Winter 1982~83), pp. 31~60; Desmond Ball, and Robert Toth, "Revising the SKIOP: Taking War – Fighting to Dangerous Extremes," *International Security* 14, No.4 (Spring 1990), pp. 65~92; Aaron L. Friedberg, "A History of U.S. Strategic 'Doctrine' – 1945 to 1980," *Journal of Strategic Studies* 3, No.3 (December 1980), pp. 37~71; Leitenberg, "Presidential Directive (PD) 59"; Eric Mlyn, *The State, Society, and Limited Nuclear War* (Albany: State Univ. of New York Press, 1995); Jeffrey Richelson, "PD – 59, NSDD – 13 and the Reagan Strategic Modernization Program," *Journal of Strategic Studies* 6, No.2 (June 1983), pp. 125~46; Rowen, "Formulating Strategic Doctrine," pp. 219~34; Sagan, *Moving Targets*; and Walter Slocombe, "The Countervailing Strategy," *International Security* 5, No.4 (Spring 1981), pp. 18~27. 왜 제한 핵전쟁의 대안이 타당한 전략이 되지 못하는가에 관한 논의는 이 책 제4장 주 135를 볼 것.

167. 여기에는 포드 행정부의 SIOP – 5 (1976년 1월 1일부터 효력발휘); 카터 행정부의 SIOP – 5F (1981년 10월 1일부터 효력발휘); 레이건 행정부의 SIOP – 6F (1989년 10월 1일부터 효력발휘) 등이 포함된다. Ball and Toth, "Revising the SIOP," p. 67.

168. 미국 핵계획 역사의 권위자인 데스몬드 볼은 1961년부터 1990년 사이 미국의 핵정책을 다음과 같이 간결하게 요약하고 있다. "1960년대 초반 이후 미국 전략 핵정책의 현저한 목표는 소련과의 핵공격이 교환될 경우 미국은 피해를 최소화할 수 있도록 핵공격을 통제할 수 있는 능력을 항상 갖추어야 한다는 것이었으며, 동시에 핵교환 이후 미국이 유리한 지위를 점할 수 있음을 확실하게 해주는 것이어야 한다는 것이었다." Desmond Ball, "Soviet Strategic Planning and the Control of Nuclear War," in Roman Kolkowicz and Ellen p. Mickiewics, eds., *The Soviet Calculus of Nuclear War* (Lexington, MA: D.C. Heath, 1986), p. 49. 미국은 군사적 이득을 위해 소련의 핵 군사력을 공격할 수 있는, 선제공격능력을 갖추고 있다는 소련의 사고에 관해서는 Henry A. Trofimenko, "Illusion of a Panacea," *International Security* 5, No.4 (Spring 1981), pp. 28~48. 제한적 핵 옵션에 관한 강조에도 불구하고 미국의 국가안보를 담당하는 일각에는 "압도적 대량보복공격" 이론이 아직도 강력한 지위를 차지하고 있었다. Rowen, "Formulating Strategic Doctrine," p. 233. 소련이 제한 핵전쟁 수행에 관한 전략교리를 거부하고 대신 미국을 향한 대량보복전략을 선호했다고 한다면 (이 책의 다음 부분을 참조할 것) 대량보복에 관한 이 같은 관심은 놀랄 일이 아니다.

169. 1960년대 그리고 1970년대 상당 기간 미국내 좌파 및 우파 모두에게 있어 미국은 적국의 군사력을 표적으로 하는 전략(counterforce strategy)을 포기했고 대신 MAD(상호확실파괴) 전략을 채택했다고 말하는 것은 아주 그럴듯한 일로 생각되었다. 상원의원인 말콤 왈롭(와이오밍주 출신, 공화당)은 1979년 "지난 15년 동안 적어도 4명의 미국 대

통령과 그들의 주요 국방관련 참모진들은 적국의 사회에 일방적으로 심각한 피해를 가할 수 있는 전략계획과 핵개발에 전념했다"고 말하고 있다. Malcolm Wallop, "Opportunities and Imperatives of Ballistic Missile Defense," *Strategic Review* 7, No.4 (Fall 1979), p. 13. 이 같은 주장은 실제 상황에 대해서 분명히 더 잘 알고 있을 전문가 혹은 정책결정자들에 의해 저질러진 근거 없는 신화였다는 점은 오늘날 핵 군비경쟁을 연구하는 학자들에게 이미 잘 알려진 일일 것이다. Desmond Ball, *Deja Vu: The Return to Counterforce in the Nixon Administration* (Santa Monica: California Seminar on Arms Control and Foreign Policy, December 1974). 또한 Leitenberg, "Presidential Directive (PO) 59" ; Mlyn, *The State*; Rowen, "Formulating Strategic Doctrine"을 참조할 것.

170. 헨리 로웬은 "그 동안 미국과 소련의 무기는, 표적이 늘어남에 따라, 엄청나게 증가했다. ··· 그러나 도시 혹은 산업시설 표적의 수는 그다지 증가하지 않았다"고 쓰고 있다. Rowen, "Formulating Strategic Doctrine," p. 220. 이 장의 뒷부분에서 논의될 것이지만 소련의 전략가들은 확실파괴 개념을 강조하지 않았고, 그래서 확실파괴를 달성할 수 있는 기준을 설정하지도 않았다. 그러나 소련 역시 미국의 기준에 의거해서 미국에 대처하기 위한 유사한 업무에 당면했다. 특히 소련은 미국 인구의 33%, 그리고 산업능력의 75%를 차지하고 있는 미국 내 200개 대도시를 파괴해야 했다. 이 목표는 아마 200 EMT 가지고는 안 될지라도 400 EMT 정도의 핵능력이라면 충분히 달성할 수 있는 것이었다. Ashton B. Carter, "BMD Applications: Performance and Limitations," in Ashton B. Carter and David N. Schwartz., eds., *Ballistic Missile Defense* (Washington, DC: Brookings Institution Press, 1984), pp. 103, 163, 168~69.

171. 이 문장에 있는 숫자들은 모두 Norris and Arkin, "Nuclear Notebook," p. 59에서 인용한 것임. 소련 핵무기 능력의 증가에 관한 자세한 분석은 Robert p. Berman and John C. Baker, *Soviet Strategics Forces: Requirements and Responses* (Washington, DC: Brookings Institution Press, 1982)를 참조할 것.

172. Robert L. Arnett, "Soviet Attitudes towards Nuclear War: Do They Really Think They Can Win?" *Journal of Strategic Studies* 2, No.2 (September 1979), pp. 172-91; Ball, "Soviet Strategic Planning" ; David Holloway, *The Soviet Union and the Arms Race* (New Haven, CT: Yale Univ. Press, 1983), 제3장; Benjamin Lambeth, "Contemporary Soviet Military Policy," in Kilkowicz and Mickiewicz, eds., *Soviet Calculus of Nuclear War*, pp. 25-48; William T. Lee, "Soviet Nuclear Targeting Strategy," in Ball and Richelson, eds., *Nuclear Targeting*, pp. 84~103; Richard Pipes, "Why the Soviet Union Thinks It Could Fight and Win a Nuclear War," *Commentary* 64, No.1 (July 1977), pp. 21~34.

173. Benjamin S Lambeth, "Uncertainties for the Soviet War Planner," *International Security* 7, No.3 (Winter 1982~83), pp. 139~66.

174. Benjamin S. Lambeth, *Selective Nuclear Options in American and Soviet Strategic Policy*, R - 2034 - DDRE (Santa Monica, CA: RAND Corporation, December 1976) ; Jack L. Snyder, *The Soviet Strategic Culture: Implications for Limited Nuclear Options*, R - 2154 - AF (Santa Monica, CA: RAND Corporation, September 1977).

175. Robert Jervis, *The Illogic of American Nuclear Strategy* (Ithaca, NY: Cornell Univ. Press, 1984).

176. 이 장 주 159를 보라.

177. 한 저자는 미국의 국방비 중 재래식 군비와 핵 군비에 투자된 금액의 비율이 1961년
에는 1.45:1, 1971년에는 4:1, 그리고 1981년에는 6.7:1이었다고 추정하고 있다. William
W. Kaufmann, *A Reasonable Defense* (Washington, DC: Brookings Institution Press,
19860, p. 21. 또한 Ball, *Politics and Force Levels*, 제6장; 그리고 이 책 제4장 주 141을
참고할 것.

178. Robert A. Pape, "Technological Sources of War and Peace," manuscript, April
2001.

7장 해외의 균형자: 영국과 미국

1. 제1장 주 62에 인용된 자료를 참고할 것.

2. E.H. Carr, *The Twenty Years' Crisis, 1919-1939: An Introduction to the Study of
International Relations*, 2d ed. (London: Macmillan, 1962); 초판은 1939년 간행.

3. James L. Abrahamson, *America Arms for a New Century: The Making of a Great
Military Power* (New York: Free Press, 1981); Allan R. Millett and Peter Maslowski,
For the Common Defense: A Military History of the United States of America (New
York: Free Press, 1984), 제8-10장.

4. 자카리아는 "1865년부터 1908년 사이의 기간, 특히 1890년 이전의 사례들은 미국의 핵
심적 지도자들과 정책결정자들이 미국의 영향력을 해외에 확대시킬 수 있는 분명한 기
회라고 인식하고 있었음에도 불구하고 이를 거부했다는 점을 보여준다. … 미국은 이런
면에서 강대국의 지배에 관한 역사적 기록과 도전에 대한 예외적 사례를 구성하고 있
다"고 쓰고 있다. Fareed Zakaria, *From Wealth to Power: The Unusual Origins of
America's World Role* (Princeton, NJ: Princeton Univ. Press, 1998), p. 5. 이 책의 제3
장 제목은 제국적 과소팽창(Imperial Understretch)이라고 되어 있다.

5. 이와 같은 규칙에 하나의 예외가 있다. 남북 전쟁(1861-1865) 당시 양측은 모두 엄청난
군사력을 건설했다.

6. 미국은 1900년부터 1945년 사이 동북아시아의 상당히 넓은 영토를 정복할 수 있었을지
도 모른다. 유럽과 달리 동북아시아 지역은 외부의 침입에 무방비 상태로 열려 있었기
때문이다(이 장의 결론부분에 있는 동북아시아와 유럽의 본토가 공격표적이 되는 경우
의 비교를 참고). 그럼에도 불구하고 미국이 아메리카 대륙에서처럼 동북아시아의 두
강대국인 일본과 러시아를 점령한다는 것은 가능하지 못했을 것이다.

7. 니콜라스 스피크맨(Nicholas Spykman)은 이 관점을 잘 설명하고 있다. "유럽 전체와
비교할 경우 미국의 위치는 유럽대륙에 대한 영국의 위치와 마찬가지다. 규모는 다를 것
이고, 단위도 크고 거리도 멀다. 그러나 패턴은 마찬가지다.…그렇기 때문에 우리가 (영
국과) 유사한 정책을 추구하고, 고립, 동맹, 전쟁이라는 고약한 사이클에 빠져 들어가는
것은 놀라운 일이 아니다. 우리는 영국과 마찬가지로 가능하면 가장 최소한의 희생으로
우리의 목표를 달성하기를 원한다." Nicholas J. *Spykman, America's Strategy in
World Politics: The United States and the Balance of Power* (New York: Harcourt,
Brace, 1942), p. 124. 또한 ibid., pp. 103-7.

8. 조셉 체임벌린(Joseph Chamberlain)은 1895년 미국을 "어떤 외교정책 때문에도 골치

아프지 않은 나라"라고 묘사했다. 헨리 카봇 로지(Henry Cabot Lodge)는 이와 같은 언급은 "아메리카 대륙 외부에 한정할 경우"에만 본질적으로 옳다고 동의했다. 그러나 아메리카 대륙에 대해서는 "우리는 아주 궁극적인 외교정책"을 가지고 있다고 언급했다. 이 지역에서 미국은 "최고"(supreme)가 되어야만 한다. William C. Widenor, *Henry Cabot Lodge and the Search for an American Foreign Policy* (Berkeley: Univ. of California Press, 1980), p. 106.

9. Anders Stephanson, *Manifest Destiny: American Expansionism and the Empire of Right* (New York: Hill and Wang, 1995), p. 104에서 인용.

10. 1895년 7월 20일 Richard Olney가 Thomas F. Bayard에게 보낸 편지, *Foreign Relations of the United States, 1895*, pt. 1 (Washington, DC: U.S. Government Printing Office, 1896), p. 558. 다음부터는 Olney Note라고 표기하기로 한다.

11. 분명한 운명(Manifest Destiny)이라는 개념은 1845년까지는 만들어지지 않았던 것이다. 그럼에도 불구하고 "이미 18세기 중엽, 미국에 있는 영국인 이주자들이 미국 대륙전체를 껴안아야 할 운명을 가지고 있었다는 점들은 미국인과 유럽인의 사고에 뚜렷이 각인되어 있었다." Reginald Horsman, *The Diplomacy of the New Republic* (Arlington Heights, IL: Harlan Davidson, 1985), p. 5. 또한 Marc Egnal, *A Mighty Empire: The Origins of the American Revolution* (Ithaca, NY: Cornell Univ. Press, 1988)을 보라.

12. D.W. Meinig, *The Shaping of America: A Geographical Perspective on 500 Years of History*, vol.2 (New Haven CT: Yale Univ. Press, 1993), pp. 24-32.

13. David M. Pletcher, *The Diplomacy of Annexation: Texas, Oregon, and the Mexican War* (Columbia: Univ. of Missouri Press, 1973).

14. 인종문제가 팽창과 어떻게 연결되어 있는지는 Reginald Horsman, *Race and Manifest Destiny: The origins of American Racial Anglo – Saxonism* (Cambridge, MA: Harvard Univ. Press, 1981) ; Michael L. Krenn, ed., *Race and U.S. Foreign Policy: From the Colonial Period to the Present: A Collection of Essays*, vols. 1-2 (Levittown, PA: Garland, 1998).

15. Meinig, *Shaping of America*, vol.2, p. 159에서 인용.

16. Reginald C. Stuart, *United States Expansionism and British North America, 1775-1871* (Chapel Hill: Univ. of North Carolina Press, 1988).

17. Lester D. Langley, *Struggle for the American Mediterranean: United States – European Rivalry in the Gulf – Caribbean, 1776-1904* (Athens: Univ. of Georgia Press, 19760; Robert E. May, *The Southern Dream of a Caribbean Empire, 1894-1861* (Baton Rouge: Louisiana State Univ. Press, 1973). 일부 미국인들은 멕시코의 획득을 결심했다. John D.p. Fuller, *The Movement for the Acquisition of All Mexico, 1846-1848* (Baltimore, MD: Johns Hopkins Univ. Press, 1936).

18. 혹자는 미국이 캐나다와 멕시코를 점령하지 않았다는 사실을 공격적 현실주의에 대한 문제점의 사례라고 주장할 수 있을지 모른다. 비록 캐나다와 멕시코는 그들 스스로 미국에 도전할 능력을 보유한 적이 없지만 먼 곳의 패권국이 이들 중 한나라 혹은 두 나라 모두와 미국에 대항하는 동맹을 맺을 위험성은 상존했다. 그렇기 때문에 미국은 위험성을 배제하기 위해서는 이 두 나라를 점령했어야 한다고 주장할 수 있을 것이다. 미국은 서부로만이 아니라 북부와 남부로도 팽창했어야 한다는 것이다. 북미 전체 점령이 가지는 전략적 이점에도 불구하고 미국은 1812년 이후 캐나다와 멕시코를 점령하여 합병하려

는 시도를 하지 않았다. 대단히 어렵고 희생이 큰 일이었기 때문이다. 물론 1850년 이후 미국이 이웃 국가를 점령하는 일은 그렇게 어려운 일이 아니었을 수도 있다. 그러나 민족주의의 힘 때문에 이들 나라의 국민들을 굴복시키고, 그들을 미국인으로 만드는 것은—불가능하지는 않을지라도—대단히 어려운 일일 것이다. 미국이 멕시코, 캐나다와 우호관계를 유지하고 이 나라들과 동맹을 맺을 가능성이 있는 먼 곳의 패권국의 출현을 저지하는 일이 전략적으로 더욱 올바른 일이었다. 이러한 접근방법은 성공적이었다. 만약 이 방법이 실패했다면 미국은 멕시코와 캐나다를 점령하는 방법을 고려했을 것이다.

19. 미국이 분열될지도 모른다는 점은 미국이 건국된 이후부터 남북 전쟁이 발발할 때까지 미국 지도자들의 고민거리였다. 예를 들면 존 퀸시 애덤스(John Quincy Adams)는 1796년 "나의 정치적 신조 중 이것보다 더 분명하게 나의 마음에 나타났던 것은 없다. 즉 미합중국을 지속시키려면 우리는 미국에 대해 영광스러워하며 사려깊게 생각하며 국가의 위대함을 과시하기 위한 거대한 노력을 기울여야 한다. 그러나 만약 미합중국이 유럽의 라이벌 강대국의 흔들음에 의해 와해된다면, 우리는 곧 미미한 부족 집단으로 분열될 것이며, 상호간 끝이 없는 전쟁에 빠져들 것이다. 유럽 강대국의 정책은 우리들을 상호간에 이간된 상태에 놓아두는 것이 분명하다"고 언급했다. Samuel Flagg Bemis, *John Quincy Adams and the Foundations of American Foreign Policy* (New York: Knopf, 1965), p. 181.; W. L. Morton, "British North America and a Continent in Dissolution, 1861-71," *History 47*, No.160 (June 1962), pp. 139-56에서 인용.

20. Martin Gilbert, *Atlas of American History*, rev. ed. (New York: Dorset, 1985), pp. 37-38, 62; Alex Wexler, *Atlas of Westward Expansion* (New York: Facts on File, 1995), pp. 43, 122, 특히 p. 216.

21. 1800년 당시 대략 739,000명의 인디언들이 미시시피 강 이서 지방에 살고 있었다. 현재의 미국 국경선 내에 살던 인디언의 총 숫자는 대략 916,000명 정도였다. 이 장에 나오는 인디언 인구 관련 수치들은 모두 Douglas H. Ubelaker, "North American Indian Population Size: Changing Perspectives," in John W. Verano and Douglas H. Ubelaker, eds., *Disease and Demography in the Americas* (Washington, DC: Smithsonian Institution Press, 1992), p. 173, ⟨표 3⟩을 참조한 것임. 유럽인이 처음 아메리카 대륙과 접촉을 한 1492년 당시 아메리카 대륙에 얼마나 많은 수의 원주민이 살고 있었는지에 관해 견해의 일치는 없다. 그러나 1800년부터 1900년 사이 북미대륙에 얼마나 많은 원주민이 있었는지에 대해서는 견해가 일치하고 있다.

22. Meinig, *Shaping of America*, vol.2, pp. 78-103, 179-88, *Atlas*, pp. 42-48, 85-96; T. Harry Williams, *The History of American Wars: From 1745 to 1918* (Barton Rouge: Louisiana State Univ. Press, 1981), pp. 139-43.

23. 1870년대 미국 육군은 미시시피 이서지방에 원주민과 대치하기 위해 약 9,000명의 병력을 배치하고 있었다. Williams, *History of American Wars*, p. 310. 또한 Robert M. Utley, *Frontier Regulars: The United States Army and the Indian, 1866-1891* (New York: Macmillan, 1973); Robert Wooster, *The Military and United States Indian Policy, 1865-1903* (New Haven, CT: Yale Univ. Press, 1988)을 보라.

24. W. S. Woytinsky and E.S. Woytinsky, *World Population and Production: Trends and Outlook* (New York: Twentieth Century Fund, 1953), p. 83, 표 40.

25. Ibid., p. 84, ⟨표 41⟩.

26. R. G. Neale, *Great Britain and United States Expansion: 1898-1900* (East Lansing:

Michigan State Univ. Press, 1966)을 보라. 그리고 Stephen R. Rock, *Why Peace Breaks Out: Great Power Rapprochement in Historical Perspective* (Chapel Hill: Univ. of North Carolina Press, 1989), 제2장.

27. 일부 학자들이 이러한 관점에 동의한다. Kenneth Bourne, *Britain and the Balance of Power in North America, 1815-1908* (Berkeley: Univ. of California Press, 1967), 제9장; Bradford Peprkins, *The Great Rapprochement: England and the United States, 1895-1914* (New York: Atheneum, 1968), pp. 8-9; and Samuel F. Wells, Jr., "British Strategic Withdrawal from the Western Hemisphere, 1904-1906," *Canadian Historical Review* 49, No.4 (December 1968), pp. 335 -56. 보운(Bourne)은 영국은 미국의 남북전쟁(1861-1865)이 있은 후 "미국의 의지에 다시 도전한다는 것은 거의 불가능하다"는 사실을 인식하기 시작했다고 주장한다. Kenneth Bourne, *The Foreign Policy of Victorian England, 1830-1902* (Oxford: Oxford Univ. Press, 1970), p. 96. 실제로 영국이 남북전쟁 당시 남군의 편에 서서 개입하지 않은 이유는 영국의 지도자들이 영국이 남부를 지원하는 경우라도 북부가 승리할 것을 확신했기 때문이었다. Bourne, *Britain and the Balance*, 제7-8장; Brian Jenkins, *Britain and the War for the Union*, 2 vols.(Montreal: McGill-Queen's Univ. Press, 1974, 1980), passim; and Morton, "British North America"를 보라.

28. Samuel F. Bemis, *The Latin American Policy of the United States: An Historical Interpretation* (New York: Harcourt, Brace, 1943); Michael C. Desch, *When the Third World Matters: Latin America and United States Grand Strategy* (Baltimore, MD: Johns Hopkins Univ. Press, 1993); David G. Haglund, *Latin America and the Transformation of U.S. Strategic Thought, 1936-1940* (Albuquerque: Univ. of New Mexico Press, 1984); Spykman, *America's Strategy*; Arthur p. Whitaker, *The Western Hemisphere Idea: Its Rise and Decline* (Ithaca, NY: Cornell Univ. Press, 1954).

29. 먼로 독트린(Monroe Doctrine)에 관한 가장 우수한 연구들은 Bemis, *John Quincy Adams*, esp. 제28-29장; Ernest R. May, *The Making of the Monroe Doctrine* (Cambridge, MA: Harvard Univ. Press, 1975); Dexter Perkins, *A History of the Monroe Doctrine* (Boston: Little, Brown, 1963). 먼로 독트린의 기초가 된 먼로의 연설문 원문은 Perkins의 책 391-93 페이지를 참조.

30. Felix Gilbert, *To the Farewell Address: Ideas of Early American Foreign Policy* (Princeton, NJ: Princeton Univ. Press, 1961).

31. 1811년 1월 15일 미국은 이미 어떤 유럽국가도 자신들의 제국의 어떤 일부분이라도 다른 유럽국가에 이양할 수 없음을 분명히 했다.

32. 리처드 올니(Richard Olney)는 1895년 이 입장을 효과적으로 천명했다. "비록 이 정책(먼로주의)이 처음 선언된 당시(1823) 그 주장이 세계 모든 국가들에게 보편적으로 받아들여진 것은 아니었을 지라도, 미국의 어떤 부분도 식민화의 대상이 아니라는 사실은 오랫동안 모두가 그렇다고 인식해 왔다." Olney Note, p. 554.

33. Benedict Anderson, *Imagined Communities: Reflections on the Origin and Spread of Nationalism* (London: Verso, 1983), 제4장; John Lynch, *The Spanish American Revolutions, 1808-1926*, 2d ed. (New York: Norton, 1986).

34. Olney Note, p. 557.

35. Desch, *Third World Matters*, 제2-5장.

36. Norman A. Graebner, ed., *Ideas and Diplomacy: Readings in the Intellectual Tradition of American Foreign Policy* (Oxford: Oxford Univ. Press, 1964), pp. 154-212; Lawrence S. Kaplan, *Thomas Jefferson: Westward the Course of Empire* (Wilmington, DE: SR Books, 1999); Robert W. Tucker and David C. Hendrickson, *Empire of Liberty: The Statecraft of Thomas Jefferson* (Oxford: Oxford Univ. Press, 1990), 특히 pp. 234-36; Richard W. Van Alstyne, *The Rising American Empire* (Oxford: Basil Blackwell, 1960).

37. Olney Note, pp. 558-59.

38. *Inaugural Addresses of the Presidents of the United States* (Washington, DC: U.S. Government Printing Office, 1974), p. 105. 이것은 1850년 이전 미국 정책결정자들에게는 일반적 주제였다. 일례로 토마스 제퍼슨(Thomas Jefferson)은 루이지애나 영토구입과 원주민의 영토에 대한 탐험을 모두 옹호했는데 그 근거는 만약 미국이 이 지역을 지배하지 못 하면 미국의 경쟁국들이 그 영토를 지배할 것이라는 점이었다. Meinig, *Shaping of America*, vol.2, p. 14; Wilcomb E. Washburn, *Red Man's Land/White Man's Law: A Study of the Past and Present Status of the American Indian* (New York: Charles Scribner's, 1971), p. 56.

39. 이러한 관점은 다음의 책에 수록된 여러 편의 글에 나타나고 있다. Norman A.Graebner, ed., *Manifest Destiny* (Indianapolis, IN: Bobbs- Merrill, 1968); Thomas R. Hietala, *Manifest Design: Anxious Aggrandizement in Late Jacksonian America* (Ithaca, NY: Cornell Univ. Press, 1985); Stephanson, *Manifest Destiny*.

40. Charles A. Beard and Mary R. Beard, *The Rise of American Civilization*, 2 vols. (New York: Macmillan, 1931); Norman A. Graebner, *Empire on the Pacific: A Study in Continental Expansion* (New York: Ronald Press, 1955); William A. Williams, *The Roots of the Modern American Empire: A Study of the Growth and Shaping of Social Consciousness in a Marketplace Society* (New York: Random House, 1969).

41. Hietala, Manifest Design; Albert K. Weinberg, *Manifest Destiny: A Study of Nationalist Expansionism in American History* (1935; rpt. Chicago: Quadrangle Books, 1963).

42. Michael H. Hunt, *Ideology and U.S. Foreign Policy* (New Haven, CT: Yale Univ. Press, 1987), 제2장; Daniel G. Lang, *Foreign Policy in the Early Republic: The Law of Nations and the Balance of Power* (Barton Rouge: Louisiana State Univ. Press, 1985).

43. Max Savelle, *The Origins of American Diplomacy: The International History of Angloamerica, 1492-1763* (New York: Macmillan, 1967). 또한 Walter L. Dorn, *Competition for Empire, 1740-1763* (New York: Harper, 1940).

44. James H. Hutson, "Intellectual Foundations of Early American Diplomacy," *Diplomatic History* 1, No.1 (Winter 1977), p. 9. 또한 Theodore Draper, *A Struggle for Power: The American Revolution* (New York: Times Books, 1996); Jonathan R. Dull, *A Diplomatic History of the American Revolution* (New Haven, CT: Yale Univ. Press, 1985); Horsman, Diplomacy; James H. Hutson, *John Adams and the*

Diplomacy of the American Revolution (Lexington: Univ. Press of kentucky, 1980) ; and Bradford Perkins, *The Cambridge History of American Foreign Relations*, vol.2, *The Creation of a Republican Empire, 1776-1865* (Cambridge: Cambridge Univ. Press, 1995), 제1-5장.

45. H. C. Allen, *Great Britain and the United States: A History of Anglo - American Relations, 1783-1952* (London: Odhams, 1954), 제9-14장; Kinley J. Brauer, "The United States and British Imperial Expansion, 1815-60," *Diplomatic History* 12, No.1 (Winter 1988), pp. 19-37; Pletcher, *Diplomacy of Annexation.*

46. Ephraim D. Adams, *British Interests and Activities in Texas, 1838-1846* (Baltimore, MD: Johns Hopkins Univ. Press, 19190) ; Sam W. Haynes, "Anglophobia and the Annexation of Texas: The Quest for National Security," in Sam W. Haynes and Christopher Morris, eds., *Manifest Destiny and Empire: American Antebellum Expansionism* (College Station: Texas A&M Univ. Press, 1997), pp. 115-45; Reginald Horsman, "British Indian Policy in the Northwest, 1807-1812," Mississippi Valley Historical Review 45, No.1 (June 1958), pp. 51-66; J. Leitch Wright, Jr., *Britain and the American Frontier, 1783-1815* (Athens: Univ. of Georgia Press, 1975).

47. 이 주제는 다음의 책에서 자세히 다루어지고 있다. Frederick Merk, *The Monroe Doctrine and American Expansionism,* 1843-1849 (New York: Knopf, 1966). 또한 Pletcher, *Diplomacy of Annexation.*

48. Merk, *Monroe Doctrine,* p. 6에서 인용. Sam W. Haynes, *James K. Polk and the Expansionist Impulse* (New York: Longman, 1997).

49. Merk, *Monroe Doctrine,* p. 289.

50. 미국을 건국한 사람들이 유럽대륙에 대한 개입을 거부한 것은 이 주제에 관한 18세기 영국의 논쟁에서 영향을 받았다는 근거가 있다. Gilbert, *To the Farewell Address,* 제2장.

51. 제6장을 보라.

52. 제8장을 보라.

53. William C. Askew and J. Fred Rippy, "The United States and Europe's Strife, 1908-1913," *Journal of Politics* 4, No.1 (February 1942), pp. 68-79; Raymond A. Esthus, "Isolationism and World Power," *Diplomatic History* 2, No.2 (Spring 1978), pp. 117-29.

54. 미국군의 유럽에 대한 움직임에 관해서는 Leonard p. Ayres, *The War with Germany: A Statistical Summary* (Washington, DC: U.S. Government Printing Office, 1919) ; David Trask, *The AEF and Coalition Warmaking, 1917-1918* (Lawrence: Univ. Press of Kansas, 1993).

55. Henry T. Allen, *The Rhineland Occupation* (Indianapolis, IN: Bobbs - Merrill, 1927) ; Keith L. Nelson, *Victors Divided: America and the Allies in Germany, 1918-1923* (Berkeley: Univ. of California Press, 1975.

56. Edward H. Buehrig, *Woodrow Wilson and the Balance of Power* (Bollmington: Indiana Univ. Press, 1955) ; Patrick Devlin, *Too Proud To Fight: Woodrow Wilson's Neutrality* (Oxford: Oxford Univ. Press, 1975), pp, 671-88; George F. Kennan,

American Diplomacy, 1900-1950 (Chicago: Univ. of Chicago Press, 1951), 제4장; Robert Lansing, *War Memoirs of Robert Lansing Secretary of State* (Indianapolis, IN: Bobbs – Merrill, 19350, pp. 18-26, 203-37; Walter Lippmann, *U.S. Foreign Policy: Shield of the Republic* (Boston: Little, Brown, 1943), pp. 33-39; Daniel M. Smith, *The Great Departure: The United States and World War I, 1914-1920* (New York: John Wiley, 1965). 이렇게 말하는 것이 미국이 1차 세계대전에 개입한 데 다른 요인은 없었다고 말하는 것은 아니다. Ernest May, *The World War and American Isolation, 1914-1917* (Chicago: Quadrangle, 1966), 특히제19장.

57. Nicholas N. Golovine, *The Russian Army in the World War* (New haven, CT: Yale Univ. Press, 1931), 제11장; Sir Alfred Knox, *With the Russian Army, 1914-1917: Being Chiefly Extracts from the Diary of a Military Attache*, vol.2 (London: Hutchinson, 1921), 제16-19장; W. Bruce Lincoln, *Passage through Armageddon: The Russians in War and Revolution, 1914-1918* (New York: Simon and Schuster, 1986), pts. 3-4; and Allan K. Wildman, *The End of the Russian Imperial Army: The Old Army and the Soldiers' Revolt (March – April 1917)*, vol.1 (Princeton, NJ: Princeton Univ. Press, 1980).

58. Philippe Petain, "Crisis of Morale in the French Nation at War, 16th April – 23 October, 1917," trans. Rivers Scott, in Edward Spears, ed., *Two Men Who Saved France: Petain and Degaulle* (London: Eyre and Spottiswoode, 1966), pp. 67-128; Leonard V. Smith, *Between Mutiny and Obedience: The Case of the French Fifth Infantry Division during World War I* (Princeton, NJ: Princeton Univ. Press, 1994), 제7-8장; Richard M. Watt, Dare Call It Treason (New York: Simon and Schuster, 1963), 제10-12장.

59. Paul G. Halpern, *A Naval History of World War I* (Annapolis, MD: U.S. Naval Institute Press, 1994), 제11장; Holger H. Herwig and David F. Trask, "The Failure of Imperial Germany's Undersea Offensive against World Shipping, February 1917- October 1918," *The Historian* 32, No.4 (August 1971), pp. 611-36; and Arthur J. Marder, *From the Dreadnought to Scapa Flow: The Royal Navy in the Fisher Era, 1904-1919*, vol.4, 1917: Year of Crisis (Oxford: Oxford Univ. Press, 1969), 제4-6장.

60. 미국이 전쟁에 개입하지 않았다면, 독일은 1918년 봄 영국과 프랑스군을 격파할 수 있었을 것이다. 이 책 제6장 주 124에 인용된 자료들을 참조하라. 이렇게 말하는 것이 1918년 미국이 독일을 격파하는 데 중심적 역할을 했다고 말하려는 것은 아니다. 사실은 전쟁 말엽 연합국의 승리를 위해 영국은 선봉에 서는 역할을 했다. 이 장 주 95의 자료들을 참조할 것. 그러나 서부전선에 미군이 증원되었다는 사실은, 전쟁의 결정적 순간에 독일에 대해 지극히 불리한 힘의 균형변화를 초래한 것이었다. 미국이 만약 연합국의 편에 서서 전쟁에 개입하지 않았다면 영국은 독일의 잠수함 작전에 굴복했을지도 모른다고 볼 수 있을 것이다. 미국이 독일에 대항하여 전쟁에 참전하기로 결정한 또 다른 차원의 이유도 언급할 가치가 있을 것이다. 제5장에서 설명한 바처럼 미국이 유럽에서의 패권국의 등장을 저지하려고 한 가장 중요한 이유는 유럽에 패권국이 등장할 경우 그 나라는 아메리카 대륙의 문제에 거리낌없이 개입할 것이기 때문이었다. 1917년 초, 독일은 멕시코(그리고 일본에 대해서도 가능했다)에게 미국에 대항하자는 동맹을 제의했다. 결국 미국의 수중에 들어가게 된 비밀정보를 통해 독일의 외무장관은 멕시코가, 애리조

나, 뉴멕시코, 텍사스를 다시 차지하도록 보장할 테니 독일을 지원하는 대가로, 독일과 함께 미국에 대항해서 싸울 것을 요청했다. 독일의 목표는 미국이 아메리카 대륙 내부에서의 전쟁에 말려 들어가게 해서 미국이 유럽에서 독일에 대항하는 전쟁을 치르지 못하도록 하는 것이었다. 이 에피소드는 미국이 독일에 대항하여 전쟁을 하도록 하는 데 중요한 역할을 했다. Desch, *Third World Matters*, 제2장; and Barbara W. Tuchman, *The Zimmerman Telegram* (New York: Macmillan, 1966).

61. 고립주의에 관한 가장 훌륭한 연구들은 Selig Adler, *The Isolationist Impulse: Its Twentieth - Century Reaction* (London: Abelard - Schuman, 1957); Wayne S. Cole, *Roosevelt and the Isolationists, 1932-1945* (Lincoln: Univ. of Nebraska Press, 1983); Manfred Jonas, *Isolationism in America, 1935-1941* (Ithaca, NY: Cornell Univ. Press, 1966).

62. Robert A. Divine, *The Reluctant Belligerent: American Entry into World War II* (New York: John Wiley, 19650; William L. Langer and S. Everett Gleason, *The Challenge to Isolation, 1937-1940* (New York: Harper and Brothers, 1952); Frederick W. Marks III, *Wind over Sand: The Diplomacy of Franklin Roosevelt* (Athens: Univ. of Georgia Press, 1988); Arnold A. Offner, *American Appeasement: United States Foreign Policy and Germany, 1933-1938* (New York: Norton, 1976); Arnold Offner, "Appeasement Revisited: The United States, Great Britain, and Germany, 1933-1940," *Journal of American History* 64, No.2 (September 1977), pp. 373-93.

63. Kenneth S. Davis, *FDR: Into the Storm 1937-1940, A History* (New York: Random House, 1993), pp. 543-44; Eric Larrabee, *Commander in Chief: Franklin Delano Roosevelt, His Lieutenants, and Their War* (New York: Harper and Row, 1987), pp. 46-47; David Reynolds, "1940: Fulcrum of the Twentieth Century?" *International Affairs* 66, No.2 (April 1990), pp. 325-26, 329, 334, 337; Gerhard L. Weinberg, *A World at Arms: A Global History of World War II* (Cambridge: Cambridge Univ. Press, 1994), pp. 84-85, 121.

64. Alan Bullock, *Hitler and Stalin: Parallel Lives* (New York: Vintage, 1993), p. 670; Robert Conquest, *Stalin: Breaker of Nations* (New York: Viking Penguin, 1991), p. 229; Reynolds, "1940," p. 337; R.C. Raack, *Stalin's Drive to the West, 1938-1945: The Origins of the Cold War* (Stanford, CA: Stanford Univ. Press, 1995), pp. 25-26, 52, 187 (note 23), 195 (note 34); Adam B. Ulam, *Stalin: The Man and His Era* (New York: Viking, 1973), p. 524.

65. 제6장 주 134를 참고할 것.

66. 제3장을 보라.

67. Cole, *Roosevelt and the Isolationists*, 제26장; Langer and Gleason, *Challenge to Isolation*, 제14-15장; Warren F. Kimball, *The Most Unsordid Act: Lend - Lease, 1939-1941* (Baltimore, MD: Johns Hopkins Univ. Press, 1969), 제2장; David L. Porter, *The Seventy - Sixth Congress and World War II* (Columbia: Univ. of Missouri Press, 1979), 제6-7장; and Marvin R. Zahniser, "Rethinking the Significance of Disaster: The United States and the Fall of France in 1940," *International History Review* 14, No.2 (may 1992), pp. 252-76.

68. Cole, *Roosevelt and the Isolationists*, pp. 11, 364-65.

69. Mark S. Watson, *Chief of Staff: Prewar Plans and Preparations* (Washington, DC: Department of the Army, 1950), pp. 16, 202.

70. Kimball, *Unsordid Act*, p. 233.에서 인용.

71. William L. Langer and S. Everett Gleason, *The Undeclared War, 1940-1941* (New York: Harper and Brothers, 1953), 제8-9, 14, 17-18, 21-23장; Richard M. Leighton and Robert W. Coakley, *Global Logistics and Strategy, 1940-1943* (Washington, DC: Department of the Army, 1955), pt. 1. 히틀러가 미국에 대해 선전포고를 하지 않았다 할지라도, 미국은 진주만 공격 이후, 마치 미국이 1차 세계대전 당시 독일에 대해 선전 포고를 한 것처럼, 곧 독일에 대해 선전포고를 할 예정이었다. 루즈벨트 행정부는 1941 년 가을 이미 독일과 전쟁을 하고자 했다. 당시 중요한 것은 전쟁에 참전하는 구실 (pretext)을 찾는 것이었다. 다행스럽게도 히틀러는 이 문제를 스스로 깔끔하게 해결해 주었다.

72. Walter W. Rostow, *The Division of Europe after World War II, 1946* (Austin: Univ. of Texas Press, 1981), pp. 5-6, 54-55,, 92; Mark S. Sheetz, "Exit Strategies: American Grand Designs for Postwar European Security," *Security Studies* 8, No.4 (Summer 1999), pp. 1-43; Michael S. Sherry, *Preparing for the Next War* (New Haven, CT: Yale Univ. Press, 1977), pp. 97-98; Jean E. Smith, ed., *The Papers of General Lucius D. Clay: Germany, 1945-1949*, vol.1 (Bloomington: Indiana Univ. Press, 1974), pp. 242-43; Phil Williams, *The Senate and US Troops in Europe* (New York: St. Martin's, 1985), 제2장.

73. 이 문장의 숫자들은 Daniel J. Nelson, *A History of U.S. Military Forces in Germany* (Boulder, CO: Westview, 1987), pp. 45, 81, 103; Phil Williams, *US Troops in Europe, Chatham House Paper* No.25 (Boston: Routledge and Kegan Paul, 1984), p. 19. 또한 William p. Mako, *U.S. Ground Forces and the Defense of Central Europe* (Washington, DC: Brookings Institution Press, 1983), p. 8.

74. 제8장을 보라.

75. Brian M. Linn, *Guardians of Empire: The U.S. Army and the Pacific, 1902-1940* (Chapel Hill: Univ. of North Carolina Press, 1997); and Edward S. Miller, *War Plan Orange: The U.S. Strategy to Defeat Japan, 1897-1945* (Annapolis, MD: U.S. Naval Institute Press, 1991). 1900년부터 1930년에 이르는 동안 미국의 극동정책에 관한 유용 한 연구는 A. Whitney Griswold, *The Far Eastern Policy of the United States* (New York: Harcourt, Brace, 1938), 제1-8장.

76. 각 해의 자료들은 Linn, *Guardians of Empire*, pp. 253-54.

77. Walter LaFeber, *The Cambridge History of American Foreign Relations*, vol.2, *The American Search for Opportunity, 1865-1913* (Cambridge: Cambridge Univ. Press, 1995), p 175에서 인용.

78. Kemp Tolley, *Yantze Patrol: The U.S. Navy in China* (Annapolis, MD: U.S. Naval Institute Press, 1971); Dennis L. Noble, *The Eagle and the Dragon: The United States Military in China, 1901-1937* (Westport, CT: Greenwood, 1990).

79. 러일전쟁(Russo-Japanese War)에 관해서는 제6장 주 18의 자료들을 참조할 것.

80. 1920년대의 일본군에 대해서는 Meiron and Susie Harries, Soldiers of the Sun: The

Rise and Fall of the Imperial Japanese Army (New York: Random House, 1991), pt. 3. 1920년대 소련군에 관한 자료는 John Erickson, The Soviet High Command: A Military – Political History, 1918-1941 (New York: St. Martin's, 1962), 제5-10장; Dimitri F. White, The Growth of the Red Army (Princeton, NJ: Princeton Univ. Press, 1944), 제6-9장.

81. 스탈린의 숙청은 비록 "그 숙청의 잔인성과 범위가 다른 지역의 소련군이 당한 것보다는 적었다 할지라도" 극동지역 소련군의 약화도 초래했다. Erickson, *Soviet High Command*, p. 467. 숙청에 관한 일반적 논의는 같은 책, 제14-16장; Robert Conquest, *The Great Terror: A Reassessment* (Oxford: Oxford Univ. Press, 1990), pp. 427-31.을 보라. 당시 소련군은 상당히 막강하기는 했지만 극동 지역에서 잠재적 패권국이 될 수준에는 이르지 못했다. 소련군의 대부분은 그 필요성 때문에 유럽에 배치되어 있었고, 소련이 유럽에서 패권적 지위를 차지한 이후에나 동쪽으로 옮겨갈 수 있는 것이었다. 그러나 1930년대 당시 그 가능성은 별로 없었다.

82. Paul Haggie, *Britannia at Bay: The Defence of the British Empire against Japan, 1931-1941* (Oxford: Clarendon, 1981), pp. 161-63; Peter Lowe, *Great Britain and the Origins of the Pacific War: A Study of British Policy in East Asia, 1937-1941* (Oxford: Clarendon, 1977), 제4장.

83. 일본이 중국과의 전쟁에서 승리하여 당면하게 되는 문제에 관해 가장 훌륭한 연구는 Frank Dorn, *The Sino – Japanese War, 1937-1941: From Marco Polo Bridge to Pearl Harbor* (New York: Macmillan, 1974); Edward L. Dreyer, *China at War, 1901-1949* (London: Longman, 1995), 제6-7장; Lincoln Li, *The Japanese Army in North China, 1937-1941: Problems of Political and Economic Control* (Oxford: Oxford Univ. Press, 1975).

84. Wesley F. Craven and James L. Cate, *The Army Air Forces in World War II*, vol.1, *Plans and Early Operations, January 1939-August 1942* (Washington, DC: Office of Air Force History, 1983), pp. 175-93; Louis Morton, *The Fall of the Philippines* (Washington, DC: Depart- ment of the Army, 1953), 제2-3장.

85. 관동군의 패배에 관해서는 David M. Glantz, *August Storm: The Soviet 1945 Strategic Offensive in Manchuria*, Leavenworth Paper No.7 (Fort Leavenworth, KS: Army Command and General Staff College, February 1983); David M. Glantz, *August Storm: Soviet Tactical and Operational Combat in Manchuria, 1945*, Leavenworth Paper No.8 (Fort Leavenworth, KS: Army Command and General Staff College, June 1983).

86. Marc S. Gallicchio, *The Cold War Begins in Asia: American East Asian Policy and the Fall of the Japanese Empire* (New York: Columbia Univ. Press, 1988).

87. 유럽대륙에서 세력균형을 유지하는 데 대한 영국과 미국의 동기는 다르다. 미국은 이미 지적한 것처럼 유럽의 패권국으로부터 직접적 군사위협에 당면할 가능성에 대해 그렇게 우려하지 않는다. 미국이 우려하는 바는 유럽(혹은 아시아)의 강대국이 아메리카 대륙의 국가들과 동맹을 맺을 가능성이다. 영국은 그런 문제를 우려할 필요가 없다. 영국은 자신이 점령하고 있는 섬 위에 존재하는 유일한 나라이기 때문이다. 대신 영국은 유럽의 패권국이 영국해협을 통해 군사력을 파견하든 혹은 영국의 해군을 격파해 영국의 세계와의 거래를 차단하고 궁극적으로 영국경제를 붕괴시키든, 자신의 생존에 직접

적 위협을 가할 것이라는 점을 우려한다.

88. Eyre Crowe, "Memorandum on the Present State of British Relations with France and Germany," January 1, 1907, in G. p. Gooch and Harold Temperley, eds., *British Documents on the Origins of the War, 1898-1914*, vol.3 (London: His Majesty' s Stationery Office, 1928), p. 403. 이와 마찬가지 내용의 언급은 1911년 11월 27일, 그리고 1914년 8월 3일 영국의회에서 행한 에드워드 그레이 경(외무장관)의 연설을 참조할 것. 이 연설문은 다음의 자료에 수록되어 있다. Edward Grey, *Speeches on Foreign Affairs, 1904-1914* (London: Allen and Unwin, 1931), pp. 145-71, 297-315; and Paul M. Kennedy, *The Realities Behind Diplomacy: Background Influences on British External Policy, 1865-1980* (Boston: Allen and Unwin, 1981), p. 139.

89. Richard Pares, "American versus Continental Warfare, 1739-1763," *English Historical Review* 51, No.203 (July 1936), p. 430에서 인용. 20년 전인 1723년 로버트 월폴(Robert Walpole) 수상은 "나의 정치는 가능한 한 유럽대륙의 문제에 전혀 개입하지 않는 것"이라고 말했다. Gilbert, *To the Farewell Address*, p. 22에서 인용.

90. 지난 3세기 동안 영국의 대륙전략에 대한 탁월한 분석은 Steven T. Ross, "Blue Water Strategy Revisited," *Naval War College Review* 30, No.4 (Spring 1978), 58-66. 또한 Michael Howard, *The Continental Commitment: The Dilemma of British Defense Policy in the Era of Two World Wars* (London: Pelican, 1974); Paul M. Kennedy, *The Rise and Fall of British Naval Mastery* (London: Allen Lane, 1976); Pares, "American versus Continental Warfare," pp. 429-65; and R. W. Seton-Watson, *Britain in Europe, 1789-1914: A Survey of Foreign Policy* (New York: Macmillan, 1937), pp. 35-37. 리델 하트(B.H. Liddell Hart)는 1930년대 후반 "영국의 전쟁양식"은 대륙에 대한 개입을 회피하는 것이며 자신의 해군력을 통해 유럽대륙의 전쟁 결과에 영향을 미치는 것이라고 언급했다. B. H. Liddell Hart, *The British Way in Warfare* (London: Faber, 1932); B. H. Liddell Hart, *When Britain Goes to War* (London: Faber, 1935). 본드는 이 주장에 대해 강력한 의혹을 제기 했다. Brian Bond, *Liddell Hart: A Study of His Military Thought* (London: Cassell, 1977), 제3장; Michael Howard, *The British Way in Warfare: A Reappraisal, 1974 Neale Lecture in English History* (London: Cape, 1975).

91. 제8장을 보라.

92. Christopher Howard, *Splendid Isolation* (New York: St. Martin' s, 1967), pp. xi-xv.

93. 유일한 예외는 크리미아 전쟁(1853-56)으로 영국과 프랑스가 러시아의 크리미아 반도를 침공한 것이었다. 그러나 영국의 동기는 러시아가 중부 유럽으로 팽창하는 것을 두려워해서는 아니었다. 영국이 전쟁을 한 이유는 러시아가 터키를 격파하고 흑해 연안 지역으로 진입해 영국과 인도 사이의 해상교통로를 위협할지도 모른다는 것 때문이었다. Andrew D. Lambert, *The Crimean War: British Grand Strategy, 1853-56* (New York: Manchester Univ. Press, 1990).

94. 제8장을 보라.

95. 영국의 기여에 대한 짧은 요약은 Brian Bond, *British Military Policy between the Two World Wars* (Oxford: Oxford Univ. Press, 1980), pp. 1-6. 더 자세한 연구로는 James E. Edmonds, ed., *Military Operations: France and Belgium, 1918*, 5 vols., *Official British History of World War I* (London: Macmillan, 1935-47); Hubert Essame, *The*

Battle for Europe, 1918 (New York: Scribner's, 1972); John Terraine, *To Win a War: 1918, the Year of Victory* (New York: Doubleday, 1981);John J. Mearsheimer, *Liddell Hart and the Weight of History* (Ithaca, NY: Cornell Univ. Press, 1988), 제3장.

96. David G. Williamson, *The British in Germany, 1918-1930: The Reluctant Occupiers* (New York: Berg, 1991).

97. 제1장에서 지적했던 바와 같이, 1945년 이후의 영국은 강대국이라고 할 수 없다. 그러나 영국은 아직 유럽에 대해 해외의 균형자(offshore balancer) 역할을 담당하고 있다.

8장 균형을 위한 노력과 책임전가

1. 여기 나타난 햇수들은 저자가 연구한 사례들의 시간을 반영한다. 저자가 연구한 기간에는 나폴레옹의 프랑스 및 빌헬름 황제의 독일, 혹은 나치 독일(소련은 포함하지 않았다)이 잠재적 패권국이 되기 이전 수년간이 포함된다. 앞으로 분명해지겠지만 나폴레옹의 프랑스는 1793년부터 1815년 사이 잠재적 패권국이었고, 빌헬름 황제의 독일은 1903년부터 1918년 사이, 그리고 나치 독일은 1939년부터 1945년 사이에 잠재적 패권국이었다. 소련은 1945년부터 1990년까지 잠재적 패권국으로 연구된 전 기간이 포함한다. 또한 저자는 혁명시대의 프랑스와 나폴레옹의 프랑스(1789-1815)는 비록 나폴레옹이 권력을 장악한 것이 1799년 11월 10일 이후의 일이지만, 그냥 나폴레옹의 프랑스라고 지칭하고자 한다. 마지막으로 냉전 당시의 사례로서 유럽은 물론 동북아시아에서의 초강대국들의 라이벌 관계를 논의할 것이다.

2. Barry Posen은 군사 기술적 측면은 물론 이 같은 요소들도 강조한다. *The Sources of Military Doctrine: France, Britain, and Germany between the World Wars* (Ithaca, NY: Cornell Univ. Press, 1984), pp. 63-67.공격 – 방어 균형에 관한 인식을 강조하는 다른 관점은, Thomas J. Christensen and Jack Snyder, "Chain Gangs and Passed Bucks: Predicting Alliance Patterns in Multipolarity," *International Organization* 44, No.2 (Spring 1990), pp. 137-68을 보라.

3. 이러한 분석틀은 9장에서 보다 자세하게 논의될 것이다.

4. Ludwig Dehio, *Germany and World Politics in the Twentieth Century, trans. Dieter Pevsner* (New York: Norton, 1967), p. 29; Posen, *Sources*, p. 63.

5. Scott Sagan, "1914 Revisited: Allies, Offense, and Instability," *International Security* 11, No.2 (Fall 1986), pp. 151-76; Stephen Van Evera, *Causes of War: Power and the Roots of Conflict* (Ithaca, NY: Cornell Univ. Press, 1999), pp. 152-54.

6. 1789년부터 1815년 사이의 강대국 국제정치에 대해서는 엄청난 연구결과가 있다. 그 중 다음의 논의에 기본적 정보를 제공한 연구들은 Geoffrey Best, *War and Society in Revolutionary Europe, 1770-1870* (Montreal: McGill – Queen's Univ. Press, 1998), 제5-13장; T.C.W. Blanning, *The Origins of the French Revolutionary Wars* (New York: Longman, 1986); David G. Chandler, *The Campaigns of Napoleon* (New York: Macmillan, 1966); Vincent J. Esposito and John R. Elting, *A Military History and Atlas of the Napoleonic Wars* (New York: Praeger, 1965); David Gates, *The Napoleonic Wars, 1803-1815* (London: Arnold, 1997); Georges Lefebvre,

Napoleon, vol.1, *From 18 Brumaire to Tilsit, 1799-1807*, vol.2, *From Tilsit to Waterloo, 1807-1815*, trans. H. F. Stockhold and J. E. Anderson, respectively (New York: Columbia Univ. Press, 1990); Steven T. Ross, *European Diplomatic History, 1789-1815: France against Europe* (Garden City, NY: Anchor, 1969); Paul W. Schroeder, *The Transformation of European Politics, 1763-1848* (Oxford: Oxford Univ. Press, 1994), 제1-11장; Stephen M. Walt, *Revolution and War* (Ithaca, NY: Cornell Univ. Press, 1996), 제3장.

7. 이 문장은 William Carr, *The Origins of the Wars of German Unification* (London: Longman, 1991), p. 90에서 인용.

8. 프랑스 혁명전쟁의 주요한 원인은 상대적인 국력의 계산결과로 야기된 것이지 이데올로 기의 문제가 아니라는 분석은 Blanning, *French Revolutionary Wars*; Ross, Diplomatic History; and Schroeder, *Transformation* 등이다. 월트(Walt)는 권력정치 가 이 전쟁의 원인이 되었다는 데 동의한다. 그러나 그는 국가들이 상대방의 힘을 평가 하는 데 이데올로기적 측면이 영향을 미쳤다고 주장한다. Walt, *Revolution and War*, 제3장.

9. 18세기의 전쟁에 관해서는 Best, *War and Society*, 제1-4장; Hans Delbruck, *History of the Art of War: Within the Framework of Political History*, vol.4, The Modern Era, trans. Walter J. Renfroe, Jr. (Wesport, CT: Greenwood, 1985), pp. 223-383; Michael Howard, *War in European History* (Oxford: Oxford Univ. Press, 1976), 제4장; R.R. Palmer, "Frederick the Great, Guibert, Bulow: From Dynastic to National War," in Peter Paret, ed., *Makers of Modern Strategy: From Machiavelli to the Nuclear Age* (Princeton, NJ: Princeton Univ. Press, 1986), pp. 91-119.

10. 역사학자들은 오스트리아와 프러시아가 프랑스를 공격하기 위해 합쳤던 1792년 2월 17일 1차연합이 형성되었다는 데 의견의 일치를 보이고 있다. 그러나 이 동맹이 균형 연 합이 아니었음은 분명하다.

11. 러시아 외교관 한 사람은 "현재의 전쟁은 프러시아가 이 전쟁을 모호하게 수행하는 데 도 불구하고 프러시아를 지속적으로 파탄나게 할 것이며, 프러시아의 자원이 얼마나 버 틸 수 있느냐의 여부에 따라 전쟁 지속기간이 결정될 것이다. 이 사례는 오스트리아의 경우와 비슷할 것이라고 말할 수 있다. 그러나 우리가 얼마나 싱싱한 채로, 피해를 입지 않고 남아 있을 수 있는지를 생각해 보고, 그에 앞서 모든 일들을 결정하게 될 힘의 균형 을 어떻게 설정할 수 있을지를 생각해 보라"고 말한 바 있다. Schroeder, *Transformation*, p. 145.에서 인용.

12. 나폴레옹이 전쟁에 미친 심오한 영향력에 관한 최고의 묘사는, Carl Von Clausewitz, *On War*, eds., and trans. Michael Howard and Peter Paret (Princeton, NJ: Princeton Univ. Press, 1976), pp. 585-610. 또한 Jean Colin, *The Transformations of War*, trans. L.H.R. Pope‐Hennessy (London: Hugh Rees, 1912)을 보라.

13. 스페인에서의 분쟁에 관해서는 David Gates, *The Spanish Ulcer: A History of the Peninsular War* (New York: Norton, 1986); Michael Glover, *The Peninsular War, 1807-1814: A Concise Military History* (Hamden, CT: Archon, 1974).

14. 한스 델뷰릭은 "나폴레옹이 다수의 적과 싸우게 되었을 때, 그는 적들을 하나씩 격파함 으로써 모두를 물리칠 수 있었다. 1805년 그는 러시아군이 도착하기 전 울룸(Ulm)에서 오스트리아군을 격파했다. 그러고 나서 프러시아가 개입하기 전 아우스터리츠

(Austerlitz)에서 러시아군과 오스트리아의 잔당을 격파했다. 1806년 그는 예나(Jena)에서 러시아군이 오기 전에 프러시아군을 격파했으며 1807년 오스트리아가 연합하기 전 러시아군을 또다시 격파했다"라고 쓰고 있다. Delbruck, *History*, vol.4, p. 422.

15. Peter Paret, "Napoleon and the Revolution in War," in Paret, *Makers*, p. 123.

16. Schroeder, *Transformation*, p. 289.

17. 제4장에서 지적한 바처럼 영국 해군은 하루 후 트라팔가 해전(1805년 10월 21일)에서 프랑스 해군을 대파하였다. 그러나 다음의 논의에서 분명해지겠지만 바다에서의 영국의 승리는 나폴레옹군에게 거의 아무런 영향을 미치지 못했다. 프랑스 육군은 적어도 1809년이 될 때까지 경쟁국의 군대를 연속적으로 대파하였다.

18. 울름 이후, 아우스터리츠 이전 나폴레옹의 상황에 대해 해롤드 도이치는 "프러시아가 머뭇거리는 동안 연합국을 공격한 것은 나폴레옹의 승리를 위한 큰 기회가 되었다"고 쓰고 있다. Harold C. Deutsch, *The Genesis of Napoleonic Imperialism* (Cambridge, MA: Harvard Univ. Press, 1948), p. 402. 울름 전투 이후의 프러시아의 행태에 관해서는 ibid., 제21-24장.

19. 러시아의 군사 행동(campaign)에 대해서는 3장을 보라.

20. 1812년 이후 프랑스의 경쟁국들이 가지고 있었던 목표의 심각성을 표시하는 하나의 지표는 1792년부터 1815년 사이 영국의 대륙에 대한 지원금 총액의 40%가 전쟁 마지막 3년에 몰려 있었다는 사실이다. Michael Duffy, "British Diplomacy and the French Wars, 1789-1815," in H.T. Dickinson, ed., *Britain and the French Revolution, 1789-1815* (New York: St. Martin's, 1989), p. 142. 이 주제에 관한 기념비적 연구서는 John M. Sherwig, *Guineas and Gunpower: British Foreign Aid in the Wars with France, 1793-1815* (Cambridge, MA: Harvard Univ. Press, 1969).

21. 항상 존재하지만 노골적으로 나타낼 수 없는, 동맹국들의 책임전가의 충동은 부분적으로 이같은 긴장의 요인이 되었다. 이 문제는 쇼몽 조약에서 성공적으로 처리되었다(1814년 3월 1일). Charles K. Webster, *The Foreign Policy of Castlereagh, 1812-1815: Britain and the Reconstruction of Europe* (London: G. Bell, 1931), pp. 211-32.

22. 제3장 주 42에 인용된 자료들을 보라.

23. Brian Bond, *The Pursuit of Victory: From Napoleon to Saddam Hussein* (Oxford: Oxford Univ. Press, 1998), p. 37. 정복한 국가에 대한 프랑스의 약탈에 관한 가장 훌륭한 자료는 Owen Connelly, *Napoleon's Satellite Kingdoms: Managing Conquered Peoples* (Malabar, FL: Krieger, 1990); David Kaiser, *Politics and War: European Conflict from Philip II to Hitler* (Cambridge, MA: Harvard Univ. Press, 1990), pp. 212-23, 246-52; Stuart Woolf, *Napoleon's Integration of Europe* (London: Routledge, 1991), 특히 제4장.

24. 영국의 지배에 대해 적대감을 보인 아일랜드 인구는 1800년대 영국 총 인구 1600만명 중 500만 명을 차지하고 있었다. Andre Armengaud, "Population in Europe, 1700-1914," in Carlo M. Cipolla, ed., *The Fontana Economic History of Europe*, vol.3, *The Industrial Revolution* (London: Collins, 1973), p. 29. 아일랜드 인구를 제외하면 영국에 대한 프랑스 인구의 유리점은 1.5:1로부터 2.5:1로 변한다(프랑스 인구는 2,800만, 영국의 인구는 1,100만이었다).

25. 방금 논의한 바처럼 인구규모는 국가의 일반적인 부(富)와도 연결된다.

632

26. 18세기와 1789년 이후 프랑스 육군의 규모와 사회구조의 차이점에 대해서는 Best, *War and Society*, 제2-7장; Howard, *War in European History*, 제4-5장; Hew Strachan, *European Armies and the Conduct of War* (Boston: Allen and Unwin, 1983), 제2-3장.

27. 프랑스는 외국 영토를 정복함으로써 인구의 측면에서 오스트리아와 러시아에 비교해서도 우위를 차지할 수 있게 되었다. 예로서 폴 케네디는 "나폴레옹의 정복전쟁은 프랑스인의 수를 1789년의 2,500만 명으로부터 1810년의 4,400만 명으로 증가시켰다"고 기술하고 있다. Paul M. Kennedy, *The Rise and Fall of the Great Powers: Economic Change and Military Conflict from 1500 to 2000* (New York: Random House, 1987), p. 131.

28. 프랑스 혁명 이전의 프랑스군은 막강한 군대는 아니었다는 사실은 지적할 가치가 있을 것이다. Steven Ross, *From Flintlock to Rifle: Infantry Tactics, 1740-1866* (Cranbury, NJ: Associated Univ. Presses, 1979), 제1장; Gunther E. Rothenberg, *The Art of Warfare in the Age of Napoleon* (Bloomington: Indiana Univ. Press, 1978), 제1장; Spenser Wilkinson, *The French Army before Napoleon* (Oxford: Clarendon, 1915).

29. 영국의 군대는 수가 적었을 뿐만 아니라 대륙에 파견되어 싸울 수 있는 병력의 수는 더욱 적었다. 적은 수의 영국군은 제국의 경찰역할을 담당해야 했고 본토를 방위해야 했기 때문이다. Piers Mackesy, "Strategic Problems of the British War Effort," in Dickinson, ed., *Britain and the French Revolution*, pp. 156-57. 영국군은 총 25만 명이었고 스페인에 파견되었던 영국군은 최대 4만 7천명에 이르렀다는 점을 생각해 보라 – 이는 영국군 전체의 20%에 조금 못 미치는 숫자였다. Ibid., p. 163

30. Jean – Paul Bertaud, *The Army of the French Revolution: From Citizen – Soldiers to Instrument of Power*, trans. R.R. Palmer (Princeton, NJ: Princeton Univ. Press, 1988), 제1-2장; Samuel F. Scott, *The Response of the Royal Army to the French Revolution: The Role and Development of the Line Army, 1787-93* (Oxford: Clarendon, 1978), 제1-4장.

31. Bertaud, *Army of the French Revolution*, 제3-14장; John A. Lynn, *The Bayonets of the Republic: Motivation and Tactics in the Army of Revolutionary France, 1791-94* (Urbana: Univ. of Illinois Press, 1984); Ross, Flintlock, 제2장; Rothenberg, *Art of Warfare*, 제4장.

32. Best, *War and Society*, p. 88.

33. 징병제에 관해서는 Isser Woloch, "Napoleonic Conscription: State power and Civil Society," *Past and Present*, No.111 (May 1986), pp. 101-29. 나폴레옹의 외국군대 이용에 대해서는 Best, *War and Society*, pp. 114-17; John R. Elting, *Swords around a Throne: Napoleon's Grande Arme* (New York: Free Press, 1988), 제18-19장; Rothenberg, *Art of Warfare*, pp. 158-62; Woolf, *Napoleon's Integration*, pp. 156-74.

34. Clausewitz, *On War*, p. 592. 나폴레옹에 의한 프랑스 육군의 양적 증강에 대해서는 Chandler, *Campaigns*, pts. 3,6; Colin, *Transformations*, 특히 pp. 117-35, 228-95; Christopher Duffy, *Austerlitz, 1805* (London: Seeley Service, 1977), 제2장; Elting, *Swords*; Ross, *Flintlock*, 제3장; Rothenberg, *Art of Warfare*, 제5장. Robert S. Quimby, *The Background of Napoleonic Warfare: The Theory of Military Tactics in Eighteenth – Century France* (New York: Columbia Univ. Press, 1957)도 유용하다.

나폴레옹군의 질적 측면은 1807년 이후 약화되기 시작했다. 특히 1812년 러시아 작전이
후 대폭 약화되었다.

35. 1792년부터 1815년 사이를 연구하는 대부분의 학자, 특히 군사 사학자들은 거의 대부
분 군사지휘관으로서 나폴레옹의 천재성을 강조한다. 클라우제비츠의 전쟁론(p. 170)
에 묘사된 나폴레옹을 생각해 보라. "나폴레옹의 정복 과정에서 나폴레옹에 의해 훈련
되고 지휘된 병력의 강인함을 보아야만 ― 그들이 잔혹하고 지속적인 포화를 감당하고
있었음을 보라 ― 위험한 상황에서 오랜 경험을 통해 강하게 단련되고, 자랑스런 승리
의 기록들과 그들 자신들에게 요구되는 최고의 덕목인 고상한 원칙을 통해 훌륭한 군인
들이 만들어진다는 사실을 알 수 있다. 생각만 가지고는 믿을 수 없다." 그러나 나폴레
옹의 군사적 지도력에 대한 흔치 않은 비판 저서는 Owen Connelly, *Blundering to
Glory: Napoleon's Military Campaigns* (Wilmington, DE: Scholarly Resources,
1987)를 보라.

36. Best, *War and Society*, 제10, 11, 13장; Gates, *Napoleonic Wars*, 제5장; Ross,
Flintlock, 제4장; Rothenberg, *Art of Warfare*, 제6장. The key work on Prussia's
response is Peter Paret, *Yorck and the Era of Prussian Reform, 1807-1815*
(Princeton, NJ: Princeton Univ. Press, 1966). 나폴레옹의 적대국 네 나라 중 세 나라
는 프랑스의 모델을 흉내내기 거부하고 자국 전투병력의 수를 증가시키는 데 힘썼다. 그
들은 프랑스에 대항하여 균형을 유지하려는 강력한 동기가 있었다.

37. 슈뢰더의 기본적 주장은 오스트리아는 일반적으로 책임을 떠맡는 처지에 몰리곤 했다
는 것이다. Schroeder, *Transformation*.

38. David G. Chandler, *On the Napoleonic Wars: Collected Essays* (London: Greenhill,
1994), p. 43. 오스트리아 역시 7년 동안 세력균형 체제에서 벗어나 있었다. 프러시아는
6년, 러시아는 0년이었다.

39. Chandler, *Napoleonic Wars*, p. 43.

40. 영국의 전략에 대해서는 Duffy, "British Diplomacy"; Mackesy, "Strategic
Problems"; Rory Muir, *Britain and the Defeat of Napoleon, 1807-1815* (New
Haven, CT: Yale Univ. Press, 1996); Sherwig, *Guineas and Gunpower*; A.D.
Harvey, "European Attitudes to Britain during the French Revolutionary and
Napoleonic Era," *History* 63, No.209 (October 1978), pp. 356-65.

41. 러시아는 1793년부터 1804년 사이 프랑스와 싸운 기간이 1년이 채 되지 못한다.

42. Sebastian Haffner, *The Rise and Fall of Prussia*, trans. Ewald Osers (London:
Weidenfeld and Nicolson, 1980), 제1-5장.

43. 1864년의 전쟁에 관해서는 Carr, *Wars of German Unification*, 제2장; Otto Pflanze,
Bismarck and the Development of Germany: The Period of Unification, 1815-1871
(Princeton, NJ: Princeton Univ. Press, 1963), 제11장.

44. 오스트리아-프러시아 전쟁에 대해서는 Carr, *Wars of German Unification*, 제3장;
Lothar Gall, *Bismarck: The White Revolutionary*, vol.1, 1815-1871, trans. J. A.
Underwood (London: Unwin Hyman, 1986), 제8장; Pflanze, *Bismarck*, 제13-14장;
Richard Smoke, *War: Controlling Escalation* (Cambridge, MA: Harvard Univ. Press,
1977), 제5장; Geoffrey Wawro, *The Austro-Prussian War: Austria's War with
Prussia and Italy in 1866* (Cambridge: Cambridge Univ. Press, 1996).

45. 보불전쟁에 관해서는 Carr, *Wars of German Unification*, 제4장; Michael Howard,

The Franco - Prussian War: The German Invasion of France, 1870-1871 (New York: Dorset, 1990) ; Pflanze, *Bismarck*, 제18-20장; Smoke, *War*, 제6장.

46. W. E. Mosse, *The European Powers and the German Question, 1848-1871: With Special Reference to England and Russia* (New York: Octagon, 1969) ; Richard Millman, *British Foreign Policy and the Coming of the Franco - Prussian War* (Oxford: Clarendon, 1965).

47. Haffner, *Rise and Fall of Prussia*, p. 124; Smoke, *War*, p. 92.

48. Carr, *Wars of German Unification*, pp. 129, 203; William C. Fuller, Jr., *Strategy and Power in Russia, 1600-1914* (New York: Free Press, 1992), pp. 272-73; Haffner, *Rise and Fall of Prussia*, pp. 124-26; and Smoke, *War*, pp. 89, 92-93, 101, 117, 128-33.

49. Mosse, *European Power*, p. 372.

50. Pflanze, *Bismarck*, pp. 419-32, 460-62; Smoke, *War*, pp. 127, 134-35.

51. 더 자세한 비교는 〈표 3-1〉과 〈표 3-2〉를 참조할 것.

52. 마이클 하워드(Michael Howard)는 1860년의 프러시아는 "대륙의 군사강대국 중 제일 약한 나라"였다고 쓰고 있다. Howard, *Franco - Prussian War*, p. 1. 1860년과 1870년 사이 프랑스와 프러시아군에 관한 좋은 연구 자료는 ibid., 제1장. 또한 Thomas J. Adriance, *The Last Gaiter Button: A Study of the Mobilization and Concentration of the French Army in the War of 1870* (Westport, CT: Greenwood, 1987), 제1-3장; Richard Holmes, *The Road to Sedan: The French Army, 1866-70* (London: Royal Historical Society, 1984) ; Trevor N. Dupuy, *A Genius for War: The German Army and General Staff, 1807-1945* (Englewood Cliffs, NJ: Prentice - Hall, 1977), 제7-8 장; Barry R. Posen, "Nationalism, the Mass Army, and Military Power," *International Security* 18, No.2 (Fall 1993), pp. 100-106 등을 보라.

53. Istvan Deak, *Beyond Nationalism: A Social and Political History of the Habsburg Officer Corps, 1848-1918* (Oxford: Oxford Univ. Press, 1992), 제2장; Gunther E. Rothenberg, *The Army of Francis Joseph* (West Lafayette, IN: Purdue Univ. Press, 1979), 제6장.

54. Fuller, *Strategy and Power*, pp. 273-89; Bruce W. Menning, *Bayonets before Bullets: The Imperial Russian Army, 1861-1914* (Bloomington: Indiana Univ. Press, 1992), 제1장.

55. Correlli Barnett, *Britain and Her Army, 1509-1970: A Military, Political and Social Survey* (Harmondsworth, UK: Penguin, 1974), 제12장; David French, *The British Way in Warfare, 1688-2000* (London: Unwin Hyman, 1990), 제5장; Edward M. Spiers, *The Army and Society, 1815-1914* (London: Longman, 1980), 제2, 4장.

56. 테일러(A.J.p. Taylor)는 "러시아와 영국 모두는 그들 자신을 유럽의 균형자의 지위에서 제거해버렸다. 이런 사실은 1864년부터 1866년 사이를 근세사의 특이한 시기로 만들고 있다. 유럽에서의 패권을 위한 갈등은 서부유럽에 제한된 무대에서 이루어졌던 것이다"고 말함으로써 이러한 관점을 포착하고 있다. Taylor, *The Struggle for Mastery in Europe, 1848-1918* (Oxford: Clarendon, 1954), p. 156.

57. 다른 설명이 없는 한 이후 나오는 모든 수치들은 〈표 8-3〉에서 인용된 것이다.

58. Carr, *Wars of German Unification*, p 137. 오스트리아는 1866년 전쟁 중 자신이 보유

한 10개 군단 중 3개를 이탈리아를 향해 배치했다. Gordon A. Craig, *The Battle of Koniggratz* (London: Weidenfeld and Nicolson, 1965), p. 21.

59. Carr, *Wars of German Unification*, pp. 137-38; Craig, *Koniggratz*, pp. 15-39; Deak, *Beyond Nationalism*, pp. 51-52; Howard, *Franco - Prussian War*, p. 5; James J. Sheehan, *German History, 1770-1866* (Oxford: Clarendon, 1993), pp. 901-5.

60. 이는 왜 프러시아의 군사 지도자들이 오스트리아군의 일부라도 묶어 놓을 수 있는 동맹국(이탈리아)이 없는 한 오스트리아에 대항해서 싸울 수 없다고 주장했는지를 설명한다. Gall, *Bismarck*, pp. 283-84; Smoke, *War*, p. 85.

61. Howard, *Franco - Prussian War*, 제1-5장.

62. Carr, *Wars of German Unification*, pp. 203-4; Smoke, *War*, pp. 128-29; 그리고 이 장의 주 59를 볼 것.

63. Smoke, *War*, pp. 129-32.

64) Howard, *Franco - Prussian War*, pp. 43-44.

65. Deak, *Beyond Nationalism*, 제2장; David G. Herrmann, *The Arming of Europe and the Making of the First World War* (Princeton, NJ: Princeton Univ. Press, 1996), pp. 33-34, 97-100, 123-24, 201-2; C.A. Macartney, *The Habsburg Empire, 1790-1918* (London: Weidenfeld and Nicolson, 1968); Rothenberg, *Army of Francis Joseph*, 제9-11장; A.J.p. Taylor, *The Habsburg Monarchy, 1809-1918: A History of the Austrian Empire and Austria - Hungary* (London: Hamish Hamilton, 1948).

66. 〈표 3-3〉과 〈표 6-1〉을 보라. John Gooch, *Army, State, and Society in Italy, 1870-1915* (New York: St. Martin' s, 1989); Herrmann, *Arming of Europe*, pp. 34-35, 101-5, 206-7; "Italian Military Efficiency: A Debate," *Journal of Strategic Studies* 5, No.2 (June 1982), pp. 248-77.

67. Richard Bosworth, *Italy and the Approach of the First World War* (New York: St. Martin' s, 1983), p. 62에서 인용.

68. Bosworth, *Italy and the Approach*; Richard Bosworth, *Italy, the Least of the Great Powers: Italian Foreign Policy before the First World War* (Cambridge; Cambridge Univ. Press, 1979); Herrmann, *Arming of Europe*, pp. 105-11; Christopher Seton - Watson, *Italy from Liberalism to Fascism, 1870-1925* (London: Methuen, 1967), 제9-11장.

69. Fuller, *Strategy and Power*, pp. 350-62, 377-93; George F. Kennan, *The Fateful Alliance: France, Russia, and the Coming of the First World War* (New York: Pantheon, 1984); William L. Langer, *The Franco - Russian Alliance, 1890-1894* (New York: Octagon, 1977); William L. Langer, *The Diplomacy of Imperialism, 1890-1902*, 2d ed.(New York: Knopf, 1956), 제1-2장; Taylor, *Mastery*, 제15장.

70. 1890년부터 1914년까지 영국 - 독일관계에 관한 포괄적 분석은 Paul M. Kennedy, *The Rise of the Anglo - German Antagonism, 1860-1914* (London: Allen and Unwin, 1980), pts. 3-5.

71. Prosser Gifford and William R. Louis, eds., *France and Britain in Africa: Imperial Rivalry and Colonial Rule* (New Haven, CT: Yale Univ. Press, 1971); J.A.S. Grenville, *Lord Salisbury and Foreign Policy: The Close of the Nineteenth Century* (London: Athlone, 1964); Langer, *Diplomacy of Imperialism*; Keith Neilson,

Britain and the Last Tsar: British Policy and Russia, 1894-1917 (Oxford: Clarendon, 1995), pt. 2; 이 책 5장 주 36의 자료들을 참고.

72. Christopher Andrew, *Thophile Delcass and the Making of the Entente Cordiale: A Reappraisal of French Foreign Policy, 1898-1905* (New York: St. Martin's, 1968), 제 9-10장; George Monger, *The End of Isolation: British Foreign Policy, 1900-1907* (London: Thomas nelson and Sons, 1963), 제6-7장; Stephen R. Rock, *Why Peace Breaks Out: Great Power Rapprochement in Historical Perspective* (Chapel Hill: Univ. of North Carolina Press, 1989), 제4장; Taylor, *Mastery*, 제18장.

73. Monger, *End of Isolation*, 제8-12장; Taylor, *Mastery*, 제19장.

74. Kennedy, *Anglo-German Antagonism*, 제16, 20장.

73. 이 중요한 사건에 대해서는 Herrmann, *Arming of Europe*; David Stevenson, *Armaments and the Coming of War: Europe, 1904-1914* (Oxford: Oxford Univ. Press, 1996), 제2장; Taylor, *Mastery*, 제19장.

76. Herrmann, *Arming of Europe*, 제2장.

77. John Gooch, *The Plans of War: The General Staff and British Military Strategy c. 1900-1916* (N.Y.: John Wiley, 1974), 제9장; Nicholas d'Ombrain, *War Machinery and High Policy: Defence Administration in Peacetime Britain, 1902-1914* (Oxford: Oxford Univ. Press, 1973), 제2장; Samuel R. Williamson, Jr., *The Politics of Grand Strategy: Britain and France Prepare for War, 1904-1914* (Cambridge, MA: Harvard Univ. Press, 1969).

78. Monger, *End of Isolation*, 제11장; Neilson, *Britain and the Last Tsar*, 제9장; Zara Steiner, *Britain and the Origins of the First World War* (London: Macmillan, 1977), 제4, 6장; Williamson, *Politics of Grand Strategy*, 제1장.

79. John W. Coogan and Peter F. Coogan, "The British Cabinet and the Anglo-French Staff Talks, 1905-1914: Who Knew What and When Did He Know It?" *Journal of British Studies* 24, No.1 (January 1985), pp. 110-31; Keith M. Wilson, "To the Western Front: British War Plans and the 'Military Entente' with France before the First World War," *British Journal of International Studies* 3, No.2 (July 1977), pp. 151-68; Keith M. Wilson, "British Power in the European Balance, 1906-1914," in David Dilks, ed., *Retreat From Power: Studies in Britain's Foreign Policy of the Twentieth Century*, vol.1, 1906-1939 (London: Macmillan, 1981), pp. 21-41.

80. Neilson, *Britain and the Last Tsar*, 제10-11장.

81. 제5장 주 49의 자료들을 참고할 것.

82. 이 계산은 〈표 3-3〉에서 쓰인 것과 같은 지표와 자료를 사용한 것이다. 1차 세계대전 이전 10년 동안 영국과 독일의 경제력 균형에 관한 좋은 논의는 Charles p. Kindelberger, *Economic Response: Comparative Studies in Trade, Finance, and Growth* (Cambridge, MA: Harvard Univ. Press, 1978), 제7장. 또한 이 책 〈표 3-1〉과 〈표 3-2〉를 보라.

83. Herrmann, *Arming of Europe*, p. 112. 프랑스 육군에 대해서는 ibid., pp. 44-47, 80-85, 202-4; Douglas Porch, *The March to the Marne: The French Army, 1871-1914* (Cambridge: Cambridge Univ. Press, 1981)을 보라. 독일 육군에 대해서는 Herrmann, *Arming of Europe*, pp. 44-47, 85-92, 200-201.

84. 독일은 1905년의 전쟁 당시 실질적으로 1.8:1보다 더 우세한 상황을 차지할 수 있었다. 당시 일부 독일장교들은 황제는 195만 명의 야전군을 동원할 수 있을 것이라고 생각했다. 그러나 프랑스 군부는 독일은 기껏 133만 명의 군사력을 동원할 수 있을 것이라고 결론 내렸다. Herrmann, *Arming of Europe*, p. 45. 나는 이 책의 논의에 의거 독일군을 대략 150만 정도라고 예측했다. ibid., pp. 44-45, 160, 221 ; Jack L. Snyder, *The Ideology of the Offensive: Military Decision Making and the Disasters of 1914* (Ithaca, NY: Cornell Univ. Press, 1984), pp. 41-50, 67, 81, 109-11, 220.

85. Fuller, *Strategy and Power,* 제8-9장 ; Herrmann, *Arming of Europe*, pp. 40-41, 61-63, 92-95, 112-46, 204-6 ; Pertti Luntinen, *French Information on the Russian War plans, 1880-1914* (Helsinki: SHS, 1984), passim ; Menning, *Bayonets before Bullets*, 제5-7장 ; William C. Wohlforth, "The Perception of Power ; Russia in the Pre – 1914 Balance," *World Politics 39*, No.3 (April 1987), pp. 353-81.

86. Herrmann, *Arming of Europe*, p. 97. 영군 육군에 관해서는 Barnett, *Britain and Her Army*, 제14-15장 ; Herrmann, *Arming of Europe*, pp. 42-43, 95-97, 206 ; Edward M. Spiers, *The Late Victorian Army, 1868-1902* (New York: Manchester Univ. Press, 1992).

87. 이 책 〈표 3-1〉과 〈표 3-2〉를 보라.

88. 예로서 이 책 제6장 주 49의 논의를 참고하라.

89. Wilhelm Deist, *The Wehrmacht and German Rearmament* (Toronto: Univ. of Toronto Press, 1981), p. 45.

90. 이 문장의 숫자들은 Deist, *The Wehrmacht*, 제2-3장 ; Wilhelm Deist, "The Rearmament of the Wehrmacht," in Militargeschichtliches Forschungsamt, ed., *Germany and the Second World War,* vol.1, *The Build – up of German Aggression*, trans. p. S. Falla, Dean S. McMurry, and Ewald Osers (Oxford: Clarendon, 1990), pp. 405-56. 또한 Matthew Cooper, *The German Army, 1933-1945: Its Political and Military Failure* (New York: Stein and Day, 1978), 제1-12장 ; Albert Seaton, *The German Army, 1933-1945* (New York: New American Library, 1982), 제3-4장.

91. Deist, *The Wehrmacht*, p. 38.

92. 독일의 공군과 해군에 관해서는 Deist, *The Wehrmacht*, 제4-6장 ; Deist, "The Rearmament of the Wehrmacht," pp. 456-504 ; Williamson Murray, *The Change in the European Balance of Power, 1938 -1939: The Path to Ruin* (Princeton, NJ: Princeton Univ. Press, 1984), pp. 38-47.

93. Deist, "The Rearmament of the Wehrmacht," p. 480.

94. Arnold Wolfers, *Britain and France between Two Wars: Conflicting Strategies of Peace from Versailles to World War II* (New York: Norton, 1966), pp. 337-51.

95. Martin S. Alexander, *The Republic in Danger: General Maurice Gamelin and the Politics of French Defence, 1933-1940* (Cambridge: Cambridge Univ. Press, 1992), 제9장 ; Brian Bond, *British Military Policy between the Two World Wars* (Oxford: Oxford Univ. Press, 1980), 제8-9장 ; Norman H. Gibbs, *Grand Strategy*, vol.1, *Rearmament Policy* (London: Her Majesty' s Stationery Office, 1976), 제12, 16장 ; Posen, *Sources*, 제5장.

96. Robert p. Shay, Jr., *British Rearmament in the Thirties: Politics and Profits*

(Princeton, NJ: Princeton Univ. Press, 1977), p. 297.

97. Bond, *British Military Policy*, 제10-11장; Gibbs, *Grand Strategy*, 제13, 17, 18장.

98. Gibbs, *Grand Strategy*, 제29장.

99. 1940년 6월부터 1941년 6월까지 스탈린은 책임을 전가하려는 사람이었다는 점에 대해서는 Steven M. Miner, *Between Churchill and Stalin: The Soviet Union, Great Britain, and the Origins of the Grand Alliance* (Chapel Hill: Univ. of North Carolina Press, 1988), 제1~4장. 스탈린이 장기전에서 영국은 독일을 붙들고 있을 것이라고 생각했다는 증거는 ibid., pp. 62~63, 69, 71~72, 90~91, 95, 118~19, 123; Gabriel Gorodetsky, *Grand Delusion: Stalin and the German Invasion of Russia* (New Haven, CT: Yale Univ. Press, 1999), pp. 58~59, 65, 135. 스탈린은 또한 만약 영국이 궁극적으로 독일에게 패한다 해도, 그 과정에서 독일 역시 처절한 손상을 입을 것이라고 생각했다는 점은 Earl F. Ziemke, "Soviet Net Assessment in the 1930s," in Williamson Murray and Allan R. Millett, eds., *Calculations: Net Assessment and the Coming of World War II* (New York: Free Press, 1992), p. 205. 스탈린은 영국에게 책임을 전가하려 했는데 그 부분적 이유 중 하나는 그는 영국이 소련에게 책임을 전가하려한다고 믿고있었다는 것이다. Gorodetsky, *Grand Delusion*, pp. 4~6, 36, 39, 43, 89~90.

100. Nicole Jordan, *The Popular Front and Central Europe: The Dilemmas of French Impotence, 1918~1940* (Cambridge: Cambridge Univ. Press, 1992), 제1~2장; Posen, *Sources*, 제4장; and Wolfers, *Britain and France*, 제1~10장.

101. 뮈니히에서의 프랑스 행태에 관해서는 Anthony Adamthwaite, *France and the Coming of the Second World War, 1936~1939* (London: Cass, 1977), 제11~13장; Yvon Lacaze, *France and Munich: A Study of Decision Making in International Affairs* (New York: Columbia Univ. Press, 1995). 1930년대 동부유럽에서 프랑스 동맹관계의 후회스런 상황에 관해서는 Alexander, *Republic in Danger*, 제8장; Jordan, *Popular Front*, 제1~2장; Anthony T. Komjathy, *The Crises of France's East Central European Diplomacy, 1933~1938* (New York: Columbia Univ. Press, 1976); Piotr S. Wandycz, *The Twilight of French Eastern Alliances, 1926~1936: French – Czechoslovakia – Polish Relations from Locarno to the remilitarization of the Rhineland* (Princeton, NJ: Princeton Univ. Press, 1988). 히틀러에 대항하는 강대국 사이에서는 물론 동부유럽의 약소국 사이에도 책임전가의 경우가 대단히 많았다는 사실을 지적해야 한다. Robert G. Kaufman, "To Balance or to Bandwagon? Alignment Decisions in 1930s Europe," *Security Studies* 1, No.3 (Spring 1992), pp. 417~47.

102. Wolfers, *Britain and France*, p. 75. 프랑스는 동부유럽에 있는 동맹국들에서도 마찬가지였지만 벨기에에 대해서도 책임전가의 정책으로 일관했다는 강력한 증거가 있다. 특히 프랑스 지도자들은 만약 독일이 서쪽으로 공격한다면 그 경우 프랑스가 아니라 벨기에에서 전쟁을 벌일 것이라고 결심하고 있었다. Alexander, *Republic in Danger*, 제7장.

103. 아담스웨이트는 상황을 다음과 같이 기술하고 있다. "라인란트, 오스트리아 병합, 그리고 뮈니히는 프랑스 지도자들이 오랫동안 생각하고 있던 바를 잠시 수줌하게 했시만 변화시키지는 못했다―프랑스 지도자들이 원한 바는 독일과의 타협 추구였다. 1938년 9월 간발의 차이로 전쟁을 회피할 수 있었던 프랑스는 독일과의 협상을 통한 해결을 더욱

강력히 추구하였다." Adamthwaite, *France and the Coming*, p. 280, 특히 제16장.

104. Jiri Hochman은 "1935년은 물론 그 이후에도 군사적 협력의 가능성을 제약하는 중요한 요인은 소련과 독일은 국경을 접하고 있지 않다는 사실이었다"고 말하고 있다. Hochman, *The Soviet Union and the Failure of Collective Security, 1934~1938* (Ithaca, N.Y.: Cornell Univ. Press, 1984), p. 54. 이에 관한 더 자세한 분석은 ibid., 제2~3장; Patrice Buffotot, "The French High Command and the Franco-Soviet Alliance, 1933~1939," trans. John Gooch, *Journal of Strategic Studies* 5, No.4 (December 1982), pp. 548, 554~56; Barry R. Posen, "Competing Images of the Soviet Union," *World Politics* 39, No.4 (July 1987), pp. 586~90.

105. Anthony Adamthwaite, "French Military Intelligence and the Coming of War, 1935~1939," in Christopher Andrew and Jeremy Noakes, eds., *Intelligence and International Relations, 1900~1945* (Exeter: Exeter Univ. Publications, 1987), pp. 197~98; Buffotot, "French High Command," pp. 548~49.

106. 소련이 책임전가 전략을 쓴다는 프랑스의 의구심에 관해서는 Alexander, *Republic in Danger*, pp. 299~300; Buffotot, "French High Command," pp. 550~51; Jordan, *Popular Front*, pp. 70~71, 260, 307; and Robert J. Young, *In Command of France: French Foreign Policy and Military Planning, 1933~1940* (Cambridge, MA: Harvard Univ. Press, 1978), pp. 145~50.

107. 프랑스가 책임전가 전략을 쓴다는 소련 측의 의구심에 관해서는 Jordan, *Popular Front*, pp. 259~60; Alexander M. Nekrich, *Pariahs, Partners, Predators: German-Soviet Relations, 1922~1941*, trans. Gregory L. Freeze (New York: Columbia Univ. Press, 1997), pp. 77, 106~7, 114, 269n. 10.

108. Adamthwaite, *France and the Coming*, 제13장; Alexander, *Republic in Danger*, 제9장; Nicholas Rostow, *Anglo-French Relations, 1934~36* (New York: St. Martin's, 1984); and Young, *Command*, passim, 특히 제5, 8장.

109. Robert Frankenstein, *Le prix du rearmement francais (1935~1939)* (Paris: Publications de la Sorbonne, 1982), p. 307; Adamthwaite, *France and the Coming*, 제10장; Alexander, *Republic in Danger*, 제4~5장.

110. Robert C. Tucker, *Stalin in Power: The Revolution from Above, 1928~1941* (New York: Norton, 1990), pp. 223~37, 338~65, 409~15, 513~25, 592~619; R. C. Raack, *Stalin's Drive to the West, 1938~1945: The Origins of the Cold War* (Stanford, CA: Stanford Univ. Press, 1995), 서론, 제1~2장; Viktor Suvorov [pseudonym for Viktor Rezun], *Icebreaker: Who Started the Second World War?* trans. Thomas B. Beattie (London: Hamish Hamilton, 1990).

111. Jonathan Haslam, *The Soviet Union and the Search for Collective Security, 1933~1939* (New York: St. Martin's, 1984); Geoffrey K. Roberts, *The Soviet Union and the Origins of the Second World War: Russo-German Relations and the Road to War* (New York: St. Martin's, 1995); Teddy J. Uldricks, "Soviet Security Policy in the 1930s," in Gabriel Gorodetsky, ed., *Soviet Foreign Policy, 1917~1991: A Retrospective* (London: Frank Cass, 1994), pp. 65~74.

112. Hochman, *Soviet Union and the Failure*; Miner, *Between Churchill and Stalin*; Nekrich, *Pariahs*; Adam B. Ulam, *Expansion and Coexistence: Soviet Foreign Policy,*

1917~73, 2d ed. (New York: Holt, Rinehart, and Winston, 1974), 제5장.

113. 스탈린이 집단안보를 추구했다고 주장하는 사람들은, 그들의 저술에서 스탈린은 역시 책임전가의 전략도 채택했었다는 사실을 널리 펼치고 있다. Jonathan Haslam, "Soviet – German relations and the Origins of the Second World War: The Jury Is Still Out," *Journal of Modern History* 69, No.4 (December 1997), pp. 785~97; Roberts, *The Soviet Union*; Uldricks, "Soviet Security Policy."

114. Ulam, *Expansion and Coexistence*, p. 238.

115. 스탈린의 대 독일정책에 관한 대부분의 연구결과들은 책임전가를 잘못 인도된 전략이라고 가정하고 있다. 예로서 호크만(Hochman)은 스탈린을 실패가 확실한 전략을 추구하는 비도덕적 기회주의자로 묘사하고 있다. Hochman, *Soviet Union and Failure*. 반면 하슬람(Haslam)은 스탈린은 올바른 전략(집단안보)을 추구했다고 본다. 그러나 스탈린은 서방의 동맹국들이 바보처럼 서로 책임을 전가하는 바람에 할 수 없이 이미 파탄나버린 전략(책임전가)을 받아들일 수밖에 없었다는 것이다. Haslam, *Soviet Union and the Search*.

116. Jonathan Haslam, *The Soviet Union and the Threat from the East, 1933 ~1941: Moscow, Tokyo and the Prelude to the Pacific War* (Pittsburgh, PA: Univ. of Pittsburgh Press, 1992).

117. Michael J. Carley, *1939: The Alliance That Never Was and the Coming of World War II* (Chicago: Ivan R. Dee, 1999). 스탈린의 계산은 자본주의 국가들은 서로 싸우게 될 운명이라는 맑스주의의 핵심적 사고를 반영하고 있다.

118. Mark Harrison, *Soviet Planning in Peace and War, 1938~1945* (Cambridge: Cambridge Univ. Press, 1985), p. 8. 해리슨도 이와 유사한, 감명스러울 정도로 많은 총과 비행기의 수를 말하고 있다. 또한 Jonathan R. Adelman, *Prelude to Cold War: The Tsarist, Soviet, and U.S. Armies in the Two World Wars* (Boulder, Lynne Rienner, 1988), 제5장을 보라.

119. Strachan, *European Armies*, p. 159; Colin Elman, "The Logic of Emulation: The Diffusion of Military Practices in the International System," Ph.D. diss., Columbia Univ., 1999, 제4장; Sally W. Stoecker, *Forging Stalin's Army: Marshal Tukhachevsky and the Politics of Military Innovation* (Boulder, CO: Westview, 1998).

120. David M. Glantz, *Stumbling Colossus: The Red Army on the Eve of World War II* (Lawrence: Univ. Press of Kansas, 1998).

121. Jonathan R. Adelman, *Revolution, Armies, and War: A Political History* (Boulder, CO: Lynne Rienner, 1985), 제4~7장.

122. 독일이 오스트리아 합병과 뮤니히 협정을 통해 확보한 자원에 관해서는 Murray, *Change in the European Balance*, pp. 151~53; Deist, "The Rearmament of the Wehrmacht," pp. 450~51; Seaton, *The German Army*, pp. 94~95.

123. 윌리엄 뮤레이는 1938년 독일의 "재무장은 아직도 독일이 유럽의 약소국 하나와 싸워서도 겨우 이길 수 있는 수준에도 미치지 못했다"고 결론 내린다. Murray, *Change in the European Balance*, p. 127. 더 일반적 논의는 ibid., 제1, 7장; Cooper, *German Army*, 제12장.

124. Manfred Messerschmidt, "Foreign Policy and Preparation for War," in *Build – up of German Aggression*, pp. 658~72; Murray, *Change in the European Balance*, pp.

174~84.

125. Adamthwaite, *France and the Coming*, 제10장: Murray, *Change in the European Balance*; Telford Taylor, *Munich: The Price of Peace* (Garden City, NY: Doubleday, 1979), 제33장.

126. 독일이 재무장한 이후 독일군이 프랑스군에 대해 가졌던 질적 우위에 관해서는 Williamson Murray, "Armored Warfare: The British, French and German Experiences," in Williamson Murray and Allan R. Millett, eds., *Military Innovation in the Interwar Period* (Cambridge: Cambridge Univ. Press, 1996), pp. 6-49. 독일의 공군력 우위에 관해서는 Richard R. Muller, "Close Air Support: The German, British, and American Experiences, 1918-1941," in ibid., pp. 155-63: Alexander, *Republic in Danger*, 제6장: Posen, Sources, pp. 133 -35.

127. David M. Glantz and Jonathan M. House, *When Titans Clashed: How the Red Army Stopped Hitler* (Lawrence: Univ. Press of Kansas, 1995), p. 10. 두 나라 육군의 규모를 비교하기 위해서는 〈표 8-6〉을 참고할 것. 1930년대 중반 독일군의 저열성에 관해서는 이 장의 앞부분 논의를 참고할 것. 1933년부터 1937년 사이 소련군의 질적 우수성에 관해서는 Glantz, *When Titans Clashed*, pp. 6~10: Ziemke, "Soviet Net Assessment," pp. 175~215: 이장 주 119의 자료를 참고할 것.

128. 독일과 서방 동맹국의 균형에 관해서는 이 책 3장 주 9의 다른 자료들을 참고할 것.

129. Gorodetsky, *Grand Delusion*, p. 135.

130. Ulam, *Expansion and Coexistence*, pp. 369-70, 410.

131. Marc Trachtenberg, *A Constructed Peace: The Making of the European Settlement, 1945~1963* (Princeton, NJ: Princeton Univ. Press, 1999), p. 41. 멜빈 레플러(Melvyn Leffler)도 다음의 책에서 마찬가지 관점을 제시하고 있다. *A Preponderance of Power: National Security, the Truman Administration, and the Cold War* (Stanford, CA: Stanford Univ. Press, 1992), pp. 60~61. 이 주제를 강조하는 다른 중요한 저술들은 Dale C. Copeland, *The Origins of Major War* (Ithaca, NY: Cornell Univ. Press, 2000), 제6장: Marc S. Gallicchio, *The Cold War Begins in Asia: American East Asian Policy and the Fall of the Japanese Empire* (New York: Columbia Univ. Press, 1988): John L. Gaddis, *The United States and the Origins of the Cold War, 1941~1947* (New York: Columbia Univ. Press, 1972), 특히 제7~10장: Bruce Kuniholm, *The Origins of the Cold War in the Near East: Great power Conflict and Diplomacy in Iran, Turkey, and Greece* (Princeton, NJ: Princeton Univ. Press, 1980): Geir Lundestad, *America, Scandinavia, and the Cold War, 1945~1949* (New York: Columbia Univ. Press, 1980): Chester J. Pach, Jr., *Arming the Free World: The Origins of the United States Military Assistance Program, 1945~1950* (Chapel Hill: Univ. of North Carolina Press, 1991): Michael Schaller, *The American Occupation of Japan: The Origins of the Cold War in Asia* (Oxford: Oxford Univ. Press, 1985): Odd Arne Westad, *Cold War and Revolution: Soviet – American Rivalry and the Origins of the Chinese Civil War, 1944~1946* (New York: Columbia Univ. Press, 1993). 2차 세계대전이 끝난 직후 소련인들이 미국이 자신들에 대해 본격적으로 공격적 봉쇄정책을 취하기로 결심했다는 사실을 완전하게 이해했다는 점은 놀라운 일이 아니다. Vladislav Zubok and Constantine Pleshakov, *Inside the Kremlin's*

Cold War: From Stalin to Khrushchev (Cambridge, MA: Harvard Univ. Press, 1996).

132. 미국이 2차 세계대전이 끝난 직후 소련에 대항해서 강력한 균형정책을 전개했다는 사실은 "냉전의 수정주의 학파"들로부터 소련이 아니라 미국이 냉전을 시작한 책임을 져야 한다고 주장할 수 있는 근거를 제공한다. 이 현상에 관한 탁월한 분석은 Carolyn W. Eisenberg, *Drawing the Line: The American Decision to Divide Germany, 1944~1949* (Cambridge: Cambridge Univ. Press, 1996). 공격적 현실주의자들은 미국과 소련 중 어느 쪽이 먼저 냉전을 시작했느냐를 비난하지 않는다. 초강대국 사이에 고도의 안보 경쟁을 유발된 것은 국제체제 그 자체가 원인이기 때문이다.

133. Charles A. Kupchan, *The Persian Gulf: The Dilemmas of Security* (Boston: Allen and Unwin, 1987), 제1~2장; Mark J. Gasiorowski, *U.S. Foreign Policy and the Shah: Building a Client State in Iran* (Ithaca, NY: Cornell Univ. Press, 1991); 이 책의 제6장 주 80~81에서 인용된 자료들을 참고할 것.

134. Peter J. Stavrakis, *Moscow and Greek Communism, 1944~1949* (Ithaca, NY: Cornell Univ. Press, 1989); Lawrence S. Wittner, *American intervention in Greece, 1943~1949* (New York: Columbia Univ. Press, 1982); Artiom A. Ulunian, "The Soviet Union and the 'Greek Question,' 1946~53: Problems and Appraisals," in Francesca Gori and Silvio Pons, eds., *The Soviet Union and Europe in the Cold War, 1945~53* (London: Macmillan, 1996), pp. 144~60.

135. Norman A. Graebner, *Cold War Diplomacy: American Foreign Policy, 1945~1960* (New York: Van Nostrand, 1962), p. 40에서 인용.

136. Graebner, *Cold War Diplomacy*, p. 154. 1940년대 말엽 미국의 인식에 나타나는 경제 및 전략적 고려의 긴밀성에 관해서는 Melvyn p. Leffler, "The United States and the Strategic Dimensions of the Marshall Plan," *Diplomatic History* 12, No.3 (Summer 1988), pp. 277~306; 그리고 Robert A. Pollard, *Economic Security and the Origins of the Cold War, 1945~1950* (New York: Columbia Univ. Press, 1985)를 보라. 또한 Michael J. Hogan, *The Marshall Plan: America, Britain, and the reconstruction of Western Europe, 1947~1952* (Cambridge: Cambridge Univ. Press, 1987); Alan S. Milward, *The Reconstruction of Western Europe, 1945~1951* (Berkeley: Univ. of California Press, 1984)를 보라.

137. 독일을 어떻게 다루어야 할 것이냐에 대한 미국 측의 사고에 대해 가장 탁월한 자료는 Eisenberg, *Drawing the Line*; Gaddis, *Origins of the Cold War*, 제4장; Bruce Kuklick, *American Policy and the Division of Germany: The Clash with Russia over Reparations* (Ithaca, NY: Cornell Univ. Press, 1972); Trachtenberg, *Constructed Peace*. 독일에 대한 소련의 생각은 Caroline Kennedy – Pipe, *Stalin's Cold War: Soviet Strategies in Europe, 1943 to 1956* (New York: Manchester Univ. Press, 1995); Wilfried Loth, "Stalin's Plans for Post – War Germany," in Gori and Pons, eds., *The Soviet Union and Europe*, pp. 23~36; Norman M. Naimark, *The Russians in Germany: A History of the Soviet Zone of Occupation, 1945~1949* (Cambridge, MA: Harvard Univ. Press, 1995); Zubok and Pleshakov, *Inside the Kremlin's Cold War*, pp. 46~53을 보라.

138. Leffler, *Preponderance of Power*, p. 204. 트라크텐버그(Trachtenberg)는 *Constructed Peace*에서 1945년부터 1963년에 이르는 기간 초강대국 사이에서 독일을

둘러싸고 야기된 원인에 대해 확신을 가지고 설명하고 있다. 만약의 경우 핵무장까지도 포함한 서독을 세우고 무장시키기로 한 결정은 소련 지도자를 격노하게 만들었고 미국의 정책을 되돌리기 위한 방안으로 베를린 위기를 유발하도록 하였다. 주복과 플레샤코프는 이 논리를 강조하고 있다. Zubok and Pleshakov, *Inside the Kremlin's Cold War*.

139. 미국의 정책결정자들은 체코슬로바키아는 동부유럽에서 소련의 영향권 안에 있는 나라라고 생각했고 소련이 이 지역을 장악하는 것은 양해했다. Geir Lundestad, *The American Non - Policy Towards Eastern Europe, 1943~1947: Universalism in an Area Not of Essential Interest to the United States* (Oslo: Universitetsforlaget, 1978). 그래서 미국은 체코슬로바키아에서 야기된 공산주의 쿠데타와 관련 소련과 직접 갈등을 벌일 준비가 되어 있지 못했다. 그럼에도 불구하고 이 사건은 서방측에게 경종을 울리는 것이었다. Trachtenberg, *A Constructed Peace*, pp. 79~80.

140. 나토(NATO)의 형성에 관해서는 John Baylis, *The Diplomacy of Pragmatism: Britain and the Formation of NATO, 1942~1949* (Kent, OH: Kent State Univ. Press, 1993); Timothy p. Ireland, *Creating the Entangling Alliance: The Origins of the North Atlantic Treaty Organization* (Westport, CT: Greenwood, 1981); Lawrence S. Kaplan, *The United States and NATO: The Formative Years* (Lexington: Univ. of Kentucky Press, 1984); Joseph Smith, ed, *The Origins of NATO* (Exeter: Univ. of Exeter Press, 1990).

141. Avi Shlaim, *The United States and the Berlin Blockade, 1948~1949: A Study in Crisis Decision - Making* (Berkeley: Univ. of California Press, 1983).

142. 제6장을 보라.

143. *The China White Paper*, August 1949 (Stanford, CA: Stanford Univ. Press, 1967), p. xvi; Tang Tsou, *America's Failure in China, 1941~1950*, 2 vols. (Chicago: Univ. of Chicago Press, 1975). 일부 학자들은 그때까지도 미국은 중국과 동맹을 체결함으로써 소련을 막을 여지가 있었다고 본다. 그러나 미국의 고집스럽고 비이성적인 반공주의 때문에 그러한 일은 실패로 돌아갔다고 본다. 그래서 소련과 균형을 유지하는 데 효율적이지 못했다는 사실은 미국의 잘못이라는 것이다. 이 주제에 관한 탁월한 논의로서 1940년대 그리고 1950년대 초반 미국과 중국이 동맹을 맺을 가능성에 대해 의문을 제시하는 연구로서는 다음의 다섯 가지 논문을 참조할 것. "Symposium: Rethinking the Lost Chance in China," *Diplomatic History* 21, No.1 (Winter 1997), pp. 71~115. 그러나 1949년 이후 중국과 소련의 동맹을 이간시키기 위한 방안을 찾기 위해 노력했다. Gordon Chang, *Friends and Enemies: The United States, China, and the Soviet Union, 1948~1972* (Stanford, CA: Stanford Univ. Press, 1990).

144. H.W. Brands, *The Specter of Neutralism: The United States and the Emergence of the Third World, 1947~1960* (New York: Columbia Univ. Press, 1989); Robert E. Harkavy, *Great Power Competition for Overseas Bases: The Geopolitics of Access Diplomacy* (New York: Pergamon, 1982), 제4~5장; Douglas J. Macdonald, *Adventures in Chaos: American Intervention for Reform in the Third World* (Cambridge, MA: Harvard Univ. Press, 1992); Peter W. Rodman, *More Precious Than Peace: The Cold War and the Struggle for the Third World* (New York: Scribner's 1994); Marshall D. Shulman, ed., *East - West Tensions in the Third World* (New York: Norton, 1986).

145. 간략한 개요를 위해서는 Phil Williams, *US Troops in Europe*, Chatham House Paper No.25 (Boston: Routledge and Kegan Paul, 1984), 제2장. 또한 Phil Williams, *The Senate and US Troops in Europe* (New York: St. Martin's, 1985)을 보라.

146. 트라크텐버그가 지적하는 것처럼 "1950년대 초반 나토가 출범하는 중요한 시점에서 모든 사람들은 미국이 유럽에 영구히 주둔하기를 원했다—즉 미국만을 제외한 모든 나라가 미국의 영구적 유럽주둔을 원했다는 말이다. 미국이 이성적으로 철수가 가능한 상황이 되자마자 곧 철수하려는 의지가 왜 그다지 지속적이고 강고했는가의 사실을 이해하기는 어렵다. 이는 일반인들의 공개적인 논의에도 혹은 학자들의 연구결과에도 인식되지 않는다. 그러나 이는 미국의 *Foreign Relations* 도큐멘트에는 분명하게 드러나 있다. Marc Trachtenberg, *History and Strategy* (Princeton, NJ: Princeton Univ. Press, 1991), p. 167. 또한 제7장 주 72에서 인용된 자료들을 참고하라. 책임을 전가하려는 생각은 1950년대 영국의 경우에도 남아 있었다. Saki Dockrill, "Retreat from the Continent? Britain's Motives for Troop Reductions in West Germany, 1955~1958," *Journal of Strategic Studies* 20, No.3(September 1997), pp. 45~70.

147. Stephen Van Evera, "Why Europe Matters, Why the Third World Doesn't: American Grand Strategy after the Cold War," *Journal of Strategic Studies* 13, No.2 (June 1990), pp. 34~35, note 1에 인용된 자료들을 볼 것.

148. William I. Hitchcock, *France Restored: Cold War Diplomacy and the Quest for Leadership in Europe, 1944~1954* (Chapel Hill: Univ. of North Carolina Press, 1998), 제2~3장; Irwin M. Wall, *The United States and the Making of Postwar France, 1945-1954* (Cambridge: Cambridge Univ. Press, 1991), 제2장.

149. 영국과 소련의 수치들은 Adelman, *Revolution*, p. 174.

150. 미국과 영국의 수치들은 I.C.B. Dear, ed., *The Oxford Companion to World War II* (Oxford: Oxford Univ. Press, 1995), pp. 1148, 1192, 1198. 소련의 수치들은 Phillip A. Karber and Jerald A. Combs, "The United States, NATO, and the Soviet Threat to Western Europe: Military Estimates and Policy Options, 1945~1963," *Diplomatic History* 22, No.3 (Summer 1998), p. 403.

151. 사단의 숫자는 Adelman, *Prelude*, p. 212.

152. 소련의 숫자는 Karber and Combs, "The United States, NATO, and the Soviet Threat," pp. 411~12. 미국과 영국의 숫자들은 J. David Singer and Melvin Small, *National Material Capabilities Data, 1816~1985* (Ann Arbor, MI: Inter–Univ. Consortium for Political and Social Research, February 1993).

153. Singer and Small, *National Material Capabilities Data.*

154. Elizabeth Barker, *The British between the Superpowers, 1945~1950* (Toronto: Univ. of Toronto Press, 1983); Alan Bullock, *Ernest Bevin: Foreign Secretary, 1945~1951* (New York: Norton, 1983); David Reynolds, "Great Britain," in David Reynolds, ed., *The Origins of the Cold War in Europe: International Perspectives* (New Haven, CT: Yale Univ. Press, 1994), pp. 77~95; and Victor Rothwell, *Britain and the Cold War, 1941~1947* (London: Jonathan Cape, 1982).

155. Kennedy, *Great Powers*, p. 369. 또한 William C. Wohlforth, *The Elusive Balance: Power and Perceptions during the Cold War* (Ithaca, NY: Cornell Univ. Press, 1993), p. 60. 냉전 초반 미국과 소련의 산업능력에 관한 비교는 〈표 3-5〉. 영국의 문제에 관한

탁월한 분석은 Correlli Barnett, *The Audit of War: The Illusion and Reality of Britain as a Great Power* (London: Macmillan, 1986) ; and Correlli Barnett, *The Lost Victory: British Dreams, British Realities, 1945~1950* (London: Macmillan, 1995). Randall L. Schweller, *Deadly Imbalances: Tripolarity and Hitler's Strategy of World Conquest* (New York: Columbia Univ. Press, 1998)는 2차 세계대전 이전의 세계는 3극체제였다는 사실을 주장하기 위해 다양한 측정방법들을 사용하였고, 그리고 이들은 영국은 그 3개의 강대국에 포함되지 않는다고 주장한다. 당시 3개의 강대국은 독일, 소련, 미국이었다는 것이다.

9장 강대국 전쟁의 원인

1. G. Lowes Dickinson, *The European Anarchy* (New York: Macmillan, 1916), p. 14.
2. 내가 알고 있는 한 언제 전쟁이 일어날 것인지를 정확히 예측할 수 있는 능력을 갖추고 있는 이론은 없다.
3. 전쟁의 원인에 관한 탁월한 문헌 해제는 Jack S. Levy, "The Causes of War and the Conditions of Peace," *Annual Review of Political Science* I (1998), pp. 139-65. 또한 Dale C. Copeland, *The Origins of Major War* (Ithaca, N.Y.: Cornell Univ. Press, 2000), 제1장; Stephen Van Evera, *Causes of War: Power and the Roots of Conflict* (Ithaca, NY: Cornell Univ. Press, 1999), 제1장을 보라; Kenneth N. Waltz, Man, *The State and War: A Theoretical Analysis* (New York: Columbia Univ. Press, 1959).
4. Karl W. Deutsch and J. David Singer, "Multipolar Power Systems and International Stability," *World Politics* 16, No.3 (April 1964), pp. 390-406; Kenneth N. Waltz, "The Stability of a Bipolar World," *Daedalus* 93, No.3 (Summer 1964), pp. 881-909; Kenneth N. Waltz, *Theory of International Politics* (Reading, MA: Addison – Wesley, 1979), 제8장. 또한 Robert Jervis, *System Effects: Complexity in Political and Social Life* (Princeton, NJ: Princeton Univ. Press, 1997), 제3장.
5. Robert Gilpin, *War and Change in World Politics* (Cambridge: Cambridge Univ. Press, 1981) ; Hans Morgenthau, *Politics among Nations: The Struggle for Power and Peace*, 5th ed. (New York: Knopf, 1973) ; and A.F.K.Organski, *World Politics*, 2d ed.(New York: Knopf, 1968), 제14장.
6. 잠재적 패권국에 관한 더욱 자세한 정의는 이 책 제2장을 참고.
7. 양극체제와 다극체제에 관한 주요한 연구 저작들은 이 장의 주 4에서 인용된 자료를 참고할 것. Thomas J. Christensen and Jack Snyder, "Chain Gangs and Passed Bucks: Predicting Alliance Patterns in Multipolarity," *International Organization* 44, No.2 (Spring 1990), pp. 137-68; Richard N. Rosecrance, "Bipolarity, Multipolarity, and the Future," *Journal of Conflict Resolution* 10, No.3 (September 1966), pp. 314-27.
8. 세력균형이 이루어진 상황이 세력 불균형 상황보다 전쟁억지가 성공할 가능성이 더 높지만 균형된 힘이 곧 전쟁억지를 보장하는 것은 아니다. 제3장에서 논의된 것과 마찬가지로 국가들은 군사력의 규모가 작고, 전투력의 질이 낮은 경우라 할지라도 전쟁에 승리할 수 있는 군사전략의 혁신을 성취할 수 있는 경우가 있기 때문이다. 더욱이 국가를 전쟁으로 몰고 가는 더 넓은 차원에서의 정치적 요인들은 힘이 비슷한 적국 혹은 힘이 더

강한 적국에 대해서도 공격을 가하는 고도로 위태로운 군사전략을 추구하도록 만드는 경우도 있다. John J. Mearsheimer, *Conventional Deterrence* (Ithaca, N.Y.: Cornell Univ. Press, 1983), 특히 제2장.

9. 두 번째 주장은, 양극체제의 경우보다 다극체제의 경우 힘의 불균형 현상이 더 흔히 나타난다는 주장을 지지하는 것 같다. 다극체제 속의 국가가 더 강력한 적국과 맞닥뜨렸을 경우, 그들은 책임전가의 전략을 택할 가능성이 높다. 책임전가 전략을 택하는 나라들은 불균형 상태를 감수하며 사는 것을 만족한다는 의미가 된다. 그들은 다른 나라가 위협을 해결할 것이라 믿고 있기 때문이다. 그러나 다극체제에서는 균형을 이루는 경우라도 국가들은 자국의 군사력을 증강시키기보다는 동맹을 통해 안전을 유지하려고 할 가능성이 더 높다. 이처럼 외부의 힘을 이용해서 균형을 추구하는 것이 자신의 힘을 이용하는 것보다 더욱 매력적인데 이는 비용이 덜 들기 때문이다. 그럼에도 불구하고 이러한 방법은 애초의 불균형 상태를 그냥 놔두는 것이며, 그 같은 힘의 격차가 초래할 위험을 그대로 두는 것이다. 그러나 양극체제하에서 두 번째로 강력한 국가는 자신의 힘을 동원하는 방법 외에는 제일 강한 나라와 균형을 유지할 수 있는 방법이 없을 것이다. 양극체제하에서는 동맹을 맺을 수 있는 강대국도 없고, 책임을 떠맡을 나라(buck catcher)도 없기 때문이다. 이러한 종류의 내부적 균형노력은 적대적인 강대국간에 대략적 균형상황을 만들 것이다. 사실 나도 이런 주장을 펼친 바 있었다. John J. Mearsheimer, "Back to the Future: Instability in Europe after the Cold War," *International Security* 15, No.1 (Summer, 1990), pp. 13-19. 그러나 이 주장에는 두 가지 문제점이 있다. 데일 코프랜드가 지적하는 바와 마찬가지로, 이는 국가들은 세계에서 자신이 차지하는 힘의 비중을 극대화시키기 위해서 노력한다는 나의 주장과 배치된다. 만약 국가가 힘을 극대화시키려 노력하는 조직이라면, 그들은 자기 힘으로 고칠 수 있는 힘의 불균형 상태를 방치하지는 않을 것이기 때문이다. Dale C. Copeland, "The Myth of Bipolar Stability: Toward a New Dynamic Realist Theory of Major War," *Security Studies* 5, No.3 (Spring 1996), pp. 38-47.

10. 이 일반적 관점에 대해 하나의 예외가 있다. 만약 다극체제에 세 개의 강대국이 존재한다면, 두 나라는 힘을 합쳐 세 번째 나라를 위협할 수 있을 것이다. 그 경우 희생을 당할 나라를 도울 동맹국은 없을 것이다.

11. 위협을 당하는 모든 강대국이 힘을 합치는 경우라야 제어할 수 있는 잠재적 패권국이 존재하는 경우, 균형 연합이 형성될 가능성이 제일 높다. 그러나 다음 절에서 논할 것이지만 잠재적 패권국이 존재하는 다극체제의 경우 전쟁발발의 가능성이 제일 높다.

12. 이 관점이 바로 월츠의 기본적 주장이다. Waltz, "Stability of a Bipolar World," 또한 Geoffrey Blainey, *The Causes of War* (New York: Free Press, 1973), 제3장을 보라.

13. 다극체제가 양극체제보다 더 안정적이라는 주장은 체제 속의 국가 수가 늘어나는 만큼 한 국가가 다른 한 나라에 대해 투입하는 관심은 줄어들 것이라고 본다. 다른 여러 나라들에 대해서도 관심을 가져야 하기 때문이다. Deutsch and Singer, "Multipolar Power Systems," pp. 396-400을 보라. 이 주장은 국가들의 힘과 크기가 대략적으로 비슷하다고 가정한다. 그러나 잠재적 패권국이 존재하는 다극체제의 경우 강대국들은 모두 잠재적 패권국에 최대의 관심을 두어야만 한다. 이는 다극체제하에서 국가들은 하나의 상대방에 대해 "제한적인 관심"과 능력을 가지면 된다는 주장을 무정하는 것이 된다.

14. 강대국에 관한 필자의 기준을 보기 위해서는 제1장 주 7을 참고.

15. 제6장을 보라.

16. Jack S. Levy, *War in the Modern Great Power System, 1495-1975* (Lexington: Univ. Press of Kentucky, 1983), 제3장.

17. 비유럽국가들이 포함되어 있어서 강대국 전쟁에서 제외된 사례들은 다음과 같다. 영국 - 프러시아 전쟁(Anglo-Persian War, 1865-57), 프랑스 - 멕시코 전쟁(Franco-Mexican War, 1862-67), 중불전쟁(Sino-French War, 1883-85), 중소전쟁(Sino-Soviet War, 1929), 이탈리아 - 에티오피아 전쟁(Italo-Ethiopian War, 1935-36), 소련 - 일본 전쟁(Soviet-Japanese War, 1939), 시나이 전쟁(Sinai War, 1956) 등이다.

18. 리비는 중앙전쟁(central war)이라는 용어 대신에 일반전쟁(general war)이라는 용어를 사용한다. 반면 코플랜드는 이들 전쟁은 주요한 전쟁(major wars)이라고 지칭한다. Copeland, *Origins*, pp. 27-28; Levy, War, pp. 3, 52, 75. 다른 사람들은 이런 전쟁들을 패권전쟁(hegemonic war)이라고 부른다. 왜냐하면 이들 전쟁에는 일반적으로 체제 전체를 지배하려고 시도하는 국가들이 포함되어 있기 때문이다.

19. 제8장을 보라.

20. 러시아군은 오스트리아 및 프랑스보다 수적으로 두 배 정도 우위에 있었지만 질적으로 문제가 있었고, 이는 시간이 지날수록 더욱 심각해졌다. 바로 이 점이 크리미아 전쟁(1853-56)에서 러시아가 영국, 프랑스군에게 패배한 중요한 원인이 된다. Curttiss, *The Russian Army under Nicholas I, 1825-1855* (Durham, NC: Duke Univ. Press, 1965); William C. Fuller, Jr., *Strategy and Power in Russia, 1600-1914* (New York: Free Press, 1992), 제6-7장. 오스트리아 군에 대해서는 Istvan Deak, *Beyond Nationalism: A Social and Political History of the Habsburg Officer Corps, 1848-1918* (Oxford: Oxford Univ. Press, 1992), pp. 29-41; Gunther E. Rothenberg, *The Army of Francis Joseph* (West lafayette, IN: Purdue Univ. Press, 1976), 제1-4장을 보라. 프랑스군에 대해서는 Paddy Griffith, *Military Thought in the French Army, 1815-1851* (Manchester, UK: Manchester Univ. Press, 1989); Douglas Porch, *Army and Revolution*, 1815-1848 (London: Routledge and Kegan Paul, 1974)을 보라.

21. 제8장을 보라.

22. 제8장을 보라.

23. 제8장을 보라.

10장 중국은 평화롭게 부상할 수 있을까?

1. 중국의 성장이 미래에도 지속될 것으로 보는 저술들은 Michael Spence, *The Next Convergence: The Future of Economic Growth in a Multispeed World* (New York: Farrar, Straus and Giroux, 2011); Arvind Subramanian, *Eclipse: Living in the Shadow of China's Economic Dominance* (Washington, DC: Peterson Institute for International Economics, 2011); and Linda Yueh, *China's Growth: The Making of an Economic Superpower* (New York: Oxford University Press, 2013). 중국의 미래 경제를 비관적으로 보는 저술들은 Timothy Beardson, *Stumbling Giant: The Threats to China's Future* (New Haven, CT: Yale University Press, 2013); Michael Beckley, "China's Century? Why America's Edge Will Endure," *International Security* 36, No. 3 (Winter 2011-12), pp. 41-78; Michael Pettis, *The Great Rebalancing: Trade,*

Conflict, and the Perilous Road Ahead for the World Economy (Princeton, NJ: Princeton University Press, 2013), chap. 4.

2. Thomas Hobbes, *Leviathan*, ed. C. B. Macpherson (London: Penguin, 1985), p. 97.

3. 정치 지도자들이 다른 나라의 의도를 높은 수준으로 확신할 수 있을 정도로 알고 있다는 사실만으로도 충분치 못하다. 그들은 상대방의 의도에 대해 완전한 확신(complete confidence)을 하고 있어야만 한다. 실수를 허락할 여지가 없다. 한 치의 실수라도 재앙적인 결과를 초래할 수 있기 때문이다. 특히 다른 나라가 온건한 의도를 가지고 있다고 판단하는 경우, 실제로는 침략의 의도를 가지고 있는데 반해, 그 나라는 정복당할지도 모를 위험에 처하게 된다. 국가들은 무엇보다도 자신의 생존을 가장 고귀한 것으로 여기며 생존을 위협에 처하게 할 수는 없는 일이다.

4. 이 같은 논리에 관한 좋은 사례는 미국이 남북전쟁(1861-1865)을 치르던 당시 영국의 역할에서 보여 진다. 영국은 남부를 지지할지에 대해 심각하게 고려한 바 있었는데 결국은 중립을 지키기로 결정했다. 영국은 당시 서반구에서 어떤 일이 벌어지는가 보다는 유럽의 다른 강대국들과의 관계설정이 더 급한 일이었기 때문이다. Brian Holden Reid, "Power, Sovereignty, and the Great Republic: Anglo-American Diplomatic Relations in the Era of the Civil War," *Diplomacy and Statecraft* 14, No. 2 (June 2003), pp. 45-76.

5. Adam Tooze, *The Wages of Destruction: The Making and Breaking of the Nazi Economy* (New York: Penguin, 2008), p. 469에서 인용.

6. Barton Gellman, "Keeping the U.S. First: Pentagon Would preclude a Rival Superpower," *Washington Post,* March 11, 1992.

7. George W. Bush, *The National Security Strategy of the United States of America* (Washington DC: White House, September 2002).

8. Raymond L. Garthoff, "Handling the Cienfuegos Crisis," *International Security* 8, No. 1 (Summer 1983), pp. 46-66.

9. Tania Branigan, "China Lambasts US over South China Sea Row," *Guardian*, August 6, 2012; Jason Dean, "China Warns U.S. to Stay Out of Regional Disputes," *Wall Street Journal,* June 23, 2011; Andres Jacobs, "China Warns U.S. to Stay Out of Islands Dispute," *New York Times*, July 26, 2010; Edward Wong, "Beijing Warns U.S. about South China Sea Disputes," *New York Times,* June 22, 2011.

10. *NIDS China Security Report 2012* (Tokyo: National Institute for Defense Studies, December 2012), p. 29에서 인용. 또한 Chico Harlan, "South Korea and U.S. Send Message to North Korea with Drills in Sea of Japan," *Washington Post*, July 26, 2010; Peter Lee, "South Korea Reels as US Backpedals," *Asia Times online*, July 24, 2010; Ben Richardson and Bill Austin, "U.S.-South Korea Drills to Avoid Yellow Sea amid China Concern," *Bloomberg Businessweek*, October 13, 2010; Michael Sainsbury, "Don't Interfere with Us: China Warns US to Keep Its Nose Out," *Australian*, August 6, 2010을 볼 것. 미국 항모 조지 워싱턴호(The USS George Washington)는 2년 후인 2012년 6월 서해에서 일상적인 훈련을 다시 시작했는데 이때 중국은 심각한 항의를 하지 않았다.

11. Robert D. Kaplan, *The Revenge of Geography: What the Map Tells Us about Coming Conflicts and the Battle against Fate* (New York: Random House, 2012), chap. 11.

12. M. Taylor Fravel, *Strong Borders, Secure Nation: Cooperation and Conflict in China's Territorial Disputes* (Princeton, NJ: Princeton University Press, 2008).

13. Yong Deng, *China's Struggle for Status: The Realignment of International Relations* (New York: Cambridge University Press, 2008), chap. 8; Andrew J. Nathan and Andrew Scobell, *China's Search for Security* (New York: Columbia University Press, 2012), chaps. 8-9; Denny Roy, *Return of the Dragon: Rising China and Regional Security* (New York: Columbia University Press, 2013), chap. 10; Susan L. Shirk, *China: Fragile Superpower* (New York: Oxford University Press, 2007), chap. 7.

14. V. Natarajan, "The Sumdorong Chu Incident," *Bharat Rakshak Monitor 3*, No. 3 (November-December 2000); Harsh V. Pant, "While Delhi Dithers, Beijing Gets Adventurous," *Wall Street Journal*, April 29, 2013; Ely Ratner and Alexander Sullivan, "The Most Dangerous Border in the World," *Foreign Policy*, May 4, 2013; Ajai Shukla and Sonia Trikha Shukla, "Shadow on the Line," *Business Standard*, May 3, 2013.

15. 티베트 고원과 물 전쟁에 관한 논의는 다음을 보라. Brahma Chellaney, "The Water Hegemon," *Project Syndicate*, October 14, 2011; Brahma Chellaney, *Water: Asia's New Battleground* (Washington, DC: Georgetown University Press, 2011); Jean-Pierre Lehmann and Nina Ninkovic, "The Tibetan Plateau: The World's 21st Century Water Battleground," *Globalist*, July 11, 2013.

16. Michael C. Desch, *When the Third World Matters: Latin America and United States Grand Strategy* (Baltimore, MD: Johns Hopkins University Press, 1993), chaps. 4-5.

17. Martin Tolchin, "U.S. Underestimated Soviet Force in Cuba during '62 Missile Crisis," *New York Times*, January 15, 1992; Mark N. Katz, "The Soviet-Cuban Connection," *International Security* 8, No. 1 (Summer 1983), pp. 88-112; Norman Polmar, "The Soviet Navy's Caribbean Outpost," *Naval History Magazine 26*, No. 5, October 2012, pp. 24-29.

18. 중국이 사용하는 석유의 약 50%는 수입되는 것이며 이중 약 절반이 페르시아만에서 오는 것이다. 즉 중국이 사용하는 석유의 25% 정도가 중동에서 수입되는 것이다. 미국의 에너지 정보국에 의하면 2035년이 되면 중국은 석유사용량의 약 75% 정도를 수입에 의존하게 될 것이다. 약 54% 정도가 중동에서 수입될 것으로 전망된다. Andrew S. Erickson and Gabriel B. Collins, "China's Oil Security Pipe Dream: The Reality, and Strategic Consequences of Seaborne Imports," *Naval War College Review* 63, No. 2 (Spring 2010), pp. 89-111; Keith Johnson, "U.S. Oil Boom Spotlights China's Persian Gulf Dependence," *Wall Street Journal*, June 26, 2012; David Schenker, "China's Middle East Footprint," *Los Angeles Times*, April 26, 2013; Toh Han Shih, "Beijing 'to Increase Reliance on Middle East Oil,'" *South China Morning Post*, June 10, 2013; U.S. Energy Information Administration, *Analysis: China*, September 2012.

19. Erickson and Collins, "China's Oil Security Pipe Dream."

20. 중국은 분쟁중인 이 세 곳의 해협에 진입하는데 모두 심각한 어려움에 처하게 될 것이다. 중국이 중동에서 중국에 이르는 석유해로를 통제하기 희망한다면 이 해협들에서의 자유로운 이동은 필수적인 일이다. 중국의 해군이 말라카 해협에서 미국의 해군을 제압

할 가능성은 없는데 미국과 긴밀한 동맹관계에 있는 싱가포르가 바로 말라카해협의 길목에 자리 잡고 있기 때문이다. 중국의 전략가들은 이를 "말라카의 딜레마"라고 말한다. 중국은 롬보크와 순다 해협을 통과하는 데도 어려움을 느낄 것인데 이 해협들은 인도네시아를 통과해야하는데 인도네시아는 미국과 좋은 관계에 있기 때문이다. 인도네시아는 오스트레일리아와도 좋은 관계에 있는데 오스트레일리아 역시 두 해협과 가까이 있으며 분쟁이 발생할 경우 오스트레일리아는 이 해협을 통제하려는 미국을 도와줄 것이 분명하다.

21. 인도양과 아라비아 해의 지정학에 관한 탁월한 논의와 중국이 이 바다들에서 작전하는 데 어려움이 많을 것이라는 점을 분명하게 지적한 책은 Robert D. Kaplan, *Monsoon: The Indian Ocean and the Future of American Power* (New York: Random House, 2010). 중국 해군은 앞으로 두개의 전역에 대해 집중적인 관심을 펼칠 것이다. 1) 동중국해, 남중국해와 서해를 포함하는 서태평양 수역, 2) 인도양과 아라비아 해 등이다. 중국은 서태평양 수역에서 미국에 대해 도전하기 훨씬 용이할 것이다. 이 수역은 적국을 향해 미사일과 로켓, 잠수함, 항공기들을 활용할 수 있는 거대한 발사대 혹은 기지 역할을 할 수 있는 중국 본토와 맞닿아 있기 때문이다. 그러나 중국이 인도양과 아라비아 해에 힘을 투사한다는 것은 훨씬 어려운 일이 될 것이다. 이들 바다들은 중국 본토로부터 멀리 떨어져 있기 때문에 중국 영토를 힘을 투사할 수 있는 플랫폼으로 사용할 수 없을 것이기 때문이다. 주 20에서 제시한 것과 같은 이유로 인해 분쟁이 발발했을 시 중국 해군이 동남아시아를 통과해서 인도양을 들락날락거리는 데 어려움이 많을 것이다.

22. 중국에서 막강한 해군력 건설을 지지하는 광범한 견해에 대해서는 Robert S. Ross, "China's Naval Nationalism: Sources, Prospects, and the U.S. Response," *International Security* 34, No. 2 (Fall 2009), pp. 46-81을 보라. 그러나 나는 로스의 주장, 즉 중국의 야심찬 해군력 증강 계획에 정당한 근거가 부족하며 중국 해군력 증강은 오히려 민족주의 혹은 다른 국내정치적인 요인에 의한 것이라는 데 대해서는 견해를 달리한다. 또한 다음을 보라. James R. Holmes and Toshi Yoshihara, *Chinese Naval Strategy in the 21st Century: The Turn to Mahan* (London: Routledge, 2008); Edward Wong, "China Navy Reaches Far, Unsettling the Region," *New York Times*, June 14, 2011; Edward Wong, "Chinese Military Seeks to Extend Its Naval Power," *New York Times*, April 23, 2010. 중국이 대양해군을 건설하려는 관심에도 불구하고 중국은 본질적으로 대륙국가라는 사실과 중국 군사력의 중요한 부분은 중국 육군으로 구성된다는 사실을 기억해야 한다. 이는 Ross, "China's Naval Nationalism"을 보라. 미국의 분석자들과 정책결정자들은 중국의 육군보다는 해군에 더욱 큰 관심을 갖는데 그이유는 아시아 대륙에서 미국과 중국의 육군이 큰 전쟁을 벌일 것이라고 상상하기 어렵기 때문이다. 그러나 이처럼 말하는 것이 미국과 중국 사이에서 바다에서 전쟁이 야기되는 것처럼, 소규모의 육상 전쟁이 발발할 가능성이 전혀 없다고 말하는 것은 아니다.

23. Shirk, China, p. 105에서 인용. Zheng Bijian, "China's 'Peaceful Rise' to Great Power Status," *Foreign Affairs* 84, No. 5 (September/October 2005), pp. 18-24; Aaron L. Friedberg, *A Contest for Supremacy: China, America, and the Struggle for Mastery in Asia* (New York: W. W. Norton, 2011), chap. 6; Avery Goldstein, *Rising to the Challenge: China's Grand Strategy and International Security* (Stanford, CA: Stanford University Press, 2005). 중국의 영향력 있는 원로급 정책 자문인 비지안은 중국이 평화적으로 부상할 수 있다고 주장하는 유명한 인물 중 하나이다.

24. Nick Bisley, "Biding and Hiding No Longer: A More Assertive China Rattles the Region," *Global Asia* 6, No. 4 (Winter 2011), pp. 62-73: Christopher Hughes, "Reclassifying Chinese Nationalism: The Geopolitik Turn," *Journal of Contemporary China* 20, No. 71 (September 2011), pp. 601-20: Alastair Iain Johnston, "How New and Assertive Is China's New Assertiveness?" *International Security* 37, No. 4 (Spring 2013), pp. 7-48: Suisheng Zhao, "Foreign Policy Implications of Chinese Nationalism Revisited: The Strident Turn," *Journal of Contemporary China* 22, No. 82 (July 2013), pp. 535-53.

25. Yafei He, "The Trust Deficit: How the U.S. 'Pivot' to Asia Looks from Beijing," *Foreign Policy*, May 13, 2013: Kenneth Lieberthal and Wang Jisi, "Addressing U.S.-China Strategic Distrust," Monograph No. 4 (Washington, DC: John L. Thornton China Center, Brookings Institution, March 2012): Nathan and Scobell, *Chinia's Secrch for Security*, chap. 4.

26. "Nakes Aggression," *Economist*, March 14, 2009, p. 45에서 인용.

27. "Beijing's Brand Ambassador: A Conversation with Cui Tiankai," *Foreign Affairs* 92, No. 4 (July/August 2013), p. 16.

28. Ibid., p. 17.

29. Zhao, "Foreign Policy Implications of Chinese Nationalism Revisited," p. 536. Michael D. Swaine and M. Taylor Fravel, "China's Assertive Behavior, Part Two: The Maritime periphery," *China Leadership Monitor*, No. 35 (Summer 2011): James Reilly, *Strong Society, Smart State: The Rise of Public Opinion in China's Japan Policy* (New York: Columbia University Press, 2012). 자오와는 달리, 그리고 대부분 유명한 중국의 전문가들과는 달리 알라스테어 이안 존스톤은 비록 중국의 행동에 대한 인식에 큰 변화가 있기는 했지만, 그럼에도 불구하고 2009년 이후 중국의 행동은 그 이전 중국의 행동과 별로 다를 바 없다고 주장한다. "How New and Assertive Is China's New Assertiveness?"를 보라.

30. 오스트레일리아의 전략이론가인 휴 화이트 (Hugh White)는 중국과 미국이 상대방을 동등하게 취급하는 "아시아의 화의(和議)체제(Concert of Asia)"를 주장한다. 그러나 화이트는 미국 지도자들은 미국이 우위에 있어야만 한다는 뿌리 깊은 관점을 가지고 있기 때문에 미국의 지도자들에게 부상하는 중국에 자발적으로 권력을 양보하라고 설득하는 것은 거의 불가능하리라고 본다. "Power Shift: Australia's Future between Washington and Beijing," *Quarterly Essay*, No. 39 (2010), pp. 1-74: Hugh White, *The China Choice: Why America Should Share Power* (Collingwood, AU: Black Inc., 2012). 미국이 아시아에서 힘의 공유를 강요당할 수도 있다는 사실을 부정하는 것은 아니다. 그러나 만약 이 같은 사태가 발생한다면 그것은 심각한 안보 경쟁의 결과로서이지 미국이 평화적으로 부상하는 중국에 스스로 양보했기 때문은 아니다. 물론 화이트는 부상하는 중국 역시 가능한 한 우위를 차지하기 원하며 미국과 힘을 공유하기를 원하지는 않을 것이라는 사실을 인정한다.

31. Thomas J. Christensen, "Posing Problems without Catching Up: China's Rise and Challenges for U.S. Security Policy," *International Security* 25, No. 4 (Spring 2001), pp. 5-40: Avery Goldstein, "First Things First: The Pressing Danger of Crisis Instability in U.S.-China Relations," *International Security* 37, No. 4 (Spring 2013),

pp. 49-89.

32. 1960년대 초반 중국이 자신의 핵무기를 보유하기 직전 미국은 중국에 대해 선제공격을 가할 것인가를 심각하게 고려한 적이 있었다. 그러나 당시 미국은 궁극적으로 전쟁의 대가 및 위험이 기대되는 이익보다 더 클 것이라고 결정했다. 핵무장한 중국과 공존하는 것이 더 나으리라 생각했던 것이다. William Burr and Jeffrey T. Richelson, "Whether to 'Strangle the Baby in the Cradle' : The United States and the Chinese Nuclear Program, 1960-64," *International Security* 25, No. 3 (Winter 2000-01), pp. 54-99; Gordon Chang, "JFK, China, and the Bomb," *Journal of American History* 74, No. 4 (March 1988), pp. 1289-1310.

33. David Alan Rosenberg, "'A Smoking Radiating Ruin at the End of Two Hours' : Documents on American Plans for Nuclear War with the Soviet Union," *International Security* 6, No. 3 (Winter 1981-82), pp. 3-38.

34. Dong Jung Kim, "Letting a Hegemonic Aspirant (Further) Rise? Maintenance and Abandonment of Economic Ties between Security Competitors," Paper Presented at the International Studies Association Annual Convention, San Francisco, April 2013.

35. 소련은 유럽과 아시아 두 대륙에 걸쳐있는 나라였으며 아시아와 유럽 두 대륙 모두를 지배하겠다고 위협했다. 그래서 미국은 아시아 유럽 두 지역 모두에서 소련에 대항하는 균형 연합을 형성했다. 그러나 중국은 오직 아시아 대륙에만 위치한 나라이며 어떤 의미 있는 방식으로 유럽을 위협할 수 없다. 그 결과 어떤 유럽국가도 중국을 봉쇄하는 데 적극적인 역할을 담당하려 하지는 않을 것이다. 대신 유럽 국가들은 중국에 투자도 하고 무역도하기 좋은 지위를 향유하려 할 것이다. 냉전당시 미국은 때로 미국의 유럽 동맹국들이 소련과 무역거래를 하는 것을 막을 수 없었다는 사실을 기억해야 할 것이다. 심지어 유럽 동맹국들이 소련의 군사력을 강화시킬 수 있는 기술을 소련에 수출하는 경우에도 그랬다. Michael Mastanduno, *Economic Containment: CoCom and the Politics of East-West Trade* (Ithaca, NY: Cornell University Press, 1992).

36. Robert Art, "The United States and the Rise of China: Implications for the Long Haul," *Political Science Quarterly* 125, No. 3 (Fall 2010), pp. 362-66.

37. Dong Jung Kim, "Realists as Free Traders: Britain's Economic Response to the German Challenge, 1896-1914," *Working Paper*, October 2013.

38. 정권교체 작전은 국가의 정치 지도자 혹은 내재해 있는 정치제도 두 가지 모두를 표적으로 삼을 수 있다. 어떤 경우 국가의 지도자만 교체하고 정부 제도는 그대로 두려는 경우가 있다. 그러나 어떤 경우는 국가의 정치 체제 전체를 교체하려는 목표를 가지기도 한다. 독재정권이 민주주의로 바뀌는 경우 혹은 그 역의 경우가 이에 해당된다.

39. Lindsey O'Rourke, "Secrecy and Security: U.S.-Orchestrated Regime Change during the Cold War," Ph.D. diss., University of Chicago, 2013. Peter Grose, *Operation Rollback: America's Secret War behind the Iron Curtain* (New York" Houghton Mifflin, 2000); John Knaus, *Orphans of the Cold War: America and the Tibetan Struggle for Survival* (New York: Perseus Books, 1999); Gregory Mitrovich, *Undermining the Kremlin: America's Strategy to Subvert the Soviet Bloc, 1947-1956* (Ithaca, NY: Cornell University Press, 2000).

40. O'Rourke, "Secrecy and Security," p. 105.

41. World Bank에 의하면 중국의 인구는 2011년에 1,344,130,000명이고, 미국은

311,591,917명이었다. "Data: Population, total," *World Bank*, accessed June 20, 2013, http://data.worldbank.org/indicator/Sp. POp. TOTL. UN에 의하면 중국 인구는 2050년에 1,395,200,000명이 될 것이라 예상하며 미국의 예상 인구는 408,700,000명이 될 것이다. United Nation's Department of Economic and Social Affairs' population Division, *World Population to 2300*, New York, 2004. p. 42. 만약 중국 사람들이 홍콩의 일인당 소득(per capita GNI)을 올린다고 가정할 경우 중국의 GNI는 48조 8000억 달러가 될 것이다. 미국의 현재 GNI는 15조 1,000억 달러. 만약 중국 사람들이 한국의 개인 소득을 올린다면 그 경우 중국의 GNI는 28조 1,000억 달러에 이르러 미국 GNI의 두 배가 넘게 될 것이다. "Data: GNI, Atlas Method"와 "Data: GNI per capita, Atlas Method," *World Bank*, accessed June 30, 2013, http://data.worldbank.org/indicator/ NY.GNp. ATLA.CD and http://data.worldbank.org/indicator/NY.GNp. PCAp. CD. 2050년 미국은 GDP가 37조 9억원이 될거라 예상하고 있다. PwC, *The World in 2050: The Accelerating Shift of Global Economic Power*, January 2011, p. 7. 만약 중국의 GDP가 2050년 홍콩과 같아 진다면 중국의 GDP는 162조 7천억 달러, 2050년 남한의 GDP와 같아지면 중국은 150조 3천억 달러가 될 것이다. 2050년 GDP/capita는 William Buiter and Ebrahim Rahbari, *Global Growth Generators: Moving beyond "Emerging Markets" and "BRIC,"* Citigroup, February 21, 2011, p. 46을 참조.

42. 아시아에서 중국의 편에 서는 나라는 캄보디아, 라오스, 북한과 파키스탄 등 네 나라뿐이다. 아마도 미얀마가 궁극적으로 중국의 편에 설 수도 있을 것이다.

43. Stephen M. Walt, *The Origins of Alliances* (Ithaca, NY: Cornell University Press, 1987).

44. Hillary Clinton, "America's Pacific Century," *Foreign Policy*, No. 189 (November 2011), pp. 56-63.

45. 이 같은 주장의 논리는 Albert O. Hirschman, *National Power and the Structure of Foreign Trade*, exp. ed. (Berkeley: University of California Press, 1980)에서 개진되었다. 중국이 이웃에 있는 아시아 국가들에게 얼마나 큰 경제적인 영향력을 미치는 가를 나타내는 좋은 지표는 중국의 이웃나라들이 중국에 수출하는 액수가 그 나라의 GDP에서 차지하는 비중일 것이다. 중국 이웃 국가들의 대 중국 수출이 그나라 GDP에서 차지하는 비중은: 오스트레일리아 6.2%; 인도네시아 2.9%; 일본 3.7%; 한국 13.7%; 말레이지아 16.2%; 필리핀 6.6%; 싱가포르 44.7%; 대만 31.0%; 타일랜드 14.8%; 그리고 베트남은 9.6% 이다. 이 수치들은 2012년 기준이며 홍콩도 중국에 포함시켜 계산한 것이다. "Exports of Goods and Services (% of GDP)," World Bank, 자료 검색일 July 2, 2013, http://data.worldbank.org/indicator/NE.EXp. GNFA.ZS 대만의 대 중국 수출 상품과 서비스 자료는 Fact Sheet: Taiwan을 보라. Australian Government Department of Foreign Affairs and Trade, 자료검색일 July 2, 2013, http://www.dfat.gov.au/geo/fs/taiw.pdf; percentage of exports sent a to China/Hong Kong from "Exports-Partners (%)," *CIA World Factbook*, 자료 검색일 July 2, 2013, https://www.cia.gov/library/publications/theworldfactbook/fields/2050.html.

46. 만약 중국이 아시아 지역의 패권국이 된다면 이는 이웃나라들이 어떻게 행동할 것인가에 대해 큰 영향을 미치게 될 것이다. 특히 안보 이슈가 걸려 있을 경우 그러할 것이다.

그러나 이곳에서의 분석은 막강한 중국이기는 하지만 아직 패권국이 되기 이전의 중국이라는 데 초점을 맞춘 것이다.

47. 경제적인 강압이 효과가 있을 것이냐에 대해 회의하는 데에는 두 가지 이유가 더 있다. 첫째, 국가들은 엄청난 경제적 압박을 감내할 수 있는 능력이 있으며 강압을 가하는 나라의 요구를 들어주지 않을 수 있다. Robert A. Pape, *Bombing to Win: Air Power and Coercion in War* (Ithaca, NY: Cornell University Press, 1996). 둘째로 경제적 압박에 취약한 나라들은 자신들의 무역 및 투자정책을 바꿀 수 있으며 그렇게 함으로써 다른 나라의 "지배로부터 벗어날 수 있을 것"이다. Hirschman, *National Power*, pp. v-xii. p. ix 에서 인용함.

48. David Brewster, "The India-Japan Security Relationship: An Enduring Security Partnership," *Asian Security* 6, No. 2 (May-August 2010), pp. 95-120. 동남아시아에서 중국과 균형을 이루기 위해 우호국을 얻으려는 인도의 노력은 Pankaj Kumar Jha, "India's Defence Diplomacy in Southeast Asia," *Journal of Defence Studies* 5, No. 1 (January 2011), pp. 47-63을 보라.

49. Elizabeth Bumiller and Norimitsu Onishi, "U.S. Lifts Ban on Indonesian Special Forces Unit," *New York Times*, July 22, 2010. Robert Dreyfuss, "Containing China Is a Fool's Errand. Yet Obama's Deal with Indonesian Thugs Is Aimed Exactly That," *Nation*, July 23, 2010; John Pomfret, "U.S. Continues Effort to Counter China's Influence in Asia," *Washington Post*, July 23, 2010.

50. "Singapore Changi Naval Base," GolbalSecurity.org, February 16, 2012; Anthony L. Smith, "Singapore and the United States 2004-2005: Steadfast Friends," *Special Assessment: The Asia-Pacific and the United States 2004-2005* (Asia-Pacific Center for Security Studies, February 2005). 또한 Marcus Weisgerber, "Singapore Will Now Host 4 Littoral Combat Ships," *Naval Times*, June 2, 2012을 참조할 것.

51. Blaine Harden, "Japanese Prime Minister Yukio Hatoyama Resigns," *Washington Post*, June 2, 2010; "Japan Agrees to Accept Okinawa Base," UPI.com, May 23, 2010.

52. 아시아 국가들이 중국과 균형을 이룩하기 위해 노력한다는 증거들은 inter alia Patrick Barta, "Neighbors Grow More Wary of China," *Wall Street Journal*, January 13, 2013; Patrick Barta, "U.S., Vietnam in Exercises amid Tensions with China," *Wall Street Journal*, July 16, 2011; Jackie Calmes, "Eying China, U.S. Expands Military Tries to Australia," *New York Times*, November 16, 2011; Martin Fackler, "Japan to Propose Closer Military Ties with South Korea," *New York Times*, January 4, 2011; Martin Fackler, "To Counter China, Japan and Philippines Will Bolster Maritime Coordination," *New York Times*, January 10, 2013; James Reilly, "Counting on China? Australia's Strategic Response to Economic Interdependence," *Chinese Journal of International Politics* 5, No. 4 (Winter 2012), pp. 369-94; Jay Solomon, Yuka Hayashi, and Jason Dean, "As China Swaggers, Neighbors Embrace U.S.," *Wall Street Journal*, May 25, 2010; and Craig Whitlock, "Philippines May Allow Greater U.S. Military Presence in Reaction to China's Rise," *Washington Post*, January 25, 2012.

53. Kaplan, *Revenge of Geography*, pp. 213-27; Daniel Twining, "The Taiwan

Linchpin," *Policy Review*, No. 177 (February 2013); and Alan M. Wachman, *Why Taiwan? Geostrategic Rationales for China's Territorial Integrity* (Stanford, CA: Stanford University Press 2007).

54. Nancy Bernkopf Tucker and Bonnie Glaser, "Should the United States Abandon Taiwan?" *Washington Quarterly 34*, No. 4 (Fall 2011), pp. 23-37.

55. Mastanduno, *Economic Containment*.

56. Barry R. Posen, *Inadvertent Escalation: Conventional War and Nuclear Risks* (Ithaca, NY: Cornell University Press, 1991).

57. Graham Allison and Robert D. Blackwill, *Lee Kuan Yew: The Grand Master's Insights on China, the United States, and the World* (Cambridge, MA: MIT Press, 2012), p. 38.

58. 중국의 민족주의에 관한 나의 논의는 다음의 자료들에 크게 의존했다. William A. Callahan, *China: The Pessoptimist Nation* (New York: Oxford University Press, 2010); Peter Hays Gries, *China's New Nationalism: Pride, Politics, and Diplomacy* (Berkeley: University of California Press, 2004); Christopher R. Hughes, *Chinese Nationalism in the Global Era* (London: Routledge, 2006); Hughes, "Reclassifying Chinese Nationalism"; Sheng Wang, *Never Forget National Humiliation: Historical Memory in Chinese Politics and Foreign Relations* (New York: Columbia University Press, 2012); Suisheng Zhao, *A Nation-State by Construction: Dynamics of Modern Chinese Nationalism* (Stanford, CA: Stanford University Press, 2004); and Zhao, "Foreign Policy Implications of Chinese Nationalism Revisited."

59. Zhao, *Nation-State by Construction*, chap. 6.

60. Gries, *China's New Nationalism*, p. 20. 대중적 민족주의에 관한 더 자세한 논의는 7장을 보라. 또한 다음을 참조하라. Reilly, *Strong Society, Smart State*; and Zhao, "Foreign Policy Implications of Chinese Nationalism Revisited."

61. Gries, *China's New Nationalism*, p. 48.

62. Wang, *Never Forget National Humiliation*는 이 같은 현상에 관해 탁월한 설명을 제시하고 있다. Callahan, *China*; Gries, *China's New Nationalism*; and Zhao, "Foreign Policy Implications of Chinese Nationalism Revisited."

63. Gries, *China's New Nationalism*, p. 46.

64. Callahan, *China*, p. 201.

65. 지정학과 민족주의가 어떻게 교호작용을 하는가에 관한 재미있는 논의는 Hughes, "Reclassifying Chinese Nationalism"을 보라.

66. Yan Xuetong, *Ancient Chinese Thought, Modern Chinese Power*, ed. Daniel A. Bell and Sun Zhe, trans. Edmund Ryden (Princeton, NJ: Princeton University Press, 2011), chap. 1.

67. Victoria Tin-bor Hui, "History and Thought in China's Traditions," *Journal of Chinese Political Science* 17, No. 2 (June 2012), p. 126에서 인용.

68. Yan Xuetong, "The Rise of China in Chinese Eyes," *Journal of Contemporary China* 10, No. 26 (Feb. 2001), pp. 37-38. Hui, "History and Thought"; David C. Kang, *China Rising: Peace, Power, and Order in East Asia* (New York: Columbia University Press, 2007); and Yuan-Kang Wang, *Harmony and War: Confucian*

Culture and Chinese Power Politics (New York: Columbia University Press, 2011). 중국은 유교에 의해 깊은 영향을 받았다는 생각과 중국의 "세계질서에 대한 접근 방식은 유교의 영향을 받았기 때문에 서양의 그것과는 대단히 상이하다"는 주장은 헨리 키신저(Henry Kissinger)의 *On China* (New York: Penguin, 2011), 제1장. 기본적인 주제이다. 이곳의 인용은 p. 16. 재미있는 사실은 키신저 박사가 중국이 부상하는 과정에서 아시아에 평화가 유지될 것이냐에 대해 전망하는 중에, 중국이 외교정책을 수립하는 특정한 방식이나 그것이 앞으로 미중 관계에 어떻게 영향을 미칠 것인지에 대해 아무런 언급도 하지 않았다는 점이다. Ibid., pp. 487-548. 하바드 대학의 중국 전문가 John K. Fairbank 교수는 중국은 유교의 가르침 때문에 '중국의 전통'에는 서양과 달리 '평화주의의 편견'이 있다는 관점을 널리 전파한 사람이다. 다음을 참조하라. "Introduction: Varieties of the Chinese Military Experience," in Frank A. Kierman, Jr., and John K. Fairbank, eds., *Chinese Ways in Warfare* (Cambridge, MA: Harvard University Press, 1974), pp. 1-26. 인용은 p. 7.

69. 두 문장 모두 Wang, *Harmony and War*, p. 2에서 인용.

70. Alastair Iain Johnston, *Cultural Realism: Strategic Culture and Grand Strategy in Chinese History* (Princeton, NJ: Princeton University Press, 1995), p. xi.

71. Ibid., p. 249.

72. Yan, *Ancient Chinese Thought*, p. 35.

73. Ibid., p. 41.

74. Andrew Scobell은 "중국의 전략적 행동은 현실주의적 관점뿐 아니라 유교로부터도 영향을 받았다. 이 두 가지가 합쳐져 내가 명명한 중국인의 광적인 방어 숭배(Chinese Cult of Defense)가 나온다. 즉 중국 사람들을 지배하는 것은 현실주의적인 행동이지만 그들은 자신의 행동은 평화주의적이라는 스스로의 관점에 입각, 자신들의 행동을 방어적인 것이라고 정당화시키는 것이다" Andrew Scobell, *China's Use of Military Force: Beyond the Great Wall and the Long March* (New York" Cambridge University Press, 2003), p. 38.또한 Nathan and Scobell, *China's Search for Security*을 보라.

75. Warren I. Cohen, "China's Rise in Historical Perspective," *Journal of Strategic Studies* 30, Nos. 4-5 (August-October 2007), p. 683.

76. Ibid., p. 703.

77. Hui, "History and Thought," p. 131.

78. Ibid., p. 127.

79. Wang, *Harmony and War*, p. 181.

80. Hans J. van de Ven, "War in the Making of Modern China," *Modern Asian Studies* 30, No. 4 (October 1996), p. 737. 오랫동안 중국의 행동이 공격적인 것이었음을 보여주는 또 다른 자료들은 Nicola Di Cosmo, *Ancient China and Its Enemies: The Rise of Nomadic Power in East Asian History* (Cambridge: Cambridge University Press, 2002) ; Peter C. Perdue, *China Marches West: The Qing Conquest of Central Eurasia* (Cambridge, MA: Harvard University Press, 2005).

81. 두 문장 모두 Wang, *Harmony and War*, p. 188에서 인용. Nathan and Scobell, China's Search for Security. 이 책은 중국의 외교정책은 그 뿌리부터 현실수의석인 것이라고 분석한다.

82. 경제적 상호의존과 평화를 연결시키는 주요 이론은 Norman Angell, *The Great*

Illusion: A Study of the Relationship of Military Power in Nations to Their Economic and Social Advantage (London: William Heinemann, 1910); Stephen G. Brooks, *Producing Security: Multinational Corporations, Globalization, and the Changing Calculus of Conflict* (Princeton, NJ: Princeton University Press, 2005); Dale C. Copeland, "Economic Interdependence and War: A Theory of Trade Expectations," *International Security* 20, No. 4 (Spring 1996), pp. 5-41; Richard N. Rosecrance, *The Rise of the Trading State: Commerce and Conquest in the Modern World* (New York: Basic Books, 1986).

83. 이 같은 고려는 케네츠 월츠 교수로 하여금 경제적 상호의존은 평화의 조건이기보다는 오히려 전쟁을 야기하는 요인이 된다고 주장하도록 만든다. Kenneth N. Waltz, "The Myth of National Interdependence," in Charles p. Kindelberger, ed., *The International Corporation* (Cambridge, MA: MIT Press, 1970), pp. 205-23.

84. John J. Mearsheimer, *Conventional Deterrence* (Ithaca, NY: Cornell University Press, 1983).

85. 혹자는 국제체제 속에서 경제적으로 의존적인 다른 국가들은 두 경쟁국가가 서로 싸우지 못하게 하기 위해 노력할 것이라고 주장한다. 왜냐하면 그 두 경쟁국이 전쟁에 빠져 들어 갈 경우 중립적인 국가들의 경제가 피해를 입을지도 모를까 두렵기 때문이다. 그러나 유진 골츠(Eugene Gholtz)와 대릴 프레스(Daryl Press)가 말하는 것처럼 "전쟁이 중립적인 국가들에게 미치는 대가는 대체적으로 과장되는 경향이 있다. 실제로 다수의 중립 국가들은 다른 나라들의 전쟁이 야기한 경제적 변화로부터 약간의 이익을 얻는다." Eugene Gholz and Daryl G. Press, "The Effects of Wars on Neutral Countries: Why It Doesn' t Pay to Preserve the Peace," *Security Studies* 10, No. 4 (Summer 2001), p. 3.

86. Jack S. Levy and Katherine Barbieri, "Trading with the Enemy during Wartime," *Security Studies* 13, No. 3 (Spring 2004), pp. 2, 7. See Charles H. Anderton and John R. Carter, "The Impact of War on Trade: An Interrupted Time-Series Study," *Journal of Peace Research* 38, No. 4 (July 2001), pp. 445-57; Katherine Barbieri and Jack S. Levy, "Sleeping with the Enemy: The Impact of War on Trade," *Journal of Peace Research* 36, No. 4 (July 1999), pp. 463-79; Katherine Barbieri and Jack S. Levy, "The Trade-Disruption Hypothesis and the Liberal Economic Theory of Peace," in Gerald Schneider, Katherine Barbieri, and Nils Petter Gleditsch, eds., *Globalization and Armed Conflict* (Lanhan, MD: Rowman & Littlefield, 2003), pp. 277-98.

| 찾아보기 |

인물